김윤식 비평가의 편모를 찾아서

김윤식 비평가의 편모를 찾아서

남송우

역락

신용구 교수께　　　　06. 3. 13.

藏頭出口論 하나를, 옛날 원고입니다
다시 읽어 보니 매우 유익합니다.
제 그냥 족부였으니까 옛날을 기억합니다.
혹시 연구자들께 누가 되지 않을까
걱정하였는데 저로서는 많은 공부가
되었습니다. 여러 곳에 손을 댔는데,
폐가 되지 않았으면 좋습니다.
자료 한편 동봉합니다 어떠실지요

오늘은 이만 그칩니다 늘 건강하시길,

小弟 김윤식 拜

P.S. 「하빈 공간에서 흔들리고 있다」 라는
글을 쓸까 하는데 될는지 모르겠습니다

거제 청마기념관에서

청마 문학제를 마치고 진해로 향하는 카페리호에서

출간된 저술을 두고 나눈 대담

진해 김달진 문학제에서

고석규 유고시집 출판기념회 강연

부경대학교 국문과 초청강연회

책머리에

김윤식! 아득한 이름이다. 지상에서 사라진 시간의 무게 때문만은 아니다. 굳은살이 뼈처럼 굳도록 글쓰기와 더불어 맺어온 이력의 시간을 헤아림에서 비롯되는 아득함이다. 이 아득함이 산처럼 높은 책의 산을 만들었다. 그래서 이 아득함은 바로 전율로 다가온다. 육체를 갈아서 정신의 산맥을 이루었기 때문이다. 그래서 이 아득함 속에는 인간의 고통, 아픔, 운명적 실존의 체취가 묻어난다. 이런 연유로 김윤식이 형성해놓은 문학의 산을 오르는 길을 찾기는 결코 쉽지 않다. 그래서 아직은 그 산을 이룬 산자락에서만 서성거리는 형국이다. 김윤식이 일구어 놓은 한국문학이란 산 속에 어떤 나무들이 심겨져서 무리를 이루고 있으며, 그 무리가 하나의 숲으로 형성되었는지를 헤아리는 작업은 한국문학의 산을 찾는 자들에게 주어진 또 하나의 과제이다.

그런데 김윤식이 일구어 놓은 한국문학의 산에서, 그 산에 들어서기 위해서 필요한 산길을 내는 일은 이제 시작된 셈이라고 할 수 있다. 이런 시점에서 필자는 무모하게 김윤식 문학의 산을 오르기 위한 길내기를 시도했다. 이 시도는 본격적인 김윤식 문학에 대한 이해와 해석의 길내기라기보다는, 그 하나의 진입로를 만들기 위한 준비 작업이다.

이를 위해 이 책의 1부에서는 김윤식의 초상화를 그린 글들을 모아 그에 대한 면모를 우선 이해할 수 있는 장을 먼저 마련하였다. 그리고 2부에서는 김윤식 사후에 본격적으로 시작된 김윤식 문학 전반에 걸친 다양한 논의들을 연구논문들을 중심으로 살피는 일종의 김윤식 연구사를 정리하였다. 여기에는 생전에 발표된 논의들도 산재해 있어 가능한 한 모든 논의들을 한 자리에 모으는 작업을 시도했다. 아직은 그 연구들의 모습이 파편화되고 장님 코끼리 만지기식의 부분적이고 단편적인 논의들이지만, 이들의 논의는 앞으로 열려질 김윤식 문학의 산을 총체적이고 종합적으로 그려내는 데 필요한 계기들이란 지점에서 꼼꼼하게 살펴보았다.

3부는 필자가 그 동안 김윤식 문학에 대해 논의했던 글들을 한 자리에 모았다. 필자의 글 역시 김윤식의 문학의 산을 총체적으로 이해하기에는 턱없이 모자란 단편적인 시각이란 점에서 한계를 그대로 노정하고 있다. 4부는 필자가 김윤식 교수가 출간한 저서들을 두고 서로 나눈 대화를 묶어놓은 것이다. 단순한 서평을 넘어 대화적 비평으로 접근한 김윤식 책 읽기는 나름의 또 다른 모습을 간파할 수 있는 오솔길이 될 수 있으리라 본다.

마지막 5부는 필자와 김윤식 교수와의 개인적 인연을 풀어놓은 어쩌면 사적인 공간이다. 이 장을 마련한 것은 김윤식이 이룬 문학의 산을 제대로 섭렵하려면 그의 인간에 대한 내면 세계의 속살도 제대로 이해해야 할 필요성이 있다고 판단했기 때문이다. 이렇게 5부로 구성했지만, 말 그대로 김윤식의 전모를 읽어내기에는 턱없이 부족하고 부실한 정리가 되었다. 그래도 책 제목은 달아야 하기에 『김윤식 비평가의 편모를 찾아서』라고 명명했다. 아직은 미완인 이 원고를 받아 그래도 김윤식 선생의 한 측면이라도 바라볼 수 있게 해준 도서출판 역락에게 고마움을 전한다. 김윤식 문학의 전모를 정리하는 날이 언제쯤 가능할까? 빠른 물살처럼 흘러가는 시간을 생각하니, 옴나위없을 뿐이다.

차례

1부

기자, 제자, 연구자가 본 초상화, 그리고 김윤식의 육성

2부

김윤식 비평가에 대한 연구 현황

1부

기자, 제자, 연구자가 본 초상화, 그리고 김윤식의 육성

김윤식 비평가를 논하는 것, 이 자체는 너무나 무겁고 힘든 대상이다. 그가 한국문학사에 남겨놓은 누구도 다 짐질 수 없는 글의 무게 때문이다. 그래서 서두에 그의 인상기를 앞자리에 배치함으로써 그에 대한 논의의 무거움과 딱딱함을 좀 비켜나가고자 한다. 그 동안 여러 논자들이 김윤식 비평가의 인상기를 남겼다. 여러 글들 중 필자의 눈에 들어온 좀은 인간적이면서도 결코 가볍지도 않은 객관성이 어느 정도 담보된 인상기 네 편과 본인의 육성을 함께 읽음으로써 김윤식 비평가의 편모를 구성해 나아가는 서언으로 대신하고자 한다. 그 첫 인상기는《동아일보》정은령 기자가 본 김윤식의 초상화(2001.9.6.)이다.

《"나는 요즘 유령같이 돼 버렸소. 허공에 떠돌아 다닌다고…." 인터뷰를 청하느라 전화를 했을 때 김윤식(金允植·65·서울대 국문과) 명예교수는 슬쩍 이런 혼잣말을 버무렸다. 낡은 아파트를 수리하느라 남의 집에 머무른다는 설명을 얼른 보탰지만, 정년 퇴임한 그의 처지를 생각해보면 예사롭게 들리는 말이 아니었다. 정년 퇴임식 닷새 후인 5일 오전 서울대 인문대 1동. 노크에도 답이 없어 연구실 문을 빼꼼히 열자 그 '유령'은 200자 원고지를 찢을 듯한 기세로 무언가를 쓰고 있었다. "앉으소" 한마디. 그리고는 쓰던 글을 마무리하느라 원고지 앞으로 다시 돌아갔다. 대체 무슨 '유령'이란 말인가. 그는 여전히 '노예선의 벤허처럼 눈에 불을 켠'(1962년 '현대문학' 추천완료 소감 중) 탐구자였다.》

정년 퇴임을 하며 김 교수는 기념논문집을 내지 않았다. 대신 자신이 지금까지 펴낸 책들의 서문들만 간추려 '김윤식 서문집'(사회평론)을 출간했다. 첫 책인 '한국근대문예비평사 연구'(73년) 이래 27년간 쓰고 번역하고 엮은 책이 102종. 그러나 단지 양적인 방대함 만으로 그가 동학들에게 경외의 대상이 되는 것은 아니다. 한국근대문학사 연구의 한 획을 긋는 저작으로 꼽히는 '한국근대문예비평사연구'.

문학사 연구 최초로 카프(KAPF. 1925~35년에 존재했던 조선프롤레타리아 예술가 동맹)의 실체를 드러낸 이 책을 쓰기 위해 그는 먼지 뒤집어쓴 채 묻혀있던 카프계열 문헌 3000여 종을 읽고 1600여 종 이상을 노트에 연필로 베껴썼다. 자신이 알고자 하는 일의 진상을 캐기 위해서는 금서인 마르크스주의 책을 읽는 일이든, 이름을 입에 올리는 것조차 금기시되던 납·월북문인의 흔적을 좇는 것이든 그는 막무가내로 매달렸다. 그 덕에 한국근대문학사연구의 실증자료들이 쌓였다.

"김 교수는 스스로를 벼랑 끝으로 몰아세우며"(황종연 동국대교수) 살아왔다. "윤달에 태어나 생일도 없는 놈"이라고 잡아떼며 규칙과 전통에 물음표를 던졌다. "한국문학이지 왜 국문학이냐"며 '한국문학에 대한 터무니없는 애정으로 경직된' 선배들을 치받았다.

'하루 200자 원고지 20장씩 집필'이라는 원칙을 지키기 위해 일찍 자고 일찍 깨어 오전에 글을 쓰는 생활이 수십 년째다. 결혼을 했지만 그에게는 애면글면해야 할 자식이 없다. 일종의 현장확인인 여행을 제외하고는 취미도 없다. 그의 삶은 "인생을 대가로 치르고 문학을 하는 광기의 현시(顯示) 그 자체"(이인화 이화여대 국문과 교수)였다. '죽음 이외의 휴식은 없다'('한국 근대문학의 이해' 서문 중)던 그의 글은 스스로의 운명을 예언한 것에 다름 아니었다. "나는 마르크스주의자도, 그 어떤 이념의 경도자도 아닙니다. 내 이념은 이성의 힘으로 세계를 변화시킬 수 있다는 믿음, 인간은 나아질 수 있다는 오직 그것 뿐이었소. 인류에게 이 희망이 없다면 어떻게 살 수 있겠소."

– 지금도 그 이념이 실현되리라고 믿습니까?

"아니, 그럴 수야 없게 됐지요. 하지만 이 환장할 희망을 버리고 무엇으로 살아갈 수 있겠소.” ‘우리가 갈 수 있고, 또 가야만 하는 길을 하늘의 별이 밝혀주던 시대는 복되도다’로 시작되는 게오르그 루카치의 ‘소설의 이론’은 그의 경전이었다. 그는 문학을 통해 신과 인간이 구별되지 않았던 황금시대에의 도달을 꿈꾸었다.

그러나 창공의 별을 찾는 그가 발 딛은 땅은 영광된 아테네가 아니었다. 그는 전후의 폐허에서 일본어로 된 중고 책을 읽으며 지적 자양분을 흡수해야 했던 열등감 많은 ‘식민’의 후손이었다. 제 손으로 국민국가를 세우지 못한 분단국가의 백성이었다. 보편적 역사발전 법칙에 따라 유토피아로 가자면 ‘근대’를 건너뛸 수 없었다. 근대의 완성을 꿈꾸는 그에게 한국 근대문학은 숙명의 연구과제가 될 수밖에 없었다. ‘일제시대에 독립운동을 하는 것과 같다는 착각’으로 연구에만 매달렸다.

그러나 그의 나이 쉰셋 되던 해, 동구권이 붕괴됐다. 프랜시스 후쿠야마는 합법칙적으로 발전하는 역사개념은 이제 “끝장”이라고 사망선고를 내렸다. “인간은 벌레가 아니라 인간이므로 그 위엄에 걸맞는 문학을 한다”고 생각해온 그 앞에 “인간은 벌레다. 인간이 뭐가 다른가”라고 말하는 포스트 모더니즘의 소설이 던져졌다. 그에게는 답이 없었다.

“그런데 어느 날 윤대녕의 ‘은어낚시통신’(94년)을 보니 ‘모천회귀’를 얘기하는 겁니다. 인간은 벌레일 수도 있고, 은어일 수도 있는데, 그 은어가 모천회귀를 한다고? 그렇다면 은어처럼 사람도 돌아가야 할 무엇에 대한 지향은 여전히 지닐 수 있지 않겠는가. 그때부터 역사적 상상력을 대체하는 생물학적 상상력에 눈이 뜨였소.” ―그 생물학적 상상력이 ‘세계와 인간은 진보한다’는 선생님의 믿음과 대체 무슨 상관입니까.

“‘역사의 종말’의 저자 후쿠야마의 최근작 ‘대붕괴 신질서(원제 The Great Disruption)’를 보니 근친상간을 금하는 인자가 우리 DNA 안에 있다고 합디다. 생물학적으로 종족의 멸망을 막을 장치가 내재되어 있었던 것이지. 이것처럼 인간의 DNA 속에 이성의 힘으로 세계를 더 나은 방향으로 변화시키려 하는 인자가 있을 수도 있다, 그렇게 믿어볼 수도 있지 않겠소?"

그의 눈빛에는 흔들림이 없었다.

정년 퇴임을 했지만, 그는 이번 학기에도 강의를 계속한다. 명예교수로서 서울대 대학원에서 강의하지만 동국대 대학원에서도 강의를 맡았다. 서울대 붙박이였던 그가 정년 퇴임으로 자유로워지자 몇몇 대학에서 다투어 그에게 강의를 청했다.

68년 서울대 교양과정부 전임강사가 된 이래, 그의 강의는 학생들 사이에 손꼽히는 '명강'이었다. 출석확인과 수업에 대한 헌신성 요구로는 '악명' 높았지만 그래도 들어야 할 강의였다.

"출발하기 위해서는 탈출해야 한다. 가정, 이웃, 친구, 사회같은 익숙한 인연의 사슬로부터 …. 모든 것을 의심해라. 미지를 향한 네 야성적 본능을 키워라"라는 그의 사자후는 갓 스물 안팎 젊은이들의 영혼을 내리치는 죽비였다. 법대 1학년 때 김 교수에게서 들은 '교양 국어' 강의의 충격으로 한국 문학도로 변신하게 된 이동하(李東夏, 서울시립대) 교수 같은 학생들이 속출했다.

-교수에게 왜 강의에 열심인가 묻는 것이 어불성설이겠지요. 하지만 연구와 교수 두 가지에 모두 전력투구하는 모습을 보기가 쉽지 않아서….

"여기 내 방의 책들을 보시오. 열심히 했다느니 뭐니해도 이건 모두 시체일 뿐이야. 파우스트 박사가 갈파했듯이 모든 이론은 회색이라고….

나는 이 시체에 육신을 빌려주는 존재일 뿐이야. 그런데 강의실로 들어가면 빛나는 눈동자들이 있어요. 그걸 보고 어떻게 내가 흥분하지 않을 수가 있겠소."

그러나 정작 김 교수는 스스로를 "학생들이 상종하기 싫어하는 종류의 인간"이라고 규정한다. 자신이 '패배자'이기 때문이란다. "어디를 눌러도 좋은 소리만 나오는 사람들이 있어요. 그 사람들은 성공한 사람들입니다. 나는 패배자요. 패배자는 자신에게든 남에게든 가혹한 법이지."

–대과없이 정년 퇴임에 이르렀고, 방대한 저술을 남겼고, 따르는 제자들이 많은데 도대체 무슨 이유로 패배자라고 하십니까?

"내가 하려고 했던 것은 이런 게 아니니까요. 나는 글쓰기의 어떤 경지에 도달하려고 했어요. 내 책 '근대문예비평사 연구'? 그거 다 발바닥으로 쓴 거요. 그건 내가 아냐. 소설들에 대한 현장비평? 이건 남의 작품에 해석을 다는 것일 뿐이지. 나 스스로가 표현자가 되지 못했어요."

–그렇다면 비평이 아니라 시나 소설을 쓰셨어야 했던 것 아닙니까.

"시, 소설도 썼지. 그러나 내가 그걸 도저히 잘 할 수 없었기에 비평을 시작했던 거요. 그렇지만 비평을 시나 소설의 경지로 끌어올리고 싶었어요. 그런데 그걸 못 이루었소. 그러니 패배자가 아니고 무엇이요."

지난해 그는 젊은 문학평론가 이명원(李明元, 32)씨로부터 '풍경' '언문일치' 등 그가 구사해온 주요개념들이 일본 비평가 가라타니 고진(柄谷行人)을 표절한 것이라는 문제 제기를 받았다.

당시 그는 "실수"라고 짤막하게 자신의 잘못을 시인했지만, 사이버공간을 중심으로 논쟁은 뜨겁게 번져갔다. 이미 그는 후학들에게 전진을 위해 넘어서고 부정해야 할 '살아있는 권위'였다. 거북스러운 일일지라도 이 문제에 대한 그의 소회를 묻지 않을 수 없었다.

"그 양반이 문제 제기를 잘 했습니다. 사실 내가 저질러놓은 텍스트 속에 그런 오류들이 비일비재할 겁니다. 내겐 바이블인 루카치조차 오독한 부분이 있다고…. 잘못된 부분에 대한 문제 제기는 뒷사람들에 의해 계속 진행될 수밖에 없고, 그래야 하겠지요."

강의실에서 그는 제자들의 머리를 내리치며 "나를 죽여라" 했다. 진정으로 그가 거꾸러지는 날에도 그는 "다 이루었다"고 웃을 수 있을까.

그러나 그는 남겨질 일들을 걱정하지 않는다. 그가 두려워하는 것은 오히려 '못다한 욕망이 죽음 후에도 남지 않을까'일 것이다.

"후회 없이 살고 싶었소. 그렇게 살지는 못했지만 방법이 뭔지는 압니다. 뒤를 돌아보면 안 돼. 어떻게 살더라도 되돌아보면 후회할 수밖에 없는 거요. 소금기둥이 돼 버리고 마는 거라고…."

소금기둥이 되지 않기 위해 앞만 보고 나아갔던 김윤식의 삶을 관통하는 한 문학인의 정신적 궤적을 흥미롭고 재치있게 정은령 기자는 그려놓고 있다. 그리고 또 다른 한 편은 김호기 연세대 사회학과 교수가 본 김윤식(한국일보, 2018.11.13.) 편모이다.

문학평론가 김윤식 서울대 명예교수는 가장 열정적인 독서가였던 만큼 수많은 작가론, 작품론을 남겼다. 한국 근대성의 두 얼굴에 대한 문제의식도 잃지 않았다.

"근대는 일차적으로 자본주의 생산양식의 성취와 민족국가 건설을 지향점으로 하는 인간 의지라 규정되며, 근대문학이란 그러한 이념의 문학적 전개에 해당된다. 우리의 경우 이러한 지향성은 매우 난처한 자체 내의 모순을 안고 있었는데, 반제투쟁과 반봉건투쟁이 민족의 지상과제로 가로놓여 있었기 때문이다. 자본주의 성취와 민족국가 건설이라는 주목적 달성이 역사의 보편성이라면 반제·반봉건투쟁이란 한낱 수단임에도 불구하고, 이 특수성이 오히려 보편성을 침해·능가하는 경우가 허다했던 것이다."

다소 긴 인용이지만 현대 한국 지성사를 공부해온 이들이라면 위의 말이 갖는 사상적 무게를 단번에 깨달을 수 있을 것이다. 아니, 한국 현대사를 공부해온 이들도 위의 진술에 담긴 선명한 문제의식에 작지 않게 공감할 것이다. 흥미로운 것은 이 언명이 사회과학자의 주장이 아닌 국문학자이자 문학평론가의 견해라는 사실이다. 그 인문학자가 바로 김윤식이다.

김윤식이 남긴 저작은 200여 권에 이른다. 단독 저작만 159권에 달한다. 한 개인이 이런 규모의 업적을 남길 수 있다는 게 가능한 일인지 상상하기 어렵다. 그는 매일 원고지 20매씩 쓴다고 고백한 바 있지만, 1년에 7,000여 매가 넘는 글을 평생 써 온 그의 학문적 성실성에 무한 존경을 표하지 않을 수 없다.

저작의 양 못지않은 질을 고려해도 김윤식은 진정 뛰어난 인문학자였다. 단언컨대 그는 우리 사회 인문학자와 사회과학자를 통틀어 한국 근대성 탐구에 대한 가장 탁월한 학자였다. 위에 인용한 구절이 이를 증거한다. 자본주의와 민족국가, 그리고 반제·반봉건투쟁은 우리 근대성을 이뤄온 핵심 제도이자 운동이었다. 그의 학문적 탁월성은 소설과 평론 등 문학 텍스트들을 통해 근대성의 문학적 전개과정을 실증적으로 분석하고 깊이 있게 성찰했다는 데 있다. 이 기획에서 김윤식을 주목하는 까닭이다.

김윤식은 1936년 경남 김해에서 태어났다. 서울대에서 국문학을 공부하고 서울대 국문학과에서 가르쳤다. 2001년 정년 퇴임을 한 다음 서울대 국문학과 명예교수가 됐고, 대한민국 예술원 회원이 됐다. 은퇴 이후에도 왕성한 집필 활동을 펼쳤던 그는 2018년 10월 25일 세상을 떠났다.

이 길지 않은 글에서 김윤식이 일궈 온 문학 연구의 전모를 밝히기는 쉽지 않다. 여기서 주목하려는 것은 그가 평생 천착해 온 한국문학의 근대성 탐구다. 오랜 동료였던 국문학자 권영민은 말한다.

"김 교수가 자신의 수많은 저서와 평문들에서 끈질기게 다뤄온 것은 우리 문학에서 '근대적인 것'이란 무엇인가 하는 질문이다. (…) 김 교수가 자료를 조사 정리하고 사(史)적인 맥락을 세워나가면서 체계화한 한국 근대문학 비평은 우리 문학이 추구해온 문학적 근대성의 자기규정과 그 논리에 대한 해석이었음은 물론이다."

이 글이 주목한 김윤식의 텍스트는 1996년에 나온 '김윤식 선집'이다. 이 '선집'은 제1권 '문학사상사', 제2권 '소설사', 제3권 '비평사', 제4권 '작가론', 제5권 '시인·작가론', 제6권 '예술기행·에세이·연보'로 이뤄져 있다(2005년에 7권 '문학사와 비평'이 나왔다). '선집' 이후에도 많은 저작들이 발표됐지만 문학평론가 이동하를 위시한 수제자들이 편집한 이 '선집'은 김윤식의 문학사상을 살펴보는 데 적절하다.

김윤식에게 한국 근대성이란 앞서 말했듯 자본주의와 민족국가 수립, 그리고 반제·반봉건투쟁으로 요약된다. 김윤식에 따르면, 개화기 이후 한국 근대문학은 이러한 근대성의 과제에 대한 반응이자 열망이자 고뇌였다. 제1권 '문학사상사'에서 볼 수 있듯, 김윤식은 신채호, 주요한, 김동인, 나도향, 염상섭, 이광수, 박영희, 백철, 임화, 한설야, 이기영, 김남천, 박태원, 이병기, 이태준, 김교신, 안수길, 이상, 김동리, 서정주의 문학을 주목함으로써 한국 근대문학의 근대성 모험을 분석하고 종합한다.

김윤식의 근대성 담론을 이루는 핵심 아이디어는 다차원성에서 찾을 수 있다. 김윤식은 임화의 주장에 따라 한국 근대성이 이식된 것이라고 파악한다. 그리고 이 근대성에 대해 서로 다른 태도가 존재했다고 분석한다. 예를 들어, 이광수가 민족국가 건설을 중시했다면, 임화는 반제·반봉건투쟁을 우위에 뒀다.

주목할 것은 이러한 근대성에 내재한 양면성이다. 그 양면성이란 근대성이 성취해야 할 목표이자 그로부터 해방해야 할 대상이라는 점을 의미한다. 이 근대성의 양면성에 대한 한국 근대문학의 세 가지 대응으로 김윤식은 '가치중립으로서의 근대'(임화), '근대로서의 근대의 초극'(이상), '반근대로서의 근대의 초극'(김동리)을 주목한다. 이러한 근대성의 문학적 전개과정을 규명하기 위해 김윤식은 '이광수와 그의 시대', '임화 연구', '이상 연구', '김동리와 그의 시대' 등 역작들을 내놓았다. 김윤식은 근대성 탐구가 완료된 게 아님을 미학자 게오르크 루카치의 '소설의 이론'을 빌어 말한다.

"우리가 갈 수 있고 가야만 하는 길을 하늘의 성좌가 환히 비추어 주던 시대란 얼마나 행복했던가라고 우리는 이제 말할 수 없다. 그러한 시대란 없었거나 한낱 환각이었는지도 모를 일이 아닐까. (…) 길은 무한히 뻗어 있고, 아직도 마땅한 장비가 없다고 치자."

김윤식의 근대성 연구가 인문학은 물론 사회과학에 던지는 함의는 결코 작지 않다. 지난 20세기 한국 현대사는 근대성을 성취하는 동시에 해방하려는 시도들로 점철돼 있었다. 광복 이전 민족 독립을 위한 준비론과 투쟁론, 광복 이후 새로운 국가와 사회 만들기로서의 산업화와 민주화 담론도 김윤식의 근대성 분석으로부터 크고 작은 통찰을 얻을 수 있다. 지난 20세기 한국 근대성이 자본주의, 국민국가, 민족주의, 전통주의의 십자포화 한가운데 놓여있었다는 김윤식의 주장은 전적으로 옳다. 그리고 근대성을 성취하고 해방해야 하는 게 21세기 우리 사회에서 여전히 중대한 과제라는 점도 분명하다.

김윤식의 관심이 근대성의 탐구에만 머문 것은 아니었다. 그는 국문학자인 동시에 문학평론가였다. 그는 개별 작가들의 작품을 분석하는 수많은 현장 비평집을 펴냈다. '선집' 제4권 '작가론'에서 그는 김동리, 황순원, 안수길, 최인훈, 전혜린, 최일남, 이청준, 김승옥, 이문구, 오정희, 이제하, 김원일, 조세희, 윤후명, 박완서, 서영은, 김채원, 이문열, 김성동, 김원우, 강석경, 임철우, 구효서, 신경숙, 이인성, 최수철 등 한국 소설을 이끌어온 이들의 내면 풍경과 표정을 분석한다.

돌아보면 김윤식은 한국 근대성과 근대문학의 탐구에 자신의 모든 것을 쏟아부었다. 일각에선 김윤식의 독창성에 대한 문제 제기가 없지 않았다. 분명한 것은 한국 근대문학이 김윤식으로 인해 더욱 풍요로워지고 깊어졌다는 점이다. 그는 우리 현대 지성사에서 예외적인 '지적 장인이자 거인'이었다고 나는 생각한다.

근대성은 사회학의 핵심 연구 주제기도 하다. 사회학에서 말하는 근대성이란 16~17세기에서 시작해 지구적으로 확산된 서구 제도와 의식을 함의한다. 그 제도적 차원으로 사회학자 앤서니 기든스는 자본주의, 산업주의, 감시체제, 군사적 힘을 주목했다. 의식의 측면에선 이성과 합리성을 강조한 계몽주의가 중요했다.

한국 근대성의 역사적 기원은 19세기 후반까지 거슬러 올라간다. 개항에서부터 일제 강점기에 이르는 시기에 한국 근대성은 외부로부터 강제되고 이식됐다. 광복 이후 가장 중요한 시대적 과제도 경제적 산업화와 정치적 민주화라는 근대성의 구현이었고, 이 근대성의 추구가 산업화 시대와 민주화 시대로 나타났다.

이러한 근대성에 탈근대성이 중첩되기 시작한 것은 1990년대 이후였다. 세계화와 정보사회의 진전이 진행되면서 탈근대 사회와 문화에 대한 관심이 높아졌다. 더하여, 계몽주의와 감시체제에 내재된 근대성의 그늘이 조명되면서 근대성으로부터의 해방이 새로운 사상적·제도적 과제로 부상했다.

김윤식이 주장하듯, '갈 수 있고 가야만 하는 길'로서의 근대는 여전히 열려 있다. 가치판단의 차원에서 공정한 시장경제, 성숙한 민주주의, 연대적 개인주의, 개방적 민족주의는 성취와 해방이라는 과제를 동시에 안고 있는 한국 근대성이 가야 할 길이다. 이러한 근대성의 성취와 해방에서 김윤식이란 '지적 장인이자 거인'의 이름은 아주 오랫동안 기억될 것이라고 나는 생각한다.

사회과학자의 시선도 김윤식은 문학을 통해 한국 근대화의 문제를 맨몸으로 헤쳐나온 '지적 장인이자 거인'으로 명명하고 있다. 그리고 2019년에 발간된 『본질과 현상』(봄, 55호)에는 김윤식 선생을 떠나 보내고 난 이후 남겨진 이들이 심비에 새겨놓은 절절함이 생생하게 기록되어 있다. 정홍수, 김종회 두 평론가가 그려놓은 김윤식의 초상화이다. 먼저 정홍수의 가슴에 남겨진 스승 김윤식의 모습은 다음과 같이 스케치 되어있다.

'읽다 그리고 쓰다.' 2015년 9월 한국현대문학관에서 열린 '김윤식 저서 특별전'의 제목이다. 한 단어가 더 있다면 '가르치다'일 거다. 선생님은 쉼 없이 읽고, 쓰고, 가르치셨다. 가끔 불러 밥을 사주셨는데, 생각해보면 그런 때가 잠시 쉬는 시간이셨던 것 같다. 늘 같은 말씀이셨다. "자, 다 먹었으면 일어나는 거지" 평생의 화두였던 한국근대문학. 거기서 그 괴물 같은 '근대'의 윤곽이나마 파악하는 데 별도로 16년의 공부가 필요했다고 술회하셨으니 한눈파는 시간이란 애초에 있을 수 없었다. 월평을 쓰려면 한 작품을 최소한 세 번은 읽어야 한다고도 하셨다. 하루 20매 분량의 글쓰기는 평생을 일관한 선생님의 생의 기율이자 리듬 감각이었다. "하루 70매를 쓸 때는 사흘을 앓았고, 하루 3매밖에 쓰지 못할 때도 사흘을 앓았소. 이렇게 해서 20매 분량이 나의 리듬 감각이라는 것을 알았지요" 근자에 들어선 하루 치 분량이 조금 줄었다고 하셨을 뿐, 매일의 글쓰기는 한결같은 삶의 질서였다. 오른손 중지의 뭉툭한 굳은살을 몰래 엿본 적이 있다. 퇴임 후에는 몇 번 출판사의 자투리 종이로 원고지를 인쇄해서 가져다드리기도 했다. 선생님이 주신 견본은 학교에 계실 때 쓰시던 옅은 하늘색 원고지였다. 매번 많다고 꾸짖으셨지만 삼 년 정도면 소진되었던 것 같다. 인쇄비라며 늘 한참 넘치는 비용을 주셨다. 원고지를 구하는 게 뭐 그리 어려우셨겠는가. 가난한 출판사를 헤아리셨던 마음을 뒤늦게 아둔하게 더듬어본다.

막막할 때면 그냥 선생님의 글을 읽고 또 읽었다. 거기엔 언제나 혼신의 생각과 글쓰기가 있었다. 내게는 그게 문학이었고, 세상의 척도였고, 어쩌면 전부였다고 이제 말해도 되려나. 선생님의 글에서 역사와 시대의 숲을 헤치고 들어가야 겨우 만져지는 문학작품은 고독의 산물이되 휘황한 정신의 높이로 우리를 위로하고 있었는데, 사실 선생님의 글쓰기야말로 그러하다는 걸 조금씩 알아차리기 시작한 것은 언제부터였을까. 한국근대문학 연구, 현장비평, 작가 평전, 예술기행, 자전적 글쓰기가 다 하나의 운명, 하나의 길 위에서 있는 선재동자의 외로운 길 떠나기라는 걸 아주 조금이나마 느끼고 엿볼 수 있었던 것은 또 언제부터였을까. 문학은 누구를, 무언가를 탓하는 일이 아니었다. 비평은 조심스럽고 특별한 공감과 칭찬의 기술이어야 했다. 선생님의 삶이 그러하셨다. 그것이 역사와 인간에 대한 경외와 겸허의 마음임을 나는 아주 늦게서야 조금씩 알아차릴 수 있었다. 문학은 그때 인간의 위엄, 고독, 진실과 관련된 최량의 노력이자 표현일 수 있었다. 정년 퇴임 강연 때의 말씀이 기억난다. "감추어진 힘이란 무엇일까요. 연구자로, 비평가로 제가 매 순간 최선을 다해 성실했다면 그것은 사라져 없어지는 것이 아니라 어딘가 남아서 힘이 되어 시방 저녁놀 빛으로 몽매함에 놓인 제게 되돌아오고 있지 않겠는가. 제가 그토록 갈망하는 표현자의 세계로 나아가게끔 힘이 되어 밀어주고 있지 않겠는가. 여기까지 이르면 저는 말해야 합니다. 인간으로 태어나서 다행이었다고. 문학을 했기에 그나마 다행이었다고"

그 문학은 병자년 윤삼월 정오에 나라 잃은 땅에서 태어난 선생님의 시대적 역사적 충실성의 길이었지만 또한 그 문학은 강변 포플러 숲에서 자라며 누님의 교과서에서 처음 엿본 세계 붕어와 까마귀를 속이고서야 가능했던 잿빛 공부와 고독한 글쓰기의 다른 이름이었던 것도 같다. 선생님의 글이 울림으로 가득하고, 선생님의 글을 읽는 시간이 온통 울림으로 채워질 수밖에 없었던 이유일 테다. 거기서 언뜻언뜻 회한을 엿보았다면 불경한 이야기가 될까. 선생님의 그 철저함은 인간의 약함, "나비 한 마리도 감당 못 하는 거미줄의 섬세함"의 다른 표현은 아니었을까. 감히 말하고 싶다. 나는 선생님과 선생님의 글에서, 선생님의 문학에서 인간을, 인간의 도리를 배웠다고. 인간의 슬픔과 존엄을 배웠다고. 인간의 고독을 배웠다고. 그러고도 선생님은 연전에 어느 책에서 쓰셨다. "나의 길동무여, 소금기둥이 되기 전에 떠나라. 언젠가 군이 그릴 그림들을 내가 보지 못할지라도 섭섭해 마라. 군의 그림은 군만의 것. 그게 그림의 존재 방식인 것을. 자 이제 지체 없이 떠나라. 나의 손오공이여, 문수보살이여. 혼자서 가라. 더 멀리 더 넓게."(『내가 읽고 만난 일본』 머리말) 선생님, 이제 편안히 쉬세요.

제자인 정홍수가 쓴 김윤식 선생에 대한 추모사는 인간으로서의 김윤식의 편모가 절절하다. 선생을 통해 인생과 문학을 체득한 자들이 어찌 한두 사람일까? 다음 김종회 평론가의 <다시 고 김윤식 선생을 그리며>를 읽어보자.

2018년 10월 27일 토요일 오후 5시, 서울대병원 장례식장 1층 행사장. 사흘 전에 홀연히 유명(幽明)을 달리한 원로 문학평론가 김윤식 교수를 영결하고 추모하는 행사가 열렸다. 오랫동안 선생을 아버지처럼 생각하고 모셨던 필자는 눈물 반 울음 반으로 이 추모식의 사회를 맡아 행사를 진행했다. 한국 문단과 문학계의 문인 및 문학 연구자, 선생의 제자와 지인 150여 명이 자리를 함께 한 이날 식전(式典)은 시종일관 엄숙하고 장중한 분위기로 일관했지만, 어느 누구도 중도에 자리를 뜨는 사람이 없었다. 그만큼 선생의 일생에 걸친 행보와 업적이 뜻 깊은 까닭에서였다. "인간으로 태어나서 다행이었다. 문학을 했기에 그나마 다행이었다." 선생의 어록에 있는 말씀이다. 문학 연구와 비평은 교육자요 연구자로서 선생의 생애와 분리될 수 없는 화두였고, 선생은 이에 대한 역량과 열심을 넘어 이를 끝까지 향유한 역정(歷程)을 살다 간 셈이었다. 선생을 기리는 순서 순서들은 소박하지만 품격 있는 것이었고, 조촐하지만 거기 모인 사람들의 면면과 마음으로 인하여 화려한 것이었다. 그 자리에 참례한 이들은 생전의 선생께 미처 다 표현하지 못한 사랑과 정성을 담아, 그 자리가 선생을 길이 기억하는 소중한 시간이요 계기가 되기를 소망했다.

행사는 1부와 2부로 나누어져, 1부에서 먼저 이근배 시인의 조시 낭독이 있었다. 이어서 선생의 제자 세 사람, 이동하 교수와 정홍수 평론가와 권여선 소설가의 조사 낭독이 있었다. 2부는 선생과 관련된, 그리고 선추모의 글 : "문학을 했기에 그나마 다행이었다" 생의 글에 대한 낭송·낭독으로 먼저 성석제 소설가가 이승하 시인의 시 「문학평론가 김윤식」을 낭송했다. 이어 제자인 손정수 교수가 선생의 저서 『한국 근대문학의 이해』 머리말 중 「무릎의 메타포」를, 역시 제자인 권보드래 교수가 선생의 정년 퇴임 기념강연 원고 중 「문학을 했기에 다행이었다」를 낭독했다. 한국 현대문학의 중심을 관류하는 명언과 명문장을 한꺼번에 목도하는 형국이었다.

이날 추모식장에는 행사 전부터 선생의 여러 모양 생전 사진과 더불어 세 노래가 잔잔한 배경음악으로 깔려 있었다. 「고향의 봄」과 「세노야」와 「가고파」가 그 노래들이었다. 선생께서 이 노래들을 즐겨 부르지는 않았으나 늘 마음에 두고 있었다는 사실은 미망인 가정혜 사모님의 말씀이었다. 1부 조사와 2부 낭독에 이어 선생의 생전 모습을 담은 동영상을 관람한 다음, 우리는 그 식장에서 참으로 의미심장한 노래 하나를 '공식적으로' 같이 들었다. 윤시내가 부른 「열애」. 이는 사랑의 노래지만 거기에 실린 구도자적 열정이 선생의 문학과 학문을 향한 마음과 너무 닮아 있었던 것이다. 일찍이 남수단에 선교사로 갔다가 풍토병을 얻어 세상을 떠난 이태석 신부가, 투병 중 텔레비전에 나와 이 노래를 부르는 것을 보고 미망인께서 그 구도의 의미를 가슴 깊이 새겨둔 사연이 있었다.

모두 함께 일어서서 선생을 향한 묵념을 마친 다음에, 필자는 선생께서 남겨준 일화 하나를 소개했다. 언젠가 미국의 한인 문인들을 대상으로 한 강연을 떠나기로 되었는데, 선생은 인편에 봉투 하나를 보내었다. 그 속에는 「송원이사안서(送元二使安西)」라는 중국 왕유의 이별시 한 편을 수기(手記)로 적은 얇은 편지지 한 장, 미화 100달러 지폐 한 장, 그리고 "가다가 주막을 만나거든 목이나 축이고 가소"라는 메모가 들어 있었다. 그 순간의 감격과 감사는 지금도 생생하여 잊히지 않는다. 필자는 회중에게 반문했다. 이제 먼 길을 떠나는 선생께 우리는 어떤 '노잣돈'을 드려야 할 것인가를. 좌중은 아무 말이 없었다. 그러나 대개의 사람들이 눈물을 흘리며 울고 있었다. 큰 소리로 우는 것만이 통곡이 아니었던 것이다. 우리는 그렇게 선생을 보내드렸다.

그랬다. 우리가 드릴 수 있는 노잣돈은 존경과 사랑, 정성과 눈물, 그리고 선생에 대한 기억과 그 많은 가르침을 오래도록 간직하겠다는 약속이었다. 그렇게 우리 시대 문학의 거장은 돌아올 수 없는 강을 건너 영원한 휴식과 평안이 있는 땅으로 넘어갔다. 선생은 많은 이들의 가슴에 지울 수 없는 큰 스승으로 남았다. 이 추모식이 너무도 인상적이었던 선생의 친지 한 분은, 자녀들을 데려와 이 다시없을 장면들을 함께 보았어야 했다고 후회했다. 그는 안경환·정호웅·서경석 교수, 그리고 필자와 함께 내내 상청을 지킨 분이었다. 그런데 정작 큰 문제는 필자에게 남았다. 정말 아버지처럼 생각하고 오랜 기간을 지근거리에서 모셨던 필자에게 선생을 여의는 슬픔과 새로운 깨우침이 함께 당도한 연유에서다.

중환자실에서 의식 없이 누워 계신 모습을 보면서, 얼마나 열심히 사셨으면 저렇게 아무 말씀도 없이 한 생애를 결산하시는 것일까 싶었던 것이다. 중국 국제학술회의를 다녀오면서도 그동안에 선생께서 떠나시면 어쩌나 싶어 밤잠을 이룰 수가 없었던 터였다. 이제 선생께서 속절없이 가시고 세월은 해를 바꾸어 흐르고 있다. 필자는, 선생만큼은 아니지만 너무도 분주하게 과로를 무릅쓰며 살아온 지난날을 돌이켜 보며, 내 삶의 일대 혁명을 꿈꾸고 있다. '이렇게 살아서는 안 되겠다, 일의 욕심을 내려놓지 않으면 안 되겠다, 새로운 쉼과 삶의 방식이 아니고는 내일을 장담할 수 없겠다'는 각성이 가슴이 시리도록 절박해진 것이다. 필자는 선생께 제대로 된 노잣돈을 드리지도 못했는데, 선생께서는 가시는 마지막 날까지 필자에게 깨달음의 선물을 주셨다.

이 진중한 전언을 어떻게 일상생활 속에서 가꾸어 갈 것인가는 온전히 필자의 몫이다. 그러고 보니 이 글은 필자가 2010년에 쓴 「한국근대문예비평사연구 해제」 이래 8년 만에, 선생에 대해 직접적으로 쓰는 글이다. 그 글의 말미에 이렇게 적었었다. "1백 수십 권에 달하는, 각기 창의적이고 중량 있는 내용을 담은 저술의 세계를 두고, 많은 사람들이 김윤식은 1백년에 한 번 나올까 말까하는 비평가이자 학자라는 수사를 사용한다. 정제된 논리와 비평이론에 근거한 연구방법론, 근·현대를 아우르는 호활한 시야와 치열한 탐색의 정신으로 작성된 저술들이기에, 이는 그저 귀에 순하도록 내놓는 찬사가 아니다." 8년 전의 이 언사는 지금도, 또 앞으로 달라질 가능성이 없다. 한데도 큰 문인, 큰 학자, 큰 스승으로서 선생을 다시는 볼 수 없기에 이를 슬퍼하며 탄식할 따름이다.

·

김윤식 선생을 떠나보내는 마지막 추모식장의 분위기를 가감없이 재구성해 놓은 김종회 교수의 글은 공부하는 자의 마지막 순간이 후학들에게 어떻게 남겨져야 하는지를 다시금 되새기게 하는 명장면으로 기록되어 있다. 그러나 역시 김윤식의 편모를 어느 정도 더 깊이 들여다 볼 수 있는 장면은 그의 정년과 함께 남겨진 마지막 고별 강연이다. 「갈 수 있고, 가야할 길, 가버린 길」이란 제목으로 『본질과 현상』 55호(2019.3)에 실린 육성을 다시 듣는다.

고별강연-어느 저능아의 심경 고백

윤삼월에 태어난 어떤 아이

1968년 3월, 전임강사로 출발한 제가 이제 정년을 맞게 되었습니다. 한 몸으로 두 세기를 살고 있는 사람으로서 장거리 경주의 완주를 한 셈이 아니겠습니까. 특정 종교가 아직 없는 저로서는 이렇게밖에 표현할 도리가 없군요. 이는 오로지 천지신명의 도움이라고. 또한 돌이켜 보면 이토록 모자라고 서툰 저를 그래도 옆에서 도와주고 야단쳐주고 감싸주시기까지 한 선배, 동료, 후배들의 눈길이 아니었던들 결코 여기까지 이르지 못했을 터입니다. 이 자리를 빌어 머리 숙여 감사드립니다.

제가 태어난 해는 1936년 음력 윤 3월 12일이었고, 곳은 경남 김해군 진영읍 사산리 132번지입니다. 손기정 선수가 올림픽 마라톤 신기록을 세운 바로 그해이지요. 윤삼월에 태어났기에 제 생일은 20년 만에 한 번밖에 돌아오지 않거니와, 이로서 저는 당사주나 토정비결 기타 점치기 등에서 예외적 존재였으며, 또 그렇게 살아올 수 있었습니다. 윤달이기에 잉여의 부분이라 자처했던 것이지요. 살아오면서 어려운 고비나 의외의 장면에 부딪힐 적마다 저는 속으로 가만히 뇌곤 했습니다. 이건 단지 잉여 부분이야라고. 그러면 고통도 기쁨도 헛것의 빛깔을 띄어 조금은 평온을 찾곤 했습니다. 한 농민의 장남으로 태어난 저는 둘째 누님(제가 태어났을 땐 큰 누님은 이미 시집가고 없었지요)의 뒤를 따라 산과 개울을 넘어 십 리 길의 읍내 국민학교를 다녔으며, 해방을 맞고, 졸업을 하고 중학은 마산에서였습니다. 기차를 타고 겨우 도착한 그곳에서 처음으로 쪽빛 바다를 보았습니다. 제가 다닌 중학은 상업학교였기에 열심히 주산과 부기를 공부했고, 은행 취직이나 대학이라면 상과로 향해져 있었지요.

그러나 어쩐 일인지 저는 은행으로도 상과대학으로도 가고 싶지 않았습니다. 지금 생각해 보아도 도무지 잘 설명할 수 없는데, 문학을 하고 싶었던 것입니다. 시, 소설 따위란 대체 무엇인가. 어째서 그것이 나를 매료시켰을까. 이 물음에 한동안 저는 자체분석을 해본 적이 있습니다. 외로움이 그 하나. 제가 자란 곳은 마을에서도 떨어진 강가 포플러 숲이었지요. 낮이면 포플러 숲의 까마귀와 메뚜기, 뒤뜰 참새를 벗하며 그들의 언어에 친숙했지요. 밤이면 누님이 펼쳐놓은 교과서가 그 다른 하나. <아까이 도리 고도리……> 등 뜻도 모르는 일본어 동요를 흉내 내면서 갖가지 그림과 글자로 채워진 그 교과서들이란 그 자체가 세계로 향한 창이었던 셈. 또 다른 하나는 제가 훗날 어른이 된 후 알아낸 것으로, 일제의 근대 교육의 지향 속에 놓인 신칸트 학파의 이념이 그것. 후진국 독일의 철학을 도입한 일본 정신계 속엔 물질 경시, 문화 숭배 사상이 스며들었고, 이것이 문학, 예술 등에 대한 교육적 이념에 모종의 몫을 한 것으로 보였지요. 훗날 사람들이 흔히 말하는 미적 자율성이 그것이겠지요. 적절한 사례라 하기 어려울지 몰라도, 제대(帝大) 출신의 유진오, 이효석, 그리고 김사량 등의, 문학하기에의 편향성도 이로써 조금은 설명될 수 있을지 모릅니다.

이러한 자체 분석도 오늘의 이 마당에서 보면 별 도움도, 모종의 위안도 되지 못함을 저는 깨닫고 있습니다. 구약이나 희랍 고전에서는 예언자들이 등장, 태어나는 한 아이에 대해 그의 운명을 예언하고 있습니다. 이런 장면을 대하면 저는 형언할 수 없는 감동을 받게 됩니다. 한 인간의 행로란 운명적으로 결정되어 있다는 것. 신들도 이를 바꿀 수 없다는 것. 이 사실만큼 인간적인 것이 따로 있을까. 비로소 저마다의 고유한 죽음을 죽을 수조차 있으니까. 어느 별자리 아래 태어났고 그 별이 지켜주는 삶과 죽음이니까. 윤삼월에 태어난 이 아이는 이런 행운에서 아득히 벗어나 있지 않았던가.

학문으로 나아간 길

학을 하겠다고 혼자 결심했다면 응당 문과 대학을 택해야 했을 터이나 저는 이 점에서도 썩 둔감했습니다. 교사 생활을 하며 문학하기가 그것인데, 제 딴엔, 직업과 이상의 동시적 전개 방식이었지요. 얄팍한 생각, 땅짚고 헤엄치기의 생각이라고나 할까. 문학하기가 그렇게 호락호락했을까. 좌우간 대학을 교원 양성 대학으로 하고, 국문학 전공으로 한 것이 그것입니다. 그러나 막상 대학에 들어와 보니, 대학이란 문학 공부하는 곳이 아니라 학문(과학)하는 곳이 아니었겠습니까. 향가에 앞서 향찰식 표기법부터 시작해야 했고, 두시언해 초간본, 중간본의 표기법 차이 등에 대한 공부가 앞을 가리는 것이었습니다. 학문이란, 그러니까 객관적 논리의 세계 탐구이며 또 그 체계화인데, 문학의 경우 기껏해야 섬세하기 짝이 없는 작품을 단순한 몇 개의 논리로 환원시켜 보이는 것이었지요. 이른바 리얼리즘의 속성인 토대환원주의(土臺還元主義)가 그런 사례의 전형이 아니겠는가.

그렇다면 당초의 제 목표인 글쓰기는 어떻게 되었을까. 아득할 뿐 어느 구석에도 발붙일 데란 없었지요. 아무도 수심(水深)을 가르쳐주지 않았기에 겁도 없이 청무밭인가 하고 날아간 초승달의 흰나비 꼴이었다고나 할까. 제 군번은 0007470입니다. 학보병인 까닭. 대학 2학년 때 군으로 도망쳤다고 하면 적절할까요. 갓 수복된 3·8선 말뚝이 서 있는 중부 전선 모 사단 수색대대 배치더군요. 첫 휴가 때를 잊지 못합니다. 온통 눈으로 뒤덮인, 길조차 막힌 백색의 세계에서 인근 탱크부대 친구들의 도움으로 겨우 빠져 나와, 미아리 고개를 넘었을 때의 그 낯섦이라니. 붉은 벽돌집 색깔이 그럴 수 없이 낯설었지요. 더욱 아득한 것은 부모 계신 고향으로 가지 않고 학교로 직행했을 때였습니다. <자네, 휴가라서 왔는가?> 교수들도, 급우들도 이 한 마디뿐이 아니겠는가. 그도 그럴 것이 모두 자기 일상에 매달려 있었으니까.

고립무원이었다고나 할까요. 대학원에 진학했을 때, 면접을 보시던 심악 선생께서 <자네 군복무 기간이 어째 이렇게 길었는가>고 물으셨습니다. 잠자코 있었던 기억이 납니다. 제가 군복을 벗고 복학하여 대학원에 적을 두게 되었을 땐 벌써 소설이나 시를 쓰겠다는 생각은 깡그리 떨쳐버린 뒤였지요. 학문을 해보겠다는 것, 학문이란 대학에서만 가능하다는 것, 문학의 과학이란 6·25를 마악 끝낸 이 판에선 뉴크리티시즘밖에 없다는 생각을 품었기에, 도서관에서 이들 서적 읽기에 한동안 골몰했습니다. 당시의 동숭동 도서관 2층 열람실에는 계간지 『캐년 리뷰』, 『파르티잔 리뷰』, 『예일 리뷰』가 일 년치씩 묶여져 개가식으로 꽂혀 있었습니다. 어학 실력도 돌보지 않고 사전을 찾아가며, 그야말로 판독하고 베끼기를 일삼은 바 있습니다. 제가 이런저런 독서와 눈동냥, 귀동냥으로 얽어 본 느낌을 훗날 적은 것이 「뉴크리티시즘에 대하여」(1969)입니다. 제 자신이 힘껏 이해한다고 한 한 가지 결실이라고나 할까요. 지금 다시 보면, 혹은 전문가의 안목으로 보면 오해, 독단 투성임엔 틀림없겠지요. 단지 마음 가난한 한 국문학도가 문학의 학문화가 무엇인가를 알아보고자 고민한 흔적입니다.

뉴크리티시즘이란 무엇일까. 지금도 저는 잘 알지 못합니다. 만일 그것이 분석 비평의 일환이라면 정병욱 선생의 「쌍화점고」(1962), 「나의 침실로」를 분석한 송욱 교수의 「시와 지성」(1955), 「추천사」, 「행진곡」 등을 분석한 김종길 교수의 「의미와 음악」(1966), 이효석의 메밀꽃 필 무렵」과 체홉의 「비탄」을 대비하여 분석한 유종호 교수의 「서구 소설과 한국 소설의 기법」(1964) 등이 아마도 그러한 범주로 분류될 수 없을까. 매우 불행하게도 저는 이러한 분석 비평의 성과를 인정하면서도 선뜻 이런 공부로 나아갈 수 없었는데, 뉴크리티시즘을 낳게 한 역사적·사상적 배경을 조금 알게 된 것에 이 사정이 관련됩니다. 실상 그것은 최재서의 출세 논문인 「T. E. 흄의 비평적 사상」(『思想』, 1934.12, 일문)에서 촉발된 것이기도 합니다. 불연속적 세계관에 바탕을 둔 신고전주의가 기실은 반휴머니즘에 속한다는 것이 아니겠는가. 또 그것은 필경 파시즘에로 치닫는 것이 아닌가. 뉴크리티시즘이 미국 남부 벤드빌트 대학 중심의『도피자』그룹에 뿌리를 내렸다는 사실이 이로 보면 어찌 우연이랴. 남부 농본주의자들, 노예 해방을 철저히 거부하는 귀족주의적·보수주의적 세계관의 반영으로서 나타난 것이 뉴크리티시즘이 아니었을까. 그러니까 New란 새로움이 아니라 인류사의 진행 방향에 역행하는 반동사상이 아니었겠는가. 한 작품에는 절대적인 해석 하나만 있다는 것. 그것은 전문적 기능 보유자만이 독점할 수 있는 그 무엇이라는 도도한 귀족주의야말로 뉴크리티시즘을 탄생, 존속, 발전시킨 원동력이며, 그 온상이 바로 대학 인문 과학이라는 성채가 아니었을까.

이러한 생각에 미치자 물론 제 공부의 깊이가 모자랐음에서 온 것이지만, 저는 뉴크리티시즘에 대한 회의가 뒤따랐을 뿐 아니라 그들의 자질이 제일 잘 드러나는 시 자체에 대해서도 흥미를 잃어갔던 것입니다. 제 석사논문이 「시의 구조적 특성」(1962)이었지만 그런 작업을 계속할 생각이 엷어졌으며, 또한 이는 학문(과학)에 대한 흥미까지 엷게 하기에 모자람이 없었습니다. 제가 비평가로 문단에 나아가고,『한국근대문예비평사연구』(1973)에로 몰두해 갔음은 이런 사정과 관련됩니다. 비평사 연구에서 제가 당황한 것이 카프의 존재였습니다. 그것이 이른바 근대문학이라 할 때의 그 근대성의 핵심이라는 사실의 발견이야말로 지금껏 제 공부의 대상이 되어 있는 것입니다.

근대란 무엇인가. 이런저런 규정 방식이 있을 수 있겠거니와, 그 무렵 제가 이해한 것은 그것이 인류사의 어떤 단계에 대한 명칭으로서였습니다. 정치적으로는 (A) 국민국가(nation-state), 사회·경제적으로는 (B) 자본제 생산양식(mode of capitalist production)의 전개 단계가 그것입니다. 이를 인류사의 진행 방향이라 한다면, 따라서 보편성이라면, 지역에 따른 불균형 발전론이 문제될 터이며 이를 특수성이라 부르면 어떠할까. (C) 반제 투쟁, (D) 반봉건

투쟁 등이 이에 속할 터입니다. 한국 근대문학을 규정할 때 제가 적용한 도식이 여기 있었지요. 참으로 난감한 것은, 이 보편성과 특수성의 동시적 인식에 있었지요. 이 둘이 거의 절대 모순성으로 인식되어 마지 않는 장면이 너무도 의식을 누르기 때문이었지요. 도남, 임화 등의 선학들의 고민도 이로써 조금 이해되었지요. 제가 세워본 <국어(국가어), 민족어, 토착어>, <인공어, 준인공어, 기호> 등의 범주 설정도 이와 결코 무관하지 않습니다. 어째서 「혈의 누」(1906)의 작가 국초는 일본식 표기체계에 기대었고, 「표본실의 청개구리」(1921)의 작가는 <彼는>이라고 망설임도 없이 적었으며, 춘원의 처녀작이 일어로 되어 있고, 「오감도」(1934)의 시인 역시 망설임도 없이 일어로 썼을까.

이러한 근대의 과제들이 카프 문학에서 십자포화를 맞고 있는 것처럼 제게 보여 마지 않았습니다. 여기엔 한 시대의 인식적 지평에 대한 설명이 없을 수 없는데, 이른바 근대의 이해 지평에 놓인 헤겔주의가 그것입니다. 주인·노예의 변증법을 중핵으로 한 이 사상만큼 근대 및 인간을 잘 설명할 수 있는 것이 따로 있었을까. 그 직계 마르크스도 루카치도 이 점에서 일치된 것처럼 당시의 제겐 보였지요. 지금도 잊을 수 없는 감격스러운 한 문장도 이와 관련되어 있습니다. "우리가 갈 수 있고 또 가야만 할 길을 하늘의 별이 지도의 몫을 하는 시대는 복되도다."(루카치, 『소설의 이론』, 1916, 서두) 하버드 옌칭 장학금으로 도쿄대(東京大)에 유학이랍시고 간 30대의 젊은 조교수인 제가 그 대학 정문 서점에서 이 책을 대하고 밤을 새워 읽었던 것입니다. 지금도 잠 안 오는 밤이면 이 책을 펼쳐놓고 감회에 젖는 것은 이 때문입니다. 무엇이 그토록 가슴 벅차게 했던 것일까. 회고컨대 그것은 <인류사>에 관련되었음이 아니었을까. 인류사의 진행과정의 한 단계인 근대(시민사회)에 대응되는 문학장르가 바로 소설(서사시)이라는 것, 따라서 인류사의 근대가 지나면 소설도 당연히 소멸되어 다른 서사 양식으로 변한다는 것. 그러니까 과도기적 현상에 지나지 않는다는 것. 인류사, 이것만큼 매력적인 것이 달리 있었겠는가. 그런 공부라면 해볼 만하지 않겠는가. 인류사와 더불어 진행되는 근대에 대응되는 것이 소설 장르라는 이 대목만큼 매력적인 유혹이 달리 있었을까. 인류사라니! 문학연구가 그대로 인류사의 진행 방향에 대한 과제라니! 근대도 과도기적인, 지나가는 단계라면 그에 대응된 소설도 같은 운명이라는 것, 탈근대에 오면 소설이 살아남을 이치가 없다는 것. 우리의 근대문학이란 것도 이 근대의 개념 속에 있다는 것, 민족주의와 계급주의가 십자포화 속에 놓인 것이 카프 문학이었다는 것, 그것이 이른바 보편·특수의 모순성으로 이루어진 역사(주의)였다는 것. 제가 쓴 첫 저술이며 학위 논문인 『한국근대문예비평사연구』(1973)는 자료 집성집이지만 이런 바탕 위에서 씌어진 것입니다.

'역사의 끝장'과 그 징후 읽기

헤겔주의에 기초를 둔 이러한 근대관이 얼마나 도식적이고 일방적이라는 것을, 공부가 모자라 미처 알아차리지 못하고 덤비던 세월 속에서 제가 크게 당황한 시기가 도래했는데, 구소련 붕괴(1989) 사건이 그것입니다. 역사란 자유의 자기실현(전개)이라는 헤겔의 처지에서는 이를 어떻게 이해해야 하는 것일까. 다시 헤겔을 읽어보는 길밖에 제가 할 일은 거의 없었지요. 두루 아는 바와 같이 세계사의 중심점에서 벗어난 방관자적 처지(미네르바의 부엉이는 황혼이 된 뒤에야 나는 것이거니와)에 섰던 헤겔은 나폴레옹의 예나 공격에서 역사의 끝장을 보아버렸지 않았던가. 유럽 전체가 자유로 뒤덮혀졌으니까 더 전개될 정신은 없었던 것이지요. 사르트르와 메를로-퐁티, 바타이유 등을 길러낸 헤겔의 직계 A. 코제브는 어떠했던가. 제2차 세계대전이 끝났을 때 그는 역사의 끝장을 보고 있었지요. 자유주의적 이념의 승리에서 세계사는 더 나아갈 데가 없었던 까닭. 그 손주격인 F. 후쿠야마는 구소련 해체에서 비로소 역사의 끝장을 보고 있지 않았던가. 그렇다면 역사의 끝장 이후의 인간은 어떤 인간형이어야 하는가. 이 물음이 중요한데, 따지고 보면 헤겔에서 그 해답이 나와 있습니다. 인간의 본질(욕망)은 위신을 위한 싸움(Prestigekampf)에 있다는 것. 이 욕망이 주인·노예 변증법의 핵, 그러니까 역사 전개의 힘의 원천을 이루는 것인데 역사의 끝장 이후의 인간이란 이것이 결여된 인간이라는 것. 그렇다면 그것은 다만 짐승스런 존재에 가까운 그 무엇이 아닐 것인가. 코제브는 물질적 삶을 즐기는 미국인을 염두에 두었고, 뒷날엔 스노비즘(형식주의)에 떨어진 일본인을 암시해 놓고 있었지요. 그렇다면 후쿠야마는 어떠했을까. 매우 신중하게도 그는 의문 부호를 달아놓더군요(최근 그는 최신 DNA 이론을 동원 『대붕괴 신질서』[1999, 국역]를 내놓았다). 그 이유로 핵무기를 갖추고 있음을 내세우고 있더군요. 요컨대 역사가 끝장난 것이라면 그 이후의 인간형은 어떠해야 하는가. 근대의 종언과 이는 얼마나 같고 또 다른가. 포스트모더니즘이라는 용어가 난무하는 시대성 속에서 지금껏 근대문학에 매달려 문학의 근대적 성격에 골몰하던 저 같은 사람은 어떻게 방향 설정을 해야 하는 것일까. 이 절벽 앞에서 빛을 찾는 길은, 다름 아닌 제가 전공한 문학, 곧 근대문학 속이었지요. 당초 하늘의 별이 내가 갈 수 있고 또 가야 할 길의 지도 몫을 했듯, 내가 전공한 근대문학이 이번에도 지도 노릇을 해줄 수밖에. 다른 무슨 방도가 따로 있었겠는가.

그런데, 이번의 경우 그 근대문학이란 과거 지향적인 것이 아니라 미래 지향적이라는 사실입니다. 과거의 이 나라 문학의 근대적 성격 해명(체계화된 해석)에서 벗어나 지금 여기에서 바야흐로 씌어지고 있는, 이른바 당대(현대)의 문학 읽기가 그것. 이때부터 저는 문단에서 발표되는 중요 작품을 거의 모조리 읽는데 힘을 기울였지요. 제가 비평가로 데뷔한 이래(1962) 월평도 자주 쓰긴 했나, 그것도 한갓 여기(학문 연구를 위한 보조 수단, 감수성 개발)였지만 이번엔 사정이 전혀 달랐습니다. 길찾기였던 만큼 필사적일 수밖에요. 어째서 그러해야 했던가. 이 물음은 문학작품, 그 속에 해답이 들어 있습니다. 작품이란 무엇이겠는가. 작가가 쓰는 것이 작품이기에 그것은 어디까지나 작가에 귀속되는 것 아닙니까. 저작권의 근거도 여기에서 나오지요. 동시에 작품은 작가의 의도를 초월하는 것이기도 합니다. 시대적 무의식의 반영이 그것이겠는데, 이는 작가의 의도와는 <전혀> 무관한 집단 무의식이라 부를 제3의 영역이 아닐 수 없지요. 그동안 제가 읽어온 과거형 이 나라 근대문학은 그 시대적 무의식이 놓인 자리가 뚜렷했는데, <인간은 벌레가 아니다>의 명제로 요약되는 것이 그것. 인간의 위엄에 어울리는 문학, 그것이겠지요. 일제 강점기의 모든 저항 문학, 60·70년대의 분단 문학, 80년대의 노동문학, 다시 요약컨대 <민족 문학=민중 문학>이었던 것. <위신을 위한 싸움>을 전제로 한 주인·노예 변증법의 틀이 거기서 은밀히 작동하고 있지 않았던가. 이러한 과거형 문학에 대체되는, 현재형의 새로운 문학이란 어떠해야 할까. <인간은 벌레(메뚜기, 연어, 되새)다!>의 명제로 정리되는 그 무엇. 윤대녕의 「은어낚시 통신」(1994)이 나왔을 때 직감적으로 제가 잡은 감각은 바로 위의 명제였지요. 역사의 끝장 이후의 문학이란, 그러니까 위신을 위한 싸움을 포기 혹은 대수롭지 않게 생각하는 인간형으로 정의할 수 있는 곳은 바로 생물학적 상상력이었지요. 물고기나 철새 모양 인간도 한갓 생물의 범주에 든다는 것. 그것도 모든 생물 그것처럼 신비로울 정도로 섬세하고, 난해하며, 또한 아득한 존재물이라는 것. 생물학적 상상력이 논리를 초월하는 대목은 연어의 모천회귀를 신호로 태양 컴퍼스에 따른 철새의 이동 감각에서도 엿보였으며, 이 낯선 상상력이 신화적 상상력 속으로 넘나들고 있지 않겠는가. 이에 비할 때, 역사의 끝장 의식에 당황하는 이 나라 작가들의 고민에 가득 찬 수많은 <후일담계> 문학도 이 신비스런 상상력 앞에서는 한동안 빛이 바랠 수밖에 없었지요. 여기까지가 제가 읽은 현재의 문학 읽기의 첫 번째 단계입니다.

그 다음 단계는 어디쯤이었을까. 대붕괴와 잇따른 혼란 속으로 또다른 목소리가 들려왔던 것. '과연 <인간의 벌레다!>일까'가 그것. 인간이 생물학적 존재임엔 틀림없지만 또한 벌레가 아님도 사실이 아닌가. 이 물음과 더불어 던져진 것이 사이버 세계(가상 진실)의 지구 규모적 등장입니다. 이 사이버 세계의 전개가 그동안 제게 익숙해온 활자 세계에 던진 충격은 역사의 끝장 의식 그것에 맞먹는 그런 것이었지요. 이에 대처하는 방도 역시 제가 익숙해 온 문학 거기에서 해답을 찾을 수밖에요. 현재형 작품 읽기를 조금이라도 게을리 할 수 없는 이유이기도 합니다. 현재의 작품 속에 그에 대한 해답도 응당 들어 있으리라 확신하기 때문. 그동안의 과거형 활자 문학이란, 명제화한다면 <인간은 동물이다!>로 정리되고 있지 않았을까. 살아서 움직이며 이곳저곳으로 공간적 시간적 이동의 분량 확보에 성공한 문학이었던 것이니까. 활자가 시공의 제약에서 벗어나지 못함이 이를 증거하지요. 사이버 공간의 등장은 무엇보다 시공의 제약에서 자유롭습니다. 이에 맞서기 위한 활자 문학이 <인간은 식물이다!>로 전환될 수밖에. 사이버 공간이 시·공을 초월한 무차별성으로 규정되고 군림하는 것이라면, 활자 문학이란 시·공간에 제약됨을 본질로 하는 것, 동시에 어쩌면 그로써 존재 근거를 삼았던 것. 이에 주목한다면 이 사정이 쉽사리 이해될 수 있겠지요. <인간은 식물이다!>의 명제로서 활자 문학의 영역을 직감한 순종 한국인으로 시인 김지하씨를 들어도 되겠지요. 씨가 6년여에 걸친 옥살이에서도 자유를 획득할 수 있었던 것은 바로 이 식물적 상상력에서였던 것. 바람에 날려온 민들레 씨앗이 녹슨 감옥 창가에 착근하여 싹을 틔우는 놀라운 장면을 씨는 체험하고 있었던 것이기에 어떤 사변적 세계와도 구별되는 생물학적 확실성이었지요(『예감에 가득찬 숲그늘』). 그 민들레에서 황금빛 꽃이 필 수도 있을 것인가. 이 물음에 나름대로 모종의 해답을 보여준 시인으로 이번엔 김춘수 씨를 들 수도 있지 않을까. 유아론(唯我論)에 빠져 허우적대던 전후 시단의 김수영, 김종삼, 김춘수 등이 4·19를 고비로 각각 유아론(난해시)에서 벗어나 저마다의 길을 뚫어 가지 않았던가. 의미의 시란 이름으로 김수영이 먼저 돌파해 나갔고, <내용 없는 아름다움>을 향해 나간 쪽은 김종삼이었지요. 이 틈에 낀 김춘수가 이런저런 곡절을 겪으며 도달한 곳은 어디였을까. 꽃없이 번식하는 은화식물, 포자(胞子)로 번식하는 버섯류의 상상력이었던 것(『김춘수전집(2) : 시론집』). 여기까지가 역사의 끝장 이래 제가 새로운 방향성을 찾아 헤맨 과정의 대강의 표정입니다. 그리고 이러한 방향 모색에서 제가 취한 행위가 활자 문학의 방식 그대로의 속성에 따랐다는 점에 주목해 주십시오. <현장비평>에 쉴새 없이 매달렸던 것은 이 때문입니다.

'징후 비평'의 어떤 표정

방향 모색의 행위란, 그것이 작품을 통해 이루어지는 방식이란 어떠해야 적절할까. 제가 징후 비평이라 이름붙이고, 이런 분야의 한 가지 스타일을 모색한 것은, 저도 모르는 사이에 저절로 이루어진 것입니다. 저는 그것이 문학 고유의 방식에서 말미암았기에 지극히 문학적인 행위에 속한다고 믿고 있습니다. 그 방식은 두 가지였는 바, 그 하나는 작품 읽기와 그것에 대한 글쓰기가 그것. 작품을 읽기란 무엇인가. 작가의 의도 읽기와 시대적 집단적 무의식 읽기로 이를 정리할 수 있겠지요. 어디까지가 작가의 의도적 측면이며 또 아닌가. 어디까지가 집단적 무의식 영역인가를 판가름하기란 쉬울 턱이 없지요. 서로 섞여 있어 구별 불가능 영역일 경우가 대부분인 까닭. 이를 저는 <그것이 모종의 징후로 존재한다>고 생각해 오고 있습니다. 이 모종의 징후란 어떤 경우에도 명시적일 수가 없습니다. 징후적인 것의 포착이란 또 다른 징후일 수밖에 없다는 것이지요. 작품에서 스며 나오는 모종의 징후를 또 다른 징후로 포착하여 존속시켜 놓기가 그동안의 제 작업이었습니다. 쓰기를 통하지 않고는 절대로, 혹은 결코 포착되지 않는 징후인 까닭. 따라서 읽기만 하고 쓰지 않음이란 무효인 것. 이것이 제가 찾아낸 방식이자 방법이지요. 저만의 독창성이 있다면 바로 이 점에 있겠고 공적이 있다면 바로 이 점이겠지요. 사람들은 이를 두고 현장비평이라 불렀지만 제 쪽에서 보면 <징후 비평>에 불과한 것입니다. 징후에서 징후에로 건너뛰기, 실상 이것은 제가 문학에서 배운 기술일 뿐, 무슨 독창적 발견일 수 없지요. 원인을 잘 모르는 병자를 치유하는 방식으로 고안해낸 가장 그럴법한 방식의 하나가 예술이라면, 그리고 문학도 그 중의 하나라 가정한다면, 이 문학쪽이 지닌 고유성에 제가 기댔다고 봄이 좀 더 사실에 가까울 터입니다. 제가 포착한 징후들, 가령 생물학적 상상력도, 민들레 씨앗론 및 포자론도 단지 이 징후 비평의 결과였던 것입니다.

다른 하나는, 징후를 포착하는 방식이 그것. 사람들은 이를 글쓰기의 스타일이라 부르겠지만 제 처지에서 보면, 스타일이기에 앞선 그 무엇, 요컨대 징후 보존·유지를 위한 필사적 행위라고나 할까요. 제 징후 비평을 두고 사람들은 <흥, 멋대로군> 또는 <자유자재로군>이라고 하기도, <손바닥 위에 올려 놓고 놀고 있군>이라고들 했습니다. 응당 그런 비난을 받을 만했음도 사실이었을 터. 그렇지만 제 처지에서 보면, 거듭 말하지만 필사적이었습니다. <습니다체>는 물론 주·객의 대화체, 비평가·문학사가의 대화체로 넘나들기도 했고, 논문식 문체와, 심지어 묘사체조차 넘나들기도 한 것은 오직 징후 읽기와 그 징후 표현을 위한 길찾기에 다름 아니었던 것이니까. 잘 모르긴 합니다만, 헤겔에 맞서 헤겔의 동일성론을 격파하기에 온 힘을 쏟은 『부정 변증법』의 저자 아도르노 역시 이와 비슷한 국면에 한동안 서 있지 않았을까. <아우슈비츠 이후에도 서정시가 씌어진다는 것은 야만이다>라고 그가 말했을 때 그때부터 그의 글쓰기는 적어도 종래의 철학적, 논리적 문체일 수 없었던 것. 『부정 변증법』 조차 한갓 수필식으로 묘사되었음은 이를 증거함이 아닐까. 논리로써 논리를 격파함이란 기껏해야 동일성 이론에 함몰되고 만다는 사실을 그는 간파하고 있지 않았을까. <작가는 나의 스승>이라 공언하면서 징후 비평이란 것에 딴엔 제법 온 힘을 쏟은 모양인데, 그러다 어느새 20세기가 끝장나고 21세기에 서슴없이 접어든 오늘에 와서 그대는 무엇을 얻었고 무엇을 잃었는가. 무슨 그럴싸한 모종의 소식이라도 들려왔던가. 이렇게 제게 묻는 사람이 있다면 저는 가만히 그 사람의 손을 이끌고 제가 글 쓰고 있는 현장을 보여 줄 수도 있습니다.

여기는 제 글 쓰는 곳, 서재랄 것까지 할 수 없다 해도 보다시피 제법 종이책들이 가득 벽과 바닥에 널려 있습니다. 이를 두고 『존재와 무』(사르트르)의 사팔뜨기 철학자는 공동묘지라 했지요. 그 서재 주인이란, 그러니까 묘지기에 더도 덜도 아닌 존재. 시체들로 가득 찬 공동묘지에서 이 묘지기는 무엇을 하고 있을까. 죽은 자에게 자기 몸을 빌어주기에 다름 아닌 것. 자기의 뜨거운 피와 입김을 시체에다 접속시켰을 때, 미라 상태의 시체에 피와 생기가 돌고 드디어 그 입김이 살아남이란 얼마나 감격스러운가. 얼마나 그로테스크한가. 얼마나 처절한가. 묘지기로서의 제 모습이 거기 있습니다. 시체에다 몸을 빌어주고 있는, 가사(假死) 상태에 빠진 기괴한 제 모습이 거기 있습니다.

묘지기를 조롱하며 스스로 묘지기임을 거부하고 여기에서 벗어나고자 『존재와 무』의 저자가 취한 방식이란 무엇이었을까. 잘 모르긴 하나 글쓰기를 실탄이 장전된 총이라 보고, 이른바 앙가즈망 문학으로 치달은 것은 혹시 아니었을까. 그럴만한 능력도 용기도 없는 저 같은 묘지기는 어떻게 해야 하는 것일까. 징후 모색과 그것의 보존을 위해 제 딴엔 온 힘을 쏟다보니 갈데없는 묘지기로 전락해버렸다는 것. 이 필연적 현실에 그대로 안주한다면 무엇보다 징후찾기 및 그 보존이라는 당초의 목표는 어찌 되는 것인가. 본말전도도 유분수라 하지 않겠는가. 당초의 그 목표를 위해서도 단연 시체 지기에서 벗어나야 하지 않겠는가. 어떻게 해야 묘지기 신세에서 벗어날 수 있을까. 징후 찾기 및 그 보존에 함몰하다 빠져 버린 이 덫에서 제가 벗어날 길이란 혹시라도 있는 것일까. 제게 모종의 위기의식이 감돌았다면 바로 이 부근이었습니다. <머나먼 울림>, <선연한 헛것>을 좇아 투르판으로, 타크라마칸 사막으로, 바이칼호로, 카트만두로 라사로 헤맨 것도 그런 탈출구 찾기였던 것일까.

연구자의 자리와 표현자의 사상

20세기가 저물어가는 마지막 해인 1999년 저는 한 권의, 제겐 제법 뜻깊은 책을 낸 바 있습니다. 『한국근대문학연구방법입문』(서울대학교출판부)이 그것. 제 전공이 <한국 근대문학>인 만큼 그것에 대한 연구방법 입문이기에, 경우에 따라서는 제 출발점인 『한국근대문예비평사연구』 이래의 총결산이라 할 만한 것입니다. 며칠 밤을 새워가며 이 책의 머리말을 「현장성으로서의 방법」이라 하여 썼는데, 그 내용은 대강 이러합니다. 『발견으로서의 한국현대문학사』(서울대출판부, 1997)는 90년도 이래 제가 대학원에서 강의한 내용을 나름대로 정리한 것입니다. <역사의 끝장>을 보아 버린 장면에서 재정립해야 하는 마당이기에 무엇보다 제 자신이 불안하고도 허황해진 느낌을 감추기 어려웠지요. 토대 환원주의(마르크스주의 방법론)를 비롯, 무수한 환원주의식 방법론이 세계 인식의 기초로 되어 있던 상황에 그 동안 익숙해졌던 제 자신의 굳은 체질이 더 이상 감당할 수 없는 지경에 이르렀던 만큼 이 사실을 나름대로 드러낼 필요가 있었던 것입니다. <발견>이라는 말이 지닌 특별한 의미가 주어진 것은 이러한 사정에서 말미암았던 것입니다.

그렇지만 <발견>만 해 놓으면 그만인가 하는 강한 울림이 이번엔 제 내면에서 움트기 시작하지 않겠습니까. 이 울림은 제가 감당하기엔 한층 아득한 것이었지요. 외부에서 주어진 것으로서의 <역사의 끝장> 의식을 대면하고 당황하긴 했지만, 거기에는 나름대로 대응할 수 있었는데 <외부에는 외부의 것으로>의 방법이 그것입니다. 그러나 이번의 당황함은 이와 성격이 다른 것이었습니다. 내부의 목소리에 대응해야 함이란 실로 아득했는데, 왜냐하면 내부의 목소리란 그에 대응되는 외부가 없기 때문이지요. 문자를 쓰자면 <비대칭성>의 상황이었던 것. 내부란 그러니까 내부로 돌파할 수밖에 없는 것. 화두(話頭)일 수밖에 없는 이유가 이로써 말미암습니다.

90년도 이래 제가 그동안 감당해 온 이런저런 <발견>이란, 다시 말해 <발견으로서의 한국현대문학사>란, 실상은 <방법으로서의 한국현대문학사>였던 것입니다. 여기서 제가 말하는 <방법>이란 내면에서 움트는 그 무엇이지요. 제가 인간의 도식을 내세우기도 하고, 작품론→작가론→문학사→작품론→작가론→문학사의 원환 운동을 문제 삼기도 했던 것은 방법의 모색에 다름 아니었습니다. 이 내면의 과제를 방법이라 했을 때 이번엔 이를 조금 구체화시킬 필요가 있었습니다. 화두 속의 과제로 처리해 버린다면 방법 자체가 무의미해지기에 기를 쓰고 여기에서 한 발자국 물러서지 않으면 안 되었던 것. 연구자인 저로서는 이 대목이 절체절명의 경지라고나 할까요. 방법이 그냥 방법일 수 없고, 뭔가 토가 달린 방법이어야 했던 것이지요. 방법론이 아니라 그냥 방법이라 한 것은 이와 무관하지 않습니다. 곧 방법이란 <현장성>이자 <사건성>이었던 것. 굳이 이를 현장성 (1)·(2)·(3)으로 나눈 것은 내면에 함몰되기 직전에서 몸을 건져 올리기 위한 몸부림의 일종이었지요. 작품론/작가론/문학사에 각각 현장성을 대응시키는 일의 무의미함을 부추기는 것도 내면의 목소리였고, 거기서 탈출하라고 외치는 것도 내면의 목소리였던 것. 화두이되 화두일 수 없음, 이를 방법이라 부르겠습니다. 표현자의 화두와 연구자의 화두가 각각 다르면서도 불이(不二)라는 인식의 장(場)의 모색, 바로 여기에 제가 가까스로 이르고 있습니다.

지금 다시 읽어보니, 아직 덜 익은 데가 눈에 띄긴 하나, 제 솔직한 심경만은 그대로 보입니다. 요컨대 연구자의 처지가 이를 수 있는 궁극적인 자리를 엿보고자 한 셈입니다. 다소 어수선하긴 하나, 이 책에서 제가 내세우고자 한 것은 다음 세 가지 범주에 대한 울타리치기와 동시에 묘지기에서의 탈출 의지의 표명 및 방법에 관해서였지요. 세 가지 범주란 무엇인가. 여기에는 조금 설명이 없을 수 없습니다. 제겐 매우 중요한 문제이니까요.

서두에서 잠시 말씀드렸듯, 제 출발점은 『한국근대문예비평사연구』였는바, 이는 근대문학에 대한 학문적 영역이지요. 학문(Wissenschaft, science)이란 무엇인가를 묻고, 이를 국문학에서 자의식의 일종으로 받아들인 최초의 한국인이 도남(조윤제) 선생임은 모두가 아는 사실. 학문이란 근대적 학문이라 믿고, 한국문학을 이로써 파악하고자 한 도남의 기본 입장은 <국민국가>의 이념이었던 것. <국어(국가어)>만이 자국 문학이라는 기본항에서 출발, 문학을 <정신과학>(오늘의 해석학)의 일종으로 설정함으로써 도남은 학문(과학)에 기초를 놓았지요. 막연한 방법 이전의 민족주의와는 다른, 신민족주의로서의 국문학의 근대적 학문화가 그 기틀을 세운 셈. 자본제 생산양식이라는, 근대의 또 다른 측면인 계급 사상이 근대적 학문의 하나임도 모두가 아는 일. 카프 문학이 이에 해당되는 것. 그 어느 쪽이든 근대적 학문으로 성립되기 위한 기본항은 객관성이겠지요. 그것은 적어도 엄밀한 자료 검토에서 결코 벗어날 수 없는 영역이니. 제가 오랫동안 이쪽에 몸을 담고 노력이랍시고 해왔지요. 약간의 열매로 『염상섭 연구』(1987), 『이상문학 텍스트 연구』(1998) 등을 들 수 있을지 모릅니다.

두 번째 제 영역은, 앞에서도 말했듯, 역사의 끝장 이후의 과제에 관해서입니다. 징후 비평이 그것인데, 이는 묘지기의 신세에서 결코 벗어날 수 없었지요. 학문 역시 그러하긴 해도 징후 비평은 그 강도랄까, 순도(純度)가 극단적이었던 까닭입니다. 잘 설명할 수는 없으나, 숨이 막힐 지경이었다고나 할까요.

이런 저를 어떤 문학자는 조롱이라도 하듯, 악마 메피스토펠레스의 입을 빌어 <모든 이론은 회색이고 생명의 황금 나무만이 녹색이다>(『파우스트』)라고 하지 않았겠는가. 이에 한술 더 뜨듯, 『법철학 서설』의 저자 헤겔은 이렇게 설파해 놓지 않았던가. <회색에 회색을 거듭 칠해도 생명의 녹색은 되살아나지 않으며 단지 사변적으로 될 뿐>이라고. 이 늪에서 벗어나는 방도는 과연 없는 것일까. 묘지기에서 벗어나기, 미라에게 내 몸을 빌어주기에서 벗어나, 내 피와 숨결, 몸 냄새를 그대로 드러낼 수 있는 <나만의 것>의 영역 개척은 과연 불가능한가. 『한국근대문학 연구방법론 입문』은 바로 이 물음에 대한 나름대로의 해답 찾기에 더도 덜도 아니었던 것. <비평가>와 <문학사가>의 대담으로 일관된 이 책의 마지막 장이 「화두로서의 표현자와 연구자」로 되어 있거니와 연구자의 몫과 비평가의 몫을 조목조목 따져가다 보면 학문으로서의 생명인 논리에서 벗어난 부분이 있을 수 있다는 것. 징후 탐색 및 그 보존으로서의 징후(현장) 비평에서도, 그 징후에서 벗어난 잉여 부분이 있을 수 있다는 것. 이 두 잉여 부분의 발견이야말로 묘지기에서 벗어나는 한 가지 길이 아닐 것인가. 제가 이를 두고 이름 붙인 것이 바로 연구자와 나란히 선 <표현자>의 개념입니다. 그것은 궁극적으로는 연구 및 비평의 자립적 근거를 묻는 것이지요. <소멸의 장소> 찾기라고나 할까요. 이를 조금 그대로 따오면 안 될까요. 기행문을 위장한 『머나먼 울림, 선연한 헛것』(2001)의 세계 꿈꾸기가 그것. 이 둘이 마주쳐 공명하기가 그것. <울림>과 <헛것>이 서로 스며들기가 그것. 이 <소멸의 장소>에 이르기가 그것. 이를 조금 옮겨다 놓고 싶습니다. 비평가 선생의 화두란, 표현자의 그것이자 연구자의 그것이 아닐 수 없지요. 생뜨 빅토와르 산기슭에 오두막을 짓고, 광주리 속의 사과를 들여다보며 <사과가 되라!>고 무수히 외치며 캔버스 앞에 앉아 있던 초라한 화가 세잔느 모양 네모진 책상 앞에 앉아 서울운동장보다 넓고 아득한 원고지를 향해 <표현자가 되자!>고 무수히 외치고 있는 선생의 목소리가 선연합니다. 문학사가 화두라? 그 쪽에서 제 내면의 목소리까지 듣고 있는 마당이기에 이젠 어떤 교묘한 변명도 별 소용이 없겠네요. 화두이기에 그러합니다. 홍인(弘忍)의 수제자 신수(神秀)와 육조 혜능(慧能) 사이에 벌어진 선문답에 어찌 이르겠습니까. 돈법(頓法)이냐 점법(漸法)이냐를 문제삼기에 어찌 이르겠습니까. 화두란, <점돈(漸頓)>을 함께 넘어서는 것인지도 모르니까. 저 같은 연구자에 있어 화두란 실상 따로 있습니다. 「광장」(1960)의 작가 최인훈의 『화두』(1994)가 그것이지요. '이 소설의 부분들은 대부분 사실에 근거하지만 그 부분들의 원래의 시간적·공간적 위치는 소설 속에서는 반드시 원형과 일치하지 않는다. 즉 이 소설은 소설이다.'(「독자에게」) 이렇게 선언한 대작 아닙니까. 10년 침묵 끝에 솟아오른 것. 어째서 제목을 <화두>라 했을까. 표현자로서의 최인훈의 현장성 (1)·(2)·(3)이라는 뜻이 아닐 수 없지요. <갈 데까지 간 경지>를 두고 화두라 부르는 것. 그것은 점진적 깨침일 수도 있지만 한 순간의 도달점이기도 한 것. 신수와 혜능이 한 자리에 서는 경지라고나 할까. 비평가 …….

문학사가 먼저 최인훈식의 현장성 (3)을 잠시 엿볼까요. 「소설가 구보씨의 일일」(1970~71) 연작을 쓴 이유를 이렇게 밝히고 있는 대목. '박태원은 이 제목으로 한 편을 썼지만 나는 그 분위기가 그렇게 끝나기에는 아까운 형식으로 보였다. 그가 북쪽에서 이 제목을 다시 사용할 가능성은 없다고 나는 판단했다. 가령 사용해서 그의 손에서 제2, 제3의 「구보씨 ……」 속편이 나온다고 해도 남쪽의 우리 눈에 띄지는 못할 것이었다. 마지막으로 해방 전의 그의 원전 「구보씨……」도 가까운 장래에 남쪽에서 햇빛을 볼 가능성에 대한 기대는 1970년 현재에서는 환상으로 보였다. 그러니까 70년 현재에서 볼 때 「구보씨……」는 과거에도, 현재에도, 미래에도(물론 수긍할 만한 미래 말이다) 우리 문학사에는 없는 존재라는 현실에서 우리는 살고 있기 때문에 「구보씨……」라는 이름으로 모작을 씀으로써 나는 우리 문학의 연속성의 단절에

항의하고 <민족의 연속성>을 지킨다는 역사의식을, 문학사의 문맥에서 실천하고 싶었다. 그것이 나의 구체적인 역사의식이었다.'(민음사판, 제2부, pp.50-51)문학사의 시선, 그러니까 현장성 (3)의 장면입니다. 70년도 현재의 역사의식이 실로 구체성을 띠고 있지 않습니까.

비평가 그 역사의식이 오늘의 처지에서 보면 얼마나 초라한가. 차라리 환상적이기까지 하다는 점을 선생은 지적하고 있군요. <역사의 끝장> 이후의 세계에서는 박태원의 복권은 물론 무수한 박태원들과 그 논의들이 득실거리고 있는 형편 아닙니까. 문학사가 현장성 (3)이 지닌 이러한 상대화야말로 작품이 지닌 <덧없음>이 아닐 것인가. 실상 위의 장면에서 작가 최인훈이 암시하고 싶은 것은 역사의식의 날카로움(구체성)보다는 그 덧없음에 있지 않았을까. 왜냐하면 정말 최인훈이 『화두』에서 문제 삼은 것은 따로 있었으니까. 그것은 물을 것도 없이 현장성 (1)이지요. 다음 대목에서도 이 점이 확인됩니다.

'해방전, H에서 살던 때 일이다. 어느 해 여름에 어머니는 나를 데리고 친정에 가신 적이 있었다. 어머니의 친정은 작은 읍이었는데, 무슨 일로 두 사람은 거기서도 더 들어가야 하는 곳으로 다녀와야 할 일이 생겼다. 어머니와 나는 시골길을 걸어갔다. 날씨는 덥고 다리가 아팠다. 그렇다고 국민학교 3학년쯤이었던 나는 이미 업혀 가겠다고 할 나이는 아니었다. 한 쪽은 달래고 한 쪽은 투정을 부리면서 그러나 달리 어쩔 수 없는 것을 뻔히 알면서, 나는 어머니 손을 뿌리치고 횡하니 앞질러 가 보기도 일부러 뒤처지기도 하면서 불만을 표시했다. 무어라 달래는 소리를 귓전으로 들어가면서 그렇게 앞서거니 뒤서거니 하다가 나는 멈춰 섰다. 어느 사이엔지 어머니가 곁에 보이지 않았다. 하얗게 햇빛이 부신 한낮이었다. 나는 뒤처졌는가 싶어 시골길 풀이 우거진 모퉁이까지 달려갔다. 먼지가 하얀 흙길에는 눈 닿는 멀리까지 인적이 없었다. 나는 오던 길을 되돌아 달려갔다. 지나온 길만 휑하니 멀리 그쪽에 보일 뿐이다. 아무도 없는 그 하얀 시골길. 나는 그 자리에서 허둥거렸다. 그 때 바로 옆 풀숲에서 어머니가 나오셨다. 나는 달려가 매달리면서 울음을 터뜨렸다. 어머니는 그러니까 투정부리지 말 것. 다시 그러면 이번에는 나를 놔 두고 가 버리겠다면서 나를 달랬다. 우리는 남은 길을 그럭저럭 사이좋게 걸었다. 어머니가 없는 것을 알고 난 다음 그녀가 다시 나타날 때까지의 사이, 그것이 아마 <영원>이라는 것이었던 듯싶다. 그런데 이 <영원>은 비어 있다. 나에게 나타난 영원의 형식은 비어 있음이라는 모습이었다. 비어 있다고 해서 있던 것들이 사라지고 아무것도 없게 되었다는 말이 아니다. 어머니가 사라진 것을 알고 달려가서 풀숲 모퉁이를 돌아섰을 때 길의 저 앞쪽에 있던 철교와 그 밑으로 빠져 나가 오른쪽으로 휘어지는 길이 지금도 따라갈 수 있을 것처럼 보인다. 뒤돌아가서 보았을 때 저쪽 숲 모퉁이로 사라지는 길 위에 하얗던, 바랠 줄 모르는 햇빛이 눈에 부시다. 그런데도 그것들은 없는 것이나 마찬가지였다. 방금 곁에 있던 어머니가 사라지고도 남음 있는 온갖 것들은 그 이전의 것들이 아닌 낯선 것들이었다. 나 자신조차도 바로 전까지의 내가 아닌 누군가였다. <없다>는 느낌은 직전까지 있었던 것이 없다는 느낌이었던가 싶다. 지금 있는 뭇 사물은 그 바로 전까지의 꼬리를 조금은 달고 있어야 자기가 지금 있다고 느끼지, 그 꼬리를 갑자기 잘라서 어딘가 숨겨 버리면 그 순간 자기를 잃어버리는 모양이다. 자기가 없는 곳-그보다 더 <비어 있는 곳>이 어디 있겠는가.'(『화두』, 제1부, pp.282-283)

<길 잃음>으로 요약되는 장면. <지금/여기>의 참다운 의미가 드러나는 장면. 이를 두고 바슐라르는 인식론적 단절이라 부르지 않았을까. 한 순간 찾아오는 이 아득함. 홀연 세계의 낯섦 앞에 마주하기. 「광장」을 지나고, 「옛날 옛적에 훠이훠이」를 지나고, 「달아달아 밝은 달아」에까지 헤매고, 바야흐로 이순(耳順)에 이른 작가 최인훈은 여전히 <길 잃음>에 알몸을 통째로 드러내 놓고 있지 않겠는가. 이를 두고 표현자의 생명 의식이라 부르지 않는

다면 무슨 부름이 적절할까. 적어도 저에겐 현장성 (3)이 현장성 (1)에로 환원되는 사례로 『화두』가 빛나고 있습니다. 비평가 오늘은 여기서 멈추어야 되겠습니다. 숨이 막힐지도 모르겠으니까. 문학사가 고맙습니다. 어떻습니까. 한 대목을 따온 것이라 어수선하지만, 이 속에 제 화두가 깃들어 있습니다. 인간으로 태어났기에 문학했던 것 연구자에서도 비평가에서도 벗어나기, <시체 빌어주기>·<묘지기 신세>에서 벗어나기란 과연 가능한가. 어떻게 하면 표현자의 반열에 나아갈 수 있을까. 제 스스로 육체를 버리기가 그것일까. <머나먼 울림>과 <선연한 헛것>에서 소멸되기일까. 이것이 제 화두입니다. 그렇지만 모든 화두가 그러하듯 그것이 <절대 모순성>임을 직감할 수 있습니다. 그렇다면 이 절대 모순성을 그대로, 그러니까 통째로 받아들이기밖에 묘수는 없는 것일까. 이렇게 아직도 뻗대어 보며 몸부림이라도 쳐야 인간스러울까. 이 물음을 대하고 한밤중 홀로 앉아 있자니, 서재 한 귀퉁이에서 무슨 기척이 들리지 않겠습니까. 시체들이 즐비한 곳에서 무슨 기척이 들리다니. 정신을 수습하여 귀를 기울이자니, 기척은 다름 아닌 제가 쓴 책들에서 들려오지 않겠습니까. 자세히 보니 저들이 저를 빤히 쳐다보고 있지 않겠습니까. 아주 불쌍한 표정으로 말입니다. 제가 만든 피조물인 그들이 어느새 사물의 세계의 질서 속으로 들어가 언젠가 죽을 운명을 타고난 저를 아주 불쌍한 듯이 바라보고 있지 않겠습니까. 이 기묘한 체험이란 무엇인가. 망연자실하여 멍청히 있자니, 문득 다음 시 한 수가 떠올랐습니다. 제가 오랫동안 해온 「한국 근대문학의 이해」 강의에서 종강 무렵이면 늘 학생들과 함께 읊던 그 시구.

> 한때 그토록 휘황했던 빛이
> 영영 내 눈에서 사라졌을지라도
> 들판의 빛남, 꽃의 영화로움의 한때를

송두리째 되돌릴 수 없다 해도
우리는 슬퍼 말지니라. 그 뒤에 남아 있는
힘을 찾을 수 있기에
—W. 워즈워스, 「어린 시절을 회상하고 영생불멸을 깨닫는 노래」 일절, 대의

What though the radiance which was once so bright
Be now forever taken from my sight,
Though nothing can bring back the hour
Of splendor in the grass, of glory in the flower;
We will grieve not, rather find
Strength in what remains behind;
—W. Wordsworth, *Ode: Intimations of Immorality from Recollections of Early Childhood*

감추어진 힘이란 무엇일까요. 제멋대로 해석해 봅니다. 연구자로, 비평가로 제가 매 순간 최선을 다해 성실했다면 그것이 사라져 없어진 것이 아니라 어딘가에 남아서 힘이 되어 시방 저녁놀 빛, 몽매함에 놓인 제게 되돌아오고 있지 않겠는가. 제가 그토록 갈망하는 표현자의 세계에로 나아가게끔 힘이 되어 밀어주고 있지 않겠는가. 여기까지 이르면 저는 말해야 합니다. 인간으로 태어나서 다행이었다고. 문학을 했기에 그나마 다행이었다고. 예언자가 없더라도 이제는 고유한 죽음을 죽을 수 있을 것도 같다고.

관악산의 무궁한 발전과 여러분의 앞날에 평안이 깃드시길. 고맙습니다.

(퇴임기념 고별강연, 2001.9.11.)

김윤식의 고별강연을 대하면, 자연스럽게 정현종의 시 「방문객」의 일절이

떠오른다. 사람이 온다는 건/실은 어마어마한 일이다./그는/그의 과거와/현재와/그리고/그의 미래와 함께 오기 때문이다./한 사람의 일생이 오기 때문이다. 일평생 한국문학의 근대성을 파헤쳐온 그의 외길 인생은 이제 과거가 되었지만, 그의 일생은 다시 미래로 이어져 나가고 있다. 그의 후학들이 그가 일군 문학의 산맥을 찾아나서고 있기 때문이다.

2부

김윤식 비평가에 대한 연구 현황

김윤식 비평가의 생전에도 그의 저술에 대한 논의는 서평이나 논문으로 발표되기는 했지만, 본격적인 연구는 그의 사후에 시작되었다고 할 수 있다. 아직은 김윤식 비평가에 대한 연구상태는 부분적이기는 하지만, 연구의 실태를 통해 연구 방향을 모색해 보는 작업은 필요하다. 이런 차원에서는 그의 연구현황을 가능한 한 시기별로 정리해 보고자 한다.

최성실의 한국문학사의 비판적 고찰

최성실의 「김현, 김윤식의 『한국문학사』의 비판적 고찰 : 문학사 연구의 메타비평적 시론」은 김현, 김윤식의 『한국문학사』를 비판적으로 검토하여 이들 논의의 타당성을 살피고 미쳐 밝혀내지 못한 의의나 한계성을 되짚어 보고자 한다.[1] 그래서 서두에서 『한국문학사』를 비판적으로 바라보았던 자들의 서평을 우선 점검하고 이를 정리하고 있다. 그 논의 대상은 김주연, 김용직, 조동일, 황패강, 구중서, 신동욱 등이 제기한 『한국문학사』에 대한 논평들이다. 이들의 『한국문학사』에 대한 비판적 관점들을 바탕으로 최성실은 『한국문학사』 기술의 방법론 비판과 『한국문학사』 기술의 실제에 대한 비판적 검토로 나누어 정리하고 있다.

우선 『한국문학사』 기술의 방법론 비판에서는 『한국문학사』 기술에 있어서 근대성의 문제와 『한국문학사』 기술에 있어서 시대구분의 문제, 『한국문학사』 기술에 있어서 대상 선정의 문제를 다루고 있다. 『한국문학사』 기술에

---

1 최성실, 「김현, 김윤식의 『한국문학사』의 비판적 고찰 : 문학사 연구의 메타비평적 시론」, 『서강어문』 11, 1995, 319면.

나타나는 근대성의 문제는 우리가 자생적으로 갖고 있는 내외적 모순을 극복하겠다는 자각이 일어나는 때를 근대의 기점으로 삼고자 했다고 본다. 이 시기의 출발을 영·정조 시대로 보았다는 것이다. 그리고 시대구분의 문제에서는 ㄱ. 근대의식의 성장(1780~1880년에 이르는 영·정조 시대) ㄴ. 계몽주의와 민족주의 시대(1880~1919년에 이르는 개항에서 3.1운동에 이르는 시대) ㄷ. 개인과 민족의 발견(1919~1945년에 이르는 3.1운동 후부터 해방의 시대) ㄹ. 주체의식의 시대(1945~1960년에 이르는 해방 이후에서 4.19에 이르는 시대)로 구분하고 있음을 정리하고 있다. 이러한 시대구분에 대해 최성실은 시조나 잡가 중심의 서술을 피하고 의미의 연관이라는 측면에서 총괄적인 문학사를 서술하고자[2] 했다고 본다.

다음 기술에 있어서의 대상 선정의 문제에서는 전통적인 장르의 문학 뿐만 아니라 일기, 서간, 기행문 등을 한국문학 속으로 흡수해야 한다고 그 대상을 확장한 점은 긍정적으로 평가하나, 이 변두리 장르가 문학사의 전면으로 부각될 필연적인 이유가 무엇인가 그리고 이 변두리 장르가 전통적인 장르와의 연관성 또한 그것의 부각이 지니는 의미를 명확하게 파악하지 못하고 있다는 점을 문제시하고 있다. 이뿐만 아니라 장르상으로는 이러한 것들을 문학사의 전면에 내세웠지만 대상으로 선정된 대다수의 작품들이 기존의 다른 문학사에서 중요하게 다루었던 걸작을 대상으로 삼고 있음으로써 모순을 보인다[3]는 점을 지적한다.

이어지는『한국문학사』기술의 실제에 대한 비판적 검토에서는 <조선 전후기 문학과 근대성의 의미>와 <개화기 문학의 사적 재검토>, <1920년대 중반의 문학사적 중요성> 등을 다루고 있다. 이중 <조선 전후기 문학과 근대

2 최성실, 위의 글, 321면.

3 최성실, 위의 글, 322면.

성의 의미>에서 다루어지고 있는 소설 『춘향전』과 『구운몽』에 대한 해석에 대해 최성실은 문제제기를 하고 있다. 『춘향전』은 이 작품이 갖는 구조적 이원성에 초점이 맞추어졌는데, 『춘향전』은 구조적 이원성에서 근대적 징후를 보이는 것이 아니라 문체서 드러나는 다양성의 문제가 더 부각되어야 한다는 점을 제기하고 있다. 또한 『구운몽』의 경우는 김만중의 언어의식과는 무관하게 작품의 구조적 측면에서의 완결성에 대해 논하고 있는데, 만약에 김만중의 언어의식과 관련하여 논의를 일관성 있게 하려면 『구운몽』보다는 『서포만필』이 분석 대상이 되어야 했을 것으로 본다.[4] 이러한 문제의식과 비판적 시각은 <개화기 문학의 사적 재검토>나 <1920년대 중반의 문학사적 중요성>에서는 크게 나타나지 않고 『한국문학사』의 기술 내용을 정리하고 있는 선으로 마무리되고 있다. 문제는 최성실의 한국문학사의 비판적 고찰은 시도 자체는 의욕적이었지만, 실제 비판적 내용은 앞서 비판적 논의를 제기한 자들의 선을 크게 넘어서지 못하고 있다는 점이다.

임진영의 김윤식의 작가연구

임진영의 「작가연구의 대상과 방법 문제 : 김윤식의 작가연구를 중심으로 한 고찰」은 김윤식의 작가연구를 중심으로, 주된 연구대상이 어떻게 다르게 이해될 수 있는지, 그리고 그것이 연구방법과 성과에서 어떠한 결과를 낳는지 하는 문제를 살펴보고, 다양한 문학비평방법과 작가연구의 접점을 찾아보고자 했다.

4 최성실, 위의 글, 223-224면.

우선 임진영은 김윤식의 작가론 전반에서 등장하는 세 개의 키워드를 만나게 된다고 고백한다. 그것은 사실/법칙/실존인데, 이를 다른 말로는 실증/과학/내면으로 표현될 수도 있다고 보았다. 그런데 임진영은 이 중 첫 번째 항목이 주로 전기적 비평과 관련되고, 두 번째 항목은 역사주의적 비평, 세 번째 항목은 현상학적, 해석학적, 정신분석학적 비평과 관련되는 문제라고[5] 보고 있다.

먼저 임진영은 김윤식의 저작에 나타난 사실 추구방식과 작품 해석의 관계를 살피고 있다. 『이광수와 그의 시대』의 경우, 김윤식은 춘원의 생애를 애써 밝히고 평전을 쓰는 이유 중 하나는 그의 생애가 그대로 소설 속에 녹아들어 어디까지가 사실 자체인지를 밝히기 위함이라는 것이다. 이런 관점에서 전기적 연구자는 자연스레 작품 속의 주인공 혹은 등장인물과 작가의 실제 체험 속의 인물이 갖는 상관관계, 즉 모델의 추적에 나서게 되는데, 이것이 사실 유사성 이상의 증거를 찾기 어려우므로 종종 상호 모순되는 주장을 하게 만든다[6]는 것이다. 임진영은 『이광수와 그의 시대』에서 이런 대표적인 경우가 「어린 벗에게」에서 김일련의 모델 문제로 보고 있다. 김윤식은 이광수의 해명을 토대로 그것이 신성모라는 점을 밝히고 나서 다시 자전적 소설의 관련 대목과 허영숙에게 보낸 편지, 장모 될 사람에게 보낸 편지 등을 증거로 그 진짜 모델이 나혜석임을 강하게 주장하고 있다는 점을 지적한다. 그리고 이보다 더 문제가 되는 것은 작품 해석과 평가에 관한 문제라고 본다. 사실 그 자체의 추구는 전기적 연구의 특장점인데, 문제는 그것을 작품해석과 평가에 직결시키는 데서 발생한다는 것이다. 작품 속에 자신의 실생활의

5 임진영, 「작가연구의 대상과 방법 문제 : 김윤식의 작가연구를 중심으로 한 고찰」, 『현대문학의 연구』 39, 2009, 162면.

6 임진영, 위의 글, 163면.

경험은 한 말도 들어간 것이 없다는 이광수의 말을 우리가 믿기 어려운 것과 마찬가지로, 그 모든 것이 자전적 사실이기 때문에 진실이 될 수 있었다는 이 전기 작가의 말도 신뢰하기 어렵다는 것이다. 작품이 독자에게 주는 흥미 진진한 실감의 원인을 작가의 개인 체험에서 찾게 되면 작품의 서술자와 주인공 사이의 미묘한 심리적 거리를 간과하게 만들고 결국 작품의 의미구조를 단순화시키는 결과를 낳는다는 것이다. 그래서 이를 임진영은 김윤식이 무정의 기념비적 성격을 논하기 위해 전제로 내세고 있는 뤼시엥 골드만의 방법론과도 배치되는 시각이[7]라고 본다.

그래서 임진영은 법칙 혹은 과학의 범주가 작가연구에서 어떻게 적용될 수 있는지를 살펴보고 있다. 이는 김윤식이 자신의 평전 작업의 출발점에서 세운 목표가 일차 자료에 의거한 골드만의 방법론이었음을 밝히고 있기 때문이다. 골드만의 논리는 문학생산의 참된 주체는 개인이 아니라 사회집단, 특히 역사적 행위 주체인 사회계층이라는 주장과 연관되어 있는데, 실제로 사회집단의 구성원 개개인은 잘 의식하지 못하는 세계관, 가능의식의 최대치에 도달하는 예외적인 개인들이 있고, 훌륭한 작품은 그러한 세계관의 표현으로 나타나며, 작품의 의미구조와 사회계층의 세계관 사이에는 상동성이 있으므로 비평은 그것을 밝혀내야 한다[8]는 것이다. 『이광수와 그의 시대』가 이러한 골드만식 이해/설명의 방법에 기초하고 있다고 할 때, 가장 빛을 발하는 대목은 이광수의 『무정』을 사제관계구조로 분석하고 그것을 당대 유학생 계층, 상승 계층의 세계관과 연관지어 설명한 것으로 본다.

김윤식은 작품구조와 세계관의 상동성을 찾는 데서 나아가 이광수의 개인적 고아의식을 당대 청년들의 시대의식과 관련짓고 그것으로 작가의 생애와

7 임진영, 위의 글, 165면.

8 임진영, 위의 글, 166면.

작품 세계 전반을 규정하는 설명 틀로 삼는데, 그 밖에도 심정의 세계 밤의 논리라는 말 또한 거듭 강조하면서 이 평전의 체계를 틀 짓고 있다는 것이다. 이를 임진영은 체계화를 향한 연구자의 욕망과 관련된 문제이고, 작가론을 쓰는 연구자라면 누구나 이러한 욕망으로부터 자유롭기는 어렵다고 본다. 특히 역사주의적 비평을 택할 때 이런 경향은 더욱 두드러져 보인다[9]는 것이다.

임명진은 이어서 문학연구가 법칙성의 모색, 체계의 구축을 통해 과학성을 추구하려고 할 때 가장 큰 난관에 부딪히게 되는 것은 작품론이나 문학사보다 오히려 작가론 쪽이란 입장에서 김윤식의 저작들을 살피고 있다. 김윤식의 김동인 연구와 염상섭 연구를 통해 이를 검증하고 있다. 어떤 하나의 사상, 이데올로기로 분명히 표현되는 작가의식을 추출하고 그것으로 작품세계 전반을 설명하는 틀로 삼아야 한다는 연구자의 욕망, 작가론을 넘어서 문학사를 의식하는 체계화의 욕망은 작품의 풍부하고 모호한 비개념적 성격과 부딪히며 곳곳에서 파열음을 내게 된다고 해석한다. 『김동인 연구』에서 대동강 사상이란 개념으로 김동인을 순문학 작가로 명명한 것이나, 『염상섭 연구』에서 제도적 장치로서의 고백체를 강조한 것이 이런 경우에 해당한다는 것이다. 특히 『염상섭 연구』를 쓰면서 김윤식은 골드만의 방법론으로는 해결할 수 없는 암초를 만나 이를 해결하기 위해 푸코의 개념을 끌고 와서 작가론을 진행함으로써 염상섭 소설의 생산과정에 존재하는 역사적 맥락과 그것이 이후 진짜 근대소설로 인식 통용되는 계기의 다양성들을 사상한 채, 분석 대상으로서의 개인-작가 자리에 몰개성적 시스템-단순화된 제도 개념을 대체해 놓고 있을 뿐이[10]라는 비판적 입장을 내보이고 있다.

다음으로 임진영은 김윤식이 번역한 레온 에델의 『작가론의 방법』을 소개

9 임진영, 위의 글, 167면.

10 임진영, 위의 글, 170면.

하면서 정신분석적 방법에 전기적 자료 분석을 결합할 때 작가와 작품에 대한 보다 깊이 있는 통찰에 이를 수 있다고 본다. 김윤식의 평전 역시 이러한 절충과 종합의 산물이라고 본다. 임진영이 볼 때, 김윤식의 평전에서 가장 흥미로운 부분은 유년시절의 재구성과 그로부터 추출한 콤플렉스로 작품 세계를 분석해내는 대목이[11]란 것이다. 또한 김윤식의 평전 곳곳에는 사르트르의 실존적 정신분석의 흔적이 남아 있다는 것이다. 이를 김현과 공저한 『한국문학사』를 논하면서 실존적 정신분석이나 원초적 선택 같은 용어를 대신할 수 있는 콤플렉스라는 용어를 자주 사용한다고 설명한다. 그리고 임명진은 원초적 선택이란 개념은 원초적 순간이라는 현상학적 비평 개념으로 변용되어 주제 비평에 폭넓게 적용된 바 있다고 보고, 이는 작가론에 유용하다고 본다. 작가연구의 영역에서 현상학적 비평으로부터 배울 수 있는 것은 결국 이미지의 현상학, 상상력의 구조 읽기와 같은 섬세한 텍스트 독해 훈련으로 한정할 수밖에 없지만 텍스트를 향유의 대상으로 만들어 준다는 점에서, 탈구조주의의 텍스트론으로 이어지게 된다는 것이다. 그런데 근본적으로 실증적 역사주의적 방법론자인 김윤식의 작가연구에서는 작품을 텍스트로 볼 수 없고 오히려 인간-작가가 텍스트로 이해되어야 한다[12]는 입장에 놓여 있다고 판단한다. 김윤식이 텍스트로서의 문학을 연구한 것은 모더니즘 계열, 즉 이상과 박태원의 경우였는데, 그들 작품에서는 작품의 전체적 의도 해독보다 부분적 기법의 해독이 더 중요하다고 보았기 때문이란 것이다. 김윤식은 작품이 작가의 의도대로 되지 않는 것처럼 작가의 인생 역시 인간의 의도대로 되지 않는다는 것, 이것을 인간의 불투명성이라 할 수 있으며, 그러므로 인간 자체가 작품 이상으로 순화된 작품이라고 볼 수 있다는 것이

11 임진영, 위의 글, 173면.

12 임진영, 위의 글, 178면.

다. 이러한 시각이 『김동리와 그의 시대』라는 특수한 작가연구를 낳게 되었다[13]고 본다. 김윤식의 다른 작가 연구서 역시 실증주의적 정신이 찾아낸 자료와 실존적 내면 풍경의 투사가 낳은 수사적 문장의 조합으로 이루어진 것이긴 하지만, 그 불균형과 주관주의의 위험은 김동리 연구에서 특히 두드러져 보인다고 비판적 입장에서 평가한다.

이에 비해 임진영은 김윤식의 『임화 연구』를 다양한 방법론적 시도가 낳은 최대치의 성과로 본다. 임화 연구에서 나타나듯이 내면 풍경이라는 특유의 용어는 제도 층위의 푸코적 개념이 아니고, 실존적 정신분석의 방법이 낳은 개념이란 것이다. 정신세계 혹은 심리구조라고 바꾸어 불러도 무방할 이 용어의 위력은 현해탄 콤플렉스－근대성에 대한 탐구와 누이 콤플렉스－정신분석적 읽기의 결합이 빚어내는 일종의 후광 효과에서 나온 것으로 아주 흥미로운 장면으로 평가한다. 그 이유는 김윤식의 작가 연구가 전기적·역사적 방법-실존적 정신분석-푸코의 계보학을 접합해내는, 그래서 텍스트론에 가까워지는 주목할 말한 지점에 도달했기 때문이란 것이다.

이상과 같이 임명진은 현상학, 실존적 정신분석, 탈구조주의의 텍스트론과 작가 연구의 접점을 살펴보면서 김윤식의 작가연구 전반이 봉착한 어떤 한계 지점을 보게 되었다고 결론을 내리고 있다. 그리고 작가 연구의 대상과 방법 문제는 근본적으로 주체와 해석을 어떻게 이해할 것인가 하는 문제와 연관되어 있기에, 작가라는 연구대상-주체의 실상은 지금 여기에서 항상 새롭게 재구성될 수 있고, 재구성해내야만 하는 윤리적 당위를 가진 것으로 존재하게 된다는 과제를 덧붙이고 있다. 이 과제를 어떻게 실현하느냐가 남겨진 숙제이다.

---

13 임진영, 위의 글, 179면.

윤영실의 김윤식의 이중어 글쓰기론

윤영실의 「일제말의 이중어 글쓰기와 탈식민탈민족의 아포리아 : 김윤식의 이중어 글쓰기론을 중심으로」는 최근의 일제말기 문학연구를 되돌아보되 김윤식 교수의 이중어 글쓰기론을 논의의 중심으로 삼은 것으로 밝히고 있다. 그의 연구는 최근의 열띤 논전들에서는 한 걸음 비켜서 있으되 일제말기 문학을 경유하여 민족이라는 문제의 핵심으로 가장 깊숙이 육박해 들어가고 있다는 판단 때문이다. 그래서 윤영실은 그의 논의를 실마리 삼아 일제말기 문학과 그 해석들이 민족을 둘러싼 분분한 논쟁들의 미궁을 더듬어나가려는 것이니 만큼 본격적인 김윤식론도 일제말기 연구 시론도 아닌 그 중간의 어디쯤에 놓이게 될 것이[14]라고 밝히고 있다.

윤영실의 우선적인 관심은 『한일 문학의 관련양상』을 중심으로 민족적 주체확립의 당위와 식민화된 무의식 넘기라는 화두를 규명하는 일이다. 『한일 문학의 관련양상』을 통해 그에게 일본이라는 존재는 적어도 식민지기 한국근대문학에 언제나 내적으로 연루되어 있는 타자였다는 것이다. 윤영실의 입장에서 보면, 『한일 문학의 관련양상』을 저술한 것이 민족주의적 학문풍토가 한창 승하던 70년대의 한가운데이고 보면 그가 마주친 역설의 의미가 더욱 도드라진다는 것이다. 70년대라면 식민주의 잔재 청산이라는 대전제 아래에서 한국의 인문사회과학 전반이 이른바 근대의 자생성과 연속성을 규명하기 위해 총력을 기울이던 때라는 점에서 그 의미를 더 부각시키고 있다. 더욱이 윤영실은 문학분야에서 이 과제를 전면적으로 짊어지고 마치

14 윤영실, 「일제말의 이중어 글쓰기와 탈식민탈민족의 아포리아 : 김윤식의 이중어 글쓰기론을 중심으로」, 『한국학연구』 21, 2009, 446면.

독립운동하듯 썼다는 것이 김윤식, 김현의 『한국문학사』라는 것을 강조한다. 그 민족주의적 열정은 『한일 문학의 관련양상』 곳곳에서도 감지되는 바 한일 문학의 관련 양상을 다루고자 하는 기획 자체가 식민주의 극복과 무관하지 않다고 본다. 한국과 일본 각각의 문화형을 밝히고 양자 사이에 우열이나 높이를 설정하는 식민주의적 관점을 제거하여 그 고유한 개별문화들이 어떻게 충돌, 수용 변질되는가를 따져보자는 것이다. 이를 윤영실은 제국과 식민지의 위계를 파기하려는 구식민지 출신 소장학자의 자의식으로 해석한다. 그 예로 윤영실은 동경에서 개최된 한국에 대해 일본이란 무엇인가라는 심포지움이 결국 일본측의 일방성에 갇힌 소음과 분노로 전락하고 말았다거나 藤間의 조선시 연구처럼 일본학자들이 식민지 조선의 문학에서 과도하게 일제의 수탈을 읽어내는 시선조차 반성의 진정성을 결여한 경솔 내지는 자기 출세를 위한 지적 유희 양상에 불과하다는 비판에서 찾고 있다. 일본의 한국 조선 연구는 과거나 지금이나 제국주의적 자기 중심성을 벗어나지 못하고 있다는 반복적인 비판에는 가해자(제국)와 피해자(식민지)라는 견고한 이분법과 가해자 측의 어떤 발언과 행위도 한갓 포즈에 불과하다는 완강한 피해의식이 자리 잡고 있다고 본다. 『한일 문학의 관련 양상』이라는 제목이 붙어있기는 하나 한국 조선을 향한 일본의 시선을 배제하고 한국 조선 문학으로부터 일본이라는 타자의 흔적을 씻어내는 것이야말로 이 책의 궁극적 동기라고도 할 수 있다[15]는 것이다.

그러나 윤영실은 정작 흥미로운 부분은 저자가 한국에 대해 일본이란 무엇인가라는 물음을 스스로를 향해 혹은 한국인을 향해 물을 때라는 것이다. 비판에서 성찰로 방향이 전환될 때 단호하고 선명한 논리는 문득 고뇌와 주저로 뒤바뀐다는 점을 지적한다. 배제해야 할 타자로서의 일본이 주체와

15 윤영실, 위의 글, 448면.

깊숙이 연루되어 있어 떨어내려 해도 쉽게 떨려나가지 않는다는 것, 고뇌의 근원은 여기에 있다는 것이다. 36년생인 저자의 자기 고백으로 채워진 머리말은 특히 인상적이라 해석한다. 일제치하의 가장 엄혹한 시기를 거쳐왔던 유년시절 징용이나 놋그릇 공출같은 불행한 기억도 없지 않지만 뜻 모른 채 일본 군가 따위를 흥얼거리던 그 시절이 아련한 그리움을 동반한 추억으로 되살아올 때의 당혹감, 이것이 단지 개인적 체험에 그치지 않는다는 것에 저자의 문제의식이 놓여 있다는 것이다. 유소년기에 일제를 경험했던 이른바 황국신민의 세대는 공이 이와 같은 인격 분열증을 겪는다는 것이다. 의식의 차원에서는 반일감정이 역사의식으로서 엄존하고 있지만, 무의식의 차원에서는 일제 치하의 유년시절에 짙은 향수마저 느끼는 황국신민 세대에게 있어 이 무의식이 언제 어떻게 작용하여 한국의 자기 이해가 일본의 어떤 일본적인 것에 의해 규정될지 모른다는 두려움을 저자는 아무리 강조하여도 지나치지 않을 것이라고 단언한다고 본다. 김윤식은 이를 혼과 논리의 갈등문제라고 집약한다는 것이다. 해방 이후 역사 민족사를 배웠고 마침내 한국 민족문학이란 근대제국주의 국가 단위로서의 일본의 조직적 수탈정책과 이에 대한 한민족의 역사전개로서의 응전력으로 규명되어야 한다는 민족문학의 논리를 구축하는 데까지 이르렀으나 정작 이 모든 논리의 토대가 될 민족주의의 처녀성의 본질은 마침내 혼에 관련된 문제더라는 것이다. 그래서 윤영실은 저자가 차마 다 하지 못한 말은 이런 것일 게다라고 추정한다. 유년 시절 일본인으로서 살았던 체험과 그 체험을 통해 혼에 각인된 일본인으로서의 정체성이 한민족으로서의 순결성을 지울 수 없이 훼손한 것과 민족 정체성에 있어 가장 근원적인 혼의 문제는 논리만으로 쉽게 극복되지 않는 것이라고 할 때, 이 혼과 논리의 갈등문제를 도대체 어디서부터 풀어가야 할 것인가[16]

---

16 윤영실, 위의 글, 449면.

라고 문제를 제기한다.

이 문제를 해명하기 위해 윤영실은 『친일문학론』의 저자가 그린 자화상에서도 이와 비슷한 고뇌를 발견할 수 있다고 이를 끌어 온다. 1929년생인 임종국은 유소년 시절 배낭에 99식 총과 대검을 찬 상급생들이 참 하늘만큼은 장해 보였고 식민지 교육을 단 한번 회의조차 해본 일이 없었으며 해방 후에도 김구가 조선사람인지 중국 사람인지조차 모를 만큼 무지했다고 고백한다는 사실을 제시한다. 즉 민족이라는 관념도 해방 후에 싹튼 생각일 뿐이라는 것, 그리고 임종국의 자화상은 황국신민 세대로서의 참담한 자기 고백인 동시에 자신이 친일문학론으로 나아갈 수밖에 없었음에 대한 해명이며, 친일문학론이란 자신을 그토록 천치로 만들어 준 그 무렵의 일체에 대한 증오와 고발의 실천이었던 셈이란 것이다. 그 일체에는 제국 일본과 식민지 체제 그리고 무엇보다 그 체제에 협력해 황국신민화를 외쳤던 친일문학의 저자들이 포함된다는 것이다. 이러한 일체의 것이 망각 속에 묻혀있던 시절 친일문학론의 문제 제기는 충분한 시대적 의의를 갖지만, 친일문학론으로부터 또 여러 해가 흐른 뒤에 김윤식은 이로부터 한 걸음 더 나아간다고 평가한다. 친일문학론의 구도는 여전히 논리의 수준에 머물 뿐 혼의 문제가 빠져있기 때문이란 것이다. 외부의 타자를 배격하기는 비교적 쉬우나 자기 안의 타자인 식민화된 무의식으로부터 벗어나는 과정은 훨씬 더 근본적이며 그만큼 더 지난한 문제인데, 이후 김윤식의 연구가 자기 나아가 한국근대문학에 깊숙이 자리 잡고 있는 무의식으로서의 일본을 향한 것은 중요한 의미를 지닌다는 것이다. 그래서 윤영실은 식민화된 무의식으로부터 어떻게 벗어날 것인가가 오랜 세월 김윤식의 연구를 추동해온 화두였던 셈이[17]라고 판단한다.

이상과 같이 『한일문학의 관련양상』을 분석한 윤영실은 『한일근대문학의

17 윤영실, 위의 글, 450면.

관련양상 신론』을 검토하고 있다. 김윤식의 『한일 근대문학의 관련양상 신론』 역시 상당 부분은 지난 수십 년의 연구성과들을 차곡차곡 정리해 놓은 것에 불과하기에, 『한일 근대문학의 관련양상 신론』에서 무엇이 새로움이며 무엇이 원점 맴돌기인지는 30년 전 양상과의 비교 속에서 비로소 도드라지기에 비교 검토가 필요하다는 것이다. 이 두 권의 책을 나란히 놓고 보는 것은 김윤식이라는 한 노학자의 사유의 궤적뿐 아니라 세기적 연구풍토와 세기적 연구풍토의 거리를 가늠해 보는 것이기에 흥미롭다는 것이다. 성급히 단정하자면 그가 여전히 맴돌고 있는 원점이란 30년 전의 화두이며 새로움이란 화두를 풀어가는 방식이라고 본다. 『한일문학의 관련양상』에서는 그 화두를 풀어가는 논리가 민족주의라는 대전제에 의해 제어되고 있었다면, 『한일 근대문학의 관련양상 신론』에서는 근대성이라는 대전제가 그 자리를 대신한다고 평가한다. 70년대의 글들에서도 근대를 문제삼기는 했지만 민족의 하위 범주로서만 즉 민족의 자생적 근대를 입증하거나 민족의 근대 확립이라는 전망을 추구하는 한에서만 그러했다는 것이다. 그러나 80년대 중반을 넘기면서 근대는 민족마저 포괄하는 상위의 범주로 확고히 자리매김 된다고 본다. 이처럼 탈식민의 과제가 곧장 탈근대의 과제와 이어짐으로써 식민화된 무의식을 어떻게 넘어설 것인가라는 원점의 의미 역시 한결 중층화 된다는 것이다. 나아가 김윤식이 어느 글에선가 명시적으로 밝히고 있듯 일본이란 단순히 특정 한 국가나 민족을 가리킴이 아니고 근대성과 직간접적으로 관련된 것으로서 한국근대 문학과 사상을 검증하는 시금석이라는 의미를 띠게 된다는 것이다. 『한일문학의 관련양상』에서의 일본 연구가 자기 안의 타자로서의 일본이 자기를 지배할지도 모른다는 불안의 표정을 띠고 있었다면 80년대 중반 이후의 일본 연구는 한국근대문학의 기반인 제도로서의 근대를 훨씬 냉정하고 차분하게 탐색한다는 것이다. 이 시기 김윤식의 한국근대문학 연구는 이인직 이래 한국의 근대문학이 일본을 경유하여 가치중립적인 제도로서의 근대를 이식하는 과정에 모아진다[18]고 규정한다.

윤영실은 이어 임화의 이식문학론 이래 근대의 이식이라는 문제를 둘러싸고 문학 안팎의 논쟁이 끊이지 않았다고 본다. 과거 자생적 근대니 한국적 근대같은 논의들이 활발하게 제기되었던 바 있고 여전히 그 파장이 남아 있지만, 최근에는 근대란 서구로부터 시작되어 제국주의적 팽창경로를 따라 비서구로 확장되었기에 유일한 근대는 식민지 근대성이라는 입론이 설득력을 얻고 있다는 입장이다. 식민지 근대성이라는 사태를 인식하는 것은 그것의 정당성을 옹호하는 것이 아니며 식민지 근대성을 어떻게 극복할 것인가라는 과제를 내려놓는 것도 아니란 것이다. 오히려 식민지의 모순을 제대로 극복하기 위해서는 이러한 사태의 인식에 철저해야 한다는 것이다. 윤영실은 근대성 식민성의 아포리아는 여전히 풀리지 않았고, 근대의 이식을 모방과 전유 번역을 통한 반역으로 파악하거나 식민지 근대성 안에서 제국과 식민지의 상호구성적 계기를 드러냄으로써 제국의 일방적 지배를 상대화하는 것이 현재까지 나온 최대치의 대안이 아닐까라고 판단한다. 따라서 연구자 김윤식의 의의나 한계는 그가 일본근대를 시금석 삼아 진행해온 한국근대문학 연구에 이러한 대안적 관점들이 어느 정도 구현되어 있는가를 통해 검증되어야 한다[19]는 것이다.

그래서 윤영실은 일본이 한국근대 문학과 사상을 검증하는 시금석인 것만큼이나 조선은 보편성을 참칭하는 근대가 사실 무수한 차이들로 균열되어 있음을 보여주는 하나의 시금석이라고 본다. 따라서 근대가 추구해온 해방의 기획 혹은 근대 그 자체를 넘어서려는 어떠한 해방의 기획도 비서구의 고통을 참조하지 않는 한 하나의 기만에 떨어질 수밖에 없다는 것이다. 근대성

---

18 윤영실, 위의 글, 452면.

19 윤영실, 위의 글, 453면.

안의 차이들인 제국과 식민지는 이렇게 서로 서로를 규정한다는 것이다. 그래서 김윤식은 제국 일본이 조선이라는 식민지 주체의 구성에 내적으로 연루되어 있는 것만큼이나 식민지 조선 역시 제국 일본이라는 주체 구성에 내적으로 연루되어 있음을 보임으로써 식민주의적 위계를 넘어 한일 문학의 관련 양상을 상호적 수평적으로 재구성하려는 기획에서 어느 정도 구체적인 결실을 거둔다[20]고 평가한다.

이어서 윤영실은 『일제말기한국 작가의 일본어 글쓰기론』을 통해 일본인 되기의 두 단계와 이중어 글쓰기의 세 유형에 대한 논의를 계속한다. 먼저 윤영실은 일본인 되기를 두 층위로 구분하고 있다. 국민과 민족으로 분화되었던 식민지 조선에서 일본인되기란 두 층위를 갖는다는 것이다. 첫 번째 층위는 일본국민되기요, 두 번째 층위는 일본민족되기이다. 첫 번째 층위의 결절점은 조선인 지원병제의 실시였다고 본다. 조선인이 일본군인이 될 수 있을때 식민지의 비국민에 머물던 조선인에게 일본국민에 편입될 수 있는 길이 열린다는 것이다. 이때 민족의 의미는 한 차례 조정된다고 본다. 조선민족은 미래의 독립국가 혹은 현존하는 임시정부의 잠재적 국민이기를 포기하고 이제 일본국민의 일부분으로서만 존속된다는 것이다. 즉 민족의 의미 자체가 nation이 아닌 종족집단 정도로 축소됨으로써만 조선인은 조선민족인 동시에 일본국민이 될 수 있다는 것이다. 조선인의 일본국민 되기는 형식상 전면적인 징병제와 선거권의 부여를 통해 완료될 것이지만 그 실현을 보지 못한 채 2차대전의 종결을 맞았다[21]는 것이다.

일본인 되기의 두 번째 층위는 일본 민족되기로 본다. 고쿠고 전용과 조선어 폐기문제를 통해 표면화 되었듯 이는 조선민족이기를 포기한 채 일본민족

20 윤영실, 위의 글, 455면.

21 윤영실, 위의 글, 456면.

=일본국민이라는 새로운 정체성을 구성하는 것으로 본다. 첫 번째에서 두 번째 단계로의 이행은 논리상 필연적인데 잠재적 국민으로서의 민족이란 식민지 조선이라는 특수한 조건에서 형성된 과도기적 개념에 불과하다는 것이다. 민족과 국민이 네이션의 의미를 분유하고 있는 것이라면 논리적으로 정치적 독립을 통해 조선민족 조선국민이 되면서 일본과의 완전한 통합을 통해 일본민족 일본국민이 되는 두 가지 방식만이 존재한다는 것이다. 조선민족인 채 일본국민이 되는 해 표'민족'의 개념 자체를 종족 집단으로 축소하는 과정을 거쳐서만 이뤄질 수 있는 것이며 그나마 중국이라는 다민족국가가 처한 오늘날의 현실이 보여주듯 언제든 다시 터질 수 있는 불씨를 안고 있는 것으로 본다. 식민지 조선에서는 상당 기간 이러한 논리적 귀결이 유보되었다는 것이다. 조선인이 조선어로 조선의 생활감정을 쓰는 조선으로는 일본국민과 선명히 구별되는 잠재적 국민으로서의 조선민족 정체성을 보장했으나, 조선인에게 일본 국민되기의 길이 열리고 조선어 폐기가 강제되었던 일제말기에 이르러 유예의 공간은 협소할 대로 협소해졌기 때문이란 것이다. 이 협착한 가능성의 공간에서 이중어 글쓰기의 다양한 양상이 솟아난다[22]고 본다.

윤영실은 이상의 논의를 바탕으로 볼 때 김윤식이 제시한 이중어 글쓰기의 세 유형이 좀더 일목요연하게 이해된다는 것이다. 그래서 이중어 글쓰기의 세 유형을 정리하고 있다. 유진오 이효석 김사량으로 대표되는 이중어 글쓰기의 첫 유형, 그것은 일본국민되기라는 정치현실을 받아들이되 일본민족되기에는 완강히 버티는 방식으로 본다. 이들은 현실로서의 일본국민임을 거부하거나 부정하지 않으면서도 조선민족으로서의 정체성을 고수하는 다양한 잠행의 방식을 모색한다는 것이다. 유진오에게 그것은 현실과 사상의 결합체

22 윤영실, 위의 글, 457면.

인 문학을 통해 이중적 정체성 사이에서 아슬아슬한 줄타기를 하는 것으로 나타난다고 본다. 이것이냐 저것이냐라는 동일률을 비켜나가는 애매성의 전략이란 것이다. 이에 비해 이효석은 일단 황국신민화라는 정치적 현실과 일정한 거리를 둔 미학의 영역으로 퇴각한다고 판단한다. 조선인이든 일본인이든 문학은 아름다움을 그리기만 하면 된다는 것이다 그럼에도 그가 문학을 통해 애써 환기하고자 했던 것이 조선적 미라는 점에서 이효석 역시 첫 번째 범주를 벗어나지 않는다고 본다. 김사량의 전략은 일본인 조선인이라는 이중적 정체성의 충돌과 모순을 선명하게 부각시켜 마침내 일본인 되기의 불가능함을 드러내기가 그것이란 것이다. 그러나 일본국민조선민족이라는 이중적 정체성은 불안한 동요 분열의 방식으로서만 유지되는 것일 뿐 그 자체가 적극적인 대안이 될 수는 없었다는 것이다. 그 불안한 동요를 끝내 견디는 것이 적극적인 체제 협력에 나서지 않게 하는 최소한의 억제 장치로 작동한다고 해도 거기서 논리적 선명함이나 윤리적 정결성을 찾기는 힘들다고 본다. 유진오의 경우처럼 일상성 속으로 사상을 이끌어 내려 유연화하는 것이야말로 문학의 자리로 삼는다 해도 그것이 역으로 일상성 또한 고양시킬 수 없다면 문학의 깊이를 얻을 수 없을 것[23]으로 규정한다.

이중어 글쓰기의 두 번째 유형인 이광수에게는 이중적 정체성 사이의 틈새가 보이지 않는다고 본다. 이광수가 시 수필 평론 등을 통해 황국신민화를 제창한 것을 가면 쓴 글쓰기라 할 때 이를 두고는 이미 반민족적 친일이니 민족과 파시즘의 내적 공모니 하는 다양한 해석이 제출되었던 바 있기 때문이다. 반면 김윤식은 과거 『이광수와 그의 시대』에서 절정을 보여준 바 있는 전기적 재구성을 통해 이광수의 내면풍경에 육박해갔는데, 이 내면풍경을 맨얼굴의 글쓰기라 한다면 이광수에게는 가면과 맨얼굴이 정확히 일치한다

23 윤영실, 위의 글, 458면.

는 사실이야말로 문제적이라고 본다. 조선인문학자들의 은밀한 고민을 염탐하려던 일본 문학자들이 대취한 이광수의 맨얼굴에서 일본인보다 더 일본인다움을 발견하고 경악하는 장면은 풍부한 논의를 불러일으킬 수 있기 때문이다. 내선의 동조동근을 뒷받침하는 고대신화에 해박한 지식과 믿음을 가지고 백성에 대한 자비심으로 파계를 감행한 원효와 자신을 등치시켜 민족을 위한 친일을 보살행의 실천으로 간주하며 일본정신을 골수에까지 체현하기 위해 수행을 자청하는 이광수에게는 한결같은 신실함과 진정성이 넘쳐흐른다고 본다. 가면쓴 글쓰기에 대한 다양한 해석의 논리는 이광수의 맨얼굴에서조차 드러나는 이 한결같은 진정성을 해명하지 못한다는 것이다. 이광수에게 일본민족되기란 애초에 혼의 문제였으며 그것은 어떤 논리조차 초월한 종교적 신앙의 차원에 놓인 것이기 때문으로 본다. 그것은 순전한 논리의 수준에서 보면 한갓 불가해한 광기의 모습을 띠고 있을 뿐이나, 그럼에도 한때 조선민족이라는 신을 숭배했던 그가 어떻게 왜 일본민족을 향한 신앙으로 개종했는가에 대한 실마리를 우리는 최재서의 경우를 통해 찾을 수 있을지도 모른다고 판단한다.

이중어 글쓰기의 유형에 대해 김윤식은 제 1형식이 지닌 논리적 단순성과 제 2형식이 지닌 복잡한 심리와 혼의 과제를 함께 아우르고 그 속에서 글쓰기에 나아가는 범주라고 정리한 바 있는데, 1형식과 2형식이 각기 논리와 혼의 수준에 닿아 있다면 최재서가 보여주는 3형식이란 광기가 이성의 한가운데 도사리고 있음을 보여준다는 점에서 고유한 층위를 형성한다고 해석한다. 그래서 윤영실은 근대를 이성의 신화로 규정했던 아도르노의 계몽변증법을 떠올린다면 이중어 글쓰기의 제 3유형이란 또다른 의미에서 근대성의 핵심에 맞닿아 있는 것이[24]라고 본다.

---

24 윤영실, 위의 글, 459면.

최재서가 일본인들을 제치고 경성제대 법문학부 수석을 차지할 만큼 총명했으며 카프문학이 와해된 시점에 영미 주지주의로 비평계를 장악한 30년대 최고의 지성이자 40년대 초까지 서구지성주의를 표방하는 『인문평론』의 주재자였다는 점에서, 그는 근대적 이성의 운명을 보여주는 일종의 대표성을 띠기에 부족함이 없을 것으로 평가한다. 그런 그가 41년 11월 경성제대의 풍부한 문화자본을 바탕으로 『국민문학』을 창간한 것은 여전히 논리의 수준에서 설명 가능한데 그것이 일본 국민되기라는 정치적 현실에 대한 수긍이었기 때문으로 본다. 창간호 권두 논문인 「세계문화와 일본문화」의 의의에 대해 김윤식은 그동안 국민문학의 자격으로 전개해온 조선신문학이 부정되고 조선문학이 일 지방문학으로 또는 민족문학으로 재규정된 것이라는 해석을 내린 바 있다는 것이다.

조선민족이 일본국민 되기에 적극 나설 때 제국의 이등 국민으로 지위 향상을 도모할 수 있다는 것과 조선민족문학이 일본국민문학의 일환이 될 때 세계문학의 수준으로 향상될 수 있다는 국민문학의 논리는 정확히 대응되었다고 본다. 이는 현실과의 부합 여부나 윤리를 떠나 최소한 논리 그 자체로서는 매끄러웠다는 것이다. 그러나 유형의 경우에서 살펴보았듯 일본국민조선민족의 이중적 정체성은 불안한 동요의 상태로서 언제든 내파될 수 있는 것이었다고 본다. 지성주의자 최재서는 이점 역시 논리의 수준에서 날카롭게 인식하고 있었다[25]는 것이다.

최재서는 일본국민 조선민족의 이중적 정체성이 논리적으로도 실존적으로도 유지되기 어렵다는 인식에 따라 일본민족 국민 되기의 길로 나아간다. 42년 봄 고민의 종자인 조선어를 포기하고 국민문학을 순국문일본어 체재로 전환했으며 44년 1월에는 뒤늦게 창씨개명을 단행했다. 이광수가 단숨에

---

25 윤영실, 위의 글, 460면.

일본민족 되기로 나아간 것에 비해 최재서의 일본민족 되기는 고민과 주저 속에 차츰차츰 진행되는데 일본국민 되기와는 달리 일본민족 되기에는 지성적인 이해와 이론적 조작만으로는 돌파할 수 없는 최후의 장벽이 있기 때문으로 본다. 그 최후의 장벽이란 무엇일까? 오랜 길을 돌아왔거니와 이 글 전체를 관통하는 물음 또한 이 최후의 장벽 앞에 놓여있다고 윤영실은 질문한다. 그것은 민족정체성이라는 것의 어떤 핵심적 특성을 규명하는 것과 관련된다[26]고 본다. 알려져 있다시피 민족 정체성의 형성은 항시 시대착오를 동반하는데, 근대의 역사적 구성체인 민족이 혈연 문화 역사 언어 등을 바탕으로 고대부터 있어왔다는 시대착오 그 과정에서 민족이 역사적 구성물이라는 기원이 망각되고 원초적 본질적인 것이라는 환상이 주조된다는 것이다. 이 환상 위에서만 유지될 수 있는 상상의 공동체가 민족이란 것이다. 그러나 일제말 조선인의 일본민족 되기에는 고유한 난점이 존재하는데, 근대계몽기 이래 반 세기에 걸쳐 조선민족의 정체성을 구성해 왔던 이들이 어느 순간 스스로를 일본민족으로 재인식하기 위해서는 필연적으로 민족의 부재라는 심연을 관통해야 한다는 것이다. 민족이 본질적 원초적 정체성이라는 환상을 깨트릴 때에만 조선민족이라는 정체성을 벗을 수 있지만 동시에 그 환상 속에 다시 잠김으로써만 일본민족이라는 정체성을 획득할 수 있다는 역설, 이 역설이야말로 최재서가 지성적인 이해와 이론적 조작만으로는 돌파할 수 없다고 고백한 최후의 장벽이 아닐까라고 윤영실은 질문한다.

그리고 윤영실은 이 역설을 훌쩍 건너뛰어 일본민족 되기에 이르는 것은 이미 논리의 수준에서 이뤄질 수 없었다고 본다. 그래서 주지주의자였던 최재서가 문득 블레이크의 신화시적 상상력으로 비상하고 신인으로서의 천황 신봉에까지 나아가 마침내 청정한 대기 속에 빨려들어 모든 의문에서

---

26 윤영실, 위의 글, 461면.

해방된듯한 느낌을 가졌다는 것은 이해할 만하다고 해석한다. 부재의 심연을 흘낏이라도 본 자가 취할 수 있는 한 가지 방식은 부재를 절대로 뒤바꾸는 것이기 때문이다. 이 절대를 향한 혼의 비약에 비할 때 고대사나 언어학 민속학 등을 통해 내선의 당위성을 설명하는 논리들은 오히려 부차적이라고 본다. 신학이란 신앙을 전제로 해서만 가능한 것처럼 내선일체의 논리란 내선일체의 신앙을 추인하기 위한 사후적 과정에 불과하다는 것이다. 그래서 윤영실은 이런 면에서는 차라리 수행 정진으로 내선일체의 신앙을 신실하게 가다듬어간 이광수 쪽이 한결 정직한 근본주의자였던 셈이[27]라고 평가한다.

이러한 평가와 함께 윤영실은 근대의 한 축이 국민(=민족)국가이며 그 식민지적 형태가 반제 민족주의라고 할 때 일제 말기 이중어 글쓰기는 민족 나아가 근대 자체가 내파되는 장면을 생생히 보여준다는 점에서 문제적이라고 보고, 김윤식의 이중어 글쓰기론에 나타나는 사상의 상대성과 윤리적 판단 중지를[28] 분석하고 있다. 김윤식은 대상에 대한 평가보다 텍스트의 내외적 맥락을 가능한 치밀하게 복원하는 데 중점을 둘뿐이란 것이다. 개개의 사상은 그것이 지닌 밀도나 성실성 같은 내적 잣대로만 평가될 뿐 파시즘 대 반파시즘 저항 대 협력의 구도로 배치되지 않는다고 본다. 물론 그가 한국근대문학연구에 근대라는 시선을 도입했을 때부터 일종의 윤리적 판단중지가 있어왔으나, 그것은 윤리적인 것도 아니고 논리 편에 속하며 따라서 가치중립적인 것으로서의 제도적 장치라는 것이다.

그러나 윤영실이 볼 때, 최근의 김윤식의 이중어 글쓰기론에서 윤리적 판단중지는 사상에 상대성론으로 심화된다고 본다. 김윤식이 준거로 삼고 있는 일본의 전후사상가 요시모토 다카아키에 따르면 인간의 의지적으로

27 윤영실, 위의 글, 462면.

28 윤영실, 위의 글, 463면.

선택할 수 있는 자유란 인간과 인간의 관계가 강요하는 절대성에 의해 제약된다는 것인데, 이러한 관계의 절대성이야말로 개인의 의지를 넘어선 객관성으로서 그것은 인간의 윤리 또는 윤리 사상이 도달할 수 없는 영역이란 것이다. 윤영실은 윤리적 책임이란 인간의 자유의지를 전제 배치만 성립되는 것이라면 인간의 선택이 어떤 객관성에 전적으로 구속될 때 한날 객관성의 효과에 불과한 개인에게 어떤 윤리적 책임을 물을 수 있을 것인가라고 의문을 제기하면서, 요시모토 다카아키는 관계의 절대성을 앞세움으로써 전후에 분분했던 정치책임론을 비판했는데, 김윤식은 요시모토의 입을 빌어 오늘날 한국사회에서 전개되고 있는 친일청산론에 대한 나름의 입장을 밝히고 있는 셈이라고 평가한다. 친일을 개개인의 도덕성 탓으로 돌리는 데서 사상의 내적 논리로 심화시킨 것이 오늘날 친일문학론의 진일보한 점이라면 김윤식은 그 사상조차 개인의 자유로운 선택이라기보다는 관계의 절대성으로부터 주어진 것이기에 윤리의 문제와는 분리해야 한다[29]는 입장이란 것이다.

그리고 윤영실은 김윤식의 『일제 말기 한국작가의 일본어 글쓰기론』의 머리말에 내포되어 있는 사유의 결을 더듬어 김윤식의 이중어 글쓰기론이 어디서, 왜 멈춰 설 수밖에 없었는지 그리고 멈춤 이후의 발걸음은 어디로 향할 것인지에 대해 가늠해 보고 있다. 다분히 윤영실 자신의 주관적 해석이 곁들여졌을 수도 있음에도 불구하고 김윤식은 임종국의 『친일문학론』을 통해 자신의 이중어 글쓰기론, 그 토대라 할 수 있는 사상의 상대성 자체를 상대화한다[30]고 해석한다. 현재는 과거가 볼 수 없었던 것을 볼 수 있지만 과거보다 더 현명한 것은 아니기에, 매 시대는 자기 시대의 맹목을 통해서만 볼 수 있을/없을 뿐이란 것이다. 윤영실은 일제 말기 문학자들도 임종국도

29 윤영실, 위의 글, 464면.

30 윤영실, 위의 글, 466면.

김윤식 자신도 그 나름의 정당성(필연)과 한계(맹목)를 가질 뿐이라고 본다. 그렇다면 세기적인 사상의 상대성도 세기적인 사상의 절대성도 어찌 보면 그 시대의 필연이며 맹목이 아니겠는가라고 의문을 제기한다.

사상의 상대성을 수긍하며 타인의 삶에 대한 어떤 윤리적 판단도 중지할 수밖에 없는 것이 문학의 속성이라면 그 사상의 상대성에도 불구하고 여전히 자기 삶의 윤리를 물을 수밖에 없는 것 역시 문학의 속성이란 것이다. 문학은 신을 통해 보장되는 초월적 윤리 진리가 사라진 자리에서 어떻게 살 것인가라는 물음을 놓지 않으며 그 정답 없는 물음을 통해 자기만의 고유한 답 자기 윤리를 모색하는 작업이란 것이다.

따라서 윤영실은 일제말기 이중어 글쓰기들을 앞에 두고 오늘날의 문학 연구가 물어야 하는 것은 해석자 자신의 윤리[31]라고 주장한다. 그때 그 자리에서 나는 어떤 자리에 섰을 것인가? 지금 여기에서 내가 서야 할 자리는 어디인가? 이런 질문들은 물론 일련의 사상적 과제들을 포함한다는 것이다. 즉 민족이란 한갓 상상의 공동체에 불과하다면 윤리적 차원에서 하나의 민족(조선민족)에서 또다른 민족(일본민족)으로의 정체성 전환에 대해 어떤 윤리적 판단이 가능할 것인가? 정치적 차원에서 식민지 민족이 제국의 일원이 되기를 마다하고 독립을 요구할 수 있는 근거는 무엇인가? 사상적 차원에서 탈식민주의와 탈민족주의는 식민지의 중층적 모순들을 어떻게 풀어갈 수 있을 것인가? 이러한 질문을 가장 첨예하게 던지는 것이 일제말의 일본인 되기라는 사태이며 한국문학연구에서 이러한 질문에 가장 전면적으로 응하고 있는 것이 김윤식의 이중어 글쓰기론이란 것이다. 윤영실은 김윤식이 자신의 사유의 궤적을 일컬어 원점 맴돌기라고 표현한 바 있는데 확실히 그러하다고 평가한다. 해답은 없고 질문만이 반복하여 던져지지만, 그 반복은 차이 있는

31 윤영실, 위의 글, 469면.

반복이며 그 반복 속에서 질문은 더욱 여러 겹으로 깊어진다[32]고 본다. 그래서 윤영실은 손쉬운 해답을 내놓기보다 질문을 가다듬는 것, 그것이 산적한 난제들 앞에서 우리에게 필요한 자세인지도 모른다고 결론을 맺고 있다.

이상과 같은 윤영실의 일제말 이중어 글쓰기가 지니는 의미에 대한 김윤식의 해석에 대한 나름의 비판적 접근은 김윤식의 이중어 글쓰기의 역사적 문맥을 이해하는 데 도움을 주고 있다. 그러나 김윤식이 내보이는 윤리적 판단 중지와 사상의 상대성이 어느 지점에서 어떻게 만나고 있는지는 좀 더 촘촘한 논의가 필요해 보인다.

장문석의 『한국근대문예비평사연구』의 학술사적 의의

김윤식을 대표하는 저술 중의 하나가 『한국근대문예비평사연구』(1973)이다. 그러므로 김윤식 연구를 위한 첫 대상으로 삼는다면, 자연스럽게 이 저술일 될 수밖에 없다. 그런데 김윤식 연구에서 이 저술을 단순한 서평 차원을 넘어서 본격적으로 다룬 논의는 흔치 않다. 이런 측면에서 장문석의 「『한국근대문예비평사연구』의 학술사적 의의를 묻다」는 김윤식 연구사에서는 쉽게 지나칠 수 없는 대상이다.

이 논문은 1963년에서 1973년에 이르는 동안 『한국근대문예비평사연구』가 성립되는 과정과 그 계기들에 관한 주석으로 작성되었는데, 한 권의 책으로 완성되기까지의 개별 논문들의 서지학적 점검과 비교분석을 시도했다. 즉 저술이 성립하게 된 과정과 그 사이에서 작용했던 앎들의 상호작용을

32 윤영실, 위의 글, 470면.

살폈으며, 한국근대문예비평의 역사 서술이 어떠한 문학사적, 문화사적 계기들을 포괄하고 있으며 그것이 어떻게 확장될 수 있었는지를 살펴보고 있다.[33] 『한국근대문예비평사』의 체계화를 가능하게 했던 대타의식과 자기의식의 문제, 그리고 비평사 기술 과정에서 발견한 담론의 가능성들도 아울러 촘촘히 살폈으며, 비평이 종언을 고한 이후 탐색되는 노예의 노예됨에 관한 성찰도 눈에 띄는 장면이다.

또한 『한국근대문예비평사연구』라는 학술적인 작업이 한국근대문예비평사의 요청에 자기 근거를 두고 있음도 나름의 분석력과 논리로 밝혔으며, 역사서술과 일반이론화를 동시에 지향하지만 결과적으로는 역사서술로 치우쳤다는 평가를 내리기도 했다. 그리고 비평사의 이면에는 객관적인 이론지향과 개별 문학자의 의식 해명이라는 두 가지 욕망이 가로 놓여 있음도 확인하고 있다.

이러한 내용으로 정리된 1973년 한얼문고에서 발간된 『한국근대문예비평사연구』는 1976년에는 박사학위 논문으로 제출되고, 같은 해에 일지사에서 개정판이 간행되어 한국비평사 연구 및 프로문학연구의 시좌역할을 했다고 평가한다. 역사적 사실의 오류가 여럿 발견되었고, 해석의 오류도 다수 교정되었지만, 이 연구서는 한국근대문예비평사의 연구에 있어서 "아직도 (……) 극복하지 못한 이론"으로 여전히 기능하고 있다고 평가한다. 이 점에서라면 『한국근대문예비평사연구』가 제시하고 있는 학술사적인 인식틀은 여전히 동시대적이며 규제적이란 입장이다. 그것은 장문석이 이 논문에서 살핀 바 방대한 자료에 관한 실증적 섭렵 위에 이 '역사'가 성립되어 있고, 논쟁사라는 방법이 가지는 방법론적 안정성 및 강고함도 존재하기 때문으로 본다.

---

33 장문석, 「『한국근대문예비평사연구』의 학술사적 의의를 묻다」, 『한국현대문학연구』 41, 2013, 654면.

이런 차원에서 장문석은 『한국근대문예비평사연구』를 넘어설 수 있는 비평사 연구의 방향성을 나름 제시하고 있다. 그것이 최근의 비평사 연구는 기존의 비평사 연구보다 심화한 해석의 단계로 나아가거나, 기존의 비평사적 시각에서는 '낯선' 새로운 성좌를 구성함으로 비평사의 새로운 영역을 확장하고 있다는 점이다. 이런 경향을 대표하는 논문으로는 김동식, 「리얼리즘의 승리'와 텍스트의 무의식 : 임화의 「의도와 작품의 낙차와 비평」에 관한 몇 개의 주석」(『민족문학사연구』 38, 민족문학사학회, 2008)과 손유경의 「팔봉의 '형식'에서 임화의 '형상'으로」(『한국현대문학연구』 35, 한국현대문학회, 2011)를 내세운다. 또 다른 하나의 이유로 그동안 한국근대문예비평의 사회적 위치는 크게 변하였으며, 또한 최근에는 "글쓰기와 삶이 서로 다르지 않는 문화적 실천 행위이기 위한 모색"과 근본적인 인식 재조정이 요청되고 있기 때문이라는 것이다. 『한국근대문예비평사연구』가 내포하고 있는 비평사적, 문학사적, 문화사적 여러 계기들을 탈구축하는 동시에, 삶과 글쓰기에 관한 새로운 인식에 기반하여 다시금 구성될 한국근대문예비평사는 여전히 대망되고 있다[34]는 것이다. 새로운 관점의 한국근대문예비평사를 위해서는 『한국근대문예비평사연구』에 이미 씌어 있었지만, 우리가 그동안 읽지 않았던 지점들을 다시 읽을 필요가 있다고 결론을 내리고 있다. 문제는 한국근대문예비평사를 넘어설 비평사의 서술이 어떤 방법론에 의해 가능한지에 대한 구체적 방법론으로까지는 이어지지 못하고 있다는 점이다.

34 장문석, 위의 글, 656면.

윤대석의 김윤식론 서설

김윤식의 방대한 저술을 1차적으로 서지로 정리한 자가 윤대석이다. 윤대석은 「살아있는 정신 : 김윤식론 서설」에서 김윤식의 단독 저서는 『근대 한국문학 연구』(1973)를 시작으로 마지막 저서인 『문학사의 라이벌 의식』(2017)에 이르기까지 무려 151권에 이른다고 정리하고 있다. 또한 김현과 더불어 저술한 『한국문학사』(1973), 정호웅과 함께한 『한국소설사』(1993) 등을 포함한 공저서·편저서도 41권에 이르며, 번역서의 경우는 『국화와 칼』(1974)을 비롯해 6권이 있고 교과서도 9종이나 된다[35]고 밝힌다. 평생을 지속해온 김윤식의 글쓰기는 이처럼 그 대상이나 방법론이 다양한 영역에 걸쳐 있어 이를 정리하기가 쉽지 않을 뿐만 아니라 이를 객관화·대상화하여 역사화하기가 어렵다고 보고 있다. 따라서 김윤식 글쓰기에 대한 전체적 조망은 여전히 잠정적인 상태를 벗어나지 못한다는 것을 염두에 두면서, 임시적으로나마 두 가지 방법을 제시하고 있다.

명명할 수 있는 지름길 중의 하나가 첫 번째는 저서의 갈래에 따라, 두 번째는 저서의 시기에 따라 가능하다고 보았다. 그리고 김윤식의 저서는 글의 대상과 서술방식에 따라 크게 넷으로 나눌 수 있다고 제안하고. 현장비평, 작가 평전, 문학사·문학사상 연구, 기행문·예술론·자전적 글쓰기로 구분하고 있다. 이 분류는 엄격하게 분리된 것으로서 자기 영역을 가진다기보다는 한 몸에서 나온 여러 갈래의 길에 불과하기에 서로 겹쳐지기도 한다고 본다.

김윤식은 1962년 「문학사 방법론 서설」, 「역사와 비평」이 조연현의 추천

35 윤대석, 「살아있는 정신 : 김윤식론 서설」, 『근대서지』 12, 2015.

으로 『현대문학』에 게재되면서 비평가로 등단한 이래 죽음에 이르기까지 꾸준히 월평의 형식으로 현장비평을 행했다는 것이다. 이 현장비평은 막 발표된 '따끈따끈한' 작품을 다룬다는 점에서 여타의 글쓰기와는 다르다고 평가한다. 소설이란 현실을 징후적으로 보여주는 것이고 따라서 그러한 소설을 읽는다는 것은 그 징후를 포착하는 작업이란 것이다. 이에 대해 김윤식의 육성을 통해 다음과 같이 확인하고 있다.[36]

> 잘 설명할 수 없으나, 내가 살아오면서 한 일 가운데, 제법 잘할 수 있고 또 즐겁기도 괴롭기도 한 것이 있었다면 남들이 쓴 작품 읽기와 그것에 대한 쓰기였던 것으로 회고되오. 현장비평이란 말을 나는 좋아하는바, 사르트르의 주장대로, 작품이란 훗날에 평가되는 경우도 드물게 있지만 발표될 그때에 평가되는 경우가 대부분이오. 박완서 씨의 표현으로 하면 "따끈따끈할 때 읽으면서 시대의 징후까지를 읽어내는 일"이 바로 나의 현장비평이오.
>
> —김윤식, 「조금은 긴 앞말 : 잘 설명할 수 없는 것들」,
> 『내가 읽은 박완서』, 문학동네, 2013[37]

윤대석은 이러한 현장비평의 대표적인 저서로는 『우리 문학의 넓이와 깊이』(서래헌, 1979), 『우리 소설의 표정』(문학사상사, 1981), 『작은 생각의 집짓기』(나남, 1985), 『현대소설과의 대화』(현대소설사, 1992), 『소설과 현장비평』(새미, 1994), 『김윤식의 소설현장비평』(문학사상사, 1997), 『우리 소설과의 대화』(문학동네, 2001), 『현장에서 읽은 우리 소설』(강, 2007), 『혼신의 글쓰기 혼신의 읽기』(강, 2011) 등을 들고 있다.

---

36 윤대석, 위의 글, 173면.

37 윤대석, 위의 글, 174면.

그리고 김윤식의 작가 평전의 특징을 소개하고 있다. 김윤식 평전의 독특함은 '~와 그의 시대'라는 식으로 작가와 작품을 낳았던 시대에 대한 해명이 한 축이고 '내면 살피기'의 방법론을 통한 작가에 대한 내적 접근이 또 다른 한 축을 이루고 있다고 분석한다. 그러기에 김윤식의 작가 평전은 한 작가를 주인공으로 한 소설처럼 읽힌다는 것이다. 소설이 개인의 삶을 다루지만, 그를 통해 보편에 접근하는 것처럼 김윤식의 작가 평전은 주관적이면서도 동시에 객관적인 것으로 평가한다. 이를 김윤식 자신의 육성을 빌어 다음과 같이 밝히고 있다.

> 어떻게 하면 한 사람의 작가의 생애와 그 창작의 깊은 곳에까지 탐구의 저울추를 내려볼 수 있는 것일까. 학문적 방법론과 직관적 형식이 맞닿는 곳은 어느 부분이며 어떤 순간일까. 이런 물음의 해답은 제1급 작가론의 이상이 아닐 수 없다. 한 사람의 작가를 탐구하는 일은 직관의 영역일 수 없지만 그렇다고 논리의 몫만도 아닐 터이다. 그것은 어쩌면 궁극적으로는 연구자 자신의 심혼(心魂)의 탐구인지도 모를 일이다.
>
> —김윤식, 「옮기고 나서」, 레온 에델, 『작가론의 방법』, 삼영사, 1983

윤대석은 작가론의 대표적인 저서로는 『이광수와 그의 시대1~3』(한길사, 1986), 『염상섭 연구』(서울대출판부, 1987), 『김동인 연구』(민음사, 1987), 『이상 연구』(문학사상사, 1987), 『임화 연구』(문학사상사, 1989), 『김동리와 그의 시대』(민음사, 1995), 『백철연구』(소명, 2008) 등을[38] 예시하고 있다.

다음은 문학사·문학사상 연구로서 학문적 글쓰기에 해당하는 저서들을 정리하고 있다. 김윤식은 박사논문인 『한국 근대문예비평사 연구』(1973)를

38 윤대석, 위의 글, 175면.

출간한 이래 문학을 사적인 측면에서 구명하고자 하는 많은 논문들을 썼는데, 이때 사적이라고 하는 것은 문학을 역사에 비추어 해명한다는 뜻이라기보다 '근대'라고 하는 관점에서 '문학'을 해명함을 의미한다고 보았다. 그리고 윤대석은 이때 '근대'는 역사적 개념이라기보다 사상사적 개념이라고 규정한다. 따라서 김윤식의 학문적 글쓰기는 사상사 연구에 가깝다는 것이다. 그 키워드가 '근대'였고 그것은 근대적 양식으로서의 '소설'이라고 하는 보편에 이어져 있으며, '일본'과의 관련성도 이에 포함된다는 것이다. 이에 대해 김윤식은 다음과 같이 말하고 있다[39]고 밝힌다.

> 나는 운명의 등가성에 흥미가 있었다. 사상의 깊이랄까 수준이 문제일 것이 아닌가. 그것에의 오름, 그것에의 도달, 그것에의 운명의 표정이 보고 싶었던 것이다. 어떤 영역에서의 최고 수준에 이르기, 그런 사람의 내면풍경·전략·고민·외로움·갈등·투지, 요컨대 그 운명을 엿보고 싶었다. 이데올로기란 한갓 이데올로기일 뿐이며, 모든 이데올로기란 허위의식에 지나지 않는 것이 아닐까. 이 도저한 허무주의자 앞에 놓인 것은 과연 무엇이었던가. 내 운명의 표정, 그 외로움뿐이다. 나는 그것을 학문적인 의상을 빌려 '가치 중립성'이라 부르곤 했다. 또 그것을 '근대성'이라고도 불렀다.
>
> —김윤식, 「'이광수'에서 '임화'까지」,
> 『우리 소설을 위한 변명』, 고려원, 1990

윤대석은 학문적 글쓰기의 대표적인 저서로는 『한일문학의 관련 양상』(일지사, 1974), 『한국근대문학양식논고』(아세아문화사, 1980), 『한국근대문학사상사』(한길사, 1984), 『한국근대문학사상연구1』(일지사, 1984), 『한국현대문학

39 윤대석, 위의 글, 같은 면.

사상사론』(일지사, 1992), 『한국문학의 근대성 비판』(문예출판사, 1993), 『한국 근대문학사상연구2』(아세아문화사, 1994), 『한일 근대문학 관련양상 신론』(서울대출판부, 2001), 『일제말기 한국작가의 일본어 글쓰기론』(서울대출판부, 2003), 『해방공간 한국작가의 민족문학 글쓰기론』(서울대출판부, 2006), 『일제말기 한국인 학병세대의 체험적 글쓰기론』(서울대 출판부, 2007) 등을 들고 있다.

그리고 마지막으로 윤대석은 기행문·예술론·자전적 글쓰기는 표현적인 성격을 띤다는 점에서 여타의 글쓰기와 구분되는 영역으로 분류하고 있다. 이 부류의 글쓰기는 김윤식에게 '휴식으로서의 글쓰기', 즉 그의 말을 빌면 '산소통으로서의 글쓰기'이라고 명명한다. 논리적이고 객관적인 글쓰기에 지친 정신에 주관적이고 표현적이며 정서적인 글쓰기로 활력을 불어넣는다는 것이다. 논리적인 글쓰기가 회색의 글쓰기라면, 이 종류의 글쓰기는 녹색의 글쓰기, 즉 살아있는 생을 그대로 표현하는 글쓰기로 보았다. 그렇다고 해서 이 종류의 글들이 밀도가 떨어지는 것은 아니고 또 다른 종류의 긴장감이 이들 글을 감싸고 있다는 점을 강조한다. 그래서 김윤식 자신이 말한 표현자라는 개념을 통해 이러한 글 성격의 특징을 드러내고 있다.

> 연구자의 몫과 비평가의 몫을 조목조목 따져가다 보면 학문으로서의 생명인 논리에서 벗어난 부분이 있을 수 있다는 것. 징후 탐색 및 그 보존으로서의 현장비평에서도, 그 징후에서 벗어난 잉여 부분이 있을 수 있다는 것. 이 두 잉여 부분의 발견이야말로 묘지기에서 벗어나는 한 가지 길이 아닐 것인가. 제가 이를 두고 이름 붙인 것이 바로 연구자와 나란히 선 '표현자'의 개념입니다. 그것은 궁극적으로는 연구 및 비평의 자립적 근거를 묻는 것이지요.
>
> —김윤식, 「갈 수 있고, 가야 할 길, 가버린 길」, 『김윤식 선집7』, 솔, 2005[40]

표현자로서의 성격을 지닌 대표적인 저서로 『문학과 미술 사이』(일지사, 1979), 『황홀경의 사상』(홍성사, 1984), 『환각을 찾아서』(세계사, 1992), 『설렘과 황홀의 순간』(솔, 1994), 『천지 가는 길』(솔, 1997), 『아득한 회색, 선연한 초록』(문학동네, 2003), 『내가 읽고 만난 파리』(현대문학, 2004), 『비도 눈도 내리지 않는 시나가와역』(솔, 2005), 『내가 살아온 20세기 문학과 사상』(문학사상사, 2005), 『내가 읽고 만난 일본』(그린비, 2012) 등을 예시하고 있다.

그리고 윤대석은 저서의 시기를 문제 삼을 때 김윤식 글쓰기의 중심에는 '근대'가 놓이는데, 그의 글쓰기는 시대에 따라 크게 1990년대 이전과 이후로 나눌 수 있다고 보았다. 그 경계를 베를린 장벽의 해체·독일 통일·소연방의 해체로 상징되는 현실 사회주의의 몰락으로 보고 있다. 이는 '근대의 종언'이라고 하는 헤겔적 사고에 기반하고 있는데, 종언 이전의 문학이 민족·국가이나 이념이라고 하는 거대 담론에 입각하고 있다면 종언 이후는 그러한 거대 담론이 해체되고 다양한 소수자의 문학에 주목하는 시기란 것이다. 전자에서 가장 중요한 논제는 역시 카프였고, 김윤식에게 그것은 한국 근대를 문학의 영역에서 대표하는 존재였다는 것이다. 나아가 해방 이후의 '나라 만들기'를 둘러싼 이데올로기 투쟁인 민족 문학 담론도 중요한 논제 가운데 하나였다고 본다. 또한 민족이나 국가, 이데올로기를 등에 지고 험한 세상을 헤쳐 갔던 거인의 문학에 대한 탐색은 작가평전으로 나타나는데, 이들 작가 평전 대부분이 1980년대에 간행되었다는 것은 주목할 만한 일이란 것이다.

윤대석이 볼 때는 역사의 종언 이후 거대 담론으로 포착되지 않았던 잉여의 문학에 대한 주목이 이루어지는데, 그 대표적인 존재가 이상이란 것이다. 이상의 문학은 김윤식에 따르면 인공어의 문학인데, 한국어나 일본어와 같은 민족어·국가어가 아니라 그 자체가 하나의 보편적 기호로 이루어진 문학이

---

40 윤대석, 위의 글, 176면.

이상의 문학이라 할 수 있다는 것이다. 여기에는 민족이나 이념이라는 이데올로기가 끼어들 틈이 없기에 또한 일제 말기의 이중어 글쓰기도 '국어'를 절대시하는 국문학사에는 포함되지 않았던 것으로서 마찬가지로 인공어의 글쓰기라 할 수 있다[41]는 것이다.

윤대석은 이상으로 김윤식의 저서를 몇 가지 시각에서 나누어 살펴보고는 앞에서 말했듯이 이러한 분류나 의미 부여는 잠정적인 것일 수밖에 없다고 고백한다. 그것은 김윤식의 글쓰기가 여전히 진행형이기 때문인데, 진행행이라는 것은 그가 여전히 현역의 저자이기 때문만은 아니라, 그의 글쓰기가 역사화되기에는 너무나 적실하게 현실에 개입해오는 비평적 성격을 지니고 있기 때문이란 것이다. 그 때문에 이 글은 본격적인 해제가 될 수 없음을 고백하고 있다. 윤대석의 고백처럼 이제 김윤식의 저술에 대한 서지학적 고찰은 윤대석이 밑그림으로 그려놓은 바탕 위에서 미시적인 분석을 통해 저술과 저술 사이를 관통하고 있는 미세한 씨줄과 날줄을 공시적이면서도 통시적으로 체계화해야 할 과제가 남겨져 있다.

장문석의 1970년 김윤식의 도일과 비평 해부

장문석의 「상흔과 극복 : 1970년 김윤식의 도일과 비평」은 한일 간의 소통 불가능성 앞에서 후기식민지 주체가 모색한 가능성의 한 계기를 살펴보고자 한 연구다. 이 연구를 위해 장문석은 우선 서론에서 김윤식이 도일 이후에 그곳으로부터 받았던 문화충격을 재구성하고 있다. 김윤식에게 일본이 보다

41 윤대석, 위의 글, 177면.

인상적이었던 까닭은 그 자신에게 익숙하였던 냉전의 질서와 다른 삶의 감각과 지식의 범위 때문이었다고 본다. 러시아어 사전을 소지하는 것조차 허용되지 않는 반공(反共)을 국시로 하는 국가였던 한국과 달리, 도쿄대학 구내에서는 붉은 깃발이 나부꼈고, 건물 복도에는 '××교수 사퇴하라'는 구호가 즐비했고, 점심시간이면 직원들도 구호를 외쳤다. 경찰과 학생들의 충돌은 사상자를 내었으며, 야스다(安田) 강당은 불에 탔다. 그리고 거듭 회고한 것과 마찬가지로 김윤식은 외국책을 취급하는 작은 서점에서 독일어로 쓰인 게오르그 루카치의 『소설의 이론』을 접하게 된 경험은 김윤식에게 문화충격이었다[42]는 것이다.

또한 김윤식은 일본근대문학관에서 한국에서는 볼 수 없는 수많은 자료를 열람하였고, 호세이대학 부설 오하라 연구소에서는 사회주의와 관련된 자료, 무정부주의 잡지 《탈환》(奪還)을 비롯한 재일 조선인 노동자들의 선전 삐라, 신문, 잡지를 읽을 수 있었는데, 이러한 새로운 자료와의 만남은 "비록 애초에 신비평이 대학 제도 안의 문학 연구의 한 자리로서 탐색되었을지라도 김윤식이 거기서 구하고자 한 것은 감각과 사상의 종합, 과학적 세계관이었던 셈이다. 바로 이 감각과 사상의 종합으로서의 세계관, 무익과 무질서의 광대한 파노라마를 통제하고 질서화하여 형상과 의의를 부여하는 문학 형식이야말로 엘리엇과 신비평에서 루카치와 문학사회학으로의 변곡 혹은 이행을 가능하게 한 원리였을 것이"라고 보고 있다.

김윤식은 일역본을 참조하여 『소설의 이론』을 한국어로 번역하여 서랍 깊이 감추었고, 루카치에 관한 피터 루츠의 비판적 해설을 조연현이 주재했던 《현대문학》에 게재하기도 하였다. 반공 국가의 소장 연구자 김윤식이 동구의 맑스주의 문예이론가를 만나는 이 장면은, 『한국근대문예비평사연구』

---

42 장문석, 「상흔과 극복 : 1970년 김윤식의 도일과 비평」, 『민족문학사연구』 59, 2015, 13면.

(1973)에서 시작된 김윤식의 카프 연구 등과 상보적으로 배치되면서, '해금' 이전 한국근대문학연구(자)가 표상할 수 있었던 가능성의 한 임계를 보여주는 선으로 해석하고 있다.

그리고 장문석은 김윤식이 제출하였던 『한일문학의 관련양상』이라는 논제에 주목하고 있는데, 그가 최초로 제출한 학술적 성과로서 『한국근대문예비평사』와 그 탈고 시기가 겹친다는 점에서, 그리고 이후 김윤식이 루카치를 경유하여 이전과 다른 문학연구의 단계로 나아간다는 점에서, 『한일문학의 관련양상』은 그 이전의 측면과는 변별되는 지점을 지닌다고 본다. 김윤식은 다나카 아키라가 제안한 소통불가능성에 공명하면서, 그에 대한 응답으로 『한일문학의 관련양상』을 수습하였다는 것이다. 이 책에 실린 한 편의 글에서 김윤식은 1974년 3월 동경에 있는 한국연구원과 일본의 국제관계공동연구소가 공동으로 주최한 심포지움이 철저히 일본인의 요청과 시각에서 진행되었으면서도, 반성적 성찰 없이 '우리'라는 명칭을 사용한 것을 비판하였는데, 그 또한 피해자와 가해자의 소통불가능성에 공감하고 그 간극에서부터 새로운 소통의 실마리를 탐색하였다고 본다. 더욱이 다나카 아키라와 김윤식의 유년 시절은, 다른 방식이었으나 공이 '제국-식민지'의 경험과의 관련 속에서 구성되었다는 것이다. 다나카 아키라는 '재조 일본인'으로서 유년시절을 보냈고, 1936년생인 김윤식 자신은 유년시절을 제국 일본의 교과과정을 습득한 경험을 가지고 있었기 때문이다. 즉 1970년대 초반 다나카 아키라가 후기식민지 한국에 건너왔다면, 김윤식은 구 제국 일본으로 건너갔다는 점에서, 이 글은 한일 간의 소통불가능성 앞에서 후기식민지 주체가 모색한 가능성의 한 계기를 살펴볼 수 있다[43]는 입장에서 김윤식의 입장을 해명하고 있다. 그가 처음 제기하는 문제는 <후기식민지 주체가 읽은 구 제국의 1970

---

43 장문석, 위의 글, 15-18면 참조.

년>이다.

현해탄을 건넌 김윤식이 만났던 1970년대 일본은 '과거'와 결별하고 있었다고 본다. 1945년 '패전'을 경험한 후, 일본은 GHQ의 6년 통치 아래 있었고, 이후 미국의 정치적, 문화적 영향 아래서 '전후(戰後)'를 구조화하고 경험하지만 1970년대 일본은 "패전 상황이 한국동란으로 인해 경제적 부흥이라는 '우연성'이 주어지면서부터 서서히 불식되어, 오늘날엔 경제 대국으로 성장"하고 있었고, 경제 대국이 된 일본은 이제 의식과 무의식의 차원에서 "미군점령 의식"으로부터 탈각을 기도하는데, 김윤식은 자신이 일본에 도착한 지 3일 만에 목격한 미시마 유키오의 죽음을 그 징후로 이해하고 있다고 보았다.

김윤식이 판단하기에 문제는 미시마 유키오의 경우에서 보듯, 미군점령 의식의 극복이 일본의 폐쇄적인 자기동일성 구성으로 이어진다는 점이었다. 그는 "전후 일본의 자기인식"이 '재귀적', '전체적', '주체적'이라는 점을 비판적으로 고찰하였다. 일본의 폐쇄적인 자기동일성은 문학이라는 문화의 하위 영역에 국한되는 것이 아니라, 문화 '전 영역'에 걸친 것이었다고 본다. 일본의 자기인식은 그 자체 완결되고 자족적인 성격을 가진 것이 됨으로써, 외부와의 관련을 형성하지 못하였다고 보았다. 또한 일본의 자기정체성이 훼손과 희생의 이분 구도로 구조화되면서, 이러한 자기인식은 개량, 진보, 수정이 불가능한 일종의 도그마로 기능하게 되었다는 것이다.

이러한 일본의 자기인식과 관련하여, 김윤식은 당대 일본 담론의 두 특징으로 외국인의 일본론이 대중과 언론으로부터 집중적인 조명을 받는 것과 탈아론(脫亞論)을 반복하는 양상에 주목하고 있다고 보았다. 이 두 양상은 각각 '망각'과 '반복'이라는 두 가지 태도로 이해할 수 있는데, 외국인의 일본론 중 특히 주목을 받은 것은 루스 베네딕트의 1946년 작 『국화와 칼』이었다고 본다.

하지만 애초에 이 역서가 일본에 번역 출간되었던 1948년에 이 책은 '패전국 일본'에서 '일본문화의 비판으로' 읽혔는데, 김윤식이 보기에는 "점령군 미군의 압도적 힘이 책 위의 원광처럼 빛나고 있었"던 것이 그 이유였다는 것이다. 실제로 이 책은 "1944년 태평양 전쟁이 막바지에 이르렀을 때, 미국 무성의 위촉을 받아" 진행된 연구에 기반해 작성된 것인데, 이후 한국전쟁과 경제발전의 경험 속에서 일본의 지식인들은 이윽고 이 책의 논지에 반박을 하거나, '죄 : 수치'의 등식을 '동양 : 서양'으로 이해하고, 이를 다시 '미국 : 일본'으로 치환하기도 하였다는 것이다. 나아가 1970년대에는 오히려 '수치'를 역이용하여 '죄'에 도전할 수도 있다는 논법이 등장하기에 이르는데, 이 점에서 1970년대는 "새로운 태평양전쟁의 시작에 준하는 심리의 역공이 무르익기 시작한" 때로, 이러한 '패자부활전'의 이면에는 '서양(미국) 대 일본'이라는 무의식이 자리하고 있었다[44]고 평가한다.

두 번째로 당시 일본 지식인들이 다른 아시아 국가들로부터 일본을 분리하여 인식하였는데, 이는 19세기 말 '탈아입구'라는 태도의 반복이었다고 본다. 대표적으로 당대 사상계에 충격을 준 평론가이자 소설가인 다케야마 미치오(竹山道雄)와 인류학자 우메사오 타다오(梅棹忠夫)가 주장한 탈아론은 "일본은 아시아에 속하지 않는다"라는 주장을 그 핵심으로 하고 있었다는 것이다.

그 중 우메사오 타다오의 이론은 문화인류학의 도움을 받아 기후, 환경, 생활양식의 차이에 근거하여 "아시아는 균질이 아니"며, 나아가 일본과 나머지 아시아 국가들과 무관하다고 강조하는데, 김윤식은 이를 두고 '신판 탈아론' 혹은 '제2탈아론'이라 명명하는데, 이러한 태도는 19세기 말 탈아론의 재흥이라는 점에서 '반복'이되, "明治 때의 脫亞論이 19세기 서구의 제국주의 이론이라면" 전후의 '탈아론'은 "生態學이라는 인류학 이론으로 무장되었다는 차이"를 가지고 있었다는 것이다. 당대의 인류학은 문화의 우열이라는

---

44 장문석, 위의 글, 19-21면 참조.

주관성을 배제하고, 다만 그 문화의 양식인 문화형의 비교라는 객관적인 작업에 중점을 두고 있었는데, '객관성'을 담지한 학술 언어를 통해 일본의 지식인들은 일본이라는 국민국가와 다른 아시아 국가 사이의 거리감을 형성하고 그것을 고정화하고 있었다는 점에 주목하고 있다[45]고 보았다.

그리고 19세기 동아시아의 역사적 교훈이 그러하듯, '탈아'의 시도는 서구지향의 문제라는 논제로 수렴하게 된다고 보았다. 즉 당대 일본에서는 일본 자신으로 회귀하고 자기동일성을 구축하면서 아시아와 자신을 구별짓고 서구를 지향하는 두 방향 의식의 벡터가 동시에 나타나고 있었는데, 이러한 이중적 인식은 단지 1970년대 일본의 경우가 아니라, 사실상 "비서구적 문화권에서는 최초로, 그리고 신속 기민하게 自力으로 근대화를 이룩했다는 세계사적 사실을 엄연히 보여 주"는 근대 일본문화의 역사적 성격에 대한 논제로 수렴하게 되었다[46]는 것이다.

그런데 김윤식은 이 과잉한 자유의 충일감은 기실은 일본 문학자의 공허감, 나아가 노예근성의 표현이라 해도 좋으리라고 보고 있다는 점이다. 서구 합리주의의 구속력에 매달려 있을 때만 자신을 자각하고, 일단 그 구속력이 약해지자 돌연 방향감각을 상실하여 신화적 무드 속에 함몰되는 것인지도 모른다는 것이다. 일본 근대의 사고가, 언제나 합리적으로 정합된 서구 세계를 지향하여, 서구 근대가 발산하는 눈부신 논리, 수사, 형상에 동일화하는가, 그 반동으로 함부로 전근대 일본의 특정한 역사적 형식에 자기를 매몰시키는가의 양자택일만을 경험하였을 뿐이라고 해석하고 있다.

김윤식은 또한 근대 일본문화의 표면적인 정향을 서구의 합리주의에 대한 추구와 '매몰'로 보았다는 것이다. 변방문화권(PAX SINO의 견지에서)에 속했

45 장문석, 위의 글, 21면.

46 장문석, 위의 글, 22면.

던 일본이 명치 이래 서구라는 타인의식에 부딪쳐 서구화의 발판을 잡아 주자학적 질서와의 심한 갈등을 누르고 자신을 얻게 된 것은 대개 露日戰爭의 승리에서 가능했던 것으로 보았다. 이 전쟁의 승리가 일본으로 하여금 교사로 군림한 서구라는 것에의 콤플렉스를 표면상 일단 해소할 수 있었다고 한다면, 그 다음 단계는 서구와 어깨를 나란히 하는 동질화의 지평으로 치닫게 했다는 것이다. 그리하여 제1차대전 이후 그들의 국제적 지위가 제 일급에 올라설 수 있었을 때, 문화적인 면에서의 동질화가 진행되지 않을 수 없었고, 이 경우 서구 문화에의 콤플렉스의 역작용이 철저한 문학의 서구화에 경사지게 했을 것으로 보았다.

이렇게 서구적인 것에 대한 경도로 일본은 아시아에서 가장 먼저 근대화를 성취하지만, 일본은 '자기'와의 긴장 속에서 서구적인 것을 수용한 것이 아니라, 서구를 '콤플렉스'로서 받아들이고 있었다는 것이다. 따라서 서구의 합리주의와의 거리와 긴장을 확보하지 못할 경우, 서구를 지향하던 그 정동과 의지는 역방향으로 '자기'에게 회귀하게 될 가능성이 높았다고 평한다. 실제로 "서구와의 동질성을 향한 벡터는 2·26사건을 전후한 천황제 파시즘의 광신적인 역동성으로 충돌하"였는데, 전시체제기 '일본적인 것'에 관한 절대적 강조가 그 역사적 예증이었다고 보았다. 김윤식 역시 흔히 서구의 근대를 모범적으로 수용한 것으로 이해되는, 일본의 근대를 실상 서구와 일본의 애매한 절충, 혹은 근대 및 서구가 일본의 전통적 체질과 "엉겨붙은" 양상으로 이해하였다[47]고 해석한다. 이는 전후 일본의 비평가들이 '사소설'을 통해 일본 근대 문화의 특징을 분석한 것에 공명하는 것이기도 하였다는 것이다.

한 문화가 가치와 양식으로 구성되어 있다면, 문화수용에서 가치가 지니는 보편성 때문에 가치의 수용이 용이한 반면 양식은 쉽게 이월하지 않는데,

---

47 장문석, 위의 글, 23면.

明治 이래 문인들이 전통의 無私 정신을 백지화하고 그 위에 서구의 자아를 받아들이려 노력하였지만, 문화수용의 법칙상 양식 쪽의 동화는 실제로는 불가능한 상태에 놓여졌고, 따라서 서구에 기울어질수록 고전의 無私 정신이 생생히 머리를 들고 있었다고 보아도 될 것이었다고 해석한다. 이렇게 본다면, 일본인들이 즐겨 내세웠던 和魂洋才라는 것이 和魂漢才의 경우와는 달랐다는 것이다, 고쳐 말해서 和魂에 力點을 두지 않고, 또한 洋魂을 정확히 파악하지 않았다고 보아야 한다는 것이다. 이 멋진 슬로건도 다분히 문학 쪽에서 보면 구호에 떨어진 혐의가 짙은 것이라고 보았다는 것이다.

한문학의 전통을 체화하고 염두에 두었던 나쓰메 소세키(夏目漱石)는 서양 근대문학을 의심하고, 그로부터 '타자'를 발견하였지만, 시가 나오야(志賀直哉)는 나쓰메 소세키가 발견한 타자를 '말살'하면서 이후 '사소설' 형식이 일본근대문학에서 주류가 되었는데, 김윤식 역시 '절대화한 자기'가 중심에 놓이는 양식인 사소설을 근대의 주체인 '신사'와 '숙녀'의 형식이 아니라 '노예'의 형식으로 이해하고, "가면을 거부"한 글쓰기로 이해하였다는 것이다.

김윤식은 '사소설' 양식의 예를 통해 일본 근대의 성격인 '화혼양재'를 '애매한' 절충으로 이해하는데, 그것은 '화혼'과 '양혼' 양자 모두를 철저히 그리고 정확히 파악하거나 추구하지 않았기 때문이라고 해석한다. 즉 '자기'와 '타자' 모두를 철저히 인식하지 않은 양자의 외형적 모방은 결국 절충의 형식을 산출할 뿐이란 것이다. 결국 일본의 사소설은 이토 세이가 논한 것처럼 "주어진 환경과 기질 속에서 가장 잘 에고를 확립하는 방법"인 "소설"에 도달하지 못하게 된 것이라 평가한다.[48]

김윤식 또한 일본의 소설이 서구의 근대소설이 도달한 '산문정신'을 갖지 못했다는데 거듭 동의를 표하였는데, 절충적이고 애매한 '엉켜붙음'이라는

---

48 장문석, 위의 글, 24면.

일본문화의 정체성은 역사의 지층이 켜켜이 쌓인 '다층성'을 형성하기보다는, "퇴적에 의한 동시적인 중층성" 곧 각 문화의 착종과 모순을 그대로 노정하였다는 것이다. 이것은 문화가 현대의 위기 앞에서 "참된 정신"으로 기능하지 못하고, 오히려 "어떤 사회적 국가적 혹은 국제적 위기에 처할 때 일종의 신화를 형성"하고 고착화할 위험성을 가진 결과로 해석하고 있다.

이어 김윤식은 서구 문학의 다양한 양식에 방불하지만, 실제로는 작지 않은 차이가 있는 일본문학의 다양한 양식을 검토하였는데, 가령 일본소설은 '시적 응축력'과 '비분석적 사고'에 근거하여 서구 "근대소설의 방법적 원리인 리얼리즘"과도 거리를 두며, "산문성의 결여"라는 특징을 가지게 되었다고 보았다. 김윤식은 고바야시 히데오의 도스토예프스키론이 아포리즘적 문체로 씌어지는 것을 두고 "일본문인이 서구를 이해할 때 발자크적 세계는 암반처럼 되어 곡괭이가 들어가지 않았던 것은 아니었을까"하는 질문을 던지기도 하였다는 것이다

이것은 '전후'에 대한 결별임과 동시에 '전후'의 몇몇 사상가나 비평가들이 문제 삼았던 제국주의 시기 일본문화의 정향에 대한 결별이었다고 본다. 일본이 19세기 말 탈아론을 '반복'하며 자신의 정체성을 구성할 때 침묵에 붙여지는 것은, 바로 김윤식 자신이 연루되어 있는 20세기 초반 한국에 대한 일본의 식민지배였다는 점이다. 식민지를 비롯한 과거와의 '결별'을 전제하고 탈아론을 '반복하는' 구 제국 일본의 문화적 상황 앞에서 김윤식은 두 가지의 비평적 실천을 기획하는데, '식민지'의 역사적 문화적 경험을 논제화하는 것과 동시에 한국에 일본이 무엇인가를 묻는 것이었다[49]는 것이다.

그리고 김윤식이 바라본 1970년대 일본은 20세기 초반의 식민지 경험에 '결별'을 하고 있었는데, 그것은 단지 일본만의 사정이 아니었다는 것이다.

---

49 장문석, 위의 글, 25면.

후기식민지 한국에서도 마찬가지였다고 보았다. 이를 위해 김윤식은 다나카 아키라(田中明)의 1970년대 초반의 한국에 관해 다음과 같은 입장을 정리하고 있다.

> 하숙 한구석에서 급히 페이지를 다시 덮으면서 나는 "아아 일제 시대, 일제 시대라 해도 그것은 이미 역사적 시대로 되어 버린 것인가"라는 감개가 더욱 짙어졌다고 고백한다. 이와 동시에 "한국인은 그 시대를 벌써 歷史的 時代에로 해버려도 좋다라고 생각하고 있는 것인가"라고 의아스럽게 생각했다는 것이다. TV의 시대극이나 무협 소설을 우리들은 먼 시대에 대해 말하는 것으로 보고 있는데, 옛날에 대해서의 通念을 재미있게 자극하여 주면 그것으로 족하며, 약간의 황당무계한 것도 그 나름대로 유쾌하기도 하며 현대적 粉飾이 가해졌더라도 그것은 그것으로 별다른 흥미를 일으킨다는 것이다. 요컨대, 지금의 자기에게 직접 관계없는 '옛날 이야기'란 것이다. "日本人 순사가 악귀처럼 눈을 부릴며 崔氏父子(KBS의 <女路>를 뜻함: 역주)를 발길질하고 때리고 할 때의, 목구멍이 콱 막히고 피가 역류하는 것 같은 굴욕감-. 흡사 내 자신이 일본인 순사의 발길에 채인 것 같은 착각조차 느꼈다는 것이다. 기껏 TV 드라마 하나에도 그것을 드라마로 보아 버릴 수 없는 이 꺼리는 감정은 내 개인 한 사람의 감정은 결코 아니다라고 토로한다."[50]

또한 다나카 아키라는 사회 전체에 편만한 '안이한' 반일 감정과는 별개로, 당시 한국의 소비문화에는 '일본색'이 짙었지만, "일본 소비 물자, 대중문화의 범람과 正反對로, 참된 日本研究는 참으로 미미하다"라고 냉정하게 평가하였다는 것이다. 신문과 잡지에서 '일본'과 연관된 기사를 발견하는 것은 어려

---

50 장문석, 위의 글, 26면.

운 일이 아니었지만, 그것은 '사이드워크(サイドワーク, 副業)'로 "깊이가 좀 처럼 보이지 않"았다고 보았다. 다나카 아키라는 나아가 한국인의 일본론의 특징 중 하나로 "'놀라움'이 없다"는 것을 들고, 그것은 "일본 따위는 훤히 알고 있다라고 생각"하는 태도에서 기인한 것이라고 보았다.

장문석은 김윤식 역시 다나카 아키라의 이러한 관찰에 동의하고 있었다고 본다. 그는 『일동장유가』를 분석하면서, 일본을 바라볼 때 '나의 시각'을 선험적으로 전제하고 대상을 '피상적'으로 파악한다면 그것은 '사태를 왜곡'한 것에 지나지 않음을 강조하였기 때문이다. 개인의 입장을 숙려 없이 일반화하거나 자신이 이미 알고 있는 것을 타자화한 대상을 통해 재확인하는 이러한 태도는, 마치 하멜이 조선을 피상적으로 이해하고 조선을 '불가사의한 민족'으로 규정한 것과 다름없었다[51]는 것이다.

그렇기 때문에 필요한 것은 '주관적'이거나 '정서적'인 접근이 아니라 '신중하고 확실'하며 사실에 근접한 '객관적'이고 '상황 판단에 가장 민감'한 접근이라고 본다. 하지만 문제는 한국인이 일본을 '객관적'으로 파악하려 할 때 마주하게 되는 '아포리아'에 있었다는 것이다. 그것은 한국(인)에게 일본이 가진 '이중성' 때문인데, 한국인들은 객관적인 측면에서는 일본을 분석하고 이해할 수 있다 하더라도, 주관적인 측면에서는 일본을 이해하기가 쉽지 않았다고 본다. 장문석은 김윤식 자신 역시 이 '이중성'에서 자유롭지 못했는데, 그 자신이 이미 일본에 '연루'되어 있었기 때문이었다고 판단한다. 그 근거로 김윤식의 일제강점기 유년시절을 다음과 같이 재구성해 놓고 있다.

> 내가 태어난 것은 1936년으로 東北事變(滿洲事變)이 일어나기 1년 전입니다. 나는 慶南 金海郡 進永이라는 한 가난한 농민의 장남으로 태어났고, 지금도

51 장문석, 위의 글, 27면.

> 선명히 기억하는 것은 日本巡査의 칼의 위협과 식량 공출에 전전긍긍하던 부모님들 및 동리 사람들의 초조한 얼굴입니다. 國民學校에 입학한 것은 1943년으로, 진주만 공격 2년 후이며 카이로 宣言이 발표된 해에 해당됩니다. 十里가 넘는 邑內 國民學校에서 "아까이도리 고도리", "온시노 다바꼬", "지지요 아나다와 쯔요갓다", "요가렌노 우다" 등을 무슨 뜻인지도 모르면서 불렀습니다. 혼자 먼 산을 넘는 통학길을 매일매일 걸으면서 하늘과 소나무와 산새 틈에 뜻도 모르는 노래를 흥얼거리며 외로움을 달래었던 것입니다. 내가 아는 리듬이란 그것밖에 없었기 때문입니다. 마을에서는 이 무렵 가끔 지원병입대 장정의 환송회가 눈물 속에 있었고, 아버지의 징용 문제가 거론되는 불안 속에 우리는 이따금 관솔 따기로 수업 대신 산을 헤매었습니다. 동리에서도 할당된 양을 채우기 위해 관솔 기름을 직접 짰던 것입니다. 그리고, 놋그릇 공출이 잇따르고……이러한 일들은 내 幼年時節의 뜻모르는 抒情性으로 남아 있는 것입니다. 내가 어른이 되어 1년 동안 滯日했을 때 '靖國神社'에 가끔 가서 느낀 것은 의외에도 이 나의 幼年時節의 뜻 모르는 抒情性의 아픔이었습니다.[52]

위의 사실을 근거로 장문석은 1974년 김윤식은 자신에게 있어 식민지를 두 가지 표상으로 제시한다고 해석하고 있다. 하나는 공출과 징병, 징용 등 위협과 수탈로서의 식민지라는 표상이었다. 이것은 '민족'의 기억과 크게 어긋나지 않는 경험이었다. 하지만 또 하나는 뜻도 모른 채, 일본어 노래와 일본 군가를 흥얼거리며 불렀던 기억이었다. 물론 "의식의 차원에서는 반일감정이 역사의식으로서 엄존"하더라도, 유년시절의 회고는 낭만적 성격을 가지기 때문에 "무의식의 차원에서는 '황국신민'의 世代는 짙은 鄕愁에 젖어 있음도 사실"이었다. 김윤식은 "이들 세대가 왜색조 노래나 옛 군가를 자기

52 장문석, 위의 글, 29면.

도 모르게 흥얼거리는 사태를 두고 단순히 비난을 가할 수만은 없다"고 조심스럽게 자신의 세대가 놓인 상황을 진술한다. 이러한 유년의 기억이 가진 서정성은 성인이 되어, '민족'의 기억과 "역방향"에 서게 되고 충돌하게 되는데 그것은 이성의 차원에서는 "한국의 자기 이해가 일본의 어떤 일본적인 것에 의해 규정될지 모른다는 두려움"으로 현상하며, 감성의 차원에서는 '서정성의 아픔'으로 현상하게 된다. 이러한 곤혹의 근본적인 원인은, "내가 아는 리듬이란 그것밖에 없는 상황", 곧 김윤식이라는 후기식민지 주체가 일본을 경유하여 구성된 주체라는 사실에 있었다는 것이다.

자기의 주체성이 일본과 무관하지 않고 그에 '연루'되어 있다는 것은, 김윤식의 다음 세대인 '한글세대'의 경우에도 크게 다르지 않았다고 본다. 1962년을 기점으로 한국에는 '일본문학 붐'이 있었고, 그 결과 일본의 전후적 감수성은 한국에서도 폭넓게 유통되었기 때문이란 것이다. 김윤식은 의식상의 표면적인 반일정서와는 별개로, '한글세대'의 문학 형성에 다자이 오사무(太宰治), 오에 겐자부로(大江健三郎)의 문학이 '감수성 및 에피소우드 처리법 등의 기법'에 "상당히 영향을 미쳤다고" 신중히 진단하였다고 보았다. 하지만 이들은 일본의 실체를 직시하기보다는, "이야기 속의 日本"을 막연히 상상하여 "惡鬼로 단정"하는 위태로운 태도를 보이고 있었다고 비판적으로 바라보았다. 이 점에서 장문석은 김윤식 자신의 세대와 그 다음 세대 모두 일본이라는 타자와 관련하여, '정신의 취약성'을 내포한다고 평할 수 있었다[53]고 규정하고 있다.

정치의 측면에서는 식민지에서 해방되었으나 문화적인 차원에서는 여전히 식민지라는 조건이 규제적인 상황 속에서, 후기식민지 주체 김윤식이 요청한 길은 자기 자신에게 "가장 정직한 행위"를 수행하는 것이었다고 본

---

53 장문석, 위의 글, 30면.

다. 곧, 자신 안에 있는 식민지의 유산을 무조건 부정하면서 '민족'의 대문자 이름이나 일본에 대한 자연화된 상식에 스스로를 투사하는 것도 아니며, 그것을 무조건 긍정하는 것도 아닌 다른 길을 찾고자 하였다는 것이다. 그것은 내셔널리즘의 선험성을 인정하면서도, 한국근대문학을 둘러싼 여러 매듭을 풀기 위한 노력을 피상적 차원이 아니라 심층에서 시도하는 것이었다는 평가이다. 김윤식 스스로의 표현을 빌리면 그것은 "魂과 論理의 갈등"을 갈등 자체로서 승인하고 인식하는 것이었다고 본다. 이는 개인의 차원에서는 섣부른 단정에 앞서 '부재의 아이덴티티'를 견지하는 것이며, 비평과 연구의 차원에서는 식민지 조선에 존재하였던 '이광수들'의 좌절과 절망을 분석하는 것이었다고 해석하고 있다.

그리고 『한일문학의 관련양상』의 2부 <상흔과 극복>에서 중심적으로 다루고 있는 것이 식민지 조선 작가들의 일본어 글쓰기인 것은 이 때문이라고 본다. 김윤식은 '가해자(의 얼굴)'와 '피해자(의 얼굴)'이라는 이항대립을 승인했다는 점에서 '민족주의'적인 계기를 부정하지는 않았지만, 그렇다고 그것으로부터 정신적 승리나 일방적인 윤리적 단죄를 도출하지 않았다는 것이다. 그는 "친일문학은 '무엇인가' 불합리, 눈가림, 고민 등등 실로 낯간지러운 추태가 작품 속에 마다 스며 있"음을 인정하고, "그 '무엇인가'의 불합리, 추태, 고민이 바로 우리의 것임"을 인정해야 한다는 입장에 서 있었다는 것이다. 김윤식은 앞서 다나카 아키라의 언급처럼 가해자와 피해자가 소통불가능하다는 점을 전제로 하고, '피해자의 얼굴' 안에서 "비굴하고도 추악한 玄龍的 人物"의 절망을 "문학"을 통해 추적하였다고 본다. 이때 '현룡적 인물'의 절망과 '문학'을 겹쳐서 이해한다는 점이 비평가이자 연구자인 김윤식의 독특한 지점이라[54]고 장문석은 보았다.

---

54 장문석, 위의 글, 31면.

이런 문제를 두고, 그 이후의 역사를 살아온 사람의 입장에서 보면 그 是非의 비판이 확연해지지만, 그 역사 속에 놓였던 선택의 입장을 이해하기란 결코 쉬운 문제가 아니라는 입장을 내보인다. 왜냐하면 상황이나 權力의 투쟁에 對立하는 文學의 본질적 측면에서 볼 때, 日帝라는 특정 권력이 문제가 아니라 權力 그 자체가 언제나 문제로 가로놓여 있기 때문이란 것이다.

김윤식은 '이후의 역사'라는 위치에서 객관화된 대상을 '비판'하는 자리에 서기보다는, '그 역사 속에 놓였던 선택의 입장'과 자기와의 관련을 형성하는 방식을 선택하고 있다고 해석하고 있다. 그리고 전시체제기 이광수의 행동에 관해서 명징한 판단을 내리기를 유보하고, 그의 행위가 가진 수행적(performative) 측면을 부각하고 있다고 보았다. 이때 김윤식이 주목한 수행적 행위는 바로 '글쓰기(écriture)'였다는 것이다.

김윤식은 김사량의 天馬의 현룡(玄龍)의 글쓰기가 가진 수행적 실천과 비교할 때, 쇼와(昭和) 15년 이후 단카(短歌) 투로 일기를 쓴 이광수의 수행적 실천에는 비극성이 결여되어 있으며 순교자적 의의가 부족하다고 평하면서, 실천의 상대적 질량 부족을 논하고 있음에 주목하고 있다[55]고 보았다. 이 점에서 김윤식에게 식민지 조선의 문학자들이 수행한 글쓰기는 그들의 '절망'과 윤리를 심문하는 장소로서 기능하게 된다고 본다. 김윤식은 글쓰기라는 행위가 갖는 의미를 여러 측면에서 고찰하는데, 글쓰기의 첫 번째 의미는 물질성과 실재성이었다는 것이다. 김윤식은 윤동주가 도일한 이후 그가 남긴 "文字行爲의 不在"는 그 시기 그의 "內燃한 정신의 가열성"을 증언하지도 못하며 "烏兎의 歲月 속에 그 아무도 歷史에의 辨明을 하지 못"한 결과를 낳았음을 지적한다는 것이다. 이를 뒤집어 읽는다면, 역사 속에 휘발되고 그 증거를 찾기 어려운 "말한다는 것"과 달리, "쓴다는 것"은 "정신적 긴장에 대한 증

55 장문석, 위의 글, 32면.

거"로 기능하며, 이 점에서 "씌어진 것"은 "證人으로서" 존재하게 된다고 보았다는 것이다. 더군다나 "작가"는 "식민지 지식인의 대표적 존재"였다는 점에서 '씌어진 것'의 중요성은 더욱 증대되었는데, 근대적인 저자 개념의 확산과 저작권 제도의 사회적 승인은 근대문학의 성립을 촉진하는 계기였고, 저자의 권리는 소유의 권한을 명확히 하는 동시에 사법적 처벌의 대상이나 윤리적 책임의 장소로 기능하였다는 것이다.

이러한 글쓰기의 사회적 의미에 더해, 1970년대 초반 당시 김윤식이 강조한 것은 글쓰기가 그 자체로서 하나의 공간을 형성한다는 점이었다는 것이다. 말하는 것과 달리 쓴다는 것(소위 écriture)은 무엇인가. 여기에 대해서는 두 개의 측면을 생각할 수 있다고 보았다. 그 하나는 행위 자체가 본질적인 의미에서 존재 방식의 위기의식에 대한 傷痕의 부분을 포함한다는 것이며, 그 다른 하나는 그 傷痕 자체가 역사 속에 희미하기는 하나 지울 수 없는 內部空間을 형성한다는 점이다. 이 경우 희미하다는 것은 그것이 가장 상하기 쉬운 섬세함을 뜻한다면, 그로 인해 바로 그것이 역사의 촉각일 수 있다는 뜻이 된다고 해석하고 있다. 그렇다면, 작품이란 靜的인 파악을 거부하는 요인을 스스로 갖추고 있다는 것이다. 즉 역사의 어두운 한 단계를 증거하는 증거물로 작품이 이용될 수 있지만, 언제나 그 작품은 잉여 부분을 남겨서 스스로 動的 파악을 기대하는 超越的인 요인이 생생히 살아 있다[56]는 것이다.

김윤식에 따르면 '글쓰기'는 '작가'의 위기의식에서 촉발되었다는 점에서 그 존재 자체로 '상흔'의 성격을 가지며, 동시에 역사에 내부공간을 형성하고 그곳에 '상흔'을 새긴다고 보았다. 그는 '글쓰기'의 수행성에 주목함으로써, 표면적인 의미 전달을 넘어서 '글쓰기'에서 "우리가 볼 수는 있지만 결코 만져 볼 수 없는 거울 속의 공간처럼, 하나의 잠재적(virtuel) 공간, 매개적

56 장문석, 위의 글, 33면.

(intermédiaire) 공간"을 발견하는 지점에 도달하게 된다는 것이다.

그에 따르면 '글쓰기'는 역사에 대한 '작가'의 증언이지만, 동시에 문면에 쓰인 것만으로는 해석이 불가능한 '잉여'를 포함하고 있다는 것이다. 『한국근대문예비평사』에서 김윤식에 앞서, '글쓰기'의 잉여를 발견하였던 비평가 임화는 "작가의 지성과 감성의 차이가 잉여물이 생기는 계기라" 파악하였고, 의식보다는 무의식에 가까운 "잉여의 영역이란 작가의 의도에 반(反)하는 것"으로 이해하였는데, 그렇기 때문에 문학이라는 '글쓰기'는 자신의 '잉여'에 대한 독자의 적극적이고 능동적인 독해를 기다리게 되는데, '글쓰기'가 그 '스스로'에 남겨둔 '동적 파악을 기대하는 초월적 요인'을 포착하고 그로부터 가능성을 읽어내는 것은 비평이라는 또 다른 '글쓰기'의 몫이란 것이다. 비평은 다른 '글쓰기'를 전제로 하여 존재한다는 점에서 이차적인 '글쓰기'이지만, 동시에 선행하는 '글쓰기'와 얽히면서 하나의 그물망을 형성하게 되는데, 이 과정을 통해 '비평'은 독해 대상이 된 '글쓰기'를 동적으로 파악하는 동시에, 그 자신이 또 하나의 '글쓰기'가 된다는 것이다.

이런 점에서 김윤식은 '글쓰기'의 내부공간을 발견하였고, 그 잉여를 독해하는 비평이 또 다른 '글쓰기'가 될 가능성을 아울러 발견하고 있었다고 평가한다. 한국 문학자의 '글쓰기'에 형성된 내부공간은, 식민지라는 물음과 윤리를 심문하는 장소로 기능할 수 있었는데, 이때 "하나의 역사감각"과 '상흔'을 "公的인 것으로 파악 傳受"하는 것 또한 "文學의 몫", 혹은 비평이라는 '글쓰기'의 몫이란 것을 발견했다는 것이다. 그리고 김윤식은 비평의 한 형식으로서 "그러한 세대, 그 시대를 살았던 사람들의 자세한 傳記"가 가진 가능성과 필요성에 주목하였다[57]는 점을 장문석은 특기하고 있다. '글쓰기'의 '절망'과 윤리를 심문하기 위해서는, 그 글쓰기와 문학자, 그리고 그들이 놓인 시대에

57 장문석, 위의 글, 34면.

대한 '철저한' 이해와 재구성은 필수적인 조건인데, 김윤식은 傳記라는 '글쓰기'를 통해서, "歷史의 追體驗"이 가능하다고 판단하였다는 것이다. 그는 "최익현, 김옥균, 최남선, 이광수, 신채호에 대한 완벽한 追體驗을 한국문학이 가져 보지도 못했다는 것"이 문제라고 단언하면서, 식민지로 인한 '상흔'을 극복하기 위한 '철저한 추체험'을, 비평이라는 '글쓰기'의 몫으로 기꺼이 승인하였다는 점을 높이 평가하고 있다.

하지만 적어도 '친일문학'에 관해서라면, 1970년대 초반 당시 김윤식에게 문학의 내부공간은 '비평'의 가능성을 발견하는 장소인 동시에 그 자신 비평가로서의 실천을 멈추는 지점이기도 하였다고 본다. 식민지 조선의 작가가 감성과 지성의 낙차로 잉여를 생성했으나, 김윤식 또한 '혼과 논리의 갈등' 앞에서 멈추어 있었기 때문이란 것이다. 다케우치 요시미는 루쉰이라는 '역사적 중간물'에 주목하여 "자기 내부의 타자를 부정하고 자기를 부정한 뒤 다시 만들어지는 타자와 모순대립을 품는 자기"를 구성하고자 하였으며, 이때 "자기는 타자와 떨어져 존재할 수도 타자에 동화될 수도 없"기에 "부단히 갱신되는 유동성"을 가진 주체였는데, 김윤식은 식민지 조선의 문학자들의 글쓰기가 가진 아포리아를 확인하는 데서 멈추었기 때문이라는 것이다. 물론 앞서보았듯, 그는 김사량의 소설 천마에 나오는 현룡의 실천과 이광수의 실천을 비교하지만, 그것은 식민지라는 조건 안에서 문화적 실천이 가진 질량의 차이를 가늠한 것일 뿐, 후대의 비판을 위한 것은 아니었다는 것이다. 김윤식은 1940년대 문학자들의 대일 협력적 글쓰기에 대한 판단 또한 유보하는데, 그것은 '황국신민세대'로서 김윤식 그 자신도 그들 문학자들과 같은 상황적 조건 아래 놓여있다는 판단 때문이었다고 본다. 그 심정을 다음 내용을 통해 확인하고 있다.

그들은 '玄龍'을 조소할 수 있어도 우리는 그 상황을 조소할 수 없다. 이

> 비굴하고도 추악한 '玄龍的' 상황의 극단 쪽에 李箱의 '골목 의식'과 尹東柱의 '白骨'과 李陸史의 '서릿발'이 있었다. 이 골목과 白骨과 서릿발이 至上命令처럼 우리에게 육박해 올 때 나는 자랑스러운가? 그렇지 않다. 우리는 슬프다. 아픈 것이다. (…중략…) 우리의 아픔이란 이 論理와 超論理 때문이며, 따라서 그 아픔의 論理와 超論理의 接點에 놓여 있는 것이다. 빼앗긴 들에도 봄은 왔었다고 진술하면 新開化派가 되는가, 아니면 新斥邪派가 되는 것인가. 저 '接點'을 몰각한 어떠한 代案도 우리는 信用하지 않으며, 世代論으로서의 自己分析 없는 어떠한 對日本論도 우리는 信用할 수 없는 것이다.[58]

1960~1970년대 한국문학연구자들은 윤동주와 이육사로 대표되는 일본에 협력하지 않는 태도를 두고 '민족'의 이름으로 높이 평가하였으나, 김윤식은 그러한 태도를 바로 승인하지 않았다고 장문석은 분석한다. 그 자신의 표현을 빌자면, 김윤식은 '자랑스러움'보다 '슬픔'과 '아픔' 앞에 멈춰 있었다는 것이다. 다만 그는 현룡이 경험한 '논리'와 '초논리'의 갈등과 거기서 오는 아픔을 자기의 아픔으로 승인할 따름이었다는 것이다. '혼과 논리의 갈등'을 태도로서 견지하는 '아포리아' 앞에서, 김윤식은 '자기'라는 주체가 '연루'되었다는 입장을 견지하지 않는 한, 그 분석을 신뢰할 수 없다는 태도를 재확인하고 있다는 것이다. 그는 발화에 앞서서 자신을 비롯한 당대 한국의 후기식민지 주체들이 일본의 교육으로 형성되었음을, 곧 그 자신이 일본이라는 계기에 '연루'되었음을 인식할 것을 제안하고 있다는 것이다. 전대 문학자들의 '대일협력'을 논하는 과정에서, 자신 또한 그에 연루된 주체임을 인식하는 이러한 태도는 김윤식보다 생년이 조금 일렀으나 같이 '황국신민세대'라 할 수 있는 임종국에게서도 발견할 수 있는 모습이었다[59]고 본다.

---

58 장문석, 위의 글, 35면.

이 점에서 '친일문학'을 앞에 둔 후대의 '황국신민세대'에게 필요한 것은 "자기들의 의식 분열을 투철히 의식하고 있는가?"라는 자기에 관한 질문이었다는 것이다. 그는 논리와 초논리의 "'접점'을 몰각한 어떠한 대안도 우리는 신용하지 않으며, 세대론으로서의 자기분석 없는 어떠한 對日本論도 우리는 신용할 수 없는 것"이라고 강조한다. 그리고 김윤식은 그 질문 앞에서 자신은 "이 구속력에서 자유로와짐을 당분간 우리는 원하지 않는다"라고 다짐하고 있었다고 보았다.

장문석은 '혼과 논리의 갈등'에서 시작된 김윤식의 비평적 실천은 글쓰기의 '내부공간'을 발견하고, '아픔'의 아포리아 앞에서 멈추게 된다고 보았다. 1973년에 출간된 『한국근대문예비평사연구』가 멈춘 지점이기도 하였다. 김윤식의 1차 도일 이후에야 비로소 완성할 수 있었던 이 연구에서 한국근대문예비평의 통사의 후반부인 전형기의 비평에서 마지막 절은 한국문학과 일본문학이라는 단락인데, 이 부분에서 김윤식은 최재서가 보여준 근대성의 고투를 좇아 탐색하다가 결국, 최재서의 지성을 '사이비지성'으로 규정하면서 그 지점에서 한국근대문예비평사의 종언을 선언했다[60]는 것이다. 그리고 김윤식은 최재서가 國策을 드러내야 하는 公利的인 目的文學인 《國民文學》에서 보여준 행위를 추태라고 명명하고, 이 '추태'에 관한 일방적인 비판이 손쉽다는 점을 거듭 강조한다고 보았다. 또한 비평사 연구를 통해서도 그는 '친일문학'이라는 한국근대문예비평사의 한 종점으로부터 분열과 모순을 끌어내고, '친일문학'의 '무엇인가'가 '우리의 것'임을 거듭 강조하였다고 본다. 그리고 김윤식은 식민지에 대한 '책임이 없는' 세대로 스스로를 주체화한 '학병세대'의 입장과 '친일문학'을 암흑으로 봉인하던 당대의 편만한 학술적 입장으로

---

59 장문석, 위의 글, 36면.

60 장문석, 위의 글, 37면.

부터 비판적인 거리를 유지하였다는 것이다.

그리고 장문석은 김윤식이 최재서의 비평적 실천을 포함하여 "이 모두가 결국 우리의 것"임을 확인하고, 일본에 대한 스스로의 '연루'를 인정하면서 '손쉬운' 결론을 유보하였다고 평가한다. 다케우치 요시미가 "노예가 노예임을 거부하고 동시에 해방의 환상도 거부하는 것, 노예라는 자각을 품은 채로 노예인" 방법적인 태도로 옮겨갔다면, 김윤식은 '아픔'의 아포리아 앞에서 자신의 연루됨을 확인하는 '태도'의 재확인을 요청하고 있었다는 것이다. 이러한 '상흔'의 아포리아 앞에서 김윤식은 손쉬운 해답을 아끼고 있었으나, 1970년 당대의 한국문학과 일본문학의 상황을 신중히 살피면서 가능한 새로운 과제를 제안하기도 하였는데, 그것은 '열린사회'와 그것에 근거하는 '한일 양문학사의 공동과제'를 위한 문제설정이었다고 본다. 그 근거로 장문석은 1970년 도일을 전후하여 김윤식의 글에서는 '닫힌 사회'와 '열린 사회'에 대한 언급이 곳곳에서 발견된다[61]는 점을 내세운다.

김윤식이 개인과 개인의 만남에 기반한 열린 사회를 위해 한국과 일본의 양국문학자들이 공유할 수 있는 비평적 대상으로 제안한 것은 두 가지였다고 분석한다. 하나는 1940년대 이중어문학이었으며, 또 하나는 자이니치의 문학이었는데, 양자는 모두 한국문학과 일본문학이 만나고 어긋나는 지점에 놓여 있었다[62]고 본다.

소위 屬文主義에 따른다면 이중어문학은 일본 문예비평사의 소관이겠지만, 屬國 素材主義에서 본다면 한국 문학사의 소관일 수 있다는 것이다. 즉 순전한 학문적 흥미에서 특수부분으로 고찰한다면, 韓日兩文學史의 공동과제의 여지를 남기게 된다는 것이다 『한일문학의 관련양상』 뿐 아니라 『한국

---

61 장문석, 위의 글, 38면.

62 장문석, 위의 글, 39면.

근대문예비평사연구』에서도 이중어문학을 한일문학사의 공동과제로 요청하는 제안을 발견할 수 있다고 본다.

장문석은 김윤식이 문학이라는 글쓰기 자체가 가진 '잉여'에 대한 비평의 개입과 해석 가능성을 감안하면서, 이중어문학을 민족주의의 시각에서 '친일문학'으로 도덕적인 '단죄'를 요청하기보다는 공동의 연구과제로 기획하였다는 것이다. 1970년 1차 도일을 통해 김윤식은 마루야마 마시오의 『日本の思想』(1961)을 통해 '대타의식'이라는 문제의식을 접하고, 그에 따라 민족주의비평과 프로문학비평의 대타의식으로 『한국근대문예비평사연구』를 구성했다는 것이다.

이것을 장문석은 학술적인 영역에서 '타자'의 발견이었다면, 실천적인 영역에서는 김윤식이 한국 연구자와 일본 연구자 사이의 '대타의식'과 상호인식을 요청한 것으로 해석한다. 이미 '가해자'인 일본인과 '피해자'인 한국인 사이의 소통불가능성이 전제된 상태에서 공통의 과제를 현출했다는 점에서, 이 과제는 '차이를 포함한 네트워크에 기반한 공동공간'을 구성하는 시도로 이해할 수 있다[63]고 본 것이다.

그리고 실제로 1970년을 전후한 시기 후기식민지 주체인 김윤식의 '반대편'에서 구 제국의 주체인 다나카 아키라, 오무라 마스오 등에 의해 전후 일본에서 최초로 학술적인 한국근대문학연구의 움직임이 형성되고 있었다는 점을 주목하고 있다. 1970년 "순수한 일본인 연구자들의 손에 의"한 한국근대문학 소개와 연구의 흐름이 형성되는데, 그 주체가 되는 일본인들은 1920년대 중반에서 1930년대 중반 사이에 태어난 이들이었다는 것이다. 이들은 1926년생 다나카 아키라로 대표되듯, 재조일본인으로서 유년시절을 경험하거나, 1931년생 오무라 마스오로 대표되듯, 1960년대 초반 일본의

63 장문석, 위의 글, 40면.

조선연구소에 직간접으로 관여한 인물들로 규정하고 있다.

김윤식은 1970년을 전후한 시기 일본의 문학자들 중에 "교포문제, 오키나와 문제 등에 관심을 가진 자들", 곧 일본 내부의 타자들에 주목하는 문학자들과 그들의 문예지 편집 기획이 존재함을 언급하고 그들의 움직임의 추이를 지켜볼 것을 제안한다. 그러나 김윤식은 1970년을 전후한 시기 일본의 문단에서 있었던 "한국문학의 붐"을 앞에 두고 그 가능성을 살피면서도, 동시에 "호들갑을 떨 필요가 나에게는 없다"고 단언하면서 객관적인 거리를 유지하였다고 평가한다. 그것은 그가 1970년의 일본 문학계의 상황을 1940년을 전후한 시기의 상황과 겹쳐 읽고 있었기 때문이란 것이다. 즉 1940년을 전후한 시기 일본의 문학자들은 김사량의 문학을 이국적인(exotic) 것으로 고정화하면서 "자기들이 할 수 없는 '갖지 못한 어떤 요소'"를 발견하고자 하였는데, 1970년대의 상황 역시 그의 반복이 아닌가 하는 우려였다는 것이다. 그리고 김윤식은 당대 일본 문학자들이 보인 자이니치 문학에 대한 관심으로부터 "두 개의 언어 체계(차라리 의식의 체계)가 충돌함으로써 빚어지는 언어 공간이 일본어의 문학적 클리셰를 극복할 수 있는 어떤 가능성으로 수용될지 모른다는 계산"을 발견하고 있었다고 본다. 김윤식은 "30여 년이라는 시간상의 차이"를 응시하면서, 일본어로 창작된 자이니치 문학의 가능성과 그것에 대한 한국과 일본 문학자들의 반응을 탐색하였다[64]는 것이다.

장문석은 김윤식이 한일문학에 있어 "1970년"을 두고 한국문학사와 일본문학사에 있어 "몇 가지 중요한 단서를 보여준 해"로 그 가능성을 기투하고자 하였다고 보았다. 일본으로 건너간 김윤식, 한국으로 건너온 다나카 아키라와 일본에서 한국문학 아카데미즘을 형성한 오무라 마스오, 그리고 '在日 2세'로 결국 아쿠다카와 상을 수상한 이회성 등은 모두 1920년대 중반에서

64 장문석, 위의 글, 42면.

1930년대 중반 사이에 태어난 이들로 그 자신의 유년시절이 20세기 초 '제국-식민지'와 '연루'된 이들이었다는 것이다. 그래서 장문석은 앞서 보았듯 "세대론으로서의 자기분석 없는 어떠한 對日本論도 우리는 신용할 수 없는 것"이라는 김윤식의 언급은 세대론의 당위적인 선언이 아니라, 개인의 구체적 체험과 '혼과 논리의 갈등'에 기반한 사유를 모색하는 조건이었다[65]고 평가한다.

또 하나의 대상은 자이니치 문학이었는데, 김윤식은 1935년 사할린에서 태어난 '교포 2세' 이회성의 「伽倻子를 위하여」가 아쿠다가와상 후보에 올랐음을 지적하며, 이들 '교포 2세'는 "일본인도 한국인도 아닌 재일한국인"으로 스스로를 인식한다는 점에서, 그들의 문학은 '민족의식'에 근거를 둔 '교포 1세'의 문학과 구별된다고 판단하였다는 것이다. "在日 한국인 작가는 한국어와 일본어라는 것을 두 개의 자기 내부에 가지"고 그 두 언어 사이의 갈등과 대화, 변증법적 관계를 표현하고 있었기에, 이들의 문학 역시 한국비평가와 일본비평가들의 공동의 과제가 될 수 있었는데, 김윤식은 자이니치 2세들의 문학에서 "현대인 일반의 문제"라는 보편성의 질문을 도출하는데, '뿌리뽑힌 자'로서의 자기의식과 현실적 차별의 이중구속은 자이니치 문학이 "현대인의 소외의식이 가장 첨예화되어" 나타나는 장소가 되도록 하며 "현대인의 공통의 고민이 교포 의식 위에 이월"될 때, "그 최대의 문학적 가능성"을 발견할 수 있다[66]고 보았다는 것이다.

이러한 독법은 자이니치 문학을 '자이니치'의 것으로서가 아니라, 현대인의 '문학'으로 읽고자 했던 오에 겐자부로 등의 시각 및 실천과 동보적인 것이었다는 것이다. 그래서 김윤식은 1970년을 전후한 시기 일본의 문학자들

---

65 장문석 위의 글, 43면.

66 장문석 위의 글, 41면.

중에 “교포문제, 오키나와 문제 등에 관심을 가진 자들”, 곧 일본 내부의 타자들에 주목하는 문학자들과 그들의 문예지 편집 기획이 존재함을 언급하고 그들의 움직임의 추이를 지켜볼 것을 제안하고 있다고 본다.

그러나 1970년 다나카 아키라는 일본에서는 전후(戰後)가 끝나지 않았으며, 한국에서는 해방(解放)이 끝나지 않았다고 언급하였기에, 장문석은 식민지 이후에도 끝나지 않는 후기식민지라는 규제적 상황 앞에서 김윤식은 1970년 한국문학과 일본문학의 관련양상을 1940년을 전후한 시기 이중어문학의 30년 만의 반복이자, 한일문학의 관련양상을 30년 만에 새롭게 구성할 ‘또 하나’의 원점으로 그 가능성을 조심스럽게 가늠하고 있었다고 평가한다. 그것은 한국과 일본에 있어서 ‘제국-식민지’의 역사적 경험과 상흔과 ‘연루’된 그 자신 세대로부터 가능한 가능성으로 본다.

하지만 이후 일본문학 내부에서 자이니치 문학은 여전히 소수문학으로 존재하게 되며, 1974년 ‘조선문학의 회’는 해체되고, 김윤식의 연구 또한 루카치를 경유하여 다른 방향으로 나아가게 되었다고 평가한다. 물론 한일의 한국근대문학 연구자의 소통은 간헐적으로 지속되었으나, 그것이 한일문학사의 가시적인 ‘공동 과제’를 제출하는 데까지는 나아가지 못하게 된 때문이며, 그리고 한일 문학 연구자들이 다시 1940년대의 이중어문학을 주목한 것은, 1970년으로부터 한 번 더 이후 김윤식이 보여준 비평적 실천은 균질적이지 않았으며, 모순적이었다는 것이다.

그러나 30년이 지난 2000년을 전후한 시기에 한일협정 이후 구 제국의 주체와 후기식민지 주체가 현해탄을 건너 다시금 소통을 시작한 것을 두고, 그 불가능성 앞에서 좌절하였던 ‘1970년’을 전후한 시기의 실패한 소통은 ‘냉전 너머의 아시아’를 사유하는 또 하나의 ‘원점’ 혹은 반복그래프의 ‘회귀점’이라고 조심스레 부를 수도 있을 것이라고 장문석은 평가한다. 이러한 평가에도 불구하고 장문석의 김윤식론은 1970년 김윤식의 도일과 그곳에서의 비평적 사유를 따라 읽어내는 형국을 크게 넘어서지 못하고 있다. 그가 <보론 '아시아'라는 사유공간과 한국이라는 계기>을 통해 1970년 1차 유학에서 김윤식이 제안한 논제들은 40년이 지난 지금에까지, 아직 한국근대문학 연구에서 충분히 논제화되지 못한 상태로 남아 있다는 문제의식은 새겨 둘 만한 것이다.

황호덕의 김윤식 비평과 문학사론

황호덕은 「김윤식 비평과 문학사론, 총체성과 가치중립성 사이 : 신비평에서 루카치로의 행로」에서 김윤식의 모든 저작을 논의 대상으로 삼기에는 무리이기에 즉 "문학의 과학에서 보편적 총체성의 신화로서의 문학 형식으로의 이행"이라는 초기 저작의 전환에 대해서만 상론하고, 그 이후의 세도식에 대해서는 그 취지를 약술하는 것으로 만족하고자 한다고 밝히고 있다. 그가 어떻게 '신비평'이라는 당대의 미제(美製) 과학을 통과해 한 사람의 근대문학 연구자로서 입신했는지, 거기서 어떻게 루카치라는 이름을 통해 문학사회학적 발상법으로 나아갔는지가 이 글의 주된 관심사란 것이다. 1970년 김윤식의 제1차 일본 유학을 기점으로 이루어진 '문학의 과학으로서의 신비평'에서 '보편사적 총체성에 관한 문학적 신화를 상징하는 루카치 소설론'으로 급회전에도 불구하고, 문학이라는 '형식'을 총체성을 획득하는 신화적 장치 혹은 환각으로 믿어마지 않으려는 그의 의욕은 일관되게 유지되었는데, 이 급회전의 길목 혹은 이행의 저류에 무엇이 있었는가[67]에 초점을 맞추

67 황호덕, 「김윤식 비평과 문학사론, 총체성과 가치중립성 사이 : 신비평에서 루카치로의 행로」,

고 있다.

우선 황호덕의 관심은 이 문제를 풀기 위해 김윤식이 처음 석사학위 논문을 신비평으로 썼다는 사실을 확인하며, 그의 문학연구에 대한 토대를 비판적으로 열거하고 있다. 뿐만 아니라 김윤식의 실질적인 문학지도 교수 역을 감당했던 백철과의 인연과 백철이 수입한 신비평의 전모를 샅샅이 드러내고 있다. 또한 국내에 유입된 신비평론을 활용한 자들(송욱, 김기림, 최재서, 이양하 등)의 저술을 통해 당시 한국문학판에서 신비평의 영향력을 정리하면서 왜 김윤식이 신비평에 몸을 맡길 수밖에 없었는지를 캐묻고 있다. 이를 위해 황호덕은 미국 신비평의 계보와 전개 양상을 비판적으로 정리하면서, 반이념, 반정치, 반근대=반진화론적인 '과학'을 표방하는 미국 남부적 귀족주의를 배경으로 했다고 일컬어지는 이러한 문학에의 정의가 김윤식에게 일종의 학문으로의 입장권이 되어 준 것이 사실이라고 평가한다.

그러나 황호덕은 "남부 농본주의자들, 노예해방을 철저히 거부하는 귀족주의적·보수주의적 세계관의 반영으로써 나타난 것이 뉴크리티시즘 아니었을까라는 문제제기와 함께 김윤식은. '뉴(New)'란 새로움이 아니라 인류사의 진행 방향에 역행하는 반동사상이 아니었겠는가"라고 물으며, 그는 시의 과학과 문학연구라는 '지식'을 버리고, 「뉴크리티시즘에 대하여」(1969)라는 일종의 학문적 전향의 변을 남기고 1970년 동경유학 길에 올랐다고 본다. 그리고 그것은 그가 정확히 미국 원천의 비평적 틀, 이론에 속았다고 느끼며, 새로운 종합에의 방법을 모색하던 시기와 일치한다[68]는 것이다.

황호덕은 김윤식이 도일을 통해 루카치의 저술을 접하고 그의 저술을 통해 감각과 사상, 경험과 역사의 신화적 종합 가능성을 보았던 것 같다고 판단한

『현대문학의 연구』 57, 2015, 96면.

68 황호덕, 위의 글, 107면.

다. 몇 번이나 반복되는 격정적 독후감이[69] 이를 증명한다고 확신하고 있다. 그런데 황호덕은 잊지 말아야 할 중대한 사실은 신비평에서 루카치식 문학사회학으로의 전환의 기저에 하나의 저류 혹은 동일한 열망이 잠재해 있었다는 사실을 지적하고 있다. 이를테면 김윤식은 신비평에서 루카치로의 이동에도 불구하고, 이른바 구체적 총체성을 문학의 '형식'-문학이라는 형식 그 자체에서 찾으려는 의욕(김윤식은 이를 늘 "황금시대의 환각"이라고 부른다)에는 변함이 없었다는 것이다. 구체적 총체성을 잡아채는 현대의 유일한 형식으로서의 문학이야말로 김윤식이 믿어마지 않았던 '환각'이었다고 할 때, 그런 '문학'에의 정의나 신념은 엘리엇에도 있었고, 루카치에게도 있었다는 것이다. 그래서 황호덕은 어쩌면 신비평에서 루카치로의 김윤식의 학문적 행로는 '전향'이라기보다는 그런 주저음 하에서의 '이행'에 가까웠을지 모른다[70]고 본다. 황호덕은 이러한 논리의 근거로 좀은 단순하지만, 20세기의 문학론이란 가치(value)나 진리(truth)와는 무관한 언어사용인 한편, 복잡한 체계들 사이를 잇는 허구적 체계로서는 유용했는데, 종합하거나 총체화할 수 없는 일상을 재장악하려 했던 신화론이야말로 20세기 문학의 운명이었으며, 그 충실한 대변자가 엘리엇과 루카치였던 셈(일견 전혀 다른 듯 보이는 처방을 가졌을지라도)이란 것이다. 즉 사유의 전지전능함을 보여주는 형식으로서의 문학이라는 관념을 두 동시대인은 서로 공유하고 있었다[71]고 본 것이다.

그리고 황호덕은 김윤식이 루카치에 더욱 심취하게 된 이유를, 루카치에게 문제는 내적 진실, 내재성과 외적 경험의 통일이었고, 이는 젊은 날의 김윤식이 골몰했던 "내면성과 역사의식의 통일"에 근사한 주제였기 때문으로 본다.

---

69 황호덕, 위의 글, 108면.

70 황호덕, 위의 글, 109면.

71 황호덕, 위의 글, 110면.

즉 감각과 형식과 이데올로기의 통일을 통해 현실과 이상의 불일치를 자각하지 않아도 되는 어떤 상태, 즉 회복되었다 믿어지는 총체성의 상태로의 이행이란 김윤식이 늘 말하는 "황금시대의 환각"에 다름 아니었으며, 이는 루카치의 리얼리즘론을 매개로 한국근대소설사 전반을 아우를 수 있는 방법이자 태도로서 수험되었다는 것이다. 그리고 한편, 문학 형식 안에서야말로 감각과 사상이 종합가능하다는 세계관은 신비평 안에도 있었다는 사실을 분석비평이라는 방법에 머문 백철의 신비평 이해를 비판하던 김윤식의 언급을 통해 그가 생각했던 엘리엇과 신비평의 최량이 어디에 있었는지를 적확히 보여준다[72]고 논증하고 있다. 황호덕이 보기에는 비록 애초에 신비평이 대학 제도 안의 문학 연구의 한 자리로서 탐색되었을지라도 김윤식이 거기서 구하고자 한 것은 감각과 사상의 종합, 과학적 세계관이었던 셈이란 것이다. 바로 이 감각과 사상의 종합으로서의 세계관, 무익과 무질서의 광대한 파노라마를 통제하고 질서화하여 형상과 의의를 부여하는 문학 형식이이야말로 엘리엇과 신비평에서 루카치와 문학사회학으로의 변곡 혹은 이행을 가능하게 한 원리였을 것이[73]라고 해석한다.

황호덕은 마지막으로 이 글에서 김윤식이 보여준 영구주권의 형식으로서 한국문학론(상상의 공동체의 거점이자 지향으로서의 민족문학과 카프문학)에 대한 가치지향적 신념과 자본제생산양식의 이입을 포함해 개화, 식민화, 이식, 사회주의, 친일까지의 정치적 편향들을 그 자체로 근대성의 '다른' '여러' 형식들로 긍정하기 위해 구상된 '가치중립성으로서의 근대'론 사이의 배중률을 비판적으로 점검하고 있다. 황호덕이 보기에는 김윤식은 한국근대문학사가들을 '대표해' 일종의 배중율에 걸린 수난자, 혹은 논리의 함정에 스스로

72 황호덕, 위의 글, 111면.

73 황호덕, 위의 글, 113면.

빠져 버린 사람이라 본다. 그는 네이션 스테이트와 자본제생산양식을 근대문학의 전제로 봤지만, 이 둘은 한국근대사의 경험 속에서 일치되지 않는다는 것이다. 나라 찾기 기획과 자본주의 생성은 거개의 경우 상호배타적이기까지 했다는 것이다. 이를테면 김윤식의 전체 진술은 한국근대문학이란 저항의 역사(국가 회복 프로젝트)도 아니며, 그렇다고 저항의 역사가 아닌 것도 아니고, 한국근대문학이 곧 이식의 역사(자본제생산양식 프로젝트)인 것은 아니지만, 그렇다고 이식의 역사가 아니라고도 말할 수 없다고 종합해 볼 수 있는데, 이런 배척 없는 긍정, 즉 전체 구제술은 "A는 B도 아니고, 또 B가 아닌 것도 아니라는 것은 없다"라는 배중률(principle of excluded middle, 排中律)에 위배된다는 것이다. 따라서 이는 어디까지나 하나의 술책이거나, 다치논리학(多値論理學)을 필요로 하는 난해하고 난망(難望)한 기획이라고 비판한다. 그래서 황호덕은 이러한 1980년대의 "섬세하고 고아한 글쓰기"–문학평전들, 1990년대 이후의 김윤식의 한국근대문학사 연구가 바로 난망한 기획에 대한 긴 해명이었고, 이른바 제도로서의 근대론 혹은 가치중립성으로의 근대야말로 그 전형적 변론술이[74]라고 규정한다. 설령 그것이 한국근대문학사 전체를 구제하기 위한 불가피한 종합의 시도였다 할지라도, 가치에 관한 상대주의(적 균형), 문학사의 모든 지향과 결과의 질서화란 실은 성취와 파산 모두를 하나의 서사시("한국근대문학") 속에 쓸어 담는 신화적 종합에 다름 아닐 수 있다는 것이다. 어쩌면 한국근대문학사라는 대형식 내의 가없는 신화적 종합이야말로 김윤식이라는 고유명을 둘러싼 영광과 오명의 근원이기도 하리라[75]고 강한 의문을 제시한다.

이러한 황호덕의 문제적 의문은 계속되고 있다. 다시 말하면 사실, 가치중

74 황호덕, 위의 글, 120면.

75 황호덕, 위의 글, 121면.

립, 상대주의, 구제의 비평, 신화적 종합. 신비평 극복을 전환점으로 하는 김윤식 비평이란 실은 매번 동일한 의지의 다른 '표현'에 불과했던 게 아닐까. 김윤식으로서는 김윤식만의 타로 카드로 김윤식 식의 황무지를 쓰고 있지나 않았을까. 아주 성공적으로 루카치의 상속자로서의 자신을 완성시킬 수도 있었을 사람, 그 사람은 "갈 수 있었을 길"을 이처럼 스스로 망쳐버리고 있지 않은가. 자기 구제를 배제한 구제의 비평. 가치로서의 총체성와 사실로서의 전체성 사이의 난파야말로 김윤식 비평이자 문학사인 게 아닐까.

이런 문제 제기와 함께 황호덕은 역사적 무질서, 가치의 혼란을 긍정해야만 문학사적 질서잡기에 이를 수 있다는 역설로 가득 찬 이 기획 속에서 그는 난파선의 관객이 아니라 키를 잡은 채 가라앉는 항해사의 형상에 가깝다고 보았다. 그리고 그 배야말로 우리가 탔던 배의 형상에 가깝다는 것이다. 개인이 더 이상 경험적으로 주어진 '있는 그대로'의 세계와 자기 자신의 '이상들' 사이의 불일치를 지각하지 못하는 총체성, 아니 그런 자각을 애써 부인하는 전체로서의 역사에 대한 희구, 아마 김윤식이라는 총체성은 그런 것일지도 모른다고 보았다. 그래서 황호덕은 김윤식의 비평은, 문학사론은 서사시적이라 규정하고 있다. 문제는 황호덕이 명명한 서사시적이란 규정에 이르기까지의 논의과정이 확보되지 못했다는 점이다. 또한 황호덕이 열정적으로 제기하는 물음들이 아직은 여전히 해명되어야 할 쉽지 않은 과제로 남아 있다는 점이다.

배하은의 김윤식 김현의 『한국문학사』 연구

배하은의 「시민적 주체와 이념의 문학사적 재구성 : 김윤식 김현의 『한국문학사』 연구」는 김윤식, 김현의 『한국문학사』 기획과 집필 작업의 이면에 4.19라는 사건이 하나의 (무)의식적인 동기로 작용하고 있었다는 가설에서 출발한다. 이들의 문학사 서술 작업은 4.19를 계기로 당대 한국 사회의 화두로 떠오른 시민사회의 주체와 이념을 문학사적으로 전유한 것이었다는 것이다. 이에 따라 이 글은 『한국문학사』의 구체적인 서술 차원에서 확인되는 '시민'적 이념과 주체 개념의 문학사적인 재구성 과정과 방식, 이를 둘러싼 4.19 이후 사회와 지성 담론을 살펴보고 있다.

이러한 과제를 풀기 위해 배하은은 우선 시민이라는 개념을 우리의 현대사 속에서 나름으로 정리하고 있다. 배하은은 결국 모든 문제의 해결책은 이른바 "교양있는 세계시민"의 확립에 달려 있는데, 이 익숙한 논리의 연원을 찾아 거슬러 올라가다 보면 1970년을 전후로 한 시기에 이미 광범위하게 확산된 적이 있는 시민에 관한 어떤 담론들을 마주치게 된다고 본다. 즉 1966년 11월호 『사상계』에 실린 「이상적인 시민상」이라는 글에서는 한국 사회가 마침내 도달해야 할 이상으로 시민사회와 시민상을 설정하고 그러한 "이상적인 시민상"의 기준을 "유럽 시민사회의 시민의 모습"에 두고 있음을 확인[76]하고 있다. 실로 과거와 현재를 막론하고 한국사회에서 시민은 언제나 아직 도달하지 못한, 그러나 반드시 도달해야 할 어떤 이상적인 주체였으며, 그 전범은 또한 일관되게 서구 근대의 시민이었다는 것이다. 다만 조금 더 주의를 기울여 살펴볼 지점이 있다면 그것은 "한국적인" 시민상에 대한 고민으로 본다. 이 문제에 대해 현승종은 「이상적인 시민상」(『사상계』 1966.11, 45면)에서 서구 근대 시민사회의 시민을 이념형으로 설정한 뒤 여기에 "우리의 역사"에서 추출된 한국적인 시민상의 요소를 결합시키는 방식으로 "이상

76 배하은, 「시민적 주체와 이념의 문학사적 재구성 : 김윤식 김현의 『한국문학사』 연구」, 『한국현대문학연구』 48, 2016, 421면.

적인 시민상"을 수립할 것을 주장했다고 본다. 이러한 주장의 바탕에는 "우리의 역사적 현실" 속에도 시민사회에 조응하는 "한국적인 요소"가 존재한다는 전제가 깔려있다[77]는 것이다.

배하은은 비슷한 시기에 문학비평계에서도 이와 유사한 논법이 반복되고 있었다고 본다. 1969년에 발표된 「시민문학론」(『창작과 비평』, 1969.여름)에서 백낙청은 "우리의 과거에서 우리가 진정한 시민사회를 건설하는 기반이 될 수 있는 요소가 무엇인가를 밝히는" 작업을 시도했다는 것이다. 시민문학론은 비록 본격적인 문학사 서술은 아니지만, 조선 후기에서 3.1운동을 거쳐 4.19혁명에 이르는 역사 전반을 훑어가면서 조선 후기 실학사상, 그리고 3.1운동 민족대표 33인 중 한 명이었던 한용운과 4.19의 표상과도 같은 시인 김수영으로부터 백낙청 스스로 "참다운" '시민의식'이라고 규정한 사랑과 자유의 사상을 추출하고 있다고 본다.

그리고 시민문학론에서 사용된 방법론의 부적합성을 비판하기 위해 김주연이 뒤이어 「역사비판론과 시민문학론」(『현대한국문학의 이론』, 민음사, 1972)을 발표하는데, 이 글 역시 문학사 서술이 아님에도 불구하고 프로문학 이론과 민족문학론을 문학사적 측면에서 재검토하고 있는 양상을 띠는데, 그는 특별히 민족문학론의 주요 흐름 가운데 1910년대 이광수의 자유연애론과 문학론, 그리고 1930년대 후반 김환태를 위시한 비평가들의 문학비평이론에서 '시민문학론'의 토대가 되는 "개인인식", "개성인식", 그리고 "문학의 예술성", "형식의 강조" 등을 짚어낸다고 평가한다.

여기서 배하은은 두 비평가의 논쟁 과정에서, 그것이 의도된 것이든 그렇지 않든 간에, 한국근대문학사 가운데 '시민문학'의 계보가 작성되고 있다는 사실에 주목한다. 서로 다른 문학관에 입각해 있는 까닭에 그 계보를 구성하

---

77 배하은, 위의 글, 422면.

는 구체적인 작가와 시인, 문학론에 차이가 있고, 각자가 규정하는 '(소)시민의식'과 '시민문학'의 개념적 정의 또한 상이하지만, 어찌되었든 백낙청과 김주연은 당시 한국사회에서 4,19를 계기로 강력하게 떠오른 '시민'이라는 화두를 문학사의 관점에서 전유하고 있는 셈이[78]란 것이다.

이와 유사한 양상이 본격적인 문학사 서술의 형태로 드러나는 것은 1972년 봄부터 1973년 겨울까지 『문학과지성』에 연재된 김윤식. 김현의 『한국문학사』에서라는 것이다. 기실 『한국문학사』에서는 과거의 한국 사회가 "시민사회로 변모될 수도 있었을" 역사적 가정을 정신적 사상적 문예(운동)적 측면에서 밝히려 애쓴 흔적들이 발견되는데, 이 글이 주목하는 지점이 바로 여기에 있다는 것이다. 다시 말해 『한국문학사』 기획과 집필 작업의 이면에 4.19라는 사건이 하나의 (무)의식적인 동기로 작용하고 있었다는 것, 이에 따라 4.19에 의해 촉발된 동시에 좌절된 민주시민 사회에 대한 이상이 그 방법론과 구체적인 서술에 그림자를 드리우고 있었다는 사실을 확인하고자 한다.[79]

이를 위해 배하은은 우선 『한국문학사』에서 4.19라는 시대구분을 문제로 삼고 있다. 『한국문학사』가 『문학과지성』에 연재되던 당시 매회 제목 뒤에 "영정조에서 4.19에 이르는"이라는 부제가 따라붙었다는 사실은 해당 부제가 단행본 발간 시 포함되지 않은 탓인지 대체로 언급되지 않는 편이어서, 영정조시대 기점이 근대문학의 기점 설정과 결부돼 다각도로 분석된 것과 대조적으로 『한국문학사』에서 4.19라는 또 다른 기점의 존재는 곧잘 간과되곤 했다는 것이다. 그러나 4.19 10주년을 맞아 『사상계』 주최로 열린 「4.19와 한국문학」 좌담회에서 김윤식과 김현이 남긴 여러 발언은 4.19가 비단 정치사회적인 측면에서 뿐만 아니라 문학사의 영역에서도 중대한 전환점으로

78 배하은, 위의 글, 423면.

79 배하은, 위의 글, 424면.

취급되어야 한다는 인식이 『한국문학사』의 두 저자 사이에서 이미 공유되고 있었음을 확인시켜준다[80]는 것이다. 그 중에서도 특별히 4.19가 한국문학에서 "리얼리즘의 기점"이 되었다는 김윤식의 발언은 문학사의 측면에서 4.19가 지닌 의미를 부각시킨다고 본다. 그는 4.19가 8.15해방, 6.25전쟁과 마찬가지로 문학사의 시대를 구분하는 중요한 사건이라는 점에서는 동질적이지만, 다른 사건들이 외부에서 주어진 데 반해 4.19는 "내부로부터 형성된" 사건이므로 그 본질은 여타의 역사적인 사건들과 구별되는 특수한 의미를 지닌다고 말한다. 이 점은 4.19라는 역사적인 사건이, 김윤식의 주장을 따른다면, 문학에서 (진정한) 리얼리즘을 정초하는 데 가장 중요한 요인이 된다는 것이다.

김윤식이 볼 때 예술은 하나의 맹목인데, 이 맹목을 극복할 수 있는 방법은 예술에 방향감각을 부여하는 리얼리즘에 있는데, 4.19가 리얼리즘의 기점이 된다는 것이다. 김윤식의 다소 파격적인 이 발언 뒤에는 다음과 같은 논리가 자리 잡고 있다고 본다. 곧 한국문학은 '내부의 자생적인 힘'에 의해 이루어진 4.19혁명이 개인과 사회의 자유 양자 모두를 쟁취했을 때 비로소 혁명이라는 역사적인 방향감각을 부여받아 리얼리즘을 실현할 수 있게 되었다는 것. 그러므로 조선 후기 영정조 시대가 내재적 발전론에 근거한 근대문학의 기점이라면, 4.19는 '혁명'의 내적인 발현을 경험한 한국문학의 새로운 출발점이 되는 셈이며, 문학사는 이 새로운 기점을 기준으로 다시 쓰이고 다시 형성되어야 하는 당위를 부여받게 된다[81]는 것이다.

그리고 배하은은 『한국문학사』와 4.19 사이의 이러한 교착관계를 보다 근본적으로 이해하기 위해서는 종종 4.19 앞에 붙곤 하는 "미완의 혁명"이라

80 배하은, 위의 글, 426면.

81 배하은, 위의 글, 427면.

는 수사를 설명하는 일이 앞서야 한다고 주장한다. 주지하다시피 장준하의 "우리의 혁명은 아직 성공을 보지 못하였다"는 뼈아픈 고백이 시사하듯 4.19는 아직 완수되지 않은 민족적 국가적 차원의 과제로 인식되었기 때문이다. 이러한 인식은 혁명의 영속성에 대한 당위로 발전해, 가령 후일 4.19혁명 20주년을 기념해 간행된 논문집에서 백낙청은 "4.19에서 시작된 근원적인 움직임이 오늘날까지 그 완성을 향해 꾸준한 전진을 계속해온 사실"을 확인하기 위한 논증 작업을 수행하기도 하며, 4.19가 역사의 흐름 가운데 우연히 벌어진 무수한 사건 중 하나로 서서히 망각되지 않으려면 그것은 마땅히 영속적으로 실천되어야 할 혁명의 자리를 차지해야 한다고 보았다는 것이다.

또한 배하은은 혁명의 영속성과 함께 강조된 또 하나의 당위는 역사적인 연속성이었다고 본다. 4.19는 계속된 현재로서 실천되고, 달성되어야 할 미래로 상정되는 것과 동시에, 역사적으로 쌓아올린 과거의 지층 위에서 시도된 혁명이어야 했다는 것이다. 그렇지 않으면 그것은 역시 우발적인 사건에 불과할 것이며, 사회변혁이라는 보다 확실하고 견고한 결과로 이어질 수 없으리라 간주되었[82]기 때문이다. 이와 관련해 앞서 언급한 좌담회와 함께 4.19혁명 10주년 특집호 『사상계』에 실린 「4.19와 한국문학 무엇이 말해지지 않았는가?」에서 김윤식이 던진 '문학에서 4.19가 왜 무화되었는가'라는 물음과 그에 대한 다음의 대답을 참조할 수 있을 것이라고 본다. 김윤식이 볼 때 "역사의 진전"이란 "그 나라의 지적 전통과 함께 사사로운 트리비얼리즘까지를 포함"하는, "한 개인이 숨을 쉴 수 있는 공간"으로서의 "문화사회"가 전제될 때 가능하다는 것이다. 그런 조건들이 충족되지 않은 상태에서의 혁명은 "심장의 혁명이나 혹은 머리의 혁명"에 불과한 것이고, 결국 "불연속의 단절 현상에 전락"하고 만다는 것이다. 바꿔 말하면, 4.19는 그것을 역사적

82 배하은, 위의 글, 428면.

연속체로 규정할 수 있게 하는 지적 정신적 이념적 전통과 개인이 주체로서 혁명을 영원한 현재로 거듭 실천해나갈 수 있는 문화사회의 공간을 갖출 때 비로소 실패한 의거가 아닌 완수된 시민혁명으로 수립될 수 있다는 것이다.

이 점을 의식하고 있는 한 『한국문학사』는 두 저자에게 단순한 문학사일 수 없었다는 것이다. 배하은은 김윤식과 김현이 『한국문학사』와 이전의 문학사, 곧 "문단사, 논쟁사, 잡지사"와의 대타적인 관계를 강조하며 그 기획 의도로 "문학이 사회와 그 자신의 관계를 이해하려는 넓은 정신의 작업이라는 것을 인식시키는 일"을 내세운 것도 이와 무관하지 않다고 본다. 이들에게 문학사를 서술하는 작업은 4.19라는 시민혁명을 가능하게 한 토대로서의 과거의 지적 정신적 전통을 정리 재구성함으로써 문학을 문단 내 문예운동에 머무르는 것이 아닌, 사회와의 역동적인 상호관계를 맺는 열린 장으로 재탄생시키는 '정신의 작업'이었다는 것이다. 그러므로 『한국문학사』에서 설정하고 있는 4.19라는 기점은 과거로부터 이어져온 "역사의 진전"을 일단락한 후, 다시 그것을 영속적인 혁명으로 이어 나갈 중요한 기착지 같은 것[83]으로 본다. 이들에게는 실로 『한국문학사』라는 '정신의 작업'이 무척 긴요한 것일 수밖에 없었는데, 여기에는 4.19를 혁명 이후의 시민사회로 안착하게 하는 이념과 주체가 부재하다는 지배적인 인식이 상당한 영향을 미친 것으로 본다. 대체로 당대 지식인들은 4.19를 혁명으로 정의하려는 세력과 혁명의 원론적인 개념에 근거해 시민 민주혁명으로 인정할 수 없다는 부정적인 입장을 고수하는 또 다른 세력으로 나뉘는데, 혁명의 목표인 민주적 시민사회가 완전하게 달성되지 않았다는 사실은 물론이거니와 혁명을 주도했던 세력, 곧 학생들이 혁명의 완전한 주체가 되지 못했고 이념 또한 미비했다는 점은 4.19의 혁명성을 부정하는 근거가 되기에 충분했기 때문이다. 앞서 살펴본

83 배하은, 위의 글, 429면.

글에서 김윤식이 "심장의 혁명이나 혹은 머리의 혁명으로는 내부공간이 지속되지 못하고 불연속의 단절 현상에 전락하는 것"이라고 말한 것 역시 동일한 인식적 맥락을 공유하는 것이다. 4.19는 구호(심장)와 이론(머리)에 의한 혁명이 아닌 내부의 주체적 요청사항으로서의 혁명이 되어야 하며, 이를 위해서는 혁명을 혁명이도록 만드는 혁명의 내용이 필요했고, 그 혁명의 내용은 곧 4.19라는 시민혁명의 주체와 이념으로 채워져야 할 것임은 명백하다는 것이다.

그러나 백낙청의 시민문학론이 '시민' 주체와 '시민의식', '시민문학'의 원형을 한용운의 '사랑'이라는 추상적인 차원에서 더듬었던 사례에서도 암시되듯, 그것들은 한국사회에서 실체로 경험되지 않는, 다시 말해 존재하지 않는 것들이었고, 후일 박태순이 4.19를 "근대 시민혁명"으로 오인한 당대의 인식적 모순을 꼬집으며 "서울은 서구적 시민사회를 형성하지 못했고 서울시민은 시민이 아니"였으며, "시민의식이 존재한다면 그것은 허위의식으로서일 뿐이었다"고 비판했던 것도 결국에는 동일한 이유, 실체가 없다는 것 때문이었다는 것이다. 이러한 인식은 4.19 10주년 좌담회에 참석했던 김현의 발언에서도 뚜렷하게 확인된다고 본다. 김현은 4.19가 중도에 좌절된 원인을 "4.19에 참여했던 사람들이 하나의 계층을 이룰 수 있고, 혹 정치적인 사회적인 면에서 자신의 발언권을 행사할 수 있는 계층을 형성하지 못했다는 데 가장 큰 문제점이 있는 것"으로 파악하고 있었는데, 여기서 김현이 말한 "하나의 계층"이란 결국 시민계층을 염두에 둔 것[84]으로 해석한다.

시민계층과 시민사회가 부재한 상태에서 그것에 선행하는 시민혁명의 존재를 거론한다는 것은 역사주의의 법칙에서 볼 때 불가능한 일이다. 그러므로 김윤식의 표현대로 "4.19를 형성의 양식으로 보는 그들의 역사의식"에

---

84 배하은, 위의 글, 430면.

따라 "형성"의 과정에 놓인 4.19는 그 혁명의 내용이 채워짐으로써 완수되어야 했고, 이때 『한국문학사』에 부여된 임무란 바로 그 4.19혁명의 '시민'적 주체와 이념을 문학사적으로 재구성하는 일이었다[85]고 본다.

『한국문학사』가 지닌 4.19혁명의 시민적 주체와 이념의 문제를 정리한 배하은은 다음 단계로 『한국문학사』가 갖는 언어 즉 문체혁명의 문제를 다루고 있다. 김윤식은 문학을 철학과 역사의 영역에 접속시킴으로써 문학사 서술을 정신사의 차원으로 확장시키려는 의도를 밝히고 있는데, 그 연결고리로 찾은 것은 다름 아닌 언어였다고 본다.

김윤식은 문학이 언어를 매체로 지님으로써 철학과 학문의 영역에 연결되는 측면을 중요하게 취급한다. 이 언뜻 자명해 보이는 문학에서의 언어 문제가 『한국문학사』에서 남다른 중요성을 갖는 것은 이것으로부터 "한국문학사의 개별적 추진력을 모색"할 수 있는 까닭이라고 본다. 잘 알려진 대로 『한국문학사』는 "근대문학의 기점"을 조선 후기 영정조 시대로 올려 잡고, 그 근거를 "자체내의 모순을 언어로 표현하겠다는 언어의식"으로부터 마련하는데, 언어라는 매개항이 전제됨으로써 문학은 사회 변화를 추동하는 시대의 이념과 정신의 자리를 차지하게 되는 것이다. 그런데 두 저자는 여기서 그치지 않고 매 시기 언어의/에 의한 혁명(혹은 이들이 혁명으로 정의하고자 하는 사회 변화 현상)이 일정한 흐름을 따라 이루어졌음을 규명하는 작업으로까지 내닫고 있다고 평가한다. 이들이 이른바 '한국문학사의 추진력'이라고 본 것은 곧 언어에 의해 매개된 문학과 철학과 사회, 다시 말해 문학, 그리고 인간의 정신과 삶의 관계에서 빚어지는 변화의 흐름이었다[86]는 것이다.

김윤식과 김현은 그 변화의 흐름을 체계화해 '문체혁명'의 종적 계보를

---

85 배하은, 위의 글, 431면.

86 배하은, 위의 글, 432면.

작성한다고 본다. 이들이 역사 속에서 발견한 '문체혁명'은 조선 후기 고문체의 혼란에서부터 시작해 개화기와 식민지 시대를 거쳐 해방 이후 비로소 완전하게 가능해진 한글 글쓰기에 이르기까지 각 시기 문체의 변화와 거기에 결부된 사회 구조 이념의 변화 과정으로 서술된다는 것이다. 이를테면 조선 후기 문체반정의 대립항인 패관잡서 문학과 사설시조의 창작으로 혁신 세력의 등장과 유교 사회 질서의 재편 과정을 설명하고, 개화기의 『서유견문』과 『독립신문』으로부터는 각각 국한문체와 국문체의 성립 과정에서 형성되는 인민평등 사상을 추론해내는 식이라는 것이다. 여기서 '문체혁명'이란 대략적으로 고문체의 혼란-고문체(한문체)의 해체 - 국한문체와 국문체의 형성 및 경합 - 순국문체 - 한글운동과 글쓰기로 이어지는 흐름으로 요약될 수 있는데, 매 단계를 거칠 때마다 개인의 자유, 사회적인 평등 이념과 그것을 둘러싼 사회 구조 및 풍속이 변증법적으로 지양 발전하는 양상으로 서술된다고 해석한다.

문체의 변화와 사회의 혁신이 이루어지는 과정을 대칭적으로 배치하고 있는 이러한 서술 구조의 근저에는 다음과 같은 전제가 깔려있다는 것이다. 그것은 곧 민족어의 근대성과 시민적 이념이 한국문학사의 흐름 가운데 동일한 궤적을 그리며 뻗어 나간다는 것, 또는 더 나아가 민족어의 근대성이 성취될 때 비로소 시민적 이념이 확보된다는 판단이다. 『한국문학사』에서 국문 의식의 성장과 국문 글쓰기의 확립 과정은 민족어의 근대성이 성취되는 과정으로 구성되는 동시에 주자주의와 유교주의 등 봉건 사회의 이데올로기와 봉건적 신분제를 전복시켜 근대적인 시민의식을 형성해가는 '혁명'적 움직임으로 재구성된다[87]는 것이다.

『한국문학사』는 4.19를 실로 "한 국가를 이루는 국민이 국민으로서의 주

87 배하은, 위의 글, 433면.

권을 정당하게 행사한 운동"이자, "국민이 지켜야 할 이념과 국가의 관계"를 "보다 선명"하게 각인시킨 최초의 혁명적 사건이었다고 기술한다. 그러나 실상 4.19혁명은 그것을 지속시킬 이념적 토대가 없었을 뿐만 아니라, 서양 근대 서민혁명과의 유비적 관계에서 파악할 때 시민계급이라는 정치적 주체 세력과 그들의 물적 기반까지도 결여하고 있어 모든 기준에서 혁명의 미달태로 간주되는 사태를 피할 방도가 없었다는 것이다. 이때 『한국문학사』에서 주목한 것은 언어의 존재였다는 것이다. 역사의 흐름 가운데 몇 차례에 걸쳐 일어난 문체 변혁 사건을 발견한 『한국문학사』는 이 발견을 통해 비로소 4.19라는 혁명을 이념적으로 뒷받침할 수 있는 문학사적 근거를 제시할 수 있게 된 것뿐만 아니라, 그 혁명에 연결되는 그보다 이전에 벌어진 여러 '혁명'들을 갖게 되었다는 것이다. 다시 말해 '문체혁명'은 근대 시민사회를 단 한 번도 경험해본 적 없는 한국사회가 시민계급과 물적 제도적 기반 없이도 혁명이라는 역사를 소유할 수 있도록 '발견'해낸 이념적 토대인 셈이었다고 본다. 이와 동시에 배하은은 어쩌면 그것은 4.19를 경험한 문학인들에게 유예된 질문이기도 했을 '문학은 시대를 변화시킬 수 있는가'의 문제에 대한 멀리 에두른 대답이었는지도 모른다[88]고 해석하고 있다.

마지막으로 배하은은 역사의식과 개인주의의 결합인 시민적 주체의 재탄생을 다루고 있다. 먼저 배하은은 이를 논의하기 위해서 1960년대 후반부터 역사학계에서 무르익기 시작한 내재적 발전론과 자본주의 맹아론 연구가 김용섭의 『조선후기 농업사연구』 1,2(일조각, 1970, 1971)와 강만길의 『조선후기 상업자본의 발달』(고려대학교출판부, 1973)을 필두로 국학 분야 전반에 강력한 영향력을 끼쳤음은 잘 알려진 사실을 제시한다. 『한국문학사』에서도 조선 후기 실학파 지식인을 비롯해 몰락양반, 역관을 중심으로 한 중인계층

---

88 배하은, 위의 글, 439면.

을 중요하게 다루고 있다는 사실은 그러한 학술장의 주조로부터 『한국문학사』 역시 자유롭지 않았다는 것이다. 실제로 김현의 경우에는 그의 비평문에서 역사학자 조기준과 이우성을 직접 인용하며 19세기 실학이 사상적으로 시민계층을 대변하고, 이 시기 급격하게 성장한 상공업자가 바로 그 시민계층에 해당된다고 분석하는 논의를 거론하고 있다는 점에 주목하고 있다. 배하은은 이와같은 지점에 조선 후기 상공업자 중인계층으로부터 서양 근대 부르주아 시민계층의 그림자를 더듬으려 한 의도가 일정 부분 개입돼 있음을 짐작하기란 그리 어려운 일이 아니라고 해석한다.

『한국문학사』에서는 이 중인계층의 계보를 개화 계몽시기의 최남선과 이광수로까지 연결시키고 있다는 점이 특징적인데, 김윤식은 여기서 하나의 역사적 가정을 제시하고 있다고 본다. 그것은 중인계층이 국권을 잃지 않은 상태에서 그들이 지닌 지식과 축적된 부를 바탕으로 사회를 주도했다면 "역사는 바람직한 방향으로 전개되었"으리라는 가정, 곧 "시민사회로 변모될 수도 있었을 것"이라는 아쉬움섞인 가정법이[89]라 평가한다. 그러나 반대로 그러한 중인계층의 기능적 지식과 자본이 피식민 지배의 상태에 놓였을 때는 최남선이 보여준 바대로 친일이라는 또 다른 "노예적 상태를 승인"하는 "역사적 과오"로 귀결된다는 것이다. 바꿔 말하면 중인계층이 지닌 지식과 자본은 근대 시민사회가 전제하는 부르주아 시민계급으로서의 계급적 조건은 충족시킬 수 있지만, 한국적인 특수한 상황 속에서는 그것으로 '시민'적 주체의 위치를 점하기에는 불충분하다[90]는 것이다.

이 점에 대해 배하은은 두 저자가 한국사회의 '시민'적 주체의 핵심적 조건으로 규정하고 있는 것이 무엇인가 하는 문제, 곧 김윤식의 방식대로

89 배하은, 위의 글, 440면.

90 배하은, 위의 글, 441면.

역사적 가정을 빌린다면, 중인계층이 어떤 자질을 갖추었을 때 시민사회를 도래시킬 수도 있었을 주도 세력으로 성장했으리라고 믿었는지에 대한 의문이 뒤따른다고 의문을 제시한다. 김윤식은 최남선의 시조 창작을 분석하며 그가 시조로 경사된 이면에 "조선 것이니까 제일이라는 식"의 무비판적인 "조선심"이 놓여 있었다고 지적하나, 동시에 그가 친일로 나아갔다는 사실은 이 조선심의 내용 또한 허구였음을 드러내주는 대목이라고 덧붙인다.

즉 최남선의 이러한 면모가 "역사의식 없는 중인계급의 현실타협에 불과했다는 것을 보여주는 것"이라고 평가한다. 이 역사의식의 문제는 이광수에 와서 보다 상세하게 논의되는데, 그의 역사의식 결여 및 그 원인과 결과를 다음의 네 문장으로 요약하고 있다. (1) 이광수에게는 역사의식이 없었다. (2) 이광수의 역사의식의 결여는 자기 기만의 결과이다. (3) 역사의식의 결여는 친체제적인 사고 방식으로 몰고간다. (4) 이광수는 역사의식의 결여를 은폐하기 위하여 사회적 윤리와 개인적 윤리를 혼동시킨다는 것이다.

김윤식에 따르면 이러한 이광수의 역사의식 결여가 그의 실패, 다시 말해 친일을 초래한 셈인데, 이는 그것이 이광수 자신을 의식적으로 정치적 투쟁에서 소외시켜 민족개조론과 정치의식이 결여된 "도덕적 교양주의"로 떨어지게 만들었다는 것이다. 그런데 배하은은 여기서 주목할 지점은 역사의식과 정치의식이 긴밀하게 연결된 (3)의 논리[91]라고 본다. 이광수의 역사의식 결여는 일본 식민지배 하에서 합법성을 윤리의 문제로 오인할 만큼 친체제적인 사고방식을 낳는다는 것이다. 그런데 그의 이 친체제성은 "정치의식과 문화의식이 분리되었을 때 생겨난다."는 것이다. 김윤식은 이광수의 정치의식 부재가 그를 국권민권에 대한 투쟁을 배제한 문화적 민족개량주의로 나아가게 만든 것이라고 판단한다. 다시 말해 이광수가 일본의 식민지배에 대한

91 배하은, 위의 글, 442면.

정치적 저항 대신 문화의 내실을 기한다는 명목하에 지배 권력에 길들여지는 친일을 택한 것은 결국 해방으로 이어지는 역사의 흐름을 읽지 못했음을 입증해주는 지점이라고 해석한다.

배하은은 김윤식이 이처럼 '시민'적 주체의 문학사적인 재구성 작업 과정 가운데 최남선과 이광수의 존재를 중요하게 끌어들이고 있는 이면에는 다음과 같은 사정이 숨어있다고 본다. 김윤식은 문학비평가나 문학사가가 문학의 정신 사상적 측면을 사회학적으로 환원시키는 오류를 범하지 않으면서 서구적 시민의식을 한국문학사의 측면에서 전유할 수 있는 방도가 "파시즘에의 경사에 항거하는 최전선이 한국문학사에서 어느 지점에서 겨우 가능했던가를 새삼 점검하는 일"에 있다는 것이다. 그는 "서구적 개념으로서의 시민의식이 의미를 띠려면 발상법의 면에서 비교되어야 할 거점이 확보되어야 하리라고 생각"하는데, 그 하나의 거점이 일본 제국주의 식민지배의 파시즘과 거기에 대응한 문학의 논리에서 발견된다는 것이다. 물론 이 경우 최남선과 이광수는 반면교사의 차원에서 취급되고 있는 형편으로 봐야 한다는 것이다. 즉 그들의 역사의식 부재를 비판적으로 고찰함으로써 파시즘과 대결하는 역사의식이 시민의식의 필요충분조건이라는 점을 도출하고 있다[92]는 것이다.

한편 배하은은 파시즘에 항거하는 최전선으로서 『한국문학사』에서 주저없이 거론할 수 있는 또 하나의 거점은 4.19와 그것의 상징적인 존재인 최인훈 문학이었다고 본다. 최인훈의 경우 앞서 최남선, 이광수와는 반대로 그의 문학과 사상이 4.19에 내재된(혹은 내재되어야 할) '시민의식'을 정면으로 표상하는 사례로 제시된다는 것이다. 김현의 분석에 따르면 이러한 비판정신은 최인훈 소설 속 주인공들이 "뿌리박기 힘든 사회를 맹렬하게 비난"하게 만드는 소외의식의 일면인데, 그의 소설 속 자의식 과잉의 소외된 인물들의 내면

92 배하은, 위의 글, 443면.

탐구를 통해 개인주의의 한 변형으로서 나타난다[93]는 것이다. 덧붙여 설명하자면 여기서 말하는 개인주의란, 김현의 표현을 빌려 정의하건대, "자기 자신과 자기가 속한 사회 속에 생존하고 있는 타인들에 대한 책임감"을 포함하는 것으로 본다. 그러므로 최인훈 문학에서의 개인은 공동체와 사회, 역사에 대해 배타적이지 않은, 그러나 언제든 그가 속한 사회구성체와 역사에 대해 객관적이고 비판적으로 사유할 수 있는 주체란 것이다. 배하은은 이렇게 최인훈 문학의 소외의식에 와서 확실하게 그 자리를 확보하게 된 개인주의가 역사의식과 함께 결합하는 순간, 비로소 '시민'적 주체와 이념을 문학사적으로 재구성하는 과업이 완수된다고 평가한다.

배하은이 볼 때, 『한국문학사』의 두 저자가 상정하는 '시민'적 주체란 결국 역사의식과 개인주의를 바탕으로 사회 체제에 대한 비판과 자기반성적인 사유를 실천할 수 있는 존재란 것이다. 4.19혁명을 "민족의 생존고에 관계된 본능적 저항이 아니라"고 엄격하게 선을 긋는 입장에서도 확인되듯, 『한국문학사』의 '시민'적 주체는 확실히 정신적 이념적 차원을 지향하는 개념이란 것이다. 이를 앞서 언급한 『사상계』 주최의 좌담회에서 구중서가 최인훈의 문학이 지식인(지성인)을 상대로 하는 관념적인 작업이라고 비판했던 것과 관련지어 볼 때, 곧 그러한 '시민'적 주체가 지식인에 가깝게 기울어지는 개념임을 미루어 짐작할 수 있기 때문이다. 또한 만일 논의의 범주를 조금 넓혀 김현이 속해 있던 『문학과지성』에서 당시 형성되고 있었던 지식인 담론까지 고려 대상에 넣는다면, 이후 '시민'적 주체의 향방이 어떠하리라는 것을 예상하기란 그리 어려운 일이 아니라고 본다. 그래서 배하은은 이렇게 재구성된 '시민'적 주체 역시 당대 한국사회의 현실 속에서는 매우 제한적으로밖에 실현될 수 없는 주체였을 것으로 본다. 오늘날까지 지속되고 있는 시민에

93 배하은, 위의 글, 444면.

대한 한국사회의 열망은 어쩌면 엄밀한 개념적 정의에 따라 역사적인 실체로 존재할 수 없거나, 그것의 재구성된 형태 역시 극히 제한된 차원에서만 실현 가능한 '시민'적 주체의 딜레마에서 비롯되는 것인지도 모른다[94]고 결론을 내리고 있다.

그래서 배하은은 시민에 대한 이러한 강한 열망과 믿음은 역설적이게도, 앞서 언급했듯이 지금까지의 한국사회가 그러한 시민과 시민사회를 온전하게 경험해본 적 없는 데서 비롯되는 것이기도 하지만, 다시 시민을 문제 삼고 있는 오늘날의 논의가 한낱 당위적인 것으로 공전하게 되는 길을 피하려면, '지금 여기'에서 실현 가능한, 그리고 실천 가능한 주체로서의 '시민'을 모색하는 일이 필요하다[95]고 제안한다.

배하은의 이러한 논의는 김윤식. 김현의 『한국문학사』 지니고 있는 의미를 4.19라는 또 다른 기점의 문제, 문체혁명의 발견, 시민적 주체의 인식이란 점에서 분석하고 있는 통찰력은 새로운 문제제기로 여겨진다. 그러나 그가 제기한 실천 가능한 주체로서의 '시민'을 모색하는 작업과 김윤식, 김현의 『한국문학사』 지니고 있는 의미를 분석하는 것의 정합성이 어디에 있는지는 풀어야 할 과제이다.

박상현의 김윤식 오인식 공역 『국화와 칼』 번역 논의

박상현의 「번역자의 관점과 윤리 김윤식, 오인식 공역 『국화와 칼』(제3판)

94 배하은, 위의 글, 445면.

95 배하은, 위의 글, 446면.

을 중심으로」는 김윤식, 오인석 공역의 『국화와 칼』(제3판)에 보이는 주석을 검토하여 번역자의 관점과 윤리에 대해 논하고 있다. 이 공역한 책의 주석을 분석해본 결과 박상현은 제13장까지 모두 145개의 주석을 붙였다고 정리하고 있다. 이 중 중복된 주석을 제외하면 총 143개의 주석이라고 확인하고 있다. 그리고 이 주석들을 유형별로 분석하고 있다. 유형별 분석을 표로 정리한 결과 일본 관련 지식 유형이 86개(60%)로 가장 많고, 두 번째는 일반지식 유형으로 24개(16.90%), 세 번째는 일반지식 + 일본관련 지식 유형으로 12개(8.45%), 네 번째는 출전 명시 유형으로 11개(7.74%), 다섯 번째는 역자 비평 유형으로 10개(7.04%)로 나타난다고 분석한다. 이 결과를 두고 박상현은 해석하기를, 일본관련 지식 유형이 주석 유형 중 대부분을 차지하는 것은 일본을 잘 모르는 한국독자에게 일본을 소개하는 도서를 번역했기 때문으로 본다. 그리고 흥미로운 점은 이와 같은 번역자의 관점 곧 일본을 잘 모르는 한국독자의 이해를 돕기 위해 일본 관련 지식 유형에 해당하는 주석을 많이 붙였다는 번역자의 관점은 제1판 『국화와 칼』에서도 그대로 적용된다[96]는 점이다.

다음으로는 각주에서 원주와 역주를 구분해서 처리한 부분에 대해 논의를 계속하고 있다. 원주와 역주를 구분하여 명시하는 것은 번역자에게 요구되는 중요한 덕목 중의 하나로 보기 때문이다. 이를 확인하기 위해 박상현은 제1판 『국화와 칼』 주석과 영어원서가 출간된 2년 후에 하세가 마쓰지의 일본어판 번역서인 『菊と刀』의 주석을 비교 검토하고 있다. 김윤식, 오인석의 제1판 『국화와 칼』의 주석과 하세가 마쓰지의 일본어판 『菊と刀』의 주석을 비교해 보면, 표제어인 토크빌, 미국액구부인회, 스몰타임, 과거를 물려받은 자, 모단

96 박상현, 「번역자의 관점과 윤리 : 김윤식·오인식 공역 국화와 칼(제3판)을 중심으로」, 『일본근대학연구』 62, 2018, 290면.

의 주석 내용이 같다고 판정한다. 마치 김윤식, 오인석이 하세가와 마쓰지의 주석을 그대로 우리말로 옮긴 것 같은 느낌마저 준다[97]고 평가한다. 김윤식, 오인석의 제1판 『국화와 칼』에서 총 54개의 주석을 달았는데 5개가 그대로 옮긴 것이 같다고 할 수 있으나 그 비율이 10% 정도에 불과하기에 단정하기는 힘들다고 본다. 그래서 박상현은 제3판 『국화와 칼』의 주석과 하세가 마쓰지의 일본어판 『菊と刀』의 주석을 비교하고 있다. 비교 검토한 결과는 제3판 『국화와 칼』에 제시된 주석 가운데 27개의 주석이 하세가 마쓰지의 『菊と刀』 주석과 완벽하게 겹치거나 거의 같다고 판정한다. 143개의 주석 가운데 27개의 주석이 겹치니 중복율은 18,88%라고 분석한다. 이를 유형별로 보면, 일본관련 지식 유형이 1개, 일반지식 유형이 9개, 역자 비평 유형이 7개, 출전 명시 유형이 10개로 나타난다. 이러한 분석 결과를 두고 박상현은 일본관련 지식 유형과 일반지식 유형은 겹치는 비율에서 볼 때, 우연의 일치라고도 생각할 수 있지만, 역자 비평 유형과 출전 명시 유형은 그렇게 보기 힘들다는 것이다. 역자 비평 유형이 70%이고, 출전 명시 유형은 무려 90.90%에 달하기에 이는 우연의 일치로 보기 힘들다[98]는 것이다. 김윤식과 오인석이 제3판 『국화와 칼』을 출간하면서 주석의 양을 대폭 늘렸는데 그 과정에서 하세가와 마쓰지의 주석을 적지 않게 참조했는데, 그 때 김윤식과 오인석은 하세가와 마쓰지의 주석을 명확히 구분하여 명시하지 않았다고 분석한다. 적절한 인용 표시를 하지 않았다는 것이다. 이러한 분석을 통해 박상현은 김윤식과 오인석이 제3판 『국화와 칼』에 나타난 주석에 나타난 번역자의 윤리 측면에서 부정적으로 평가할 수밖에 없다[99]고 문제삼고 있다.

---

97 박상현, 위의 글, 292면.

98 박상현, 위의 글, 297면.

99 박상현, 위의 글, 298면.

이와 같은 박상현의 논의는 김윤식의 저술 중 번역 문제에서 드러나는 부분을 객관적으로 다루고 있다는 점에서 의미가 있다. 그러나 번역 텍스트 자체를 다루기보다는 지엽적인 주석만을 다루고 있다는 점, 그리고 다른 번역자의 번역서와의 비교 검토 작업도 남겨진 과제이다.

신재기의 김윤식의 수필론

신재기의 「김윤식의 수필론 연구」는 한국 수필문학에 대한 김윤식의 인식과 관점을 고찰하고 있다. 먼저 수필문학에 대한 김윤식의 관심은 김현과 공동으로 집필한 『한국문학사』에서 나타나고 있음을 지적하고 있다. 이 책에서 김윤식은 겨우 2쪽만 수필문학에 할애하고 있어 소략하기 그지없으나 1930년대 우리 수필문학사를 명료하게 정리하고 있다[100]고 평가한다.

여기에서 김윤식은 한국근대문학에서 수필이 문제성을 띠고 문단에 부각하게 된 것은 1930년대 중반기 이후인데, 그 배경을 두 가지로 해석하고 있다고 본다. 첫째는 1930년대에 접어들면서 저널리즘의 확대로 그 중심이 순수문학에서 오락화로 이동하면서 수필과 같은 대중이 쉽게 접근할 수 있는 읽을거리 위주의 글이 전면에 부각했다는 점, 둘째는 1931년 만주사변 이후 일본군국주의가 강경 일변도로 기울게 되자 이런 상황에서 문학 전반이 신변잡기적인 수필로 기울 수밖에 없었다는 점이다. 그런데 신재기는 김윤식이 이런 당시의 문학적 상황을 산문의 응전력 상실인 동시에 일종의 딜레탕티즘이라고 규정했다고 평가한다. 그래서 신재기는 이러한 당시의 수필문학의

100 신재기, 「김윤식의 수필론 연구」, 『국학연구론총』 24, 2019, 317면.

경향인 사회현실문제를 직시하고 비판하는 산문고유의 자질을 발휘하지 못하고 저널리즘의 가벼운 읽을거리로 기울게 되었던 것은 지금까지도 수필문학의 발목을 잡고 있다[101]고 해석한다. 그러면서 신재기는 1930년대 수필의 지형도를 총체적으로 제시한 것은 이것이 처음이면서 그 이후도 이를 수정하거나 뛰어넘는 수필사적 논리가 제시된 적이 없다고 평가한다.

그리고 신재기는 『한국문학사』 이후 김윤식의 수필이론, 수필문학사, 작가론 등은 산발적으로 발표되는데, 그 시기와 유형은 3가지로 나누어 볼 수 있다고 규정한다. 첫째는 1970년대 중반에 『수필문학』지에 발표한 수필일반론과 1930년대 수필문학사론이고, 둘째는 1978년 한국문학사상비판에 수록된 수필가론이고, 셋째가 1980년대 중반에 걸쳐 『수필공원』에 발표한 수필론과 수필가론이란 것이다. 그리고 수필문학에 관한 그의 관심도 3가지로 분류하고 있다. 첫째는 수필문학의 본질에 대한 수필론의 전개이고, 둘째는 1930년대 수필문학사에 대한 인식이고, 셋째는 수시로 집필한 수필가론이다.[102] 이러한 분류 이후 신재기는 김윤식의 수필문학론을 1973년 수필 전문지 『수필문학』에 발표한 평론을 중심으로 논의하고 있다. 『수필문학』에서 김윤식은 수필문학을 수필이란 독립된 장르의 본질 문제보다는 한국근대문학이라는 큰 틀 안에서 한국수필이 지니는 의의를 조명하는데 초점이 맞추어졌다고 본다. 이 점을 신재기는 김윤식의 관심은 수필의 본질적인 특징이나 문학적 위상을 이해하는 데에서 비켜나 있었다고 평가한다. 그러면서 신재기는 김윤식의 수필론의 출발을 수필의 형상화에서 찾고 있다고 본다. 수필은 문학으로 성립하기에는 태생적으로 한계를 지니는데, 이를 넘어서는 유일한 출구가 사실의 테두리 안에서 경험을 최대한 형상화로 조립하는 능력이란

---

101 신재기, 위의 글, 318면.

102 신재기, 위의 글, 320면.

것이다. 이는 1930년대 후반 임화의 수필론에 연결되어 있는 것으로, 김윤식이 수필의 본질에 다가가는 첫 관문[103]으로 보고 있다.

신재기는 김윤식의 수필론이 한층 성숙되고 명쾌한 논리를 드러내게 된 것은 1983년과 1984년에 두 차례 한당 차주환에게 보내는 편지 형식의 글에 와서라고 본다. 앞의 편지에서는 당시 수필계의 논쟁거리였던 수필 허구론에 관해 이야기하고 있으며, 두 번째 편지에서는 경험의 1형식과 2형식이라는 개념을 설정하고 수필의 본질을 탐색하고 있는데, 신재기는 두 번째 부분에 의미를 더 두고 있다. 김윤식이 제시한 경험의 제1형식과 제2형식은 수필의 두 가지 상반된 측면을 명쾌하게 설명해 주는 개념으로 보고 있다. 제1형식으로서 작가의 개인적이고 주관적인 경험은 의미부여가 이루어지기 전이므로 불투명한 상태에 있으나 해석되고 구성된 제2형식은 군더더기를 제거한 상태이기에 투명하며, 이 투명함은 바로 세계와 인간 존재에 대한 보편적 원리에 닿아 있음을 말한다는 것이다. 따라서 사상과 정신의 존재 방식으로서 제2형식에는 수필이 허구냐 아니냐의 논의가 스며들 틈이 없다는 것이다. 이는 당시 수필문단의 허구논쟁의 미숙성을 간접적으로 비판하고 있다고 신재기는 해석한다. 그리고 신재기는 「경험의 제1형식과 제2형식」이란 편지 형식의 평문은 1977년 발표된 「글 쓰는 행위란 무엇인가」에서 논의된 형상화 문제의 연장선에 있고, 곧 이어 발표된 「정신과 사상의 있음의 방식」이란 글에서 그 논의를 확대하고 있지만, 김윤식의 이러한 일련의 논의는 관념적이면서 산만한 것이 사실이라고 판단한다. 즉 김윤식은 수필의 본질적인 문제에서 시작했으나 문학일반론 혹은 철학이나 미학으로까지 걷잡을 수 없이 확산됨으로써 원래 의도했던 수필의 본질 문제는 증발되고 말았다[104]고

103 신재기, 위의 글, 322면.

104 신재기, 위의 글, 325면.

비판적인 입장을 견지한다.

그리고 <1930년대 수필론과 수필가론>을 통해 김윤식의 한국 수필문학론을 분석하고 있는데, 신재기는 김윤식이 1930년대 수필의 유형을 ① 김기림류의 감각적 노스탤지어, ② 정지용, 이태준의 고전적 언어절약과 결백성, ③ 김진섭류의 자기도취적 수사학의 허세, ④ 이양하류의 견고한 자기성찰 등 4가지로 분류한다고 규정한다. 그리고 이러한 지형도의 분류는 1930년대 수필에 관한 탁월한 통찰력을 보여주는 것이기는 하지만, 이는 문제를 슬쩍 던져 놓은 것에 불과하다고 본다. 왜냐하면 1930년대는 수필이 정착된 시기이기도 했지만 수필문학이 우리 문학의 지형도를 새롭게 바꿀 정도로 문학판도에 끼친 영향도 만만치 않았기 때문이란 것이다. 그래서 신재기는 이는 한국문학사를 바라보는 김윤식 개인의 문제가 아니라, 한국문학사 연구의 구조적 모순과 편향성을 여실히 보여주는 예[105]로 평가한다.

1930년대 수필가 중 김윤식의 입장에서 가장 비판적인 대상이 된 자는 김진섭이다. 김진섭은 관념에 빠져 겉으로는 그럴듯하고 화려한 언어를 구사했으나 실제에서는 수필다운 수필에서 벗어났다고 평가하기 때문이다. 신재기는 구체적으로 김윤식은 김진섭의 수필론과 수필에서 문제가 되는 두 가지 점을 비판하고 있다고 본다. 첫째는 김진섭은 수필 창작에서 탈세적인 방관자의 태도가 필요하다고 했는데, 이는 생활문학이라는 수필의 본령과 정면으로 맞서는 꼴이라는 점이며, 둘째는 김진섭은 말끝마다 생활을 들먹이고 수필 창작 태도에서 자기는 생활에 대하여 한없는 애착과 존경을 들먹이고 수필창작 태도에서 자기는 생활에 대하여 한없는 애착과 존경을 갖는 자라고 하였으나, 실상 그의 수필은 생활과 동떨어진 관념의 덩어리라는 점을 지적하고 있다. 그래서 신재기는 김진섭이 주창한 생활인의 철학은 비생활인의

105 신재기, 위의 글, 326면.

철학이 되고 만 셈[106]이라고 평가한다.

그리고 비판의 대상이 된 수필가들은 시인이나 소설가로서 활동했던 이태준, 이원조, 이효석, 정지용 등이다. 이 중에도 집중적인 분석 대상이 된 자는 이태준이라고 판단한다. 시인이고 소설가였던 이들은 메시지보다는 문학의 형상화가 수필의 중심이라고 생각했다는 것이다. 즉 형상화를 미문주의와 동일시했다는 것이다. 형상화로 착각한 미문주의는 결국 언어에 대해 병적으로 집착한 나머지 인간 삶의 현실을 외면하는 결과를 낳고 말았다고 김윤식은 판단했다는 것이다. 이를 신재기는 형상화는 현실이나 인생사의 외면이 아니라, 그것을 클로즈업하여 거기에 대한 주체의 해석적 진술을 최소화하는 방법이라는 점까지는 인식이 미치지 못했다고 평가한다. 이와 함께 김윤식은 미문주의가 부분적으로 적잖은 한계를 지니고 있었으나 수다스러운 언어가 난무하고 이념과 신이 떠난 1970년대 수필과 비교하면 격조가 높았다[107]고 하는 평가를 남기고 있음에 주목하고 있다.

이렇게 신재기는 김윤식 문학연구 영역에서 볼 때 주변부라고 하는 수필 부분에 대해 나름의 정리를 하고 있음은 의미있는 부분이라고 본다. 그러나 김윤식이 남겨놓은 많은 수상에 대한 분석이나 논의가 제외되고 김윤식의 수필론만 논의 대상이 되고 있다는 점은 아쉬운 부분으로 남는다. 김윤식이 강조한 제2의 형식이 김윤식 자신의 수필에서는 어떻게 구현되고 있는지를 살피는 작업은 남겨진 과제이다.

---

106 신재기, 위의 글, 328면.

107 신재기, 위의 글, 330면.

전철희의 김윤식의 임화론

전철희의 「운명의 만남 : 김윤식의 임화론에 대한 몇 가지 주석」은 김윤식의 임화론을 메타적으로 독해하겠다는 입장에서 이 논문을 전개시키고 있다. 이 논문은 최소한 두 가지 의미를 가질 수 있다고 전제하고 있다. 첫째, 이 글을 통해서 임화에 대한 평가 하나를 복원할 수 있다고 생각한다. 즉 김윤식의 임화론을 다시 읽음으로써 지금까지 온전히 이해되지 않았던 임화론을 재구할 수 있다는 것이다. 둘째, 본고는 김윤식의 방법론을 귀납적으로 설명하는 작업에 일조하려 한다는 것이다.

이를 위해 전철희는 3개의 부분으로 이를 해명하고 있다. 먼저 김윤식의 사상사적 문제의식이 제기된 연원을 밝히고 그때 임화가 어떤 영향을 끼쳤는지를 살펴보고, 다음 임화의 '운명'에 대한 김윤식의 평가가 가지는 의미를 재구하며, 마지막은 임화에 관한 김윤식의 평가가 변화하는 양상을 검토함으로써, 김윤식의 비평이 변화한 궤적을 정리하고 있다. 이에 따라 김윤식의 임화론에 대한 전철희의 주석이 어떻게 이루어지고 있는지를 따져본다.

첫 주제를 전철희는 다음과 같이 풀어내고 있다. 김윤식이 사상사에 천착하게 된 계기는 일제의 사상통제 때문이라고 보았다. 이 책은 카프 구성원들의 전향이 어떤 일관된 논리에 입각한 행동이 아니라, 그저 전주검거(1934~1935)로 대표되는 일제의 탄압에 따른 결과일 수도 있다는 점을 암시하는 것으로 읽혔다[108]는 것이다. 만약 그런 전제를 받아들인다면 전철희가 판단하기로는 카프출신 문인들의 전향 '논리'들을 나열하는 데 그친 비평사의 설명

---

108 전철희, 「운명의 만남 : 김윤식의 임화론에 대한 몇 가지 주석」, 『동아시아문화연구』 76, 2019, 94면.

은 피상적인 것이 된다고 평가한다. 김윤식은 이런 반성을 통해 개별 문인들이 현실에 대응하는 양상에 천착하게 되었다는 것이다. 실제로 그는 사상사 정리를 시작하던 무렵 전향문제를 소상하게 다룬 글을 발표하고, 1970년대 말에 김윤식은 시사, 비평사, 소설사 등을 "분류사"라고 명명하고, 자신은 그런 작업에 얼마간 흥미를 잃었다고 고백했다는 것이다. 그래서 김윤식은 우선 전향자들을 양산한 잔혹했던 시대적 상황을 점검하고, 엄혹했던 상황에서 박영희, 김기진, 백철, 김남천 등등이 어떤 판단을 했는지 추론하고, 그 판단이 어떤 문학적 논리와 실천으로 이어졌는지를 인과적으로 논구했다는 것이다.

이 작업을 전철희는 김윤식의 '사상사'는 요컨대 개별 문인들이 특정한 사회적 상황에 반응한 양태를 재고하는 것이었다고 보았다. 이는 우리가 일반적으로 "사상사"라고 생각하는 것과 혼동해서는 안 된다는 것이다. 사상사(history of ideas)라고 하면 통상 각각의 시대에 주요했던 사상적 흐름을 말쑥하게 정리해놓은 것을 떠올리기 쉽지만, 김윤식이 말하는 "사상사"는 "보편적"인 사상의 흐름을 벗어나는 돌발적 움직임들을 주요한 연구대상으로 상정한다는 것이다. 이런 의미에서의 "사상사"라면 비평사를 극복하는 자리에서만 성립될 수 있는 것인데, 책의 완결된 구성을 해치면서까지 부록으로 삽입된 임화연구가 그것이란 것이다. 이 글은 임화의 "내면풍경"으로부터 그의 문학론을 추출한다는 점에서 "사상사"의 방법론을 선취하고 있다고 보았다. 김윤식 자신은 일제의 사상통제를 계기로 비평사의 문제의식과 결별했다고 증언하지만, 그보다 한참 전에 쓰인 임화연구 는 이미 사상사의 예비적 형태를 지니고 있었다고 보았다. 그래서 전철희는 이 사실은 임화가 "사상사"의 대상으로 삼기에 적합한 대상임을 증명하는 한편, 그를 향한 김윤식의 관심이 '사상사'로의 이행을 부추긴 하나의 (무의식적) 계기가 되었을 것임을 암시한다[109]고 해석한다.

다음은 임화의 '운명'에 대한 김윤식의 평가가 가지는 의미를 어떻게 재구성하고 있는지를 살핀다. 김윤식은 작가론을 쓸 때마다 조금씩 다른 방법론을 내세웠는데 그의 문제의식을 관통하는 키워드 중 하나가 운명이라고 판단하고 있다. 이 책은 머리말 제목부터가 벌써 "운명과 논리에 관하여"이다. 그래서 이 단어가 임화 연구의 방법론을 요약하고 있다[110]는 것이다. 전철희는 김윤식이 임화를 논하면서 사용한 운명이 어디로부터 비롯된 개념인지를 추적한다. 그 대상이 루카치이다. 김윤식은 비평가로서의 루카치를 배타적으로 흠모했고, 김윤식이 말하는 운명도 초기 루카치의 그것과 거의 동일한 의미를 갖기 때문이라고 판단했기 때문이다. 여기서 운명에 충실했다는 것은 한 사람이 사회와 불화를 빚어낼 정도로 자신의 삶을 투철히 밀고 나갔다는 뜻으로 해석하고 있다. 그러므로 임화가 운명에 따라 살았다는 『임화연구』의 결론은 임화는 누구보다 주체적으로 살려 노력했으며, 영웅에 걸맞는 비극적 최후를 맞는 인물로 해석할 수밖에 없었다[111]는 것이다. 이를 위해 김윤식은 「임화를 위한 변명」까지 논했다고 본다. 여기에서 김윤식은 임화가 비극적 죽음에 이른 까닭은 그의 문학적 기질 때문이라고 주장했다는 것이다. 즉 김윤식이 임화를 시인(문학인)으로 규정한 것은 그가 평생 동안 적과 대결함으로써 자신을 온전한 주체로 정립하겠다는 욕망을 굽히지 않았다는 사실 때문이었다는 것이다.

이러한 김윤식의 임화론에 대해 전철희는 김윤식의 임화론이 당대의 학계에서는 매우 독창적이었다고 평가한다. 즉 김윤식은 비극적 낭만성을 좇던 초기 루카치의 관점을 배타적으로 차용하여 기념할 만한 연구 성과를 남긴

---

109 전철희, 위의 논문, 95면.

110 전철희, 위의 논문, 96면.

111 전철희, 위의 논문, 98면.

매우 드문 사례라[112]는 것이다.

마지막으로 전철희는 「임화연구」(1973)와 『임화연구』(1989) 사이의 거리를 통해 김윤식의 임화에 대한 평가의 변화를 추적하고 있다. 두 연구 내용은 공통점도 많지만, 시차가 빚어내는 김윤식의 연구방법론과 시각의 차이를 살필 수 있는 단초가 보이기 때문이다.

「임화연구」로부터 16년이 지난 후 상재된 『임화연구』는 사뭇 다른 논조를 지니고 있다고 평가한다. 상기했듯 임화 연구는 서론에서부터 결론에 이르기까지 '시인'으로서의 임화를 묘사하겠다는 목적에만 충실하다는 것이다. 물론 이 책에서도 김윤식은 임화의 글로부터 '현해탄 콤플렉스'를 언급하기는 하지만, 이 책의 한 장을 차지하는 신문학사론 조차도, 임화의 한계에 대한 비판보다는 그의 문학사가 지닌 의미와 가치에 대한 사려 깊은 설명이 긴 분량을 차지하고 있는 점에 주목해 김윤식의 임화에 대한 평가가 변화했음을 밝히고 있다. 「임화연구」에서 종종 돌출되던 격렬한 언사의 비판 또한 『임화연구』에서는 자취를 감췄다는 것이다. 훗날 김윤식이 쓴 『임화연구』에서 김윤식은 임화의 작업이 이룬 성취를 지적한 후, "임화는 여전히 극복되어야 할 존재로 저만큼 우리 앞에 놓여 있"다는 점을 지적하고, "이 글이 비판적 성격에다 해설적인 성격을 겸한 것은 이 때문이다"고 썼다. 이즈음 김윤식은 이인직, 김동인, 염상섭 등등의 작가를 중심에 두고 설명할 때에는 임화의 '제도로서의 이식사' 모델이 타당할 수 있다는 사실을 공공연히 인정했다는 것이다. 이를 두고 전철희는 김윤식이 민족적이고 자주적인 연구시각으로부터 탈피하여 '가치중립적'인 관점을 수용했단 사실을 예증한다고 해석한다. 한국문학사를 상재한 후 김윤식은 이인직 이전의 작가들에게 별로 관심을 보이지 않았고, 1990년 즈음에 그는 '가치중립성으로서의 근대'라는 개념을

112 전철희, 위의 논문, 101면.

제출하면서 기존의 '자주적'인 문제의식과의 결별을 확실히 선언했다고 규정한다.

이러한 전철희의 김윤식의 『임화연구』에 대한 주석은 루카치의 운명론을 통해 김윤식과 임화를 일종의 동일한 운명체로 해석하는 부분은 좀 더 촘촘한 논리적 해명이 뒤따라야 할 지점이라고 사료된다. 그리고 시차를 두고 임화연구가 비판적인 관점에서 긍정적인 평가로 변화한 부분에 대해서도 가치중립적인 관점의 수용이라고 해석한 점도 이 한 가지 요소만으로 규정짓기에는 메꾸어야 할 논리적 여백이 남겨져 있다.

김경수의 김윤식의 『김동인 연구』 분석

김경수의 「김윤식의 『김동인 연구』가 놓인 자리」는 김윤식의 『김동인 연구』가 지니는 의미를 본인은 김동인에 대한 연구서라기보다는 인물탐구의 맥락이라고 가볍게 여기고 있지만, 이를 문제의식으로 삼아, 이 연구의 성취와 안팎을 둘러보면서 이 저서가 지니는 사적인 의미를 탐색하고 있다.

이를 풀어나가기 위해 그는 먼저 김윤식이 전기에 관심을 가지게 된 과정과 그 과정에서 만난 레온 에델의 『문학전기』를 논하고 있다. 김윤식의 모든 작가론의 토대에는 레온 에델의 『문학전기』가 있다고 보기 때문이다. 즉 김윤식의 작가론적 전망과 시각이 상당 부분 레온 에델의 저서에 빚졌다는 것을 단적으로 알려준다[113]는 것이다. 이러한 작가론의 바탕 위에서 파악한 『김동인 연구』의 특징과 성취를 다음과 같이 정리하고 있다.

113 김경수, 「김윤식의 『김동인 연구』가 놓인 자리」, 『구보학보』 22, 2019, 91-92면.

김윤식이 김동인에게서 발견한 문제의식은 첫째는 문학적 혹은 문학사적인 측면에서의 것이고 두 번째 것은 인간적인 측면의 것으로 파악했다. 전자는 김동인이 어째서 현실반영이라고 하는 당시 작가들의 일반적인 문학관과는 거리가 있는 인형조종술이라는 기법론에 경도되었으며, 작가론을 표방한 『춘원연구』는 왜 썼으며 또 어째서 실패했는가 하는 문제, 그리고 조선 근대문학의 씨를 뿌렸노라고 자부했던 그가 어째서 역사물과 야담의 세계로 퇴각했으며 또 스스로 친일의 길로 나아갔는가와 같은 문제 등으로 보았다.

반면 전기적인 측면에서의 그것은 부호의 아들로 태어난 그가 어째서 문학의 길을 선택했는가 하는 문제와 강한 어머니 아래서 성장한 그가 어째서 여성 편력을 일삼았으며 또 심각한 여성혐오증을 내보였는가 하는 문제 등일텐데, 이런 그의 문제의식은 사실상 식민지 치하에서 문학의 길을 걸었던 한 문제작가의 삶을 온전히 해석하는 과정에서는 하나로 통합되지 않으면 안 될 문제의식이었을 것이[114]라고 파악하고 있다.

이런 문제의식에서 출발한 김윤식의 김동인 연구는 결국 김동인을 어떤 의미로든 근대작가가 아니라는 것으로 해석하고 있다고 판단한다. 그 이유는 김윤식 스스로가 인정했듯이, 인형조종술은 역사소설에서는 무소불위의 힘을 발휘할 수 있지만, 현실에서는 물론 근대인의 일상을 그리는 소설에는 부합하지 않기 때문이란 것이다. 근대소설과 인형조종술은 애초부터 서로 연관될 수 없는 부조리한 관계에 놓여 있는데, 김윤식은 김동인 전기를 쓰면서, 작가가 근대의식을 지닌 근대인이 아닌 이상 그의 창작은 근대소설로서는 함량 미달이라는 판단을 내렸던 것으로 생각된다[115]는 것이다.

이 점을 김경수는 2000년 1월에 펴낸 증보판 김동인 연구의 보론인 『김동

114 김경수, 위의 논문, 94면.

115 김경수, 위의 논문, 99면.

인, 도스토옙스키, 바흐찐』에서 다시 확인하고 있다. 이 글은 1980년대 후반 한국에서 위세를 떨치기 시작했던 바흐찐의 다성성(polyphony)이란 개념에 김동인의 인형조종술을 다시 한번 비추어본 글인데, 당시 바야흐로 수입된 바흐찐의 다성성 개념이 전가의 보도처럼 근대소설의 성취도를 가늠하는 미학적 장치로 소개되고 이해되고 있었던 상황을 고려하면, 그와 대척적인 입장에 선 김동인의 인형조종술을 평가했던 김윤식으로서는 바흐찐의 논의에 견주어 김동인적 방법론의 위상을 설명해야 할 필요성을 분명히 느꼈을 것으로 생각된다는 것이다. 그 글에서 김윤식은 김동인이 창조한 세계에 드러나 있는 톨스토이와 도스토옙스키에 대한 그의 이해가 놀라운 것이라고 말하고 있지만, 실상 김동인이 말한 근대소설이란 바흐찐의 논의대로라면 "독백의 범주에 해당되는 것"이며, 카프 문학 또한 그런 독백의 연장선에 있는 것[116]이라고 평가하고 있다.

이렇게 김윤식의 『김동인 연구』를 검토한 김경수는 김윤식 이전에도 단편적인 김동인론은 여럿 제출되었으나 개별 문학작품의 의미와 그것이 드러내는 제반 정신적 징후나 상징 행위를 작가의 삶의 패턴 속에서 해명함으로써 작가의 삶과 문학을 하나의 통합된 전망 속에서 재구한 문학전기는 김윤식의 작업에 와서야 비로소 문학연구라는 이름에 값하는 위상을 확보했다[117]고 평가한다. 그래서 이러한 김윤식의 김동인 연구에 대해 김경수는 『이광수와 그의 시대』를 위시해서 『김동인 연구』와 『염상섭 연구』로 이어지는 김윤식의 1980년대 후반의 연구는 한국문학사 연구사에서도 적잖은 의미가 있다고 결론을 짓고 있다.

그러나 이러한 결론은 『이광수와 그의 시대』, 『염상섭 연구』에 대한 비판

116 김경수, 위의 논문, 100면.

117 김경수, 위의 논문, 102면.

적 분석과 비교연구가 이루어진 연후에 내려야 할 잠정적인 결론이란 점에서 풀어나가야 할 과제를 남기고 있다.

김동식의 김윤식의 최재서 연구

김동식은 「낭만주의·경성제국대학·이중어 글쓰기 : 김윤식의 최재서 연구에 관한 몇 개의 주석」에서 김윤식의 최재서 연구에 대한 평가를 감당할 능력이 없다고 전제하고는 반세기에 가까운 세월 동안 최재서 연구를 갱신하고 확장해 온 김윤식의 문제의식에 조금이라도 다가가려는 노력에 불과하다고 자신의 입장을 드러내고 있다. 다만 김윤식의 글을 그가 참조한 자료들과 함께 읽고, 그의 논지를 따라가며 재구성하고, 필요에 따라 그가 세밀하게 검토하지 않은 자료를 보충해 가면서 읽어 갈 따름이라고 밝히고 있다. 따라서 이 글의 방법론은 읽기와 쓰기 또는 쓰면서 읽기이고, 이글은 김윤식의 최재서 연구에 관한 빈약한 주석에 지나지 않는다[118]는 관점에서 글을 펼치고 있다.

김동식은 우선 최재서가 전개한 <주지주의 문학이론과 그의 영문학>에 대해 논하고 있다.

문학에서의 주지주의는 모더니즘의 하위개념이며, 따라서 이미지즘·초현실주의·미래파 등과는 동등한 위상을 갖는데, 주지주의는 문학에 있어서 지성의 작용을 존중하는 유파인데 이들이 말하는 지성은 추론적이기보다는

118 김동식, 「낭만주의·경성제국대학·이중어 글쓰기 : 김윤식의 최재서 연구에 관한 몇 개의 주석」, 『구보학보』 22, 2019, 190면.

예지적이고 비체계적이란 것이다. 달리 말하면 주지주의의 지성은 반성적 태도나 상상적 이성에 가깝다[119]는 것이 김윤식의 평가라고 본다.

그러나 김동식은 당시의 주지주의의 성격을 제대로 파악하기 위해서 일본의 영문학자 아베 도모지의 평론 「주지주의 문학론」을 검토하고 있다. 아베 도모지의 주지주의라는 말은 emotion을 통제하는 것이 아니라 emotion을 지속적으로 관찰하는 것과 관련된다[120]고 보았다. 그리고 이 주지적이란 용어가 조선의 비평계에 등장한 것은 1933년 김기림의 비평 「시작에 있어서의 주지적 태도」이며, 주지주의가 시 창작 과정에 대한 지적인 관찰과 통제라는 의미를 넘어서 1930년대 비평의 주제로 제시된 것은 1934년에 발표된 이헌구와 최재서의 글을 통해서라고 밝히고 있다. 최재서는 「현대주지주의 문학이론」과 「비평과 과학 : 현대주지주의 문학이론의 속편」을 발표했는데, 최재서의 글에서 주목해야 할 대목은, 주지주의가 무엇인가에 대한 규명보다는, 주지주의의 현대적 위상이라고 판단한다. 최재서에 의하면, 현대는 과도기적 혼돈성의 시대인 바, 주지주의는 현대의 혼돈성에 대한 지적 징후이자 현재의 과도기적 성격을 극복하고자 하는 지적인 노력에 해당한다고 보았다[121]는 것이다.

문제는 이러한 최재서의 주지주의 문학이론에 근거한 최재서의 비평을 김윤식이 어떻게 평가하고 있느냐 하는 점이다. 김윤식은 최재서의 비평사적 위치를 7항목으로 제시하고 있는데, 이 설명은 매우 정밀하고도 정확한 것이어서 별다른 검토를 필요로 하지는 않는다고 전제하고, 최재서의 비평사적 위치를 1) 본격적인 현대비평가, 2) 비평의 아카데믹한 범주(기능, 목적 등)

119 김동식, 위의 논문, 193면.

120 김동식, 위의 논문, 194면.

121 김동식, 위의 논문, 196-197면.

확립, 3) 현대성과 전문성을 확보한 외국문학 전공자, 4) 비평의 아르바이트화, 5) 실제 비평(김기림, 이상, 박태원 등 모더니즘 문학 비평), 6) 간결 명확한 비평문체의 확립, 7) 『인문평론』의 발간 및 인문사의 경영 등으로 규정하고 있다. 이 중 가장 눈에 띄는 것은 현대비평에 대한 것으로 꼽고 있다. 현대비평의 기점이나 개념은 조정될 수 있겠지만, 최재서가 한국근대문예비평사에서 비평의 현대성과 관련된 첫 비평가라는 점은 분명하다[122]고 평가하고 있다.

이와 함께 김동식은 주지주의의 한 범주로서 최재서가 제시하고 있는 지성론을 다루고 있다. 그가 지성을 논의하게 되는 것은 지적협력국제회의가 소개되고 행동주의 휴머니즘이 논의되면서부터인데, 이는 김윤식의 『한국근대문예비평사』에서 전형기 비평의 한 항목인 지성론으로 다루어진 부분으로 확인하고 있다. 최재서의 지성론은 행동주의에 대한 주지주의의 대응이고 주지주의 이론의 한 변형에 해당하며, 행동주의적 휴머니즘에 대한 안티테제로서 구성된다는 것이다. 그런데 최재서의 지성론에 원용된 주지주의적 측면은 두 가지로 보고 있다. 하나는 「풍자문학론」(1935)에서 논의된 의식의 분열과 자기관찰이고, 다른 하나는 「현대적 지성에 관하여」(1937)에서 거론된 비행동의 행동성이란 것이다.

그런데 문제는 이러한 성격의 최재서의 지성이 허약성을 드러내고 있을 뿐만 아니라 조선의 현실이나 전통과 접속되지 못하고 탈구된 상태에 있었다고 김윤식은 평가하고 있다는 점이다. 달리 말하면 최재서의 지성은 본질적인 것이 결여된 사이비 지성이었기에 결과적으로 군국주의 파시즘 체제에 굴복했다는 혐의가 짙다[123]는 것이다. 문제는 지성의 사이비스러움이 국책문학의 야합에 이른 근본적인 원인이 아니라는 점을 김윤식이 제기하고 있다는

122 김동식, 위의 논문, 198면.

123 김동식, 위의 논문, 203면.

점이다. 그것을 최재서의 영문학으로 보고 최재서의 영문학을 해명하기 위해 경성제대 영문과의 사상을 분석하고 있다.

경성제대 영문과의 정신 구조는 표면상의 모더니즘 지향성과 내면에 자리 잡고 있는 반(反)모더니즘적 지향성이 결합된 이중 구조로 나타난다고 보았다. 반모더니즘적 지향성이란, 반(反)서양적이고 국학적인 것일 수밖에 없는데, 주자학적인 스토이시즘으로 대변되는 내면화의 지향성을 말한다는 것이다. 스토이시즘이 형성될 수 있었던 것은 국학적인 것에서도 왔겠지만 서양의 산물인 낭만주의 상상력의 본질로부터도 주어졌다고 해석하고 있다. 경성제대의 영문과 수업에서 영문학을 배우고 낭만주의를 배웠기 때문이 아니라, 경성제대 영문과의 정신적 구조 속에 놓인 낭만주의와 스토이시즘이 최재서의 사상을 만들었다[124]고 규정하고 있다. 그래서 최재서의 문학적 생애를 관류하는 것은 경성제대 영문과의 낭만주의였고, 따라서 주지주의 비평의 시기가 오히려 예외적이고 일탈적인 시기에 해당한다고 평가하고 있다.

이어서 경성제대의 사상을 좀 더 구체화하기 위해 『경성제대 영문학회 회보』를 통해 경성제대 영문과의 지적 풍경을 들여다보고 있다. 영문과 수업이나 영문학회를 통해서 당대의 영문학 및 모더니즘 문학에 대한 교수들의 강의와 강연이 지속적으로 제공되기도 했다는 것이다. 교수 寺井邦男은 수업 시간에 헉슬리(A. Huxley)의 Two or Three Graces를 강독한 바 있으며, 근대 영국소설을 개관하면서 James Joyce에 관해 강연을 한 바도 확인하고 있다. 또한 Howarth는 무의미 시(nonsense poetry)에 관한 강연 중에 루이스 캐롤(L. Carrol)의 Alice's Adventures in Wonderland를 논의한 바 있었으며, 또한 주지주의(또는 당대 영문학)과 관련된 대학원생의 발표도 있었다는 것이다. 대학원생 테라모토 기이치(寺本喜一)는 1회 독서회(1930.6.21.)에서 엘리엇의

---

124 김동식, 위의 논문, 208면.

시와 선전(宣傳)에 대한 발표를 했고, 엘리엇과 머리(J. M. Murry)의 논쟁을 다룬 批評이라는 글을 예회(例會)에서 발표하기도 했다는 점을 들어 경성제대 영문과는 영문학 강의와 영문학회를 중심으로 그 활동영역을 확보하고 있었던 것으로 보고 있다. 낭만주의를 하한선으로 삼아서 학과의 커리큘럼이 진행되었고, 영문학회를 통해서는 당대의 작품과 비평을 섭렵하고 논의할 기회가 제공되었다는 것이다. 최재서가 주지주의 문학이론을 발표하며 조선의 비평계와 일본의 학계에 등장할 수 있었던 그 어떤 근거가 1930년대 경성제대 영문과 내부에 마련되어 있었다[125]고 판단했다.

이러한 경성제대 영문과에서 수학한 최재서는 일본어 논문들을 발표하게 되는데, 이를 김윤식은 개성론으로 명명하고 있음에 김동식은 주목하고 있다. 「개성과 성격」에서 김윤식은 최재서의 개성론을 H. 리드와 연결지어서 읽어가는데, 이는 최재서의 비평론을 이해하는데 있어서 매우 중요한 의미를 갖는 독해 방식으로 이해하고 있다. 최재서가 주지주의 문학론에 근거하여 비평활동을 전개하는 과정에서도 낭만주의와 관련된 그 어떤 무의식을 유지하고 있었음을 보여주는 장면이기 때문이라는 것이다. 낭만주의 연구에서 출발한 최재서가 낭만주의 이론을 쇄신한 리드 쪽에서 끝내 벗어나지 않았던 것은 일종의 아이러니가 아닐 수 없다는 것이다. 이를 최재서의 개성론이 외면상으로는 주지주의와 관련된 문학이론의 인용으로 가득하지만 내면적으로는 낭만주의와 관련된 무의식과의 관련성을 유지하고 있었음을 보여주는 장면으로 해석하고 있다. 이는 외면적으로는 모더니즘적인 양상이지만 내면적으로는 스토이즘과 결부된 반모더니즘의 이중구조를 형상하고 있었던 경성제대 영문과의 정신적 구조와 상동적이라는 점[126]에 주목하고 있다.

---

125 김동식, 위의 논문, 217면.

126 김동식, 위의 논문, 222면.

그래서 김동식은 김윤식이 말하는 최재서의 개성론이 무엇인지를 좀 더 탐색하고 있다. 한마디로 말하면 최재서의 개성론은 1930년대 일본의 『英文學 硏究』, 『思想』, 『改造』, 『三田文學』 등에 일본어로 발표한 글들을 말한다는 것이다. 명확하게 제시하고 있지는 않지만 김윤식은 최재서의 개성론이란 명칭으로 1930년대 최재서의 일본어 비평의 존재와 의미를 부각시켜 놓았다는 것이다. 이를 제대로 해석하기 위해서 김동식은 최재서가 발표한 「T.E. Hulme의 비평적 사상」, 「현대비평에 있어서의 개성의 문제」, 「영국평단의 동향」, 「비평과 모랄」, 「비평의 기능」, 「현대비평의 성격」 등의 분석과 해석을 통해 다음과 같은 결론을 내린다.

1930년대 후반 최재서는 주지주의와 관련해서 두 가지의 실패를 경험했다고 보았다. 하나는 조선의 비평계에서 전개했던 지성론의 귀결이다. 앞에서 살핀 대로 최재서는 조선에서 지성론이 지성 전통의 부재를 확인하는 상황, 달리 말하면 지성이 부재하다는 근원적인 지적 파탄의 상황에 이르렀음을 고백한 바 있기 때문이란 것이다. 다른 하나는 지금까지 살펴본 일본어로 씌어진 개성론(주체구성론)의 실패라고 본다. 그는 수많은 이론가들을 검토했지만, 모랄을 자기발생적인 수준에서 확보하지도 못했고, 주지주의 문학이론가들의 이론에서 발견하지도 못했다는 것이다. 그 많은 글을 쓰고도 그는 주체 구성의 문턱을 서성이고 있을 뿐이라고 스스로 말하고 있다고 평가한다. 그럼 어떻게 해야 할 것인가. 결단이 필요했을 것이라며, 그 상황을 김윤식의 다음과 같은 인상적인 해석에 넘겨놓고 있다.

> 지성이라는 이름으로 행하는 회의라든가 냉소적 현실 태도는 당시 지식인이 가질 수 있는 삶의 태도로서는 썩 적절하고 또한 유행 사조라는 장점도 있지만, 그것이 결국 건설적 태도가 못 된다는 점에서 일종의 허무주의가 아니면 안 되었다. 리드가 낭만주의에로 나아가고, 앨리어트가 전통론으로 돌아가 영국

국교에 귀의하며, 오든이나 스펜더가 정치적 관심을 강하게 풍기면서 어떤 굳건한 이른바 <건설적 가치관>을 모색하는 과정을 목도한 뒤에 최재서의 나아갈 길은 무엇이었을까. 회의적이라든가 냉소적 삶의 태도를 철저화하기 위해서는 그가 허무주의자가 되어야 했을 것인데, 그러한 허무주의는 그가 이전엔 위대한 가치관을 가졌던 경우가 아니면 불가능하다. 최재서에겐 대학에서 배운 낭만주의 외에는 그런 것이 없었다.[127]

이렇게 최재서가 펼친 비평론과 사상적 변화와 정신사적 흐름을 김윤식의 최재서론을 통해 살핀 김동식은 마지막으로 『국민문학』을 중심으로 이중어 문학 공간이 지닌 그 내면의 모습을 탐색하고 있다. 우선 눈여겨보아야 할 지점으로 『국민문학』을 통해서 조선문단이 재구성되는 계기가 주어졌음은 분명하지만 『국민문학』에 의해 제공되는 상징적 공간이 조선인 문학자들로만 채워질 수는 없었다는 사실에 주목하고 있다.

창간호에서 확인할 수 있듯이, 권두논문 조선문단의 혁신은 경성제대 법문학부 교수 오다카 도모오(眉高朝雄)이 집필했고, 권두시인 「눈」, 「하늘」, 「현재(玄齋)」는 경성제대 영문과 교수이자 최재서의 스승인 사토 기요시의 작품들이었다. 좌담회 「조선문단의 재출발을 말한다」에는 경성제대 중문학과 교수인 가라시마 다케시를 위시하여 주요한, 김용제, 임학수, 박영희, 김동인, 함대훈, 이효석, 정인택, 이원조, 백철 등 조선인 문학자들이 참여했다. 창작란에서는 경성제대 영문과 동창인 스기모토 나가오가 시를 발표했으며, 일본 내지에서 활동하던 다나카 히데미쓰(田中英光), 미야자키 세이타로(宮崎清太郎)이 소설을 발표한 바 있다. 달리 말하면 경성제대 영문과 및 법문학부 교수들, 경성제대 영문과 출신의 재조 일본인 문학자, 조선문학자들, 그리고 일본

127 김동식, 위의 논문, 230면.

내지에서 활동하던 소설가들이 모여 있는 모습이, 『국민문학』 창간호의 표정이었던 셈이[128]라고 평가한다.

그렇다면 최재서가 『국민문학』의 주재자로 나서게 된 연유는 어디에 있었는가? 이 점이 김동식의 문제의식이었다. 그 동안 새로운 비평원리를 찾고자 추상적 이념 속에서 탐색코자 시도한 모든 노력이 무로 돌아갔다는 선언이 문제의 핵심이란 것이다. 지성과 논리를 버리는 일이 그것이었다는 것, 새로운 지도적 원리는 지성이나 이성의 문제가 아니라 신념과 용기의 문제로 본 것, 조선의 비평계에서 주지주의를 소개하고 지성론을 논의했던 그가, 일본의 학계 및 저널리즘을 통해 비(非)낭만주의 개성론을 개진하며 도그마를 정립하고 지식인으로서 모랄을 가질 수 있기를 열망했던 그가, 지성과 논리를 포기할 때 『국민문학』의 이념에 다가갈 수 있었다[129]는 것이다.

그런데 최재서가 맞닥뜨린 문제가 생겼는데 그 하나가 일본어 창작에서 예술성의 확보이고 다른 하나는 대동아공영권 내에서의 일본문학의 개념 정립이었다고 보았다. 김동식의 논리는 최재서가 소설 「燧石」을 통해 아를 시도했지만 실패였다고 평가한다. 『국민문학』의 예술성의 자존심이었던 사토기요시에게는 미치지 못한 결과였기 때문으로 분석했다. 그리고 최재서가 소설쓰기 실패(예술성의 확보와 일본문학 재정의)에 이르면서 달려간 곳이 창씨개명이었다고 본다.

최재서는 1944년 1월 1일을 맞아 본명을 버리고 창씨개명에 나섰는데, 이는 그 동안 본명 최재서를 지키고 있었다는 사실은 그가 아무리 논리를 버리고 신념과 용기로 일본 국민화하고자 했지만 되지 않았음을 새삼 천하에 공언한 형국이었다는 것이다. 달리 말하면, 일본 문학 하기를 통해서 일본인

---

128 김동식, 위의 논문, 233면.

129 김동식, 위의 논문, 236면.

되기가 실패하게 되자 최재서 스스로가 일본인 되기를 직접적으로 지향하게 되었다[130]고 판단하고 있다.

그리고 최재서가 주간한 『국민문학』을 통해 김윤식이 새롭게 보고자 한 부분은 1942년 10월 조선어학회 사건부터 1945년 8월 15일의 광복 이전까지 한국문학의 암흑기로 규정된 시기에 대해 새로운 접근이 필요하다고 본 점을 김동식은 특기하고 있다. 즉 김윤식은 이 시기를 암흑기 또는 공백기로 보지 않는다는 것이다.

김윤식의 문제의식은 암흑기라는 비유가 전제하는 어둠의 차이화에 있다고 본 것이다. 근대국가를 전제로 하여 개별성으로서의 자국문학이 형성된다고 할 때, 근대문학의 근거는 국어로 쓴 문학인데, 1942년 이후를 근대문학이 아니라 문학(글쓰기)의 차원에서 고찰함으로써 근대문학과는 구별되는 문학(글쓰기)의 문제를 제기하고 있다는 것이다. 김동식은 물론 이 문제는 이중어 문학공간의 문학(글쓰기)이 근대문학(자국문학)의 범주를 역사적으로 뛰어넘는 단계인가, 그렇지 않다면 제국 일본은 자국문학을 유지하고 식민지 조선은 자국문학을 포기하고 글쓰기로서의 문학만이 가능한 단계인가를 따지는 일은 여전히 유효하며 문제적이라고 토를 달고 있다. 그러나 자국어로 문학을 하지 못하는 단계에 이르렀을 때에도, 달리 말하면 근대문학=자국문학의 규정들이 유효하지 않은 상태에서도, 여전히 남아 있는 그 어떤 문학이 있음을 확인해 둘 필요는 있는 것이 아닌가 하는 단서를 달고 있다. 이런 관점에서 김윤식의 시선이 근대, 근대문학, 한국근대문학의 안과 바깥을 겹쳐 보고 있었던 것이리[131]라고 다만 추측하고 있다.

지금까지 김동식이 바라본 김윤식의 최재서론을 살펴보았다. 그가 서두에

---

130 김동식, 위의 논문, 239면.

131 김동식, 위의 논문, 241면.

서 밝혔듯이 김동식의 논리는 김윤식의 최재서론에 대한 주석을 달면서 부분적으로 김윤식의 논거에 살을 붙이고 자료적 보완이 이루어지기도 하지만 전반적인 흐름은 김윤식의 최재서론의 한계를 온전히 짚어내지는 못하고 있는 아쉬움이 있다. 이는 김윤식 수준의 자료 고증과 해석의 높이를 갖지 못한 김동식의 시각에도 있지만, 최재서를 새롭게 볼 수 있는 관점을 확보하지 못한 결과로 보인다.

김예리의 김윤식의 방법으로서의 이상

김예리의 「방법으로서의 이상 : 김윤식의 이상 문학 연구에 대하여」[132]는 김윤식의 이상 연구를 파헤친 글이다. 그는 1. 한국근대문학과 김윤식이라는 텍스트 2. 김윤식의 이상 연구 : 작가 연구에서 텍스트 연구로 3. 김윤식의 한계점, 혹은 거울로서의 이상 4. 방법으로서의 이상 : '이후'의 시간과 영도의 문학사라는 4장으로 나누어 논의를 펼치고 있다.

우선 <1. 한국근대문학과 김윤식이라는 텍스트>에서는 한국문학사에서 김윤식의 위상을 점검하고 있다. 한국근대문학의 학문적 체계를 구축했다는 평가에 어떤 누구도 이견을 낼 수 없다고 평가하고 있다. 그리고 김윤식이라는 문학연구자의 삶은 글을 읽고 쓰는 이 행위를 넘어서는 존재하지 않음을, 김윤식이라는 존재의 실존은 오직 텍스트로서만 존재한다는 것을 보여주는 존재라고 평가한다. 그래서 김윤식의 글쓰기를 크게 네 가지로 유형화하고 있다. 하나는 문학사 및 문학사상 등의 문학연구이고, 두 번째는 이광수,

132 김예리, 「방법으로서의 이상 : 김윤식의 이상 문학 연구에 대하여」, 『구보학보』 22, 2019.

김동인, 임화, 백철, 이상 등의 작가 평전이 있다. 그리고 그가 현장비평이라고 부른 문학평론과 마지막으로 기행문과 예술론 등의 에세이 형식의 글쓰기가 있다고 분류하고는 김윤식의 이상론을 중심으로 꼼꼼하게 분석하고 있다.

김예리는 「방법으로서의 이상」에서 김윤식에게 이상은 근대문학 연구자로서의 김윤식이 도달할 수 있는 마지막 한계선이었다고 보고 있다. 이러한 사실은 이상 문학이 근대문학 연구자인 김윤식의 한계이자 형식이며 방법이라는 것을 의미하며, 그런 점에서 이상 문학은 그에게 단순한 연구대상이 아니라 연구자로서의 그의 무의식의 자리에 위치하고 있다고 보고 비판적 입장에서 김윤식의 이상론을 검토하고 있다. 다시 말해 김윤식의 비평적 세계는 이상 문학을 통해서만 그것의 전체적인 윤곽을 가늠할 수 있다는 것이다. 김예리는 이와 같은 맥락에서 김윤식의 이상 문학연구가 그의 비평적 세계에서 어떤 의미를 갖는지를 살펴보며, 이를 통해 세계의 경계선 위에서의 김윤식이 펼쳐 보이는 문학적 사유를 읽어보려고 한다.[133]

김예리가 김윤식의 이상 연구에서 문제삼고 있는 첫 주제는 <작가 연구에서 텍스트 연구>이다. 김윤식의 이상 연구의 출발도 여느 연구자들과 다름없는 이상의 삶에서 온갖 풍문을 걷어내고 그의 삶의 원래 그대로의 모습을 그려내는 데 있었다는 것이다. 향유하는 대상이 아니라 분류하고 분석하는 엄정한 과학적 학문의 대상으로서의 근대문학을 호출했던 김윤식이였으므로 이상 역시 어떤 풍문이나 주관적인 생각들의 나열이 아니라 분류적이고 체계적인 근대 학문의 방법에 따라 과학적 해명에 의거하여 작가의 실존적 내면 풍경을 복원해내겠다는 것이 그의 이상 연구의 목적이었다[134]는 것이다. 그러나 그 결과는, 이런 생각은 『이상연구』가 내게 필요한 만큼의 것을 읽어

133 김예리, 「방법으로서의 이상」, 『구보학보』 22, 2019, 115면.

134 김예리, 위의 논문, 117면.

내어 평전을 구성한 것에 지나지 않았다는 통렬한 자기반성으로 이어졌다고 읽고 있다. 그런데 김윤식이 자신의 방식에 문제가 있다는 것을 인지한 그는 섣부르게 자신의 연구방법을 바꾸기보다는 잘못된 길이라도 끝까지 가 보는 선택지를 선택했고 이러한 연구자로서의 고집은 이 자기반성을 변화대신 더욱더 철저하게 자신의 방법론을 수행하는 길의 방향으로 나아가게 했다고 판단한다. 그것은 작품을 모조리 수집하여 전체를 다시 검토하는 것이었고 이 작업의 결과물이 『이상문학전집』 만들기였다[135]는 것이다. 그러나 이 전집작업으로 이상의 원전확정이 불가능하다는 것을 확인함으로써 생성하는 기호로서의 이상은 텍스트일 수밖에 없다는 결론을 내렸다고 보고 있다.

그러므로 이상은 더 이상 감상 대상으로 접근할 수 없다고 보았다. 그가 '균질적이고 공허한 시간'이라고 부르기도 한 언문일치의 제도와는 다른 차원의 기호적 체계를 이상은 형성하고 있다는 것이다, 그 다른 체계란 현란하게 움직이는 생성하는 기호의 향연이라는 것, 그래서 텍스트로서의 글쓰기와 인간 이상은 구분 불가능하다는 것, 이것이 이상 문학에 대한 김윤식의 결론이라고 해석한다. 그러나 김윤식의 이상 연구는 작가의 전기연구로서의 『이상문학』에서 『이상문학 텍스트 연구』, 『이상의 글쓰기론』과 같은 텍스트 연구로 진행되지만, 실제 이상 작품에 대한 그의 구체적인 논조는 크게 변하지 않는 것처럼 보인[136]다고 평가한다.

이 지점에서 김예리는 전기연구에서 시작된 김윤식의 이상 연구는 텍스트 연구로 전환되는 지점에서 더 이상 진행되지 못한 채 멈추어버린다고 판단한다. 그가 근대의 끝자락에서 목격한 이상 문학이란 천연색으로 이루어진 인간 세계의 재현적 풍경이 아니라 X선에 투시된 회색의 풍경, 일본어나

---

135 김예리, 위의 논문, 120면.

136 김예리, 위의 논문, 123면.

조선어나 수학적 기호 사이의 위계가 사라진 인공어의 세계였는데, 그는 이 세계를 2×2=4가 아닌 2×2=5가 되는 도스토예프스키적인 것이라 부르기도 하고, 조금 더 구체적으로 "정신이 할 수 있는 것의 최대치를 끝까지 밀고 나가는 일", "잔혹한 관찰자로서 일상인의 행위의 허위성, 근거 없음을 끝까지 추구해 들어"가는 일로서, "관념주의와 리얼리즘을 각각 끝까지 밀고 나가는 실험"이라고 표현했다는 것이다. 그러나 김윤식은 이와 같은 관념적 세계를 극한으로까지 밀고 나가는 이상 문학은 읽었지만, 그리고 이 극한의 실험에서 이상은 무한대로 분화되고 생성되는 '생성하는 기호'의 수준의 질적 변화를 이룬다고도 말했지만, 그의 이상 연구는 이상하게도 끊임없이 전기연구로 귀환한다고 보았다.

특히 이상의 동경행의 맥락을 분석하는 부분에서 이런 측면은 더욱 선명하게 드러난다는 것이다. 김윤식의 이상은 패러독스로 가득찬 근대의 세계를 탈출하고 싶어 진짜 근대인 동경으로 탈출했다가 그곳에서 그만 절망으로 굴러 떨어져버린 '박제된 천재'로 전락했다는 것이다. 그런데 식민지 조선에서 관념의 수준에서 읽어낸 근대가 패러독스로 가득찬 악무한의 감옥이라는 사실을 이미 알고 있는 이상이 탈출구로 동경을 선택했다는 생각 자체가 충분히 납득이 되지 않을 뿐더러 이상의 동경행에 대한 김윤식의 서술에서 이상은 선진화된 제국 일본을 바라보는 식민지 조선 청년 이상으로 매우 자주 환원된다는 것이다. 반면 일문시나 「오감도」 등에서 김윤식이 읽은 이상은 관념 실험의 극한에서 불확정성으로서의 비유클리드 세계와 조우했고, 「날개」, 「봉별기」, 「종생기」, 「실화」, 「단발」 등에서의 이상은 원본과 가상 간의 위계를 무너트리는 독특한 창작방법으로 자신의 존재 자체를 불확정성의 비유클리드 세계로 만들어버린 꼴이란 것이다. 그래서 김윤식의 연구에서 이상은 항상 텍스트 이상으로 변신하는 경계 위에 서 있다는 것이다. 그런데 유독 동경으로의 여로 위에서의 이상만큼은 경계성의 위태함이 사라지고 30년대 식민지 조선을 살았던 콤플렉스로 가득찬 인간 이상이 되어버리고 있다[137]는 것이다.

이러한 김윤식의 글쓰기가 언문일치와 같은 말로 설명되는 제도로서의 문학이라는 근대문학의 한 축과 문학이라는 제도가 만들어낸 근대라는 세계의 바깥을 서성이는 '환각'의 한 축이 만들어내는 모순과 긴장으로 이루어져 있다면, 이러한 글쓰기의 긴장은 이상이라는 방법을 그 스스로의 글쓰기에 적용한 결과라 할 수 있겠다고 예단한다. 그런 점에서 한국근대문학연구자 김윤식에게 이상은 연구대상이 아니라 연구방법이었다[138]고 본다.

그래서 김윤식에게 이상이라는 존재는 단순한 연구대상이 아니라 '근대문학연구자 김윤식'의 형식 그 자체라고까지 단정한다. 김윤식의 이상 연구는 이상이 근대문학의 한계임을 증명한 것으로서 한국근대문학은 이상까지이며, 한국근대문학과 이상 문학은 동의어임을 증명하는 것에 그의 모든 글쓰기가 이루어지고 있다는 것이다. 그런 점에서 이상 연구 이후의 그의 모든 글쓰기는 결국 이상 연구의 반복이라 할 수 있다는 선까지 나아간다.

그리고 이상에게 일본어가 인공어라는 형식의 언어였음을 읽은 김윤식은 형식의 수준에서 작동하는 언어에 대한 사유를 자신의 문학방법론으로 전유한다고 보았다. 이러한 점을 간단히 읽어볼 수 있는 부분을 송욱의 김기림 비판에서 이끌어 내고 있다. 김윤식이 송욱과는 전혀 반대의 견해로 자신의 생각을 이끌어갈 수 있었던 동인은 다른 해석을 이끌어내기 위해서는 단순한 지식의 축적으로는 불가능하고 그 대상을 바라보는 시선의 전환이 필요하다고 보았다. 이런 시선의 전환은 세계를 바라보는 시선 주체의 변신을 통해서만 가능하다는 점에서 가라타니 고진은 "목숨을 건 도약"이라고 부르기도

137 김예리, 위의 논문, 125면.

138 김예리, 위의 논문, 134면.

했는데, 김윤식이 이러한 시선의 전환을 시도하게 한 요인은 무엇인가를 캐묻고 있다. 언문일치의 제도, 국민국가라는 상상의 공동체, 근대문학을 대표하는 소설이라는 형식 등 상상의 공동체와 매체의 공동체에서 논의되고 있는 주제들은 이광수와 염상섭 등의 민족주의 문학이나 카프의 계급주의 문학 등 리얼리즘의 문법이 통용되는 문학론을 지탱하던 그의 문학 방법론이었다. 그런데 이런 방법론으로는 설명이 되지 않는 전혀 다른 체계인 이상 문학과의 조우는 일차적으로 그의 문학 방법론을 흔들어 놓았을 것으로 보았다. 여기에 운명적인 요소가 개입하는데 소련 해체와 같은 동구권의 몰락의 역사는 리얼리즘 문학에 대한 김윤식의 확신을 흔들어 놓았을 것이라고 추정한다. 사실 그 스스로도 말하고 있듯이 "헤겔의 동일성(체계화)에 근거를 둔 서구이성중심주의(형이상학)를 일종의 기만술이라 하여 그 근거를 흔들어 대기 시작한 것은 금세기 초의 니체였으며, (…) 후설의 직계 마르틴 하이데거의 탈구축과 그에 이어지는 데리다의 탈구축론이 60년대 초에 이미 철학계를 휩쓸고 있"었음에도 불구하고 한국문학담론을 지배한 담론은 "단연 리얼리즘"이었는데, 그것은 우리의 현실적 환경 조건이 "리얼리즘이 근거를 두고 있는 원리 자체를 비판하거나 회의하게끔 하기에는 역부족이었"기 때문이[139]란 것이다. 그러나 세계사의 변화는 우리 사회에 숭고한 대상으로 힘을 발휘하던 이데올로기의 마법이 더 이상 작동하지 못하게 만들었고, 이 마법의 사라짐으로 지금까지 진리라고 믿던 것의 맨 얼굴을 드러내게 하고 마법이 가리고 있던 진실이 드러나게 된 것이 아니라 진짜와 가짜의 경계 자체가 사라져 진위판별이 원천적으로 불가능한 세계가 되고 말았다는 것이다. 이를 김예리는 우리의 세계는 이상의 소설적 공간이 되고 만 것으로 규정한다. 그래서 김예리는 사실 송욱이 김기림의 문학에는 내면이 없다고 했지만,

---

139 김예리, 위의 논문, 139면.

「오감도」와 같은 괴상한 작품에서도 이상의 내면을 읽어내는데 김기림 문학에서 전통의식과 내면성을 마음먹고 찾아낼라치면 찾아내지 못할 것도 없다는 것이다. 그런 점에서 김기림 문학의 내면 없음이란 보들레르와 엘리어트를 그의 옆에 세워놓고 있는 송욱의 상대적 견해에 불과하다고 본다. 물론 김기림의 문학에 전통의식과 내면성이 있다고 누군가 말한다면, 그 견해 역시 상대적 견해에 불과하다는 것이다. 이러한 사태는 말하는 주체가 독백만이 가능한 세계가 되었다는 것을 의미한다고 해석한다. 즉 대화가 불가능한 세계, 이는 모든 동물과 인간을 구분 짓게 해주는 유일한 능력인 언어가 사라진 것을 의미한다는 것이다. 이러한 세계를 두고 코제브는 역사의 종언이라고 불렀고, '이후'의 시간은 오직 육체적인 생존만이 중요한 동물과 공허한 형식놀이에 몰두하는 속물밖에 남지 않는다고 말했는데, 이렇게 말하는 주체의 대화가 불가능해진 시대란, 문학연구라는 학문적 탐색이 불가능한 시대가 되었다는 것을 의미한다는 것이다. 그러니 김윤식은 동물로 남거나 '목숨을 건 도약'을 하지 않으면 안 되었다고 본다. 그의 이 '목숨을 건 도약'이 민족어에서 인공어로의 전환이란 것이다. 그리고 이 전환의 지점을 그는 "제로 지점"이라 명명했다는 것이다. '현실적 힘'이 제로 상태에 이른 곳에서의 문학연구는 어떠해야 했는가. 이 물음의 제일 앞에 놓은 것의 하나가 이상 문학이었다고 보았다. 말을 바꾸면 연구자도 제로 지점에 선 국적 불명의 보편적 원형적 인간이기에 그가 대상으로 하는 작품 역시 국적 초월의 보편적 작품, 그러니까 '기호의 집적물'에 지나지 않아야 한다[140]는 결론에 이르고 있다.

이로 통해 김윤식은 이상에 의지하여 문학연구의 새로운 방법을 제안한다고 보았다. 그것은 기호 생산의 근거 탐구로 향하는 것. 즉 작품에 드러난

---

140 김예리, 위의 논문, 140면.

작가의 내면을 읽는 연구가 아니라 무엇이 이 작가가 이런 언어를 생산하게 만들고 있는가를 연구하는 것이 바로 그것이란 것이다. 이전까지 수행했던 내면읽기로서의 작가론이란 "작가의 언설을 둘러싼 한갓 이야기 만들기에 불과한 것. 이런 문맥에서 보면, 작가론이란, 작품을 씨줄로 하고 동시대의 담론체계(언어운용)와의 편차를 날줄로 하여 짠 일종의 창조적 행위"에 불과한 것이 되었다는 것이다. 작가론이 더 이상 학문적 객관성을 확보할 수 없는 형식이 되었다면 우리 연구자들은 어떻게 해야 하는가. 그는 이렇게 대답하고 있다[141]고 김윤식의 이상론이 지니는 의미를 다음과 같이 마무리하고 있다.

그의 기준에서 작가론과 달리 문학사가 보편성을 획득할 수 있는 이유는, 그의 말로 바꾸어 말해 "한국근대문학사 속에 인류사의 문학사가 있"을 수 있는 이유는, 그가 새롭게 제시하고 있는 문학사가 "발견 또는 방법으로서의 한국근대문학사"이기 때문이다. 그렇다면 무엇을 발견하는가. 그것은 한국근대문학사일 수도 있고, 동북아문학사일 수도 있고 세계문학사일 수도 있다. 그렇다면 어떻게 발견하는가. 이 질문에 대한 그의 대답은 이 '어떻게'가 바로 '방법으로서의 한국근대문학사'라는 것이다. 즉, 문학사란 '발견'되는 것이고, 또한 문학사란 문학사가 '발견'될 수밖에 없는 형식이라는 것, 그러므로 문학사는 '방법'이라는 것, 이것이 그가 말하고 있는 바이다. 다시 말해 문학사란 기의가 아닌 기표의 층위에 있다는 것, 내용이 아니라 형식이라는 것, 이 형식이 바로 "열려있는 지평"으로서의 문학사이자'영도의 문학사'라고 할 수 있다는 것이다. 그리고 이 형식의 발견이 곧 보편성으로서의 문학사라는 것이 정신적 폐허 상태를 통과해낸 그의 결론인 셈이다. 그리고 이러한 영도의 문학사를 통해 발견된

141 김예리, 위의 논문, 143면.

형식은 이상 문학을 통과한 김윤식의 새로운 문학적 가능성이기도 할 것이다.[142]

이러한 김예리의 김윤식 이상론에 대한 논의는 나름의 비판적 입장을 견지하고 있다는 점에서 김윤식 저술들에 대한 단순한 주석을 넘어서려고 한 점에서 김윤식 연구의 바람직한 한 방향성으로 보인다. 그러나 김예리가 내린 마지막 결론은 앞서 김윤식의 글쓰기가 전기연구에서 시작된 김윤식의 이상 연구는 텍스트 연구로 전환되는 지점에서 더 이상 진행되지 못한 채 멈추어버린다고 한계를 지적한 점과 이상 연구 이후의 그의 모든 글쓰기는 결국 이상 연구의 반복이라 할 수 있다는 선까지 나아간 비판적 논리와는 사뭇 달라 보인다. 이 논리 전개에서 결락되어 있는 부분에 대한 미세한 논리적 해석이 요청된다.

문흥술의 김윤식의 문학사 연구

문흥술의 「의미인의 문학사, 그 체계와 의의 : 김윤식의 문학사 연구에 대하여」는 김현과의 공동저술인 『한국문학사』를 중심으로 김윤식의 문학사 연구가 갖는 의의를 논하고 있다. 문흥술은 『한국문학사』의 체계와 그 의의를 세 가지 측면에서 고찰하고 있다. 그 첫째가 <서구 추수주의와 주변문화론의 극복>이다. 이를 논하기 위해 그는 김윤식의 『한국근대문예비평사연구』에 대한 검토를 먼저 하고 있다. 이 저서가 일차적으로 한국문학 연구에

142 김예리, 위의 논문, 142면.

있어서 최초의 그리고 문예비평사 연구라는 점에서 매우 중요한 의의를 지니고 있기 때문이란 것이다. 즉 『한국근대문예비평사연구』는 『한국문학사』와 상보적 관계를 이루면서 자칫 기형적인 형태로 전락할 수 있는 1970년대 한국문학 연구의 장을 정상적인 자리로 되돌려 놓는 중요한 역할을 한다[143]고 보았다. 나아가 『한국근대문예비평사연구』는 김윤식의 학문전개 과정에서 한국문학에 대한 가치평가의 중요한 이론적 기준틀을 제공한다는 점에서 또한 의의가 크다고 평가한다. 나아가 『한국근대문예비평사연구』와 『한국근대소설사연구』의 머리말을 통해 외국에서 빌려 온 이론으로 인해 역사 앞에서 패배한 한국문학에 대한 비판과 우리 것에다 근대적인 것을 조화롭게 융합하는 한국근대문학에 대한 지향을 강조하고 있다. 곧 두 저서에는 외국문학 전공자에 의한 한국문학의 폄하에 대한 국문학자로서의 김윤식의 반발이 내포되어 있다고 해석한다. 이러한 비판과 함께 김윤식은 문화적 주종관계에 입각한 주변 문화성을 극복하기 위해 굴절이라는 현상을 강조함으로써 1986년 저서에 나타나는 우리 것에다 근대적인 것을 조화롭게 융합하는 한국문학에 대한 지향이라는 항목과의 연결고리를 『한국문학사』에 설정한다[144]고 보았다.

즉 역사 앞에 패배하지 않는 한국문학의 이론을 정립하기 위해 국문학자로서 김윤식은 '한 문화를 수용하는 토양의 성질'에 주목했다는 것이다. 여기서 김윤식은 '토양'에 대해 세 가지 가설을 제시한다고 분석하고 있다. 첫째, 마르크스류의 하부구조(Unterbau)적 요인, 즉 토대(Substratum), 둘째 프로이트적인 충동(drive), 셋째 주체적인 문화수용의 관점이 그것이다. 이 세 가지

---

143 문흥술, 「의미인의 문학사, 그 체계와 의의 : 김윤식의 문학사 연구에 대하여」, 『구보학보』 22, 2019, 57면.

144 문흥술, 위의 논문, 60면.

가설 중 셋째 항목인 주체적인 문화수용의 관점에서 '토양'에 접근하고 있는 것이 바로 『한국문학사』에 나타나는 문학사 기술방법이란 것이다. 우리 것에다 근대적인 것을 조화롭게 융합하는 한국 근대문학에 대한 지향을 강조하고 있는 1986년의 저서는 바로 이 주체적인 문화수용의 관점이 한층 심화, 확장된 형태에 해당한다[145]고 평가한다.

또한 김윤식은 토양을 주체적인 문화수용이라는 관점에 입각해 한국문학에 접근하면서 "한국문학은 서구 문학의 단순한 모방자가 되어서는 안 된다는 입장을 표명하고 있다는 것이다. 한국문학은 서구문학과 함께 세계문학을 이루는 한 요소가 되어야 한다."라고 뚜렷하게 강조하고 있기 때문이다. 주변문화론을 극복하고 역사 앞에 패배하지 않는 한국문학, 그리고 서구문학과 함께 세계문학을 이루는 한 요소로서의 한국문학의 이론을 정립하고자 하는 김윤식의 이러한 문학사적 시각은 '한국문학은 개별문학이다'라는 명제로 집약된다[146]고 보았다.

이렇게 개별문학으로서의 한국문학에 접근하기 위해 김윤식은 한국 근대문학의 기점에 대한 종래 기준에 반발하고 근대문학의 기점을 새롭게 정립하는 것으로 나아갔는데, 이것이 문흥술이 다루고 있는 <영정조 시대 기점설, 그리고 개별문학으로서의 한국문학>이다.

김윤식은 『한국문학사』에서 근대문학의 기점을 영정조 시대로 설정하고 문학사를 기술하고 있는데, 이는 『한국문학사』 이전에 제출된 기존 문학사 연구가 갖는 두 가지 문제점에 대한 비판의식과 연결되어 있다는 점이 매우 중요하다고 본다. 문흥술이 파악한 그 두 가지 문제는 식민사관과 고전문학과 현대문학의 연속성 문제이다.

---

145 문흥술, 위의 논문, 61면.

146 문흥술, 위의 논문, 62면.

김윤식은 임화의 이식문학론에 대해, 일제를 이겨보겠다는 조급함이 (일제를 통해서라도) 서구 문물과 제도를 재빨리 받아들여야 한다는 의식으로 집약되고, 그 결과 근대화=서구화를 일종의 절대적 명제로 설정한 채 서구의 근대문학을 이식해서라도 한국문학이 빨리 근대정신을 확립하자는 식으로 나타난 것이라고 보았다는 것이다. 그런데 문제는 이러한 근대화=서구화라는 도식은 1970년대 한국사회와 학계를 지배하던 식민사관에 엄밀하게 연결된다는 점을 지적하고 있다.

다음, 고전문학과 현대문학의 연속성 문제를 다루고 있다. 근대화=서구화라는 등식에 입각할 때, 개화기 이후 서구문학의 수입으로 이루어진 한국근대문학은 고전문학과의 연속성을 상실한다는 것이다. 신문학이 마치 신종족이 하늘에서 떨어진 것처럼 생각하는 이러한 태도로 인해, 고전문학과 신문학은 단절된 것으로 여겨지는데, 그 결과 임화는 일제강점기의 문학을 괄호 속에 넣자라는 극단적 주장을 하기에 이른다고 본 것이다. 이러한 문제점을 극복하기 위해 김윤식은 근대화=서구화라는 등식은 한국문학의 특수성을 깨닫지 못하고 "서구라는 變數를 고정항으로 착각"하였기 때문에 빚어진 것이라 비판한다는 것이다. 이러한 비판의식은 헤겔과 마르크스로 대표되는 변증법적 사고에 기초하고 있는 것으로 판단한다. 곧 개별, 보편, 특수라는 변증법적 논리에서 볼 때, 근대라는 보편적 개념이 있고, 한국, 일본, 중국, 서구 등과 같은 개별성이 있으며, 이 개별과 보편의 교호 작용에 의해 한국적 특수성으로서의 근대, 일본적 특수성으로서의 근대, 중국적 특수성으로서의 근대, 서구적 특수성으로서의 근대가 성립한다는 것이다. 한국문학사에서 김윤식은 이러한 변증법적 견해를 직접적으로 드러내지는 않지만 그의 근대화=서구화에 대한 비판의식 속에는 이러한 견해가 내밀하게 작동하고 있는 것으로 판단하고 있다. 즉 동양 삼국의 근대문학 전개과정과 관련해 한국적 특수성을 파악하는 것이야말로 한국근대문학에 대한 올바른 이해에 도달할 수 있다[147]고 본 것이다.

이와 더불어 김윤식 연구에서 중요한 대목은 김용섭의 일련의 연구라고 보고 있다. 식민사관을 극복할 계기를 마련해 준 것이 이 연구라고 보기 때문이다. 조선 후기 사회에 이르러 신분제도의 혼란이 일어나고 경영형 부농이 등장하면서 근대의 맹아가 싹트기 시작했다는 김용섭의 연구는 한국 사회 자체 내에는 근대화 동력이 부재한다는 식민사관을 무너뜨리는 결정적 계기가 되었다는 것이다. 그래서 김윤식은 근대화 = 서구화에서 벗어나, 한민족의 역사적 전개과정에서 조선 봉건 사회의 자체 내의 모순을 극복하려는 근대의식과 그러한 의식을 언어로 표현하겠다는 언어의식이 대두된 영정조 시대를 근대문학의 기점으로 설정하고, 그 근거로 여섯 가지 항목을 제시하고 있다고 보았다. 곧 신분제도의 혼란과 경영형 부농의 등장, 상인계급의 대두와 화폐의 전국적 유통, 실사구시파의 등장, 독자적 수공업자들의 대두와 시장경제의 형성, 판소리, 가면극, 소설 등의 발전, 시민계급의 진출 등[148]이 그것이란 것이다.

문흥술이 김윤식의 문학사 연구와 관련해서 주목한 세 번째가 <의미인의 문학사>이다. 이 부분은 왜 김윤식이 한국문학사에 관심을 가지게 되었는가와 어떤 체계로 문학사를 기술하고 있는가라는 점을 논의한 것이다.

첫째 문제는 김윤식은 자신이 살아가는 1970년대 한국사회의 모순에 문학적으로 응전하기 위한 추동력을 과거의 문학적 집적물로부터 확보하기 위해 문학사 연구로 나아갔다고 보았다. 이러한 문흥술의 해석은 김윤식이 인용하고 있는 크로체의 "모든 역사는 현재의 역사"라는 명제에 토대를 두고 있다는 것이다. 단 한 권의 사상사 내지 지성사도 씌어지지 않은 학문적 상황에

147 문흥술, 위의 논문, 65면.
148 문흥술, 위의 논문, 67면.

탄식하면서 당대의 이러한 상황을 문학적으로 극복하기 위해 한국문학사가 개별문학으로 뚜렷이 부각되어 체계화되어야 한다는 점을 분명히 선언하고 있다는 것이다. 뿐만 아니라 인간 정신의 가장 치열한 작업장인 문학에 대한 사적 연구를 통해 현재 경멸과 조소를 받는 오늘날의 문학을 충격해 문학이 없는 시대, 정신이 죽은 시대를 돌파해나가고자 하는 간절한 염원을 표현하고 있다[149]고 보았다.

다음 문학사의 체계에 대해서는 첫째 문학이란 무엇인가를 통해 김윤식은 문학은 사회의 총체성을 반영해 인간의 인간다운 삶을 추구해야 한다는 점을 주장하는데, 이러한 입장에서 김윤식은 문학사 기술을 위한 체계 중의 하나로 개인과 사회의 관계를 다루는 문학에 주목한다고 보았다. 둘째 김윤식은 문학사는 창조적인 예외적 개인으로서의 작가와 과거의 집적물로서의 유효한 작품을 진술 대상으로 삼아야 한다고 강조했다는 점이다. 김윤식이 이처럼 예외적인 개인으로서의 작가와 유효한 작품을 문학사 진술 대상으로 삼아야 한다고 강조하는 이유는 문학의 미학적 측면만을 강조하는 기존 문단의 병폐를 비판하기 위해서며, 또한 기존에 제출된 문학사가 갖는 한계, 곧 사조사, 문단사, 논쟁사, 잡지사 위주의 측면을 극복하기 위해서라는 것이다. 셋째 문학과 사회와의 관계에서 문학사를 체계적으로 기술하기 위한 방법을 김윤식은 '문학사는 실체가 아니라 형태이다'로 압축적으로 표현하고 있다는 점이다. 김윤식은 문학사 기술에 있어서 모든 사항들에 개별적 가치를 부여하고 전체와의 연관을 잃은 채 자료의 더미 속에 빠지는 역사주의 내지 실증주의 오류에서 벗어나야 한다고 강조하면서, 과거의 문학적 집적물을 전체로 파악하고 그 전체를 이루는 부분 부분들을 관계가치로 이해하는 곧 부분과 전체의 변증법적 관계를 통한 문학사 기술을 천명하고 있다는 것이다. 이러

149 문흥술, 위의 논문, 70면.

한 부분과 전체의 변증법적 관계를 제시하면서 김윤식은 의미인, 의미망의 개념을 내세우고 있다[150]고 규정한다. 예를 들면 개인과 사회의 문학 - '일제 강점기 문학' - '각각의 계열체' - '작가' - '작품'이 전체와 부분이라는 변증법적 관계로 연결되면서 의미인에 의해 의미망이 설정되고 그 의미망을 이루는 그물코에 의해 예외적 개인으로서의 작가와 유효한 작품에 대한 가치판단이 내려지는 것이며, 이에 따라 문학사가 기술된다는 것이다. 이것이 김윤식이 정립한 과학적인 문학사 기술 체계라고 명명하고 있다. 이러한 문학사 기술 체계에 입각해 씌어진 문학사가 『한국문학사』란 것이다. 그래서 문흥술은 『한국문학사』가 김윤식 이전에도 그리고 이후에도 존재하지 않는 유일무이한 문학사[151]로 평가한다.

이러한 문흥술의 평가는 나름의 의미는 있지만, 『한국문학사』가 김윤식 이전에도 그리고 이후에도 존재하지 않는 유일무이한 문학사라는 평가는 이 문학사에 대한 비판적 시각이 전혀 작동하지 않음과 동시에, 다른 문학사들에 대한 비교 검토 없이 내린 평가라는 점에서 보론이 필요해 보인다.

서영채의 김윤식과 글쓰기의 윤리 분석

서영채의 「김윤식과 글쓰기의 윤리 : "실패한 헤겔주의자"의 몸」은 김윤식의 주요 저작을 대상으로 하여, 삶을 통해 그가 보여준 글쓰기의 윤리를 규명하고자 하는 취지에서 이 논문을 작성하였다고 밝힌다. 김윤식은 문학사

150 문흥술, 위의 논문, 75면.

151 문흥술, 위의 논문, 76면.

가이자 현장 비평가로서 글쓰기를 해왔는데, 현시점에서 거칠게나마 그의 작업 전체를 조망하고자 한다면, 다음 세 가지 좌표를 기준으로 삼을 수 있겠다고 판단한다. 1) 근대성과 문학의 복합체가 지닌 윤리적 역설. 2) 한국의 전후 세대가 감당해야 했던 정신사적 특수성. 3) 한 사람에게 문학적 글쓰기를 선택하는 일 자체가 지닌 실존적 고유성이다. 그런데 서영채는 이 가운데 첫 번째 항목인 근대문학 자체에 내장된 윤리적 역설은, 그 자체로 보편적인 것이어서 하필 그에게만 해당하는 것일 수는 없다고 본다. 김윤식을 다루는 자리에서 강조되어야 할 것은, 그 보편적 역설의 형상이 한국의 전후 세대에게 주어진 특수한 과제('일제잔재 청산'이나 '식민사관극복'으로 지칭되던 정신적 탈식민화=새로운 민족정신과 전통의 수립) 속에서 구체화된다는 점이다. 김윤식 자신이 그 세대의 일원이었음은 두말할 필요가 없기 때문이다. 그리고 이 같은 보편성과 특수성이 김윤식의 세대에게 주어진 역사성의 좌표에 해당한다면, 그 객관적 좌표 위에서 자기 삶의 방식으로 문학적 글쓰기를 선택하는 것, 또한 그런 선택을 자기만의 연구와 쓰기의 형태로 구체화하는 것은, 김윤식이라는 한 성격과 그 운명이 지닌 고유성에 해당한다고 보았다.

사람은 자기에게 주어진 객관적 상황 속에서 무언가를 선택하며 살아가는데, 그 선택이 그에게는 가능한 최선의 것이었음을 그 이후의 삶을 통해 보여주고자 하는 것, 그것이 곧 운명애(amor fati)의 윤리라는 것이다. 그와 같은 윤리는, 자신으로 하여금 그런 선택을 하게 한 힘에 대한 충실성을 자기 스스로에게 증명함으로써 구현되는 것이기도 한 것인데, 일제 치하에 태어나 전후 한국의 폐허 속에서 청년기를 시작한 김윤식은, 문학사가이자 문학비평가로서 거대한 활자들의 산을 쌓았다는 것이다. 서영채는 한 사람이 살아낸 그런 거대함의 자취 속에는 예사롭지 않은 힘이 있을 수밖에 없기에. 그가 만들어낸 주요 텍스트를 대상으로 위의 세 요소를 분별해보고, 또한 그 셋 사이의 상호 얽힘의 의미를 추적함으로써 그 힘의 정체에 접근해보고자 하는 것, 이것이 이 글의 취지[152]라고 밝히고 있다.

그 첫 과제로 서영채는 김윤식이 실천한 문학사 작업을 <문학사 없는 문학사 연구>라는 관점에서 논의하고 있다.

서영채는 김윤식의 세대가 지닐 수밖에 없었던 민족주의적 열정을 가장 상징적으로 보여주는 것은, 김현과 함께 쓴 『한국문학사』(1973)라는 책으로 보고 있다. 이 책이 얼마나 뜨거운 것인지는 제목과 내용 사이의 커다란 격차가 보여준다고 평가하고 있다. 그러나 서영채는 '한국문학사'라는 제목을 지니고 있으면서도, 막상 다루고 있는 내용은 18세기에서 20세기 전반기에 이르는 시기에 불과하다고 보았다. 그러니 '한국문학사'라 하는 것은 명실이 서로 부합하지 않고, 그렇다. '한국근대문학사'라는 제목을 붙이는 것도 이상하다는 것이다. 그 이유는 문학적 근대의 기점을 18세기로 끌어올렸으나, 그에 상응하는 작품이 마땅치 않기 때문이란 것이다. 한중록, 열하일기, 서유견문 같은 저작을 근대문학 작품이라 하기 위해서는 문학의 근대성 자체를 새롭게 정의해야 하는데 그렇지 못하다는 논리이다. "근대문학의 기점은 자체내의 모순을 언어로 표현하겠다는 언어의식의 대두에서 찾지 않으면 안 된다"라는 정도로는 부족할 수밖에 없다는 것이다. 문학의 근대성이란 창작만이 아니라 유통과 향유의 체제 전체가 움직이며 만들어지는데, 주관적 의도 하나가 그 기준을 채우기는 힘들다[153]는 것이다.

서영채는 이런 논리적 결함이 이 책 전체를 기형적인 것으로 만든다고 비판하고 있다. 하지만 『한국문학사』가 보이는 이런 불균형성은 거꾸로, 청년 김윤식 세대가 지닌 민족주의적 사명감의 뜨거움을 웅변한다는 해석을

---

152 서영채, 「김윤식과 글쓰기의 윤리 : "실패한 헤겔주의자"의 몸」, 『구보학보』 22, 2019, 13면.

153 서영채, 위의 글, 15면.

내놓는다. 한국의 근대문학은 서구나 일본에서 배워온 것이 아니라는 주장, 임화의 이른바 '이식문학론'을 극복해야 한다는 사명감, 곧 '자생적 근대화론'의 문학적 버전이 저 혼자 작열하고 있는 모양새란 것이다. 그럴 수밖에 없었던 이유는 자명해 보이는데, 현재 상황이 만족스럽고 미래에 대한 전망이 밝다면, 과거의 빈곤과 비참을 인정하는 것은 그리 큰 문제가 아니라고도 본다. 오히려 어려웠던 과거는 현재의 성공을 위한 훌륭한 배경이자 후광이 될 수 있다는 입장이다. 하지만 30대의 김윤식이 한 세대의 일원으로 책을 쓰던 때는, 나라 전체가 경제적 빈곤에 정치와 문화의 미숙성을 마주하고 있던 시기이니, 현재와 미래가 밝지 않으니, 과거의 빈곤을 인정해 버리는 것은 마지막 남은 자존심의 거처를 버리는 것이 아닐 수 없다는 것이다. 김윤식 세대가 견지하고자 했던 '자생적 근대화론'은 그런 자존심 지키기의 이론적 핵심이기에, 그것을 옹위하려는 마음가짐은 각별하지 않을 수밖에 없었겠다[154]라고 해석한다.

그리고 서영채는 김윤식에게 『한국문학사』라는 책이 지니고 있는 또 하나의 특별함은, 문학사 쓰기가 그의 학문적 이력에서 종착점이 아니라 출발점에 있음을 보여준다는 점을 들고 있다. 통상적으로 한 나라의 문학사를 쓰는 일은 문학사가에게 필생의 업적에 해당하는 것이다. 하지만 김윤식의 경우는, 문학사 쓰기를 향한 에너지 자체로만 보자면 『한국문학사』에서 이미 정점에 도달했다는 것이다. 그는 물론 그 이후에도 문학사가로서 두 종의 『한국현대문학사』(일지사, 1976; 서울대출판부, 1992) 및 『한국현대문학비평사』(1982), 『한국소설사』(1993, 정호웅과 공저) 같은 책을 냈지만, 이들은 강의용 교재에 가깝다고 판단한다. 이들은 학문적 야심의 크기로는 『한국문학사』에 비길 수 없다는 것이다. 그렇다고 해서, 아직 30대의 나이에 공저로 낸 『한국

154 서영채, 위의 글, 16면.

문학사』가 김윤식의 학문적 저작의 정점이라 할 수 없음은 물론이고, 한국문학사나 한국근대문학사 일반의 관점에서도 그렇게 말할 수는 없다는 것이다. 『한국문학사』는 문제적일 수는 있어도, 표준적인 문학사로서 자리 잡기는 어려운 책이기 때문이[155]란 것이다.

학문적 야심의 크기를 견주자면, 그의 박사논문이기도 한 『한국근대문예비평사연구』(1973)가 그에 상응하겠지만, 이 책은 한국의 문학사 자체에 대한 관심보다는 오히려 카프의 역사 및 일본과의 상관관계에 훨씬 큰 무게가 주어져 있으며, 바로 그런 점에서 문제적인 저술로 보고 있다. 그리고 서영채는 『한국근대문예비평사연구』 역시 『한국문학사』와 마찬가지로 당대의 모습에 대한 기술이라기보다는 그것이 지니고 있는 결여에 대한 기술에 가깝다고 본다. 시기마다 문학적 근대성의 배후가 일렁이고 있다는 점에서 그러하다는 것이다. 따라서 이 책 역시, 문제적일 수는 있어도 문학사 일반의 상에 부합하기는 어렵다고 평가한다. 요컨대 표준적인 문학사일 수는 없지만 학문적 야심으로 충전된 문학사 분야의 책 두 권이 같은 시기에 나왔던 셈인데, 이렇게 보자면, 김윤식의 학문적 이력에서 문학사 쓰기란 특이하게도 출발점에 우뚝 솟아 있을 뿐이란 것이다. 그래서 서영채는 김윤식이라는 문학사가의 연구 방향성이 문학사 쓰기를 향해서가 아니라 그 반대를 향해 나아갔다고 함은 바로 이와 같은 점을 지칭한다고 해명한다. 문학사 쓰기란 민족주의와 함께 있는 것이니, 김윤식의 그 행로가 민족주의적 열정의 반대편을 향해 나아가는 것이기도 함은 당연하겠다고 보았다.

그리고 서영채는 민족주의적 열정과 문학사 쓰기가 있던 자리를 대체한 것은, 1980년대에 들어선 후로 지속적으로 써낸 20여 책의 평전 시리즈라고 판단한다. 그의 평전 시리즈는, 그의 연구사 전체로 보자면 김윤식의 독특성

155 서영채, 위의 글, 17면.

을 드러내는 하나의 현상이라 할 만한 것으로, 그의 저작들 속에서 압도적인 무게감을 지니고 있는데, 그의 연구가 문학사 쓰기의 반대 방향을 향하고 있다거나 혹은 최소한 그것과 무관한 쪽을 향해 있다고 할 수 있는 것은, 바로 그 평전 시리즈의 존재 탓이란 것이다. 즉 문학사는 한 나라의 역사이고, 평전은 한 개인의 역사란 것이다. 문학사는 문학작품에 대한 평가의 체계를 지향하고 평전(혹은 작가연구)은 상대적으로 한 사람의 문인이 살아온 삶과 그가 이룬 글쓰기에 대한 이해의 깊이에 주안점을 둔다[156]는 것이다.

이런 관점에서 서영채는 『이광수와 그의 시대』(1986)로 본격화된 그의 평전을 비판적으로 검토하고 있다. 김윤식이 써낸 평전이 종국적으로 겨냥하고 있는 것은, 문학작품이나 그것을 써낸 작가에 대한 이해라기보다는, 문학적 글쓰기를 선택한 사람의 실존적 이해에 가깝다고 평가한다. 작가연구에서 그가 자주 사용했던 '내면 풍경'이라는 단어가 그것을 지칭한다는 것이다. 그 관점에 따르면, 그의 평전 속의 주인공들은 한 사람의 개인으로서 자기 앞의 삶을 살아내는 일에 몰두했던 사람들인데, 그들이 한국인이었고 또한 문인이었던 것은 그저 우연이었을 뿐이란 것이다. 김윤식식 평전의 관점이 그들을 그런 존재로 규정했다고 본다. 그러므로 그의 평전시리즈가 종국적으로 조형해내는 인물들은 마치 소설의 인물들이 그렇듯 저마다 하나씩의 단독자이며, 그들이 표상하는 단독성은 저마다 각각의 역사를 품을 수는 있어도, 그것들이 모여 하나의 집합체-역사를 만들어내기는 어렵다는 것이다. 밧줄처럼 하나로 꼬일 수는 있을지라도, 그렇게 꼬인 밧줄은 지나치게 울퉁불퉁하고 때로는 비어 있어, 매끈하고 균형 잡힌 시간의 연속체로서 표준적인 역사가 되기는 어렵다[157]는 것이다.

---

156 서영채, 위의 글, 18면.

157 서영채, 위의 글, 19면.

이를 서영채는 역사일 수 있다면, 역사와는 다른 역사로서 일종의 대체 역사라고 해야 할 것으로 평가한다. 시간의 연속성이나 발전 서사에 입각해 있지 않고 오히려 단속성과 몰락의 서사를 구현하고 있다는 점에서 그러하다는 것이다. 김윤식의 문학사 연구에 대해, 문학사 자체가 지닌 본연의 동력과 정반대 방향의 힘을 지니고 있다 함은 이와 같은 점 때문이[158]라고 본다.

다음으로 서영채는 <평가 없는 문학비평>에서, 1990년대 이후로 세상을 떠나기 직전까지 30여 년 쉼 없이 지속해온 단편소설에 관한 단평 쓰기(문학 월평 혹은 계간평쓰기)를 대상으로 김윤식의 글쓰기를 문제 삼고 있다. 그 문제는 김윤식은 왜 이런 식의 글쓰기를 계속했던 것일까라는 문제의식이다.

물론 이에 대해서는 그 자신이 이미 여러 곳에서 밝힌 바 있다고 본다. 소비에트 해체와 현실 사회주의의 붕괴를 전후한 역사적 정황 때문이었다는 것이다. 당대의 주요 작품을 모조리 읽고 월평을 쓰는 것은 그런 상황이 초래한 당황으로부터 벗어나기 위한 길 찾기였으며, 그런 만큼 "필사적"일 수밖에 없었다는 것이다. 하지만 그의 이런 말을 있는 그대로 받아들여야 할까라고 서영채는 반문한다. 그것은 어디까지나 공식적인 언명에 불과한 것이라고 말한다. 다른 사람들이 아니라 자기 자신을 상대로 한 공식적 명분 쌓기라는 것이다. 1990년대에 접어들면서 제 2세계가 무너지고, 자본제적 근대성 너머 유토피아를 향한 길 찾기의 가능성이 사라졌을 때, 새롭게 등장하는 소설들이라도 읽지 않으면 비평가로서 나갈 길을 찾을 수 없었다고 말하는 것이라면, 그것까지는 이해할 수 있다는 것이다. 베를린 장벽 붕괴와 소련의 해체는 많은 사람들에게 충격을 줄 만큼 거대한 역사적 사건이었기 때문이란 것이다. 그러나 그런 방식의 길 찾기가 80대 나이에 이르기까지 30여 년 동안 지속된 것이라면, 그와 같은 공식적인 이유로 설명되기 어려운

158 서영채, 위의 글, 20면.

측면이 있다는 것이다. 한 사람의 비평가의 입장에서 보자면, 현장 문학에 대한 감각을 유지하고 글쓰기 자체의 리듬을 확보하기 위한 수단이었을 수도 있다는 해석이다. 하지만 그의 생애 마지막 6년 동안 위중한 병고에 시달리면서도 끝까지 단평 쓰기를 중단하지 않으려 했던 것에는, 성실성의 면모를 넘어서는 매우 특별한 집요함이 있다고 본다. 서영채는 바로 그런 면모야말로 그의 글쓰기가 보여주는 윤리적 과잉, 윤리적 헤겔주의자의 특성을 보여주는 것이[159]라고 규정한다.

즉 앞에서 언급했듯이, 김윤식의 문학 비평이 보여주는 특이성은 문학 작품에 대한 평가를 하지 않으려 했다는 점에 있는데, 바로 이와 같은 점이, 그의 비평적 글쓰기가 비평의 반대편을 향해 갔다고 판단할 근거가 된다는 것이다. 물론 특정 작품이나 작가에 대한 선호와 애호 같은 것은 누구에게나 있기 마련이지만, 문제는 그것을 비평적 글쓰기의 형식으로 드러내는 것인데, 김윤식은 통상적인 형태의 비평문뿐 아니라 월평이나 계간평을 30년 가까이 정기적으로 쓰면서도 주관적 취향 드러내기나 객관적 평가를 하지 않으려 했다는 점을 서영채는 문제삼고 있다. 물론 평가보다 해석이나 분석이 중요하게 간주되는 것은 시기나 사람에 따라 얼마든 있을 수 있고, 그럼에도 그것을 강조하는 것은, 김윤식이라는 한 비평가가 만들어나간 비평 세계의 내적 구조를 살피는 일에서 그것이 중요한 요소가 되기 때문이란 것이다. 즉 그 자신의 주장과는 달리, 헤겔주의자의 본격적인 면모를 드러내 주는 것이 바로 그와 같은 특성과 관련되는 까닭이란 것이다.

그리고 서영채는 중단편 소설을 대상으로 월평을 지속하면서도 그때그때 등장하는 작품들에 대한 가치평가를 하지 않으려 했다는 것은 무엇을 뜻하는가에 대해 의문을 표한다. 특정 작품에 주목할 만하다는 의미에서의 가치를

---

159 서영채, 위의 글, 21면.

부여하는 것이 평가라면, 월평의 대상으로 선택한 것 자체에 이미 그와 같은 가치평가가 있다고도 볼 수 있기에. 특별히 좋다 나쁘다 수준의 말을 하는 것은 오히려 불필요할 수도 있다는 것이다. 게다가 월평의 대상이 되는 중단편들은 그 자체로 책이 될 수 없는, 즉 상품이 될 수 없는 존재들이기에, 별점을 매겨 관객의 선택에 영향을 미치는 대중매체의 영화평과는 기능이 다를 수밖에 없다는 것이다. 이는 개별 문학작품에 대한 비평적 평가가 큰 사회적 가치를 지닐 수 없는 시대였던 탓이라 할 수도, 문학작품을 포함하여 예술 작품에 관한 취향 정치가 긴요하지 않게 된 시대 때문이라 할 수도 있다는 것이다. 이런 상황에서라면, 서영채는 작품을 평가하는 일보다는, 한 시대나 비평가가 주목한 작품을 특정 시선의 맥락 안에 배치하는 일이 훨씬 중요한 비평 행위로 본 것이다. 하지만 이 모든 점에도 불구하고 작품에 대해 평가하지 않는 태도 자체는 적지 않는 의미를 지닌다고 해석한다. 이는 김윤식이 평전의 책 무더기를 산출해냄으로써 결과적으로 문학사의 체계에 맞서게 되었던 것과 같은 맥락이란 것이다. 즉 정전으로 구성되는 문학사 자체에 대한 결과적인 거부라는 점에서 그러하다는 것이다. 특정 작품에 대한 자신의 판단을 공개하는 것은, 그 작품을 중심으로 형성되는 대화의 장에 합류하고 그럼으로써 만들어질 체계(이것을 '비평적 대화'의 체계라 할 수 있겠다)에 들어가는 것을 뜻하는데 그러니까 김윤식이 30여 권 분량의 비평문을 쓰면서도 문학작품 일반에 대한 평가를 하지 않으려 했다는 것은, 이른바 '비평적 대화'의 장에 들어가려 하지 않았음을 뜻한다는 것이다. 이를 서영채는 비평적 담론을 바탕으로 수립되는 정전 만들기 및 문학사 기술에 대한 거부의 의미를 지닌다[160]고 평가하고 있다.

그리고 서영채는 김윤식의 비평 작업은 사회적 기능과 크게 관련이 없었다

160 서영채, 위의 글, 22면.

는 점을 내세운다. 그렇다면 그의 비평이 겨냥한 것은 무엇이었을까라고 문제제기를 하면서. 이에 대한 답변은 부정의 형식으로 풀어내고 있다. 직접적인 호오 판단이나 가치판단을 회피하는 순간, 비평가는 최소한 다음 세 가지 역할을 하지 않는다[161]고 제시한다. 첫째는 자기가 속한 공동체 문학의 제대로 된 발전을 꾀하는 관료(정부관료 혹은 당관료)의 역할, 둘째는 소비자의 선택을 위해 존재하는 문화상품 시장의 리뷰어나 가이드의 역할, 셋째는 취미 판단을 매개로 한 공동체의 감각적 배치에 개입하는 문화 정치의 전사(戰士) 역할인데, 김윤식이 가이드-비평이나 전사-비평을 하지 않았다는 것은 당연해 보인다는 것이다. 그의 글쓰기는 기본적으로 대학의 아카데미즘에 뿌리를 둔 것이었기 때문이란 것이다. 그러면서도 관료-비평을 하지 않으려 했던 것이 그의 비평 쓰기가 지닌 특이성이[162]라고 평가한다. 관료 비평은 특정 이념이나 목표 의식에 입각할 때 가능해지는 것으로, 계몽적 비평이나 정책적 비평으로 드러난다고 본다. 한 나라(혹은 지역, 계급, 세계) 문학의 발전을 위해, 혹은 인류 역사의 진보를 위해 문학에는 이런저런 것들이 있어야 하는데 현재의 문학에는 이런저런 것들이 없다고 말하는 방식이란 것이다.

그리고 이런 점에서 보자면, 자국의 문학을 발전시켜 인류의 정신적 고양에 기여할(1960년대에 나왔고 현재도 여전히 언론에서 통용되는 통상적인 어투로 번역하자면, '세계적으로 인정받고 노벨상을 수상할 만큼 수준 높은') 작품을 우리 손으로 만들어야 한다고 역설하는 비평가와, 역사의 진보와 인간해방에 기여할 수 있는 문학 작품을 만들기 위해 제대로 된(스탈린주의자들의 용어법에 따르면 '과학적인') 세계관에 입각해야 한다고 주장하는 비평가는 정확하게 같은 자리에 있다는 것이다. 이들에게 국가 권력이 주어진다면, 전자는 '문예

---

161 서영채, 위의 글, 23면.

162 서영채, 위의 글, 24면.

진흥원장'이나 '문화부 장관' 역할을 할 것이고, 후자는 볼세비키 당의 문화 담당 비서의 역할을 하게 될 것이라고 판단한다. 국가 권력이 없는 상태라면, 선각자나 애국자 혹은 사상적 전위나 지도자 소리를 듣게 될 수도 있는데, 이는 지도비평이나 입법 비평의 다른 이름이란 것이다.

이러한 평가 없는 김윤식의 비평은 그와 같은 비평 형식으로부터 거리를 유지하고, 목소리 높여 그런 일을 거부한 것이 아니라 조용히 회피했는데, 거기에는 일종의 냉소주의와 위악적 자기 비하('비평나부랭이'라는 식)의 표현은 그의 글에서 흔히 볼 수 있다는 것이다. 그래서 서영채는 김윤식은 바로 그 자기비하가 출현할 위악적 장소로 기꺼이 입장했고 거기에서 그는 30년이 넘는 시간 동안 30권에 달하는 단평 원고를 쓰며 '비평가 나부랭이'의 삶을 기꺼이 살아냈다는 것이다. 그래서 서영채는 그에게 문학비평이란 무엇을 뜻하는가. 이 물음은 그에게 문학연구가 어떤 의미를 지니는지에 대한 질문과 동일한 수준에 있다고 보았다. 이는 동일한 대답이 준비되어 있기 때문인데, 헤겔주의라는 것이 그 답이라고 말한다. 거기에는 두 가지 차원의 헤겔주의가 함께 있다고 보았다. 평가하기가 아니라 읽기, 비판하기가 아니라 해석하기의 세계가 그 하나라는 것이다. 이는 그가 즐겨 인용한 워즈워드의 시 속에 표현되어 있다고 보았다. 그리고 또 하나는 스스로를 실패한 헤겔주의자라고 지칭하게 한 힘에 있다는 것이다. 이를 서영채는 이항대립의 격렬한 반발력을 지탱하면서 성급하게 제3의 길로 빠지지 않는 것, 스스로의 신체를 쓰기-기계로 만드는 일이[163]라고 해석한다.

서영채는 이러한 해석의 결과를 해명하기 위해서 김윤식의 텍스트를 통해 두 개의 증상인 <고아에의 길>과 <악마와의 잘못된 계약>에서 더 깊은 논의를 전개하고 있다. 먼저 서영채는 김윤식이 『이광수와 그의 시대』에서 이광

---

163 서영채, 위의 글, 25면.

수에 대해 가졌던 특별함 속에서 고아의식을 논하고 있다.

서영채는 우선 『이광수와 그의 시대』에서 증상적이라 할 만한 대목을 특이하게 만들어진 소제목들에서 찾고 있다. 세 권으로 구성된 책은 전체가 7부로 되어 있는데, 초판본 전 7부의 제목을 살펴보면, 1부 고아에의 길, 2부 배움에의 길, 3부 교사에의 길, 4부 방랑에의 길, 5부 동우회의 길과 작가의 길, 6부 법화경과 일장기, 7부 광복과 해방 속에서. 이 일곱 항목은 이광수의 생애를 그대로 따라가고 있는 것으로 본다. 그런데 이상한 것은, 1부에서 5부까지가 '-의 길'로 끝나는 제목들을 가지고 있는데, '동우회의 길과 작가의 길'이라는 5부의 제목은 일반인 것임에 반해, 4부까지는 고아, 배움, 교사, 방랑 등이 목표지점으로, 그러니까 '-에의 길'로 표현되고 있다는 점에 주목한다. 이 가운데서도 특히 이상한 것은 제1부의 제목 '고아에의 길'이란 것이다. '배움에의 길'이나 '교사에의 길'은 논리적으로 이상할 것은 없고, '방랑에의 길'도 방랑이 목표지점처럼 되어 어색하지만 젊은 나이를 생각하면 이상하다고 할 수준은 아닌데, 그 자리에 '고아'라는 단어가 오는 것, 그것도 반복되는 시리즈 제목의 가장 첫 자리에 '고아에의 길'이 들어선 것은 매우 이상한 것이 아닐 수 없다는 것이다. 고아라는 단어가 전제나 조건이나 운명 같은 것이 아니라, 목표 지점처럼 설정되어 있다는 것이다.

그래서 서영채는 이것을 단순한 실수라고 해야 할까라고 의문을 표시한다. 그러기에는 배움, 교사, 방랑으로 이어지는 연쇄의 가장 첫 자리에 놓인 '고아'라는 명사는 너무 의미심장하다는 것이다. 이광수가 평생 추구했던 두 가지 가치가 민족이라는 청중을 대상으로 한 교사이자 작가였다는 점을 상기해보면, 교사는 배우고 깨달아서 가르치는 사람이고, 근대의 작가는 정주하지 못하는 인격이라는 점에서 방랑자이자 정신적 고아라는 것이다. 게다가 김윤식은 책의 머리말에서 "이광수, 그는 고아였습니다. 그가 살았던 시대 역시 고아의식에 충만한 것이었지요. 이 사실을 이 책은 한 번도 잊은 적이 없습니다. 그렇다고 해서 제가 그 점을 즐긴 것은 아닙니다. 저는 고아가 아니며, 고아의식의 시대에 살고 있지 않고 있기 때문입니다." 여기에서 서영채는 김윤식은 자기 스스로에 대해, 고아가 아니며 자기 시대는 고아의식의 시대가 아니라고, 또 그는 그것을 즐기지 않았다고, 세 번에 걸쳐 부정적 술어들을 사용하고 있다는 점에 주목한다. 이것이 이상하지 않을 수 없다는 것이다. 게다가 그는 이광수(혹은 그의 시대)의 고아의식을 즐길 수 있는 것으로 생각하고 있기까지 하다고 본다. 이런 대목을 유심히 들여다보게 되는 이유는, '고아에의 길'과 같은 통사의 형식이 예사롭지 않기 때문이란 것이다. 서영채는 고아에게 없는 부모란 정서적, 정신적, 현실적인 후견인을 뜻한다고 고아의 의미를 확대해석하고, 이런 뜻에서, 고아란 단순히 부모가 없는 아이만은 아니어서, 부모가 있다 하더라도 그런 후견이 없다면 그 또한 실질적인 고아일 수 있다고 해석한다. 고아와 고아의식을 구분한다면 여기에서 한발 더 나아가게 된다는 것이다. 이어받을 가업이나 훈육의 기율이 없는 사람들, 혹은 집안이나 부모의 도움 없이 새로운 판에서 자기 힘으로 자수성가해야 하는 사람은 모두 실질적인 고아의식의 소유자란 것이다. 그렇다면 그것은 근대적 개인, 곧 고향 집을 떠나 도시로 나가 무언가 자기 지반을 닦아야 하는 사람들, 혹은 그런 상황에서 나름 대단한 일을 하겠다고 마음먹는 사람들에게 주어진 정신의 기본항에 해당한다고 확대해석한다. 조선의 젊은이들이 새로운 종족으로 자처해야 한다고 외쳤던 1910년대의 이광수도, 또 자기 세대는 정신적 화전민이 되어야 한다고 했던 1950년의 이어령도 모두 그런 마음의 소유자이라고 확대하고 있다. 이들에게 고아의식은 존재조건일 뿐 아니라 진짜 근대인이 되기 위해서는 마땅히 획득해야 할 정신적 자질[164]로 본 것이다.

---

164 서영채, 위의 글, 30면.

서영채는 이러한 고아의식을 김윤식에게서도 찾고 있다. 전후의 폐허 상태에서 대학에 들어가야 했고, 한국의 근대문학이라는, 채 50년도 안 되는 빈약한 볼륨과 토양을 바탕으로 뭔가 새로운 것을 만들어내고자 했던 것이 김윤식의 경우라는 것이다. 나라는 있으나 꼴이 아닌 나라의 모양을 보고 있는 사람에게, 더욱이 자기 삶의 윤리적 기축으로서 문학을 선택한 사람에게, 제대로 된 고아의 상태와 제대로 된 방랑이라면 오히려 희원과 바람의 대상이었다고 하는 것이 타당하지 않겠느냐는 것이다. 김윤식 같은 전후 세대의 시선으로 보자면, 극복 대상으로 주어져 있는 일본은 근대정부 수립 시점으로 치면 무려 80년이나 앞서 있는 나라로서, 2차 대전 후의 신생 독립국이나 다름없는 한국과는 비교의 대상일 수가 없었는데, 그런데도 식민지 본국으로서 한국의 근대문학 형성에 지대한 역할을 행사했으니 외면할 수도 없는 처지에서, 그런 일본의 근대문학사를 힐끗거리면서 살아내야 했던 것으로 보자면, 1936년생 김윤식 역시 1892년생 이광수와 다를 바 없다는 판단을 내리고 있다. 따라서 서영채는 핵심적인 파토스의 차원에서 보자면 이광수와 그의 시대는 김윤식 자신의 자서전과 다르지 않다는 것이다. 세 가지 점에서 그렇다고 해명한다. 근대화를 향해 나아가고자 하는 세대의 일원이라는 점, 그러면서도 그 매체가 문학이기 때문에 어쩔 수 없는 윤리적 역설을 통과해야 한다는 점, 그리고 실존적 차원에서의 고아의식이 내재해 있다[165]는 점이다. 다만, 세 번째 항목에는 이론의 여지가 있을 수 있겠다고 부연하고 있다. 이광수는 조실부모한 고아이지만, 김윤식은 고아가 아니기 때문이다. 하지만 중요한 것은 고아냐 아니냐가 아니라 의식 차원의 고아 상태라는 점에 주목하고 있다. 김윤식은 1936년 병자년 윤삼월에 태어난 자신을 "고아 아닌 고아"라고 규정했기 때문이란 것이다.

---

165 서영채, 위의 글, 31면.

중요한 것은 이러한 김윤식의 고아의식에 대한 서영채의 해석이다. 김윤식에게 고아 상태란 의지가지없는 불쌍한 처지가 아니라 오히려 그 어떤 구속으로부터도 자유로운 상태, 곧 모든 전통을 부정하는 근대성의 새로운 주체이기 위해 필수적이고, 또한 동시에 근대문학의 주체이기 위해 필요한 조건이 된다고 본다. 고아의식은 문학인이 되기 위한 정신적 자질과 또한 독창성의 조건으로 재규정하고 있다. 이런 점에서 보자면 "고아에의 길"이라는 말은, 이상하면서도 전혀 이상하지 않은, 어떤 면에서는 오히려 당연하다고 해야 할 표현이[166]란 점이다. 근대성 일반과 맞서 있는 문학적 근대성의 윤리적 지위가 그와 같은 역설을 낳는다는 것이다. 이런 차원에서 서영채는 40대 중반에 이른 1936년생 김윤식이, 이미 세상을 떠난 1892년생 이광수의 삶을 바라보면서 이와 같은 역설에 도달한 이유 역시 자명한 것으로 해석한다. 이광수를 향한 김윤식이 눈길이, 근대문학이라는 렌즈, 자기 목적적 속성을 지닌 근대 예술의 렌즈를 통과했기 때문이란 것이다. 그래서 서영채는 증상 속에 포착된 김윤식의 시선은 곧 근대문학 자체가 지닌 역설, 근대성의 마스터 서사인 발전 서사와 한 몸이면서 또한 동시에 그것에 대한 반성기제로서 그 서사에 역행할 수밖에 없는, 근대문학 고유의 윤리적 지위를 보여주고 있는 것[167]으로 평가하고 있다.

마지막으로 서영채는 김윤식의 저작에서 발견되는 또 하나의 증상은 그의 자서전에 등장하는데, 문학적 글쓰기라는 그의 선택과 연관되어 있다고 본다. 김윤식이 대학에 간 것은 "글을 쓰기 위해서"였다는 것이다. 그것은 곧 문학을 하는 것, 소설이나 시를 쓰는 것을 뜻하는데, 문학이 그에게는 청년기가 되도록 치유되지 않는 열병과도 같은 것이었다는 것이다. 이 글쓰기와

---

166 서영채, 위의 글, 32면.

167 서영채, 위의 글, 33면.

관련된 김윤식의 증상은 그의 자서전 전 17개 장 중 15번째 장에 등장하는데 이는 파우스트와 연관되어 있다고 본다. 장 제목이 의미심장한 <악마와의 결탁 전말>인데, 김윤식이 이 때는 석사학위 논문을 쓰던 시절로 본다. 그리고 서영채는 김윤식이 자신의 결정을 악마와 결탁의 산물이라고 썼다는 것이다. 여기에서 악마란 파우스트에 나오는 메피스토펠레스를 말하거니와, 이 장에서 그가 말하는 이야기의 골격은 매우 선명한데, 악마와의 계약을 맺고 저 음울한 회색지대, 학문의 세계 속으로 진입했다는 것이다. 이 지점을 서영채는 문제시하고 있다.

김윤식의 이 이야기가 흥미로운 것은 그가 괴테의 파우스트를 정반대로 뒤집어놓고 있기 때문이란 것이다. 괴테의 드라마 파우스트가 아니더라도, 독일의 실존 인물이었던 파우스트 이야기의 핵심은, 오랜 시간 학문에 정진하여 모든 것을 다 익혔다고 생각하는 한 거장이 문득 회의에 빠져 악마와 계약을 맺어 악마의 도움으로 젊은 몸을 얻어 아름다운 처녀가 있는 삶의 열락 속으로 뛰어든다는 것인데, 이런 파우스트의 이야기라면 김윤식 자신의 서사와는 정반대라는 것이다. 김윤식의 서사는, 병역 의무를 마치고 캠퍼스에 돌아온 문학청년이 악마와 계약을 맺고 음울하기 짝이 없는 논리의 세계로 들어간다는 것이기 때문이다. 요컨대 청년 김윤식이 선택한 것은, 아름다운 사랑과 삶의 열락이 있는 청년의 세계가 아니라 그 반대로 저 암울한 회색의 세계[168]란 것이다. 악마와의 계약이 아니라 사후의 보상을 약속하는 천사와의 계약이어야 할 것인데, 그렇지 않으니 이것을 어떻게 이해해야 할까라고 서영채는 의문을 제기한다.

이 지점에서 지적되어야 할 것은, 괴테의 파우스트 자체가 지니고 있는 아이러니라는 것이다. 그것은 "여보게, 이론은 모두 회색빛이고, 푸르른 것은

168 서영채, 위의 글, 35면.

오직 인생의 황금나무뿐이라네"라는 유명한 구절에, 그리고 또한 전통적인 내용을 담은 1부와 늙은 괴테의 이념이 녹아 있는 2부 사이의 간극에 있다고 본다. 이 점을 고려한다면, 파우스트와 김윤식 사이의 거리는 그렇게 크지 않을 수도 있다[169]는 것이다. 학문 같이 의미 없는 것은 버리고 삶의 기쁨을 누리라는 저 유명한 유혹의 말을 한 존재는 물론 사탄이라 불려온 메피스토펠레스이고, 그리고 듣는 사람은 파우스트가 아니라 그의 명성을 듣고 가르침을 얻기 위해 찾아온 젊은 학생이란 것이다. 메피스토펠레스가 마치 자기가 파우스트인 것처럼 가장하고, 그 순진한 학생을 놀려먹기 위해 들려주는 냉소적인 말이 곧 회색 운운하는 명제란 것이다. 그러니까 모든 이론은 회색이라는 말 자체에 이미 아이러니가 배어 있는 것으로 해석한다. 메피스토펠레스가 자기 진짜 신분을 감추고 마치 대학자 파우스트인 것처럼 하는 말이니 그것은 진실일 수가 없다는 것이다. 그러면서도, 파우스트 자신이 그 말을 행동으로 보여주고 있으니 진실이 아닐 수도 없다는 것이다.

그래서 서영채는 그렇다면 제대하고 복학한 청년 김윤식이 악마와의 계약을 맺고 학문의 세계에 들어섰다고 말하는 것은 어떨까[170]라고 질문한다. 물론 그런 말을 하는 사람은, 1950년대의 청년이 아니라 그로부터 이미 50년 가까이 지나 대학에서 퇴직한 후 자기 삶을 되돌아보는 60대 후반의 김윤식이다. 이제 와서 보니, 자기가 그런 삶을 선택한 것은 악마와의 계약이 아닐 수 없었다는 것이다. 그렇다면 김윤식은 무슨 계약을 어떻게 맺었다는 것인가 하는 점에 관심한다. 괴테의 파우스트가 메피스토펠레스와 맺은 계약의 핵심은, 이승에서 자기가 원하는 것을 하게 해주고 그것이 흡족하다면, 저승에서는 동일한 것을 메피스토펠레스에게 해준다는 것인데, 이를 서영채는

169 서영채, 위의 글, 36면.

170 서영채, 위의 글, 37면.

'내가 원하는 것을 할 수 있게 하라', 그것이 계약의 핵심이거니와, 한 발 더 들어가자면 '나로 하여금 욕망하게 하라'라는 명제가 그 안에 있다고 해석한다. 욕망의 대상이 무엇인지는 상관없고, 그 자리에 무엇이 들어서건 그건 이미 자명한 것으로 본다. 청년 김윤식의 경우라고 해서 다를 것이 없다는 것이다. 그가 자기도 모르는 사이에 악마와 계약을 맺었다면, 그 나머지 일은 자기 욕망을 향해 나아가는 것으로 해석한다. 서영채는 그 욕망의 내용이 무엇인지는 물을 필요가 없다고 말한다. 지금 우리 앞에는 그가 써낸 2백여 권의 책 더미가 산적해 있기 때문이[171]란 것이다.

원숙한 학자 파우스트가 오랜 동안 추구해온 학문의 세계를 포기한 것은, 반짝거리며 빛나는 삶의 기쁨을 위해서였으나, 청년 김윤식의 선택은 그것과 정반대였다는 것이다. 그러나 서영채는 한 젊은 청년이 음울한 회색지대로 가기 위해 반짝거리는 인생의 기쁨을 포기했다고 말하기는 힘들다고 판단한다. 그래서 김윤식이 포기한 것은 보통 사람들이 말하는 '인생의 기쁨'일 뿐이고, 오히려 그에게는 저 '음울한 회색지대'를 향해 가는 것이 그 어떤 것과도 바꿀 수 없는 기쁨이자 욕망의 핵심이었다고 해야 한다고 해석한다. 그의 용어를 빌리자면 근대성의 세계, 헤겔주의의 세계, 냉정한 논리와 빈틈없는 사실의 세계, 일본을 거쳐 서유럽으로 이어지는 거대한 근대성의 행로가 학문이라는 이름으로 장대하고 우람하게 그 앞에 펼쳐져 있었다고 해야 한다는 것이다. 그것이 다른 무엇과도 비교할 수 없을 정도로 번쩍거리고 있었다는 것, 그러니까 메피스토펠레스는 이론의 세계를 회색이라고 말했지만, 청년 김윤식에게는 회색이 아니라 눈부신 은빛이었다는 것, 삶이라는 황금나무의 아름다움을 압도해버리는 휘황한 백금의 광채로 그 앞에 놓여 있었다는 것, 한 청년의 눈을 멀게 할 만큼 강렬한 매력을 지니고 있었다는

171 서영채, 위의 글, 38면.

것, 그것이야말로 그의 욕망의 핵심대상이었다는 것, 이렇게 말하는 것이 오히려 사실에 가까울 것이다[172]라고 해석한다. 그래서 서영채는 60대 후반의 김윤식이 문학을 선택한 자신의 젊은 날을 회고하면서, 악마의 꼬임에 빠진 것이라고 아이러니를 구사하는 것은 당연한 일이라고 했다.

서영채는 김윤식이라는 한 사람의 생애와 저술을 하나의 텍스트로 바라볼 때 가장 두드러지는 증상은 예외적인 작업량이라고 강조한다. 이 문제를 서영채는 <기계-되기 "실패한 헤겔주의자의 윤리>라는 입장에서 다루고 있다.

그가 써낸 200여 권의 책은, 단순한 산수로도 40년 동안 매년 5권씩 써야 가능한 분량인데, '매년 5권'도, '40년 꾸준히'도 보통 사람으로서는 넘보기 어려운 수준이란 것이다. 그래서 서영채는 묻고 있다. 그는 왜 그토록 많은 책을 써야 했을까. 그 어떤 강박이 작동했던 것은 아닐까. 그렇다면 그런 강박을 만들어낸 힘은 무엇일까. 이 질문을 서영채는 그것은 예외적인 양적 크기 자체가 아니라 그 크기가 지닌 의미에 관한 물음으로 바꾼다. 예외적 양적 크기는 김윤식이라는 존재를 하나의 증상으로 만들고, 그 의미에 대한 질문은 윤리적인 것이 된다[173]고 본다. 그것은 한 사람의 삶의 방식에 관한 문제이기 때문이란 것이다. 이를 서영채는 증상 자체의 시선으로 보자면 그 윤리성은 실존적 차원에 존재하거니와, 그것을 들여다보는 사람의 입장에서는 이중적으로 윤리적이라고 본다. 왜냐하면 대상의 윤리성을 포착하는 시선의 윤리가 작동하는 까닭이란 것이다. 김윤식은 2005년의 자서전에서, 대학 2학년 때 군대를 도피처로 선택한 것에 대해 썼는데, 여기서 고향을 떠날 수밖에 없었고 고향으로 돌아갈 수 없는 사람의 마음을 그는 죄의식과 부끄러움으로 표현했다[174]는 것이다. 일반적으로 말해서, 죄의식이란 이미

---

172 서영채, 위의 글, 39면.

173 서영채, 위의 글, 40면.

저질러버린 행위와 연관되어 있고, 부끄러움은 목표를 채우지 못한 자신의 현재 상태로 인한 것인데, 고아의식의 소유자들에게 죄의식은 고향을 떠난(혹은 고향으로부터 추방당한) 후 돌아가지 않음 때문이고, 부끄러움은 고향으로 돌아갈 자격이 없다고 느끼는 마음의 상태에 해당한다는 것이다. 돌아가자니 부끄럽고, 그냥 있자니 죄스럽다는 것, 이것을 두고 김윤식은 이러지도 저러지도 못하는 이중구속의 상태라고 말하고 있다는 것이다. 또한 그는 이 같은 이중구속 상태에서 발견한 탈출구가 곧 헤겔주의라고 했다는 것이다. 그것은 양자택일의 상황으로부터 벗어날 수 있는 길이면서, 또한 대학 속에 숨어서 세상으로 나가지 않는 것을 선택할 수 있는 길이기도 했다고 해석한다. 그런데 이를 서영채는 자기 고향을 부정함으로써 성립하는 근대문학의 세계였다는 점에 있다고 해석한다. 부끄러움과 죄의식의 이중구속에서 벗어나지 못하는 것, 스스로를 헤겔주의자 되기에 실패했다고 말하게 되는 것은 그 때문이란 것이다. 물론 여기에서 고려되어야 할 것은, 실패 운운하는 것은 김윤식 특유의 위악적 표현일 수 있다는 점을 지적한다. 이런 점을 감안한 채로 한발 더 나아가자면, 실패한 헤겔주의자야말로 진짜 헤겔주의자라고 말할 수 있어야 한다는 것이다.

그런데 서영채는 김윤식이 말하는 양자택일로부터의 벗어남이란, 세 번째 항목을 찾음으로써 이루어지는 것이 아니라는 것이다. 양자택일 이외의 세 번째 항목이란 존재하지 않기 때문이다. 그러니 세 번째 항목을 찾는 노력은 실패할 수밖에 없다고 본다. 양자택일의 두 항목 사이에서 끝없이 진동하는 상태, 두 항목의 상호 얽힘을 스스로의 힘으로 지탱해내는 것, 바로 그런 지탱의 상태 자체가 그토록 찾고자 하는 세 번째 항목임을 깨닫는 것이야말로 이중구속의 탈출구[175]라고 해석한다. 헤겔주의의 용어로 말하자면, 대립항

---

174 서영채, 위의 글, 41면.

을 일치시키는 데 실패하는 것이야말로 일치를 향해 나아가고자 하는 정신을 유지시키는 힘의 원천이자, 진정한 무한성으로 나아가는 동력이 된다는 것이다. 진정한 무한성으로서의 절대성이란, 저 너머의 초월적 영역에 존재하는 것이 아니라 그런 움직임 자체 속에 있음을 깨닫게 된 사람들의 유대와 마음 속에 있는데, 김윤식의 경우는 여기에, 한국의 전후 세대로서 자신이 선택한 근대문학이라는 독특한 대상의 속성이 덧붙여진다는 것이다. 중요한 것은 근대문학 일반이 아니라, 20세기 후반 한국의 현실에서 예각화된 근대문학의 속성인데, 바로 그 특수한 장소에서, 또 한번 죄의식과 부끄러움 사이의 상호 얽힘과 이중구속의 에너지가 격렬하게 분출한다[176]는 것이다. 서영채는 부끄러움은 발전서사의 원동력이자, 김윤식의 세대만이 아니라 산업화의 길을 걸어온 20세기 후반 이후로 네이션 전체를 움직이게 한 정신이며 현실적 위력인데, 이에 비해 죄의식은 근대문학 자체의 윤리가 지니고 있는 특성, 근대 공리주의의 몰윤리성 속에 자기 자신을 던져버린 사람들이 느끼는 유형 무형의 윤리적 정동으로 규정한다. 근대적 현실의 기율이 발전 서사에 바탕한다면, 문학은 그 반대편에 실패와 몰락의 서사를 자기 고유의 에너지로 지니고 있다는 것이다. 물론 근대문학은 그 자체가, 두 개의 거대한 서사가 맞부딪치는 매우 뜨거운 접점에 놓여 있고, 그것은 정치와 윤리의 이율배반이 만들어지는 지점이기도 하고, 특히 19세기 이후 격렬하게 형성된 근대성은 그 자체가 발전의 서사를 바탕으로 삼는다는 것이다.

몰락의 서사에 입각한 근대문학의 윤리적 역설은, 자기 시대의 핵심 서사인 발전 서사에 격렬하게 반발하면서도 결국은 그 힘에 자신의 신체를 내줄 수밖에 없다는 것이다. 그러니 그것을 발견한 사람에게 근대문학은 역설의

175 서영채, 위의 글, 42면.

176 서영채, 위의 글, 43면.

색채까지 띠어 한층 더 빛나지 않을 수 없는데, 그 매력이 문학청년 김윤식을 근대문학 연구의 세계로 이끌었다고 할 수 있다[177]는 것이다. 그러나 서영채는 근대성의 논리를 익히며 김윤식이 깨닫게 된 것은 자기가 거대한 함정에 빠졌다는 사실임을 지적한다. 거기에서 빛을 발하는 것은 발전의 논리가 아니라 몰락의 윤리이기 때문이란 것이다. 김윤식에게 헤겔주의는 그 함정으로부터 빠져나올 수 있는 밧줄처럼 다가왔다고 해야겠지만, 문제는 헤겔주의라는 밧줄이 환상에 불과한 것이었다는 점을 지적한다. 그리고 서영채는 그것이 환상에 불과함을 아는 순간 진짜 밧줄이, 진짜 헤겔주의가 나타난다고 해석한다. 발전 서사가 만들어내는 부끄러움과 몰락 서사가 깨우쳐주는 죄의식 사이에서 진동하고 있는 자기 자신의 신체, 격렬하게 잡아당기는 양쪽의 힘을 버텨냄으로써 만들어지는 쓰기-기계의 실존이야말로 바로 그 진짜 밧줄이 아닐 수 없다는 것이다. 탈출구는 물론이고 탈출구 밖의 세계도 존재하지 않는 것, 자기 자신이 갇혀 있는 함정이야말로 세계 전체임을 깨닫는 것, 그것이 곧 구원의 밧줄이 된다는 것이다. 그가 그것을 깨달았는지, 혹은 그런 깨달음을 입 밖으로 말했는지 같은 것은 하나도 중요하지 않다는 것이다. 그 이유를 서영채는 시간을 겪어낸 그의 신체가 보여준 행위, 그의 신체가 시간 위에 남겨둔 흔적들이 우리 앞에 있기 때문이[178]란 것이다.

서영채는 이 글을 마무리를 하면서, 김윤식은 자기 몸을 글 쓰는 기계로 만들었다고 규정한다. 그리고 기계는 마음이 없겠으나, 기계가 된 사람의 몸은 마음이 없을 수 없고, 그런 기계의 마음속에서 으뜸가는 것은 삶에 대한 경멸이자 문학에 대한 경멸이라 해야 할 것이라고 해석한다. 그렇지 않았다면 구태여 기계가 되어야 할 이유가 없었을 것이기 때문이란 것이다.

---

177 서영채, 위의 글, 44면.

178 서영채, 위의 글, 45면.

그런데 기계가 된 김윤식은 바로 그 경멸의 한가운데로 기꺼이 들어감으로써 경멸스러운 문학의 일부가 된다고 본다. 그리고 서영채는 그것이 삶과 문학에 대한 진짜 사랑이다라고 진술한다. 존경스럽고 위대한 것을 사랑하는 것은 쉽고도 쉬운 일이나, 경멸의 대상을 사랑하는 것이야말로 진짜 사랑, 진짜 윤리이기 때문이란 것이다. 또한 스스로 헤겔주의자임을 자각한 사람에게 시간은 거대하고 촘촘한 꼬챙이와도 같다고 해석한다. 존재하는 모든 것들이 시간 꼬챙이의 꿰질 속에서 비비 꼬이며 사위어 가는데, 제 아무리 날고 기는 존재라도, 촘촘하고 유연하게 공간을 장악하고 있는 시간의 꼬챙이를 피할 수는 없다는 것이다. 그렇다면 남은 유일한 방법은 통각을 죽이는 일인데, 김윤식에게 그것은 시간 꼬챙이의 꿰질과 누빔질을 아무렇지도 않게 받아내는 몸이 되는 것, 즉 쓰기-기계가 되었다는 것이다. 연평균 5권 분량을 40년 동안 쓰기, 문체나 문장 같은 것 신경 쓰지 않고 아무렇게나 써버리기, 다른 사람의 시선 고려하지 않고 중언부언하기, 다시 쓰기 귀찮으면 이미 쓴 것 활용하기, 이 거대한 자폐적 글쓰기, 거대한 마조히즘의 극장이 그 기계를 통해 만들어졌다는 것이다. 그래서 김윤식이라는 쓰기-기계는 자기가 산출해 낸 글을 통해 말한다는 것이다. 나의 글쓰기가 원하는 것이 무엇이냐라는 김윤식의 질문에 그것은 쓰는 것 자체란 대답으로 서영채는 응수하고 있다. 또한 그 결과로 나온 문장들은 모두 헛소리일 뿐이다. 놀지도 쉬지도 않고 글을 썼다고? 내겐 글을 쓰는 것이 노는 것이었고 쉬는 것이었다는 자문자답을 통해 서영채는 그것이 곧 근대문학이라는 함정에 갇힌 존재의 기계-되기가 보여준 고유한 모습, 매우 특별한 형태로 구현된 글쓰기의 윤리이다[179]라고 맺음하고 있다. 이러한 서영채의 김윤식 글쓰기에 대한 비판적 천착은 여러 가지 측면에서 김윤식 연구에 대한 방향성을 새롭게 인식하는

---

179 서영채, 위의 글, 47면.

계기를 만들고 있다. 그런데 서영채가 명명한 김윤식의 글쓰기 행위를 '거대한 쓰기-기계' 혹은 '기계-되기'의 개념에 대한 정합성은 논란의 여지를 남기고 있다.

황호덕의 김윤식의 가치중립성으로서의 근대론과 젠더 트러블

황호덕의 「김윤식의 문학 이유, 가치중립성으로서의 근대론과 젠더 트러블 : 1990년대, 김윤식의 비판적 전회와 여성작가론의 실마리」는 「김윤식 비평과 문학사론, 총체성과 가치중립성 사이」에서 가치중립성으로서의 근대론을 비판적으로 검토한 바 있는데, 이 논문에서도 그 기조는 그대로 이어지고 있다. 황호덕은 단도직입적으로 말해 "성숙한 남성의 형식"(art-form of virile maturity, 루카치)으로서의 소설과 여성문학의 사이의 어긋남-어떤 젠더 트러블 같은 것을 김윤식 이후의 잔여로서 이해해 볼 수는 없을까?[180]라고 문제제기를 하면서 박완서, 최명희, 오정희를 김윤식이 어떻게 『한국소설사』(1993)에서 다루고 있는지를 비판적으로 점검하고 있다.

김윤식은 『한국소설사』(1993)에서 여성작가들의 작품에 대해 "아무도 성장하지 않는다는" = "무시간성의 세계"(오정희), "자아의 결벽으로 인한 자아세계의 불화" = "병적인 성격의 미학"(서영은), "줄거리가 없는 특이함" = "감각적 이미지의 연결로 이루어진 내면풍경"(김채원), "퇴폐의 근원을 자기파멸의 의지에서 찾았다는 점" = "퇴폐의 미학"(강석경), "역사전개의 객관적 규정

180 황호덕, 「김윤식의 문학 이유, 가치중립성으로서의 근대론과 젠더 트러블 : 1990년대, 김윤식의 비판적 전회와 여성작가론을 실마리」, 『구보학보』 22, 2019, 152면.

성에 대한 고려의 부족" = "무매개적 추상적 일반화"(박경리), "시각의 폭좁음" = "천의무봉이라 말해지는 문체"(박완서) 등 주로 내면성찰과 관련해 언급되는 여성문학의 평어들을 남겼는데, 이를 두고 황호덕은 이것이 엄정한 평가인가, "소설사 기술의 허점" 때문일까.라고 문제를 던진다. 한국여성문학의 무시간성, 무매개적 추상, 어떤 퇴폐나 병적인 성격, 혹은 폭 좁음은 어떤 구조 속의 여성, 여성문학의 조건인가, 아니면 평가 방법 혹은 기준의 필연적 결과인가[181]를 되묻고 있다.

구체적으로 황호덕은 우선 박완서의 김윤식 평가에 주목하고 있다. 가족사가 민족사이고, 분단사가 세계사일 수 있는 가능성을 김윤식은 박완서에게서 보고 있다는 것이다. 한국문학사라는 개별문학사를 통해 보편사를 재확인하고 이를 수험할 수 있게 한다는 신념은 여기서 보다 작은 형태로 반복되는데, 박완서 문학의 경우 개인의 가족사는 민족사를 재확인하고 새로운 양상으로 볼 수 있게 한다는 것이다. 황호덕은 여기서 여성은 증언자로서의 지위를 갖는다고 본다. 김윤식의 작가 - 가족 로망스 - 민족문학의 해명이라는 문학평전적 방법이 이면에 작용하며 박완서 문학은 사적인 영역에서 보편적인 영역으로 이끌려 나온다는 것이다. 황호덕은 이 긍정이 그녀의 사적 불우함과 현재의 교양세계의 윤택함이 교차하는 생과 이를 엿보는 문학적 동행을 매개로 전개되고 있다는 점이 중요한데, 인연과 사담의 형태가 박완서 문학에 대한 그의 가장 아름다운 평문이라는 사실을 어떻게 이해하면 좋을까[182]라고 의문을 제기한다.

그리고 박완서 문학에 대한 상대적으로 높은 평가에는 박완서론이 "분단·이산 소설의 전개"라는 "소설사의 주류의 한 가닥" 속에서 배치되어 있는

181 황호덕, 위의 글, 164면.

182 황호덕, 위의 글, 167면.

사정이 작용했을 것으로 본다. 오정희, 서영은, 김채원, 강석경 등에 대한 평가가 "제9장 민중주의의 성장과 산업화시대의 소설"의 하위 주제－잔여－인 "4.억압적인 세계와 파편화된 개인의 욕망"에서 "내면성찰의 깊이"라는 제목과 함께 다루어진 것과 비교해 보면 알 수 있다는 것이다. 그래서 황호덕은 김윤식이 '내면'과 '성찰'을 소설사적·사상사적 의의를 지닌 문제로 언급하는 거의 모든 순간이 소위 전향의 감각과 같은 정신 구조와 체제 사이의 연동에 놓여져 있었음을 생각할 때, 여성 작가의 "내면성찰의 깊이"란 폭이 좁은 공간과 성장을 잴 수 없는 시간이라는 반근대적·반소설적 사태이자 미궁의 깊이였을지도 모르겠다[183]고 문제를 삼고 있다.

왜냐하면 "기껏해야 무녀도의 후손인 주제"에 불과한 근대 한국인의 "인격분열증"에 대한 해석을 만약 김윤식 나름의 "사상사"라고 한다면, 이 사상사로서의 소설사에서 '폭좁은' 것은 여성문학의 자리이기 때문이라는 것이다. 황호덕은 김윤식의 사상사로서 소설사란 격변하는 한국 근대사 속에서의 커다란 정신의 전환과 사상의 곡예를 경험해야 했던 문학자들의 정신세계에 대한 해석이자, 반공국가의 사상적 빈곤을 가능성, 진정성, 체제 규명의 차원으로 구제하기 위해 시도된 방법이라고 할 수 있다고 보았기 때문이다. 그래서 황호덕은 이 사상사의 방법 속에서라면 "인위적 질서, 이성적 변별력을 부정하고, 자연질서, 무한포용의 세계로 함몰하는 반근대적 사고의 원형"이란 곧잘 잠정적으로 '여성적인 것'으로 판단되는 것으로 보[184]고 있다.

이어서 황호덕은 김윤식의 최명희 『혼불』을 다루고 있는데, 최명희의 『혼불』(1981~1996)에 대한 김윤식의 비평은 헤겔－루카치－김윤식의 소설론이 작동하는, 정확히는 작동할 수 없는 세계를 그 스스로 적나라한 방식으로

183 황호덕, 위의 글, 168면.

184 황호덕, 위의 글, 169면.

드러내고 있다는 점에서 매우 인상적인 소설론으로 우선 평가한다.

그런데 "상스럽고 촌놈적인 쪽이 오히려 소설이 감당할 근대성"이라는 최초의 평가와 혼불 '완간' 이후의 심정을 견주며 적어간 평문에서 김윤식은 새삼 근대소설, 한국근대소설은 무엇인가에 대해 묻고 있는데, '소설'의 인류사적 의의를 재차 강조하는데 그 핵심이 있다고 본다. 황호덕은 이 무자비할 정도로 무정한 평문을 통해 오히려 김윤식이 끝까지 견지한 소설론의 근간을 엿보는 일이 가능하다고 판단한다. 마음에서 영혼으로 영혼에서 정신으로 나아가는 자기 의식의 발전사 혹은 감각으로 포착된 정신이 아니라 한사코 직접적 물질성－"그림, 음악, 연극에로 뻗어나가고자 몸무림치는 형국"에 있는 이 '센티멘탈'은 직접적 물질성의 묘사와 영원한 것에의 희망 사이에서 "소설 장르라든가, 근대라든가, 뭐 그런 따위란 안중에도 없"기에 당초부터 여타의 대하소설, 장편소설과 함께 논할 수 없었다는 것이다

그래서 황호덕은 헤겔에서 루카치에 이르는 황금시대의 환각과 유토피아의 사상을 근대소설의 본질로서 재차 강조하며 최명희의 소설을 서정시와 소설 이전의 충동으로 해석하는 방식은 취미판단의 쾌불쾌나 가치판단의 형평의 문제보다는 소설을 이해하는 도식이나 문학의 이론에 관여된 문제로 판단한다. 즉 "시간의 부식 작용에서 완벽하게 안전하지는 못한"(김윤식) 근대의 시간이라는 괴물의 침투–구체적 사회적/역사적 현실들의 침투보다는 영원한 혼의 형식이나 "어떤 상황 속에서 스스로 일어서고 스러지는 목숨의 모습"을 추적하는 일은 근친상간과 여성 삶의 반복이라는 '되풀이'이되 김동리식의 근대와의 대결('반근대주의')도 무엇도 아니라는 생각이 문면의 뒤로 흐르고 있다는 것이다. "혼불을 두고 토지라든가 태백산맥 기타와 비교하여 논의하는 것이 당초부터 불가능함이란 이런 연유"라 할 때 그 연유란 '시간'의 문제라고 해석한다.

즉 근대소설 형식의 반대편에 놓인 듯한 김동리와 박상륭과 이문구의 국지

적 또는 우주적 잡설까지를 반근대에 의한 근대 초극, 국지성의 끝에서 시험된 보편성에의 의욕으로 파악하려 했던 김윤식은 이 평문에서만은 예의 그 '소설의 이론'을 그 반대 사례를 통해 반증하고 반복했다는 것이다. 이에 황호덕은 또다시 의문을 제기하고 있다. 때로는 하나의 사상에 반대되는 증거가 지지하는 증거보다 그 사상의 진위를 가리는 데 훨씬 더 많은 기여를 하기 때문일까.(근대소설론의 정당성!) 아니면 바로 이 여성적 혼의 열도에도 불구하고, 실제로는 삶의 되풀이됨이라는 문제야말로 잔혹한 한국 (여성의) 근대의 경험일지 모른다는 불안 때문일까.(근대소설론의 일방성/젠더 편향!) 이는 결국 다시 근대성이 문제라고 본다. 가치중립성으로서의 근대론의 세목들이란 어쩌면 복수의 근대 경험들이 경합하는 가치 지향들의 총체일 수 있기 때문이란 것이다. 그래서 황호덕은 김윤식 이후의 남겨진 시간, 그 여성 삶의 되풀이됨이야말로 거대한 소설사적 공백임이 드러나고 있다고 평가한다.

마지막으로 황호덕은 오정희에 대한 김윤식의 평가를 다루고 있다. 황호덕은 매혹의 이유를 설명할 수 없는 매혹을 지닌 오정희의 작품을 김윤식은 이 매혹의 성질을 "삶 속에 들어온 검은 죽음" "자기 자신이 바라본 자기의 실체란 '공포'"라는 말로 표현하며 "이 나라 소설의 완성도를 말해주는 '냉혹함'의 미학"이라 했지만, 그 과정에서 어떤 소설론의 도식도 꺼내지 않는다/못한다[185]고 비판한다.

황호덕이 볼 때는 오정희의 소설 속에서는, 공포 그 자체를 육화하려는 이야기들이 종종 그렇듯이 상이한 원인을 가진 공포, 이를테면 경제적, 이데올로기적, 심리적, 성적 공포들이 복잡하게 결합되어 있는데, 그런 의미에서 오정희 '소설'의 언어는, 한 문학이론가가 말한 바 공포문학의 수사학적 구조를 닮아 있다고 본다. 상이한 의미론적 장들 간의 감각적 착란과 심상의

185 황호덕, 위의 글, 172면.

유비 그 자체가 서사를 진행시키기 때문이란 것이다. 비유가 비유가 아니며, 문장 뿐 아니라 서사와 영혼을 움직인다는 것이다. 그런데 최인훈이 회억하는 소년과 오정희가 떠올리는 소년-성숙하다 못해 노년에 이른 두 인물의 회상을 견주는 김윤식의 오정희론은 두서없는 한편 곤혹에 가득차 있다[186]고 평가한다.

가치중립적인 영원, 이를테면 최인훈식의 이전과 이후를 나누는 시간 속의 공백이 아니라, 이전도 이후도 없는 공포가 오정희가 그려내는 소설이라는 진술이다. 공포스러운 결과는 알지만 원인은 알지 못하고, 시간은 항상 현재인데 과거와 미래가 뒤죽박죽되어 있는 것이 오정희의 소설이라는 것이다. 서사는 인과적 연관성을 맺지 않지만 여전히 서사인 상태. '성숙한 남성'을 서스펜스에 거는 일-공포가 오히려 독자를 강하게 얽어매어, 일관된 가치체계와 시간적 인과 관계, 적어도 분열된 가치체계를 종합하거나 평면 위에 놓으려는 의욕은 오정희 소설에서 좌절되고 만다는 것이다. 생생한 삶은 있지만 절대적인 것의 추구로서가 아니라 미궁의 공포로 있는데, 그 공포는 분명 경제적, 이데올로기적, 심리적, 성적 공포들이 결합하면서 만들어낸 것이지만, 이를 분절해낼 수 없다는 점에 김윤식의 곤혹이 있다는 것이다. 그리고 황호덕은 김윤식의 소설론의 바탕을 이룬 루카치의 『소설의 이론』에 기대어 서사시적 아이다움에 대조되는 성숙한 남성성의 형식, 시적 소녀 혹은 시문학의 청년성에 대비되는 성숙한 남성성의 형식, 의미와 현실 또 본질과 객관성을 함께 지닌 남성적인 성숙한 통찰. '남성적인 성숙한 통찰'이라는 관점이 한국 여성작가들의 작품들과 부딪힐 때 생겨나는 이 공백과 잔여[187]를 문제로 지적하고 있다. 즉 김윤식이 소설사로 쓴 사상사에 존재하

186 황호덕, 위의 글, 173면.

187 황호덕, 위의 글, 174면.

는 이 잔여와 공백은 남겨진 우리가 소설 그 자체에 대해 이제부터 달리 생각해야 함을 요청하는 과제로 삼고 있다. 이러한 과제의 도출은 김윤식이 남긴 저술들을 통해 비판적 지점을 도출하고, 현재적 과제를 모색하고 있다는 점에서 긍정적이나 이를 어떻게 실현해 나갈 것인가 하는 점은 여전히 남겨진 숙제이다.

김민수의 김윤식의 글쓰기론

김민수의 「문학에서 글쓰기로」는 무엇이 과연 김윤식을 '글쓰기론 3부작'이라는 '말년의 양식'으로 나아가게끔 추동한 것인지를 살펴본 것이다. 김윤식은 2001년 퇴직을 맞이한 뒤 '한국근대문학사'의 새로운 서술이라는 목표 아래 '글쓰기론 3부작' 저술 활동으로 나아간 바 있는데, 김민수는 이를 해명해 보고자 했다. 즉 문학사 연구에 평생을 바친 '대가'에게 이와 같은 '말년의 양식'으로의 이행은 무엇을 의미하는 것일까[188]에 초점을 맞추고 있다. 이를 해결하기 위해 김민수는 김윤식이 문학에서 글쓰기로 나아가는 과정을 천착하고 있다.

이를 위해 김민수가 논의한 첫 대상은 『일제 말기 한국작가의 일본어 글쓰기론』이다. 김민수는 여기에서 김윤식은 '친일'이라는 단선적 줄거리가 지닐 수 있는 한계를 개별 작가의 '내면 풍경'탐구를 통하여 극복하고자 했다고 본다. 즉 김민수는 '선'에서 '면'을 향하여 가는 이러한 탐구 과정은 '지배'와 '협력'이라는 차원에서가 아니라 개별 작가들로 하여 '친일'로 나아가게끔

188 김민수, 「문학에서 글쓰기로」, 『구보학보』 22, 2019, 249면.

만든 "일체의 것"을 고려해야 함을 전제로 깔고 있다[189]는 것이다. 아마도 '지배적 원인'이라 불러도 그 의미가 크게 손상되지 않을 이 "일체의 것"에 대한 사례로 '창씨개명', '징병제', '학병문제' 등의 문제가 다채롭게 거론되고 있음을 확인할 수 있다고 본다.

또『일제 말기 한국 작가의 일본어 글쓰기론』에서 서론에 해당하는 1부의 내용은 '근대'의 특질 자체를 비판적으로 검토하고자 한 김윤식의 문제의식이 드러나 있다는 점에도 주목하고 있다. 이 책의 제1부는 "사상선택은 가능한가"라는 질문으로 제목이 제시되어 있는데, 이때 '사상'과 '선택'의 문제에 초점을 맞출 필요가 있다는 것이다. 1부의 첫머리에 실린 글에서 김윤식은 논쟁의 관계를 이루고 있던 일본의 두 사상가 '마루야마 마사오'와 '요시모토 다카아키'를 비교적 구체적으로 서술하고, 전자가 "사상의 상대성"으로 대변된다면 후자는 "관계의 절대성"을 주장한 형국인데, 김민수는 실상 문제의 핵심은 '근대'라는 특질을 두고 벌인 두 명의 사상가의 입장으로는 딱 잘라 설명하기 어려운 잉여의 개체들이 존재한다는 점에 주목하고 있다. 요컨대 "상대성/절대성"이라는 '대타의식'의 구도로는 설명할 수 없는 작가들의 내면을 검토하는 작업이 요청된 것이라는 것이다. 김민수는 이 문제에 천착하기 위하여 제시된 문제틀이 바로 김윤식의 '이중어 글쓰기'란 것이다. '이중어 글쓰기'의 세 가지 형식을 논의하고 있는 2부의 제목이 "글쓰기의 차이성"이라는 점은 이를 반영한 것이며, 이를 통해 김민수는 김윤식의 지향이 기존의 협소한 "국민국가의 언어 넘어서기"라는 점을 확인[190]하고 있다.

같은 맥락에서 김민수는 김윤식의 '글쓰기론'의 두 번째 저작『해방공간 한국 작가의 민족문학 글쓰기론』의 얼개를 살피고 있다. 이 책의 서론에

---

189 김민수, 위의 글, 269면.

190 김민수, 위의 글, 270면.

해당하는 1부의 내용은 사실 1989년 문고판으로 출간되었던 해방공간의 문학사론 중 1~2장을 추려 재수록한 것이며, 구성에는 약간의 변모가 있으나 내용상으로 큰 변화는 없다고 정리한다. 이는 김민수가 볼 때는 해방공간의 문학사론에서 '이중어 글쓰기'의 문제가 해방 이후 '자기비판'의 맥락과 연결되어 설명되었다는 점과 함께 문학단체의 분열양상이 종잡을 수 없이 가열되었다는 전제가 기저에 깔려있다[191]고 판단한다. 그런데 이점을 김민수는 전자의 경우에는 우선 '열린 두 공간'의 충돌 양상이 직접 드러난 사례라는 점에서 주목을 받고 있으며, 뒤에 놓인 문제는 "나라 만들기"라는 층위에서 특별히 강조될 필요가 있다고 판단한다. 김윤식은 해방공간에서 요청된 절대적인 과제를 '나라 만들기'로 요약하고 있는데, 여기서 정작 문제가 되는 것은 '국가'의 모델을 직접 선택할 수 있었던 전무후무한 진공상태가 바로 이 시기였다는 점에 있다는 것이다. 이러한 의미에서 김윤식은 해방공간을 일컬어 '열린 공간'이라 지칭하고 있으며, 이때 선택 가능했던 '나라 만들기'의 모델은 (1) 국민국가 모델, (2) 사회주의 국가 모델, (3) 연합독재국가 모델(인민연대, 남로당노선) 세 가지로 보았다는 것이다. 그런데 김민수는 『해방공간 한국작가의 민족문학 글쓰기론』에서는 서론 1부를 제외한 거의 모든 지면을 '이원조'와 '김동리'의 분석에 할애하고 있다는 점에 주목한다. 이들을 향한 김윤식의 관심은 '나라 만들기'의 예외적 존재들이라는 점에서 이 두 사람의 문학적 형상화를 분석한다는 것은 곧 김윤식에게 있어 '국가'와 '근대'의 특질을 되묻는 작업으로 인식되었다[192]고 평가한다.

마지막으로 김민수는 『일제말기 한국인 학병세대의 체험적 글쓰기론』은 대부분의 분량이 주객 대화체로 구성되어 있다는 점에서 다른 '글쓰기론'과

---

191 김민수, 위의 글, 272면.

192 김민수, 위의 글, 273면.

차별성을 드러낸다고 본다. 여기에 더해 내용 면에서는 앞서 한 차례 지적한 바와 같이 '학병세대의 체험적 글쓰기'가 애초에 '역사와 소설'이 종합된 '이중어 글쓰기'의 일종이라는 착상으로부터 출발했다는 점에 주목하고 있다. 왜냐하면 『일제말기 한국인 학병세대의 체험적 글쓰기론』은 사실 '글쓰기론'의 시작을 알린 저작 『일제 말기 한국 작가의 일본어 글쓰기론』의 제4부 "글쓰기로서의 학병 탈출"을 변주한 것으로 판단했기 때문이다. 더불어 김윤식에게 있어 학병세대가 '나라 만들기'의 주역으로 점쳐지고 있다는 점에서 해방공간 한국작가의 민족문학 글쓰기론과 공명하고 있다는 것이다. 그런데 김민수는 사실 김윤식이 '학병세대'와 그들의 '글쓰기'에 착목하게 된 계기를 살펴보기 위해서는 『한국문학의 근대성 비판』에 대한 논의로 되돌아갈 필요가 있다고 주장한다. 왜냐하면 이 책에는 1992년에 작고한 이병주를 기리기 위한 글 「학병세대의 글쓰기—이병주의 경우」가 수록되어 있는데, 서술의 낙차가 존재하지만 2007년에 출판된 『일제말기 한국인 학병세대의 체험적 글쓰기론』의 '원텍스트'로 기능했을 것임은 확실해 보이기 때문이란 것이다. 이는 후에 3부작에서 확인할 수 있는 '학병세대'라는 단위의 설정과 그들의 '나라 만들기', '이병주'의 문제성과 '회색의 사상', '실록'과 소설의 교섭 등의 문제의식이 고스란히 담겨 있는 까닭이란 것이다.

김민수는 이러한 '학병세대'에 대한 조명이 '글쓰기론 3부작'의 구성에 걸맞게 작품분석에 있어 '문학'이 아니라 '글쓰기'의 입장에 치중하고 있다는 점은 다시금 강조되어 마땅하다고 평가한다. 왜냐하면 김윤식은 '소설'과 '역사'의 형식이 상호교섭을 이룬 사례들을 통과하며 종래의 협소한 '문학' 개념을 해체할 수 있는 동력을 바로 그곳에서 찾고자 하였기 때문이란 것이다. 그래서 김민수는 김윤식은 이 저작을 바탕으로 한일 학병세대의 빛과 어둠으로 나아가게 되며, 전쟁 체험의 사상사적 의미, 정신대, 분단문제 등의 현재적인 의미까지를 분석할 수 있게 된다[193]고 평가한다.

이러한 김민수의 평가는 김윤식의 글쓰기론을 2003년『일제말기 한국작가의 일본어 글쓰기론』으로 시작된 '글쓰기'론이『해방공간 한국작가의 민족문학 글쓰기론』(2006)을 거쳐『일제말기 한국인 학병세대의 체험적 글쓰기론』(2007)으로 정리하고 있다는 점에서 의미를 지니나 그 각각의 글쓰기론이 지향했던 지점의 토대에 대한 근원적 해명은 명쾌하게 정리되지 못한 상태이다. 실로 다양한 문제의식과 쟁점을 함의하고 있는 각각의 '글쓰기(론)'의 차이점과 공통점이 좀 더 명확하게 정리되어야 하는 과제를 남겨두고 있다.

최현희의 김윤식의 사상의 통국가성 고찰

최현희의「사상의 통국가성 : 2000년대 이후 김윤식의 한국근대문학론」은 2000년대 이후 김윤식의 한국근대문학 관련 저술에서 이전 시기와 구분되는 지점들 중 하나로 '한국근대문학'이라는 연구대상의 '한국성'을 상대화시켰다는 점에 초점을 맞추고 김윤식의 글쓰기가 지니는 의미를 탐색하고 있다. 즉 글쓰기의 탈이데올로기적 가능성을 통국가성으로 재구해 보려고 한다. 이를 위해 최현희는 문학과 글쓰기의 대립 가운데서 근대가 자기 해체를 어떻게 수행하는지를 보인 후, 마지막으로 김윤식이 한국근대문학이라는 학문의 종언에 실천적으로 개입하고 있음을 지적하고, 자기의 학문적 실천의 말기적 단계가 학문 자체의 마지막 단계와 일치하는 현상을 기술함으로써, 최종적으로 김윤식 사상의 가능성을 지적해보고자[194] 했다.

193 김민수, 위의 글, 274면.

194 최현희,「사상의 통국가성 : 2000년대 이후 김윤식의 한국근대문학론」,『상허학보』 60,

그 첫 과제로 김윤식은 한국근대문학에서 한국을 해체함으로써 자기분열로서의 글쓰기를 하고 있다고 보았다.

김윤식은, 더 이상 조선어로 문학을 할 수 없게 된 일제말기가 되자 (한일합방부터 일제말기 직전 시기까지) 조선어문학이 국가의 역할을 하고 있음이 분명해졌다고 보았다는 것이다. 조선어문학이 상상의 '근대국가 조선'의 존재에 대한 근거라고 본다면, 조선어가 금지된다면 '조선' 역시 사라져야 한다는 것이다. 대신 김윤식은, 조선어 금지 순간 이전까지 조선어문학이 '조선'을 온전히 대리하고 있다는 점이 드러난다고 말한다. 이 지점에서 최현희는 김윤식은 식민지 조선어문학으로부터 '조선'을 구제하고 있는 것이며, 그런 점에서 그의 내셔널리즘이라는 조작술의 참여는 분명해진다고 보았다. 그런데 김윤식은 식민지기 동안 조선어문학의 존재로부터 근대 국민국가 조선을 구성할 수 있다는 말과, 그러한 구성은 현실적 근거가 없는 상상 차원의 조작술에 그칠 뿐이라는 말을 동시에 하고 있다고 보았다. 최현희는 이 서로 모순되는 두 명제가 '동시에' 말해지고 있다는 점을 지적한다. 이는 김윤식의 본의가 식민지 조선어문학으로부터 '조선'의 근거를 찾는 데 있는지 아니면 그런 근거를 논증하려는 (자기의 현재의 글쓰기 행위를 포함한) 행위들은 근거가 없다고 비판하는 데 있는지 불분명하다는 것이다. 다시 말해 김윤식의 위의 글쓰기 행위는 그 자체로, '한국근대문학'의 장에서 '한국'이 규정되고 나아가 우리가 자기를 '한국'에 정체화할 수 있게 되는 과정을 육화하고 있다고 해석한다. 이를 최현희는 네이션의 구축과 탈구축이 동시에 발생하는 장으로 자기의 글쓰기를 제공하는 것은 한편, 그 글의 독자에게는 저자와 자기가 함께 속해 있는 문화(여기서는 한국근대문학의 글쓰기에 권위를 부여하는 최종 심급인 '한국성')에 분열을 도입하는 것이기도 하다[195]고 보았다.

2020, 18면.

그리고 이러한 분열상을 최현희는 호미 바바의 『문화의 위치』에서 말하는 '문화 내에 머물면서 말하는 주체로서의 자기의 정체화에는 언제나 분열이 개재하여 있음을 자기 말의 형식으로 체화해야 한다'는 논리를 끌어와 김윤식의 논의를 다음과 같이 재해석하고 있다.

> 김윤식은, 한국근대문학이 어떠한 의미가 있는지를 '알 수 있게' 만들어주는 최종적인 권위의 원천으로서의 근대 국민국가 '한국'을, 한국근대문학이라는 장에 의거해 창출하는 수행에 직접 참여함으로써, 문화의 규칙에 따라 문화에 종속되지 않고, "문화를 '언표'"하는 과정 중에 있다. 그에 따라 '한국'이 "문화적 우월성의 '이름'"으로서 "스스로 생산되는" 과정이 드러나고, 김윤식을 포함한 현재의 한국근대문학 장에 참여하고 있는 주체들이 "문화적 정체화"를 "수행"하는 "현재에 있어 하나의 분열을 도입한다." 결국 한국근대문학이 '한국'의 구제에 종속되어 있는 '한국문화의 한 분야'로서 더 이상 기능하지 않고 "의미화의 혹은 재현적인 차원에서의 불확실성의 시간" 속에서 "해방"을 기도해 볼 수 있는 참여적 비판의 장으로서 재탄생하게 되는 것이다.[196]

이러한 최현희의 해석은 나름의 의미는 있지만, 호미 바바의 분열의 개념이 김윤식의 한국근대문학론을 분석하는데 사용되어야 하는 적절성과 정합성을 가지는지에 대한 논란은 피하기 힘들어 보인다.

다음 최현희는 「일제 말기 한국 작가의 일본어 글쓰기론」의 1부 1장에서 김윤식은 일제말기에서 해방기로 이어지는 시기의 한국근대문학에서 그러한 '분열의 도입'을 '무한히 확장·지속되는 글쓰기'와 등치시키고 있는데,

---

195 최현희, 위의 글, 22면.

196 최현희, 위의 글, 23면.

'사상의 상대성과 고독'이라는 제목이 붙어 있는 해당 장은, 한국근대문학에서 확인되는 바 한국적인 것의 "문화적 불확실성"에 따라 한국을 상대화시키는 것, 혹은 한국 내셔널리즘을 상대주의 관점에서 비판하는 데서 그치지 않는다고 보았다. 제목이 암시하고 있는 대로 김윤식은 "사상의 상대성"을 재현하는 것이 한국근대문학이라거나, 한국근대문학 작품에 나타난 사상의 상대성을 지적하는 데서 멈추는 것이 (자신도 하고 있는) 한국근대문학연구라거나 하는 주장을 하는 데서 한 걸음 더 나아가 "고독"의 차원을 겨냥하고 있다[197]는 것이다. 그리고 이 '고독'과 동의어가 관계의 절대성인데, 최현희는 이를 간단히 말하자면, 사상의 상대성으로부터 허무주의적 결론으로 나아가지 않고 오히려 모든 사상의 맥락과 위치를 측정하고자 하는 비판적 의식을 포지하고자 하는 자세와 관련되는 개념으로 해석한다. 이때의 "관계"란 모두가 등가인 사상들이 생성된 각자의 복잡한 맥락을 의미하며 그것이 "절대성"을 지닌다 함은 어떤 사상이든 다른 사상을 기준으로 그 가치가 평가될 수 없음을 의미한다는 것이다.

그리고 최현희가 보기에는 「사상의 상대성과 고독」은 김윤식이 일제말기 한국문학을 이중어 문학으로 포착하기 위한 일종의 방법론을 제시한 것이라 판단한다. 김윤식은 1941~1945년의 기간 동안 '친일문학'의 터전이 되었던 문예지 『국민문학(國民文學)』의 주재자 최재서를 언급하면서[198] 이를 해명하고 있는데, 최현희의 입장은 김윤식의 초점은 친일문학의 '실상' 쪽이 아니라 현재의 연구자인 우리가 그 근본적 상대성에도 불구하고 특정 '사상'을 선택하게 되는 조건을 제시해야 한다는 쪽에 맞춰져 있다는 것이다. 이러한 논리 전개는 최재서와 같은 친일문학자들이 선택한 '사상'이 처한 위치를 측정하

---

197 최현희, 위의 글, 24면.

198 최현희, 위의 글, 25면.

는 행위에, 그 측정 행위의 주체로서의 현재의 연구자의 '사상'이 발생하는 과정을 겹쳐놓는 방식이라고 보고 있다. 친일문학에 대한 평가를 유보하고 그것이 서 있는 복잡다단한 맥락만을 드러내고자 하는 연구자가 있다면, 김윤식이 보기에 그는, 기본적으로 개별적 주체의 행위란, 그 주체가 속한 '사회'내에서의 기능으로 그 의미를 완전히 환원시킬 수 있다고 믿는 자에 불과하다는 것이다. 뒤집어 말하자면 김윤식은 '사상의 상대성'으로부터 자유로운, 보편적으로 인정될 수 있는 사실관계의 차원이란 존재할 수 없다고 보는 입장이란 것이다. 사상의 상대성으로부터 자유로울 수 있는 근거를 그는, 사상의 침투를 받지 않는 객관적 사실의 차원에서 찾지 않고, 그러면서 동시에 그는 그러한 객관적 사실에 대한 믿음이 '사회'를 성립시키는 중추라고 본다[199]는 것이다.

결국 김윤식의 초점은, 사회의 성원 모두가 동의할 수 있는 객관적 사실이란 없음에도 불구하고, 사회를 사회로서 성립시키는 근거란 무엇인가를 묻는 데 있다는 것이다. 이 질문에 답하기 위하여, 요시모토 다카아키(吉本隆明)의 "관계의 절대성" 개념에 대하여 김윤식은 다소 긴 논의를 하고 있다고 본다.

요시모토로부터 김윤식이 도출하고 있는 관계라는 개념은 사회의 성원들 사이의 자의적 합의에 의해 성립한 관계가 아니라, "인간의 본질적 의미의 입장이라든가, 본질적 의미의 관계라는 것을 결정하는 것"으로 본다. 다시 말해 인간들 사이의 관계가 가능하도록, 그리하여 인간들 사이에 어떤 공통적 기반이 없음에도 불구하고 인간들이 사회를 구성하도록 만드는 무언가가 '관계의 절대성'이란 것이다. 이때 유의할 점은, 개인들이 자발적 의지에 의하여 다른 개인들과 연루되는 것을 관계라고 한다면 그것은 '절대적'일 수 없다는 점이다. '관계'가 절대적인 것은, 개인들이 서로 관계를 맺을 필연성

---

199 최현희, 위의 글, 26면.

이 없음에도 불구하고 '사회'의 성원들로서 굳이 관계를 맺고 있기 때문이란 것이다. 그것의 결정적 사례로서 김윤식은 다시 최재서를 들고 있다는 것이다. '최재서식 글쓰기'와 '이시다 고조(石田耕造)식 글쓰기'를 가로지르는 경계선에 놓인 그 무엇 '그 무엇'을 잠정적으로 '관계의 절대성'이라 부르는데, 여기서 해명되어야 할 것은 우선 '최재서'와 '이시다 고조'의 경계란 무엇인가, 그리고 이때 왜 김윤식이 유독 '최재서식 글쓰기'와 '이시다 고조식 글쓰기'라 하여 최재서와 이시다 고조의 경계를 양자의 글쓰기 사이의 경계로 포착하였는가 하는 점을 최현희는 주목한다. 주지하다시피 최재서는 1944년 정초에 이시다 고조로 창씨개명 했고 직접 그 소회를 『국민문학』지에 사봉하는 문학(まつろふ文学)이라는 글로 발표해 놓은 바 있기 때문이다.

김윤식은 최재서가 조선민사령 개정으로 창씨개명의 길이 열린 1939년이나 이광수를 비롯한 문사들이 창씨개명에 나선 1941년에 그 길로 가지 않고 굳이 1944년이 되어서야 실행에 옮겼음에 주목했다는 것이다. 최재서는 『국민문학』의 주재자로 나선 1941년 11월 이후는 물론이고 『인문평론』을 주재하던 1939~1941년의 기간에도 이미 친일적 행보를 걷고 있었는데, 이 점을 고려한다면 1944년 1월에 와서야 행한 창씨개명은 그가 본격적 친일의 길로 들어섰음을 알리는 표지는 아니[200]라는 것이다.

최재서가 조선인에서 일본인으로의 자기 변환이 자의적 이름 개정으로 성취될 수 있었다고 진정으로 믿었다면, 그때 그에게는 왜 일본인으로의 변환 외에 다른 가능성은 떠오르지 않았는가 하는 의문을 가질 수밖에 없다는 것이다. 요시모토의 관계론에 비추어 환언하면, 개인이 자의적으로 어떤 사회에 정체화할지를 정할 수 있다고 믿었음에도 최재서가 굳이 일본이라는 식민본국에 자기를 정체화했다는 사실은, 개인들 사이의 자의적 관계의 총합

---

200 최현희, 위의 글, 27면.

이 사회가 아니라, 개인이라는 부분이 사회라는 전체에 귀속되는, 개인의 의지를 벗어난, 개인-사회 사이의 관계의 절대성을 확인해주는 것[201]으로 보았다는 것이다.

그래서 최현희는 김윤식이 '최재서'와 '이시다 고조' 사이의 경계선에 있는 "그 무엇"이라고 부른 것은, 이런 맥락에서 본다면, 한국이나 일본과 같은 문화적 우월성의 '이름'이 "생산되는" "차이화의 순간"을 의미한다고 해석한다. 최재서→이시다 고조의 이름 변환이 곧 조선인→일본인의 형질 변환과 등치되는 순간, '조선'과 '일본'이 조선인과 일본인에게 '사회'로서 절대적 귀속력을 지니는 현상은 양자의 구별이 내적 자질들의 차이에 의해 김윤식의 사상의 상대성을 비판적 의식으로서가 아니라 서로에 대한 "차이화의 순간"들의 끊임없는 이어짐에 의해서만 가능하다는 점을 드러내며, 동시에 그 "차이화"는 개별 조선인들과 일본인들이 차이화의 수행이 자기의 주체성의 전체임을 받아들일 때에만 가능하다는 점을 드러낸다는 것이다. 김윤식은 최재서의 창씨개명으로부터 이 "차이화의 순간"을 포착함으로써 자기의 '사상의 상대성' 이론을 "역사적 현실을 향하여, 사회를 향하여, 인간의 요구들과 이해관계에 대하여 열어 놓"고 있다고 보았다. "차이화의 순간"을 포착할 때 김윤식이 초점을 맞추고 있는 것은, 어떠한 사상의 현실적인 근거 혹은 사상 선택의 '객관적' 조건이 아니란 것이다. 최재서의 천황주의 선택에서 보듯, 사상이란 현실에 근거하지 않고 오히려 현실이 사상으로부터 구성되어 나오는 것이며, 이때 사상선택은 그러한 현실과 사상의 관계에 대한 개인의 종속성의 표현에 불과하다는 것이다. 이런 점에서 최현희는 김윤식의 '사상의 상대성' 이론은 "저 모든 이론들에 의해 미리 필연적으로 지정되고 그런 후 감싸지는 해석적 영역의 외부 혹은 그 너머에 존재하는 일상적 현실로

---

201 최현희, 위의 글, 27면.

도출된 그러한 구체적 계기들을 향하여" 자기 이론을 열어 놓는 "비판적 의식"의 표현이라[202]고 평가하고 있다. 이러한 최현희의 해석은 사상의 상대성이 어떻게 비판적 의식으로 진행될 수 있는지에 대한 논의가 뒤따라주어야 하는 숙제를 남기고 있다.

김윤식의 사상의 상대성을 비판적 의식으로 해석한 최현희는 김윤식이 위에서 "최재서의 글쓰기"와 "이시다 고조의 글쓰기"의 경계에서 "차이화의 순간"을 포착할 때, 왜 그가 '최재서'와 '이시다 고조'의 경계라 하지 않고 양자의 '글쓰기'들 사이의 경계라고 했는가 하는 점을 다시 문제 삼고 있다. 이때 양자의 경계는 양자가 서로 맞닿은 채 서로 대립하고 있기에 성립하는 것이 아니라, 오히려 양자를 구분하고 그 구분 짓기의 지속성이 양자를 형성시키는 것인데, 그런 점에서 경계가 자기 양쪽에 있는 두 실체보다 논리상 우선적이란 것이다. 양자의 고정적 실체성 차원이 아니라 그것을 가능케 하는 경계의 역동성 차원에서 김윤식의 논리는 전개되고 있는 셈인데, 이를 염두에 둘 때 김윤식은 그러한 역동성이 실천되는 유일무이한 장으로서 글쓰기를 제시하고 있다는 것이다. 위에서 지적했듯 최재서는 '최재서'로 기명(記名)하여 글을 쓸 때에도 "거의 무한대의, 철저한 천황 지지의 글을 중단 없이 썼"기 때문에 '이시다 고조'로 기명을 바꾼다 해도 글의 '내용'은 전혀 바뀌지 않는다는 것이다. 따라서 초점은, '최재서 → 이시다 고조' 변환 전후(前後)의 차이가 아니라 저 변환 자체, "차이화"에 맞춰져야 한다고 본 것이다. 이 "차이화"는 '글쓰기'에서 관찰되는 것이라기보다 '글쓰기'로 실천되는 것인데, 여태까지 '최재서'라고 서명했던 자기의 글에 '이시다 고조'라고 이름을 써넣는 행위가 저 "차이화"의 실천에 해당하는 것이[203]라고 보고 있다.

---

202 최현희, 위의 글, 30면.

203 최현희, 위의 글, 31면.

그런데 최현희는 여기서 요시모토를 따라 사상의 상대성과 관계의 절대성을 대립시키는 김윤식의 논법을 상기해 볼 필요가 있다고 주장한다. 이 논법에 따르면, 최재서가 친일을 내용으로 하는 글을 '최재서'로 기명하던 때나 '이시다 고조'로 하던 때나 늘 썼다고 해서 그의 창씨개명은 사실상 무의미하다고 보아서는 안 된다는 것이다. 그렇게 평가한다면, 언제나 이미 상대적일 수밖에 없는 사상의 레벨에 자기를 국한시키는 의외의 결과를 초래할 것이기 때문이다. 이 레벨에서는 최재서의 친일적 글쓰기에 대한 어떤 평가도 불가능한데, 왜냐하면 그 평가 자체가 조선 민족의 절대화를 수행하는 실천에 그치기 때문이란 것이다. 이 레벨에서는 "오직 개념으로만 존재하는 민족이라는 추상의 눈"이 자기를 돌아보는, 눈으로 눈을 보는 자기폐쇄적 일만 일어날 뿐, 최재서 글쓰기도 그에 대한 평자의 평가도 불가능해지기 때문이란 것이다. 최재서가 굳이 '이시다 고조'라는 이름을 택할 수밖에 없었다는 것은, 조선민족에 대한 배신을 의미하지 않으며 조선과 일본의 민족적 차이를 구성해내는 문화적 실천을 의미한다고 본 것이다. 최재서가 민족의 독립을 위하여 투신하지 않고 친일 사상이 담긴 글을 쓰고 급기야 창씨개명에 이를 수밖에 없었던 것이 식민지와 식민본국 사이의 관계의 식민성의 절대적 힘을 증거하고 또 실행하고 있다고 해석한 것이다. 그리고 이 절대적일 수밖에 없는 관계의 레벨은, 계속해서 이뤄지는 글쓰기를 통해서만 드러나고 동시에 실천된다[204]고 보았다.

그리고 최현희는 김윤식이 최재서의 이러한 글쓰기의 의미를 또 다른 차원에서 해석하기 위한 방도로 해방 후 한국문단에 나타난 친일파 청산의 대세에 채만식이 「민족의 죄인」이란 소설로 대응한 행위를 분석한 내용을 길게 검토하고 있다. 「민족의 죄인」에서 채만식은 일제말기에 친일적 문필 활동을

---

204 최현희, 위의 글, 32면.

한 자신을 내셔널리즘의 관점에서 스스로 단죄하려는 몸짓을 보이는데 이는 제목에서 보이듯 '민족의 죄인'으로 자기를 칭한 데서 분명히 드러난다는 것이다. 한편 이 작품에는 자신의 친일은 어쩔 수 없이 한 행위였다고 정당화하고자 하는 "자기변명"의 몸짓 역시 나타나 있다고 보았다. 김윤식의 표현을 빌리자면 일제말기에는 조선민족 전체가 '죄인의 민족'이었으며 채만식 자신은 그 '민족'의 일원일 뿐이었다는 논리가 그것이다. 김윤식은, 자기를 '민족의 죄인'으로 명명하는 몸짓이나 '죄인의 민족'의 일원으로 보려는 몸짓이나 "한 가지 태도"에 불과하다고 본다. 두 태도 중 어느 것이나 조선민족의 조선성을 자연화함으로써 자기가 조선민족을 주체적으로 구성하는 집단성의 한 부분임을 부정하는 결과를 낳고 있기 때문이란 것이다.

요시모토의 용어로 환언하면, '민족의 죄인'과 '죄인의 민족' 중 어느 편에 자기를 정체화해야 하는가, 하는 물음을 던지고 있는 민족의 죄인의 채만식은, 상대적일 수밖에 없는 사상을, 즉 한국 내셔널리즘을 절대화하는 오류를 범하고 있는 셈인데, 채만식은 양자 중 하나를 택하는 것을 주체적인 선택인 양 제시해놓고 있지만, 어느 편을 택하든 채만식이 조선민족의 일원이라는 점은 변하지 않는다는 것이다. 여기서 최현희는 그렇다면 김윤식이 하고 있는 것은, '상상의 공동체'에 불과한 조선민족을 절대화하고 있다는 점에서 채만식을 비판하는 것, 즉 내셔널리즘에 대한 이데올로기 비판인가? 이 질문에 답하기 위해 김윤식이 위의 인용 말미에서 "글쓰기"의 역능을 강조하고 있음을 주목해야 한다고 문제를 제기한다. 채만식이 자기를 '민족의 죄인'이라 한 것을 "자기비판"이라고 할 수 있다면 자기를 '죄인의 민족'의 한 사람이라 한 것은 "자기변명"이라고 할 수 있다는 것이다. 그런데 김윤식은 채만식의 민족의 죄인을 이 양자 모두를 "과감히 수용할 수 있는 영역"이 "그 본래적 의미에서 문학 외에는 달리 있을 수 없음을 보여주는 사례"로 규정하고 있다는 것이다.

즉 김윤식은, 채만식이 자기 주체성을 위의 양자택일 행위로 환원시켜버린 행위를, 내셔널리즘 비판의 관점에서 볼 때 허위적이라며 기각해 버리지 않았다는 것이다. 김윤식이 초점을 맞추는 지점은, 민족의 죄인이, 궁극적으로는 "입장의 사상"에 불과한, 내셔널리즘이 최소한 그 저자 채만식에게는 절대적인 것이 되도록 만들어내고 있는 레벨이란 것이다. 이 레벨에서는 채만식이라는 저자의 주체성이 민족의 죄인이 절대화시키고 있는 선택지 중 하나를 선택하는 행위로 환원되어 버린다는 점에서 사실상, 글쓰기의 주체가 채만식으로부터 쓰이고 있는 중인 민족의 죄인이라는 "문학"으로 이행된다는 것이다. 최현희는 여기서 김윤식이 채만식의 글쓰기가 "민족의 다음 세대에 속죄하는 정성"의 표현이라고 한 의도가 드러난다고 보았다. 채만식이 글을 쓰고 있는 '현재'의 시점에서 조선 내셔널리즘은 절대화될 수 있는 근거가 전혀 없지만, 채만식은 민족의 죄인을 통하여 저자인 자기에게 조선이라는 상상을 현재 가능한 유일한 주체성의 근거지로 부과한다는 것이다. 이 내셔널리즘의 실천은 오직 "민족의 다음 세대"가 그것을 "속죄하는 정성"으로 인정해 줄지도 모른다는 가능성에 의해서만 정당화될 수 있는 것인데, 이런 의미에서 김윤식은, 민족의 죄인이라는 문학적 글쓰기가 그 저자에게 있어 조선을 자연화하고, 나아가서는 '미래'의 무수한 미지의 조선인들을 조선이라는 상상과 절대적 관계에 묶어 놓는 실천이 일어나는 유일한 장을 제공한다고 보았다는 것이다.

최현희가 볼 때는 김윤식에게 문학은, 허구로서의 네이션의 구축과 탈구축이 동시에 일어나는 장이란 것이다. 이때 유의할 점은 문학의 바깥에 자기를 위치시키고 네이션의 자연성 혹은 허구성을 객관적으로 논증할 수 있는 가능성을, 김윤식이 스스로 부정하고 있다는 것이다. 내가 하고 있는 것이 "문학"이고 내가 "문학자"인 이상, "작품 계속 쓰기"에 투신하면서 "문학 외에는 달리"그 어떠한 다른 가능성도 "있을 수 없음을 보여주는" 수밖에는 없다는 것이다. 김윤식은 이러한 상황을 "한국 근대 문학사"가 도달한 최첨단으로 제시하는데, 여기서 그가 한국성=근대성의 도식이 실천되는 유일한 장으로 '한국근대문학을 보고 있음을, 그리고 그 장을 선택한 자기의 행위에 자기 주체성의 전부를 걸고 있음을 간취할 수 있다고 보았다.

즉 김윤식은 문학을 '한국'이라는 '근대적 상상물'이 창조되고 자연화되고 또 비판되고 해체되는 유일무이한 장으로 보았고, 자기의 글쓰기를 한국근대문학을 그러한 장으로 만드는 실천으로서 행하였다는 것이다. 나아가 김윤식은 자기의 그러한 글쓰기에 한국인이자 근대인이자 문학자로서의 주체성을 모두 걸었다고 본다. 이를 논증하기 위해 최현희는 서영채의 「김윤식과 글쓰기의 윤리 : "실패한 헤겔주의자"의 몸」을 끌어 온다. 서영채는 이광수론을 비롯한 김윤식의 평전식 연구에 나타나는 '고아 의식'에 대한 집착을 지적한 바 있는데, 그는 김윤식이 '고아 의식'을 자기의 조건으로 삼으려는 강박을 보이며 이는 "진짜 근대인이 되기 위해서는 마땅히 획득해야 할 정신적 자질, 곧 어떤 목표지점의 위상을 지니고 있"다고 하였다. '고아'가 되고자 하는 적극적인 의식을 서영채는 또한 "문학을 하겠다고 나선 근대의 자식들이 지닌 공통분모"라고 했다는 것이다. 간단히 말해 서영채는 근대문학의 본질적인 근본 없음, 무근거성을 지향하는 데서 김윤식 특유의 "글쓰기의 윤리"를 보고 있는 셈이란 것이다. 뒤집어 말하자면, 김윤식은 자기의 근본으로서의 '한국 근대'를, 2백여 권을 헤아리는 저작 목록으로 구체화되는, 초인적이고도 방만한 "글쓰기"를 통하여 무화시키는 데 자기를 모두 걸었다는 것이다. 서영채는, 그러한 글쓰기에 대한 자기의 완전한 투신이 근대문학의 본질이라는 점을 암시하고 있는 셈인데, 김윤식은 근대성의 극단적 실천으로 문학을 택했고, 그 선택을 절대화함으로써 결국 자기 글쓰기를 근대 한국에 근본을 제공하고 동시에 그 근본을 해체하는 장으로서 만들었다[205]고 할 수 있다는 것이다.

최현희는 마지막으로 김윤식이 2000년대 이후 전개한 사상의 본질을 통국가성으로 규정하고 있다. 김윤식의 2000년대 이후 저작은 문학을 통하여 '한국'이라는 네이션의 근대적 형성에 참여하는 동시에 그 비판을 시도한다고 보았다. 구체적으로 김윤식은 네이션의 문학 내적 창출을 적시함으로써 '한국'의 상대화를 수행하고, 동시에 '한국'과 그것을 창출하는 문학 사이의 관계의 절대성이 근대를 본질적으로 규정함을 보인다는 것이다. 복수의 근대문학들 중의 하나일 한국근대문학에 '한국'이라는 내셔널리즘적 이념이 부과된 상황은, 한국근대문학의 저자들이 한국성을 절대적으로 실천할 때에만 가능하고 또 이해될 수 있다는 것이다. 그러나 이러한 한국이라는 네이션의 절대화/자연화는, 한국성 이념의 중핵에 '순수하게 한국적인 것'이 실체로서 존재하기 때문에 일어나는 것이 아니라는 것이다. 오히려 식민성을 은폐하기 위한 허상으로서 한국성이, 한국근대문학 글쓰기 가운데 생성되는 중에 있기 때문에 일어난다고 본다. 최현희는 이런 점에서 김윤식의 '한국' 상대화하기는 네이션의 내적 모순과 그에 대한 자기 자신의 연루를 현시하는 글쓰기이며, 그런 점에서 '트랜스내셔널'한 실천이라고 할 수 있다[206]고 보았다.

그리고 최현희는 위에서 분석한 바, 김윤식의 한국근대문학의 한국성의 허구성에 대한 폭로와 자기 글쓰기를 통한 재구축이라는 모순은, 이러한 점에서 자기 사상의 통국가적 실천이 필연적으로 띠는 외양으로 규정될 수 있다고 보았다. 즉 2005년과 2012년에 각각 출판된 김윤식의 두 편의 회고록 『내가 살아온 20세기 문학과 사상』과 『내가 읽고 만난 일본』은 그러한 김윤식 말년 사상의 통국가적 실천을 노골적으로 확인시켜 준다는 것이다. 제목에서부터 '나'를 드러내는 두 저작의 제목을 엮어 읽어보면, 김윤식은 여기

---

205 최현희, 위의 글, 37면.

206 최현희, 위의 글, 39면.

서, 자기가 근대 한국의 문학에서 사상을 찾으려는 지향성을 가지고서 살아왔으며 그 동력은 일본을 읽고 만나는 것에서 왔다고 말하는 것은 아닐까 추측해볼 수 있다는 것이다. 최현희는 조영일의 「사명감이 허구를 만들었다면 웃을 텐가 : 김윤식의 말년에 대하여」에 근거하여 김윤식은 한국의 근대적 문학에 투신한 글쓰기 주체로서의 자기의 삶이란, 일본근대문학을 읽고 만남을 통해서만 존재할 수 있음을 드러낸 것은 아닐까?라고 문제를 제기한다. 즉 그는 한국근대문학자로서 자기 사상의 존립 근거를 한국문학의 근대 세계 내에서의 보편성이 아니라 그 상대화의 가능성으로부터 찾고 있는 듯 보인다[207]는 것이다.

이 상대화가 한국과 한국 아닌 어떤 임의의 네이션을 비교함으로써가 아니라, 한국을 실질적으로 식민지화한 일본에 한국을 맞세움으로써 일어난다는 점에 주목할 필요가 있다고 보았다. 순수한 한국성이란 식민성의 강제로부터 자유로운 한국적인 것들의 총합이 아니라 오히려 식민성들의 무수히 다양한 교차들이라는 점은, 근대 한국이 본질적으로 일본에 대한 대타성으로서 구성되었음이 드러날 때 분명해질 것이란 것이다. 그러한 인식은 한국근대문학의 본질적 식민성에 대한 자기 자신의 종속성을 문학적 글쓰기로 실천하여 보임으로써 가능해진다는 것이다. 한국근대문학사에 대한 김윤식의 글쓰기가 그 최만년에 도달한 지점이 "내가 읽고 만난 일본"이라는 것은 그러한 역설을 현시하고 있다는 것이다. 그래서 김윤식은 두 편의 회고록에서 한국근대의 식민성을 체현하는 글쓰기를, 자기의 문학비평가적 자의식의 일본적 기원을 드러내는 계보를 그림으로써 수행한다고 본다. 즉 최현희는 일본근대문학에서 비서구-비근대의 문학-근대로의 전도가 일어난 순간과 한국근대문학에서의 그에 상응하는 순간을 지적하고, 김윤식은 그러한 순간을 자기의 비평

207 최현희, 위의 글, 40면.

가적 자의식의 탄생 순간으로 치환시키고 있다[208]고 본 것이다.

이러한 김윤식의 비평가적 자의식의 탄생경로를 최현희는 한국의 조현연과 일본의 고바야시 히데오, 에토 준을 통해 해명하고 있다. 최현희는 김윤식은 조연현의 「비평문학론」(『백민』, 1949년 1월)을 분석하며 "비평이 가치평가나 해설이나 해석의 영역에서 나아가 '문학'의 영역으로 진입해야 한다는 주장"을 함으로써 이 글이 "비평가의 자의식이 문제성으로 부각된 최초의 경우"가 된다고 평가했다. 김윤식이 스스로를 "작가도 시인도 아닌 비평가"라 칭하고 "그것은 내 자부심의 근거"라 한다는 점에서 비평도 시나 소설과 같이 '문학'이 되어야 한다는"자의식을 내세운 조연현은 김윤식의 자기 정위에 있어 모델이라 할 만하다는 것이다. 그러나 이러한 김윤식의 조연현에 대한 평가는 단독적인 것이 아니라 고바야시 히데오(小林秀雄)에 대한 에토 준(江藤淳)의 평가와 연결되어 있다고 보았다.

에토 준은 「젊은 비평가의 신조」(1959)에서 문학은 "한 인간이 자기의 존재를 증거 세우기 위한 육성의 외침"이라고 한 것이라고, 김윤식은 해석한다는 것이다. 나아가 에토는 그 문학의 한 행위로서의 비평이란 "궁핍 속에 뜻을 편다"로 그 의의가 요약되는 행위라고 하여, 문학과 비평을 등치시킨다고 보았다. 이때 궁핍이란 근대와 그것을 생성하고 또 해체하는 글쓰기의 장으로서의 문학, 둘 중 어느 한 편에 자기를 정체화할 수 없어 끝없는 긴장 가운데 "작품 계속 쓰기"를 하고 있는 비평가가 놓인 상황을 요약하는 단어라는 것이다. 그리고 "궁핍 속에 뜻을 편" 한국근대문학의 사례를 들기 위해, 김윤식은 다시금 조연현을 소환하고 있다고 보았다. 조연현은 6·25에 대한 자기의 비평가로서의 태도를 논하는 자리에서 "사력을 다"한 "6·25와의 대결"이 곧 그에 대한 "우리의 진정한 비평"이라고 한 바 있는데, 여기서 김윤

208 최현희, 위의 글, 41면.

식은, 외적 환경에 대한 비판적 거리를 아예 상정치 않은 채 그 속에 완전히 투신하는 태도를 일러 비평이라 명명했다는 것이다. 김윤식은 이러한 태도를, 『소세키와 그의 시대』(1966~1999) 5부작 쓰기에 자기 자신을 완벽하게 일치시킨 에토 준의 삶에서 발견하고 그 삶의 '문학성'을 주장함으로써 재확인하고 있다[209]는 것이다.

김윤식이 여기서 제시하고 있는 소세키→고바야시 히데오→에토 준→조연현→자기로 이어지는 계보를 최현희는 일본근대문학의 영향 하에서 한국근대문학과 그것을 탐구하는 자기가 형성되었다는 식의, 한국근대문학의 근본적인 식민성을 도식화한 결과물로 보일 수 있다는 것이다. 그러나 우리가 주목해야 할 것은 그 결과에 이르는 과정인데, 왜냐하면 김윤식은 저 계보를, 자기가 글을 쓰고 있는 한국근대문학 내에서 한국이니 일본이니 하는 네이션들이 자율적 문학 내적인 것으로 영토화되는 순간들을 포착함으로써 제시하고 있기 때문으로 보았다. 즉 김윤식은 네이션과 근대문학의 관계의 절대성을, 자기의 한국인으로서의 삶의 문학적 글쓰기로의 환원을 통해 현시했다는 것이다. 최현희는 김윤식이 그러한 환원의 결단을 내리게 되는 계기는, 다름 아닌 한국의 근본적인 식민성이고, 한국의 식민성이 뚜렷해질 수 있었던 것은 식민본국인 일본마저도 서양 중심적 근대 세계에서는 본질상 식민지적 공간이었으며, 이로 인하여 일본 근대문학의 비평가 에토 준은 글쓰기에 투신할 수밖에 없었다는 사실이 인식되었기 때문이[210]라고 결론 내리고 있다.

최현희는 이 지점에서 한국근대문학의 비평가 김윤식은 근대의 본질적 통국가성을 현시하는 사상가가 되었다고 평가한다. 그런데 최현희는 이 장면

---

209 최현희, 위의 글, 43면.

210 최현희, 위의 글, 44면.

을 에드워드 사이드의 논리를 빌려 김윤식이 평생 만들어낸 한국근대문학이라는 학문을, 더 이상의 담론 생산이 불가능한 처지에 몰아넣는, "일종의 의식적으로 조성된 비생산적 생산성"의 경지라고 본다. 여기에는 "절대로 그 너머로 갈 수 없는 것이라는 개념이 포함된" "말기성(lateness)"의 이념이 작동하고 있다. 여기서 발견되는 바, "초월되거나 그 너머로 갈 수 없고 오직 심화시키는 것"만이 가능해 보이는, 이 말년의 사상을 펼치는 김윤식이란, 일견 한국근대문학의 연구자들에게는 "시의에 맞지 않는, 파문을 일으키는, 심지어는 재앙적인 논평자"로 보인다는 새로운 해석을 제시하고 있다. 그리고는 이런 상황에서 이제 우리에게 남는 질문은 다음과 같다라는 문제 제기로 마무리하고 있다.

> 김윤식 말기 사상이라는 재앙을 넘어서는 것은 가능할까? 이 질문에서 출발하는 것에서 또 하나의 한국근대문학 연구가 시작될 가능성을 볼 수 있을까? 아니면, 김윤식적 한국근대문학 연구란 김윤식 자신에 의해 끝막음되었으니 이제'다른'길이 모색되어야 하는 것일까? 그도 아니면, 이미 김윤식적 방법이란 극복된 지 오래된 것은 아닐까? 그리고 마지막으로, 김윤식의 마지막 도달점에서 부상하는 위 질문들은 과연 대답될 수 있는 성질의 질문들일까?[211]

이런 질문들에 앞서 이글에서 좀 더 치밀한 논의가 필요한 부분은 최현희가 끌고 나온 사이드의 "일종의 의식적으로 조성된 비생산적 생산성"의 경지와 "말기성(lateness)"에 대한 해석이 김윤식의 통국가성과 어떻게 관련되는지를 다시 되짚어 보아야 하는 과제가 남아 있다.

---

211 최현희, 위의 글, 45면.

전철희의 김윤식의 사상사에 대한 접근

전철희는 「식민지 사상의 (불)가능성 : 김윤식의 사상사에 관한 연구」에서 김윤식이 사상사를 지향하기 이전과 이후에 쓴 저작 『한국문학사』와 『한국근대문학사상비판』을 비교하고 그 속에 드러난 방법론적 차이를 밝힘으로써, 김윤식의 '사상사'란 무엇이었는지를 정리해 보려고 한다. 왜냐하면 김윤식은 자신의 방법론을 "사상사"라고 명명했을 뿐, 이 개념을 명확하게 정의하지는 않았기에 이를 규명해보고자 한다.

전철희는 김윤식의 사상사를 고아들의 사상사로 논하고 있음을 밝히고 있는데, ≪한국문학사≫는 조선의 문학에 줄곧 서구적 의미의 '시민성'이 존재했다고 논구한 책이었으니, 식민지 상황에서 '시민성'은 다른 양상으로 구현될 수도 있다는 김윤식의 대담한 가설은 표면화되지 못한 셈이었다는 것이다. 김윤식은 '사상사'로 전향한 후 출간한 첫 번째 책 『한국근대문학사상비판』에 이르러서야 자신의 입론을 구체화시킬 수 있게 된다[212]고 보았다.

전철희가 볼 때, 김윤식은 나라가 패망한 상황을 한반도의 지식인들로 하여금 "父意識의 상실"을 체감하게 만들었다고 규정한다. 그 결과 잃어버린 "아버지"를 찾기 위해 "주자학적 질서의 회복"을 염원하는 지식인들이 등장했고, 실제로 1910년 즈음에는 실제로 한국적 정서를 환기시키는 민요조의 시가 유행하고, 불교적 사상과 유교적 이념을 복원하려는 움직임이 존재했다고 본다. 이 점을 전철희는 당시의 복고주의는 일본이 주도한 근대화에 대한 비판으로 제시되었기 때문에 나름의 가치를 인정받아야 한다고 평가한다.

---

212 전철희, 「식민지 사상의 (불)가능성 : 김윤식의 사상사에 관한 연구」, 『한국언어문학』 76, 2021, 69면.

그런데 "父意識의 상실"을 경험한 모든 문학인들이 구체제의 재건을 염원한 것은 아니었다는 것이다. 새로운 "아버지"를 찾기 위해 노력에 나선 이들도 있었는데, 이들은 모더니즘 문학론, 민족주의 문학론, 계급문학론 등등의 "사상"을 아버지로 삼으려고 했다는 것이다. 『한국근대문학사상비판』에서 김윤식은 이 문제의식을 구체화하기 위해, "고아"였던 식민지 문인들이 "사상"을 제시하기까지의 과정을 재구했다는 것이다. 그리고 전철희는 이 중 4장 <사상전향비판>은 김윤식의 사상사를 엿볼 수 있는 부분으로 지목하고 있다.

<사상전향비판>에 따르면, 1920년대 무렵까지 일본 유학생들은 한국 근대문학을 이끌어간 주체적 집단이었다고 본다. 그 중 한 명인 김기진은 본래부터 "특권으로 배운 사상으로 민중을 계몽해야 한다는 의무감"을 가지고 있던 의인이었는데, 그의 책임감과 의무감은 죄의식을 낳았고, 프랑스와 러시아에서 있었던 다양한 저항/계몽운동을 참조하던 중 그는 일본에서 유행하던 계급문학(신경향파 문학)을 수용하게 된다는 것이다. 반면 박영희는 조금 다른 경로를 거치며 계급문학 운동에 합류했다고 본다. 그는 데카당스를 지향하는 유미주의자로 문필활동을 시작했는데, 이 무렵 그가 받아들인 세기말적 퇴폐주의는 "일종의 사회적 반항으로서의 몸부림"을 형상화한 측면이 있었다는 것이다. 그런데 박영희의 반항심은 사회주의 사상으로 쉽게 변복했으며, 곧 이어 카프의 대중화 운동은 실패했고 이에 따라 박영희는 전향한 후 계급문학을 비판하는 입장에 서게 된다는 것이다. 이것은 그가 피상적 전망을 가지고 계급문학을 시작했으며 "문학예술을 이데올로기의 기능으로 파악하지 않았"기 때문에 생겨난 필연적 결과였다[213]고 본다.

여기에서 김윤식은 "계급문학론"이라는 "사상"을 설명하기 위해, 이 사상

---

213 전철희, 위의 글, 70면.

을 정초한 '문제적 인물'을 추려내고 꼼꼼한 실증적 조사와 과감한 추측을 통해 그들이 "고아의식"에 젖어 있었음을 증명하는 방식으로 논의를 이끌어 나가고 있다는 것이다. 이때 나온 결론은, 프로문학론이 합리적 정당성을 갖는 이론이 아니라 몇몇 식민지 지식인들의 실존적 고착 상태에서 생겨난 미봉책에 가까운 것이었고, 그래서 "일본의식"에 젖어 있던 프로문학인들은 일본의 좌파들이 대규모 전향을 할 때 "일본제 파시즘에로 귀착하게 됨이 필연"이었다는 것이다. 이점을 전철희는 그저 카프의 한계에 대한 지적만은 아니라고 본다. 김윤식은 "박영희의 생애에서 『장미촌』, 『백조』, KAPF 전향, 친일에의 도정 등등은 단순한 자연인으로서의 문제보다는 식민지하의 한국 지식인의 문학적 응전력의 가능성과 그 실패 내지는 한계성을 선명히 보여 준" 사례라고 규정하고 있기 때문이다. 이는 일본을 통해 근대문물을 배울 수밖에 없었던 식민지 지식인들 전체의 상황을 환기시키고 있다는 것이다. 전철희는 실제로 『한국근대문학사상비판』의 다른 장들은 계급문학을 수용하지 않았던 식민지 작가들 또한 고착상황에 놓여 있었음을 지적하는 언사로 가득하다고 판단한다. 1장은 국학연구자들이 '고아의식'에 시달렸음을 증명하고, 2장은 이상을 비롯한 모더니스트들이 "근대와 반근대" 사이에서 방황하다가 "병적 미의식"을 발현하게 되기까지의 양상을 정리하고, 3장은 ≪문장≫의 복고주의 문학론이 "부의식의 상실"에서 비롯되었음을 밝히는 식이란 것이다.

요컨대 전철희의 관점에서 이 책은 식민지 문학인들의 '내면풍경'을 재구하면서 그들이 제시한 '사상'은 "고아의식"에서 비롯된 것임을 증명하는 구성을 취하고 있다는 것이다. 그래서 김윤식의 사상사 정리는, 특정한 사상의 내용과 의미를 정리하고 거기에서 현재적 교훈을 찾아내는 작업으로 귀결되지 않는다고 평가한다. 반대로 전철희는 한국의 '사상'이 고착상황에 놓인 식민지 지식인들이 다다른 몽상이나 환각에 가까운 것이었음을 증명하려고 했던 것처럼도 보인[214]다고 규정한다.

이러한 현상을 전철희는 이것은 일본에서 '사상사' 연구자로 유명한 마루야마 마사오(丸山眞男)와 결정적으로 구별되는 특징이라고 본다. 1960년대 이전까지 마루야마 마사오는, 2차 세계대전 당시에 많은 일본의 시민과 지식인들이 무비판적으로 국체(國體)를 추종하는 기질이 있다고 주장하는 한편, 근대 초기의 지식인/정치인이었던 오규 소라이(荻生徂徠)와 후쿠자와 유키치(福澤諭吉)의 글에서 근대적 사유의 편린을 찾아냈는데, 이를 통해 마루야마는, 현대의 일본인들이 소라이와 유키치의 사상을 본받아, 개인과 사회의 유기적 관계를 의식하면서 '민주화'를 지향하는 시민적 주체가 되어야 한다고 역설했다는 것이다. 마루야마 마사오의 '사상사'는 한국의 학계에도 적잖은 영향을 미쳤다고 본다. 가령 실학사상의 '근대적'인 측면을 논구했던 홍이섭은 주변 사람들에게 그의 저서를 추천하고 다녔다는 것이다. 사실 주자학을 비판한 실학이 '근대적'인 사상이라는 홍이섭의 주장은, 마루야마 마사오의 대표작 『일본정치사상사연구』의 논지와 여러모로 유사하다고 보기 때문이다. 한국문학의 '시민적'인 측면을 발굴했던 『한국문학사』의 구상 또한 거기에서 크게 벗어나는 것으로 보이진 않는다[215]는 것이다.

또한 전철희는 김윤식은 『근대문예비평사연구』에서도 마루야마 마사오의 입론을 핵심적으로 인용한 바 있다고 밝힌다. 마루야마를 알고 있었던 김윤식이 『한국근대문학사상비판』에서 전혀 다른 형식의 '사상사'를 제창하게 된 것은, 식민지에서는 제국과 다른 형식의 '사상사'가 존재해야 한다는 문제의식으로부터 비롯된 결과라 추정해볼 만하다는 것이다. 일본은 식민통치를 겪지 않았고, 일본의 정부가 근대화를 주도할 때 지식인들은 한 명의 국민으

214 전철희, 위의 글, 71면.

215 전철희, 위의 글, 72면.

로서 자신의 생각을 표현할 권리를 가질 수 있었지만, 조선의 지식인들이 참여할 수 있는 국가적 공론장은 부재했다는 점을 지적한다.

그래서 식민지 지식인들은 민족의 대표로서의 리더십을 획득할 수 없었고, 그들은 조선 사회가 나아갈 방향도 자신 있게 말할 수 없는 처지였다는 것이다. 근대화를 추구하면 일본의 식민통치를 용인하는 친일파가 되고, "조선"으로의 회귀를 주장하면 현실을 직시하지 못하는 보수주의자로 전락하기 십상인 이중구속의 상황에 놓여 있었기 때문이란 것이다. 요컨대 일본의 지식인들은 현실과 밀착한 사상을 고민할 여건이 마련되어 있었지만, 식민지의 지식인들은 비현실적인 몽상처럼 보이는 사상을 제시하는 수준에 머물러야만 했다는 것이다. 그래서 전철희는 식민지 문학인들이 '고아'일 수밖에 없다는 『한국근대문학사상비판』의 비유는 이런 상황을 설명하기 위해 고안된 것으로 보인다[216]고 평가한다.

이상과 같은 김윤식의 식민지 문학인들의 사상을 전철희는 탈식민주의 이론으로 해석을 확장한다. 파농과 구하를 비롯한 탈식민주의 이론가들은, 시민-지식인들이 "자유"와 "평등" 혹은 "민주주의" 같은 이념을 추구해야 한다는 서구적 도식이 식민지 지식인들을 판가름하기에 부적절함을 지적했는데, 김윤식의 ≪한국근대문학사상비판≫에도 이와 유사한 통찰이 드러나 있다는 것이다. 아직 인도의 서발턴 연구는 시작되지도 않았고 프란츠 파농의 책은 한국에 부분적으로만 소개되었던 시절에 김윤식이 식민지 사상의 특수성을 지적했다는 사실은 그것만으로도 선구적 의미를 인정받아야 할 것으로 평가한다.

다만 이 방법론이 문학연구에 어떤 영향을 끼쳤는지는 별도로 따져볼 필요가 있다고 전제한다. 앞서 언급했듯 『한국근대문학사상비판』에서 김윤식은,

---

216 전철희, 위의 글, 73면.

식민지의 다양한 '사상'들이 작가들의 고착된 상황으로부터 비롯된 것임을 논증하려 했는데, 이 기준으로 보면 국학운동은 양주동과 조윤제의 고민에 의한 것이고, ≪문장≫은 이태준과 이형기의 실존적 선택으로부터 비롯된 것이다. 이런 식의 환원론(reductionism)은 윤리적 상대주의를 함축하기 마련인데, 실제로 김윤식은 이후 어느 지면에서도 '사상'을 가치 평가하지 않았다는 것이다. 모더니즘과 리얼리즘 중 어떤 '사상'이 우월한지의 문제라든가, 국학 이론이 식민지 시대에 타당했는지의 여부라든가, 계급문학론의 현재적 계승방안이 무엇인지 등등의 문제는 그의 관심사가 아니었다는 것이다. '사상사'를 제시한 이후 그는 모든 '사상'이 식민지의 문학인들이 고착된 상황에서 비롯되었음을 증명하는 일에만 몰두하게 되었다는 것이다.

심지어 그는 친일작가에 대해서도 너그러운 태도를 보였다고 평가한다. 『한국문학사』가 최남선과 이광수 같은 작가의 '시민적'이지 못한 면모를 비판했던 것과는 대조적이게도, 김윤식은 이제 이광수가 식민지 상황을 가장 예민하게 느낀 "고아" 중 한 명으로서(물론 이 대목에서 김윤식은 이광수가 호적상으로도 고아였다는 점을 강조한다.) "고아의식"을 실감나게 형상화했기 때문에, 그의 소설은 시대정신을 가장 잘 표현한 것 중 하나가 되었다고 평가하게 되었다는 것이다.

여기에서 한 발 더 나아가 김윤식은 1992년에 출간된 ≪한국근대문학사상연구1≫에서 도남과 최재서를 동등한 선상에 놓고 비교하기도 했는데, 도남은 국문학을 연구함으로써 민족의 정기를 확인하려고 했던 학문적 우국지사이고, 최재서는 합리적 지성을 좇다가 대동아 전쟁 이후 국민문학(친일문학)을 주창하게 된 기회주의자인데도 김윤식은 도덕적 평가를 생략한 채, 이들이 모두 실존적 고민을 거듭한 식민지 지식인이었다는 점만을 부각시켰다는 것이다. 마치 조윤제와 최재서를 사상적 쌍생아 정도로 취급하는 이 책의 논지는, 친일과 저항의 이분법이 비판받는 지금의 상황에서 봐도 과감하게 느껴지는 측면이 있다고 평가한다.

다른 한편 김윤식의 '사상사'는 식민지 시대의 문학인들이 제시한 '사상'을 고착상황에 놓인 사람들의 환각 내지는 몽상에 가까운 것처럼 묘사한다는 문제도 있다는 것이다. 그래서 그는 ≪문장≫의 민족주의와 ≪인문평론≫의 (반)근대주의, 그리고 "假構의 神을 선택"한 프로문학론이 모두 "고아의식"의 산물이라는 점에서 등가(等價)임을 깨닫고 절망했다고 쓰기도 했다는 것이다. 이 점을 전철희는 김윤식은 서구의 지식인처럼 살 수 없었던 식민지 문학인들의 상황을 한탄만 하진 않고, '고아'들의 비합리적 '사상'에서 독자적 가치를 찾으려는 시도로 나아갔다고 해석한다.

이런 문제의식은 『한국근대문학사상비판』의 마지막 글 <토피아와 유토피아>에서 예비적 형태로 드러난다고 본다. 이 글에서 김윤식은 "인류사적 시점에서 볼 때 혁명의 원동력이 된 것은 이데올로기보다는 차라리 유토피아였는지도 모른다는 명제가 일찍이 만하임, 마르쿠제, 벤야민 등에 의해 검토"되었다면서 논의를 시작하는데, 이때의 '이데올로기'와 '유토피아'란 개념은 만하임(Karl Mannheim)이 『이데올로기와 유토피아』에서 제시한 것들로, 만하임은 현실에 부합하는 것처럼 보이는 모든 이성적 사유가 억압적 사회구조를 지탱하는 이데올로기로 기능할 수도 있음을 지적했다는 것이다. 더 정확히 말하자면 그의 핵심논지는, 이 사회가 체제수호적인 안온한 이데올로기들만 "합리적"인 것으로 보이게 만드는 구조이기 때문에, 현실을 넘어서려는 유토피아적 열망은 불합리한 몽상처럼 취급받게 된다는 것이다. 만하임은 '비현실적'으로 보이는 유토피아적 사상(재침례교의 천년왕국설, 자유주의 이념, 보수수의 이념, 사회주의 이념 등)이 '합리적'인 사상보다 사회변혁에 크게 기여할 수 있음을 지적했다는 것이다.

이상으로 요약한 만하임의 입론은 전철희의 입장에서는 '비현실적'인 유토피아를 꿈꿔야 한다는 돈키호테주의처럼 보이는 측면이 있고, '합리적'으로 보이는 모든 사유가 억압적 사회에 부조한다는 주장을 담았다는 점에서 극단적 기능주의로 비판받기도 하지만, 어쨌든 이 논지는, 식민지 지식인들의 "유토피아적"인 사상이 사회적 상상에 가까운 것일지언정, '합리적'이고 '현실적'인 서구 지식인들의 "이데올로기"보다 우월한 것일 수도 있음을 입증하기에 적합한 근거로 차용될 만한 것이었다고 판단한다. 그리고 전철희는 <토피아와 유토피아>에서 김윤식은 또한 루카치(Georg Lukacs)의 논지도 중요하게 인용했다는 점을 지적한다. 1970년대는 아직 루카치의 대표저작들도 번역이 되지 않았거니와 그의 이름을 꺼내는 것 자체가 위험한 상황이었지만, 김윤식은 그 유명한 경구 "갈 수 있고 또한 가야만 하는 길의 지도의 몫을 하늘의 별이 수행해 주며, 별의 빛이 빛을 비추어주는 그러한 시대는 행복하다."를 번역하고, 근대문학(소설)이란 "고아의식"을 가진 탕아들의 모험담이라는 『소설의 이론』의 핵심주장 또한 소개했다는 것이다. 김윤식은 루카치의 입론을 근거 삼아 "고아"로 살아야만 했던 식민지 문학인들의 '사상'이 지극히 문학적인 것일 수도 있음을 증명하려 했다고 본다.

전철희는 마지막으로 <토피아와 유토피아>는 짧지만 행간이 넓은 글이라서 정밀한 해석을 하기 힘든 감이 있지만, 이 글을 간략하게 소개한 것은, 김윤식이 식민지 문학인들의 고착상황을 인식하는 수준에 머무르지 않고, "황금시대"를 경험하지 못한 고아들의 '사상'에서 독자적 가치를 찾으려 했다는 사실을 방증하기 위해서였다고 밝힌다. 이 글은 유토피아에 대한 만하임의 입론 및 소설은 본래부터 탕아들의 가족로망스라는 루카치의 예술론을 근거로 삼은 이론적 고찰이었는데, 이후 김윤식은 개별 작가의 '내면풍경'을 추적하는 작업에 몰두하게 된다는 것이다. 다만 서구의 계몽주의자처럼 비판적 합리정신에 입각한 '사상'을 정초할 수 없던 식민지 지식인들이야말로 더욱 가치 있는 '사상'을 산출했을 수도 있으리란 김윤식의 '사상사'적 문제의식은 그의 글에 줄곧 내재되어 있었던 것으로 보인다고 판단한다.

이상과 같이 전철희가 『한국문학사』와 『한국근대문학사상비판』을 중심으로 김윤식의 사상사를 점검해 본 작업은 나름의 새로운 문제 제기이긴 하다. 그러나 이 두 권을 통해 김윤식의 사상의 전모를 다 해명하기에는 역부족이다. 김윤식의 문학적 사상은 다양한 저술에 편재해 있기 때문이다. 또한 김윤식의 식민지 문학인들의 사상을 전철희는 탈식민주의 이론으로 해석을 시도하고 있는데, 이에 대한 정합성도 따져보아야 하는 지점을 남기고 있다.

박다솜의 김윤식의 작가 연구방법론 소고

박다솜은 「결핍으로서의 주체 : 김윤식의 작가 연구방법론에 관한 소고」(『한국언어문학』)에서 다음과 같은 문제의식을 가지고, 김윤식의 작가론에 대한 접근을 시도하고 있다.

> 김윤식의 작가 평전은 작가에 대한 궁금증보다는 김윤식에 대한 호기심을 자아낸다. 무의미한 역사적 파편에 불과한 자료들을 김윤식이 어떤 논리로 서사화 했는지 그 "법칙성"(논리)을 밝히는 일이 본고의 궁극적인 목적이다. 한 인간의 생애 전체를 내러티브화 하는 평전의 성격상, 이 평전의 집필자인 김윤식이 '인간(주체)'을 어떻게 이해하고 있는가 하는 문제를 파악하는 일이 결국 "법칙성"을 부조하는 일이 될 것이다. 물론 그렇다고 해서 김윤식이 집필한 모든 작가 평전이 동일한 논리를 공유하는 것은 아니다. 다만 그가 몇몇 작가들을 분석하는 글에서 반복되는 논리적 형식을 발견할 수는 있었다. 이를 통해 김윤식의 주체관의 일단을 추출해 볼 것이다.[217]

김윤식은 주체(작가)에게서 모종의 결핍을 발굴해내고 이 결핍을 선회하는 것으로 한 사람의 인생을 이해하고 있다고 보았다. 이광수의 '고아의식'과 임화의 '가출 모티브,' 이청준의 '게 자루 이야기'가 표상하는 가난 체험이 각각의 결핍에 해당하는데, 여기서 주체의 결핍은 '-없음'의 형태로 표현될 수 있다는 것이다. 즉, '부모 없음', '집 없음', '돈 없음'이 각각 이광수, 임화, 이청준의 결여를 나타내는[218] 표지라는 것이다.

김윤식이 말하는 고아 상태란 속박으로부터의 독립이라는 의미에서의 자유가 아니라 마음껏 속박될 수 있는 자유에 가깝다고 본다. '고아 상태'라는 채워져야 하는 결핍의 상황을 정립해두고, 필사적으로 결여를 메꾸려는 주체로 작가를 이해하는 일이 『이광수와 그의 시대』라는 것이다. 김윤식은 이광수를 이 논리적 구도 속에 빠뜨려놓고 아비 찾기의 여정으로 이광수의 일생을 말끔히 꿰어냈다[219]고 해석하고 있다.

이처럼 『이광수와 그의 시대』는 김윤식의 작가 평전 방법론을 부감해 볼 수 있는 본보기가 되어주고 있다고 보았고, 그리고 이러한 구도는 3년 후인 1989년, 『임화 연구』에서 다시 한번 반복된다는 논리를 펼친다.

『임화 연구』는 "어떻게 하면 사람은 시인이 될 수 있는가, 또한 나아가 어떻게 하면 시인이자 혁명가가 될 수 있는가라는 물음에서 가출 모티브만큼 본질적인 것은 많지 않다."(『임화 연구』, 14면)라며 임화가 시인이자 혁명가가 될 수 있었던 까닭을'가출'에서 찾고 있다.[220]

그런데 이광수와 달리 가출에 대한 임화의 언급은 판연히 빈약하다는 점을

---

217 박다솜, 「결핍으로서의 주체 : 김윤식의 작가 연구 방법론에 관한 소고」, 『한국언어문화』 79, 2022, 95면.

218 박다솜, 위의 글, 96면.

219 박다솜, 위의 글, 99면.

220 박다솜, 위의 글, 100면.

문제삼고 있다. 성인이 되기 이전의 삶, 가정환경에 대한 임화의 언급이라고는 이것이 전부라며 김윤식이 제시하는 것은 200자 남짓한 쪽글이란 것이다. 스스로도 자료의 절대적 부족과 그로 인한 설득력의 미비함을 인지하고 있기 때문에 김윤식은 서사적 장치를 통해 임화의 '가출 모티브'를 보강하려고 이상의 가출을 인용하고 있다고 보았다. 세 살의 나이에 백부에게 맡겨지는 방식으로 가출했던 이상의 이야기를 자꾸 끌어들이고 있다는 것이다. 이상의 풍부한 전기적 자료를 통해 추출되는 가출 모티브를 임화에게도 똑같이 적용하려는 전략이다라고 판단했다. 그래서 『임화 연구』는 임화의 가출모티브에 대해 이야기할 때마다 이상의 가출을 거푸 언급하고 있다는 것이다.[221](『임화 연구』 14, 91면)

그리고 결핍과 그것을 둘러싼 주체의 분투는 김윤식이 주체를 이해하는 주된 방법론이어서, 작가 평전뿐만 아니라 미처 평전으로 발전되지 않은 짧은 글의 작가론을 통해서도 자주 발견된다는 것이다. 그래서 이 논리를. 김현과 이청준을 라이벌 구도 속에서 살피고 있는 글, <선험적 문학과 선험적 가난－자생적 운명의 시선에서 본 김현과 이청준>에서도 동일한 접근법으로 살피고 있다. 이청준의 가난은 "생리적인 것이어서 논리와는 전혀 무관한 차원에 속한다"고 말하며 김윤식은 게 자루 이야기를 길게 인용하여, 이청준의 선험적 가난을 직접적으로 표상한다고 해석했다. 그리고 재미있는 것은 이청준의 가난 체험이 ≪당신들의 천국≫의 '자생적 운명'으로 승화했다는 김윤식의 분석에 주목하고 있다. 비논리적이고 생리적인 것인 가난 체험이 ≪당신들의 천국≫의 오롯한 지점, '자생적 운명'론을 가능케 했다면 이청준의 결핍인 가난은 일종의 문학적 자산이 되었다고 보았다. 그리고 바로 이 대목에 김윤식이 김현을 끌어들이면서 또 다른 결핍 개념을 내세우고 있다고

221 박다솜, 위의 글, 101면.

보았다.

즉 김현은 『당신들의 천국』의 '자생적 운명'론을 논리적으로 이해할 수는 있을지언정 그것에 감동할 수는 없었다는 것이 김윤식의 지적이다. 김현에게는 가난이 없었기 때문에 그는 이청준의 '자생적 운명'론에 공감할 수 없다는 것이다. 당대의 화가·서예가와 교류하며 산수화를 수집하던 집안의 아들 김현은 선물 살 돈이 없어 어머니와 게를 잡던 집안의 아들 이청준의 "본바탕이나 엉큼한 속내"를 결코 알 수 없다는 것이다. 이는 결국 김현이 이청준의 문학에 온전히 감응할 수 없었다는 진단이다.

그렇다면 이광수의 '부모 없음'이나 이청준의 '돈 없음'과 마찬가지로 김현의 '가난 없음' 또한 하나의 결핍이라고 본다. '선험적 문학과 선험적 가난'이라는 제목이 드러내는 바, 이청준에게 선험적인 것이 가난일 때 김현에게 선험적인 것은 문학인데, '가난 없음'이 김현으로 하여금 문학적 불감증을 야기한다면 그에게 이 '가난 없음'만큼 치명적인 결핍은 없다고 해석한다. 이를 박다솜은 문학적 결핍이라 명명하고 있다. 이청준의 경우처럼 때로 어떤 결핍은 문학적 자산이 되기도 하며, 반대로 김현의 경우처럼 어떤 '결핍-없음'은 그 자체로 특정한 결핍이 되기도 한다. 다시 말해 '결핍-없음' 역시 결핍의 한 형태란 것이다. 여기서 주체의 결핍은 '-없음'에 '없음이 없음'으로 한층 깊어진다[222]고 보았다.

이를 통해 김윤식은 주체의 결핍을 근원적이고 구성적인 것으로 상정하고 있음을 알 수 있다는 결론에 이른다. 이는 정신분석의 '원초적 결여'로서의 주체 개념과 궤를 같이하는 것으로, 주체에게 결여란 태생적인 것이지 삶의 여정 속 망실의 결과로 부상하는 것이 아니라는 입장이다. 원초적으로 결여된 존재로서 주체는 '결핍 없음'마저 결핍의 결핍으로서의 주체 한 형태로

222 박다솜, 위의 글, 103면.

만드는 것으로 해석했다. 그래서 작가의 개인사적 파편을 그러모아 서사화하는 김윤식의 평전 구성 원리는 이러한 주체관에 기반하고 있다[223]고 보았다.

이러한 김윤식 평전에 나타난 서사구성 원리에 대한 정신분석학적 결핍 개념의 적용은 나름 설득력을 지니고 있으나 정작 평전 쓰기의 주체인 김윤식 자신의 글쓰기에 대한 근원적 결핍은 무엇이었는지에 대한 해석은 여전히 남겨진 과제이다.

최진석 외 4인이 밝힌 김윤식 저술 인용양상 연구

최진석외 4인 논문인 「김윤식과 우리 시대, 인용의 인구사회학적 시좌 : 현대문학연구자의 성별 및 세대별 김윤식 저술 인용양상 연구(2004-2019)」는 김윤식 연구의 현황을 거시적이면서도 통계적인 관점으로 해석해본 좀은 특별한 연구이다. 즉 김윤식 저술이 현대문학 분야의 논문에서 어떻게 인용 및 활용되고 있는지를 확인한 것이다. 구체적으로 김윤식의 저술을 인용한 논문들에 대한 세 가지 지점을 검토함으로써 김윤식이 2000년대 중반 이후 국문학계에서 어떻게 수용되었는지를 확인하고 있다. 이를 위해 2004년부터 2019년 사이에 간행된 현대문학 유관 학술지 38종의 현대문학 관련 논문들의 참고문헌 서지를 데이터로 구축 후 분석하는 작업을 하였다. 그 결과 내린 결론은 첫째 김윤식의 저술 중에서는 『한국근대문예비평사연구』, 『이광수와 그의 시대』 등 1970,80년대의 저작이 주로 인용되었다는 점, 둘째 젊은 세대의 연구자일수록 김윤식의 저술을 더 많이 인용하는 경향이 확인되

223 박다솜, 위의 글, 106면.

었다는 점, 셋째 서울대 출신 연구자이거나 남성 연구자일수록 김윤식의 저술을 많이 인용하는 경향이 확인되었다는 점, 특히 여성 연구자들의 김윤식 인용 빈도는 2015년 이후 급격하게 하락했다[224]는 점 등이다.

위 사항들을 조금 더 구체적으로 살펴보면 다음과 같다. 이 논문은 우선 방법론적으로 디지털 인문학이란 새로운 방법론을 시도하고 있다는 점을 밝히고 있다. 그리고 그 과정은 1) 한국현대문학 관련 학술지의 선별 2) 해당 학술지들이 2004년부터 2019년 사이에 수록된 현대문학관련 정규논문의 추출 3) 김윤식의 저술을 인용한 논문을 분류하는 과정을 거쳤다. 이 과정을 통해 우선 38종의 학술지를 선정했고, 이 학술지에 발표된 12,731편의 현대문학분과 논문을 선별했고, 이 논문에서 김윤식의 저술을 1건 이상 인용한 논문 2,174편을 분석대상으로 하고 있다. 이를 대상으로 기술 통계량 분석과 카이제곱 검정을 통해서 인용 패턴을 분석했다.[225]

분석결과 첫째 김윤식의 어떤 책을 인용하고 있는가 하는 점에서는 김윤식의 저술 중 가장 많이 인용된 것은 『한국소설사』였으며, 그 뒤를 『이광수와 그의 시대』, 『한국문학사』, 『한국근대문예비평사연구』, 『염상섭 연구』 등이 뒤를 따랐다고 분석하고 있다. 이 저술들은 연도별로 주요 저술의 비율을 확인해도 큰 기복 없이 꾸준히 인용된 저술들이었으며, 다만 특정 저술의 인용이 예외적으로 집중되는 시기는 있었다고 해석했다. 예를 들어 2015년에는 『염상섭연구』가, 2017년에는 『이광수와 그의 시대』에 대한 인용이 급격히 증가하였다가 이후 예년 수준으로 감소했으며, 2017년에 『이광수와 그의 시대』 인용이 급격히 증가했던 것은 그 해에 『무정』 출간 100주년이라는

---

224 최진석 외 4인, 「김윤식과 우리 시대, 인용의 인구사회학적 시좌 : 현대문힉연구자의 성별 및 세대별 김윤식 저술 인용양상 연구(2004~2019)」, 『국제어문』 96, 2023, 305-306면.

225 최진석 외 4인, 위의 논문, 312면.

이벤트가 있었다는 것과 관계가 있을 것으로 보았다. 또한 『염상섭문장전집』(이혜령·한기형 편, 소명출판, 2013~2014) 및 연구서 간행 직후의 새로운 학술사적 조명이 2015년 전후의 『염상섭연구』 인용 증가에 영향을 미쳤을 수 있다고 분석했다. 김현, 정호웅 등 다른 학자들과의 공저인 저술을 제외한 9종은 작가론 4종, 문학사 4종, 글쓰기론 1종으로 구성되어 있으며, 이 중 6종이 1980년대 중후반에 출간된 저술들이며, 1980년대 중후반은 김윤식의 대표작들이 집중적으로 출간된 시기였다고 분석했다. 여기에 더해 김윤식의 첫 단행본인 『한국근대문예비평사연구』가 가장 많이 인용된 저술 중 하나라는 것도 주목할 지점이라[226]고 평가했다.

다음은 세대별 인용 빈도를 살폈다. 현대문학 분과에서 가장 많은 논문을 출판한 세대는 1960년대생과 1970년대생으로, 두 세대가 합쳐 약 76%의 논문을 생산했다고 분석했다. 1960,70년대생이 논문 출판량에서 가장 많은 비중을 차지하는 것은 인문학 분야 전체에서 확인되는 현상으로, 현대문학 분과만의 특별한 사정이 아니라고 보았다. 다만 인문학 분야 전체에서는 2004년부터 2018년까지 지속적으로 1960년대생들이 1970년대생들보다 더 많은 논문을 출판했던 것으로 나오는 반면, 현대문학 분야에서는 2010년대 초부터 1970년대생 연구자들의 논문 게재량이 1960년대생 연구자들의 논문 게재량보다 우세하기 시작했다[227]는 것을 특이한 지점으로 해석했다.

그리고 1960년대생 연구자와 1970년대생 연구자는 김윤식의 저술을 인용하느냐의 여부 문제에서 상당한 차이를 드러냈다고 분석했다. 1960년대생 연구자가 쓴 논문 중에서 김윤식의 저술을 인용한 논문이 차지하는 비중은 15.2%인데, 이는 전 세대 중에서도 가장 낮은 수치라는 것이다. 이는 1960년

226 최진석 외 4인, 위의 논문, 319면.

227 최진석 외 4인, 위의 논문, 326면.

대생 연구자들이 다른 세대 연구자들에 비해 다소 이례적일 정도로 김윤식의 저술을 '덜' 인용한 세대에 속한다고 보고 있다.

그보다는 세대별 인용 순위에 더 주목할 필요가 있는데, 사실 상위 10위에 오른 저술의 면면 자체는 대체로 비슷하지만 몇 가지 독특한 순위 변동을 보여준 저술들이 확인된다는 것이다. 가령 『이광수와 그의 시대』는 김윤식의 단독 저술 중에서는 1950~1970년대생 사이에서 가장 많이 인용되는 저술이었지만, 1980년대생 연구자에게는 훨씬 낮은 선호도를 보였고, 역으로 1980년대생 연구자들이 『이광수와 그의 시대』보다 더 선호했던 『염상섭 연구』는 그 이전 세대 사이에서는 그 정도로 높게 선호되지는 않는 저술이었다[228]는 것이다.

그 외에 '김윤식의 저술에 가장 적은 관심을 보였던' 1960년대생 연구자들이 유독 높은 관심을 보였던 저술도 있는데, 『임화연구』와 『이상연구』는 1960년대생 연구자들 사이에서만 높은 관심을 받았던 저술이란 점이다. 『임화연구』는 월·납북 작가에 대한 연구가 해금된 이후에 제출된 여러 카프 연구 중 하나이지만 『임화 연구』는 "(1987년 이후의) 저항적/해방적인 열기와 동떨어져" 당대의 '진보적' 국문학자들의 관심을 받지 못했다고 설명되는 저술이기도 하지만 논자들의 연구에 따르면 2000년대 중후반 이후부터 2019년까지의 상황 속에서 『임화연구』에 가장 많은 관심을 보여준 세대는 다름 아닌 1960년대생들이었다는 것이다. 앞서 말했듯 1960년대생들은 87년 체제와 해금의 충격이 현대문학 분과의 성격을 근본적으로 변화시키고 있었던 상황 속에서 학계에 진입했던 세대이며, 당시 그들이 접했던 카프문학 연구를 2010년대에도 지속했던 세대라는 것이다. 그래서 이들이 현재까지도 『임화연구』에 대한 관심을 보였던 것이라 할 수 있다[229]고 보았다.

---

228 최진석 외 4인, 위의 논문, 329면.

마지막으로 성별에 따른 저술 인용 빈도를 살피고 있는데, 남성 연구자가 주로 인용하는 저술과 여성 연구자가 주로 인용하는 저술에 큰 차이는 없었지만, 이와 같은 분석은 조사 기간(2008~2019) 동안 누적된 모든 논문을 대상으로 계산한 결과임을 염두에 둘 필요가 있다는 것이다. 전체 논문 게재량을 연도별로 분절하여 보면 조금 다른 결과를 확인할 수 있기 때문이다.

남성 연구자가 출판하는 논문과 여성 연구자가 출판하는 논문의 양적 격차는 2010년부터 점차 줄어들기 시작했으며, 2015년을 기점으로 해서는 그 관계가 역전되어 여성 연구자들이 더 많은 논문을 출판하기 시작했다는 결과를 확인하고 있다. 또한 김윤식의 저술을 인용한 논문의 출판 추이를 연도별로 확인하면 여성 연구자가 김윤식의 저술을 덜 인용하는 경향이 있음을, 그리고 2015년 이후 그 경향이 현저해졌음을 확인할 수 있다는 것이다. 김윤식의 저술을 인용한 논문을 여성 연구자들이 남성 연구자들만큼 쓰지 않는 현상 자체는 거의 꾸준히 지속되었지만, 2010, 2015, 2017년 일부 구간에서 예외적인 변화가 일어났다고 분석했다. 2010년과 2017년에는 갑자기 여성 연구자들이 쓴 논문의 비중이 급격하게 떨어졌다가 이듬해 다시 예년 수준을 회복하는 패턴을 보였고, 2015년에는 김윤식의 저술을 인용한 논문을 여성 연구자들이 남성 연구자들보다 더 많이 쓰는 매우 이례적인 현상이 벌어졌다는 것이다.

그런데 흥미로운 지점은 2015년 이후 여성 연구자들이 쓰는 논문이 남성 연구자들이 쓰는 논문보다 현대문학계 전체에서 더 많아졌음에도 불구하고, 김윤식의 저술을 인용한 논문 중에서 여성 연구자가 쓴 논문이 차지하는 비중은 오히려 감소하고 있다는 것이다. 즉 2015년 이전의 연구 경향이 그대로 유지되었다면 통계적으로 봤을 때, 2015년 이후의 그래프에서 여성 연구

---

229 최진석 외 4인, 위의 논문, 330면.

자 쪽이 남성 연구자 쪽보다 위에 있어야 하지만 실제로는 여성 연구자들이 김윤식의 저술을 덜, 그것도 2015년 이전보다도 훨씬 덜 인용하고 있음을 보여준다[230]는 것이다.

2015년 이후 김윤식 저술 인용의 현저한 감소는 '김윤식 아닌 것'으로 나아감으로써 '비(非)김윤식일 수 없는 자'들의 세계로부터 벗어나려는 움직임일 수 있겠다고 추정하고 있다. 보다 구체적인 논의는 김윤식의 저술을 인용한 여성 연구자의 논문 836편, 혹은 김윤식의 저술을 인용하지 않은 논문 4,435편에 대한 보다 정밀한 분석을 수행한 이후에야 가능할 것이라고 유예는 하고 있지만, 다만 상대적으로 분명한 것은 연구자의 성별에 따른 차이, 그리고 2015년이라는 시간의 경험이 김윤식 저술의 인용에 무언가 새로운 변화를 가져왔다[231]는 것이다.

이상과 같이 이 논문에서 논자들은 현대문학 학지 생산의 네트워크를 그려내기 위하여 김윤식을 중심점으로 한 밑그림을 그리고자 했다. 이 논문에서는 김윤식의 저작 중에서도 가장 많이 인용된 저술이 무엇인가(『이광수와 그의 시대』와 『한국근대문예비평사연구』), 김윤식을 가장 많이 인용하는 연구자는 어떤 연구자인가 등의 사실을 확인하였다. 이 연구에 따르면 현대문학 연구자들이 가장 관심을 갖는 김윤식 저술은 대부분 그가 1970,80년대에 출간했던 저술들이란 점이다. 다만 1970,80년대에 제출된 저술들을 인용할 때도 김윤식의 견해를 인용한다기보다는 김윤식의 저술에 기록되어 있는 역사적, 문학사적 사실들을 인용하는 경우가 많다는 것은 주목할 만한 지점이라고 밝혔다. 이것은 김윤식의 연구가 실증 연구에 기초해 있기 때문일까? 라고 문제제기를 하고 있다.

---

230 최진석 외 4인, 위의 논문, 333면.

231 최진석 외 4인, 위의 논문, 334면.

그리고 이 연구에서 가장 논쟁적으로 받아들여질 지점은 김윤식의 저술을 '누가'활용하느냐의 문제라고 보고 있다. 논자들의 연구에 따르면 현재 현대문학분과 계열 논문 출판의 가장 중요한 세대라 할 수 있는 1960년대생(86세대)은 김윤식의 저술을 예외적으로 적게 인용한 세대였으며, 1960년대생의 후속 세대로 갈수록 김윤식 저술에 높은 관심을 보이는 경향을 확인할 수 있었다는 점을 특기한다. 물론 1980,90년대생의 경우 (적어도 2010년대 초중반에는) 그들의 기성세대에 비교할 만큼 논문 출판에 적극적이지 않았다는 점, 그렇기에 '논문을 출간할 수 있는' 특정한 배경의 1980,90년대생의 경험이 과장되어 있을 가능성은 감안해야 한다 하더라도 1970년대생과의 비교에서도 김윤식 인용 빈도의 차이가 두드러지는 것은 주목할 지점이라고 분석했다. 또한 이 와중에 본래도 남성 연구자들에 비해 김윤식의 저술을 덜 인용하는 편이었던 여성 연구자들이 2015년 이후에는 훨씬 더 급격하게 김윤식의 저술에 대한 관심을 잃었다는 것도 특기할 지점으로 보았다.

그리고 논문의 서두에서 밝혔던 것과 같은, 김윤식이라는 이름이 가리키는 무언가의 실체를 규명하기 위해서는 이 논문에 이어질 후속 작업이 필요할 것이다[232]라고 제안하고 있다.

문제는 학문의 발전사라는 관점에서 지금까지 연구가 보여준 통계학적 해석을 넘어서는 비판적인 고찰이 필요하다. 즉 김윤식의 저술을 인용하되 단순 인용이 아니라, 그 인용을 통해 김윤식의 연구결과에 나타난 한계를 어떻게 극복하고 있느냐 하는 지점에까지 이 연구는 나아가야 한다. 이 점이 제대로 실현되지 않으면 이 연구는 단순한 통계학적 수치의 결과만으로 끝나기 때문이다. 일차적으로 통계학적 연구에서 드러나는 수치에 대한 객관적인 통계 자료도 유의미한 부분들이 많지만, 학문사란 선 연구자의 연구결과에

232 최진석 외 4인, 위의 논문, 336면.

대한 후속 연구자들의 비판적인 연구결과가 더 유의미하며, 학문의 발전사는 결국 선 연구자가 남긴 한계를 넘어서는 비판적 지성사이기 때문이다.

우신영이 분석한 김윤식의 문학교육론

우신영은 「김윤식의 문학교육론」에서 김윤식의 문학 교육론을 살피기 위해서 문학교사론, 문학교육과 비평의 관계론, 한국근대문학교육론이라고 명명할 수 있는 세 개의 문제를 살피고 있다. 우신영이 볼 때는 김윤식이 지닌 비평가이자 평전 작가, 문학사가, 에세이스트로의 평가만으로는 충분하지 않다는 것이다. 그가 볼 때는 비평가와 연구자와 표현자의 자리가 격렬하게 대화할 자리가 필요한데, 그것이 바로 교육자로서의 정체성[233]이라는 것이다. 김윤식 자신도 문학교사로서의 자의식을 가지고 있었는데, 이 점이 그동안 충분하게 해명되지 못했기에 이를 밝혀보고자 했다.

그래서 우신영은 우선 1장에서 비평가 아닌 자로서의 교사론을 펼치고 있다. 김윤식은 1969년부터 1981년에 이르는 시기에 문학교육론을 펼치고 있는데, 이 문학교육론은 문학교사론에 가깝다고 본다. 문학교육에 대한 본격적인 글로서는 「문학을 어떻게 가르칠 것인가」(현대문학, 1969)인데 이 글의 촉발점은 콜롬비아에서 오래 동안 문학을 가르치고 있던 트릴링 독서에 있다는 점을 주목하고 있다. 김윤식은 "왜 현대문학을 가르치지 않느냐는 학생들의 항의에 맞닥뜨렸던 트릴링의 상황과, 대학에서 현대문학교육이 전무하다는 느낌에 시달리는 자신의 상황 사이에 모종의 공통점을 발견했기

233 우신영, 「김윤식의 문학교육론」, 『국어교육연구』 52, 2023, 150면.

때문이"[234]란 것이다. 즉 김윤식은 문학이 종교나 정신요법이라 해도 망발이 아니며, 따라서 문학교육도 그렇다고 확신함으로써 문학교육의 필요성을 인식하고 있었다는 것이다. 그런데 김윤식은 문학교육에 사용되는 작품은 그 학습자들과 가장 가깝고 밀접한 세대의 문학을 제시해야 한다고 주장했다는 점을 특기하고 있다. 즉 독자 자신의 아픔을 이끌어 낼 수 있고 윤리적 문제로 환원시킬 수 있는 가능성을 품은 좋은 작품이 좋은 문학교육 제재라는 것이다.

이렇게 문학교육의 필요성을 인식함과 동시에 김윤식은 문학교육을 담당할 교사의 역능에 대해 논의하고 있음을 밝힌다. 김윤식도 트릴링처럼 교사와 비평가 사이에 차이가 있다는 점에 동의한다. 교사에게도 비평가적 욕망이 존재할 수 있지만 그들은 제 안에서 비평가적 요소를 의식적으로 몰아내고, 공적 실천성에 일단 정지해야 한다는 것이다. 그렇다면 김윤식은 문학교사를 비평가의 미달 상태로 본 것인가. 우신영은 그렇지는 않다고 본다. 엄격한 균형의 감각과 묘를 발휘해야 한다는 점에서 별개의 역량이 요구되는 존재로 여겼다고 보는 편이 온당하다[235]고 보았다.

그리고 이러한 문학교육의 인적 주체와 비평가 사이를 잘 갈라놓는 태도의 글이 김윤식의 1981년도 글인 「국어교육에 있어서의 비평의 할 일」에서도 잘 드러나고 있다는 점을 밝히고 있다. 비평은 문학교육에서 작품 이해의 논리적 수단이나 문학에 대한 지식의 일종으로 활동하게 된다는 점을 내세우고 있지만, 비평의 활동은 어디까지나 특수한 것으로, 문학교실에서 그 나름의 생존비법이기는 하나 그것을 비평의 참모습이라 하기는 어렵다고[236] 보았다는 것이다. 문학교실에서 비평의 쓰임새를 긍정하지만, 그때 비평은 참

---

234 우신영, 위의 글, 152면.
235 우신영, 위의 글, 155면.
236 우신영, 위의 글, 157면.

비평과는 다른 일종의 유사 비평이자 '논리적 설명'이라는 것이다.

우신영은 다음 1982년부터 1985년에 이르는 2기의 시기에 김윤식의 문학 교육론은 변전을 겪는다고 보았다. 그 첫 논의 대상으로 1984년 을유문화사에서 펴낸 『韓國近代文學과 文學敎育』을 다루고 있다. 여기에서 2기의 시작점에 있는 글 「문학 교육의 가능성과 그 한계」(1982)에는 서울대학교 국어국문학과 정교수(1979~2001.9) 임용이라는 '사건'이 있다고 파악한다. 그러므로 김윤식에게 문학교육은 대체로 대학에서의 문학교육, 그중에서도 서울대학교에서의 문학교육이라고 본다. 그러니 이 글은 당시 그가 15년간 서울대학교 강단에서 수행했던 문학교육의 의미를 탐구하는 작업이었다[237]는 것이다.

그리고 우신영은 문학 교사라는 직업은 "운명"이 되어 버렸으나 여전히 그것이 충분히 해명되지 못했다 느꼈을 때 그는 "문학 교사의 자리가 어디인가를 묻는" 작업에 박차를 가한다고 해석했다. 그리고 이 글은 특이하게도 교수로 임용된 제자에게 쓰는 편지의 형태를 취하고 있는데, 사제 관계에서 문학 교수라는 동업자가 된 이에게 느끼는 동병상련의 글이란 것이다. 서술에 따르면 제자 H군은 김윤식에게 문학을 가르치는 일의 곤란함에 대해 토로했던 적이 있는데, 이 글은 그에 대한 늦은 답장이란 것이다. 이는 김윤식이 1기에서 견지했던 교사 대 비평가의 구도를 일견 반복하는 듯 보인다고 평한다. 즉 교사는 작가가 아니며, 시인이 아니며, 평론가도 아니며, 정치가가 아니며, 따라서 자유로운 표현을 하면 안 되고, 작품을 가치평가도 하면 안 되고, 정치를 하려 들면 안 된다는 것이다. 이렇게 문학교사가 처한 곤란과 모순을 지적하는 데 주력하고 있는 이 글에서는 아직 뾰족한 묘책이 제시되지 않고, "또 답답하면 편지하기로" 약속할 수밖에 없었다[238]고 보았다.

---

237 우신영, 위의 글, 160면.

238 우신영, 위의 글, 161면.

그리고 3년 후인 1985년 김윤식은 파리에서 열린 한국문학 심포지엄에 참석하게 되는데, 여기서 발표된 것이 「한국 근대문학사의 시각에 대하여－교사의 몫과 비평가의 몫」인데 우신영은 여기에 주목하고 있다. 김윤식은 "교사로서의 몫과 평론가의 몫이 내 속에서 조화를 발견하지 못하면 나는 이것도 저것도 아닌 지경에 떨어"지고 말 듯한 불안이 엄습하고 있었기에 과제를 풀어가는 방식도 달라질 수밖에 없었다는 것이다.

논의의 구체성을 위해 김윤식은 최남선의 <해에게서 소년에게>, 김억의 번역시, 김수영의 <풀>, 신경림의 <농무>, 김지하의 <남>을 소개하고 있는데, 그에 따르면 앞의 두 작품은 나라 찾기에 대응되고, 뒤의 세 작품은 나라 만들기에 대응된다고 보았다. 그런데 전자는 교사의 몸으로, 후자는 비평가의 몸으로 감당해야 할 작업이란 것이다. 문학교육이 다룰 수 있는 시기를 국가 상실의 시기로 좁혀 놓은 그는, 평론이 다룰 수 있는 시기를 개화기부터 당대(80년대)로, 그러니까 두 배는 넓은 평수로 계산하고 있다[239]고 우신영은 해석한다.

이렇게 구체적인 작품을 가지고 교사와 비평가의 몫을 가르다 보니 1기에서 트릴링에 근거한 보편적 논의를 전개할 때와는 논의의 행보가 달라진다고 보았다. 김윤식은 교사가 가치중립적이라고 강조했던 1기의 발언을 뒤엎을 수밖에 없게 되었다는 것이다. 세부로 들어갈수록 이 나라의 문학교사가 투명한 피를 가질 수 없음만 조목조목 드러날 뿐이었기 때문이다. 김윤식에 따르면 이 나라의 문학교사는 주로 앞의 두 작품, 그러니까 국가 상실 기간의 문학을 다룰 수밖에 없었다는 것이다. 그래서 김윤식은 마침내 자신의 처지를 "교사인 나는… 일종의 이데올로기에 매달려 있는 형국"이라고 고백한다는 것이다. 그리고 그 이데올로기의 이름은 "사람들이 자주 경멸해 마지않는

239 우신영, 위의 글, 162면.

민족주의"일 수밖에 없고, "한국문학 교사인 김윤식은 이 한계를 결코 넘어서지 못하고," 따라서 1기에서 트릴링을 신뢰할 때 가능했던 자유롭고 보편적인 가치 탐구의 교실보다는 엄숙하고 경직된 교실이 마련될 수밖에 없다[240]고 평가한다. 김윤식은 "매우 메마르고 딱딱한 단세포적인 사고에 얽매어 있어, 자유분방하고 즐거워야 될 문학교실이 재판소 같은 분위기를 자아낼 때가 많아 스스로가 놀라곤"하지만, 식민지 근대라는 이 변방의 나라의 특수성을 곱씹는 그로서는 일단 그것을 인정해 둘 수밖에 없었다는 것이다. 김윤식은 한국 문학교육의 숨 막힘을 그것대로 수용하기로 하며, 이 나라의 문학교육은 "대단하고도 경멸할 만한"일이지만, 계속되어야 할 일이라고 보았다는 것이다. '나라 찾기' 프로젝트가 어떤 의미에서는 현재진행 중이기 때문에 자신이 놓인 세대의 불행이고 운명인 만큼 벗어날 수는 없었다는 것이다.

하지만 개인적으로는 이 숨 막힘에서 탈출할 방법이 있다고 우신영은 보고 있다. 이때 탈출 주체를 문학교육이 아닌, 자신으로 잡았다는 점이 주목할 만하다는 것이다. "행인지 불행인지" 평론가이기도 하다는 점이 숨구멍이 되어 주었다는 것이다. 한국어 및 그 문화적 지방성을 완전히 털어버릴 수는 없으나 교사보다는 자유롭고, 다루는 문학의 시기와 대상이 넓어지고 운신의 태도 역시 분방해질 수 있다고 판단한다. 교사의 자리를 계속 지키겠다는 것. 이 다짐 속에서 때로는 "교사로서의 한계점을 평론가로서 충격하여 눈뜨게 하"고, 때로는 "평론가로서의 한계점을 교사의 자리에서 비판"하는 몸바꿈을 계속하기로 마음먹었다는 것이다. 이제 막 시작되어 세련되지 못했으나 자신과 후속 세대(70년대 이래의 젊은 세대)들에 의해 자국 전통에 대한 연구와 같은 통일의 방식이 "맹렬하게" 시험되고 있다[241]는 것이다.

---

240 우신영, 위의 글, 163면.

241 우신영, 위의 글, 164면.

우신영은 1992년부터 2012년에 이르는 때는 김윤식은 문학교육의 위험성을 떠맡기로 한 시기로 본다. 김윤식은 문학교육을 세대 잇기라는 소명의식으로 인식했다는 것이다. 그 잇기에 사용되는 줄이 문학교육 정전, 그러니까 문학 교과서라는 것이다.

교과서에 대한 관심은 김윤식 개인적으로도, 공적으로도 필연적인 것으로 보았다. 이 시기 교재론 쪽으로 집중된 그의 문학교육적 관심은 1992년도 발표된 두 글에서 확인할 수 있다고 보았다. 「우리 근대문학 교육의 어떤 좌표－근대와 그 초극에 관련하여」 및 「문학교육과 이데올로기－국어교과서의 역사성 비평」이 그것이다. 김윤식은 「우리 근대문학 교육의 어떤 좌표-근대와 그 초극에 관련하여」에서 낯선 시대, 그러니까 '90년대스러움'을 문제삼았다고 보았다. 동인지 ≪현대비평과 이론≫ 편집자였던 정정호, 장경렬 교수의 원고 청탁을 받아 든 김윤식은 이제 지난 "교사 노릇"에 대한 "반성 같은 것, 그러니까 자의식을 문제 삼아"보리라 결심하고, 근대문학 전공의 교사로서 자신이 지금껏 풀어왔던 문제를 다음과 같이 요약한다. "근대적인 것이란 무엇인가"가 그것이다. 이 물음에서 그동안 문학교사 김윤식은 한시도 자유로울 수가 없었다[242]는 것이다.

우신영은 김윤식이 한국 근대문학교육의 궁극적 좌표를 "근대의 초극"으로 재설정하면서. 이제 '문학교육은 가치중립적이어야 한다'라던 제1기의 명제는 '문학교육은 가치중립적일 수 없다'는 2기를 지나 '그렇다면 제대로 가치로워야 한다'는 3기로 변화한다[243]고 보았다. '근대'가 유효한 주제임을 스스로에게 납득시킨 김윤식은 「문학교육과 이데올로기 : 국어교과서의 역사성 비평」을 쓰는데, 이 글을 우신영은 국어교과서의 '불가피성'에 주목한

242 우신영, 위의 글, 167면.

243 우신영, 위의 글, 168면.

것으로 판단한다.

특히 김윤식은 미군정 때 국어 편수관이었던 가람 이병기에 대한 관심과 반공에 대한 의식으로 인한 문협정통파 미학의 정전화, 그로 인한 몰역사성의 문학교육까지 그는 거침없이 짚어나갔다는 것이다. 또한 80년대 문학 교과서의 분석주의 방법까지 이어지는 이 반정치성이 역으로 얼마나 정치적인지 역시 날카롭게 통찰한다고 보았다. 중립의 자세가 곧 중립을 의미하지는 않는다는 것을 한때 문학교육의 가치중립성을 강조했던 스스로와 문학교육을 거듭 강조하면서, 그는 이데올로기적 문학교육의 주 도구가 되어 온 제도적, 비제도적 교재들을 분석했다는 것이다. 그리고 김윤식은 2011년 「한국 근대문학의 시선에서 본 문장과 문학의 교육적 양상 : 비제도권과 제도권의 접근과정」을 발표하는데, 여기에서 그는 다양한 독본들, 특히 이윤재의 『문예독본』, 이태준의 『문장강화』와 『상허문학독본』, 정지용의 『문학독본』, 양주동의 『민족문화독본』 및 서울대학교 『대학국문선』이 각각 비제도적, 제도적 문학교육에 끼친 영향을 날카롭게 분석하고 있다고 우신영은 평가한다. 특히 후자에 대한 김윤식의 주목은 여러모로 의미심장하다고 보았다. 이 교재가 한국 '문화인'들의 교양, 문학적 취향과 감성, 나아가 중·고등학교 국어/문학 교과서의 뼈대와 피부를 이룩하였음이 속속 드러났기 때문이[244]란 것이다.

우신영은 김윤식이 누구보다 문학 교과서의 작용력에 민감할 수 있었던 까닭은 무엇일까라고 질문하고, 이를 알아보기 위해서는 그가 남긴 몇몇 글들, 특히 '산소통으로서의 글쓰기'의 결과물들을 일별해 볼 필요가 있다고 판단한다. 그래서 김윤식이 배웠던 교과서에 대한 언급들은 그의 산문들에서 숱하게 반복되고 있음을 예시하면서 그 대답을 다음과 같이 하면서 결론을

244 우신영, 위의 글, 169면.

대신하고 있다.

> "김윤식을 키운 것은 팔 할이 교과서다"로 요약할 수 있는 언술들이다. 그렇게 교과서에 의해 키워진 그는 후속 세대를 키우기 위해 교과서를 집필하게 된다. 그래야만 무릎에 피가 맺힌 출발선의 군(君)들을, 어리고 성글지만 미래의 향기를 품은 매화들을 만날 수 있기 때문이다. 나아가 이 교과서는 자신이 "누나의 교과서에 홀려 밤마다 꾸었던 꿈의 세계"로 후속 세대를 불러들이는 초대장이기도 하다. 이는 마치 줄광대가 다음 줄광대를 찾아 가르치는 과정을 떠올리게 한다. 그러니 문학 교과서라는 '줄'은 문학교사로서 그의 자부심이자 욕망이다.[245]

이러한 결론은 김윤식의 문학교사로서의 자리를 명확하게 보여주는 장면이기는 하지만, 우신영이 김윤식의 문학교육자로서의 과정을 3단계로 나누고 있는 근거나 토대를 좀 더 명확하게 정리할 필요가 있어 보인다. 비평가로서의 김윤식은 교육자로서의 김윤식과 이원화한다는 자체가 근본적으로 힘든 여정을 보여주고 있기 때문이다.

권성우의 일본 현대지성과의 만남을 통해 본 김윤식 글쓰기 해부

권성우가 「일본 현대지성과의 만남을 통해 본 김윤식 글쓰기(비평)의 특성, 감각, 진화」를 통해서 탐색하고자 하는 주제는 김윤식의 두 차례에 걸친

---

245 우신영, 위의 글, 171면.

일본 유학시절에 이루어진 일본 지성(문인 및 학자)과의 만남이 근대문학 연구와 비평, 글쓰기에 어떤 영향과 자극을 주었으며, 이를 통해서 김윤식 글쓰기가 어떤 방식으로 진화해 나갔는가에 대해서이다. 이를 탐색하기 위해 권성우는 김윤식의 『한일문학의 관련 양상』(1974)과 『내가 읽고 만난 일본』(2012)을 중심 텍스트로 삼아 김윤식이 일본 유학과정에서 만나거나 저작을 접한 오무라 마스오, 고바야시 히데오, 에토 준, 모리 아리마사 등이 김윤식의 글쓰기와 문학연구, 비평적 관점에 어떠한 영향과 자극을 주었는지, 아울러 그들이 서로 어떤 관계를 맺으며 학문적 우정을 나누었는지, 이 계기를 통해 김윤식의 글쓰기가 어떤 방식으로 진화·도약하며 확고한 자기 세계와 개성적인 미적·학문적 경지를 지니게 되었는지를[246] 살피고 있다.

그 첫 대상은 오무라 마스오이다. 권성우는 오무라 마스오를 『윤동주와 한국 근대문학』, 『식민주의와 문학』, 『한일 상호이해의 길』, 『사랑하는 대륙이며 : 시인 김용제 연구』, 『한국문학과 그 주변』, 『오무라 마스오 문학 연구 앨범』 등 '오무라 마스오 저작집' 전 6권(소명출판, 2016~2018)과 『人間問題(강경애)』(平凡社, 2006), 『故鄕(이기영)』(平凡社, 2017), 『たばこスープ : 金學鉄文学選集1』(新幹社, 2021) 등 한국문학 번역 성과들을 낸 학자이며, 오랜 세월 동안 한국(문학) 연구의 뜻깊은 결실을 이룬[247] 자로 소개한다. 그리고 오무라가 주도적으로 참여해 1970년에 발간된 일본인들의 한국문학 연구 학술지인 『조선문학 : 소개와 연구』 창간호에는 "조선문학을 사랑하고 조선문학을 필생의 사업으로 삼는다는 오직 하나의 목표로 우리가 뭉쳤다는 것을 의미한다"고 적혀 있다는 점을 들어 "조선문학을 아마도 죽을 때까지 꼼꼼히 공부

---

246 권성우, 「일본 현대지성과의 만남을 통해 본 김윤식 글쓰기(비평)의 특성, 감각, 진화」, 『한국현대문학연구』 71, 2023, 13면.

247 권성우, 위의 글, 15면.

해가리라"라는 다짐은 이후 그의 학문적 여정 동안 한결같이 유지됐다[248]고 본다. 이러한 오무라를 김윤식은 1970년 첫 번째 일본 유학에서 만나 교류하게 되는데, 특히 오무라 마스오는 이광수 등의 일본 유학 흔적과 관련 자료를 탐문하던 김윤식에게 결정적인 도움을 주었다는 것이다. 실제로 김윤식은 『비도 눈도 내리지 않는 시나가와역』(2005), 『풍경과 계시』(1995), 『내가 읽고 만난 일본』(2012) 등 몇몇 저서에서 오무라 마스오 교수의 자상한 도움을 반복해서 언급하고 있다[249]는 점을 권성우는 구체적으로 예시하고 있다.

이러한 두 사람의 교류를 권성우는 1970년 일본에서의 만남 이후 오랜 학문적 우정을 쌓아온 김윤식과 오무라 마스오가 각자의 정년 퇴임 기념 강연에 기꺼이 국경을 넘어 참석한 것은 자연스러운 과정이라고 보았다. 먼저 2001년 9월 11일 서울대에서 열린 김윤식 교수의 퇴임기념 강연회에 오무라는 세리카와 데쓰요(芹川哲世), 호테이 도시히로(布袋敏博), 후지이시 다카요(藤石貴代) 등 일본인 한국문학 연구자들과 함께 참석했고, 김윤식은 그로부터 3년 후인 2004년 1월 15일 와세다대학에서 열린 오무라 교수의 정년 퇴임 최종 강연(주제는 朝鮮近代文学と日本)에 참석한 사실을 명시하고 있다. 그 후 김윤식은 "오무라 교수의 최종강의가 지닌 최대의 매력이랄까, 부러움이랄까, 듣고 있는 내 자신의 몸이 미미하게 떨릴 지경이었지요."라고 참석 소감을 고백한 점을 특기하고 있다. 그리고 김윤식은 2004년 당시 오무라 교수와 부부 동반으로 하코네 온천을 방문했으며, 그 이후에도 그들은 생이 다하는 날까지 각별한 관계를 유지해왔다는 점을 강조하고 있다.

그리고 권성우는 지금까지 적은 바와 같이 두 사람의 오랜 인연과 각별한 학문적 우정을 생각건대, 각기 평생 소장해온 귀한 책과 자료들이 그들 사후

---

248 권성우, 위의 글, 16면.
249 권성우, 위의 글, 17면.

에 '국립한국문학관'에 함께 합쳐진다는 것은 두 한일 지성의 오랜 학문적 유대(紐帶)와 신뢰, 깊은 우정을 상징하는 일종의 '사건'이라 할만하다[250]고 결론을 내리고 있다.

권성우가 다루고 있는 두 번째 인물은 고바야시 히데오이다. 김윤식은 일본 유학 시절 수많은 일본어책을 읽었는데, 그중에서 그의 글쓰기와 비평에 가장 밀도 깊은 자극과 영향을 준 문인은 일본 근대비평의 진정한 출발점이라 일컬어지는 비평가 고바야시 히데오라는 것이다. 권성우는 김윤식이 "고바야시의 비평적 업적을 제대로 파악하지 않고는 일본 근대문학의 한 부분의 파악이 사실상 불가능하다."고 평가했다는 것이다. 김윤식은 마치 복화술사의 목소리로 "그대가 저 불세출의 평론가 고바야시 히데오(1902~1983)에 매료되어 거의 외경의 경지에서 꽤 열심히 공부했고, 그에 대한 논문까지 썼고(小林秀雄의 한국 체험, 『한국근대문학사상사』, 한길사, 1984), 그의 저서 대부분을 소장하고 있음을 나는 알고 있다."고 적었다는 것이다. 특히 『내가 읽고 만난 일본』의 2장 고바야시 히데오, 사람은 비평가도 될 수 있는가(모두 160면에 이른다)는 김윤식이 지금까지 쓴 고바야시에 관한 글 중에서 가장 상세하고 밀도 깊은 성과[251]라고 권성우는 평가하고 있다. 그리고 김윤식이 이 글을 통해 강조하고자 하는 핵심적인 요지 중의 하나는 '비평에 대한 자의식'이란 것이다.

"물론 고바야시 이전에도 문예비평가가 있었다. 그러나 그 이전에는 자각적인 비평가가 없었다는 선언이 아닐 수 없다는 것이다. 비평이란 행위가 그 자신의 존재 문제로서 의식되었음을 두고 '자각적'이라 한다면 고바야시가 처음이"란 것이다. 이를 권성우는 김윤식 자신의 관심사를 그대로 투사한

250 권성우, 위의 글, 19면.

251 권성우, 위의 글, 20면.

다고 해석한다. 김윤식이야말로 비평이라는 장르가 그 자신의 존재 문제로 다가온 드문 비평이었다는 것이다. 이런 사유와 생각의 뿌리에 바로 고바야시 히데오의 존재가 있었다[252]고 보았다.

이렇게 고바야시와의 만남을 통해, 한층 뚜렷해진 김윤식의 비평적 자의식, 즉 '비평이란 무엇인가'라는 질문은 비평가로 활동한 그의 평생을 지배해온 화두였다는 것이다. 김윤식을 비평의 본질과 성격에 대해 누구보다도 끊임없이 성찰해온 비평가로 평가한다. 그는 첫 번째 일본 유학 전에도 비평의 임무는 무엇인가(『현대문학』, 1968.12), 비평의 변모(『월간문학』, 1969.12) 같은 평문을 발표했고, 그 이후에도 비평이란 무엇인가(『세계의문학』 3, 1977 봄), 비평이란 무엇인가(『현대문학』 271, 1977.7) 등을 발표했기 때문이다. 권성우는 김윤식의 비평적 자의식은 "그것이 아무리 정밀하고 정확한 지식의 적용이라 할지라도 거기에 어떤 자의식의 강렬성이 작용하지 않으면, 즉 비평가 자신의 존재 문제와 결부되지 않으면 우수한 학술 논문일 수는 있어도 문학으로서 비평 영역에서는 벗어나는 일로 간주될 수 있다."는 주장을 통해 명료하게 드러난다고 보았다.

즉 김윤식은 비평이 시나 소설 못지않게 또 하나의 창작이자 독자적인 표현의 하나라는 사실을 꾸준히 자각하며 비평 행위를 수행해왔다는 것이다. 말하자면 비평만이 표현할 수 있는 것에 대한 의식, 즉 비평적 자의식을 지니며, 비평의 자율성과 독자성에 대해 늘 고민해왔다는 것이다. 그렇다면 김윤식이 고바야시에 대해 언급한 "자의식이야말로 고바야시의 미를 파악하는 독특한 방식이며 이 방식은 『역사에 대하여』(1937), 『역사와 문학』(1940) 등에 일관하여 흐르는 정신구조이다."라는 문장은 실상 김윤식 자신에게 되돌려져야 할 것으로 본다. 요컨대 김윤식에게 "비평이란 비평하는 주체의

252 권성우, 위의 글, 21면.

생명의 표현(가치창조)이라는 점"이 그의 비평관의 핵심을 이루고 있는데, 권성우가 볼 때는 이런 비평에 대한 사유는 고바야시와의 만남, 자극, 영향을 통해 그만의 비평으로 진화해 나갔던 것[253]이라고 본다.

세 번째로 권성우는 에토 준을 다루고 있다. 김윤식에게 에토 준의 목소리와의 첫 만남은 '극히 우연'이었지만, 이후 그보다 세 살 연상이었던 에토 준의 글쓰기 방법과 태도는 오랜 시간 동안 소중한 자극으로 다가왔다[254]고 본다. 에도가 보여준 "강아지 기르는 시간만 빼면 먹는 것, 자는 것, 말하는 것, 심지어 숨 쉬는 것까지 오직 글쓰기뿐이라는 것. 숨쉬기조차도 글쓰기를 위해 있다는 것. 즉 글쓰기가 전부라는 에토 준의 생각은 김윤식의 글쓰기 태도를 다잡는 하나의 계기가 되었다는 것이다. 김윤식은 1973년 10월 작성한 『한국근대문학의 이해』 '책머리에 부쳐'에서도 "안일한 나날보다도 비통한 나날을, 죽음 이외의 휴식은 없는 것이다. 참으로 두려운 것은 못다 한 욕망이 죽음 후에도 남지나 않을까에 있을 뿐이다."라고 앙드레 지드의 목소리를 빌려 글쓰기에 모든 걸 건 자신의 태도를 피력한 바 있다고 파악하고 있다. 그리고 바로 위에서 인용한 대목의 두 번째 문장은 그가 세상을 뜨기 1년 전에 간행된 『김윤식 서문집』(개정증보판, 사회평론, 2017) 서문에서 다시 언급된다고 했다. 아울러 『혼신의 글쓰기, 혼신의 읽기』(강, 2011)라는 월평집 제목 역시 글쓰기가 모든 것이라는 김윤식의 철학을 표상한다고 보았다. 그래서 권성우는 '죽음 이외의 휴식은 없는' 글쓰기, 인생의 모든 열정을 송두리째 바친 글쓰기는 김윤식의 생 전체를 관류한 명제이자 자의식이었다[255]는 것이다. 이러한 글쓰기에 대한 자의식은 분명 에도 준과의 영향을

253 권성우, 위의 글, 23면.
254 권성우, 위의 글, 24면.
255 권성우, 위의 글, 25면.

무시할 수 없다는 것이 권성우의 판단이다.

권성우는 김윤식이 에토 준의 글쓰기를 통해 뚜렷하게 의식한 또 하나는 월평에 대한 집념과 남다른 애정으로 본다. 1970년대 중반까지는 주로 학술적 차원의 근대문학 연구에 주력하던 김윤식의 글쓰기는 1차 일본 유학이라는 귀한 경험에서 얻은 자극을 되새기며, 점차 비평과 월평, 예술기행 등 다양한 스타일의 글쓰기로 확대되는데, 1979년 첫 예술기행집 『문학과 미술 사이 : 현장에서 본 예술세계』(일지사)가 발간됐으며, 『우리문학의 넓이와 깊이 : 김윤식 평론집』(서래헌, 1979), 『우리 소설의 표정 : 김윤식 월평집』(문학사상사, 1981) 무렵부터 본격적인 현장비평(월평)에 착수한 이래 누구보다도 '월평'이라는 글쓰기 형식에 애정을 지니며 오랜 세월 지속해왔다는 것이다. 그는 월평 형식에 대한 남다른 애정과 자의식을 지녔기에 「아직도 월평을 쓰고 있는가－그대 아직 꿈꾸고 있는가」(『문학을 걷다』, 그린비, 2014)라는 제목의 글을 쓰기도 했다고 본다. 그에게 월평이라는 행위에 대한 자의식을 전달한 에토 준은 '문학의 서브컬처화(sub-culturized)'와 세대적 감각의 한계라는 이유로 결국 월평 쓰기를 중단하지만, 김윤식은 젊은 작가들의 새로운 감성을 적극적으로 수용하며 인생의 거의 마지막 순간까지 월평 쓰기를 놓지 않았다는 점을 부각시키고 있다. 그래서 권성우는 에토 준의 월평과 모든 걸 건 글쓰기는 김윤식을 통해 한층 치열하고 본격적인 형태로 진화됐다[256]고 평가한다.

마지막으로 논의 대상이 모리 아리마사이다. 권성우는 김윤식이 접하게 된 모리 아리마사의 저서 『바빌론의 흐름의 기슭에서』와의 만남에 대한 회고를 통해 그와의 영향을 추적하고 있다.

김윤식은 우연히 간다 고서점에서 산 이 에세이집이 어째서 그토록 나를

---

256 권성우, 위의 글, 26면.

위로해주었을까. 그 이유 또한 잘 설명할 수 없다."고 적었다는 것이다. 이를 권성우는 "모리는 일본을 떠나 파리에서 그것을 경험하고 있는데 나는 두 번째 유학으로, 동경에 와서 그와 똑같은 공포 앞에 노출되어 있었던 것"이 그가 그토록 모리의 저작과 에세이에 몰입한 심리적 이유였다고 해석했다. 또한 김윤식은 모리의 글쓰기에 대해 "순수한 관찰자만이 그러니까 마음을 깡그리 비운 자, 현실에서 몸을 완전히 돌린 자, 곧 외로운 마음의 사냥꾼인 자만이 비로소 할 수 있는 사업이었던 것"이라고 적었는데, 이점은 고독한 학자이자 비평가였던 김윤식 자신이 지녔던 글쓰기에 대한 열정을 상징한다고 보았다. 김윤식에게 파리를 둘러싼 문화적 감각을 직접 느끼고 체험하는 과정을 통해 생성된 사상(글쓰기)은 "사상적 철학적인 저술을 읽고 얻어낸 사상과는 비교도 안 될 정도로 치밀하고 강인한 것"으로, 바로 모리 아리마사의 글쓰기가 그러했다[257]는 것이다.

권성우는 이런 모리의 사유에 대한 경도(傾倒)와 탐색을 통해 김윤식은 경험을 통과한 표현과 감각의 글쓰기, 즉 스스로 작품이 되는 예술적 글쓰기에 대해 이전보다 한층 깊게 고민하게 되었다고 본다. 즉 김윤식은 자신이 쓰는 모든 것이 그대로 작품이기를 소망하고 있었는데, 그것이 바로 내 운명이다라고 속으로 외치고 외치며라는 첫 번째 일본 유학 때의 다짐은 1979년에 출간된 그만의 예술기행(『문학과 미술 사이』)을 통해서 이미 본격적인 개화를 시작한 터였다[258]는 것이다.

그런 작품으로서의 글쓰기에 대한 소망을 줄곧 염원해온 김윤식은 두 번째 일본 유학시절 만난 모리 아리마사의 에세이를 통해 학문이나 논리로는 충분히 포착할 수 없는 영역의 글쓰기, 즉 표현과 경험, 실감으로서의 글쓰기가

257 권성우, 위의 글, 30면.

258 권성우, 위의 글, 31면.

지닌 신비한 매력에 한층 다가설 수밖에 없었다는 것이다. 또한 권성우는 김윤식은 모리 아리마사의 경험과 실감의 세계, 루카치가 언급한 에세이만의 특성과 심연을 통과한 김윤식은 이제 그만의 예술기행의 세계 즉 사유와 감각·경험이 결합된 에세이(기행문)의 매력을 기나긴 세월 동안 펼쳐 보였다고 평가한다. 『문학과 미술 사이』(1979)에서 시작하여 『황홀경의 사상』(1984), 『낯선 신을 찾아서』(1988), 『환각을 찾아서』(1992), 『설렘과 황홀의 순간』(1994), 『아득한 회색 선연한 초록』(2003), 『비도 눈도 내리지 않는 시나가와역』(2005) 등으로 이어지는 일련의 예술(학술)기행이 이를 여실히 보여준다[259]는 것이다

이러한 글쓰기 의식에 대해 권성우는 김윤식은 왜 그토록 모리 아리마사의 에세이에 마음을 내주었던 것일까라고 질문을 던지고는 스스로 다음과 같이 답하고 있다. 그 공감의 마음은 모리의 에세이 정신에 깃든 '고독한 정신의 움직임'에 대한 진한 동질감과 "관념만 새빨갛게 고압적으로 달구어졌고 실감으로서의 체험은 아무 데서도 구할 수 없는 비극적 상태. 그것은 지금의 나와 같다(1980.10.31. 도쿄에서)"는 자의식에서 비롯되었다는 것이다.

그리고 권성우는 결론으로 『내가 읽고 만난 일본』은 김윤식의 어느 저서보다도 시적인 충만감과 빛나는 서정, 밀도 깊은 문장, 사유의 심연으로 채워져 있다. 그렇다면 외려 고바야시 히데오와 에토 준과의 만남, 대결, 이들에 대한 깊은 응시를 통해 김윤식의 글쓰기는 또 다른 그만의 경지로 나아갔다고 볼 수 있지 않을까라고 부연하고 있다. 이는 달리 말하면 그의 논의가 김윤식이 일본에서 만났던 지성들의 영향소를 밝히는 선을 넘어서서 김윤식만의 경지가 무엇이었는지를 밝히는 과제가 남겨져 있음을 드러내 보여주는 장면이다.

---

259 권성우, 위의 글, 32면.

이경재의 『이광수와 그의 시대』 다시 읽기

이경재는 「김윤식의 『이광수와 그의 시대』 고찰」 : 심정적 세계와 논리적 세계를 중심으로」에서 김윤식이 『이광수와 그의 시대』에서 펼친 이광수 해석의 핵심이 '심정적 세계(밤의 논리)와 논리적 세계(대낮의 논리)'의 이분법이라고 규정한다. 이것은 지금까지 거의 주목받지 못했지만, 이 이분법적 논리야말로 『이광수와 그의 시대』를 처음부터 끝까지 일관하는 '이광수 해석'의 핵심이라고 판단하고[260] 있다. 이 이분법적 논리를 해명하기 위해 이경재는 김윤식이 『이광수와 그의 시대』에서 여러 차례 이광수를 가리켜 '동 키호테'라는 표현을 사용하고 있다는 점에 주목한다. 김윤식이 춘원을 '동 키호테'라 부르는 핵심적 이유는, 춘원이 '심정적 세계'에 속하기 때문이란 것이다. '심정적 세계'는 '논리적 세계'에 대응되는 개념으로서, 비합리적이며 비논리적인 세계를 의미한다. 춘원이 '심정적 세계'에 속한 인물이라는 그러한 근거로 김윤식은 1) 춘원이 비합리적으로 약자의 처지를 망각했다는 점, 2) 절망을 직시하고도 희망을 얘기하는 사이비 계몽주의자라는 점, 3) 평생 윤리적 편향성에서 벗어나지 못했다는 점을 꼽고 있다[261]고 보았다. 춘원은 "심정적 세계의 전형적인 내면 풍경"을 지녔기에, '심정적 세계'가 "치밀한 논리의 세계, 가능성과 불가능성을 확연히 구분하는 합리주의(제국주의라는 이름의 서양 및 일본의 진보주의) 앞에서는 여지없이 격파되는 것, 진보주의가 얼굴만 내밀어도 산산이 공중폭파"된다는 것을 몰랐다는 것이다. 춘원은 "밤의 논리 속의

---

260 이경재, 「김윤식의 『이광수와 그의 시대』 고찰 : 심정적 세계와 논리적 세계를 중심으로」, 『한국현대문학연구』 71, 2023, 49면.

261 이경재, 위의 글, 52면.

사람"이었고, "하면 된다는 헛소리를 참말"처럼 외치는, "그 맹목 속을 동키호테처럼 돌진"했다[262]는 것이다.

그리고 이경재는 김윤식이 『이광수와 그의 시대』에서 내보이는 논리적 세계는 무엇인가를 다음과 같이 제시한다.

> '심정적 세계'에 대응하는 '논리적 세계'란 과연 무엇인가? 처음 그것은 근대(성) 그 자체를 의미하는 것으로 논의된다. 춘원이 만주리(滿洲里)를 넘어 시베리아에 갔을 때, 사람들이 빵을 파는 것을 보고 춘원이 감격해 하는 대목이 나온다. 김윤식은 이 때의 감격이 "논리적 세계(대낮의 논리)"를 볼 수도 이해할 수도 없었기 때문이라고 주장한다. "고깃관 주인의 손익계산의 주판알이 정확한 계산에 의거되는 한 아침 식탁을 염려할 필요가 없"는 세계가 "합리주의 및 진보주의이자 자본주의의 논리이며 또한 근대"이자, "소위 논리적 세계(대낮의 논리)"라는 것이다. "근대라는 이름의 서양사상은 합리주의·과학주의를 기반으로 한 것"이라는 말에서 알 수 있듯이, 과학주의 역시 논리적 세계의 중요한 일부이다. 이처럼 김윤식은 합리주의, 진보주의, 자본주의, 근대 등을 일컬어'논리적 세계'라 부르는 것이다.[263]

그리고 이경재는 『이광수와 그의 시대』에서는 친일(파) 역시 '심정적 세계'와 '논리적 세계'의 이분법을 통해 규정된다고 보았다. 친일파는 '합리적 사고', '논리적 사고'를 하는 '근대주의자'로서, '논리적 세계'에 속한 사람들이라는 것이다. 그런데 『이광수와 그의 시대』에서 춘원 사상과 활동의 핵심에 해당하는 동우회는 근본적으로 '심정적 세계'에 속하기에, 춘원은 구조적

262 이경재, 위의 글, 53면.

263 이경재, 위의 글, 55면.

으로 '논리적 세계'를 따르는 친일파가 될 수 없다고 보았다. 그 이유로 주지하다시피 김윤식은 『이광수와 그의 시대』를 통해 춘원의 핵심 사상으로 동우회 이념을 들고 있는데, 춘원이 "동우회의 세계, 그 행동과 논리의 세계의 연장선상에서 그는 끝내 이탈할 수가 없었다."고 보고 있다. 이러한 동우회의 세계관은, "논리적 차원이기보다는 심정적인 차원"으로 규정된다는 것이다. "이 엄밀한 논리의 세계에 비합리적인 심정적 세계(밤의 논리)를 대립시킨 것, 그것이 독립운동이요 동우회운동이었다."고 바라보는 것이다. "독립운동을 하고 동우회운동을 편 것은 물을 것도 없이 심정적 세계의 일"이었으며, 춘원은 "언제나 심정적 세계(밤의 논리)에 발을 딛고 있었"기에 춘원은 구조적으로 '논리적 세계(낮의 논의)'를 따르는 친일파가 될 수 없[264]었다는 것이다.

여기서 자연스럽게 드는 의문은 춘원이 동우회 활동을 포기하고, 본격적인 친일 행각을 벌이던 일제 말기는 자연스럽게 춘원이 '심정적 세계'를 벗어나 '논리적 세계'에 다가간 것으로 볼 수도 있지 않겠냐는 것이다. 그런데 주목할 것은 이 시기에 춘원의 생애를 일관해서 설명해 오던 '심정적 세계'와 '논리적 세계'의 이분법이 사라져 버린다는 점이다. 이분법이 사라진 가장 큰 이유는 '일본 제국주의로 대표되는 근대라는 이름의 세계'가 더 이상 '논리적 세계'에 속하지 않기 때문이란 것이다. 김윤식에 의하면, 메이지 시기(1868~1912)와 다이쇼 시기(1912~1926)의 일본은 '합리주의를 기반으로 한 논리적 세계(낮의 논리)'로부터 크게 이탈하지 않은 국가이다. 일테면 메이지 시대의 일본은, "아직도 진화론과 제국주의의 본질이랄까 필연적인 논리가 그 악마성을 공공연히 드러내기 전의 상태"로 규정하고 있다는 것이다. 또한 다이쇼 시기의 일본과 관련해서도, "전전 일본의 자유주의 지식인을 대표하는 가장 뚜렷한 존재"인 요시노 사쿠조에 대한 논의를 적지 않게 수행하고

264 이경재, 위의 글, 58면.

있는데, 김윤식은 춘원의 준비론을 형성케 한 기원의 하나가, "일본의 대정데모크라시의 사상가 길야작조(吉野作造, 1878~1933)에 연결"된다고 말한다. 김윤식은 3.1 운동 이후의 국내 상황을 말하면서도, 요시노 사꾸조는 "'대일본국가 속에서' 일본민족과 조선민족이 각각 특징을 지녀야 한다."는 입장이었으며, "길야의 이 사상이야말로 '조선인이 목말라 우러러본 사상'이었음은 어쩔 수 없는 일이었고, 국내의 많은 지식층들은 이 사상을 우러러보았고 이 수준에서 신문·잡지가 간행되었다."라고 주장한다. 이처럼 다이쇼 시기의 일본도 서구 제국주의의 큰 흐름에서는 이탈하지 않은 때였다는 것이다. 그러나 일제 말기의 일본을 '합리적 사고를 기반으로 한 근대주의 국가'로 규정하는 것은 여간 어려운 일이 아니고, 그렇기에 춘원은 이 시기에 아무리 친일행위를 했다 하더라도, 김윤식이 규정한 의미의 '친일파'일 수는 없다는 것이 이경재의 판단이다. 친일을 하고자 아무리 몸부림쳐도, 친일을 할 대상으로서의 '합리적 논리적으로 살아가는 근대주의 국가' 일본이 일제 말기에는 더 이상 존재하지 않았기 때문이[265]란 것이다.

이러한 춘원이 김윤식이 정의한 친일파(합리적·논리적 사고를 하는 근대주의자)가 되는 것은 해방 이후라고 본다. 해방 이후 춘원은 '논리적 세계(낮의 논리)'로부터 불기소처분(인정)을 받을만한 존재로 그려지기도 한다는 것이다. 김윤식은 1948년 12월에 발표된 「나의 고백」에서 춘원이 "3천만 민족이 일제히 일어나서 대규모로 반항을 한다면 수만의 피를 흘리고라도 징용과 징병을 면할는지 모른다. 그러나 그 때에 그것은 가능하였던가. 그것은 애국심이 부족하여서 못한 것도 아니요, 용기가 부족하여서 못한 것도 아니다. 어느 민족이나 그러한 경우에는 못하는 것이다."라고 말한 것을 인용하여, 이러한 주장은 "검토해볼 성질의 것"으로 고평되는데, 그 이유는 "적어도

265 이경재, 위의 글, 59면.

논리의 세계를 전제로 했기 때문"이란 것이다. "서양 제국주의란 기실은 합리적 사고를 기반으로 한 진보주의"이며, 그것에 이어진 일본제국주의 역시 "빈틈없는 논리적 세계(낮의 논리)"라는 것이다. 그래서 이경재는 김윤식은 '동 키호테' 춘원이 해방이 되고 남한 정부가 수립된 1948년 12월의 시점에야 "비로소 이 사실", 즉 "'빈틈없는 논리적 세계(낮의 논리)'에 눈을 뜬 것"으로 평가[266]했다고 보았다.

마지막으로 이경재는 김윤식의 『이광수와 그의 시대』를 논하면서 이 논의 속에 내재해 있는 보이지 않는 중심으로서 카프, 즉 사회주의라는 또 다른 논리적 세계에 주목하고 있다.

『이광수와 그의 시대』에서 합리적 진보주의적 세계인 '논리적 세계'는 서양에서 시작되어, 일본제국주의를 거쳐 미군정으로 이어지는데, 이러한 '논리적 세계'는 우러름의 대상일 수는 없으며, 주로 춘원의 '심정적 세계'가 지닌 한계를 비춰주는 역할을 할 뿐이란 것이다. 『이광수와 그의 시대』에서는 일제로 대표되는 '논리적 세계'를 극복하는 또 다른 '논리적 세계'가 '보이지 않는 중심'으로 자리 잡고 있는데, 그것은 바로 사회주의라는 또 다른 '논리적 세계'란 것이다.

이것은 춘원에게 결여된 변증법적·역사적 유물론에 대한 민감한 인식인데, 춘원의 계몽주의를 비판할 때면 어김없이 호출되는 '반제 반봉건주의자'이자 '근대를 근본적으로 악의 개념으로 파악한 혁명가'인 루쉰, 『무정』 비판의 근거로 활용되는 임화의 문학사 인식 등을 통해 확인할 수 있다는 것이다. 이를 통해 이경재는 『이광수와 그의 시대』가 비록 1980년대에 연재되었지만, 기본적인 문제의식은 김윤식이 1970년대에 견지하고 있던 진보적 사상의 총괄에 해당하는 것임을 알 수 있다고 해석하고 있다. 즉 『이광수와 그의

266 이경재, 위의 글, 63면.

시대』는 김윤식이 1970년대에 견지하고 있던 사상적 지향에 이어지는 작업이라고 보는 것이 타당해 보인다는 것이다. 이러한 결론에 이르기까지 이경재는 이광수가 지향했던 심정적 세계에서 논리적 세계라는 김윤식이 세워놓은 이원론적 카테고리에 대한 근원적 문제제기 없이 김윤식의 『이광수와 그의 시대』를 재구성해 놓고 있다는 점이 아쉽다.

이경재는 이 논문에 이어 연속선상에서 「김윤식의 '이광수 해석'에 나타난 일본과의 관련성 고찰」(『춘원연구학보』 28, 2024)을 발표했다. 이 글에서는 김윤식이 이광수에 대해 논의한 모든 글을 대상으로 하여, 김윤식의 '이광수 해석'에 나타난 일본과의 관련성에 대하여 살펴보고자 하였다. 이는 온전한 김윤식의 '이광수 해석'을 해명하기 위해서는 『이광수와 그의 시대』는 물론이고, 2000년대 중반에 이루어진 논의까지 포괄해서 다루는 것이 필요하다고 판단한 이유이다.[267]

이경재는 『이광수와 그의 시대』에 나타난 이광수 해석에 나타난 일본과의 관련성을 파악하기 위한 전제로 김윤식이 일본에 두 차례나 건너가 이광수와 관련된 자료를 섭렵했음을 밝히고 있다.

> 제가 이 책을 쓰기 위해 자료조사차 일본에 간 것은 1969년에서 1970년에 걸친 시기였고, 두 번째로 간 것은 1980년이었읍니다. 10여 년 동안 저는 이광수와 그가 살았던 시대와 장소에 마주하고 있었던 셈이지요. 왜 그랬는지는 모르겠으나, 좌우간 저는 그럴 수밖에 없었습니다.[268]

---

267 이경재, 「김윤식의 '이광수 해석'에 나타난 일본과의 관련성 고찰」, 『춘원연구학보』 28, 2024, 303면.

268 이경재, 위의 글, 307면.

『이광수와 그의 시대』를 쓰기 위해서, 이토록 일본에의 천착이 필요했던 것은 김윤식이 보기에 이광수가 그만큼 일본과 긴밀한 관련성을 갖는 존재이기 때문이란 것이다. 김윤식은 중학 시절의 이광수가 "그 텅 빈 소년의 조건과, 고아로서 정신적 지주가 없었다는 조건을 이중으로 지닌" 목마른 존재였는데, "그 목마름을 채우는 것이 그에게는 학교공부였다고 말한다. 이때의 학교공부는 "동경의 명치기 문명개화의 지식"을 의미한다고 보았다. 나아가 "춘원에겐 그 문명개화가 수단의 일종으로 보이지 않고, 그 자체가 목적으로 파악되었다."고까지 주장한다는 것이다.

김윤식은 "일본 명치기(明治期)의 일본식 계몽주의에 결정적 영향을 입은 이광수에게는 그 후의 다른 어떤 체험도 공리적 타산의 수준을 넘지 못한다." 고 단언한다. 또한 김윤식은 이광수가 일본의 실체를 파악했을 땐 이미 그의 지력이나 체험은 제3의 시각, 즉 객관적인 시각이 아니라, "개화기 일본화된 독소에 침윤된 시점에서 한 발자국도 벗어날 도리가 없었다."라고 주장하고 있다. '한 발자국도'나 '어떤 체험'도와 같은 표현에는 일본과 이광수의 밀접성에 대한 김윤식의 강한 신념이 잘 드러나고 있다[269]는 것이다.

그런데 이러한 2000년대 중반에 이루어진 김윤식의 이광수 연구가 이경재는 '이중어 글쓰기'라는 학문적 개념으로 보다 정교화되었다고 본다. 이 시기 김윤식의 이광수 연구는 철저하게 일제 말기(주로 1940년대)에 초점이 맞추어져 있는데, 이 시기 이광수의 글쓰기는 크게 네 가지 범주로 나뉘어진다는 것이다. 이러한 구분의 첫 번째 기준이 '일본어/조선어'라는 언어라면, 두 번째 기준은 '창씨개명/본명'이라는 작가명인데, 이를 김윤식은 "일어/조선어의 범주와 가면/맨얼굴 범주의 뒤섞임으로 인한 4중어 글쓰기 현상"이라 부르고 있다는 것이다. 창씨개명한 글쓰기는 '가면 쓴 글쓰기'에 본명의 글쓰

---

269 이경재, 위의 글, 308면.

기는 '맨얼굴의 글쓰기'에 해당한다고 할 수 있는데, 83편의 일어 글쓰기 중에서 李光洙의 이름으로 된 것은 단 6편에 지나지 않는다는 것이다. 그 중에서도 일본의 순문예지에 발표된 것은 오직 두 편뿐이다. 그러나 「行者」는 작가명이 '香山光郞(李光洙)'로 되어 있고, 「三京印象記」만이 온전하게 '李光洙'로 작가명이 되어있어, 일본어 글쓰기로서 '맨얼굴의 글쓰기'에 해당하는 것은 「三京印象記」 한 편뿐이라는 것이다. 이경재는 김윤식에 의해 분류된 일제 말기 이광수의 일제 말기(1940~1945) 글쓰기를 다음과 같이 정리하고 있다.[270]

A) '일본어 글쓰기'이자 '가면 쓴 글쓰기'－香山光郞－시, 소설, 수필, 평론 등

B) '일본어 글쓰기'이자 '맨얼굴의 글쓰기'－李光洙－기행문 「三京印象記」

C) '조선어 글쓰기'이자 '가면 쓴 글쓰기'－香山光郞－시 「새해」, 「새해의 기원」 등

D) '조선어 글쓰기'이자 '맨얼굴의 글쓰기'－李光洙(春園)－소설 『원효대사』

이경재는 이 중에서 김윤식에 의해 집중적으로 논의의 대상이 된 것은 A), B), D) 유형의 글쓰기로 본다. A) 유형에 해당하는 글로는 제1차 대동아 문학자대회(1942년 11월 3일)에서 이루어진 「'동아정신'의 수립에 대하여」와 같은 연설도 포함되는데, 이 연설에는 "천황의 자비심의 발견"과 같은 주장이 담겨 있다는 것이다. 香山光郞라는 이름으로 발표한 「'동아정신'의 수립에 대하여」는 "맨 정신으로 쓴 것 같지 않은, 공허하기 짝이 없는 수사학으로 꾸며 낸 글로 규정하고," 김윤식은 이 자료가 "표층적 표현(수사학)의 세계"에

270 이경재, 위의 글, 313면.

해당하며, "이러한 세계를 두고 밝은 면, 대낮의 논리"라 부른다고 말한다. 이어서 "이와는 맞서는 심층적 표현이랄까 어두운 면, 밤의 논리는 어떠할까."라고 덧붙이고는, 여기서 『이광수와 그의 시대』에서 사용된 '낮의 논리'/'밤의 논리'라는 용어가 2000년대에 와서는 다르게 사용된다는 것을 알 수 있다[271]는 것이다. '낮의 논리'에는 '표층적 표현(수사학)의 세계'라는 의미가, '밤의 논리'에는 '진심의 세계'라는 의미가 새롭게 덧붙여진 것이다.

1940년대 이광수는 <A) 유형의 글쓰기－'일본어 글쓰기'이자 '가면 쓴 글쓰기'>를 통해, 일본의 논리를 메저키즘적으로 전유한다고 할 수 있는데, 이것은 '香山光郎'라는 '낮의 논리'의 가면을 쓴 글쓰기라고 했다. 그렇기에 <A) 유형의 글쓰기>는 『이광수와 그의 시대』에서부터 이어지는 '낮의 논리(논리적 세계)'와 '밤의 논리(심정적 세계)'라는 이분법에 의한다면, 그 표피적 외양과는 달리 '밤의 논리(심정적 세계)'에 해당하는 글쓰기라고 정리할 수 있다는 것이다.

그리고 B)와 D) 유형의 글쓰기는 모두 李光洙(春園)라는 조선어 이름으로 되어 있는 글쓰기이며, 여기에는 이광수의 본심이 담겨져 있는 것으로 규정하고 있다. 또한 '심정적 세계'가 극단화 되어, 아예 '논리적 세계'를 초월해 버린 글쓰기라고 할 수 있는데, 이것은 고대인이라는 가면과 불교의 힘에서 비롯된 것으로, 여기서는 '밤의 논리'가 '낮의 논리'를 압도해버린다는 것이다. 김윤식의 "시방세계(十方世界)를 안고 있는 李光洙는 이미 불법(佛法) 그것이어서 동일률로 겨우 버티고 있는 서구식 근대 제국주의의 얕은 논리로는 엿볼 수 없는 그런 엄청난 무량의 세계였던 것이다."라는 말에서 알 수 있듯이, B)와 D) 유형의 글쓰기는 '낮의 논리'에 대한 '밤의 논리'의 일방적인 승리를 의미한다고도 볼 수 있다[272]는 것이다.

---

271 이경재, 위의 글, 314면.

이렇게 이광수의 글쓰기를 이경재는 앞서 논문에서 밝힌 낮의 논리와 밤의 논리로 규정하고 있는데, 이러한 해석에 이르는 과정을 좀 더 치밀하게 논리화해야 할 필요가 있다. 심정적 세계와 논리적 세계가 글쓰기의 유형에 따라 밤의 논리와 낮의 논리로 전환시켜 명명할 수 있는 정합성이 설명되어야 하기 때문이다.

이지연의 김윤식의 해방공간의 '민족문학 글쓰기'

이지연의 「작은 글쓰기의 공간과 문학비평의 자리 : 김윤식의 『해방공간 한국작가의 민족문학 글쓰기론』(2006) 다시읽기」는 김윤식(金允植, 1936~2018)이 국문학계에 남긴 문학사 연구 업적 중 주요한 개념으로 다뤄지는 '해방공간'을 다시 들여다보고, 그 의의를 다시금 도출해 보고자 함에 있다. 해방 직후부터 남한에 단독정부가 수립되기까지 3년의 기간(1945.8.15~1948.8.15)을 김윤식은 텅 빈 '공간'으로 규정하였는바, 이에 대한 그의 학문적 관심은 꾸준하고 집요한 것이었다고 본다. 해방공간의 특이성을 설명하려는 시도가 1980년대 말 '문학사론'의 형태로 등장한 뒤 2000년대 이후 '글쓰기론'으로 그 모습을 바꾸어 계속되었다는 점은 김윤식의 문학사 저술에서 이 시기가 갖는 무게를 짐작하게 해준다는 것이다. 그래서 이지연은 이 글에서 김윤식이 천착했던 문제의식이 어떤 과정을 거쳐 변화하였는지를 간략하게 살피고, 궁극적으로 김윤식의 '해방공간' 논의가 닿고자 한 곳이 어디였을지 조심스럽게 추측해보는 것을 목표로 삼고[273] 있다. 이러한 논의의 출발은 김민수의

272 이경재, 위의 글, 323면.

「'문학'에서 '글쓰기'로—김윤식의 '글쓰기론 3부작' 논의를 위한 예비적 고찰」에서 『해방공간 한국작가의 민족문학 글쓰기론』이 충분히 해명되고 있지 않다는 점에 주목한 점[274]도 있음을 밝히고 있다. 그래서 이지연은 이글에서 첫째, 왜 이원조인가? 그리고 둘째, 이원조의 '내면풍경' 분석과 해방공간의 '문학사론'은 어떻게 '글쓰기론'으로 변신하는가? 이 두 개의 질문은 별도의 것이 아니라 서로 연결되어 있는데, 김윤식의 해방공간 연구에서 두 축을 차지하고 있는 '문학사론'과 '글쓰기론'의 형식 사이에 놓여 있는 이들을 해명함으로써 김윤식이 천착한 해방공간의 역설에 한 발 더 가까이 다가갈 수 있는, 일종의 길찾기를 조심스럽게 수행해 보고자 한다.

이지연은 이 작업을 수행하기 위해 이원조라는 인물에 대한 김윤식의 천착을 살펴보기 위해서는, 우선 『해방공간의 문학사론』(이후 『문학사론』)과 겹쳐지는 1부의 내용을 언급하지 않을 수 없다고 전제한다. 문고판 『문학사론』의 제1장 '해방공간의 남북한 문학단체 변화과정'과 제2장 '해방공간의 정신사'가 『글쓰기론』에서는 총 3개의 장으로 재편되었는데 '1장 해방공간의 나라만들기 비판—문학과 정치', '2장 문학자의 자기비판—문학과 모럴', '3장 해방공간의 언어관 비판—언어와 국가.' 여기에서 『문학사론』의 제1장이 『글쓰기론』의 1부 1장에 해당하며, 제2장은 2장과 3장으로 각각 나누어져 있고, 『문학사론』의 제2장이 '임화를 중심으로 한 내면풍경 연구'라는 부제를 달고 있었음을 고려해 볼 때, 이러한 변화는 '자기비판' 또는 '언어관'이라는 소주제를 특정 인물보다 앞에 내세우고자 한 의도가 반영된 것으로 읽을 수 있다[275]고 본다. 그래서 좌담회의 내면 풍경을 분석한 김윤식의 논의를 살피고

---

273 이지연, 「작은 글쓰기의 공간과 문학비평의 자리 : 김윤식의 『해방공간 한국작가의 민족문학 글쓰기론』(2006) 다시읽기」, 『한국현대문학연구』 71, 2023, 81면.

274 이지연, 위의 글, 86면.

275 이지연, 위의 글, 87면.

있다.

위 내용의 분석을 통해 이지연이 내린 결론은 이들의 '내면풍경'을 통해 김윤식이 "한반도의 운명"을 발견하고 있다는 점이다. 즉 적어도 여기까지 해방공간의 '문학사'는 남북 분단이라는 한반도의 역사를 문학연구자 김윤식이 반성적으로 점검한 결과로서 제출되고 있다[276]고 본다. 해방공간은 어떤 과정을 거쳐 6·25라는 비극에 정초하게 되었는가. 이 질문을 문학사적으로 풀어낸 뒤의 해답이 『문학사론』의 그것이자 『글쓰기론』의 1부를 장식한 '해방공간의 나라 만들기 비판'인 셈이란 것이다.

그런데 『글쓰기론』에 이르면 김윤식의 문제의식은 조금 다른 각도에서 해방공간의 문학사를 '반성적 점검'의 자리에 놓았던 것으로 본다. "단일 연속체"로서의 "한국 근대문학사"에 도전하는 "두 개의 공간" 중 하나로서 해방공간이라는 개념 설정이 그것이란 것이다. 해방공간의 문학사가 '한국 근대문학사'의 단일성을 문제 삼을 수 있다면, 그것은 우리 삶을 지배하는 '근대'와 그것을 토대로 탄생한 '근대문학'을 새로운 각도에서 들여다볼 프리즘이 된다는 것이다. 이때 『글쓰기론』의 제호이기도 한 '민족문학 글쓰기'는 전자와 후자를 한꺼번에 돌파하기 위한 방법론으로 제시되는데, 김윤식이 '근대'와 '근대문학'을 반성적으로 검토한 결과 해방공간의 '민족문학 글쓰기'가 갖는 유효함을 증명하려 할 때, 주요한 통과점으로 등장하는 인물이 바로 비평가 이원조[277]란 것이다.

이지연은 김윤식이 이원조를 해방공간의 가장 문제적인 인물로 지목한 이유는 그가 시인이나 소설가가 아닌 비평가라는 사실과도 밀접하게 관련되어 있다고 본다. 또한 김윤식은 해방 이전의 '나라 찾기'와 해방공간의 '나라

276 이지연, 위의 글, 91면.
277 이지연, 위의 글, 92면.

만들기' 모델을 연속선상에서 파악하며, 이원조의 노선은 언제나 '제3의'영역에 있었음을 밝히고 있다. 이는 카프(KAPF) 서기장을 역임했던 임화나 『문장』 파의 거두였던 이태준과는 달리, 카프의 맹원이 아니면서도 심정적으로는 카프의 편에선 채 문학에 나아갔던 이원조의 행보에서 알 수 있다는 것이다. 1930년대에 발표된 비평문 중 「문필가협회와 카프의 태도에 대한 사견」과 「시에 나타난 로맨티시즘에 대하야」는 그러한 이원조의 '제3자적' 위치를 증명하는 자료로서 분석되고 있는데, 김윤식에 따르면 제3자 또는 방관자로서 이원조가 취한 태도는 카프의 이념을 내면화하였으나 동시에 '부르주아 저널리즘'에 자신이 종사하고 있다는 모순과 관련 있는 것이었다는 것이다. 부르주아 저널리즘이야말로 출판자본가들의 이익에 봉사하고 있다고 이원조 스스로 비판한 바 있었던 것인데, 이 모순을 감당하기 위해 이원조가 선택한 것은 정확한 지식, 즉 비평에 있어 무엇보다 엄밀한 이론적 근거였고, 그 결과 김윤식이 '굽어보기'라 부른 이원조 특유의 비평 방법론이 탄생한다고 본다.

이상과 같은 분석에서 이지연이 주목한 사실은 이원조가 노정한 제3자적 위치가 김윤식에 의해 어느 곳에도 치우치지 않는 균형감각, '중용'을 지키는 "윤리적 감각"으로 설명되고 있다는 점이다. "이 중간지대야말로 그의 비평 활동의 총체성이다"라고 단언하고 있거니와, 김윤식이 파악한 이원조 비평의 총체는 그 어느 극단(極端)에도 거리를 두며 중간지대를 찾는 중용의 윤리에 있었다는 것이다. 그것은 어떤 경우에도 제3자가 되어 대상을 '굽어보는' 비평가의 태도로 수렴되며, 해방공간에 이르러 남로당 노선의 '인민민주주의'를 천명하는 「민족문학론」으로 구체화된다고 본다. 인민민주주의를 강조하는 민족문학론은 임화에게서도 제창된 바 있으나 『글쓰기론』에서 주요한 분석 대상으로 거론되는 것은 이원조의 「민족문학론」뿐이란 것이다.

그래서 이지연은 김윤식이 해방공간에서 발견한 '민족문학 글쓰기'의 핵심이 '인민적 민주주의 민족문학 건설을 위하여'라는 부제를 달고 있는 이원조의 이 논설에 담겨 있는 것이라면, 『글쓰기론』이 어떤 방식으로 분석에 나아가고 있는지를 따라가 보는 시도가 필요하다고 보고 논의를 진행하고 있다. 김윤식은 먼저, 「민족문학론」을 게재할 당시 이원조가 '청량산인(淸凉山人)'과 '안동학인(安東學人)'이라는 필명을 모두 쓰고 있었음에 주목하고, 그것은 안동의 유수한 양반 가문 출신, 퇴계 이황의 직계 후손이라는 성장 환경 및 학문적 배경을 가진 이원조의 개인사와 관련된다고 본다. 왕실과의 국혼(國婚), 위당 정인보의 문하생 등으로 요약되는 그의 이력에서 '양반'은 공·사를 아우르는 인적 네트워크이자 식민지 조선에서 글쓰기를 가능하게 한 핵심적인 문화 장치로 기능했다는 것이다. 이렇듯 막강한 가문의 힘은 그로 하여금 주자학의 전통과 불문학 전공자로서 '근대적 지식'의 교차점에 서게 했는데, 그 양쪽의 끌어당기는 힘을 견디기 위해 이원조가 찾아낸 제3의 길은 두 가지 방향으로 나타난다는 것이다. 첫째는 1930년대 말, '이념의 상실' 위기에서 감행한 현장비평. 그리고 둘째는 해방공간에서 주창한 인민 민주주의 민족문학론, 즉 그것의 이론적 근거가 되는 모택동의 「신민주주의론」[278]으로 본다. 이상의 두 가지 국면에서 김윤식은 앞서 인용한 "온전함"이라는 비평의 속성을 발견해낸다는 것이다. 달리 말하면 그것은 유토피아적 관념 지향성과 이를 구체화하기 위한 글쓰기의 정체라 할 수 있는데, 이 가설을 검증하기 위해 소환되는 인물이 이육사와 퇴계란 것이다. 이들은 '청량산인'이자 '안동학인'인 이원조의 학문적 지반에 나란히 서 있는 인물들로서, 이원조 비평의 특수성을 해명하는 데 중요한 열쇠가 된다고 본다. 주지하듯 이원조는 해방되자마자 조선 문학의 과제가 "극우, 극좌의 양면적 경향을 절대로 배제"한 문화계의 "광범한 통일전선" 구축에 있다고 강하게 주장

278 이지연, 위의 글, 95면.

함으로써 '부르주아 저널리즘'에 종사하였으나 이념적으로는 마르크스주의를 지향하던 자신의 자리를 '극우'도 '극좌'도 아닌 중간노선에서 찾으려고 했지만, 그러한 시도는 결국 실패하였다는 것이다. 어째서 그것은 실패할 수밖에 없었는가. "남로당의 비극적 의미"이기도 한 그 까닭은, 김윤식에 따르면, 이원조라는 본명이 아니라 '청량산인'의 이름으로 쓰여진 「민족문학론」과 거기에 담겨 있는 유토피아 사상의 영향으로부터 찾아진다[279]고 본다.

이지연은 유토피아 사상에 대한 김윤식의 이론적 태도가 어떠했는지 자세히 기술하는 일은 본고의 능력을 넘어서는 것임을 밝히면서, 다만 이원조 비평에 나타난 이상주의적 면모에 관하여 그가 어떤 결론을 내리고 있는지를 짚어보고 있다. 그래서 이지연은 먼저 『운명과 형식』(1992)에서 김윤식이 제안하고 있는 세 가지 도식을 들여다보고 있다. 이 책에서 김윤식은 '근대'를 문제 삼는 이데올로기 모델을 (A) 민족주의, (B) 근대주의, (C) 절대적 현실의 사상으로 구분하고, (A)와 (B)가 각각 지니고 있는 한계를 극복하기 위한 노선으로 (C)를 거론하는데, 신채호의 무정부주의 사상, 민중의 직접혁명으로 대표되는 (C)는 (A)와 (B)의 상대주의를 한꺼번에 뛰어넘는 절대적 세계관을 제시하는 제3의 노선이라고 할 수 있다는 것이다. 김윤식은 그것을 "근대적인 것이기보다 미래적인 것"이며 따라서 "선진성"을 가지고 있다고 평가하는데 이는 이육사의 시 「절정」을 언급하는 대목에서도 마찬가지란 것이다. "하늘도 그만 지쳐 끝난" 「절정」의 '고원(高原)'은 이육사 개인이 아니라 의열단의 사상이 형상화된 결과인데, 여기에 담긴 이상(理想)은 결코 '선진자본주의'나 '제국주의'를 뒤쫓는 현실과 타협하지 않는 것으로, 이 점은 『글쓰기론』에서 김윤식이 이원조 비평의 "윤리적 감각"을 해명하기 위해 이육사를 소환하는 이유이기도 하다는 것이다. 이육사의 「광야」가 갖는 절대

279 이지연, 위의 글, 96면.

적 관념성, 소위 '근대(시/문학)'의 도식으로 규정되지 않는 초월성은 연암의 「호곡장론(好哭場論)」이라는 텍스트를 통과하면서 구체적 맥락을 부여받게 되는데, 김윤식은 이육사의 시를 관념성과 구체성을 갖춘 "'온전함'의 시학"으로 규정하기에 이른다는 것이다. 이지연은 여기에서 이육사가 실제로 연암의 텍스트를 참고하였는지는 중요한 사실이 아니며, 중요한 것은 작품이 지닌 관념성에 비평가가 구체성을 부여함으로써 그것을 '온전함'의 영역으로 끌어내는 방식이며 이원조의 글쓰기에 대한 김윤식의 태도 역시 같은 궤에 놓여 있다[280]는 것이다.

따라서 김윤식이 '제3의 논리'로 압축되는 이원조의 비평이 "어느 수준에서 '온전함'에 접근된" 것이었다고 할 때, 그 증거로 제출되는 것은 1930년대 말 이원조가 골몰했던 '월평' 쓰기였다는 것이다. 현장비평은 카프 해체 이후 일제의 탄압으로 이념의 추구가 불가능하던 시기, 그야말로 "이념에서 현실로" 향하기 위해 비평가가 선택할 수 있었던 제3의 길이었다는 것이다. 그래서 김윤식은 비평의 관념성과 현장의 구체성이 마주치는 이 '온전함'의 장면을 해방공간의 「민족문학론」으로 끌고 와 접속시킨다는 것이다. 즉 「민족문학론」은, 해방공간의 세 가지 건국 기획－(A) 부르주아 단독 독재형, (B) 프롤레타리아 단독 독재형, (C) 연합 독재형－들 중 제3의 노선인 (C)형으로 나아갔던 이원조가 그것의 관념성을 구체성의 영역에 놓는 과정이었다는 것이다. 그리고 그가 자신이 구상한 '인민민주주의 민족문학'을 현실의 층위에서 구체화하고자 했을 때 그것을 떠받치고 있었던 확실성의 근거가 바로 모택동의 「신민주주의론」이었다고 본다. 비록 정략적 당파성의 논리에 밀려 그 힘을 잃고 말았지만, 「민족문학론」은 자신의 노선에 대한 이원조의 '이유 있는' 확신을 보여준다는 점에서 그가 허무맹랑한 추상성에만 경도된 결과가

---

280 이지연, 위의 글, 97면.

아니었음을 보여주는 사례란 것이다. 이지연은 그렇다면 왜 마르크스나 레닌이 아닌 모택동인가라고 질문한다. 모택동 이론에 담겨있는 주자학적 구조가 유사한 학문적 배경을 가진 이원조를 매료시켰던 바, 김윤식은 「민족문학론」이 딛고 있는 디딤돌이 모택동 이론뿐 아니라 주자학의 전통이었다는 결론을 도출하고 있다[281]는 것이다. 그런데 이 과정에서 도연명의 '무릉도원'을 민감하게 인식한 퇴계 이황이 새롭게 소환된다는 것이다. 그의 사상은 이론적 원리가 실천의 영역으로 이행하기 위해서는 매개항이 필요하다는 깨달음에 맞닿아 있다고 본다. 요컨대 이지연은 유토피아에 대한 염원과 그리움이 없다면 이론도 실천도 완전할 수 없으며, "그 누구도 감히 물리칠 수 없는 생의 본질적 측면"으로서 유토피아 사상이야말로 이론과 실천의 영역을 모두 넘어서는 인류의 최종 목적지라는 것. 김윤식이 파악한 이원조의 '내면풍경'은 퇴계가 남긴 이러한 교훈 위에 성립되어 있었던 것으로 본다. 월북한 그가 북한의 재판정에서 끝내 사형 판결을 면한 이유가 김윤식의 표현대로 어딘가 "남다른 데"가 있기 때문이었다면, 그것은 유토피아의 형상을 좇는 '청량산인'의 모습으로 설명될 수 있지 않을까라고 부연한다. 그리하여 「민족문학론」이란, '인민민주주의'에 기반을 둔 민족문학이야말로 다가올 조선의 유토피아임을 확신하며 이상(理想)으로 나아감에 주저하지 않았던 이원조의 '내면풍경'을 그대로 보여주는 자료로서 검토된다고 해석한다. 그래서 이지연은 제3의 노선 (C)를 지향한다는 점에서 좌익의 이념과 우익의 이념을 모두 뛰어넘는 초월성을 지니고 있지만, 그러한 관념적 지향을 끊임없이 구체화하려는 시도를 보여준다는 점에서는 '온전함'의 양태에 다가서는 글쓰기. 이원조의 「민족문학론」을 통해 김윤식이 이끌어내고자 한 '민족문학 글쓰기'의 얼굴이 여기에 있음은 어렵지 않게 추측할 수 있을 것이[282]라고

281 이지연, 위의 글, 98면.

본다.

이지연은 마지막으로 『글쓰기론』에서 김윤식이 이원조의 '내면풍경'을 탐색하기 위한 통로로 끌어들이는 인물들은 퇴계와 이육사에만 그치지 않는다고 본다. 유토피아 사상이라는 측면에서 퇴계나 이육사와는 조금 다른 결로 이원조의 옆에 놓이는 인물이 있는데, 그가 김윤식의 비평 및 문학연구 전반에서 커다란 비중으로 자리하는 비평가 게오르크 루카치라고 본다. 『글쓰기론』에서 그가 새삼 루카치를 소환하는 장면은 이 책에 집약된 이원조의 글쓰기에 대한 분석에 있어 특기하지 않을 수 없는데, 그것은 그가 이원조로부터 루카치를 발견함에 그치지 않고 이원조를 무려 "루카치의 이복 형제"라고 명명하고 있기 때문이[283]란 것이다.

카프 해체 이후 사회주의 문학은 물론이고 민족주의 계열의 문학 또한 어떠한 이념적 전망도 찾을 수 없었던 1930년대 말, 이원조가 감행했던 소설월평은 상술하였듯 '이념에서 현실로'를 지향한 제3의 길이었다는 것이다. 이지연은 이를 동시에 그것은 역사가 "끝장"난 이후 인류사의 운명을 내다보기 위한 비평가의 선택이기도 했다고 본다. 이 점에서 루카치의 소설론을 먼저 언급한 뒤 이원조의 월평 쓰기가 의미하는 바를 묻고 있는 『글쓰기론』 3부 1장의 구성은 새삼 눈길을 끈다는 것이다. 루카치를 따라 본질은 반드시 찾아야 하지만 절대로 찾을 수 없다는 역설이 소설의 운명이라고 이해한다면, "가야만 하는 길"을 비춰 줄 별들이 모두 사라진 세계에서 끊임없이 길을 찾는 인간의 형상이란, 소설의 이념이 모두 압살당할 위기에도 끊임없이 소설 속에서 이념의 향방을 찾으려 하는 비평가의 모습임을 깨닫게 되기 때문이란 것이다. 이지연은 루카치의 관점에서, 그리고 그것을 전유한 김윤

282 이지연, 위의 글, 99면.

283 이지연, 위의 글, 100면.

식의 관점에서, 현장비평을 멈추지 않았던 이원조는 불가능한 꿈을 좇아 "율리시즈적 모험"에 나아간 '문제적 개인'이라고 해석한다. 그런데 이는 그가 소설 속에서 상실된'근대'의 전망을 찾으려 한 '비평가'였다는 점과 깊이 관련되어 있다는 것이다. 이념은 찾아야 되지만, 그것이 찾아지지 않는다라는 것이 1930년대 말의 현실이었다고 할 때, 이원조는 유진오와 김남천의 소설에서 그들의 '내면풍경'이 어디로 향하고 있는지를 살펴보려 했다[284]는 것이다. 이들 소설에 담긴 "문학정신"이 현실과 줄다리기하는 장면을 통해, 달리 말하면 '이념에서 현실로' 향한 소설의 운명으로부터 상실의 시대 이후의 역사적 지평을 내다보고자 했다는 것이다. 해방공간에 이르러서도 그는 "가야만 하는 길"로 나아가는 발걸음을 멈추지 않았고, 마침내 이곳이 유토피아라고 확신할 만한 '광야'를 발견했으나(「민족문학론」), 이데올로기의 홍수 아래 끝내 매몰되고 말았다고 본다. 하지만 이러한 실패와 몰락은 루카치가 꿰뚫어 본 바 소설의 본질이자 '근대'를 맞이한 인류의 운명이었다고도 할 수 있다는 것이다.

이지연은 이것을 "역사의 끝장" 앞에 선 비평가의 운명이라고 명명하면서, 이때 불러들일 수 있는 또 하나의 자료는 김윤식 자신이 비평가로서 현장비평에 골몰했던 이유를 고백해 놓은 한 편의 기록을 제시한다. 소련의 붕괴 이후 이념에의 지향이 더는 의미를 획득할 수 없음을 깨달았던 시점에서, "역사가 끝장난 것이라면 그 이후의 인간형은 어떠해야 하는가"를 고민하던 1990년대의 김윤식에게 월평 쓰기란 그만큼 간절한 '길찾기'의 일환이었다는 것이다. 그는 더 이상 과거가 아니라 미래를 말하는 소설 속에서 자신 앞에 놓인 역사적 지평을 엿보고자 했고, 정전(正典)으로서의 문학사가 아닌 '내면풍경' 중심의 평전식 글쓰기로 나아갔다고 본다. 이러한 이행을 이지연

284 이지연, 위의 글, 101면.

은 "평가 없는 문학비평"과 "문학사 없는 문학사 연구"라 칭한 한 연구자에 따르면, 김윤식의 글쓰기가 지닌 윤리란 '체계'로서의 문학을 거부하고 그 자신의 신체를 문학의 일부로 만들었다는 데 있다고 해석한다. 달리 말하면, 그의 연구의 출발점이자 발판에 놓여 있는 '근대'와 '근대문학(사)'의 문제틀을 끊임없이 물음에 부치며 (불)가능한 문학의 새 지평을 찾아 헤매는 것, 그러나 그것은 결코 찾아지지 않는 '본질'의 세계이므로 실패를 거듭할 수밖에 없는 비평가의 운명을 짊어지는 것, 그런 불가능한 모험을 멈추지 않는 글쓰기야말로 김윤식이 지향한 '문학'의 다른 이름일 수 있다는 것이다. 그리하여 이지연은 이러한 추측이 가능하지 않을까[285]라고 제안한다. 『글쓰기론』에 이르러 김윤식은, 그에게 '소설사 = 인류사 = 근대(자본제 생산양식)'라는 '운명'의 형식을 쥐여 준 루카치와 그러한 운명을 제 몸으로 겪어낸 비평가 이원조를 나란히 놓고, 그 옆에 20세기와 21세기를 동시에 살아간 스스로의 이름을 기입하고 있다는 추측이다. 그런데 여기에서 이지연은 이원조의 글쓰기가 보여주는 '온전함'이, 퇴계에게는 무릉도원이었고 이육사에게는 광야였으며 루카치에게는 서사시적 본질인 그러한 유토피아로 계속해서 나아가는 어떤 글쓰기의 양태가, 필연적으로 '제3자'의 위치를 노정한다고 규정한다. 앞서 서술한 것처럼 김윤식은 이원조의 비평이 양자택일을 거부한 '중간지대'에서 이루어졌으며, 어느 쪽에도 치우치지 않는 중용의 윤리를 보여주는 것이라고 분석했고, 카프의 맹원은 아니었으나 심정적으로 카프의 편에서 있었고, 무엇보다 근대적 학문의 공간인 대학에서 불문학을 전공하였으나 퇴계 이황의 후손이라는 유교 전통 속에서 필명 '청량산인'을 썼던 이원조의 균형감각이 '양쪽 모두이거나, 양쪽 모두 다 아닌' 방향으로서 제3의 노선을 지향했다는 것이다.

---

285 이지연, 위의 글, 102면.

이에 이지연은 김윤식에게 이원조의 그러한 비평윤리가 갖는 의미는 어떤 것이었을까[286]라고 문제를 제기한다. 이 점에 주목해본다면 2005년 그가 출간한 자서전에서 젊은 시절 자신이 학문에 몰두하게 된 내적 계기를 '부끄러움'과 '죄의식'의 "이중구속의 족쇄"로 설명하고 있다는 점은 새삼 상기될 만하다고 본다. 대학 시절 그는 고향에 돌아가고자 했지만 부끄러움 때문에 그럴 수 없었고, 그럴 수 없는 스스로에 대해 죄의식을 느끼고 있었던 듯한데, 그 둘의 변증법 속에서 찾아낸 탈출구가 "학문, 기호, 활자의 세계"였지만 결국 양자를 일치시켜 헤겔주의적인 '합'을 발견하는 데에는 실패하였다는 점에 주목한다. 이미 '근대'에 발 담그고 있어 차마 고향으로는 돌아갈 수 없는 자의 부끄러움과 근대를 등지고 고향으로 돌아가지 못한다는 사실에 대한 죄의식이 청년 시절의 김윤식을 구속하고 있었고, 그것의 탈출구를 찾고자 근대문학의 세계에 뛰어들었지만, 문학은 결코 부끄러움과 죄의식을 새로운 차원으로 해소해 줄 수 없었다고 본다. 문학은 다만 양자의 진동을 그 사이에 갇힌 김윤식으로 하여금 더욱 격렬하게 감지하도록 만들었을 뿐이[287]란 것이다.

이를 이지연은 김윤식 스스로 '실패한 헤겔주의자'라고 칭하는 이유이거니와 이원조의 「민족문학론」과 김윤식의 '민족문학 글쓰기론'이 교차하는 지점이기도 하다고 해석한다. 탈출구를 찾지 못한 이는 탈출을 포기하는 것이 아니라 그러한 실패를 동력 삼아 더욱 강력하게 탈출을 희구하게 되는데, 루카치가 설명한바 불가능한 모험을 멈추지 않는 '문제적 개인'의 모습이 이것이며, 타계하는 순간까지 비평 활동을 멈추지 않았던 김윤식 자신의 생애가 이를 증명한다는 것이다. 이지연은 그렇다면 『한국근대문예비평사연

286 이지연, 위의 글, 103면.

287 이지연, 위의 글, 104면.

구』와 『한국문학사』를 가로지르며 '근대문학(사)'의 수립과 해석에 천착했던 문학사가 김윤식이 "근대의 종언" 앞에서 새롭게 찾은 탈출구의 자리에 『글쓰기론』과 그 안에 담겨 있는 이원조의 「민족문학론」을 놓을 수 있지 않을까 라고 제안한다. 해방공간에서 '나라 만들기'와 곧바로 연결되었던 민족문학의 수립이 식민지 이후의 근대를 상상하는 일과도 무관하지 않았다고 할 때, 김동리로 대표되는 우익의 순수문학 계열도 프로예맹의 당파성 논리도 아닌 '인민민주주의 민족문학'은 남북한 어디에도 유례없는 근대(문학)의 새로운 범주를 제시하는 것이기 때문이다. 중요한 것은 그것이 기존의 문학사적 틀 안에서 근대(문학)의 실패한 모델로 기록되어 왔으며, 실패하였기 때문에 지금까지의 한국 근대문학사—김윤식 자신 역시 적극적으로 해명하고자 애썼던 '근대'의 정체—를 똑바로 들여다볼 '제3자'의 시선을 담고 있다는 사실이다. 김윤식의 표현을 빌리면 "숨은 신"의 시선[288]이란 것이다.

따라서 이지연은 루카치의 옆에 선 김윤식이 한국의 근대와 근대문학사에 숨은 신의 자리를 마련한다는 것은, 그것이 얼마나 끊임없이 한계를 노출하는 불완전한 것인지를 시험하는 동시에 '한계 이후'의 지평을 엿보기 위한 하나의 방법이라고 규정한다. 그 자리에 해방공간의 "은폐된 이념", 즉 이원조가 제출한 민족문학론이 놓이는 것은 당연한 일이란 것이다. 그것은 전술한 것처럼 '온전함'에 다가선 글쓰기의 양태이기 때문이다. 즉 소설에 담긴 역사적 전망을 비평이라는 형태로 포착해내기, 다시 말해 관념으로서의 유토피아에 구체성을 부여함으로써 그 자체로 온전해지는 "제3의 글쓰기형"을 지향하고 있기 때문이란 것이다. 이육사의 「광야」에 담긴 초월적 세계관을 '근대문학(사)'의 개념으로 온전히 포섭할 수 없듯이, 이원조가 제시한 민족문학 모델 또한 '근대'라는 기존의 지평으로 끌어안을 수 없는 잉여를 가지고

---

288 이지연, 위의 글, 105면.

있다고 본다. 그러한 민족문학의 형상을 기존의 문학사가 아닌 '글쓰기론'으로 돌파하고자 한 김윤식이 주목한 것도 그 부분이었다는 것이다. "역사의 끝장" 이후 그가 내다본 새로운 지평에 해방공간의 글쓰기가 자리한다면, 그것은 "한국 근대문학사가 스스로를 진단할 수 있는 청진기의 몫"을 해냄과 동시에, 내내 '큰 글쓰기'의 좌표에 서 있었음을 고백한 김윤식 자신의 글쓰기를 비추어 볼 거울이 되었다[289]는 것이다. 그렇게 스스로의 실패와 몰락을 끊임없이 확인하면서 '온전함'의 발자취를 따라 "가야만 하는 길"을 영원히 걷는 것이 비평가의 운명임을 그가 알고 있었다는 것이다.

그래서 이지연은 해방공간이라는 '작은 글쓰기'의 공간은 그러한 운명 속에서 일종의 탈출구를 김윤식에게 마련해준 것으로 보인다고 해석한다. 그러나 그곳으로 나아감으로써 그는 탈출에 성공했는가? 이 질문에는 쉽게 대답할 수 없는 노릇이라고 말한다. 새로운 탈출구를 찾아 나서는 김윤식의 모험은 『글쓰기론』 이후의 저작들과 그가 펼쳐 놓은 글쓰기 속에서 계속되고 있기 때문이란 것이다. 김윤식이 남긴 엄청난 양의 저술과 마지막까지 멈추지 않았던 비평 활동을 떠올려볼 때, 그는 스스로 탈출을 거부한 것처럼 보이기도 하지만, 『글쓰기론』을 '문학'으로 수렴하지 않는 다기한 글쓰기들을 검토하고 실험하는 과정의 기록으로 읽는다면, 한 가지 부연은 덧붙일 수 있을 듯하다고 본다. 그것은 그가 발견한 탈출구로 향하는 길은 결코 하나가 아니었을 것이라는 점이다. 문학사론이 아닌 글쓰기론으로 이행하면서 그가 찾아낸 것은, 단일한 어떤 것으로 규정할 수 없는 수많은 '제3의 길'들이었을지도 모른다는 것이다. 그러니 구속으로부터 탈출해야 한다는 압박이 아니라 애초부터 탈출할 필요가 없었다는 깨달음이야말로 그를 "그토록 갈망하는 표현자의 세계"로 향하게 한 것이 아니었는가[290]라고 말한다.

---

289 이지연, 위의 글, 107면.

이지연은 이상과 같이 해방공간의 '민족문학 글쓰기'가 의미하는 바는 총체성에 대한 불가능한 희구가 '온전함'의 형식을 띠게 되는 아이러니에 있으며, 루카치－이원조 그리고 김윤식으로 이어지는 비평가의 글쓰기란 바로 그러한 불가능함의 아름다움에 적을 두고 있음을 해명하고 있는 지점은 의미가 있다. 그러나 해방공간의 글쓰기가 김윤식에게 스스로의 경계를 끝없이 해체하는 방식의 자리 만들기, 그것의 (불)가능성을 되물으면서 무수히 많은 '제3의 길'을 마련해 놓는 비평 작업의 동인으로 존재했던 것은 아니었는지 하는 부분은 좀 더 구체적인 해명이 필요해 보인다.

이영서의 김윤식 문학사 서술에 나타난 정체화 욕망 분석

이영서의 「김윤식의 문학사가(文學史家)로서의 정체화 : 기획된 실패, 가르치는 문학사가」는 김윤식의 문학사가로서의 정체성을 『한국문학사』(1973)를 통해 분석함으로써, 김윤식의 정체화 과정 전체를 관통할 수 있는 원형적 욕망을 탐색해보고자 한다. 이에 따라 2절에서는 『한국문학사』의 서언의 기획과 기술된 본문을 나란히 살피고 그 충돌과 괴리를 보임으로써, 『한국문학사』가 어떻게 실패하는지를 규명하고 있으며, 이어서 3절에서는 이러한 실패가 애초에 기획 단계에서 내재적으로 결정되어 있었음을 밝히고, 데리다(Jacques Derrida)의 철학적 개념을 빌려 『한국문학사』의 '기획된 실패'가 갖는 선구적인 의의와 의미를 분석하고, 마지막으로 4절에서는 기획된 실패에 틈입해 있는 필연적인 '회의'와 정체화의 욕망이 어떻게 관계 맺는지를 추적

---

290 이지연, 위의 글, 108면.

함으로써, 김윤식이 스스로를‘가르치는 문학사가’로 정체화하려 했음을 논증해[291]보고 있다.

이영서가 김현과 공저인 『한국문학사』에서 먼저 제기하는 문제는 <기획과 기술의 충돌>이다. 그는 대부분의 연구자들이 동의하는 『한국문학사』 기획의 핵심은 두 저자가 한 절씩 나눠 쓴 「제1장」의 첫 소제목으로 요약되는데, 하나는 “문학사는 실체가 아니라 형태이다”라는 선언이고, 다른 하나는 “한국 문학은 개별 문학이다”라는 선언이[292]라고 요약한다. 그리고 이 두 가지 명제에 대해서 논의를 전개하기 위해 간단히 요약하여 설명하고 있다.

먼저 문학사가 실체가 아니라 형태여야 한다는 당위적 명제는 문학사의 특수성을 강하게 인식한 결과라고 할 수 있는데, 문학사의 기술 대상이 되는 ‘문학적 집적물’은 “다른 것과의 관계로써만 가치를 획득할 수 있다”는 점에서 단순한 역사적 사실과는 차이가 있다는 것이다. 따라서 문학사는 일반 역사와 같이 실증을 위해 ‘실체’를 매개하는 방식으로 기술되는 것이 아니라, 여러 문학적 관계가 이루어지는 ‘의미망’ 속에서 ‘의미인(意味人=문학사가)’에 의해 관계가치를 가진 ‘형태’를 부여받는 방식으로 기술돼야 한다는 것이다.

다음으로 한국문학이 개별문학이어야 한다는 당위적 명제는 한국문학의 특수한 굴레인 ‘주변성’을 극복하기 위해 도출된 것으로, 주변성은 한국문학이 주된 발전적 흐름에서 뒤쳐져 있다는 후진성과, 역사의 중심적 사상이나 사조로부터 밀려나 있다는 지방성을 모두 포함하는 말로 해석한다. 따라서 이를 극복하기 위해서는 한국문학의 ‘독립성’을 확보하여 주류나 중심 따위의 기준에서 해방시키면서도, 동시에 ‘보편성’을 담보해야만 여전히 세계문

291 이영서, 「김윤식의 문학사가(文學史家)로서의 정체화 : 기획된 실패, 가르치는 문학사가」, 『한국문학연구』 71, 2023, 122면.

292 이영서, 위의 글, 124면.

학의 자장에서 여타 문학들과 동등한 상태로 함께 남아 있을 수 있으며, 이 양자를 모두 충족시키는 개념이 '개별문학'이란 것이다. 따라서 개별문학으로서의 문학사는 먼저 서구 등에 의해 '주류'나 '중심'이라고 설정돼 있는 기준에서 자유로워져서 스스로의 기준을 찾는 것에서 시작해야만 한다[293]고 본다.

이러한 『한국문학사』의 기획은 이영서가 볼 때, 우선은 최선이었다고 본다. 그러나 그러하기에 『한국문학사』의 실패는 더욱 도드라진다고 판단한다. 『한국문학사』가 실패했다고 단언할 수 있는 이유는, 이 기획을 비판한 외부의 논의들이 실패를 증명했기 때문이 아니라, 오히려 기술 단계에서 최초의 기획과 정면으로 충돌하고 있다는 점에서, 『한국문학사』는 이미 '내재적으로' 실패해있기 때문이[294]란 것이다. 그 실패의 내용을 이영서는 『한국문학사』의 「제2장 근대의식의 성장」에 초점을 맞추어 살펴보고 있다. 이영서는 이 장이 『한국문학사』 기술의 핵심이라고 판단했기 때문이다. 먼저 「제2장」에서 핵심이 되는 「한중록」에 대한 설명을 통해 이를 분석하고 있다.

근대문학을 위한 근대의식의 핵심은 김현이 말한 것과 같이 '근대적 언어의식'과 '새로운 장르의 개척'인데, 「한중록」은 이 핵심을 다 아우를 수 있는 작품이라고 할 수 있다는 것이다. '韓민족'의 언어의식을 내면 그대로 드러낼 수 있게끔 자국어인 한글로 쓰인 작품이며, 특정된 개인에 의해 쓰인 "내간체 기록 문학"으로서 조선 후기에 간행되었던 작자 미상의 여러 소설과는 다르게 개인의 창의성에 의해 새로운 장르로 개척될 가능성을 가지고 있었기 때문이라는 것이다. 그러나 이러한 가능성은 소개를 통해 잠시 언급되었을 뿐, 역사로서 '기술'되었다고 하기는 어렵다는 것이다. 이내 저자에 의해 「한

---

293 이영서, 위의 글, 125면.

294 이영서, 위의 글, 126면.

중록」의 강점은 "조선 후기 사회의 구조적 모순을 날카롭게 보여주고 있다는 점"으로 국한돼버리고, 그 중요성은 "사회구조나 역사 면"에 갇혀버렸다는 것이다. 그렇기에 "작품 자체의 구조나 내용을 검토한다는 것은 별다른 의미가 없"어지게 된다는 것이다. 문체에 담긴 '내용'을 면밀히 검토해야만 자국어를 통해 녹아나온 개인의 근대(언어)의식을 추적할 수 있을 것이고, 작품의 '구조'를 분석해야만 새로운 장르로서의 체계와 의의를 확립할 수 있을 텐데도, 선언적으로 그것을 미리 포기하고 있는 셈이[295]란 것이다.

그리고 가장 중요한 것을 포기해가면서까지 집중하는 것은 "조선 가족제도의 붕괴 과정"으로 본 것이다. 그래서 이영서는 실상 「한중록」은 이 하나의 사실(史實)을 증명하기 위해 호명된 철저한 '실체'란 것이다. 이 대목에서 이영서는 김윤식에게 의미인으로서 조선 후기의 여러 의미망 속에서 「한중록」 주변에 놓인 수많은 그물코들을 엮어 하나의 '형태'로 재탄생시켜보겠다는 의무감은 찾아보기 어렵다는 것이다. 저자 '혜경궁 홍씨'가 예외적 개인으로서 어떤 근대적 의식을 가지고 있었는지, 그 의식은 왜 한글 혹은 내간체 기록문학이라는 형식으로 표현된 것인지는 전혀 분석되어 있지 않다는 것이다. 나아가 창작자가 놓여 있었던 조선 후기의 구중궁궐이라는 시공간적 맥락이나, 아버지에 의해 죽은 세자의 세자빈에서 중전을 거치지 않고 대비가 되었다는 전무후무한 사회적 특수성 등은 전혀 포착되어 있지 않다고 본다. 내용과 구조를 넘어 의미망까지 모조리 생략 혹은 삭제된 상태로, '병=역모'라는 비약적인 논리를 통해 의도적으로 강조되고 있는 것은 '조선 가족제도의 붕괴 과정'뿐이란 것이다. 이마저도 일반적으로 문학작품을 해석하는 것과 같이 저자의 의도를 발견하거나 텍스트의 문맥을 살피는 것이 아니라, 마치 사료를 짜깁기하듯 작품에서 언급된 몇몇 단어와 구절을 종합하여 원하

295 이영서, 위의 글, 128면.

는 결론을 도출하고 있을 뿐이[296]라고 비판적 해석을 하고 있다.

그리고 이영서는 그렇다면 첫 번째 명제였던 '실체가 아닌 형태로서의 문학사'를 스스로 위반하고서 얻어낸 증명인 조선 가족제도의 붕괴는 '한국문학은 개별문학'이라는 두 번째 명제라도 뒷받침하고 있는가라고 질문한다. 이 또한 실패했다고 단정한다. 그 이유를 다음과 같이 부연하고 있다. 전술했듯이 한국문학이 개별문학이 되기 위한 첫 번째 조건은 주류와 중심이라고 설정된 기준으로부터 해방될 수 있게끔 새로운 기준을 세워'독립성'을 확보하는 일이다. 그러나 전근대적 가족제도의 붕괴는 '서구-근대주의'가 제시한 대표적인 근대화의 기준이나, 김윤식은 1960~70년대 "보편성으로서의 근대"를 탐구하던 시절을 회고하며, 도식적인 근대성의 조건을 "(A)국민국가의 형성과 (B)자본제 생산양식"이라고 적고 있다는 것이다. 국민국가(nation-state)라는 새로운 공동체 단위의 국가가 형성되기 위해서는, 기존의 전근대적 국가를 구성하는 공동체 단위인 가부장제 가족이 해체돼야 하고, 이를 위해 필요한 관계의 새로운 정의가 '연애'이고, 「한중록」에서 증명된 전근대적 가족제도의 붕괴는 "이광수 등의 자유연애론에서 이상의 가족 콤플렉스, 혹은 그 후의 프롤레타리아 연애론"까지도 이어져야만 한다는 것이다. 그러나 이영서는 이는 개별문학으로서의 새로운 기준을 전혀 제시하지 않고 있다는 점에서, 선취해야 하는 독립성을 망각한 채 보편성만을 획득하려는 구상일 뿐이[297]란 것이다. 자기 기준이 없이 보편성을 좇는다는 것은 그 행위 자체가 '보편성'으로 명명된 주류나 중심으로부터 뒤쳐져 있다고 시인하는 셈이란 것이다.

이어 이영서는 이러한 『한국문학사』의 기획과 기록이 실패할 수밖에 없었

---

296 이영서, 위의 글, 129면.

297 이영서, 위의 글, 130면.

던 이유를, 당대로서는 조화를 이룰 수조차 없는 두 가지의 욕망이 두 문학사가의 내면에 중첩되어 있었고 그것이 끝내 조화를 이루지 못하고 충돌했기 때문으로 본다. 그리고 이 서로 다른 두 욕망이 무엇이었는지는 『한국문학사』를 비판했던 당대의 대표적인 논자들을 통해 어렵지 않게 확인할 수 있다고 서술한다. 그것은 '문학 연구자·비평가 주체'로서의 욕망과 '역사서술자 주체'로서의 욕망이었다[298]는 것이다.

이영서는 이 두 욕망을 두 논자들의 의견을 통해 드러내고 있다. 그 논자는 김주연과 구중서이다. 당대 『문학과지성』을 대표했던 논자인 김주연은 문학 연구자·비평가로서의 정체성을 보다 강하게 요구했던 쪽이라고 할 수 있는데, 김주연은 김현보다도 더욱 철저하게 '문학주의'의 관점을 견지한 연구자·비평가로, 형태로서의 문학사라는 기획에는 동조하면서도 무리한 시대구분론을 통해 『한국문학사』가 문학의 '본질개념'을 망각하고 역사상의 '순서개념'을 우선했다는 비판론을 소개한다. 개별적인 문학 작품·작가는 모두 각자의 기준과 개성을 가지고 있는데, 이를 사건이나 계기로 일관되게 시기구분하여 그 순서 속에 배치한다면 개별성이 소거되면서 역사라는 선분을 잇기 위한 점으로 전락해버렸다는 것이다. 그렇게 되면 이는 일반적인 형태의 통사(通史)일 뿐 특수한 형태의 문학사가 아니라는 것이다. 즉, 『한국문학사』에서 역사서술자로서의 욕망이 문학 연구자·비평가로서의 욕망을 초과했다는 것이 김주연의 주된 비판점으로 보고 있다.

이러한 김주연과는 반대로, 『창작과비평』을 대표했던 논자인 구중서는 '역사서술자'로서의 정체성을 보다 강하게 요구했던 쪽이라고 할 수 있는데, 문학의 역할은 새로운 형식을 시도하는 것에 국한되는 것이 아니라 사회와 서로 영향을 주고받는 데까지 나아가는 것이라고 주장했던 구중서에게는,

---

298 이영서, 위의 글, 132면.

문학사 기술이 문학과 사회의 상호 영향의 인과적 계보를 만들어내는 작업이어야 했다는 것이다. 그렇기에 그 인과적 계보 속에서 '신성한 것'을 찾아내겠다는 것은 "역사의식의 본질에 관계없는 어떤 미신과 흡사한 관념"이며, 이것이 지배집단과 결탁했을 때 "독단, 귀족주의, 선민의식 등이 초래"될 것을 경계하고 있다[299]고 본다. 문학사가도 역사가라면 마땅히 과학적이며 합리적인 증거를 통해 역사의 발전 방향을 제시하여야 하며, 이는 역사의 보편성에 따라 마땅히 '아래'로부터 '위'로 움직이는 방향성을 가진 것이어야만 한다는 것이다. 즉, 두 문학사가가 문학 연구자·비평가로서의 특수성을 좇다가 역사서술자로서의 보편성을 놓치고 말았다는 것이 구중서의 지적이라고 소개한다.

이영서는 위 두 비판의 타당성과 오류를 비교·대조함으로써 어느 쪽이 더 합당한 비판인지를 가리는 것은 본고의 목적이 아니고, 여기서 중요한 점은 두 논자가 서로 완전히 반대되는 논지를 통해 동일한 기획을 비판했다는 사실에 주목한다. 이는 다음과 같은 두 가지를 시사한다고 보았다. 첫째로, 김주연이나 구중서가 굳이 없는 것을 만들어 비판할 이유가 없으므로, 두 가지 욕망은 실제로 『한국문학사』 속에 중첩되어 우열을 가리기 힘든 형태로 공존하고 있었다고 보는 것이 타당하다. 그러므로 두 논자는 각자의 입장 차이에 따라 상대적으로 부족하다고 느낀 것을 솔직하게 비판했다는 것이다. 둘째로, 문예지의 양대 진영을 대표하는 두 논자가 노골적으로 특정 욕망의 우위를 요구하고 있다는 점에서, 이 두 가지 욕망은 김윤식 개인의 욕망일 뿐 아니라 시대적 요구를 양분할 수 있는 보편적 욕망이었다는 사실이다. 근현대의 문학사를 아우르려는 최초의 시도였던 『한국문학사』는, 결과적으로 어느 쪽의 욕망도 무시할 수 없었던 셈이[300]라고 본다.

299 이영서, 위의 글, 133면.

결과적으로 이영서는 『한국문학사』를 실패로 이끈 것은 두 가지 욕망의 충돌이었다고 본다. '신성한 것'과 '형태'를 위한 '문학'사가로서의 기획이 '서구–근대적 보편성'과 '실체'를 위한 문학'사가'로서의 기술과 충돌했다고 해도 같은 의미란 것이다. 물론 기획과 기술의 괴리, 두 욕망의 충돌을 김윤식이 사전에 치밀하게 기획하고 문학사를 기술했다는 주장은 논리의 비약이 될 것이나, 적어도 김윤식이 역사 서술에서의 문학의 특수성을 굉장히 강하게 인식하고, 당대로서는 양자를 조화시키는 것이 성공적인 작업이 될 수 없으리라 여겼다고는 생각할 수 있다는 것이다. 이에 대해 이영서는 실패할 수밖에 없음을 예감했다면 그 실패를 최소화하는 것이 차선책이었으나, 김윤식은 그러지 않았다고 본다. 보다 '철저한 패배'를 위해 기술 단계에서 주저하거나 보류하지 않고 활용할 수 있는 모든 것을 가져다 썼다는 것이다. 내재적 발전론에 호응하기 위해 문학작품을 과학적 실체처럼 가져다 썼고, 독립성을 위한 새로운 기준을 만들 수 없을 때는 서구–근대의 기준을 가져와 보편성이라도 일단 확보하고자 했다고 본다. 그 구체적인 경우로 「한중록」을 기술하는 대목에서는 증명되는 사실에만 집중하기 위해 구조나 내용은 버리겠다고 미리 선언했다는 것이다. 한계를 뛰어넘을 수 없기에, 한계를 온몸으로 들이받아 버린 것으로 본다. 그래서 이영서는 체계부터 방법까지 모든 것을 미리 짜놓은 것은 아니었을지언정, 피할 수 없는 실패를 보다 철저한 것으로 만들었기 때문에 이것은 '기획된 실패'[301]라고 규정한다.

이 기획된 실패의 의미와 의의를 보다 명확히 이해하기 위해서는 이론의 힘을 빌리는 것이 불가피하다고 보고 이영서는 포스트–구조주의의 시대를 열었다고 평가받는 철학자인 자크 데리다의 '차연(différance)' 개념을 끌고 온다.

---

300 이영서, 위의 글, 134면.

301 이영서, 위의 글, 136면.

모든 존재는 이 시간의 공간내기를 자신의 "극단초월론적인(ultratranscendental)" 조건으로 삼기 때문에, 현재가 단 한 순간도 현재 자체와 일치할 수 없음에 따라 존재도 언제까지나 존재 자체와 일치할 수 없게 되며, 이러한 (불)일치의 끊임없는 연기(延期)를 데리다는 차연이라고 부르는데, 차연에 따라 존재는 끊임없이 스스로와 달라지는 지점, 즉 '자기차이(self-difference)'를 가질 수밖에 없으며, 이 자기차이야말로 모든 존재가 존재하기 위한 조건이[302]란 것이다.

이러한 데리다의 논의에 따른다면 문학사의 존재조건(혹은 기술조건) 또한 마찬가지란 것이다. 김윤식의 내면에 그리고 시대에 중첩되어 있던 두 가지 욕망은 문학사가 자기 차이로 인해 완성되지 못하고 끊임없이 연기됨으로써 실패할 수밖에 없는 원리를 잘 보여준다는 것이다. 문학의 특수성을 보존하고자 하는 욕망은 문학사의 역사서술이 보편성을 확보하지 못하도록 구속하며, 역사의 총체성을 추구하고자 하는 욕망은 문학사의 작품들이 계보와 인과를 초월하지 못하도록 구속한다고 본다. 그리고 문학사는 이미 내부에 이 두 가지 욕망을 모두 포함함으로써 그 존재가 가능해지는 것이기에, 문학사를 서술하는 자는 어느 하나를 취사선택하거나 우위에 놓을 수 없다는 것이다. 이것이 자기 차이에서 발생하는 '이중 구속(double bind)'란 것이다. 『한국문학사』의 의의는, '기획된 실패'를 통해 이중 구속을 부정하거나 무마하지 않음으로써, 또한 특정한 욕망을 선택하지 않음으로써 '현전'할 수는 없지만 스스로의 '존재'를 승인하는 문학사로 남았다고 해석한다.

김윤식이 언급한 문학사 서술의 "회의 과정"이란, 이렇듯 역사서술자로서의 욕망을 견지하면서도 문학 연구자·비평가로서의 욕망 또한 포기할 수 없기에, 이 모든 것을 다 아우르기 위한 고뇌의 과정이[303]란 것이다. 이는

---

302 이영서, 위의 글, 137면.

303 이영서, 위의 글, 138면.

필연적으로 존재조건인 이중 구속에 대한 고찰을 수반하기에 주체의 '존재론적 고민'이라고도 부를 수 있다고 본다. 물론 이 고민이 결실을 맺어 개별성과 총체성을 모두 확보한 문학사를 서술하는 것이 최종의 목적이자 최선의 결과이지만, 끝내 실패하더라도 그 실패 또한 회의의 과정, 즉 존재론적 고민에 포함됨으로써 "임무는 당대의 것으로 끝"나고 고민은 다음 세대에게 '잇따를' 수 있게 된다는 것이다. 이로 인해 『한국문학사』는 철저하게 패배하고 사라졌지만, 아직 지나가지 않은 과거이자 이미 와 있는 미래인 '유령(specter)'으로서, 언제까지고 '도래(to-come)'할 문학사로 거듭난다고 본다. 다시 말해, 『한국문학사』는 현전하는 권력이 되어 이후의 문학사를 옭아매지 않으면서도, 동시에 이후의 모든 문학사에 이미/항상 기입되어 있음으로써 아직 지나가지 않은 '새로운 고향'이자, 이미 현재에 들어와 있는 '새로운 지평'으로서 기능하게 되는 것으로 해명한다.

그리고 바로 이 지점에서, 문학 연구자·비평가의 욕망과 역사서술자의 욕망이 만들어내는 문학사의 차연에서, 그 결정 불가능의 상황 속에서 김윤식이 선택한 자기 정체화의 욕망이자 문학사가로서의 '윤리'가 드러난다고 본다. 데리다가 차연을 통해 말하고자 한 것은 단순히 모든 존재가 결정 불가능성에 처해 있다는 것만을 증명하는 데 그치지 않는다[304]는 것이다. 주체는 타자에 의한 혹은 타자에 대한 어떤 결정 불가능성을 깨달았을 때, 자신만의 윤리적 책임을 절감하고 실천의 단계로 뛰어넘는다는 것이다. 문학사가로서의 주체 김윤식 또한 마찬가지였다. 조화시킬 수 없는 욕망을 소거하지 않고, 보다 철저한 패배를 위해 실패를 기획하고 『한국문학사』를 통해 그것을 실천한 것은, 후속 세대를 위해 기준인 동시에 비판의 대상도 될 수 있는 문학사의 전범을 남겨두고자 했던 욕망, 그리고 그것이 부여한 윤리

---

304 이영서, 위의 글, 139면.

적 책임 때문일 것[305]으로 본다.

그래서 이영서는 마지막으로 이렇듯 기획된 실패에서 드러나는 '제3의 책임', 다시 말해 김윤식의 정체화 욕망이자 문학사가로서의 윤리를 구체적으로는 어떻게 규정할 수 있을까? 다음 절에서는 『한국문학사』와 비슷한 시기에 쓰인 글들을 통해 이러한 욕망이 돌출된 지점들을 포착하고, 그로써 김윤식이 스스로를'가르치는 문학사가'로서 정체화하고자 했음을 논증해보고 있다.

이를 위해 이영서는 『한국문학사』에서 언급된 '회의 과정'의 연속성과 그로 인한 욕망의 일관성을 보여주는 글인 「한국문학연구에 대한 어떤 사신(私信)－회의를 위하여」에 먼저 주목한다. 이 글은 대학원을 그만둔 것으로 설정된 가상 혹은 실제의 청자 'K군'에게 보내는 편지의 형식으로 되어 있는데, 흥미로운 것은 김윤식이 스스로를 '버려진 스승'으로 정체화하고 있다는 점이다. 김윤식이 자신(혹은 한국문학)이 제자에 의해 버려질 수밖에 없었던 이유를 고찰하면서도, 바로 그 지점을 통해 여전히 K군을 가르치려고 하는 대목은 회의하는 이의 태도와 가르치는 이의 태도가 긴밀히 연결되는 지점을 잘 보여준다[306]고 본다.

"수년 동안 군을 가르치고 지켜본 나에게 멋대로의 어깃장을 놓던" K군과의 일화가 김윤식이 실제로 겪었던 것이라면, 그것은 분명 떠올리기 싫은 기억이었을 것이나, 만일 제자가 떠난 상황을 가상으로 설정한 것이라면 더욱 그 의도를 깊이 헤아려 봄직하다는 것이다. 이는 '교사'의 입장에서 문학 공부 혹은 문학사에 대한 회의를 논하기 위해 김윤식이 애써 끄집어낸 기억이거나, 일부러 부정적으로 설정한 상황일 것으로 해석한다. 따라서 K군

305 이영서, 위의 글, 140면.

306 이영서, 위의 글, 141면.

과의 관계는 문학이라는 학문이 회의라는 차연으로 인해 존재할 수밖에 없음을 나타내기 위한 알레고리라고도 볼 수 있다는 것이다. 그리고 김윤식은 "정직함"과의 관계를 통해 회의를 설명하고 있다고 본다. 문학은, 특히 '한국문학연구'라고 하는 영역은 필연적으로 회의를 수반할 수밖에 없다는 것이다. 『한국문학사』를 통해 이미 밝혔듯, 그 자체로서의 독립성을 확보하기 이전에 연속성과 보편성의 과제를 동시에 떠안아야만 했기 때문이란 것이다. 그런데 주체가 회의의 필연성을 인정하고 마주할 수 있으려면, 역설적으로 정직함을 가지고 있어야만 한다는 점을 지적한다. 정직함과 회의는 서로 모순되는 태도나 성질처럼 보이지만, 실상 서로의 자기 차이인 동시에 존재 조건으로 기능한다는 것이다. "회의를 규정하는 힘이 곧 정직"이라는 말은 김윤식이 이미 이 사실을 인지하고 있음을 보여준다는 것이다. 정직한 주체만이 회의를 무마하거나 모른 척하지 않을 수 있기에 회의는 정직함을 통해서만 존재할 수 있게 되며, 정직함은 철저한 회의를 거치지 않고서는 인정받을 수 없으므로 마찬가지로 회의를 통해서만 존재할 수 있게 된다는 것이다. 문제는 이 또한 다른 모든 자기 차이와 마찬가지로 이중 구속을 만들어 낸다[307]는 점이다. 정직한 주체만이 문학의 회의를 마주할 수 있지만, 그 회의는 문학을 "종잡을 수 없고 따라서 감당할 수 없는"것으로 만든다고 본다. 정직함과 회의가 서로의 존재조건이기에, 주체는 정직함만을 취하고 회의만을 버릴 수는 없다는 것이다. K군은 정직한 주체였던 만큼 오히려 강한 회의를 느꼈고, 그로 인해 문학을 버리게 된 예시 혹은 알레고리로서 호명되었다는 것이다.

김윤식이 "군의 문학 포기"를 "정직함의 일종이라 파악"하는 것과, 문학을 감당할 수 없어서 그만둔 것이라면 "나는 아무 말도 하지 않을 것"이라고

---

307 이영서, 위의 글, 142면.

장담하는 것 또한 이러한 이유에서라는 것이다. 그러나 K군이 김윤식으로부터 문학을 배우는 것을 그만두었다 한들, 김윤식은 K군을 가르치는 것을 포기하지 않는다고 해석한다. 「사신」은 얼마나 문학을 공부하는 일이 어려운지를 증명하기 위해서, 제목 그대로 "회의를 위하여" 쓰인 글이기 때문이란 것이다. 김윤식은 감수성과 문체의 문제·문화권의 문제·정치사회체제의 문제·철학체계의 문제·한국사의 문제를 차례로 열거하며, 문학이 이들 모두를 기반으로 하는 것임을 설명하는데, 문학을 학문의 영역에서 다루기가 어려운 이유는 문학 공부의 주체가 이러한 제(諸) 학문의 분야를 모두 섭렵하는 동시에, 그 복잡다단한 관계망 속에서도 어떤 "중간항"과 "법칙성"을 발견해야만 하기 때문이[308]란 것이다.

그러나 여기서 이영서는 흥미로운 것은, 김윤식 본인은 문학사가로서 자신만의 중간항이나 법칙성을 제시함으로써 K군을 논리로 설득하는 것이 아니라, 회의를 고백함으로써 K군에게 호소하고 있다[309]는 점에 주목한다. 다시 말해 김윤식은 여전히 선생을 자처하면서도 K군에게 문학 공부에 도움이 되는 특정한 관점이나 개념을 가르치는 것이 아니라, 회의를 가르치고 있다는 것이다. 회의란 문학을 포기하는 이유도 될 수 있지만, 동시에 문학을 공부하는 이유도 될 수 있다는 점을 일깨우고 있다는 것이다. 지난하고 복잡하고 엄격한 문학사 서술의 조건들을 다 인식하고 그것들 하나하나씩 채워나가는 작업은, 정직의 힘으로 규정된 회의가 없다면 애초에 시도될 수조차 없기 때문이다. 따라서 문학이 감당할 수 없어서 그것을 버릴 수밖에 없는 사람이야말로, 역설적으로 문학을 진정으로 공부할 자격이 있는 사람이란 것이다. 그리고 김윤식은 자신도 그런 사람임을 고백하고 있다는 것이다.

---

308 이영서, 위의 글, 143면.

309 이영서, 위의 글, 144면.

"갈팡질팡하면서 무엇인가 하나의 법칙성 비슷한 것이 있을지도 모른다"는, 어마어마한 회의 속에 피어난 "막연한 희망"이야말로 자신이 문학을 공부하는 이유이자 원천이자 동력임을 시인했다는 것이다. 자신을 버리고 떠난 제자에게, 체면도 부끄러움도 모른 채 이러한 사실을 털어놓을 수 있는 이유는 그가 '스승'이기 때문이란 것이다. 스승은 일단 가르쳐야만 하는 존재이고, 가르칠 것이 없다면, 왜 가르칠 것이 없는지, 어떤 이유로 가르칠 것을 다 잃어버릴 수밖에 없었는지라도 가르쳐야 한다는 것이다. 밋밋한 패배는 좋은 교사도 반면교사도 될 수 없기에, 철저한 패배를 통한 회의의 흔적이나마 남겨놓으려 했던 것은 그가 스승이었기에 가능한 선택이었다고 규정한다. 『한국문학사』를 집필할 당시 이중 구속으로 인한 결정 불가능에 부딪혔을 때, 오히려 그것을 계기로 '제3의 책임'을 자각하고 한계를 들이받는 실천을 보여주었던 것처럼, 이번에도 김윤식은 K군으로 인한 실망과 좌절 속에서 오히려 문학에 대한 자신의 회의를 고백함으로써 오히려 문학공부를 실천할 수 있는 가능성을[310] 열고 있다는 것이다.

비슷한 맥락에서 김윤식이 제자들을 위한 교재로 쓰기 위해 집필했다고 알려진 『한국근대문학의 이해』의 「머리말」 역시 'K군'에게 말을 건네는 형식을 취한다는 사실은 김윤식의 정체화 욕망을 다시금 확인시켜 준다. 아직 대학원을 그만둔 시점은 아니지만, 이때부터 번민하고 있는 것으로 보이는 K군은 「사신」에서와 마찬가지로 회의가 문학의 존재조건임을 나타나기 위한 알레고리이며, 동시에 김윤식에게 있어 현재의 제자들뿐 아니라 앞으로 올 제자들까지 포함하여 그 모두를 대표하는 청자이기도 하다고 해석한다. 그런 K군에게 김윤식은 "출발"과 "회귀"의 전 과정에 걸쳐 있는 지독한 '회의'에 대해 이야기하며, 문학을 공부하는 젊은 연구자의 출발은 "헛된 소유가

---

310 이영서, 위의 글, 145면.

아니라 욕망 자체"여야 한다고 강조한다는 것이다. 그러나 "어떤 소유도 너를 죽이는 것"이기에 아무것도 가질 수 없는 주체는 필연적으로 아픔과 공허를 겪으며 무너질 수밖에 없다고 본다. 그리고 바로 이 주체 상실의 순간에서부터 "우리의 회의의 의미가 시작"되며, 그것은 "본능적 욕망의 대가로 지급되는 보편적 아픔"을 알게 되는 것이라고 본다. 즉, 문학 공부에 있어 '출발'이란 채워지지 않는 앎의 욕망을 위해 끝없이 회의하는 과정에서 '나'를 잃어버리기 위한 것이며, 이를 통해 나의 아픔을 보편적 아픔으로 확장시켜 감득하는 것이 '회의'란 것이다.

김윤식은 이 글의 말미에 "이러한 어리석음과 확실함의 승인 위에서 한국문학이란 무엇인가를 나는 썼다"고 적고 있는데, 끝내 아무것도 소유할 수 없는 욕망을 따라갈 수밖에 없기에 어리석지만, 적어도 그 대상이 문학이라면 욕망 끝의 아픔은 아픔이나마 보편적이라는 점에서 확실하다는 의미일 것으로 해석한다. 확실하게 얻을 수 있는 것이 아픔뿐이라 할지라도, 그 아픔은 동시에 확실하게 얻을 수 있는 보편성이기도 하다는 것이다. 『사신』에서 언급했던, "무엇인가 하나의 법칙성 비슷한 것"을 발견하게 해줄지도 모를 어떤 보편성 말하고 있다. 그리고 그 유일한 '확실한 보편성'을 손에 넣기 위해, 문학을 하는 주체는 출발부터 아파야만 한다는 것이다. 이렇듯 김윤식은 여기에서도 문학이 처절한 회의일 수밖에 없음을, 그리고 자신도 그렇게 한국문학(공부)을 하고 있음을 K군에게 그리고 모든 제자에게 고백하는 동시에 가르친다[311]고 해석한다.

그래서 이영서는 이는 그가 문학사와 문학 공부에 있어 추구했던 '총체성'에 어울리는 '온전한 문학사가' 또는 '과학적인 문학사가' 등으로 자신을 정체화하고자 했다면 불가능했을 발화라고 본다. 그러나 그는 '가르치는 문

311 이영서, 위의 글, 146면.

학사가'이고자 했기에, 회의 앞에 고통받고 있음을 시인하면서도 회의를 포기하지 않을 수 있었던 것이리라고 판단한다. 그에게 있어 부끄러운 것은 가르칠 만한 것이 없는 무지함이나 문제를 해결할 수 없는 무력감이 아니었다. 스승, 즉 앞에(先) 선 존재(生)로서 부끄러운 것은, 거대한 회의를 맞닥뜨렸을 때 뒤에(後) 올 제자(生)를 놔두고 도망쳐 버리는 일뿐이었다는 것이다.

이를 이영서는 1970년대 초반에 김윤식이 고작 30대 중반이었다는 것을 생각한다면, 당장 맡은 직속 제자들뿐만이 아닌, 앞으로의 모든 예비 문학사가를 위해 가르침을 준비하는 이러한 태도는 쉬이 이해하기 어렵다고 본다. 시대적 상황 때문에 일찍부터 맡을 수밖에 없었던 몇 년간의 강의 경험이나, 문학사를 서술할 당시 잠깐의 필요에 의해 형성된 태도라고는 보이지 않기 때문이란 것이다. 정체화의 욕망은 시대에 따라 끝없이 변화하지만, 개중 강력한 욕망은 이러한 변주의 선율을 모두 관통하는 하나의 박자로 기능하기도 한다고 본다. 이런 측면에서 이영서는 김윤식이 끝없이 문학사를 서술하게 만들었던 힘은 가르치는 사람으로서의 욕망이었다고 규정한다. 그렇기에 '앞으로 올 모든 문학사가를 가르쳐야 할 문학사'로 자신을 정체화했던 김윤식은, 문학사가의 가능태를 대표하는 K군에게 문학사가 아닌 회의를 가르쳤다는 것이다. 어떠한 문학사를 가르치더라도 그것은 여타 모든 문학사와 같이 패배하고 사라지겠지만, 문학이 존재하는 한 회의는 영원히 유효할 것이며, 그에 따라 그의 가르침도 불멸할 것이[312]라 믿었기 때문이란 것이다.

이상과 같이 이영서는 결국 『한국문학사』 분석을 통해 김윤식이 문학사를 서술할 때 강력하고도 일관된 정체화 욕망 중 하나가 가르치는 사람으로서의 욕망이라는 것을 해명하고 있다. 이러한 해명은 의미있는 문제제기와 논의이긴 하나, 『한국문학사』만의 기획과 기술의 실패만으로 온전히 드러날 지점은

312 이영서, 위의 글, 147면.

아니다. 더 많은 김윤식 텍스트의 분석이 덧붙여져야 할 과제이다. 그리고 『한국문학사』 기술의 기획된 실패의 의미와 의의를 이해하기 위해서 차용한 데리다의 차연의 개념이 지니는 정합성도 따져보아야 할 여지가 남겨져 있다.

최현희의 김윤식의 한일 근대문학 번역론에 대한 해석

최현희는 앞선 논문의 연속선상에서 「식민주의와 민족주의, 그리고 번역 : 김윤식의 한일 근대문학 번역론」을 통해 김윤식은 번역론을 통해, 식민지성을 한국 근대문학의 본질로 급진화시킨다고 보았다. 이를 해명하기 위해 김윤식이 나카노 시게하루의 「비 내리는 시나가와역」 번역에 얽힌 복잡한 사정에 대해 쓴 글과 김소운의 조선 근대시 일역에 대해 쓴 글을 검토하고 있다. 이를 통해 김윤식의 번역론이 번역의 정치성에 대한 탈식민주의적·트랜스내셔널한 이론화에 이르고 있음을 논증하고자 했다.

이 과제를 해결하기 위해서 최현희는 <식민주의와 번역 : 민족적 소속과 식민지적 (비)소속 사이>를 통해 Serk-bae Suh와 Mary Jacobus의 번역 이론을 차용하고 있다. 그 논리의 전개는 다음과 같다.

> 식민자는 식민지를 통치하기 위해, 식민지인은 제국의 법질서하에서 살기 위해 번역을 한다. 식민 지배 체제에서는 공존하는 두 언어 사이에 언제나 번역이 현전하는 것이다. 그러나 식민지인의 언어는 식민자의 언어로 번역되기 위해서만 존재한다는 점에서 이 '공존'은 진정한 공존이랄 수 없다. 또 제국 공용어로 번역이 불가능한 식민지 언어는 그 언어를 모어로 하는 민족을 식민화되어 마땅한, 어떤 결정적인 문화적 결함이 있는 민족으로 구성하는 근거에 불과하

> 다. 민족들 사이의 고정적 경계의 근거로 문화를 들고, 그렇게 상정된 민족문화를 그 언어적 통일성에 근거하여 구획하는 논리가, 식민주의의 핵심 논리인 이유가 여기 있다. 식민주의 체제에서 식민지인은 자기 언어와 제국 언어 사이의 번역을 통해 민족으로 정립되는 동시에 (식민자에 의해 식민화됨으로써만 그 민족성을 유지한다는 점에서) 식민자가 그 민족됨을 언제든 임의로 와해시켜 버릴 수 있는 상시적 위기에 처해있다. 식민지인의 입장에서 번역은 그를 주권적으로 정립/파괴하는 과정 자체로 자기 주체 구성 현장에서 간단없이 일어나고 있는 생생한 사건이라고 할 수 있다.[313]

이어서 최현희는 Mary Jacobus의 식민지인의 번역의 문제를 이어 전개하고 있다.

> 일반적 맥락에서 "번역이 소속 (또는 비소속)이 구성되는 여러 방법 중 하나"라면, 식민지의 맥락에서 번역은 그 소속이 결정되는 '유일한' 방법이다. 식민지인은 제국 법질서 하에서 피식민 민족으로 그 소속이 구성된다. 이때 그 구성은 제국어와 식민지어의 번역 과정에서 생성되는 민족문화적 정체성을 축으로 한다. 식민지어 → 제국어 번역 과정에서 식민지인은 어떻게 해도 식민자의 언어로는 환원될 수 없는 면, 즉 번역 불가능성을 노정하게 되고, 식민자가 전적으로 지배하는 제국에 본질상 '비소속'되는 데 이른다. 식민지인의 이러한 상황은 "소속 (또는 비소속)은 절대로 단순한 선택이나 사회성의 문제가 아니며, 법적인 것과 생명정치적인 것의 불안정한 교차점에 존재하는 것"임을 여실히 보여준다. "그 교차점은 조르죠 아감벤이 "공적인 법과 정치적 사실 사이에 있는,

313 최현희, 「식민주의와 민족주의, 그리고 번역 : 김윤식의 한일 근대문학 번역론」, 『비교문학』 89, 2023, 165면.

법질서와 삶 사이에 있는, 버려진 땅"이라고 부른 곳"에 해당한다. 쉽게 말해 내가 어떤 집단의 일원이 될지는 내 선택에 달린 문제가 아니며 내가 아무리 해당 집단의 사회문화적 기준을 완전히 체화한다 해도 그 멤버십을 인정받는 것은 그 체화의 정도와는 별개의 문제이다. 식민지인은 '공적인 법' 차원에서는 제국민(帝國民)이지만 그 지위는 자기를 포함한 모두에게 의심받는다는 게 엄연한 '정치적 사실'이다. 예컨대 식민지 조선인은 법적으로는 일본제국민이지만, 당사자를 포함하여 누구도 일본인으로 태어난 일본인과 동등한 일본인이라고는 생각지 않는다. 식민지인은 제국민도 아니고 제국민이 아닌 것도 아닌 자로서 제국적 '법질서'에 귀속되어 있다. 따라서 필연적 제국민인 식민자들의 제국 전체에 대한 지배권에는 영향력을 전혀 행사할 수 없으며, 그 삶 전체는 식민자들의 전횡에 완전히 노출되어 있다. 그는 제국 안팎 어디에도 자기 정체성을 고정시키고 주체로 행위 할 수 있는 장이 없다. 아무도 없으며 아무도 머무를 수 없는 영역, 근대 세계의 '버려진 땅'을 영원히 벗어날 수 없는 운명을 띤 자가 식민지인이다. 번역은 식민지인이 처한 상황, 주권적 정립/말소를 언제나 동시적으로 당하고만 있는 운명을 극적(極的/劇的)으로 드러내는 실천이라고 할 만하다. 번역은 이런 점에서 "주변부화의 정치 자체를 통하여 기원적인 것을 재활성화 할 수 있는 조건들"을 역설적으로 볼 수 있게 해준다.[314]

이상의 식민지인의 번역론에 의하면, 이런 점에서 김윤식이 한일 근대문학의 번역에 대해 쓴 글들에서 근대한국의 근본적 식민지성이 직접적으로 드러나는 한편 그 식민지성을 한국 근대문학의 본질로까지 급진화시키는 이론적 충동이 나타나는 것은 충분히 예상할 수 있다는 것이다. 위에서 설명했듯 식민주의 체제에서 번역은 식민지인의 민족적 정체성이 끊임없이 정립되는

314 최현희, 위의 글, 167면.

과정 중에 있음을, 그 과정이 식민자의 임의의 처분에 온전히 달려 있음을 가감 없이 보여주는 현장이란 것이다. 그러나 한편 그러한 번역의 생생한 현장성, 즉 "주변부화의 정치 자체"의 드러남은, 그것을 기술하는 자로 하여금 "기원적인 것을 재활성화할 수 있는 조건들"에 대해 사유하도록 강제한다는 것이다. 그래서 최현희는 김윤식은 한일 근대문학 번역론에서 한국민족의 주체성이란 그 민족적 정체성의 정립이 식민자의 손에 의해 이뤄지는 현장을 기술하는 것으로 수행될 수 있을지 모른다는 가능성의 차원에 이른다고 본다. 그래서 최현희는 김윤식은 나카노 시게하루의 「비 내리는 시나가와역」 번역에 얽힌 복잡한 사정에 대해 쓴 글과 김소운의 조선 근대시 일역(日譯)에 대해 쓴 글을 검토하고, 이를 통해 김윤식의 번역론이 번역의 주권적 행위로서의 면모를 여실히 드러내고 있으며 나아가 번역의 정치성에 대한 급진적 이론화에 이르고 있음을[315] 추적하고 있다.

김윤식은 『한일문학의 관련양상』(1974)에서 「비 내리는 시나가와역」을, 전전(戰前) 일본 프로문학 진영이 일본 내 조선인에 대하여 느끼는 "무산계급으로서의 유대" 의식을 "감상적"으로 표현한 대표적인 작품으로 언급하고, 바로 이어 임화의 「우산 받은 요코하마의 부두」를 언급하며 두 작품의 영향 관계를 암시한다고 보았다. 그러나 최윤희는 여기서 김윤식은 두 시가 공유하는 계급주의적 유대가 아니라 "계급을 초월한 민족적 차이점"을 강조한다고 해석한다. 그러나 이에 대해 김윤식은 더 이상 논의를 진행시키지 않는다고 보고, 따라서 어떤 의미에서 표면적으로 드러난 계급의식이 아니라 잘 보이지 않는 "민족적 차이점"이 중요한지는 알 수 없게 된다는 것이다. 또 그러한 "민족적 차이점"이 임화의 「우산 받은 요코하마 부두」와 비교하면 왜 더 도드라지는지도 알 수 없다고 보았다. 그럼에도 불구하고 최현희는

---

315 최현희, 위의 글, 168면.

여기서 김윤식이 「비 내리는 시나가와역」을 둘러싼 번역 과정에서 한일 양국 사이에 존재하는, 계급의식에 기초를 둔 연대와 민족적 차이/차별에 따른 갈등을 동시에 포착하고 있다는 점은 읽어낼 수 있다고 강조한다.

한편 이 주제에 대한 김윤식의 1980년대 논의를 보면 그가 후자 쪽으로 초점을 옮기고 있음을 파악할 수 있다고 보았다. 1984년 「현해탄의 사상과 시나가와역의 사상」에서 김윤식은 이 주제를 "문학상의 주고받기"라는 제하에서 다루고 있기 때문이다. '주고받기'라는 표현은 식민지 한국이 식민본국 일본으로부터 일방적인 영향을 받는 식으로 양국 근대문학이 관계를 맺어온 것이 아니라 서로 동등한 레벨에서 영향을 주고받았다는 해석, 혹은 그렇게 보겠다는 의도를 나타낸다는 것이다. 나카노의 1929년 창작이 일본 프로문학이 당시 재일 조선인 문학과 긴밀하게 교류하고 있던 맥락에서 이뤄졌다는 점, 1975년에 이뤄진 개조판 복원이 조선어로 된 '무산자판'의 존재와 그에 대한 김윤식 자신의 언급 덕분에 이뤄질 수 있었다는 점이 그러한 "문학상의 주고받기"의 근거[316]로 본 것이다.

그리고 최현희는 여기서 이러한 논의가 전개되는 이 글의 제목이 암시하는 바, '현해탄의 사상과 시나가와역의 사상'의 대립에 주목할 필요가 있다고 문제를 제기한다. '현해탄의 사상'은 식민지 한국인이 식민본국 일본에 대해 갖는, 식민지인 특유의 콤플렉스인데, 이는 한국인이, 근대성의 영원한 모델로서 일본을 취하고 그에 고착되어 있는 현상을 가리킨다는 것이다. 한편 '시나가와역의 사상'은 한국이나 일본이나 식민주의 지배 관계에 놓이기 전에 상호배타적인 민족이라는 점에서 근대 세계 내에서는 서로 동등한 '주고받기'가 가능한 주체라고 보는 입장이라 할 만하다는 것이다. 요컨대 '시나가와역의 사상'은 내셔널리즘이되, 여기서 상정되는 민족(nation)은 식민주의가

316 최현희, 위의 글, 172면.

지배하는 현실 속에서 식민지인의 집단적 정체성으로서 부정적인 방식으로 현상하는 민족이라고 할 수 있다는 것이다. 이점에 대해 최현희는 일제에 의해 강압적으로 도쿄에서 추방되는 식민지 조선인을 시나가와역에서 전송하는 식민본국 일본의 시인은 조선을 자기와 동등한 하나의 민족으로 이해하지만, 그 이해는 조선이 천황을 그 민족됨의 상징적 근거로 삼는 일본과 근본적으로 다른 민족임을 전제할 때에만 가능하다 본다. 즉 김윤식이 말하는 '시나가와역의 사상'은, 아무리 식민자를 따라잡으려 해도 식민주의 체제 내에서는 민족적 차이/차별 때문에 그 목표 달성이 불가능한 식민지인의 처지를 확인하는 가운데서만 발생하는 것이란 것이다.

그런데 최현희는 「비 내리는 시나가와역」과 나카노를 다루는 1980년대의 김윤식의 다른 글에는 이 점이 좀 더 명확히 드러난다고 본다. 「나카노 시게하루와 비 나리 시나가와역」을 한 장으로 하는 1989년의 『임화 연구』는 '현해탄 콤플렉스'를 그 첫 장에서부터 핵심어로 내세우고 있는데, 김윤식은 임화의 문학과 생애를 총체적으로 이해하기 위해서는 "일제강점기의 조선적 특수성"을 그 운명적 조건으로 인식해야 한다고 보았다는 것이다. 그 운명이 임화 자신에 의해 직접 표현된 사례로 「신문학사의 방법」(『동아일보』, 1940.1. 13~20)에 나오는, 조선 "신문학사란 이식문화의 역사"이며 "조선문학은 전혀 명치(明治) 문학[즉 일본 근대]의 문장을 이식해 왔다"는 부분을 들고 있다는 것이다. 김윤식은 별다른 설명 없이 임화의 이 문장에 바로 이어 이를 "현해탄 콤플렉스"라고 불렀는데, 여기서 '현해탄의 사상'이란 식민지 한국인이 자기 문학의 근대성을 식민본국 일본 문학의 그것과 곧장 등치하는 행위임이 단적으로 드러나고 있다는 것이다. 임화의 현해탄 콤플렉스가 이식문학론으로 나타난 것은 1940년경의 일이지만 김윤식은 이를 임화 생애 전체를 관통하는, 나아가서는 식민지 조선인 전체를 하나의 민족으로 정체화하는 핵심 계기로 설정하고 있다[317]고 보았다.

일제시대 조선 문인의 글쓰기는 사실상 모두 현해탄 콤플렉스로 설명될 수 있고 그래야 한다는 말이나, 위에서 나타나듯, 그것을 "일제강점기의 조선적 특수성"과 등치시키는 논리를 보면 이는 명확하다. 김윤식이 볼 때 임화는 현해탄 콤플렉스의 직접적 표현인 이식문학론의 논자라는 점에서, 또 나카노의 「비 내리는 시나가와역」에 대한 응답으로 「우산 받은 요코하마 부두」를 쓴 직후 일본으로 건너간 실천가라는 점에서, 식민지 조선문학의 근대성의 직접적 현현에 해당한다는 것이다. 식민지 조선인을 "일본프롤레타리아트의 앞 방패 뒤 방패"로 호명하며, 또 조선인을 일본 제국주의의 최고 상징인 천황을 암살할 주체로 호명하고 있는 나카노의 「비 내리는 시나가와역」 "그 작품이 임화에게는 막바로 자기 자신이었다"는 김윤식의 서술은 이런 맥락에서 이해된다고 보았다. 임화는 1929년 5월호 『무산자』에 실린 「비 내리는 시나가와역」을 읽고 9월 『조선지광』에 「우산 받은 요코하마의 부두」를 발표했는데, 김윤식은 이미, 무산자사의 매개로 임화가 나카노의 시를 접하게 된 사건의 운명성을 숨 가쁜 문체로 강조해 둔 상태였다는 것이다. 무엇보다 현해탄 건너 저쪽, 제국 일본의 수도 도쿄에서 나카노 시게하루라는 일본 프로문단의 중요 인물이 식민주의를 파괴할 주체로 식민지 조선인을 호명했다는 사실이 임화가 도쿄로 가게 된 근본 원인이라는 것이다. 임화에게 나카노는, "역사 자체", "현해탄", "한일 관계의 역사성", "프롤레타리아의 국제 혁명 관계 자체"를 운명으로 받아들이게끔 한 매개였다는 것이다. 최현희는 이를 종합하여, 김윤식은 「비 내리는 시나가와역」 번역을 둘러싸고 한일 사이에서 일어나는 저 모든 일이 궁극적으로, 한국근대의 근본적인 식민지성을 확인시켜준다는 데 의미가 있다고 보는 셈이다라고 판단한다. 나아가 김윤식은 번역 과정 중, 한일 양국이 식민주의 체제 내에서 각각 피식민민족

317 최현희, 위의 글, 173면.

과 식민민족으로 규정되는 순간에 집중함으로써, 민족이 기원하는 순간을 번역이라는 계기를 통해 재활성화한다[318]고 보았다. 2000년대 들어 김윤식이 동일 주제를 다룬 두 편의 글에서 이러한 면모는 더 명확하게 드러난다는 것이다. 두 글은 「문학적 과제로서의 '민족 에고이즘' : 「비 내리는 시나가와역」에 대하여」와 「한일 근대문학 주고받기의 한 가지 사례 : 임화와 나카노 시게하루의 경우」이다. 그 제목이 암시하듯 전자는 「비 내리는 시나가와역」 번역 과정과 그 과정에서 나온 나카노의 1975년 자기비판을 다루고, 후자는 임화와 나카노 시의 비교를 통해 한일 근대문학의 '주고받기'를 논하고 있다.

「문학적 과제로서의 '민족 에고이즘'」은 "민족 에고이즘의 꼬리 같은 것을 끌고 가고 있는 느낌을 지울 수 없습니다"는 나카노의 자기비판성 발언의 의미를 따지는 데 그 핵심이 있다는 것이다. 앞에서 지적했듯 김윤식은 나카노의 자기비판 전에 『한일 문학의 관련양상』(1974)에서 이미 「비 내리는 시나가와역」에 나타난 나카노의 민족주의를 비판적으로 언급한 바 있는데, 김윤식은 작품에 나타난 한일 양국 노동자의 계급의식에 기초한 연대나 수평적 소통의 가능성을 강조하지 않고, 한일 양국의 "민족적 차이점"을 강조했다는 것이다. 나카노의 위의 자기비판은, 김윤식의 비판적 입장을 사후적으로 보강해주는 것이라 할 만하다는 것이다. 1975년에서 또 25년의 시간이 흐른 2000년, 김윤식은 나카노의 "민족 에고이즘" 발언을 새삼 재조명하면서 그것을 "문학적 과제"로 내세우고 있는데, 여기서 최현희는 왜 김윤식이 '민족 에고이즘'을 '문학적 과제'로 정립하는지 물을 필요가 있다고 본다. 김윤식은 이 글을 민족 에고이즘의 편재성을 지적하면서 시작하는데, 글의 모두에서 김윤식은, 근대 초기 사상가 후쿠자와 유키치의 자서전(1897)에 나오는 조선인에 대한 비하적 표현에서 '민족 에고이즘'을 지적한다. 또 오에 겐자부로가

318 최현희, 위의 글, 174면.

1998년에 방한했을 때 자기 무의식에 "반한적(反韓的)"인 요소가 있을지 모른다고 인정했던 일도 상기시킨다. 요컨대 김윤식은 일본의 조선에 대한 차별 의식은 근대 시작부터 2000년대까지 이어지고 있는 엄연한 현실이라는 점을 드러내고 있는 것이다. 이렇게 글을 시작한 김윤식은 본론의 첫 부분에서 대뜸 임화의 '이식문학사론'을 들고 나온다. 여기서 최현희는 한국 근대문학이 일본의 그것의 이식이라는 한국 측의 논리를 제시함으로써 김윤식은 일본인에게 보편적인 한국차별 의식이 한국 근대의 근본적인 식민성과 맞물려있는 문제임을 암시하는 것[319]으로 본다.

나카노의 1929년 '개조판' 「비 내리는 시나가와역」 창작은 그 의도만 보면 민족적 차별 의식이 아니라 계급적 연대의식, 국제주의적 평등의식의 표현에 가까울 것이나 조선인을 일본 국내 혁명의 도구로 삼는 시의 내용은 무의식적 일본 중심주의를 드러내고 있다는 것이다. 조선인을 일본 혁명의 핵심 과제를 수행하는 주체로 호명할 수 있으려면 조선이 일본제국의 식민지로서, 천황을 정점으로 하는 제국 일본의 최대 피해자여야 한다는 점이 전제되어야 하는데, 이런 맥락에서 보면, 조선인을 일본 혁명 과업 수행에 자연스럽게 호명하는 행위는, '일본 : 조선 = 식민본국 : 식민지'의 도식을 자연화하는 수행이란 것이다. 아무리 국제주의적 연대의식에 의한 호명이라 해도, 아니 오히려 그처럼 선의에 기반을 둔 호명이기 때문에 더더욱, 그것은 조선을 일본제국의 한 부분으로서 당연하게 만드는 효과를 내는 것으로 해석하고 있다.

그러나 최현희는 김윤식이 한국 근대문학이 일본 근대문학의 '이식'에 지나지 않는다는 임화의 이론을 인용하고, 나카노가 말한 '민족 에고이즘'을 "문학적 과제"로 설정한다는 점에 주목하면 다른 해석의 여지가 열린다고

---

319 최현희, 위의 글, 176면.

주장한다. 김윤식은 한국 근대문학의 본질적 식민지성과 19세기 말부터 21세기 초에 걸치는 일본 근대문학 전체에서 발견되는바, 제국을 운영하는 식민 본국의 관점에서 식민통치 대상 민족으로 조선을 구성하는 의식을 맞세우고 있다는 것이다. 전자가 '현해탄 콤플렉스'에 관련된다면 후자는 '시나가와역의 사상'에 관련되는데, 이 둘 사이에, 김윤식은 굳이, 어떤 '주고받기'가 실재했음을 강조하고자 했다는 것이다. 상식적으로 보면 식민본국의 식민지에 대한 일방적인 근대적 제도의 강요만 존재한다고 보아야 할 듯한데 김윤식은 굳이 수평적 '주고받기'를 강조한다[320]는 것이다. 즉 김윤식은 나카노와 임화를 주인공으로 하며, 자기도 조연으로 참가하는 「비 내리는 시나가와역」 번역을 둘러싼 드라마에서 한일 간의 '주고받기'를 굳이 추출하고자 한다는 것이다. 최현희는 이를 한일의 민족적 정체성이 한국 편에서는 식민본국 일본에 대한 콤플렉스로, 일본 편에서는 식민지 조선에 대한 차별의식으로 만들어진 것임을, 그리하여 한일 간의 '문학적 과제'로서의 '주고받기'란 번역의 현장 가운데서 민족의 포이에시스를 드러내는 식으로 이뤄질 수밖에 없음을 암시하는 입장이 아닐까?라고 의문을 표한다. 수평적으로 행해지는 것이 아니므로 '주고받기'라 할 수 없는 것을 굳이 '주고받기'라 칭함으로써 김윤식은, 근대 민족문학들 간의 관계란 언제나 식민적일 수밖에 없음을 암시하고자 한 것 아닐까?라고 문제를 제기하고 있다. 그래서 최현희는 이러한 김윤식의 문제 설정 방식을 통해 우리는, '번역'이 국민국가들 사이의 평화로운 수평적 공존 상태라는 이상주의에 대한 '반역(反逆)'이 되는 현장에 도달하게 되는 것은 아닌지 하는 과제를 던지고 있다.

다음 최현희는 김소운의 조선 근대시 일역의 문제를 탈식민주의적 번역론의 가능성이란 차원에서 논의하고 있다.

---

320 최현희, 위의 글, 177면.

김소운 번역의 일본 문학계에서의 정전적 지위는 1940년『젖빛 구름』이 나오자마자 정립되기 시작했다고 본다. 이 역시집 출간에 발맞춰 시마자키 도손(島崎藤村), 기타하라 하쿠슈(北原白秋), 사토 하루오(佐藤春夫) 등 일본 문단의 대가들이 그 출간의 의의를 십분 인정한 바 있는 것이다. 주목할 점은 그들의 그러한 고평이 "조선인인 김소운이 구사한 노련한 일본어 그 자체"에 근거를 두고 있었다는 점이다. 그런데 최현희는 일본 문학의 대가들이 인정한 김소운의 일본어 실력인 만큼, 한국 문학계에서도 김소운이 "일본말 구사의 귀신"이라는 "비평적 합의"가 이뤄지긴 했지만, 번역이 텍스트의 원천어와 도착어 사이에서 이뤄짐을 고려하고, 나아가 번역 비평은 두 언어 사이에서 일어나는 교섭 양상에 초점을 맞춰야 한다는 점을 고려한다면, 김소운 번역에 대한 평가는 반쪽짜리에 불과하지 않은지 의심해 볼 만하다고 보았다. 김소운 번역에 대한 한일 양국의 만장일치에 가까운 고평은 한국어 쪽은 도외시한 채 일본어 쪽에만 집중한 결과이기 때문이[321]란 것이다.

김윤식이 김소운 번역에 대해 논한 최초의 글은 1974년의『한일 문학의 관련양상』에 나오는데, 여기서 김윤식은 도마 세이타(藤間生大)와 김소운 논쟁을 언급하고 있다. 1954년 도마는 김소운의 일역본을 텍스트로 하여 조선 근대시에 대한 나름의 해석을 발표한다. 이에 대해 김소운이 1956년에 반박문을 내놓고 바로 이어 도마가 재반박함으로써 논쟁이 성립된 바 있는데, 이 논쟁에 대해 김윤식은 1974년의 글에서 한 번, 이어 1983년에 한 번 더 다룬 사실을 언급하고 있다. 이후 2000년 도쿄대에서 열린 '김소운 기념일한 국제심포지엄' 발표에서는 이를 또 한 번 간단히 언급한 사실을 주목하고 있다. 최현희는 이 글들을 전체적으로 검토해본 결과, 김소운 번역에 주목하기 시작한 초기부터 김윤식의 관심은 번역 자체에 있지 않고 그에 대한

321 최현희, 위의 글, 179면.

일본 문단의 반응에 있었고 이는 2000년대 이후 탈식민주의 번역론이 비등한 시기까지 유지되었음을 알 수 있다고 보았다. 그런데 최현희는 김윤식의 2000년대 글은 1970~80년대에 제기했던 논점을 탈식민주의적 입장에서 구체화시킨다는 점에 주목하고 있다. 2000년 11월의 도쿄대 심포지엄에서 발표된 「한국 근대문학사의 한 시선에서 본 김소운」을 보면 다음과 같은 두 지점이 주목된다는 것이다. 첫째 김윤식은 김소운 번역을 '이중어 글쓰기'의 세 유형 중 '김사량 유형'으로 분류한다[322]는 점이다. 주지하다시피 김사량은 식민 말기인 1930년대 말 도쿄 문단에서 일본어로 소설을 발표하고 절찬을 받은 작가이다. 그는 일본어로 소설을 썼지만, 제국 편제 내에서 식민지 조선의 문제성을 부각시키는 주제의식을 분명히 보여주었고, 또한 김사량 일본어 소설의 수사적 전략은, 일본어 내에 조선어적 혼종성을 기입하는 데 그 초점이 있었으나, 김소운의 조선 시 일역은 사에구사 등의 논자들이 밝혔듯, 일본어=일본문학의 정통성을 충실히 재생산한다는 점에서 김사량 소설과는 궤를 달리한다는 것이다. 김윤식이 김소운과 김사량을 한 유형으로 분류하는 것은, 식민지 조선인이 일본어로 글을 쓰되 조선적 주제를 다룬다는 점에 주목한 결과라고 할 수 있다는 것이다. 한편 김윤식은 둘의 차이에 대해서는 "김사량에 있어 글쓰기의 주체가 직접적으로 조선 쪽에 있었다면, 김소운의 그것은 간접적"이라고 하며 "'이중어 글쓰기'의 간접성을 대표하는 것이 김소운스런 점"이라고 평가했다는 점이다. 이는 김소운의 일역시가 자기 창작이 아니라 다른 조선 작가가 쓴 조선어 원본을 기초로 쓰인 것이고 김사량 소설은 조선인 김사량이 직접 일본어로 쓴 것이라는 점을 지적한 점에 초점을 맞추고 있다. 즉 최현희는 김윤식은 김소운 일역시가 어디까지나 번역의 산물이라는 점, 즉 그것은 그 텍스트를 통해 직접 글쓰기 주체에 닿을 수

322 최현희, 위의 글, 182면.

없고 번역자가 행한 텍스트의 재현을 통과하여 간접적으로만 도달할 수 있다는 점을[323] 지적하고 있다는 것이다.

이런 점에서 최현희는 김윤식이 지적하는, 김소운 특유의 "'이중어 글쓰기'의 간접성"은 다음과 같은 의미가 있다고 보았다. 우리가 김소운 일역시를 보면 거기에는 일본 문학의 정통성에 부합하는 요소들만 보이지만, 그 정통성은 김소운이라는 번역자가 조선적인 것을 철저히 억압한 결과 나타난 것이므로 김소운이 조선어를 모어로 하는 식민지인이라는 사실에 의해 김소운 일역시는 그 일본 문학적 정통성의 정도가 올라갈수록 징후적으로, 김윤식의 용어로는 '간접적으로' 조선성을 더 확고히 드러낸다는 것이다. 이렇게 보면 김소운은 '직접적으로' 텍스트의 표면에 조선성을 육화하는 김사량 일본어 소설과 함께 이중어 글쓰기의 한 유형으로 묶일 수 있게 된다[324]는 것이다.

여기서 「한국 근대문학사의 한 시선에서 본 김소운」에 나타난, 김윤식의 김소운 번역에 대한 관점 중 주목할 두 번째 지점이 부상한다고 보았다. 두 번째 지점은 김소운 번역에 대한 일본측 수용 태도를 야나기 무네요시(柳宗悅) 류의, 식민자의 식민지 문화에 대한 예찬 논리와 등치시키는 지점이다. 우선 김윤식은 일본 문단이 김소운 번역에 부친 최상급의 상찬들을 어떤 당혹감의 표현으로 묘사하고 있는데, 이를 최현희는 "식민지인인 김소운이 일본의 밑바닥까지 알아버린 것에 대한 모종의 일본인다운 수치와, 김소운을 통해 자기들도 모르고 있는 모종의 것을 발견함에 대한 반가움과 부끄러움의 복합심리"를 지적하는 것으로 해석한다. 고작 식민지에서 통용되는 비공식 언어에 불과한 조선어를 모어로 하는 김소운이 제국 공용어인 일본어에 통달하고, 나아가 일본어와 문화의 정화(精華)인 근대시의 문법을 완전히 장악하

323 최현희, 위의 글, 183면.

324 최현희, 위의 글, 184면.

고 있다는 사실에 식민자는 자기의 "밑바닥"을 들킨 듯한 심정이 되었다는 것이다. 일본 근대시의 전통이란 일개 식민지인이 금세 통달할 만큼의 수준밖에는 되지 않는다는 것, 일본어와 그 문학의 신비로운 정수로서의 '일본적인 것'이 사실은 식민지에 대한 민족적 차별과 잠재적 층위에서 구성적으로 얽혀 있다는 것을, 일본 문단의 거장들은 무의식적으로 감지했다는 것이다. 그러나 그것은 말 그대로 '무의식적'이고 '간접적'이기에 그 자체로 표현되지 못하고 그 "수치"와 "부끄러움"이라는 골짜기의 깊이만큼 고준한 찬사의 수사학으로 드러나게 되었다는 것이다.

이런 점에서 김윤식은, 김소운의 '완벽한 일본어'에 대한 일본 문단의 압도적 찬사와 "야나기 무네요시의 조선예술 예찬론" 사이에는 "인식 구조"상의 "모종의 공통점이 깃들고 있"다는 것이다. 그 "인식 구조"란 "과학적으로는 저질의 조선인을 미학적으로는 자기들과 동등하다고 우기면서, 스스로는 그 사실조차 인식하지 못하는 오만한 무식함" 즉 "사이드의 『오리엔탈리즘』에서 지적된 그 오리엔탈리즘의 정확한 일본판"을 의미한다[325]는 것이다.

김윤식이 볼 때 김소운 번역은, 문화를 근거로 민족적 차별을 절대화하고 이를 통해 제국 질서를 유지하는 식민지배의 메커니즘을, 피식민 민족이 스스로 자기 문화를 말소함으로써 체현하는 장이란 것이다. 여기서 한 걸음 더 나아가 김윤식은 김소운 번역을, 천황을 정점으로 하는 일본 근대 특유의 "정치 질서" 전반을 반성시키는 계기로 활용한다고 보았다. 김윤식이 볼 때, 일본 천황제는 천황가(家) 혈통의 불변적 자연성에 근대 국민국가 일본의 민족주의를 전적으로 의탁하는 시스템인데, 김소운 번역은 피식민 민족이 자기 민족성을 자발적으로 말소함으로써 "일본식 천황제 정치 질서"에 "은밀히 봉사"한다는 점이다. 한편 제국에의 '자연스러운' 소속은 자기의 민족

325 최현희, 위의 글, 185면.

성을 철저히 말소할 때에만 겨우 인정되며, 그 인정은 제국을 지배하는 식민자의 손으로만 하사될 뿐이라는 점이 이 과정에서 폭로된다는 것이다. 그런 의미에서 김소운 번역은 제국 질서에 "봉사"하는 수행이지만, 이 '봉사'는 떳떳이 내세워질 수 없는 것, 그 '봉사'로서의 의미를 실현하기 위해서는 제국 질서의 이면에 철저히 감춰져야 하는 "가장 은밀한" 봉사라는 것이다. 김소운 번역의 그러한 본질에 당혹감을 느낀 식민자들은 과잉된 찬사로 반응했으며, 김윤식은 이를 "오만한 무식함"으로 규정했다[326]는 것이다.

이처럼 김윤식은 번역의 장에서 드러나는바, 식민주의에 의해 강요된 민족주의적 '봉사'의, 은밀한 척하나 폭력적일 정도로 노골적인 실현 과정을 정확히 지적하고 있다는 것이다. 그리고 그렇게 번역 과정 가운데서만 드러나는 식민주의와 민족주의 구성적 층위에서의 착종 관계가 식민주의 과거와, 그 유제가 우리의 현재를 지배하고 있음을 암시한다는 것이다. 그래서 최현희는 김윤식은 이 상황에서 벗어나야 한다는 과제가 우리의 "미래에 걸치는 긴급과제"로 부과됨을 지적하고 있다고 보았다. 요컨대 김윤식의 번역론은, 어떠한 한 형태의 민족적 소속이든 모두 근본적인 의문에 부치는 현장으로 번역을 이론화하고 있다고 할 수 있다는 것이다. 나아가 최현희는 이러한 김윤식의 번역론이야말로 정치적으로 유의미한, 미래적인 무언가를 모색하는 데 무엇보다도 '긴급한 과제' 자체에 해당함을 암시하고 있다고 해석하고 있다.

이러한 김윤식의 번역론에 대한 해석은 나름의 의미를 지니나 이 논의에 이르는 과정에서 도입한 에드워드 사이드의 오리엔탈리즘이 지니는 정합성에 대한 고민은 더 필요해 보인다.

---

326 최현희, 위의 글, 187면.

전철희가 바라본 김윤식의 1970년대 시론

전철희의 「김윤식의 1970년대 시론(詩論) 연구」는 김윤식의 1970년대 글에 나타나는 시론을 개괄한 것이다. 김윤식의 시론을 개괄하는 작업은 그의 이론적 행로를 밝히는 데 기여할 것이고, 더 나아가서는 지금껏 조명되지 않았던 시론을 발굴함으로써 한국의 비평사(詩論史)를 풍요롭게 만드는 데 일조할 것이라 생각하기 때문이다. 이를 위해 전철희는 첫째 장은 김윤식이 역사철학적 장르론을 내세웠다는 점을 밝히고, 두 번째 장은 그가 '혼'과 '정신'을 키워드로 정리한 시문학사의 흐름을 개괄하며, 세 번째 장은 한국문학사에서 시정신(Poesie)의 발현 양상에 관한 발언을 정리하[327]고 있다.

먼저 전철희는 <문학사론과 장르론의 결합>에서 김윤식이 쓴 석사학위 논문 「The Structural Properties of Poetry」를 논하면서, 김윤식은 신비평에 입각한 논문을 발표할 무렵 그 이론을 비판하는 평문을 썼던 셈이었다고 평가한다. 신비평을 설명한 개론서만 유행하고 신비평 저작들은 그다지 소개되지 않은 한국의 상황에서 김윤식은 서양의 논저들을 읽으며 한국시를 분석하는 논문을 쓴 것이었고, 이는 나름 이론적 기여였다[328]고 할 수 있다는 것이다.

그리고 전철희는 『한국근대문학의 이해』는 김윤식이 문학사 정리와 문예학적 분석을 결합할 새로운 방법론을 제시했다는 점에서 흥미로운 책으로 지목한다. 여기에서 그는 세 가지의 독법을 소개하는데, 첫째는 특정한 문학 작품과 경향이 역사적 환경으로부터 비롯된 점을 밝히는 역사주의적 방법,

327 전철희, 「김윤식의 1970년대 시론(詩論) 연구」, 『춘원연구학보』 28, 2024, 245면.

328 전철희, 위의 글, 246면.

둘째는 문학의 내재적인 특징을 귀납해서 가령 '어조'와 '텐션' 같은 개념어로 정리하는 분석주의적 방법이다. 김윤식은 두 방법 다 한계가 있음을 지적한 후 양자의 단점을 변증법적으로 지양하는 "종합주의적 이해방법"을 도모하자고 주장했다[329]는 것이다.

김윤식은 여기에서 역사주의와 분석주의 중 한쪽에만 함몰되지 않는 방법론을 모색하려는 "모험"이 필요하다는 다소 낭만적인 언사로 이론적 논의를 생략하고는, 자신이 전에 썼던 논문 2개(「1920년대 한국소설의 계열별 체계화-문학사적 의미망시고(試攷)」, 「식민지의 허무주의와 시의 선택－김안서·김소월의 문학사적 위상」)를 "종합주의적 이해방법"의 사례로 제시했는데, 이 글들은, 김윤식이 문학사와 작품분석을 결합해낸 양상을 보여준다는 점에서 주목할 가치가 있다고 평가한다. 두 글은 1920년대 초중반의 문단 상황에 대한 소묘인데, 전자는 당시의 소설과 비평이 변변치 못했던 까닭을, 후자는 김소월이 특출한 문학적 성취를 이룬 경위를 논의한 것이다. 1919년 3.1운동은 지식인들에게 식민지의 현실을 자각시켰으나, 한반도에서는 아직 사회상황을 명확하게 설명하고 비판할 수 있는 사상이 부재했다는 것이다. 문학인들은 작품 속에서 울분을 토하거나 민족, 감정, 계급투쟁 등등의 추상적 용어를 나열하는 수준에 머물렀다는 것이다. 이런 상황으로 말미암아 소설은 부진했다고 본다. 소설은 줄거리에 바탕을 두고 "완결된 성격"을 보여줘야 하는 양식인데, 1925년까지 한반도는 그것을 발아시킬 사상적 토양이 성숙하지 못했던 것이다. 하지만 시는 본래부터 개인의 정감을 표현하는 일에만 집중하는 장르이니 사상적 공백 속에서도 만개할 여지가 있었다[330]는 것이다.

이때 김윤식은 시와 소설의 장르적 차이를 설명하기 위해 주로 슈타이거

---

329 전철희, 위의 글, 247면.

330 전철희, 위의 글, 248면.

(E. Staiger)와 루카치(Georg Lukacs)를 인용했는데, 전철희는 후자를 더 적극적으로 참조했을 확률이 높다고 본다. 김윤식은 1970년 일본 유학 중 루카치의 저서를 처음 접했고 『현대문학』 1973년 8월호에 피터 루츠의 「루카치 문학론 비판」을 번역해서 게재했기 때문이다. 이 번역문은 루카치의 장르론을 소개한 것이었는데, 이 글에 따르면, 서정 장르는 생의 순간적 파악에 집중하고, 서사 장르는 완결된 줄거리를 통한 파악을 시도하며, 극은 한 시대의 붕괴와 상승 자체를 집약적으로 드러낸다. 따라서 서사 장르는 역사 전개의 방향성이 선명한 시기에만 싹틀 수 있다는 것이다. 그런 조건을 충족시키지 못하는 사회적 혼란기에는 소설이 부진하고 서정, 극, 기록문학 양식 등등만이 난립하게 된다는 것이다.

그런데 전철희는 이상으로 요약한 루카치의 가설(에 대한 피터 루츠의 개괄)은 논쟁적이라 본다. 또한 이 가설을 매개 삼아 김윤식이 1920년대 초반의 문단 상황을 설명한 대목이 타당한지도 따져볼 구석은 있다고 의문을 제기한다. 그러나 가부를 떠나서 김윤식의 논점이 선구적이었던 것만은 분명하다고 규정한다. 1970년대 후반 무렵 '문학사회학'이라는 용어가 유행하는데, 이때의 문학사회학은 장르를 역사철학적으로 설명해내는 작업을 주로 지칭했는데, 「루카치 문학론 비판」은 한국에서 문학사회학(문예사회학)이라는 용어를 최초로 사용한 글이었고, 그 글을 번역한 김윤식은 해당 방법론을 통해서 1920년대 문학을 해석하려는 시도를 선도한 셈이었다고 평가한다. 그리고 전철희가 중요하게 평가하는 지점은 김윤식이 문학사 정리와 문학의 내재적 특성을 결합시키려 했고, 그런 문제의식으로 말미암아 슈타이거와 루카치의 장르론을 참조/변용했다[331]는 점이다.

전철희는 <문학사론과 장르론의 결합>을 통해 기획된 관점으로 김윤식이

---

331 전철희, 위의 글, 249면.

김소월 시를 어떻게 바라보고 있는지를 다음 단계로 다루고 있다. 김윤식에 따르면 김소월이 문단의 계몽주의적 편향으로부터 벗어나서 문학적 성가를 이룬 것은 시혼(詩魂)에 대한 인식 덕택이었을 수 있다. 그의 유일한 시론 「시혼」은, 시가 영혼의 그림자(陰影)를 표현하는 창구이며, 시 평가의 기준은 인간의 영혼(詩魂)에 따라 달려있다는 결론을 도출했다. 지금의 시점으로 보면 김소월의 시론은 관념적이고 추상적이다. 김윤식도 이 글 자체는 시혼을 연역하지 못했다[332]고 평했다. 하지만 김소월은 「초혼」 등등의 작품으로 시혼을 예증했다는 것이다.

그런데 김윤식은 이런 식으로 인간의 '영혼'을 포착하는 작법이 1925년까지만 유효한 것이었다고 평했다. 다른 글들에서도 그는 이 해를 중요한 전환점으로 의미부여했다. 그전까지는 한국에 제대로 된 사유가 정립되지 못했지만, 1925년부터는 다양한 사상과 운동(물산장려 운동, 노동운동, 형평운동, 부인운동, 학생운동, 사회주의 운동 등)이 대두하면서 문학인들도 식민 통치에 응전할 수 있는 논리를 확보했다는 근거 때문이었다. 김윤식에 따르면, 그 이후에야 한반도는 제대로 된 근대소설과 문예비평이 가능해졌다는 것이다. 김소월은 사상이 존립할 수 없는 사회에서 사상을 배제한 시를 썼기에 전환기에 문학적 성취를 일군 것으로 본 것이다. 그런데 『진달래꽃』이 출간된 1925년에는 이미 시대적 변화가 진행 중이었고, 이후 그와 같은 시를 쓰고 비슷한 성취를 이룬 시인은 나오지 못하게 될 것으로 판단했다. 그래서 전철희는 김윤식은 김소월의 시가 한때의 '시대정신'을 대표하는 것임을 인정하는 한편, 그 속에서는 몇 가지 한계가 지적되어야 한다는 점 또한 덧붙였다[333]고 평가한다.

---

332 전철희, 위의 글, 250면.

333 전철희, 위의 글, 251면.

앞서 언급했듯 김윤식은 1925년을 사상적 전환기로 간주했다. 이후 소설과 문예비평은 착실하게 발전을 해나갔지만 시단에서는 한동안 모더니즘적인 기교 실험만 이뤄질 뿐 김소월을 넘어서는 성취가 나오지 못했다고 보았다. 이런 고착 상황을 깬 사람은 박용철이었다는 것이다.

김윤식이 볼 때 박용철의 시와 평문은 지나치게 단순했다고 평가한다. 그 이유는 박용철의 릴케 이해가 피상적이었기 때문이었다. 릴케는 『말테의 수기』에서 "시정신"을 강조했고, 이후 『두이노의 비가』에서 직접 수준 높은 사상을 직접 선보였는데, 시는 딱딱한 종교나 철학과 달리 구체적인 형상을 창조해낸다는 것이다. 『두이노의 비가』는 생태주의와 민중주의 등등의 사상을 담고 있는 것으로 해석될 수 있겠지만, 이 사상들이 무미건조한 논리로 이뤄진 반면 릴케의 작품은 "대지의 사상, 반기독교적 신관, 천사, 세계 내 공간"에 대한 구체적 사유를 현시했다고 본다. 그러니까 『두이노의 비가』는 기존의 사상을 극화시킨 것이 아니라 릴케의 고유한 사상(시정신)을 창조해낸 것이라 평할 수 있다는 것이다. 이렇게 릴케의 시를 이해하고 평가하려면 그 속에 담긴 "사상"이 무엇이며 어떻게 표현되었는지를 검토해야 하는데, 김윤식이 볼 때, 박용철은 그렇게 하지 않고 릴케의 산문에서 "시정신"이라는 개념어를 찾아서 소개하는 수준에 그쳤다[334]는 것이다.

김윤식이 볼 때, 박용철이 "유능한 비평가가 되기 위해서는 1930년대 초기의 한국사회가 어떤 구조와 의식과 이상을 지녔는가를 마땅히 파악하려 노력을 기울여야 했을 것이다. 그럼에도 불구하고 그는 그것을 외면하고, 오직 예술의 특성만을 돌아보려 한 것이다."[335]

전철희는 물론 김윤식이 박용철을 비판만 한 것은 아니라고 본다. 1930년

---

334 전철희, 위의 글, 254면.

335 전철희, 위의 글, 255면.

대 문단에서는 계급주의와 민족주의 진영이 정론성만을 강조한 나머지 예술의 독자적 가치는 경시됐다. 그때 순수시'에 대한 박용철의 주장은 나름 독자적 의미를 지닐만한 것이었다. 문제는 박용철의 관점이 개선되지 못한 채 후대의 시인과 평론가들로 이어졌다는 점이다. 식민지 후기의 평론가 최재서가 그랬고, 전통주의적 문예지 『문장』의 문인들이 그랬으며, 해방 이후까지 활약한 청록파 시인들과 서정주 또한 '유기적 시론'의 계승자들이었다는 것이다. 이들은 시에서 작가의 고매한 정신이 드러난다는 인식을 공유했으나, 개별 시에서 드러난 '정신'을 분석하고 평가하는 일에는 열성적이지 않았다고 본다. 그 결과 한국의 시에 담긴 사상은 점점 형해화됐다는 것이다. 『문장』의 문인들은 복고적 취향을 뽐내는 일에 집중했고, 해방 이후 한국시의 정신은 세속적 영역으로 후퇴하거나 관념화된 것이었다[336]고 평가한다. 김윤식이 볼 때 이 작품들은 제대로 된 '정신'을 표현하지 못하고, 시인의 고매한 개성적 취향을 드러내는 일에만 천착한 셈이었다는 것이다. 달리 말하자면 그 속에는 '시대정신'이 없고 시인만의 고유한 사상도 담기지 않았다[337]고 규정한 것이다.

전철희는 문학의 사회적 성격을 중요시했던 김윤식이 1970년대에 시와 관련된 글을 자주 썼던 까닭 중 하나는, 시 부분에서 바람직한 정신(저항적 정신)이 직접적으로 발현될 수 있으리란 기대 때문이었을 수도 있다고 본다. 실제로 김윤식은 1970년대부터 80년대에 이르기까지 여러 차례 저항적 시인들(윤동주, 한용운, 이육사, 「그날이 오면」의 심훈 등)의 성취를 상찬한 글을 썼다. 그런데 전철희는 앞의 문장에서 언급한 애국지사 시인들은(심훈이 얼마간 예외일 수는 있겠지만) 전부 문단의 아웃사이더에 가까웠다는 점에 주목한다.

---

336 전철희, 위의 글, 256면.

337 전철희, 위의 글, 257면.

그래서 제대로 된 '정신'을 창조해낸 시인들이 문단의 방외자였던 반면 문단의 주류에 가까운 이들(비평가 박용철, 최재서와 시인 정지용, 청록파, 서정주 등등)이 맥락 없는 추상론으로 회귀했다는 사실은 한국시단의 한계를 방증했다[338]는 것이다. 그래서 전철희가 볼 때는 김윤식의 이러한 평가는 지금의 시각으로 보자면 경직된 것으로 느껴질 수도 있고, 시가 고매한 정신을 담아야 한다는 가설을 받아들인다 치더라도 한국 문단의 주류들이 '정신'을 발전시키지 못했다는 결론이 필연적으로 도출되진 않을지도 모른다고 평가한다. 하지만 김윤식은 1970년대는 물론이거니와 그 이후에도 자신의 평가를 크게 수정하거나 갱신하지 않았다[339]는 점을 높이 평가하고 있다.

전철희는 이 글에서 김소월과 박용철의 시혼과 시정신을 중심에 두고 분석함으로써 김윤식의 1970년대 시론을 정리하고 있다. 그런데 결과적으로는 김윤식이 높게 평가한 시인들은 사회적, 저항적 메시지를 담은 시작품을 생산한 자들이란 점에서 김소월에서의 시혼과 박용철에서의 시정신 논의만을 통해 「김윤식의 1970년대 시론(詩論) 연구」로 규정하기에는 결락 사항들이 많다.

장지영이 바라본 김윤식의 사상사

장지영의 『두 겹 문학사의 발생사에 관한 시론 : 김윤식의 경성제국대학 논의 재독』은 '김윤식의 사상사(思想史) 연구'를 통해 '문학사라는 사상(事象)'

338 전철희, 위의 글, 258면.

339 전철희, 위의 글, 259면.

의 단편을 얼마간 다루고자 했다. 학술로서의 문학과 대학 제도가 어떻게 문학사를 구축하고 동시에 탈구하는 계기를 마련했는지 김윤식을 한 가지 사례로 살펴보기 위한 시고이다. 김윤식을 거쳐 어떤 문학사의 발생사를 추적하려는 본고는 근대 학문의 이념이라 말할 수 있는 과학성, 즉 엄중하고 세밀한 논리에 대한 추구가 그저 대상을 한정함으로써 분할하고 분류하는 일과 멀어지기도 하는 것임을 드러내고자 한다. 혹은 특수한 현상을 근거하는 보편적 원리에 대한 추구야말로 오히려 매개와 혼종을 가능하게 하고 이를 통해서만 또 다른 전면적 사실에 가까워질 수 있었음을 밝히고 있다. 나아가 장지영은 김윤식이 주체적 근대성 수립에 대한 근본적 신뢰와 지지를 바탕으로 근대문학사 텍스트를 생산하는 위치에 있었으면서도 그 스스로 근대문학사의 결속력과 효과를 느슨하게 만들고 때로는 무너뜨리기도 하는 또 다른 일을 수행해 왔다는 점을 드러내고자 한다. 비록 두 작업 사이에는 시간상의 차이가 있었다고 할지라도 후자 역시 넓은 의미에서의 문학사에 귀속할만한 것이라 본다면, 곧 두 가지 방향과 기능의 문학사가 김윤식에게서 작동하였다고도 말할 수 있다는 것이다. 사실 이 양자는 결코 작지 않은 간극을 드러내 보이는데, 이들을 연속해서 이해할 수 있도록 도울만한 해명을 그가 직접 들려준 바는 거의 없기에, 장지영은 이러한 사실이야말로 이 글에서 김윤식을 프리즘으로 삼아 살피는 근원적 이유일 수도 있다[340]는 것이다.

장지영의 관심은 김윤식이 저작(咀嚼)하며 교직하는 문학사적 앎 가운데 경성제국대학은 하나의 큰 축이 되어있다는 사실을 밝힌다. 그리고 경성제국대학에 대한 김윤식의 주목이 곧 또 다른 문학사의 발생을 매개한다는 점에

---

340 장지영, 「두 겹 문학사의 발생사에 관한 시론 : 김윤식의 경성제국대학 논의 재독」, 『배달말』 74, 2024, 282면.

주목한다. 그런데 사실 초기의 김윤식에게 경성제국대학이 그리 큰 의미를 지닌 채 시야에 포착되었던 것 같지는 않지만, 지적 훈련과 교양이 근거한 비지(飛地, enclave)와 다름없는 장소, "하늘에서 떨어진 대학"의 학술은 차츰 김윤식에게 적극적인 고려의 대상이 될 수밖에 없었다고 본다. 김윤식이 표상하는 식민지 지식인에게 대학이라는 곳은 과학성에 근거한 학문의 장소이자 바로 그러한 면에서 근대성의 실현 장소이기도 하였거니와 조선(인)의 독자성을 입증할 수 있는 무대였다는 것이다. 특히 그는 근대비평에 발생한 '아르바이트化' 내지는 '아카데미化' 현상의 동력과 맥락을 추적해야만 했고, 이 문제의식은 이후 그가 (반)자본주의/(반)제국주의, 민족-국어에 응결된 준(quasi-)주권의 감각, 언문일치의 환상 속에서 구축된 민족문학 등에 대한 비판을 주된 인식소로 삼아 '전기 및 평전'류(類)의 작업들을 엮어갈 때도 이어졌다고 본다. 이렇게 본다면 『한국근대문예비평사연구』는 경성제국대학과 문학과의 관계 및 영향을 확인하고 그 성격을 규정하려는 시도를 어쨌든 예비하고 있었다고 보아야 한다는 것이다. 장지영은 이러한 매개의 양상과 과정을 추적하기 위해서는 김윤식이 지난 세기 말엽부터 펴낸 몇몇 저술들, 특히 내면성과 역사의식을 수반한 문학연구를 목적으로 삼아 사상사의 방법론을 취하여 지은 책들을 발판으로 삼아야 한다고 보고 '두 겹의 문학사'에 대한 고찰을 먼저 시도[341]하고 있다.

이를 위해 장지영은 임화에 의한 '문학사의 발생'을 김윤식이 문학사상사적으로 재탐사하는 순간을 살핌으로써 그가 경성제국대학을 의미화하는 방식을 확인해야 한다고 말한다. 그리고 이때 김윤식이 자신의 작업 의식을 임화의 그것과 포개어 놓는다는 점은 중요하다고 판단한다. 이는 단지 이전에 작성된 문학사를 후속한 다른 문학(사상)사가 탐사하고 있는 모습만으로

341 장지영, 위의 글, 284면.

문제적인 것이 아니라 전자와 후자 간에 공명하는 의식을 후자의 저자가 만들어 내고 있기에 문제적이라고 할 수 있다는 것이다. 즉 이 두 겹 구도 자체가 분석의 대상일 테지만 그 구도가 안출되고 형태를 갖추어 나갈 때가 곧 김윤식이 문학사적 앎의 대상과 내용을 확장해가는 중 새로운 행위자, 혼종물을 발견하여 지목하는 순간이기도 하기 때문이란 것이다.

장지영은 그런 다음에는 국문학의 외부, 근대문학사의 외부와 함께 조성되는 새로운 문학사의 양상을 포착하여 문학적 사유의 정형성에 대해 정교하게 재고할 것이 요구된다고 본다. 그뿐만 아니라 김윤식의 '가치중립성으로서의 근대론'이 그저 어떤 원인인 것이 아니라(가치중립성으로서의 근대론에 대한 수용이 먼저 작동하여 말년의 비평 및 연구가 배태된 것이 아니라) 실제로 그가 난맥상을 다루고 파악해 가는 데 있어서 불가결하고 자연스러운 결과였다는 것을 확인해야 하기 때문이란 것이다. 그러나 장지영은 시론(試論)의 성격을 가진 본고는 근대문학사에서 처리가 곤란한 난맥상이라고 여겨진 것이 실은 근대문학사의 가능 조건이라는 것과 근대문학사를 온전히 인식하기 위한 발판이기도 했다는 점을 우선 다루고[342] 있다. 그것이 <두 겹 문학사의 발생사적 구조>를 살피는 것이다.

이를 위해 장지영은 김윤식이 논한 조선문인들이 경성제국대학과 접속되어 있는지를 여러 차례 고찰한 바 있는데, 그의 여러 논저를 관통하는 한 가지 공통점을 지적한다. 그것이 경성제국대학이 영토에 제약되지 않은 초월적 지식, 즉 근대적 과학성을 구현하고 유포하는 듯이 보이는 장소이면서도 문학자들로 하여금 그것을 모방하여 극복하고 저항하도록 자극하는 매개물 혹은 행위자로서 등장한다[343]는 사실이다. 여기서 '과학성'이야말로 김윤식

---

342 장지영, 위의 글, 285면.

343 장지영, 위의 글, 286면.

이 사상사를 구상하고 작동시키는 핵심 동력이자 가치라는 점에서 아주 중요한 사안으로 규정하고 있다. 경성제국대학이라는 제도를 통해 이미 학술, 연구, 교육의 양식을 갖춘 채로 구현되어 있다는 것이다. 그리고 김윤식은 그 한복판에 들어선 식민지 조선인의 '내면 풍경'을 경성제대 조선어문학과에 단독으로 입학하고 졸업한 제1회 졸업생 도남 조윤제의 학술적 도전은 과학적 체계를 갖춘 지식 위에 선 국문학사를 수립하려는 데까지 이어진다는 부분을 통해 예시하고 있다. 그런데 여기에서 장지영이 강조하는 지점은 경성제국대학의 '식민지 지식인들'이 추구하는 바와 그들을 관찰하고 분석하는 '김윤식' 그 자신이 추구하는 바가 어쩌면 크게 다르지 않았다는 사실이다. 근대문학사를 탐문하는 김윤식에게서 과학성은 일관된 체계를 바탕으로 부분과 전체를 이해하는 일로서 드러나며 보편과 개별이 서로 교차하는 지점을 분석하고 이를 귀납적으로 실증할 때에라야 확보될 만한 것이기도 했기[344] 때문에 그런 해석이 장지영의 입장에서는 가능하다는 것이다.

한편 장지영은 김윤식이 기억하는 과거 체험과 자기 형상은 그가 자신의 연구서 안에서 재현하는 임화, 그리고 문학사를 서술하려는 임화의 고독한 분투와도 실상 적지 않은 부분이 겹치게 되는데, 이를 제대로 확인하기 위해서는 임화 및 신남철의 충돌이라는 사건이 경성제국대학이라는 문학사적 기호와 함께 출현하는 지점에 착목해야 한다고 본다. 그래서 『임화와 신남철』(역락, 2011)은 김윤식이 자기와 임화를 은근히 비준(比準)하는 저술 중 대표 격으로서, 그만큼 김윤식의 후기 작업들에 걸쳐 콜라주를 이루는 이중의 문학사 ─즉 임화의 작업과 김윤식의 작업의 중첩─의 구도를 확인할 수 있는 좋은 재료가 된다[345]고 보고 이를 분석하고 있다.

---

344 장지영, 위의 글, 288면.

345 장지영, 위의 글, 290면.

이 저작물에서는 '원초·생명·운명·조선'과 '지(知)·논리·서구·근대', '일원론'과 '이원론', '문제발견형'과 '체계건설형', '청년'과 '중장년', '생활'과 '문학', '정치'와 '문학', '계급'과 '문학', '철학'과 '문학', '과학'과 '문학', '회색'과 '초록', '인민'과 '민족', '추상'과 '구체' 등 이분법적 범주화가 주로 활용되는데, 또 진술 과정에서 관계 쌍이 다른 것으로 교체되어버리면서(이를테면 '청년' 대(對) '중장년'에서 '철학' 대 '문학'으로, '정치' 대 '문학'으로, '인민' 대 '민족'으로 ……) 그때마다 언급되는 인물, 집단, 내면, 개념, 가치체계 등을 그중 어느 한 편에 배치하여 동일시하는 논법이 적용되어 있기도 하거니와 유사한 구도를 반복하거나 변주하는 우도 적지 않다고 지적한다. 그래서 장지영은 그의 방법론이 상당히 내밀한 편이기 때문에 부주의한 독자는 자칫 혼란에 이르기 쉽다고 판단한다. 게다가 여기에 얽힌 채로 진행되는 복수의 서사가 존재하기에, 임화와 신남철 두 인물이 그저 서로 간의 충돌과 대립을 겪고 구분되는 영역과 가치를 시종 대변하는 듯이 잘못 읽힐 위험도 적지 않다는 것이다.

그러나 장지영은 이런 어려움을 뒤로 두고 단적으로 말하자면 둘은 때로 불화하는 것들의 이질접합이라고 해석한다. 이것이 가능한 이유는 그들이 처음부터 복합적인 존재들이며 그래서 공약수를 갖기 때문이란 것이다. 그리고 바로 그러한 까닭으로 서로 자리를 바꾸며 역할을 수행하는 대위(代位)－철학자(연구자)인 이는 비평가(문학인)가 되고, 시인이자 비평가인 이는 문학사가(연구자)가 된다－가 나타난다고 김윤식은 말할 수 있었다[346]는 것이다.

그리고 김윤식에 의하면 임화는 신남철의 「최근조선문학사로의 변천」(『신동아』, 1935.9)을 자신이 수성하는 문학적 가치 제도에 대해 외부의 틈입이 시도된 것으로 받아들였다는 것이다. 그러면서 그는 신남철이 역사상의 현실

---

346 장지영, 위의 글, 291면.

적 토대와 그 상부구조의 내적 연관에 대해 그릇된 이해에 서 있음을 지적한 것이었다는 것이다. 즉 자각의식과 목적의식적 개조운동을 분리하는 이원론의 언설이라는 이야기다. 반면 임화 자신은 문학과 생활을 분리하지 않으면서 자각과 목적의식 또한 단일한 토대 위에 두고자 했다고 본다. 이광수 등 이른바 부르주아 문학을 부정하고 신경향파의 필연적 등장만을 그저 종적인 이행의 양상으로 파악할 때 내적 연관을 놓치게 되는 어리석음이 거기에 있다고 보았던 것이다. 그래서 장지영은 임화에게 다양한 현상들의 횡적 관련성을, 그리고 현실과 개념의 일치를 이론으로써 설명해야만 하는 과제, 즉 이론적 체계를 구축해야 하는 과제가 주어진다고 보았다. 김윤식식(式)으로 말하자면 '문제제기형' 신남철을 상대하게 되자 '체계건설형' 임화의 모습이 나타나게 된 셈이[347]라고 규정한다.

임화는 "높은 교양", "엄정한 과학적 태도", "풍부한 문헌"을 신남철에게 요구하였으면서도, 한편으로는 그것이 자신에게도 부재함을 깨닫는데, 문학 문단의 외부자가 문학 문단을 대상화/객체화하여 임의로 규정하는 것을 견디지 못했던 그가 스스로 문학사 서술을 과학적 이론과 논리를 바탕에 두고 시도하게 되는데, 이것이 바로 임화의 조선신문학사와 관련된 일련의 논고와 저술들이란 것이다. 그때 마침 임화는 카프가 해소되고 그 과정에서 홀로 구속을 면하는 등 곡절을 겪은 바 있으며 시 창작이나 비평적 개입을 통한 변혁적 실천의 길이 닫히고 만 위기 상황에 몰렸으며, 그래서 문학자로서 자신만의 과업을 찾아 짊어지고자 했었다는 것이 김윤식의 해석이란 것이다. 장지영은 이러한 양상을 두고 김윤식은 임화를 곧 조선신문학과 일체로 상정하면서 문학(사)의 자기 인식의 과정으로 환원할 수 있었다[348]고 평가한다.

---

347 장지영, 위의 글, 292면.

348 장지영, 위의 글, 293면.

이러한 해석의 결과로 장지영은 임화가 문학사를 하나의 문예학, 학술의 경지로 끌어올릴 수 있었던 배경은 또 무엇이었을까를 질문한다. 여기에 대해 김윤식은 『문학의 논리』(1940)로부터 문헌적 계보를 추적하여 임화가 방법론의 마련이 사습(私習)을 통해 가능했노라고 진단한다. 그중 크로포트킨(P. A. Kropotkin), 누시노프(I.M.Nusinov), 아마카스 세키스케(甘粕石介) 등의 이론이 중요한 징검돌이며 이들을 통해 문학예술의 요체가 개별과 보편의 종합임을 지적할 수 있게 되었다고 본다. 임화의 「신문학사의 방법론」(1940) 집필을 두고 "문학사가 하나의 엄연한 학문(과학)일 수 있는 명분이 바로 이 법칙성의 발견이었고, 문학사가로서의 임화의 탄생이 이로써 가능했다"[349]고 해석한다. 그리고 장지영은 경성제국대학이라는 외부의 행위자가 이때 상수로 작동하고 있다는 점을 강조한다. 즉 경성제국대학은 단지 사회적 구성물이자 관념의 산물인 것이 아니라 신남철이라는 철학자를 육성하여 임화 앞에 현현시킬 수 있었던 사물과 인간의 연합체로 구체적인 수행력을 띠고 있다는 것이다. 그런데 여기에 덧붙여 장지영은 넓은 의미에서의 '문학(사)의 자기 인식'은, 즉 문학사 '이후 혹은 너머'를 고려하고자 했던 문학사적 앎의 증식과 확대는 비단 경성제국대학만을 필요로 한 것이 아니라는 점에 주목한다. 김윤식을 비롯하여, 그와 나란히 혹은 그를 후속하고 있던 연구자들이 발견하고 덧붙이고 체계화한 횡적 연관성 속에서, 번역·출판·인쇄·기술 등의 사물과의 관계없이는 문학도 문학사도 가능하지 않았을 것이라는 점이다. 이처럼 오로지 '문학(적인 것)'으로만 문학을 이룰 수 없다는 지극히 당연한 사실을 경성제국대학은 오롯이 알리고 있었다는 점이다. 김윤식의 도식대로 학문-과학-논리를 묶어서 동일시해본다면, 그것들이 추구하는 고도의 추상이 개별적인 것의 종합이면서도 그 자신의 역사성과 개별적인 것과의 연관성

---

349 장지영, 위의 글, 294면.

없이는 유효하지 않음을 새삼 깨우치는 가운데 그러한 연관을 지적 실천을 통해 마련해가며 현실을 딛고 선다는 점에서 김윤식과 임화는, 그리고 문학사는 동일선상에 세워지게 된다는 것이다. 어쨌거나 임화가 신문학사 서술의 방법론 마련을 위해 고심하고 그것을 계발해 나간 첫 번째 서사 속에서 임화는 결국, 그를 관찰하는 김윤식의 시선을 경유하여, 문학사 기술이 연구(과학)와 다르지 않다는 깨우침에 이르는데, 이 지점에 이르러서는 숭고의 감각이, 그리고 그에 대한 찬사와 경외가 함께 호흡하고 있다는 것이다. 그러나 관념에 의한 세계의 통합을 거부하는 현실의 절대 모순이 강조되는 두 번째 서사 속에서 남로당원 임화는 몰락했고, 이 실패 역시 반공이 국시로 되어있는 분단 국가의 국립대학 교수, 김윤식의 소회와 겹치는 부분이 있다[350]고 해석한다.

마지막으로 장지영은 김윤식의 『임화와 신남철』의 마지막 문장의 내용은 임화에게서 신남철, 아니 경성제국대학이 없었다면 신문학사 및 그 방법론을 구할 수 없었다는 선언으로 채워진다고 규정한다. 이는 대학은 그리고 그 공간을 위주로 존립하는 과학, 학문은 구체와 경험을 추상화하고 개념을 현실로부터 분리하는 하나의 정화의 장소이자 성소로서 흔히 표상되곤 하지만, 식민지 안의 제국이라는 의미에서, 혹은 정치성 및 온갖 세속적 가치로부터 자유로운 상아탑의 표상을 염두에 두면서 '비지'(飛地)라고도 일컬을 수 있는 경성제국대학은, 기실 번역과 매개의 실천이 이뤄지는 장소임을 역설적으로 드러내고 있다고 본다. 임화가 아카데미시즘을 의식하고 문예학자로서 각성하고 헤겔적인 의미에서의 자각적 정신을 신문학사에서 구현할 수 있었음을 확인한 것처럼, 신남철이 법문학부에서의 철학 훈련을 통해 문단적 지위를 확보하고 유효한 문학활동과 발화를 이어갈 수 있었음을 알게 되는

350 장지영, 위의 글, 295면.

것처럼, 경성제국대학은 문학사적 앎의 횡적 확장과 체계를 갖추는 데 있어 어느새 빠질 수 없는 행위자로 인입해 있다는 것이다. 또한 장지영은 그렇게 경성제국대학이 엮은 자리에 두 종류의 문학사가 포개어져 있다고 해석한다. 하나는 임화의 것, 다른 하나는 김윤식의 것이다. 김윤식은 임화에 의해 조선문학사(서설 및 방법)가 기술되던 순간을 재구성함으로써 근대문학사의 가능 조건과 그 구조를 확인하는 문학사적 앎들의 의미 연관을 잇는 성좌를 그려 보인다는 것이다. 그래서 장지영은 제국의 아카데미즘을 의식하며 그것으로부터 자극을 얻고 독학을 통해 개별과 특수가 통일되고 분화하는 원리를 방법론으로 삼아 문학(사)을 문예학의 경지로 끌어올린 임화의 모습과 대학의 국어국문학과 내에 편제되어 어엿한 분과의 영역을 확보하고 있었으나 학술의 외양만을 갖춘 채 주관적이고 체험적인 사적 기술로 채워져 있었던 근대문학 연구의 황폐함을 한국문학 외부 학술들의 자극에 힘입어 문학사상사의 방법론을 갖추고 임화를 파악하는 김윤식의 모습. 이 양자가 직조한 문학사가 환기되어 얽힐 때 독자의 의식에는 자연스럽게 임화와 김윤식이 또한 중첩된다고 해석한다.

그리고 장지영은 이 중첩의 효과 혹은 의미는 무엇인가를 되묻는다. 김윤식의 의도를 섣불리 짐작하지 않되 어쨌거나 독자 혹은 연구자인 우리가 관찰할 수 있는 것은 결국 주객의 변증법이자 부정의 변증법이라고 제시한다. 이처럼 자신 또한 총체성을 이루는 형식 안에 배치하는 방식으로 통일성 혹은 일관성을 갖추려 한다는 점은, 그가 주조해가는 문학사적 앎의 형식의 완결을 위해서는 불가결했을 것이라고 본다. 그런데 이 구조는 단지 이항의 대립과 해소와 지양의 운동이 아니란 것이다. 경성제국대학(경성제국대학으로 표상/재현되는 학문 학술 학예 과학의 관념들)이라는 매개자 내지는 행위자를 배치하고 있다는 면에서, 그는 자기 형식의 완결성을 기도하는 것과는 별개로, 또 다른 전면적 사실에 접근해 갔던 것으로 해석한다.

이렇게 장지영은 김윤식의 사상사(思想史) 연구를 통해 본 연구는 문학사라는 사상(事象)의 단편일 뿐이지만, 세부 논의의 정합성과는 별도로 문학사의 근본 조건에 관한 징후 내지는 모델을 이로부터 확인할 수 있었다고 본다. 그리고는 그렇다면 우리는 과연 어떤 문학적 매트릭스 위에 놓여 있는가라는 과제를 제시하고 있다. 그것은 예의 '두 겹 문학사'가 보여주는 것처럼 근대문학사를 성립하게 한 횡적 체계에 대한 탐사, 이 탐사의 결과로 확보한 새로운 문학사적 앎들은 근대문학(사)과 상호 연관을 가짐으로써만 의미를 온전히 확보한다는 점이며, 근대문학사가 그 스스로가 주창하는 의미에서의 가치와 규정력을 더는 유지하지 못하고 방기되어 버렸을지라도, 문학사 '이후/바깥'의 문학사의 인식소들은 근대문학사의 토대 위에 서 있다는 것을 잊어서는 안 된다는 점이다. 이러한 연결을 놓치게 될 때 각양의 연구는 끊어진 아리아드네의 실을 붙잡고 미로 속에서 헤매야만 할는지 모르기 때문이란 것이다.

이러한 문제제기는 현재의 문학사 연구가 문화사 연구로 확장되고 있다는 점에서 당위성을 지니나, 임화와 김윤식의 문학사를 두 겹의 문학사로 규정하고 이의 탐사를 경성제국대학을 매개로 찾고 있다는 연구의 정합성이 명쾌하게 드러나지 않고 있다. 또한 임화와 김윤식의 문학사를 두 겹으로 규정했을 때 포개어지는 부분과 그렇지 않은 부분이 명확하게 정리되어야 할 과제를 남겨두고 있다.

김현진이 파악한 김윤식 시론의 전개 양상

김현진의 「김윤식의 1960년대 시론에 관한 연구 : 뉴크리티시즘 이론의 딜레마와 '혼(魂)'적인 시에 관한 재고찰을 중심으로」는 1960년대 김윤식의 초기 시론이 태동한 과정을 살핌으로써 그가 뉴크리티시즘 기반의 연구에서 직면했던 딜레마의 상세한 내용을 밝힌 후 '혼(魂)'적인 시의 가치에 관하여 재고찰을 시도하는 일에 있다고 밝히고 있다. 이러한 연구가 필요한 이유를 김현진은 김윤식이 청년기에 지니고 있었던 문학(특히 시)을 향한 형식주의적 태도(뉴크리티시즘 이론을 바탕으로 한)들은 총체적인 관점에서 그의 문학관을 이해하기 위하여 반드시 선행되어야 할 작업이라고 보기 때문이다. 그래서 본고는 이러한 문제의식을 바탕으로 김윤식의 초기 생애사에 관한 검토 및 그의 석사 논문에 대한 분석을 통하여 그의 시론이 태동하고 형성된 과정을 추적해 보고 있다.[351] 이를 위해 김현진이 검토한 첫 텍스트는 김윤식의 석사 학위 논문인 「시의 구조적 특성」(서울대 석사학위 논문, 1962)이다. 총 5장으로 구성된 이 논문을 개관하고는 전체적인 논문의 구조를 보았을 때 김윤식은 석사 논문을 통하여 서구의 과학적 분석주의(뉴크리티시즘 이론을 기반으로 한)를 한국 시의 풍토에 적용하여 한국 시가 앞으로 나아갈 방향이 무엇인가를 찾고자 했던 것으로 보았다. 이러한 의지는 그의 논문 서언에서도 나타나고 있는데, 김윤식은 세 번째 서언에서 이 논문의 목적이 언어의 일반성 위에 구축된 개별언어(국어)의 양상을 탐구하여 "한국시의 구조적 특성"을 밝히는 일에 있다고 설명하고 있다는 것이다.

그리고 김현진은 이 논문에서 김윤식은 시의 표현 매체인 "언어"에 대하여 다음과 같은 관점을 제시하고 있다고 보았다.

> 문학(文學)을 이루는 소재(素材)가 언어(言語)라는 극히 미묘한 유기체(有機

---

351 김현진, 「김윤식의 1960년대 시론에 관한 연구 : 뉴크리티시즘 이론의 딜레마와 '혼(魂)'적인 시에 관한 재고찰을 중심으로」, 『한국현대문학연구』 74, 2024, 221면.

> 體)라는 점을 명확(明確)히 파악(把握)해두는 것은 극히 중요(重要)하다. 이것은 저 자매(姉妹)예술(藝術)인 음악(音樂)의 매체(媒體)가 음(音)이며 조형예술의 매체가 대리석(大理石)인 것과는 스스로 그 차원(次元)을 달리하고 있다. 전자는 그 매체(媒體)가 생명(生命) 없는 자연물(自然物)인데 반하여 문학(文學)의 그것은 Vitality(생활소—生活素)를 지닌 유기체(有機體)라는 피할 수 없는 Complex가 처음부터 내장된다. 이 바탕 위에 시(詩)는 여타(餘他)의 문학(文學) 쟝르와는 달리 다분(多分)히 물리적(物理的) 측면(側面)(Physical aspect)을 갖는다.[352]

김현진은 이 부분을 통해 김윤식은 그가 석사 논문에서 시의 심적 측면을 감싸고 있는 물리적 측면에 관해 깊이 탐구하고자 하는 모습을 보였음을 알 수 있다고 평가한다. 김윤식은 이 서언에서 모든 예술은 에스쁘리(esprit)와 그것이 구체화 된 육체로 나누어져 있고 시 또한 그러한데 시의 매체인 언어에는 다른 장르보다 더 다층적인 측면(청각, 운율, 시각, 활자 등)들이 작용하고 있으므로 다른 예술과 구분되는 특이한 "한계" 지점을 갖는다고 설명하고 있다는 것이다. 특히 이 한계 지점은 시를 하나의 "생명적 유기체(Organic Form)"로 인식하는 데서 기인한다는 것에 김현진은 유의하고 있다. 김윤식은 그 한계점을 다음과 같이 설명하고 있기 때문이다.

> 모든 학문(學問)에 있어서 자료(資料)의 분석(分析)이 그 최초(最初)의 여건(與件)임은 췌언(贅言)을 불요(不要)한다. 물론(勿論) 종합(綜合)을 지향(指向)하는 분석(分析)이다. 시(詩)를 학문(學問)으로 즉, 시학(詩學)으로 다룰 때 이 분석적(分析的) 방법(方法)을 취하지 않을 수 없다. 그러나 다른 학문(學問)과는 달리 시(詩)에서는 특이(特異)한 한계(限界)를 전제(前提)한다. 시(詩)가 생명적 유기

352 김현진, 위의 글, 재인용, 228면.

> 체(Organic Form)임을 알 때 그 까닭은 명백(明白)해진다. 즉 생명체(生命體)를 분석(分析)한다는 것은 자칫하면 본질(本質)에서 벗어난 형해(形骸)를 주무는 오류(誤謬)를 범하고 만다. 이 위험성을 J.R.Kreuzer는 일종(一種)의 모험(冒險)이라고 지적(指摘)하고 있음은 의미심장하다.

김현진은 김윤식의 논문에서 확인되는 시를 “생명적 유기체”, 즉 완전히 분해할 수 없는 특수한 존재론적 층을 지닌 존재로 보는 이러한 관점은 명백히 뉴크리티시즘 이론에서 비롯된 것이라고 규정한다. 랜섬, 테이트, 브룩스 등의 대표적 뉴크리티시즘 이론가들은 각자의 독창적인 이론을 제시한 학자들이며 각각의 개인차가 크기 때문에 이들의 주장을 하나로 묶어서 설명하는 일에는 어려움이 있을 것이지만, 이들이 문학에 대해 제시하는 관점에서 우리는 하나의 공통적인 주장을 발견할 수 있다는 것이다. 그것은 문학을 작가의 전기적 사실이나 시대적 환경(역사) 등으로부터 분리하여 “작품 자체(작품의 구성−특히 본문의 말(word))”로 논해야 한다는 것이다. 이는 작품의 말(word)을 분석하는 것이 작품 전체를 해명한다는 의미로 이해될 수 있다는 것이다. 김윤식은 그의 석사 논문에서 뉴크리틱들의 이와 같은 관점을 거의 그대로 적용하고 있는데 이는 그가 직접 인용한 르네 웰렉의 말을 통해 확인할 수 있다고 보았다.

그래서 김현진은 1960년대의 김윤식에게 미적 목적으로 조직된 구조란 “내용, 형태, 개념”을 모두 내장하는 것이었으며 이러한 요소를 모두 고려하는 “입체적”인 입장이야말로 “구조 분석”이라는 것이 그의 주된 관점이었다고 본다. 이와 동시에 김윤식은 석사 논문에서부터 뉴크리티시즘 및 유기적 시론의 딜레마에 대하여 어느 정도 인식하고 있었다고 평가한다. 그 딜레마는 시가 “생명적 유기체”이자 “특수한 존재론적 층”을 지닌 것이라는 뉴크리티시즘의 핵심 관점(유기적 시론)으로부터 기인한다고 본 것이다. 이를 김현진은 청년기 김윤식이 가졌던 뉴크리티시즘을 향한 애착과 딜레마는 시가 객관적 세계로부터 완전히 독립된 또 하나의 세계(heterocosm)를 가질 수 있는가의 문제와 연관된 것이었다고 해석한다. 김현진은 김윤식이 시가 "특수한 존재론적 층"을 가지고 있다는 뉴크리티시즘의 관점을 받아들이기 어려웠다고 본다. 예술작품이 "특수한 존재론적 층"을 가지고 있는 것이라면 그것은 결국 영원히 완전하게 해석될 수 없는 것에 속하게 되며 완전한 해석에 도달하는 순간 그것의 특수한 존재론적 의미(생명적 유기체로서의 본질)는 사라지게 되기 때문이[353]란 것이다. 그래서 김윤식은 석사논문 제출 이후에도 지속적으로 뉴크리티시즘 이론에 내포된 이 핵심 관점, 즉 유기적 시론에 대하여 강한 의문과 비판의식을 지니고 있었다고 판단한다. 이러한 문제의식을 성장시켜 김윤식은 이후 1978년 유기적 시론을 구체적으로 비판하는 글을 발표한다는 것이다.

「유기적 시론 비판」에서 김윤식은 낭만주의와 뉴크리티시즘 이론의 모체가 되는 유기적 시론이 시를 한 그루의 나무와 같은 생물학적 비유로 설명한다는 점에서 치명적인 한계를 낳게 된다고 설명하고 있다는 것이다. 전체에서 떼어진 부분이 성립될 수 없는 "생명적 상상력(시를 유기체에 비유하는 유기적 시론)"은 "선험적인 것에의 유혹"이므로 "기(奇)나 재주에 근거를 둔 무기적(無機的), 기계적(機槪的) 세계관으로서 출발한 신고전주의 또한(그것이 유기적 시론을 인정한다는 점에서) "영원한 것(미학)"을 향한 동경이자 "생명적 젊은이"를 향한 그리움에 불과하다는 것이 유기적 시론 전반에 대한 김윤식의 결론으로 본다. 그래서 김현진은 이는 신고전주의의 영향 아래에서 성립된 뉴크리티시즘 이론 또한 궁극적으로는 낭만주의가 지닌 본질적인 한계점(시를 초월적이고 영원하며 완전하게 독립된 비인간적 세계로 보는 관점)을 극복할

---

353 김현진, 위의 글, 231면.

수 없었다는 의미로 확장하여 해석할 수 있다는 입장이다.

이런 차원에서 김현진은 뉴크리티시즘 이론에 입각한 석사 논문을 쓰며 김윤식이 느꼈던 유기적 시론에 대한 문제의식은 이후 그의 문학관 전체의 방향성(카프 문학을 기점으로 하는 서사 장르 전체)을 결정하게 만드는 동력이 되었다고 해석한다. 또한 김현진은 이 글(「유기적 시론 비판」)의 말미에서 김윤식은 박용철과 정지용의 시론 또한 시인을 한 그루의 수목으로 상정하고 있다는 점(유기적 시론에 입각하여 있다는 점)에서 낭만주의의 센티멘탈리즘으로부터 조금도 벗어나지 못한 것이었음을 상기시킨다고 본다. 그리고 이러한 시론이 지향하는 세계란 인간의 현실과 너무 멀리 떨어진 형이상학의 정신적 세계이기 때문에 한국문학에서 현실참여는 결국 시가 아니라 '산문'의 영역일 수밖에 없었다고 설명하고 있다.

결론적으로 김현진은 뉴크리티시즘 이론을 연구하며 김윤식이 느꼈던 딜레마란 그 이론의 바탕이 되는 유기적 시론이 인간의 현실 세계와 너무 멀리 떨어져 있는 것이라는 한계 지점으로부터 촉발되는 것이었다고 보고 있다. 이 한계 지점은 문학 비평과 연구가 외부 세계로 확장 및 연결되지 못한 채 계속하여 작품 자체에 내재된 초월적(불가해적) 의미로 회귀하게 만들며 궁극적으로는 작품에 대한 독창적 해석을 불가능하게 한다는 것이다. 이러한 측면에서 그에게 뉴크리티시즘 이론은 낭만주의의 센티멘탈리즘(전근대적인 이론)을 완전히 극복할 수 없는 이론이었다[354]고 평가한다.

그러나 김현진은 의문이 완전히 풀리지 않는다고 문제를 제기한다. 이러한 난점들에도 불구하고 김윤식이 자신의 첫 번째 학술논문 주제로 '시(詩)', 그것도 시의 '형식'에 관해서 탐구한 진정한 까닭은 무엇인가? 하는 점이다. 김현진이 보기에는 김윤식의 석사 논문은 '서정성'과 그것을 담기 위한 '형

354 김현진, 위의 글, 232면.

식'이라는 개념이 김윤식의 문학 이론 전체를 꿰뚫고 있는 주요한 요체 중 하나라고 추측하고 있다. 그리고 이러한 가정은 서정성을 향한 그의 지속적인 낭만주의적 태도(노스탤지어)와도 연관된다고 판단한다. 김윤식의 유기적 시론 비판은 정확하고 체계적인 논리성 하에서 전개되었지만, 김윤식이 뉴크리티시즘 이론에 내재한 낭만주의, 즉 서정시의 초시간적 영원성과 유기적 총체성을 완전히 부정하고 있었는가에 대해서는 확언하기가 어렵다[355]는 것이다. 특히 1960년대의 김윤식은 더욱 그러하다고 본다. 그래서 김현진은 다시 그의 석사 논문으로 돌아가 분석한다. 김윤식은 석사 논문에서 시의 세 가지 언어를(폴 발레리의 설명을 빌려) (1) 기호로서의 언어, (2) 재현으로서의 언어, (3) 암시로서의 언어로 나누며 설명을 첨언으로 남기고 있는데, 음(音)과 그 음(音)이 이루어진 어사(語辭)에 어떤 전(全)혀 새로운 어법(語法) 및 문맥(文脈)이 창조(創造)될 때, 소위(所謂) 직관적(直觀的) 언어(言語)의 폭발(爆發)을 목도(目睹)하며 거기서 돌연(突然) 폭죽(爆竹) 같은 찬란(燦爛)한 <이미지>의 밤하늘을 보게 된다는 것이다. 김현진은 이 첨언에서 김윤식은 시인의 "직관"을 중요시하고 있음을 확인할 수 있다고 본다. 그리고 시인이 직관하여 영원을 포착하는 순간을 언어의 마술, 연금술이라는 단어로 표현하고 있음 또한 확인하고 있다. 주지하다시피 폴 발레리(Paul Valéry, 1871~1945)는 대표적인 프랑스 상징주의 시인이자 비평가인데, 이처럼 김윤식은 유독 서정성의 핵심 개념어들을 설명할 때 낭만주의나 상징주의의 어법을 사용하는 특성이 있다는 것이다. 그는 석사논문에서 시의 함축성을 설명하며 시는 다른 문학 장르보다 강력한 정서의 울렁임이므로 모든 시의 비밀은 "강력(強力)한 체험적(體驗的) 감화적(感化的) 제요인(諸要因)이 개념(概念)의 심장(心臟)에 비수(匕首)를 꽂는 것"에 있다고 표현하기도 하였다. 서정성의 핵심을 설명하

355 김현진, 위의 글, 233면.

는 김윤식의 이러한 낭만주의적 태도는 1970년대 이후 비평에서도 지속적으로 발견된다[356]고 김현진은 보고 있다.

그리고 김현진은 김윤식이 석사 논문에서 서정성과 시(詩), 그리고 그것을 담는 형식(구조)에 관하여 탐구한 표면적 까닭은 그가 과학적이고 세계사적인 의미의 근대문학 연구(당시 백철과 송욱으로 대표되던)라는 "학문적 시민권"을 얻기 위해서였다고 판단한다. 그렇다면 그가 이러한 연구를 하게 된 이면적 까닭은 무엇일까?를 탐색하고 있다.

이를 위해 김현진은 김윤식이 자신의 논문 목차 앞에 쓴 릴케의 시에 주목한다. 이 시에서 릴케는 세계의 초자연적이고 경이로운 실재(그의 표현대로라면 사물의 노래)를 억압하는 혼탁한 인간 세계(이 시에서는 계몽주의적 태도를 가리키는 것으로 보인다)로부터 멀리 떨어져 있고자 하는 서정적이고 낭만적인 자아를 그리고 있는데, 이 시구는 김윤식 시론의 기원뿐만 아니라 문학을 향한 그의 청년기 문제의식들을 집약해주는 문장으로도 볼 수 있다는 것이 김현진의 해석이다. 즉 본격적인 비평 활동을 시작하기 전이었던 청년기의 김윤식은 시의 형식과 구조를 비롯한 시적 언어의 문예학적 문제를 뉴크리티시즘의 관점에서 연구하고 있었는데 이 논문에서 그는 시의 본질이 "초월적(transcendent)"인 것에 있다고 보았다는 것이다.

시의 구조적 특성에 관한 석사 논문을 제출했던 1962년으로부터 43년이 지난 후 쓰인 2005년의 자서전에서 김윤식은 소년 시절에 "개념(槪念)의 심장(心臟)에 비수(匕首)를 꽂는" "강렬한 체험"을 관념화하여 "제비꽃 쪽빛"이라는 하나의 메타포를 만들어 낸 경험이 있다고 회상한 적이 있는데, 김현진은 김윤식의 이 개인적인 체험(그러나 관념화되어 메타포로 변함으로써 보편성을 획득하는)이야말로 김윤식의 초기 시론을 '뉴크리티시즘'과 관련된 것으로

356 김현진, 위의 글, 234면.

만든 가장 강력한 이면적 추동 원인이라 판단하고 있다. 그는 자신이 경험한 조국의 비참한 현실(6.25)이 19세 때 처음 본 바다의 풍경과 함께 "폐쇄된 기억"으로 남아 결국 "제비꽃 쪽빛"이라는 하나의 선명한 관념으로 응축되었다는 것이다. 바다에 대한 폐쇄된 기억은 설명할 수 없는 기원들의 연결고리로 영원히 이어진 일종의 깊고 거대한 무의식이라고 설명할 수 있는데, 이것은 인간의 통제력을 벗어났기에 초시간적이고 두려운 것이며 '혼(魂)'적인 것이[357]라고 규정한다.

그리고 김현진은 김윤식이 제시하고 있는 혼의 문제를 본격적으로 논의하고 있다. 김윤식은 '혼(魂)' 개념을 설명하기 위해 에밀 슈타이거의 개념을 차용하는데, 에밀 슈타이거는 혼(魂)을 영혼의 회감(回感 : Erinnerung)이라고 하였다는 것이다. 그에 의하면 혼(魂)이란 "정경의 유동성 즉 자아와 대상이 거리감이 소멸된 곳에 놓인 어떤 에너지"를 뜻하는 것이며 본질적으로 초시간적인 것으로 본다. 이를 김윤식은 서정시의 본질이 혼의 존재 방식과 유사하며 심지어는 거의 동질적인 것이라고까지 말할 수 있다고 설명하였다고 본다. 그는 "혼이 형식을 갖추는 일은 가장 위험한 인간의 모험 행위"라고 설명하는데, 그 까닭은 혼을 잘못 다루게 되었을 때 혼이 파괴되거나 그것을 다루던 사람이 죽음을 맞이할 수도 있기 때문이란 것이다. 모든 인간은 세계 인식에 눈을 뜨는 순간 죽음에 이르기까지 '영혼'을 향한 그리움의 충동에 전율하게 되어 있으나 영혼을 담아낼 형식이 부재하는 경우 그것은 "물신화되어 공포 자체로 삶을 위협하는 괴물"이 된다는 것이 그의 주장이란 것이다. 그러므로 이러한 혼을 다루기 위해서는 반드시 형식이 필요하게 된다는 것이다. 김현진은 여기서 서정성과 문학의 주관성에 대한 청년기 김윤식의 태도가 청년기의 게오르그 루카치(Georg Lukács, 1885~1971)와 상당 부분 흡사하

357 김현진, 위의 글, 236면.

다는 점에 주목할 필요가 있다고 강조한다.

김현진은 이 두 사람은 모두 극초기의 연구와 저작에서 이후의 노선과 상반되는 경향을 보였다는 공통점이 있다고 본다. 루카치는 그가 비평 작업을 시작하던 무렵인 1907년~1911년 사이에 문학의 서정성과 그 핵인 '영혼'을 본격적으로 다루는 글들을 다수 집필하였는데, 이는 1950년대 이후의 그가 "버지니아 울프나 프란츠 카프카 같은 실험문학"의 주관성에 반대한 것과 상당히 대조적인 태도라 할 수 있다는 것이다. 이 책에서 영혼을 대하는 루카치의 태도(아름답지만 두려운 것이기에 반드시 형식을 요하는)는 '혼(魂)'적인 것에 대한 김윤식의 관점과 거의 일치한다는 것이다. 청년기의 김윤식과 루카치는 "순수한 플라톤주의자"에 한없이 가까운 이들이었기에, 각각 '가장 순수한 시인'에 가까웠던 김소월과 노발리스의 천재성을 정확하게 감각해 낼 수 있었다는 것이다.

김현진은 김윤식이 석사 논문에서 김소월의 「초혼」을 인용한 바 있는데, 그는 김소월의 「초혼」이 그가 시도했던 수많은 기교들을 박차고 나온 "울렁이는 격정"이라고 표현했다는 것이다. "언어의 자루 속에서 터져 나온" 이 감정들은 리듬이라는 요인, 즉 형식에 의해 질서화되었기 때문에 우리에게 미의식으로 자각될 수 있다는 것이 석사 논문에서의 「초혼」에 대한 김윤식의 해석이란 것이다. 그러나 이후 시론에서 김윤식은 이러한 형식의 질서화가 김소월의 천재적인 '직관'에 의해 우연히 얻어진 것이라고 보았으며 김소월과 같은 '혼(魂)'의 표출이 과해지면 위험할 수 있다고 평가하였다[358]고 본다.

즉 김윤식이 '혼(魂)'에 대한 설명을 남길 때면 자주 쓰는 수사가 하나 있는 데 그것은 '두려운'이라는 것이다. 김윤식은 자주 '혼(魂)'을 '두렵고 통제할 수 없는 것'이라고 설명하는데, 김현진은 '김윤식이 왜 '혼(魂)'을 두려

358 김현진, 위의 글, 240면.

운 것이라고 하는가?'에 질문을 던진다. 김윤식은 통제할 수 없는 '혼(魂)'적인 것의 표출로서 가장 자주 호명하는 시인은 단연 김소월과 박목월, 두 사람이라고 할 수 있는데, 그는 박목월의 시 「만술 아비의 축문」을 비평하는 글에서 이 시가 "혼이 형식 전부를 압도하는 형국"을 보인다고 평가하였다는 것이다. 즉, 박목월의 시는 혼(魂)을 예술적으로 통제하는 일에 실패하고 있으므로 시라는 예술 매체의 범주를 벗어나고 있으며 이러한 감정의 표현은 "공포의 상태"이자 혼의 "물신화 상태"라고 규정하고 있다는 것이다. 그리고 김윤식은 회고록에서도 자신이 체험하였던 "제비꽃 쪽빛"의 바다가 너무나 엄청난 규모여서 큰 충격이었기 때문에 "관념화"하지 않을 수 없었다는 것이다. 요컨대 그에게 '혼(魂)'은 감정의 통제 속에서 예술의 형식을 입을 때에만 안전하게 감상할 수 있는 두려운 존재였다는 것이다.

김현진은 '혼(魂)'에 대한 이러한 관점은 그의 김소월 시 해석에서 가장 두드러진다고 평가한다. 그는 김소월의 「초혼」을 "죽은 자를 위한 제의(ritual)를 그대로 받아써서 '혼(魂)'의 문제를 시에 그대로 도입"한 시라고 분석하였는데, 이것이 바로 소월의 심연이자, 소월의 천재성이 빛나는 지점이며, 소월의 한계이기도 하다는 것이 김윤식의 주장이란 것이다. 그래서 '혼(魂)'의 시가 지니는 한계 지점에 대해서는 김윤식 스스로가 이미 여러 번 자신의 저서에서 설명한 바 있다고 지적한다. 김윤식은 혼(魂)이 정신과 달리 방향성을 지니지 않으므로 '문화적인 척도'나 비평적 도구로 접근할 수 없는 개념으로 생각했고, '혼(魂)'을 부르는 시는 예술 이전 단계인 제의에 가까운 것이기 때문에 근대적인 것보다는 전근대적인 행위의 결과임이 김윤식의 종합적인 판단이었다는 것이다. 그러나 김윤식은 결코 김소월의 천재성을 부정하지 않으며 「초혼」, 「무덤」, 「진달래꽃」과 같이 사방에 혼이 충만하여 "이승과 저승을 울리는" 김소월의 시가 "지적 조작이 모자라는 편"임에도 불구하고 순수한 서정성의 "그 깊이의 면에서 가장 본질적인 곳"까지 가장 멀리 나아간 작품이었다고 평가한다[359]는 것이다.

이처럼 김윤식에게 혼의 영역은 "어떠한 지적 통제력도 무력한 곳"이었으나 그는 이 무력함이야말로 서정시의 본질이라고 보았다는 것이다. 그렇다면 객관성과 주관성이 무화(無化)되는 혼(魂)의 영역에서 기인하는 서정시의 가장 탁월하고 빛나는 이 지점은 어떻게 성취될 수 있는 것인가? 김현진은 이 질문에 대한 답을 찾기 위해서는 1925년 김소월이 『개벽(開闢)』 5월호에 실었던 「시혼(詩魂)」이라는 글과 대학을 진학하기 전, 시를 공부하고 싶어하며 상경했던 소년 김윤식에게로 되돌아가야만 한다고 주장한다.

그래서 김현진은 먼저 김소월의 「시혼(詩魂)」을 살피고 있다. 1925년의 김소월은 자신의 유일한 시론 『시혼(詩魂)』에서 '영혼'을 김윤식과 다소 다른 관점에서 설명한 바 있는데, 김윤식이 '혼(魂)'을 방향성 없고 두려운 존재로 인식한 것과 달리, 김소월은 인간의 영혼을 아름답고 긍정적인 존재로 표상한다고 보았다. 김소월에게 영혼은 두려운 존재가 아니었다는 것이다. 그는 인간에게 각자의 반듯한 영혼이 있기에 "寂寞(적막) 한가운데서 더욱 사뭇처오는 歡喜(환희)를 經驗(경험)하는 것이며, 孤獨(고독)의 안에서 더욱 보드랍은 同情(동정)을 알 수 잇는 것이며, 다시 한번, 슬픔 가운데서야 보다 더 거륵한 善行(선행)을 늣길 수도 잇는 것"[360]이라고 설명한다. 영혼에 대한 김소월의 이 같은 정의는 혼(魂)에 대한 김윤식이나 에밀 슈타이거의 정의와 상당히 대조적이라고 할 수 있다는 것이다. 요컨대 김윤식에게 영혼이 형식에 의해 통제되어야 할 대상이었다면 김소월에게 영혼은 형식과 즉흥으로 만나 순간적으로 "현현되는" 존재이자 시인이 지향해야 할 대상이란 것이다.

주지하다시피 시혼(詩魂)에 관한 김소월의 입장은 영국의 상징주의자 아더

---

359 김현진, 위의 글, 241면.

360 김현진, 위의 글, 242면.

시몬즈(Arthur Symons, 1865~1945)의 영향을 받은 것으로 추정되는데, 이에 따라 김소월의 『시혼(詩魂)』은 언어화될 수 없는 시의 신비를 드러낸 글로써 자주 해석되어왔다는 것이다. 그러나 김현진은 이 글에 나타난 스스로의 영혼과 직면하여 그것과 일체화되고자 하는 시인의 '의지' 측면에 더욱 주목해보고자 한다. 김소월의 시혼(詩魂)은 시공을 초월하여 인간 영혼의 가장 아름다운 모습을 포착하고자 하는 의지로서 해석될 수 있다고 본다. 이러한 영혼의 아름다움은 일상적 평범함 속에서 발현되지 않으며 죽음, 어둠, 고독, 적막과 같은 시혼(詩魂)의 시간 속에서만 가능해지는데, 김소월이 그의 시론에서 가장 힘주어 강조하고 있는 지점은 모든 인간에게 이상적이고 아름다운 영혼이 내재해 있으며 그것의 표현 양상이 서로 다를 뿐이기에 우리는 영혼이나 그것의 예술적 발현인 시혼의 가치를 측량할 수 없다는 것이다. 김소월의 관점에서 우리는 영혼의 내부에 현실 세계의 혼돈과 고통을 초월하게 하는 힘이 존재함을 언어화된 '시(詩)'를 통해 알 수 있다는 것이다.

그러므로 김소월에게 시인이란 영혼을 향해 한없이 가까이 다가가고자 하는 이가 될 수밖에 없었다고 본다. 즉 김윤식과 김소월은 각각 다른 방식으로 '근대에 대응'하고자 하였다는 것이다. 김현진은 그들이 영혼의 의미를 서로 다르게 해석하게 된 까닭 또한 이 지점에 있었던 것으로 본다. 김소월은 인간의 근원적 영혼을 '지향'함으로써 근대에 대항하고자 하였고 김윤식은 '혼(魂)'적인 것의 극복과 개념화를 통해 한국 문학사 서술이라는 거시적 과업을 달성하고자 했다는 것이다. 여기서 김현진은 김윤식이 청년기에 습작했던 시 한 편을 살펴볼 필요성이 있다고 말하고. 김윤식의 자서전에 있는 「바다 2」라는 산문시[361]를 분석하고 있다.

---

361 김현진, 위의 글, 244면.

김윤식의 이 작품은 주체의 근원적 체험이 문학적으로 알레고리화 되는 과정을 표현하고 있는 일종의 메타시처럼 보인다. 소년의 기억 속에 내재되어 있는 전쟁의 참혹한 폐허와 아름다운 고향의 풍경과 처음 본 바다의 압도적인 아름다움은 "쪽빛 광물질"이라는 하나의 알레고리적 기호로 고정된다. 그것의 기원은 별과 같은 빛이자 바다와 같은 광대함을 품고 있는 것에 있으나 소년의 관념화 속에서 아주 작은 돌멩이처럼 "응축된" 것으로 변모한다. 쪽빛 광물질의 "작은 돌멩이"는 김윤식이 자신이 태어난 조국에게 느꼈던 다양한 정동들의 총체이자 그것을 지시할 수 있는 알레고리적 기호라고 할 수 있을 것이다. 이 돌멩이는 이국의 화려한 진열장 앞에서도 사라지지 않고 "응축된 채" 빛난다. 이 시에 등장하는 "붓을 든 채 뛰어가는 소년"은 "아무도 보지 않는" 존재로서 그려진다. 자신의 마음속에 존재하는 무수히 많은 조국의 풍경과 기억들을 "쪽빛 광물질"의 단단한 돌멩이로서 발견하고 있는 이 소년은 "아무도 보지 않는 존재"이기 때문에 한없이 "비존재"에 가까운 자이다. 이와 같은 자아의 상실과 부정 속에서 세계의 모습을 하나의 이미지로 구축하고 발견하기 위해 "붓을 들고 뛰어가는" 이 소년은 청년기 김윤식 자신의 표상이라고 할 수 있을 것이다. "운명의 얼굴이 그려져 있었기에 아무도 보려고 하지 않는" 소년(시인)은 정확한 연유를 알 수 없는 그리움 속에서 자신의 기원(제비꽃 쪽빛)에 영원히 닿을 수도, 일치할 수도 없다는 "고통스러운 지식"을 마주하고 있다.[362]

김현진은 김윤식의 시 해석과 함께 폴드 만은 상징이 동일성이나 동일시의 가능성을 가정하는 것과 달리 알레고리는 "그 자체의 기원과 관련된 거리를 지정하고, 향수와 일치에 대한 욕구를 포기하는" 과정에서 발생한다고 보았다는 사실을 인용하여. 김윤식 시론의 기원은 바로 자아와 비자아가 환상적

362 김현진, 위의 글, 245면.

으로 동일시될 수 없다는 "고통스러운 지식"에 대한 이른 깨달음 속에 존재하는 것이라고 볼 수 있다고 해석한다. 김윤식은 명백히 낭만주의자가 아니었으며 문학에서의 모든 환상적 동일시와 황홀경의 환각들을 경계했으나, 이러한 난점들에도 불구하고 소년기·청년기의 그는 전쟁의 폐허 속에서 모호한 불완전성 자체를 그 본령으로 지닌 문학을 통해 조국의 운명을 그려내게 될 자신의 미래를 직감하고 있었다고 본다. 그리고 김현진은 그 모호한 불완전성의 핵에는 '혼(魂)'이라는 개념이 있었다고 판단한다.

한편 김현진은 김윤식은 소월 시의 초근대적인 측면을 부정하지 않았으며, 그는 민족주의적 이데올로기와 모더니즘(이후 그는 리얼리즘 또한 근대적 이데올로기의 일종으로 분류한다) 등이 모두 '근대'로부터 파생된 것이라 분석하며 한국 근현대 문학사에서 이러한 '근대'와 맞설 수 있었던 것은 '서정성', 즉 "마음의 흐름"이라고 역설하였다고 평가한다. 그에게 이러한 "마음의 흐름"은 "새로운 시대에 대한 민감성"을 지닌 시인들에 의해 형성될 수 있는 것으로, 김윤식이 이와 같은 시인의 대표적인 예로 호명한 것은 김소월과 임화 두 사람이었다고 본다.[363] 그래서 김현진은 바로 이 지점에 김윤식 시론의 역설이 존재한다고 본다. 그에게 김소월은 근대에 저항할 수 있는 시를 쓴 자인 동시에 가장 비근대적인 방식으로 시작(詩作)을 한 자였기 때문이다. 그는 소월 시의 가치(결과물)를 인정하면서도 김소월이 시를 창작한 방식(혼에 접근하는 것)은 지향되거나 권고될 수 없는 종류의 것이라고 평가했다는 것이다.

반면 김현진은 1950년대에 고석규는 김소월에 대한 짧은 강연에서 김소월을 "전형적인 대결의 인간, 모더니스트"라고 평한 바 있는데, 그는 김소월이 숙명적으로 무저항한 인간이라거나 체념한 인간이라고 평가되는 것은 아주

---

363 김현진, 위의 글, 246면.

부당한 일이라 주장하며 그에게는 "우리들 눈으로 식별될 수 없는 자기의식의 방법이 언제나 엄숙하게 서정의 밑바닥을 채우고" 있었다고 해석한다. 즉 고석규의 관점에서 김소월의 '혼(魂)'적인 시는 우연한 성취가 아닌 적극적인 "대결"의 결과였다는 것이다. 다시 말하면 김소월의 '혼(魂)'적인 시는 근대에 맞서고자 했던 그만의 적극적인 대응 방식으로 해석될 수 있다는 것이다.

마지막으로 김현진은 김윤식은 "서정적(시적)인 것의 특징 중에는 어둠, 죽음과 함께 사랑"이 본질적 속성으로 내포되어 있다[364]고 하는 점에 주목하고 있다. '혼(魂)'적인 시는 주관성과 객관성이 무화(無化)되는 인간의 근원적 영혼에 접근하는 과정을 통해 인류가 합리적 이성으로 인식하지 못했던 진리를 낯선 방식으로 제시한다는 것이다. '혼(魂)'적인 시를 쓰는 행위는 김소월의 말대로 어둠 속에서 빛을, 죽음 속에서 사랑을 발견하는 일과 같다는 것이다. 그런데 김현진은 이러한 발견의 행위는 시인의 실제적인 삶이 그의 작품과 유리되지 않을 때 가장 탁월한 성취를 보인다고 평가한다. 그래서 김현진은 반인륜적인 전쟁이 끊임없이 지속되고 날이 갈수록 몸집을 불려가는 자본주의 체제 내에서 인류 전체의 운명이 위태롭게 느껴지고 있는 오늘날, '혼(魂)'적인 시는 어쩌면 가장 현대적인 가치를 지닌 예술작품일지도 모른다고 제안하며, 이러한 관점에서 '혼(魂)'이라는 문학적 개념의 의미는 다각도에서 재고찰될 필요성이 있다[365]고 주장한다.

이러한 김현진의 논의는 김윤식의 학문적 출발이었던 석사학위 논문 분석을 통해 그의 초기 문학에 대한 토대를 어느 정도 밝혀주고 있다는 점에서 김윤식 문학연구의 한 편린을 이해하는 데는 시사점을 마련해주고 있지만,

---

364 김현진, 위의 글, 247면.

365 김현진, 위의 글, 248면.

시에서 혼이란 개념을 어떻게 규정하고, 이를 바탕으로 소월과 김윤식이 인식하고 있었던 혼의 실체를 제대로 비교 검토하는 작업은 여전히 남겨진 과제로 보인다.

지금까지 논의된 김윤식 연구의 현황은 1995년부터 2024년까지 발표된 학술논문집에 발표된 논문들을 대상으로 한 검토였다. 김윤식의 저술 자체가 너무 방대하기에 이들 연구를 살펴보더라도 김윤식의 문학적 행로에 대한 세밀하고도 통합적인 연구결과를 확인하는 일은 아직은 멀었다는 점을 일차적으로 감지할 수 있다. 본고에서 논의된 김윤식의 문학연구에 대한 검토는 1995년 최성실의 「김현, 김윤식의 『한국문학사』의 비판적 고찰 : 문학사 연구의 메타비평적 시론」에 관한 검토에서부터 2024년 김현진의 「김윤식의 1960년대 시론에 관한 연구 : 뉴크리티시즘 이론의 딜레마와 '혼(魂)'적인 시에 관한 재고찰을 중심으로」까지 30여 편인데 이들 연구에서 드러난 특징은 다음 몇 가지로 요약할 수 있다.

첫째는 김윤식이 관심을 많이 두었던 문학사에 대한 연구 즉 『한국문학사』, 『한국근대문예비평사 연구』를 다룬 논의, 둘째 임화, 이광수, 김동인 등 작가론, 셋째 김윤식의 사상사에 대한 검토, 넷째 글쓰기론, 다섯째 시론과 수필론, 여섯째 한국근대문학론, 일곱째 번역에 관한 논의, 여덟째 문학교육론 등으로 구분해 볼 수 있다. 특히 최진석외 4인이 시도한 현대문학 연구자의 성별, 세대별 김윤식 저술 인용 양상 연구는 김윤식의 한국문학에 대한 연구가 후학들에게 어떤 영향을 끼치고 있는지를 확인해 볼 수 있는 객관적 자료분석이란 점에서 흥미로운 연구이기도 하다. 그러나 윤대석 교수가 서지학적으로 분류해 놓은 김윤식의 저술들의 다양한 영역을 감안해 보면, 현재까지의 연구현황은 이제 김윤식 연구의 실마리를 푸는 상태라고 할 정도이다. 2018년 김윤식 교수의 타계 이후 2019년부터 본격화되기 시작한 김윤식 연구상태를 생각한다면 이는 자연스러운 결과로 보인다. 2019년에 8편, 2023년에 7편의 김윤식 연구논문이 발표된 것을 감안한다면, 앞으로의 연구 성과는 지속적으로 늘어나리라고 본다. 문제는 김윤식 연구가 제대로 실현되려면 문학연구와 비평 영역으로 혼재되어 있는 김윤식의 문학세계를 통합적이고 종합적으로 접근할 수 있는 새로운 연구방법론의 모색이 일차적으로 선결되어야 할 것으로 보인다.

3부

김윤식 비평가의 비평세계의 한 단면

김윤식의 비평방법과 문체의식

1. 글쓰기의 의미와 비평

김윤식의 평문들을 읽으면서 자주 만난 구절 중의 하나가 루카치의 『소설의 이론』의 일절이다.

> 별을 보고 길을 찾을 수 있었던 시대는 행복하다

그의 작가론이나 소설론을 읽다보면 빈번하게 출몰하는 구절이다. 김윤식의 근대소설론의 기본 해석틀이 여기에서 출발하기 때문이다. 사실 내가 김윤식론을 시작하면서, 이 구절을 먼저 떠올린 의도는 다른 데에 있다. 김윤식론을 쓰기 위해, 그의 저서와 평론집을 다시 읽으면서 부딪힌 막막함 때문이었다. 김윤식론을 어떤 방향에서 체계화해가야 할지 길찾기가 막연했다는 것이다. 방향을 감지할 수 있는 별을 볼 수 없었고 그런 연유로 길을 찾기는 더욱 힘든 형편이었다. 그러니 김윤식론을 써야 하는 나에게 있어 지난 시간은 불행한 책읽기의 연속이었다고 할 수 있다.

그의 글을 성격에 따라 문학사 혹은 비평사와 관련된 것, 작가론에 해당되는 것, 사상사를 탐구한 것, 이론을 모색한 것, 순수한 실제 비평에 들 수 있는 것 등으로 갈래지워 보아도 그의 글쓰기를 체계화하는 데는 크게 도움이 되지 않았기 때문이다. 우선 그가 남긴 글의 양에 짓눌렸기 때문이다. <김현>은 『행복한 책읽기』를 이미 경험하고 갔지만, 비평 읽기란 소설이나 시 읽기와는 다른 차원에 놓임을 어찌하랴. 사실 김윤식의 비평을 어떻게 바라볼 것이냐 하는 점에 대해 부분적으로 그 독법을 제안해 본 사람이 없는

것은 아니다. 어떤 이는 아주 긍정적으로 또 어떤 이는 그와 상반되게 문제를 제기하기도 했다.[1]

그러나 그들의 논리 자체가 본격적인 김윤식론에서 벗어나 있음이 현실이다. 아직도 그 어떤 비평가보다 현장비평에 정열을 쏟고 있고, 그의 글쓰기가 마무리되지 않았다는 점에서 본격적인 김윤식론을 쓰는 것은 시기상조일 수도 있다. 그러나 우리 비평사의 오늘과 내일을 위해서는 어떤 형태로든 김윤식 비평의 본질과 의미 그리고 한계까지 짚어져야 하는 짐을 지고 있다. 이 짐의 무게는 사실 혼자 감당할 수 없는 중량이다. 그러므로 본고의 한계도 분명해질 수밖에 없다. 단지 김윤식 비평의 한 특징을 개관해 볼 따름이다.

그것을 그의 비평방법론과 문체의식에 관련해서 살펴보려 함이다. 글쓰기에 있어 방법과 문체는 별개일 수 없기 때문이며, 이를 통해 김윤식 자신이 자주 되뇌이는 한 평론가의 내면 풍경을 엿볼 수 있으리라 기대하기 때문이다.

그의 비평에 나타난 글쓰기의 방법과 문체에 접근하기 전에 나는 우선 그의 글쓰기의 근원이 어디에서 비롯되었는지를 캐물어 보아야 한다는 생각을 갖게 되었다.

그는 자신의 글쓰기를 두고, 하나의 입장이라고 내세울 수 있는 것이 없다고 할 정도로 갈팡질팡하여 30여 년을 넘게 글쓰기에만 골몰해 왔다고 하면

---

1 김윤식의 글들에 대한 논의는 서평이 대부분이며 부분적으로 김윤식 비평의 본질에 접근을 시도한 글들도 있다. 그 글들은 다음과 같다.
권성우, 「비평이란 무엇인가 : 김윤식과 김현의 비평론에 대하여」, 『비평의 시대』 창간호, 1991; 류철균, 「문학 비평의 근대성과 유토피아, 김윤식론」, 『문학과 사회』, 1989년 여름호; 김우창, 「사고와 현실 : 김윤식의 「한국근대문예비평사연구」와 「근대한국문학연구」」, 『궁핍한 시대의 시인』, 민음사, 1977; 이상옥, 「평전쓰기의 두 가지 방식」, 『세계의 문학』 1988년 봄호; 임진영, 「가치중립, 유토피아, 리얼리즘 : 김윤식의 국문학 연구와 비평에 대한 몇 가지 문제」, 『실천문학』 1991년 가을호; 장사선, 「문학과 문학학 : 김윤식 『운명과 형식』 서평」, 『현대비평과 이론』 5; 정현기, 「길 떠나는 이의 바랑 바꾸어 메기」, 『서평문화』 9, 1993년 봄호.

서, 만일 일관된 입장이 있다면 중단없는 글쓰기가 아닐까 하고[2] 회고하고 있기 때문이다. 어떻게 글을 쓸 것인가라는 질문 이전에 왜 중단없는 글쓰기에 전념해야 했던가라는 질문이 방법론의 인식 이전의 문제이기 때문이다. 또 다른 하나의 이유는 그의 엄청난 글쓰기 분량이다. 내용이 중복되는 책들이 몇 권 있긴 하지만 수많은 책을 펴내었고, 또 계속 쓰고 있는 글쓰는 이에게 있어 쉬임없이 써야 했던 근원을 해명한 후에야 방법론의 문제가 자연스럽게 풀릴 수 있으리라 생각한다. 즉 왜 쓰는가는 어떻게 쓰고 있느냐는 문체적 질문에 대한 해답을 열어 보이는 하나의 길잡이가 될 수 있으리라.

김윤식은 그의 「나의 글쓰기, 한국근대 문학 연구에의 도정」(『운명과 형식』, 1992)에서 자신의 글쓰기 기원을 다음과 같이 고백한다.

> 그것들은 모두 아련히 저 추억 속에 떠오르는 둘째 누님의 교과서 속의 세계 그것이기도 하였다. 나는 다만 까치와 메뚜기와 벗하던 강변 버드나무집의 어린 소년이 되어 있었다. 그 순간 내 글쓰기의 기원이 이 외로움에 있음을 나는 깨달을 수 있었다.[3]

글쓰기의 기원이 외로움이었다는 김윤식의 고백은 외로움을 넘어서는 실천적 행위가 그에게는 글쓰기였다는 말로 바꾸어 볼 수 있다. 외로움에서 벗어날 수 있는, 허무의식을 새김질할 수 있는 유일한 방도가 그의 글쓰기였다는 것이다. 이는 바로 본능에 가까운 행위라고 할 수 있다. 이것이 가능한 것은 인간에게 있어 혼자 있음의 의식과 그것을 넘어설 수 있는 가능성을 언어가 동시에 가지고 있기 때문이다.[4] 그러므로 글을 자연 혼자 있음에서

---

2 김윤식, 『운명과 형식』, 솔, 1992, 13면.

3 김윤식, 앞의 책, 22-23면.

오는 단절과 불완전함을 넘어서고자 하는 환각 행위의 일종인 것이다.

유년의 추억과 글쓰기의 기원을 김윤식이 함께 떠올리고 있는 장면은 인간이 환각하는 황금시대가 그에게는 유년이었고, 그 유년에의 황홀경을 회복하고자 하는 열망의 한 방법이 그에게는 글쓰기였다는 것이다. 훼손된 가치 속에 놓인 근대 이후의 세계가 본질적 인간 그리움에로 치달아 창조시대의 그리움을 회복하고자 하면 그 방식은 글쓰기에 의해서만 가능하다는 것이다.[5]

글쓰기에 대한 김윤식의 근원적 뿌리가 외로움 혹은 단절 극복에 있다면 또 다른 하나의 곁뿌리는 그러한 경험의 논리화, 지적인 것으로의 전환행위라는 점이다. 논리적 지적으로, 경험을 바꾸어 내는 글쓰기 행위를 통해 저 어두운 불쾌, 부끄럼의 상처가 치유될 수 있거나 적어도 견디기 쉬운 모양으로 바뀌어 진다는 것이다.[6]

상실되어버린 어쩌면 찾을 수 없는 본질세계에의 환각과 그 본질세계로의 도정에서 받는 상처 다스리기가 김윤식에게는 글쓰기 행위라는 것이다. 이는 바로 쓰는 것 자체가 그에게는 운명처럼 다가서 있는 형국이라면 좀 과장된 표현일지, 그렇지 않고는 쉬임없는 읽기와 쓰기의 연속적 행위를 해명할 끈덕지가 별로 없기 때문이다.

그의 글쓰기의 욕망이 어디에 기초하고 있는지를 좀 더 논리화하고 있는 글이 「글쓰기와 소설쓰기」이다. 이는 이청준 이인성 최수철 등의 작품을 통한 이들의 글쓰기 의미를 추적하고 있는 평문이지만, 글쓰기의 의미를 확인하고 있다는 점에서 김윤식 자신의 글쓰기와 무관하지 않다. 이청준의 세계에 대한 끝없는 복수심과 지배욕에 의한 글쓰기도, 이인성의 제3의 방식

---

4 김윤식, 『우리 소설을 위한 변명』, 고려원, 1990, 67면.

5 김윤식, 앞의 책, 29면.

6 김윤식, 같은 책, 20-21면.

으로의 소설쓰기도 글쓰기의 한 근원을 들추는 이야기지만, 더 근원적인 글쓰기의 바탕을 보이는 것은 최수철의 글쓰기를 해명하는 대목에서 환히 드러난다. 크리스테바의 업젝션(abjection)개념을 통해 김윤식은 글쓰기의 본질을 해명한다.

> 이 원시분할의 체험이란 모체와 유아 사이에서 벌어지는 형언할 수 없는 반발과 유인의 극단적인 혼돈 상태의 통과를 말하는데 이러한 전적 자기비하, 공포의 체험은 인류학이나 종교학에서 보면 사회적 부정(不淨)을 정화하는 자기비하의 공포, 곧 부정한 것을 제의적으로 승화시키는 실천적 행위로 볼 수 있다. 그 실천이란 곧 글쓰기라는 행위를 통해 가능해지는 것이다. 그러니까 글쓰기의 근원은 원시분할에 있다. 원시분할할 때 겪는 업젯션. 그것의 인류학적 종교적 전개과정이 부정을 정화시키는 제의적인 것의 근원이며 그것은 근대적인 전개과정이 도스토예프스키, 프루스트, 조이스 등으로 대표되는 문학에서의 글쓰기 행위이다. 글쓰기란 그러니까 원시분할체험이라는 악마적인 형상을 승화시키는 현대적인 제의의 실천행위인 셈이다.[7]

김윤식은 여기서 글을 의사소통의 도구일 수 없음과 글자체가 내용형식의 분리 이전의 어떤 것, 다시 말하면 원시분할 원분리 체험에 해당된다는 것으로 설명한다. 말하자면 기호 이전의 상태를 상정할 수도 있을 것이다. 그것이 몸짓언어이고 혓바닥으로 쓰기에 해당되는 것으로 해명하고 있다. 이는 바로 원시분할 이전의 어머니의 모태에의 상태로 지향하는 유토피아 지향성과도 멀지 않다. 그런데 이러한 유토피아 지향성은 김윤식이 시가 아닌 산문을 선택하고 있는 점과도 깊이 관련되어 있어 흥미롭다. 산문은 동적이어서

---

7 김윤식, 『운명과 형식』, 솔, 1992, 124면.

유토피아 지향적인 목적성을 지니고 있기 때문이다.[8] 그러므로 김윤식의 중단없는 글쓰기는, 외로움을 벗어나고자 하는 근원적 욕망과 유토피아 지향성이 맞물려 빚어내는 결과라고 할 수 있다.

그의 글쓰기에 있어서의 다음 단계로 풀어가야 할 것은 장르 선택의 문제이다. 글쓰는 사람들이 쓰기를 통해 도달하고자 하는 본질 세계나 진실에의 지향은 언제나 양식을 통해 실현되기 때문이다.

그런데 김윤식의 글쓰기가 시도 아니요 소설도 아닌 수필(「밤바다」 대학신문, 1955)에서 시작되고 있다는 점에 유의할 필요가 있다. 수필에서 비평으로의 진입은 그에게 있어 어떤 의미를 지니는가 하는 점이다. 이는 에세이(비평)의 정신을 해명하고 있는 「운명과 형식」에서 답을 구할 수밖에 없다. 이 글에서 혼(운명)에 형식을 부여하는 글인 수필을 논하면서, 이는 시도 소설도 아닌 독자적 형식을 갖고 있는 심연에 대한 형언할 수 없는 그리움을 표현하는 형식으로 보았다. 그런데 이 운명이 찾는 형식은 무매개의, 단일성으로서의 직접성에 그 특징이 있다는 것이다.[9] 즉 알몸으로, 무방비 상태로 세계 속에 노출되어 있는 장르라는 것이다.[10] 그래서 에세이(비평)는 고독한 정신의 움직임으로 파악하고 있다.

여기서 김윤식의 글쓰기가 왜 비평으로 나아갈 수밖에 없는지가 어느 정도 드러난다. 정신의 고독을 넘어서기 위해 그는 글쓰기에 몰두했는데, 그 고독의 극복은 다른 정신과 만나야 한다. 그런데 그 정신과의 만남이 비평을 통해서 이루어지고 있는 것이다. 즉 비평은 비평대상으로서의 정신과 비평주체로서의 정신의 만남 운동이라 할 수 있다. 이러한 만남 운동의 근원적

---

8 김윤식, 『한국근대문학사상비판』, 일지사, 1978, 7279-280면.

9 김윤식, 『운명과 형식』, 솔, 1992, 50면.

10 김윤식, 앞의 책, 52면.

동력이 부재하는 존재의 심연을 엿보고자 하는 욕망에서 비롯되었기 때문에 그의 비평 쓰기는 멈출 수가 없는 것이다.[11]

그런데 그는 1962년 《현대문학》에 「문학사방법론서설」 「역사와 비평」의 평론을 내놓은 후 본격적인 문학연구를 내보인다. 1973년 『한국근대문예비평사』의 간행이 그 결과물인데, 이러한 비평에서 문학연구에로의 전환이 갖는 그의 글쓰기 의미를 한번 생각해 보아야 한다. 사실 그의 글쓰기의 결과물들을 두고 보면, 비평적 글쓰기보다는 연구적 글쓰기가 훨씬 많은 것이 현실이다. 김윤식은 이를 두고 다같은 관념의 집짓기이긴 하지만 자신은 정신의 대응물인 비평과 사상의 대응물인 학문의 틈바구니에 서 있는 형국으로 고백한다.

> 그 동안 내가 쌓은 비평 쪽의 벽돌더미와 학문 쪽의 벽돌더미 그리고 새로 쌓기 시작한 양쪽의 벽돌더미는 그 부피나 크기가 모양새가 비슷하지만 비평 쪽의 벽돌이 조금 가벼워지기 시작한 것처럼 보였던 것입니다. 내가 말하고자 한 것은 다만 비평 쪽의 벽돌이 조금 가벼워 보인다는 정도인 것입니다. 비평의 정신에 직접적으로 관련된 증거라고 나는 생각합니다.[12]

비평을 연구보다 가볍게 생각하는 이유는 어디 있는가. 김윤식의 논리에 따르면 비평은 사람의 정신의 내면을 주체화한 것이고, 연구는 그것을 객관화한 사상의 탐색으로 보기 때문이다. 그러므로 이들의 글쓰기는 주관성의 드러냄과 객관성의 제시라는 측면에서 차원을 달리할 수밖에 없다.

김윤식은 가벼움과 무거움의 차이로 비평과 연구를 변별시켰지만 정신과

11 김윤식, 『김윤식 평론문학선』, 문학사상사, 64면.

12 김윤식, 『김윤식 평론문학선』, 문학사상사, 373면.

사상은 공유점도 차이점도 함께 지니고 있는 것이다. 그런데 이런 김윤식의 비평과 연구적 글쓰기의 차별화가 최근에 올수록 점차 그 구별성이 문체적 측면에서 흐려지고 있다. 이 점은 그의 글쓰기의 도정에서 새롭게 주목해 보아야 할 부분이다. 왜 그럼 김윤식의 글쓰기가 비평과 연구로 혼재해 있는가. 김윤식에게 있어 연구와 비평은 별개이면서도 별개일 수 없는 현실로 나타난다. 이는 그의 글쓰기가 혼재되어 있다는 의미도 있지만, 비평 없이는 문학연구나 문학사기술이 진전될 수 없다는 입장에 서 있기 때문이다.

결국 그의 문학연구 중 가장 큰 중심적인 문학사 기술은 비평적 점검없이는 불가능하다는 인식에서 이루어지고 있다고 볼 수 있다. 문학사란 늘 다시 쓰는 것이란 기본 명제에 충실한 그의 문학사에의 접근은 현실문학에 대한 감각 없는 문학사기술은 단순한 사료의 정리에 그친다는 문학적 이해에 기인한다. 즉 그의 문학비평은 문학연구의 토대가 되면서 또한 문학사 기술의 원천 역할도 하고 있는 것이다. 그는 이 점을 『근대한국문학연구』(1973)를 하면서 어느 정도 밝히고 있다.

> 일반적으로 문학이론은 문학의 원리, 범주, 기능, 양식 등을 포함하는 넓은 개념이라면 비평은 작품의 구체적 평가와 해명이며 문학사는 문학이론과 비평 양자로부터 관점을 부여받아 문학을 역사적으로 체계화하는 것이라 할 수 있다. 그런데 이는 서로 상관된 영역들이자 개념적으로 운용하기 어렵다는 사실이다. 문학이론을 생각지 않고는 비평을, 비평을 생각하지 않고는 문학사를 상상할 수 없다는 것이다.[13]

김윤식의 글쓰기가 비평, 문학연구, 나아가 문학사의 글 형태로 혼재되어

13 김윤식, 『근대 한국문학 연구』, 일지사, 1973, 13면.

있는 것은 이러한 비평과 문학연구, 문학사의 관련 사항 인식 때문으로 보인다. 그러면 그의 글쓰기 중 비평은 어떤 방법론을 토대로 하고 있는가?

2. 비평과 문학연구, 문학사의 혼재와 종합주의 방법론

김윤식의 비평방법론을 확인하기 위해서는, 그의 비평가로서의 출발을 알리는 「문학사방법론서설」(《현대문학》, 1962년 1월호), 「역사와 비평」(《현대문학》, 1962년 8월호) 두 편을 고찰할 필요가 있다. 이는 그의 비평작업을 알리는 공식적 표지이기도 하고, 그의 비평방법론의 토대를 엿볼 수 있는 평문이기 때문이다. 이 두 평문은, 제목으로 보면 각기 다른 글로 보이지만 그 내용을 살펴보며, 연속선상에 놓인 글이다.

전자의 글은 한국문학사를 새롭게 체계화하기 위한, 그 원론적 시도를 한 글이며, 후자의 글 역시 새로운 문학사를 모색하기 위해 역사와 비평의 문제를 다루고 있다. 전자의 평문에서 김윤식은 문학사 기술에 있어서의 한계 그리고 가능성을 확인하고, 이어서 문학사 기술에 직접적인 실제적 구체적인 문제를 다루고 있는데, 역시 그의 관심은 문학사 기술에 있어서 시간의 문제와 비평의 문제에 놓여 있다.

> 문학사가 비평과의 공분모를 제거하고 남은 문학사 자신의 엣센스는 즉 비평과의 본질적 차이점은 시간이 좌우하고 있다. 문학사는 시간으로 여과된 비평이란 말이 있음은 이 때문이다. 이중비평이라 볼 수도 있다. 비평이 직관적 예지로서 시간은 徹하려 할지라도 比컨대 미시적이며, 근시적이며, 소아적이며, 분석적이라는 혐의를 면치 못한다. 문학사는 그러나 시간이 여과한 후 지평에서 두 번째로 비평적 자세를 취하는 것이므로, 보다 거시적이며 종합적이고, 흠이 있다면 너무 遠視적이어서 초점이 흐려질 우려가 있다 하겠다.[14]

김윤식의 궁극적 관심은 문학사 기술에 놓여 있지만, 그 문학사 기술은 단선적인 사고나 혼자의 힘으로는 완성될 수 없는 것임을 일찌감치 알아채고 우선 문학사 기술에 있어 비평의 자리를 확인하고 있다.

앞서 확인한 바와 같이 문학사, 문학이론, 문학비평은 서로 밀접히 관련되어 있는 양상을 띠고 있기에 문학사와 비평 사이에는 공분모가 있기 마련이다. 그러나 김윤식은 우선 이 둘의 차이를 '시간'의 문제에서 파악하고 당대의 비평작업에 대해 가치평가된 작가나 작품들이 일정한 시간이 지난 후에 다시 재평가되어 문학사에 자기 자리를 잡아가게 하는 것 중의 하나가 시간의 흐름이란 것이다. 그래서 김윤식은 문학사가 이중비평의 형태를 띤다고 보고 있다. 비평이 다시 시간의 흐름에 의해 여과될 때 문학사로 남겨질 수 있다는 것이다.

이렇게 김윤식은 문학사 기술에 있어서 가장 중요한 개념 중의 하나를 시간으로 봄으로써 문학을 역사적으로 바라보는 시각을 우선 내보이고 있다. 문학의 역사를 기술해야 한다는 점에서 문학사의 방법론은 그 기초에 있어 역사적 방법을 일단 회피할 수 없다는 것이다. 문제는 문학사와 관련해서 비평에 대한 방법적 접근을 어떻게 인식하고 있느냐는 점이다. 이 문제는 그의 「역사적 비평」에서 어느 정도 분명한 입장을 내보인다.

> 비평의 입장이 가치평가의 적극성에 있고, 현재의 장에 있음을 밝혔다. 그런데 비평의 디렘마는 이상의 조건이 뚜렷하면 할수록 드러나게 마련이다. 비평의 디렘마를 여기서 두 가지만 든다면 현재 그들이 말하는 작품 자체의 의미는 결국은 비평가(독자) 자신의 의미가 아닐 것인가. 둘째는 첫 번째에서 빗어져 나간 것으로 가치관의 아나키즘을 들 수 있겠다.…… 이 디렘마를 극복하려면

---

14 김윤식, 「문학사 방법론 서설」, 『현대문학』, 1962.1, 231면.

어떻게 해야될 것인가가 문제다. 필자는 비평이 여기까지 나올 때 필연적으로 역사적 방법, 역사의식을 도입하지 않을 수 없다고 본다.[15]

비평가의 작품 가치 평가가 주관성을 넘어설 수 있기 위해서는 비평 속에 역사성을, 역사적 방법을 도입하지 않으면 안 된다는 사실을 강조함으로써 비평에 있어서의 역사주의적 방법을 내세우고 있다. 작품의 가치평가가 문학사에 있어서 중요한 부분이기는 하지만, 이 가치평가가 객관성을 얻기 위해서는 역사성을 도입해야 한다는 것이다. 이러한 역사성의 도입은 결국 비평이 문학사라는 새로운 지평과 만날 수 있는 길로 보고 있다. 그의 이러한 비평에서의 역사적 방법의 필요성은 그의 문학연구방법에도 이어지고 있다.

그는 「한국문학의 이해방식」(『한국근대문학의 이해』, 1973)에서 문학이해방법을 우선 역사주의, 그리고 역사주의가 지닌 주관성의 문제를 극복하는 차원에서 분석주의 혹은 구조주의의 방법을 내세운다.[16] 이러한 문학이해방법은 김윤식의 문학관에서 비롯되는 것이기도 하다. 그는 문학을 연속성의 측면과 비연속성의 측면에서 파악하고 있다.[17] 연속성의 측면에서 볼 때, 문학은 사회종속적 입장에 서게 되어 이를 이해하기 위해서는 역사적 방법이 필요하며, 비연속적 입장에서 볼 때는 문학의 자율성을 인정함으로써 분석적 구조주의적 방법이 필요하다는 입장이다.

그런데 여기서 중요한 것은 이러한 문학이해 입장을 바탕으로 김윤식은 문학 이해방법으로 역사주의와 분석주의가 지닌 장단점을 보완한 종합주의 방법을 자신의 문학연구방법으로 제시하고 있다는 점이다.[18]

---

15 김윤식, 「역사와 비평」, 『현대문학』, 1962.8, 229면.

16 김윤식, 『한국 근대문학의 이해』, 일지사, 1973, 130면.

17 김윤식, 앞의 책, 16면.

18 김윤식, 앞의 책, 134면.

종합주의라는 방법이 역사주의와 분석주의의 변증법적 차원에서 논의되는 방법론들의 문제를 극복하기 위한 하나의 대안인지, 종합주의라는 명명자체에서는 잘 드러나지 않는다. 그래서 그가 내세운 종합주의를 해명해 보아야 하는데, 종합주의의 구체성은 그가 제시해 놓은 예시에서 확인하는 방법밖에는 없다.

그는 역사주의적 이해방법의 구체적 예로 서정주의 「한국현대시의 약사」와 백철의 「한국현대소설 50年」을 들고 있으며, 분석주의 방법의 예로는 김종길의 「의미와 음악」, 유종호의 「서구 소설과 한국소설의 기법」을 들고 있다. 이에 비해 자신이 내세우고 있는 종합주의적 이해방법으로는 「식민지의 허무주의와 시의 선택」과 「1920년대 한국소설의 계열적 체계화」를 예시하고 있다. 그러므로 김윤식 자신이 제시하고 있는 종합주의의 실체를 해명하고 그의 방법론의 기저를 이해하기 위해서는 이 두 편이 함축하고 있는 방법의 실제내용을 살펴야 한다.

> 이상과 같은 필자의 문제 제기는 문학사 정리가 자료의 발굴이나 文人의 성적표를 뒤지는 「墓지기」의 차원에서 해방되어야 한다는 의미를 내포한다. 그것은 문예학 내지 문예사회학의 탐구를 요청하게 될 것이다. 그러나 이러한 선행 조건인 그 정지작업은 실증적 해명과 정리 다음 차례에 와야 하며 그렇지 않을 땐 또 하나의 픽션이 되고 말 것이다.[19]

안서와 김소월의 작품이 지닌 문학사적 의의를 정리하기 위해 제시한 윗글에서 그의 문학이해 방법이 명확히 드러나고 있다. 실증적 자료에 근거한 역사주의 방법의 토대 위에 문예학적 분석주의를 가미하겠다는 입장을 내보

---

19 김윤식, 앞의 책, 167면.

임으로써 역사주의 방법이 기초가 된 문학 이해 방식을 드러내고 있다. 역사주의 방법에 의한 실증적 해명 위에 작품의 구체적 분석이 있어야만 문학사적 의미를 제대로 평가할 수 있다는 것이다. 이런 입장에서 김윤식은 김억과 소월의 작품활동, 정신사, 시대상황, 그리고 작품분석 등을 통해 이들 식민지 지식인의 한계, 인간화의 측면이 순간적 체험의 지각에 놓였고, 그것이 시 장르의 선택을 강요했다는 등의 평가를 통해 문학사적 의미를 자리매김하고 있다. 그리고 「1920년대 한국소설의 계열적 체계화」에서는 김동인과 염상섭의 작품을 중심으로 소설구성과 묘사의 측면에서 특징들을 분석하고, 이들 장르 선택의 조건과 사회사적 의미, 사회적 기능을 해명하고 있다.

그의 이러한 해명작업은 문학계열과 문학외적 계열의 상관관계를 밝히는 작업으로, 이는 다시 말하면 자신이 말한 문학작품에 대한 분석적 방법과 역사적 방법의 종합이라 할 수 있는 두 측면의 종합이라 할 수 있다. 즉 작품의 분석에서 끝나지 않고 그 의미를 당대의 사회상과 관련시켜 해명함으로써 당대의 정신사를 재구성해 보고 있다. 그러나 그는 이러한 방법의 연구를 좀 더 정치화하기 위해서는 한글 변화과정, 인접 학문과의 상관관계, 문학 내부에서의 다른 장르와의 관계. 전통문학의 유산관계 등이 함께 고구되어야 한다고 본다. 특히 한국문학이 해석학적 단계로 진입하기 위해서는 미학이 요청된다고 말함으로써 그의 종합주의는 역시 역사주의적 방법의 토대 위에서 다양한 방법과 시각의 적용이란 의미를 지닌다. 즉 그의 종합주의 방법론은 역사적 실증주의 바탕 위에 여러 방법들을 원용하고 종합함으로써 그 넓이를 넓혀간다는 의미로 이해할 수 있다. 모든 방법론은 다 수용하겠다는 입장이다. 이는 방법론의 다양성으로 일단 긍정될 수도 있지만 결국 방법론의 상대주의에 빠져있다는 비판도 면하기 힘들다.

실제로 이후의 김윤식 비평에 있어서 보이는 방법론은 심리주의, 구조주의, 현상학, 기호학 등 가능한 모든 방법론들이 그의 글에 나타나고 있는 것은 바로 이런 연유로 볼 수 있다. 문제는 그의 글쓰기에 있어서 비평과 문학연구에 나타나는 공통적인 현상은 방법론에서 크게 구분이 안 된다는 점이다. 현재까지 김윤식의 글들은 비평과 문학연구, 문학사 등의 저서 형태로 분명 구분되어 있지만, 문학연구나 문학비평이 결국 김윤식에게는 문학사 기술을 위한 전 단계의 작업으로 인식되어 있기에 방법론에는 큰 차이가 드러나지 않는다. 비평과 연구가 분명 그의 글쓰기에는 구분되어 의식되긴 했지만, 글의 성격상 가볍고 무겁다는 변별성만 주어졌지 방법론상의 차이가 확실히 전제되지 않았기에 90년대 이후로 오면 올수록 비평과 문학연구의 문체는 서로 심하게 뒤섞여 혼재되는 양상을 보인다. 방법론의 무차별성이 결국 비평문체와 문학연구 문체의 무차별성을 불러온 것이 아닌가 한다.

그리고 그의 문학사 서술방법론의 이론과 실제 사이의 거리처럼, 그의 종합주의 방법론은 이론만큼 명쾌한 것이 아니라는 점이다. 무엇과 무엇의 종합이라기보다는 새로운 방법론의 무제한 수용이란 점에서 그 특성과 한계를 동시에 보여주고 있다고 본다.

3. 문체의 변화와 비평의식

비평가의 문체는 작가나 시인의 작품을 매개로 하여 이루어진다는 점에서 우선 그 특징이 있다. 즉 작품이란 해석 대상인 매개체를 통해 비평가 자신의 세계인식을 드러낸다는 점에서, 비평가와 작품 사이에서 오랫동안 진행되는 상호작용을 통해 그의 문체가 드러난다는 점이다. 그러므로 비평가의 문체는 그가 상대하는 작가나 작품에 따라 다양하게 변화해갈 가능성도 지닌다. 그렇다고 다루는 작가나 작품에 따라 늘 비평가의 문체가 변해야 한다는 것은 아니다. 그 가능성만은 부인할 수 없다는 것이다. 특히 비평 연륜이 긴 비평가들에게 있어서 이런 가능성은 더욱 커진다. 그래서 김윤식의 비평을 통해 이를 확인해 보려는 것이다.

사실 비평은 작품에 대한 의미파악과 가치평가가 우선적인 작업이어서 비평문체에 대한 논의는 비평방법에 대한 논의만큼 이루어지지 못했다. 그래서 비평에서 늘상 중요하게 여긴 것은 <어떻게> 적은 비평보다는 <무엇>을 적는 비평에 있었다. 그러나 비평의 바람직한 상태는 <무엇>과 <어떻게>가 동시동화된 비평가의 문체를 지향하는 것이다.[20] 이는 바로 작품의 의미화 작업인 비평에서 <무엇>과 그것을 드러내는 그릇과 같은 <어떻게>는 서로 합일되어야 한다는 것이다.

이런 점에서 김윤식의 비평문체의 한 특징을 살펴볼 필요가 있다. 이를 통해 그의 비평적 글쓰기의 본령에 접근하는 길을 모색해 볼 수도 있기 때문이다. 그래서 김윤식의 글쓰기에 있어 중심이 되는 문학사기술이나 문학연구에 나타나는 문체에 대한 논의는 또 달리 살펴보기로 하고, 여기서는 그의 평문들을 중심으로 그 한 특징을 살펴본다.

> ① 문학사는 그것이 참을 기술한다는 것으로 하여는 과학일 테지만 동시에 美를 취급한다는 것으로 하여는 예술이지 않으면 안된다. 이 양면성은 고대로 알려진 그의 숙명이다. 전자는 과학의 한 트기로서 문학의 정의, 역사의 분석 등이, 후자는 미학, 언어학, 비평 등이 상호 긴밀한 관계에서 조화될 때 뿐, 정식으로 가능해질 수가 있게 된다. 문학사는, 그러므로 문학의 역사라는 평면적인 약어라기보다는 문학의 역사와 과학이라는 명명이 보다 양심적이 된다.
>
> ―「문학사 방법론서설」, 1962

> ② 작품 「광장」은 비교적 이러한 점들을 처음으로 생각케 하는 것이었다.

---

20 고석규, 「비평가의 문체」, 『여백의 존재성』, 지평, 1990, 127면.

> 소설의 형식은 서사시와 달라서, 완결성에서 선험적으로 출발되어진 것이 아니고, 형상화하면서 전체성을 찾는 행위이며 또한 이 점에서 겉으로만 소설 모양을 한 오락적 읽을거리와 구분되는 것이다. 물론 「광장」은 도식성 변증법적 과정의 부재가 결정적인 흠이긴 하지만 종래의 한국소설의 전기적 겉구조는 일단 벗어날 수 있었고, 이로 인한 이 작가의 형식에의 모험이 계속되게 된다.
>
> —「관념의 형식과 소설의 형식」, 1974

> ③ 이청준의 논지는 무엇보다도 작가의 대사회적 책임 또는 사명감에 수렴되고 있는데, 이 사실은 작가 이청준의 왜 쓰는가의 방향성을 아주 일목요연하게 드러내는 것이기도 하며 인상적이라 할만하다. 작가의 책임 또는 사명감을 문제 삼을 때 문제되는 것은 작가가 어떤 삶의 태도, 모럴, 가치판단을 지닌다는 것을 전제로 한 것이다. 당연히도 작가는 어떤 중요한 전달 내용을 갖고 있음을 전제로 하고 있으며 또한 당연히도 독자를 전제로 하고 있다. 그러니까 작가는 이런 메시지를 독자에게 전달해야 하고, 그로써 독자의 의식변화를 개방한다고 주장된다.
>
> —「글쓰기와 소설쓰기」, 1987

인용된 세 부분의 글은 ①은 1962년도에 ②는 1974년도 ③은 1987년도에 각각 발표한 김윤식의 문제의식의 변화를 어느 정도 읽어낼 수 있는 자료가 된다. 인용된 평문의 선택의 자의성을 감안한다고 할지라도 20년 이상의 시간 간극 속에 드러나는 하나의 변화를 감지할 수 있다는 것이다.

우선 서술어 구분에서 <되다>형과 <하다>형에 주목해 볼 필요가 있다. ①에는 <되다>형의 서술이 <하다>형보다는 빈도수가 압도적으로 많다. 그리고 ②에는 그 빈도가 서로 상응하는 정도로 나타나며 ③에는 <하다>형 쪽으로 기울고 있다.

<되다>와 <하다>의 두 서술형을 통해 김윤식의 문체의식의 전부를 다 해명할 수는 없지만 <되다>형의 표현과 <하다>형의 표현 속에는 세계에 대한 인간의 두 가지 행동양식이 반영되어 있기[21]에 이는 글을 쓰는 주체의 세계 이해나 그의 의식변화를 검토하는데 하나의 매개항 구실을 할 수도 있다.

어떤 형태로든 인간은 처음에는 자기를 에워싸고 있는 세계에 대해 순응함으로써 살아가도록 되어 있다. 그러나 인간이 스스로의 힘을 자각하고, 그것을 통해서 세계에 작용하고 자신이 바라는 대로 그것을 바꾸어 가려고 하는 단계가 오면, 인간은 자신의 힘을 바탕으로 자주적으로 행동하는 모습을 보인다. 이런 과정의 한 표현양상이 <되다>형과 <하다>형의 서술과 관련되어 있다는 것이다. 즉 <되다>형과 <하다>형 서술 구조는 자연중심의 철학에 대한 인간 중심의 창작, 전체주의에 대한 개인주의, 비분석적인 수용에 대한 분석적인 사고양식의 상관관계를 쉽게 떠올릴 수 있다는 것이다.[22]

이러한 <되다>와 <하다>의 서술형이 지닌 문체의식을 토대로 할 때, 김윤식의 문체는 그 서술형이 <되다>형에서 <하다>형으로 전이되어 왔다고 할 수 있다. 그리고 이 점은 그의 글쓰기 내용과도 매우 밀접한 상관성을 지닌다고 본다. 김윤식의 중요한 글쓰기를 보면 초기에는 주로 『한국근대문예비평사연구』, 『한국문학사』 등 거시적 안목으로 한국문학 세계를 보는 작업에 몰두했다가 80년대에 오면 김동인, 염상섭, 안수길, 이상 등 개인 작가론 중심의 평전 쓰기에 골몰한다. 이러한 글쓰기의 대상이나 양식의 변화는 수동적인 세계 이해에서 이제는 능동적인 세계해석으로의 단계로 넘어서 있음을 드러내는 것이라고 볼 수도 있다. 문학사 기술 자체도 능동적이고

21 他上 嘉彦, 이기우 옮김, 『시학과 문화기호론』, 중원문화, 1984, 257면.

22 他上 嘉彦, 이기우 옮김, 앞의 책, 253면.

주체적인 자기 세계의 확보 없이는 불가능한 것이기는 하지만, 우선 주어져 있는 객관적 세계(문학의 실증적 자료)에서 자유롭지 못하다는 점에서 그 능동성은 분명 한계가 있었다고 본다. 이는 바로 한국문학이란 객관세계에 대한 이해의 폭과 깊이의 획득과도 관련되는 항목이다.

즉 <사건 전체>에 눈이 가 있음에서 비롯되는 <되다>적인 표현에서 <개체>에 주목하고 그것을 두드러지게 드러내려는 <하다>적인 표현으로 변화해 왔음은 이제 김윤식식의 문학세계 보기가 가능해졌음을 말한다. 이는 그가 줄기차게 관심을 가졌던 문학사 작업을 통해 궁극적으로 다가서고자 했던 묘지기의 극복을 또 다른 차원에서 시도한 것으로 볼 수도 있다. 무생명체 같이 화석화된 문학사에 나타나는 대상들에게 생명을 불어넣음으로써 인간의 사상과 정신을 만나고자 하는 주체적 의욕의 발현으로도 읽힌다.

그러나 김윤식의 문체의식은 <하다>형에서 끝나지 않는다. 80년대 후반부터 시작된 <것>으로의 문장 끝내기나 대화체 즉 문어의 구어화 현상으로 변모한다.

> 실상 이런 수준이라면 한갓 정치적 감각이 아니겠는가. 「그럼에도 나는 어떤 절박감에 쫓겼다」라고 말하는 것, 이것이 아마도 문학적 수준이 나이겠는가. 말을 바꾸면 적어도 문학이라는 정치적 수준을 넘어서는 것, 또는 정치적 감각으로는 해명될 수 없는 그런 영역이라는 것, 이러한 영역은 죽은 친구인 「그녀」와의 연상 밑에서만 겨우 암시되고 있는 형국입니다. 그녀와의 대화체로 읽을 때 비로소 이 작품은 바른 자리에 올 것입니다. 그렇지 않으면 교원노조 서명으로 쫓겨난 한 여선생의 넋두리에 지나지 않을 것.
>
> —「설명하기 어려운 행위를 위하여」, 『우리 소설을 위한 변명』, 1989, 201면

권도욱의 작품 「한 우주를 그리기 위한 밑그림」을 논하는 글인 위의 평문

(월평)에서 확연하게 드러나는 김윤식 비평문체 변화의 특징은 <것>으로의 문장 끝내기와 <-입니다> <~는가> 등의 형태를 통한 문장의 구어화 현상이다. 왜 그는 이런 구어체의 비평문체를 도입하고 있는가. 소위 무거운 벽돌에 비유되었던 문학연구로서의 글쓰기에서 현장비평의 최전선에 해당되는 월평이라는 글쓰기의 특징이 결국 문어체에서 구어체로의 변화를 유도했다고 볼 수도 있고, 바흐친의 문학이론에 대한 그의 이해가 문체를 이렇게 변화시킨 것이 아닌가 하고 생각해 볼 수도 있다. 그러나 더욱 중요한 것은 <것>과 구어체가 공존하고 있는 형국에 대한 해명이다.

일반적으로 <것>의 통사적 의미는 그 앞뒤의 말들과 어울려 선행사나 선행문장을 지시하거나, 대용하며 문장을 서술하거나 강조확인을 하며, 강한 명령(요청)을 끝맺게 하는 의미기능과 명사구 보문구성의 기능을 하는 등 문맥에서 각기 다양한 의미기능을 하는 유동성 있는 형태소이다.[23] 그런데 이의 사용빈도가 국어어휘 중 선두그룹에 속해 그 근원에 대한 연구가 이루어졌는데, 외국어 번역투의 영향 혹은 일본식 표현의 한 영향으로 논의되기도 한다.[24] 그러나 김윤식의 80년대 말의 평문에 나타나는 <것>은 이와는 좀 다른 차원에서 해명되어야 할 것으로 보인다. 여러 가지 경우에 <것>이 많이 사용되고 있으나 김윤식의 평문에 나타나는 <것>으로의 문장 끝맺기는 문어의 구어화 현상과 매우 깊이 연관되어 있다는 것이다.

원래 문어가 구어를 지배하는 경우, <것>을 사용하여 문체적 차이(구어에서 문어로의 변화)를 극복하는 심리작용으로 <것이다>라는 표현이 자주 나타나는 경우가 있는데, <것이다>에서 <-이다>를 생략하고 <것>으로 문장을 끝냄으로써 구어의 전체적 분위기를 그대로 살려나간다.[25]

---

23 최규일, 「한국어 <것>의 의미기능과 용법」, 『제주대학 논문집』 20, 1985, 127면.

24 최규일, 앞의 책, 129면.

이런 현상을 김윤식의 평문에 나타나는 <것>으로의 문장 끝내기에서 만날 수 있다는 것이다. 즉 문어에서 구어로 나아가는 과정 속에서 생겨나는 김윤식 특유의 문체의식이 <것>으로의 문장 끝내기로 나타나고 있다고 볼 수 있다. 그래서 문장 끝에 나타나는 <것>으로는 언제나 대화체나 구어체의 문장들 사이에서 그 모습을 드러내고 있는 것이다. 그러면 김윤식의 평문에서의 이러한 구어화 경향은 어떤 비평적 의의를 지니는가. 이는 비평문체가 문어적 설명체에서 구어적 해석체로 바뀌는 현상의 의미는 무엇인가라는 질문과 같다.

문학비평이란 행위 자체가 근본적으로 보면, 문어적 상태로 기록되어 있는 작품을 구어상태로 바꾸어 놓는 행위로 볼 수 있다는 점에서 먼저 그 의미를 찾을 수 있을 것 같다. 문학비평은 부분적으로 문어의 약점과 무능함을 보완하려는 노력으로 볼 수 있기 때문이다. 즉 작품 속에 구어의 여러 차원을 다시 집어넣으려는 시도가 비평이라는 것이다.[26] 왜냐하면 비평이란 일차적으로 작품에 대한 해석인데, 그 해석은 화석화된 상태로 놓여 있는 작품에 생명을 불어 넣는 일이기 때문이다. 즉 언어가 지닌 생명력을 문어는 상실하기 때문에, 상실된 그 생명력을 회복하기 위해서는 문어는 구어의 형태로 변형되지 않으면 안 된다는 것이다. 근원적인 형태의 언어는 보는 것이 아니라 듣는 것이라는 사실과 구어가 문어에 비해서 쉽게 이해된다는 점에서 비평문의 구어화 현상은 문학작품의 이해와 해석에서 궁극적으로 지향하는 바가 된 이러한 사실은 문학비평이 수행하는 작업이 단순히 한 작품의 존재

---

25 최규일은 다음의 이 예문을 통해 문체적 차이로 인한 심리작용의 하나로 문어가 구어를 지배하는 경우에 흔히 <것>이 사용되고 있다고 밝히고 있다.
"너의 친척되지"하고 묻는 것이다. 나는 모른다고 말했지만 그러나 믿지 않고 자꾸 묻는 것이었다.

26 리차드 팔머, 이한우 역, 『해석학이란 무엇인가』, 문예출판사, 1988, 74면.

에 대한 정의를 정태적이고 개념적인 사물이나 말로 표현하는 것으로 보는 것이 아니라 작품을 하나의 구어적 사건으로 자각하고 있는 데서 비롯된다. 즉 문학작품의 존재를 근원적으로 말에 의한 사건으로 인식하고 있음이다. 그런데 이 말에 의한 사건의 해명은 문어적 진술이나 설명보다는 구어적 수행에 의해서 제대로 실현된다[27]는 점이다.

구술된 말은 거의 마술적인 힘을 갖지만 일단 이것이 시각적으로 형상화되면(문자화 되면) 이러한 힘을 거의 상실한다. 문학은 말의 효과를 극대화하기 위해 무진 애를 쓰지만 듣기나 읽기라고 하는 시각적 과정으로 바뀌는 순간 마술적 힘은 거의 사라져 버린다. 물론 이제 우리가 구어적 형태의 문학으로 되돌아 갈 수는 없지만, 비평은 문어로 된 작품의 해석이란 점에서 구어의 상태를 지향하는 것이다.

김윤식 비평문체의 구어화 현상도 이런 점에서 그 하나의 의미를 띤다고 본다. 그리고 이 구어체화는 바로 삶의 생체험과 관련되어 있다는 점에서 역사주의적 방법에 기초한 문학보기, 나아가 이 세계 이해의 방식과도 뗄 수 없는 관계 속에 놓여 있다고 보여진다. 결국 인간의 삶을 드러내는 것이 문학의 알파요 오메가이기 때문에. 그러므로 김윤식의 끝없는 글쓰기는 이제 끝없는 말하기로 변해 있다고 할 수 있다. 이는 쓰기와 말하기의 하나됨을 지향하고 있는 형국이라 할 수 있다.

그러나 김윤식의 이러한 글쓰기가 비평문에서는 하나의 의미를 띨 수 있지만 문학연구에서는 어떻게 받아들여져야 할지 주저하지 않을 수 없다. 문학연구의 문체와 비평문체가 이미 그에게는 구분없는 상태의 글쓰기로 나타나고 있기에.

지금까지 김윤식의 비평에 있어서의 한 특징을 비평방법론과 문체적 측면

---

27 리차드 팔머, 이한우 역, 앞의 책, 43면.

에서 살펴보았다. 그러나 이 글은 김윤식 비평을 해명하기 위한 하나의 시도에 불과한 것이다. 본격적인 논의는 이제부터라는 생각이 든다.

논평: 김윤식 논쟁(교수신문 제358~363호)을 읽고

교수신문에서 특집으로 다루기 시작한 김윤식 비평세계에 대한 논의를 관심을 가지고 읽었다. 한국문학비평을 공부하는 사람치고 긍정적이든 부정적이든 그의 비평작업의 영향권으로부터 자유로운 자가 그렇게 많지 않다는 점에서 필자 역시 예외가 아니기 때문이다.

최강민, 양진오의 문제제기에 이어 나온 김승환의 반론도 흥미있게 읽었다. 소위 비평의 비평이 제기된 셈이다. 그것도 당사자(김윤식)와의 시비가 아니라, 김윤식 비평 텍스트를 두고 비평을 공부하는 후학들의 논의라는 점에서 생산적인 논쟁을 기대했다. 그러나 이제 막 논의를 시작하는 선인데도, 그 논조나 논의의 내용들이 결코 생산적일 수만은 없겠다는 예감을 갖게 했다.

그 이유는 소위 논쟁이 생산적이기 위해서는 논의의 텍스트를 분명히 하고, 이를 중심으로 서로의 입장이 제시되어야 하는데, 이 점이 분명하지 못하다는 것이다. 이는 김윤식 비평 텍스트가 너무 방대하고, 그의 관심사가 다양함에서 비롯되는 자연스런 현상이다. 그렇다 하더라도 제대로 된 논의를 펼치려면, 논의 대상을 분명히 하고 가야 한다. 무엇부터 논의가 되어야 하며, 그 논의 대상 선정의 정당성이 분명히 전제되어야 한다. 제한된 신문의 지면에서 이를 어떻게 다 수용할 수 있겠느냐는 현실적 조건이 문제가 될 수 있다. 그래도 주어진 조건 안에서 항목화해서 다루어가는 지혜가 필요한 것이 아닌가? 그렇다고 최강민과 양진오가 논의 대상을 전혀 고려하지 않고 문제제기를 한 것은 아니다. 최강민은 김윤식의 현장비평을 중심으로, 양진오는 문학사를 그 주 대상으로 삼고 논평을 하고 있기 때문이다. 그런데 이들이 다루는 대상이 한번의 논의로는 다 소화하기 힘든 양의 대상을 논의거리로 삼고 있다. 그러므로 이를 제대로 다 논의하려면 주어진 지면은 태부족이다. 이런 결과로 다루는 대상들이 여럿이기에 깊이 있는 텍스트 분석을 토대로 한 문제제기보다는 김윤식 비평의 전반적인 흐름 속에서의 문제제기만 전달되어 오는 한계를 보이고 있다. 차분한 분석에 토대한 설득력보다는 논쟁을 위한 논쟁 분위기가 강하게 느껴진다.

이러한 문제제기와 함께 평소 김윤식 비평세계에 대해 관심을 가지고 있는 필자로서 최강민과 양진오의 문제제기에 대해 몇 마디를 언급하고 싶다. 이는 이 논쟁이 정말 한국문학 비평을 위해 생산적인 차원으로 나아가길 바라는 심정에서 비롯된 것임을 밝혀둔다.

먼저 최강민의 입장을 살펴보자. 최강민의 문제제기는 정당하다. 건전한 비판이 없는 곳에 발전이 없다는 명제는 그의 말처럼 고금의 진리이기 때문이다. 문제는 무엇을 어떻게 비판하느냐 하는 점이다. 최강민의 우선적인 비판대상은 김윤식의 현장비평에 놓여있다. 김윤식이 내보이는 현장비평에는 텍스트에 대한 해석과 감상은 있지만, 평가가 부재하다는 점을 문제삼고 있다. 평가없는 비평이 있을 수 없다는 점에서, 그의 논리는 일목요연하다. 비평일반론에서 가치평가는 필수적인 요소이기 때문이다. 그러나 김윤식 비평을 제대로 평가하려면, 김윤식이 실천하고 있는 현장비평의 특성과 그가 지향하는 비평의 성격을 일차적으로 이해해야 한다.

김윤식은 현장비평에서 말하는 현장성을 일컬어 "가치판단이기에 앞서 감각의 일종"(『한국근대문학사와의 대화』, 472쪽)으로 보고 있다. 그리고 이러한 현장비평은 "절대적 평가"이어야 한다는 입장을 내보인다. 여기서 말하는

"절대적 평가"란 언어와 인간의 관계성에서 비롯되는 언어의 밀도 또는 언어의 구조화 과정을 비평의 기준으로 삼는다는 것이다. 그러므로 "감각의 일종"이란 개념과 "절대적 평가" 사이에 개재될 수 있는 논리적 비약을 문제삼지 않고, 김윤식의 현장비평에 대한 가치평가가 부재함을 재단하는 것은 정당한 논리적 귀결은 아니다.

뿐만 아니라, 김윤식의 비평지향점은 설명이나 가치평가에 멈추지 않고, "표현"에까지 나아가야 한다는 점을 강조하고 있고, 또 이를 실천하고 있다는 점을 간과해서는 안 된다. 김윤식은 학문(문학연구)과 비평을 달리 인식하고 있다. 학문이란 새로움에 생명이 있는데, 자료나 방법, 해석 중 어느 것 하나라도 새로워야 학문적 가치가 있다는 것. 그러나 어떤 새로움도 다른 새로움에 의해 대체되기 마련이라는 것. 조만간 격파당하기 위한 운명을 타고난 것이 학문이라는 것이다.

그러나 비평은 좀 다르다는 것. 일정한 완성도에 이른 예술이라면, 뒷사람에 의해 극복되거나 능가되었다고 하지는 않는다는 것. 표현자의 세계이니까 그렇다는 것. 이러한 그의 논지에 따르면, 그는 비평을 예술의 범주에서 인식하고 있음이 확실하다. 하나의 또 다른 창조적 세계를 지향하고 있다. 창조적 비평 혹은 예술로서의 비평을 꿈꾸며 이를 실천하고 있다. 그가 루카치의 '소설의 이론'을 소설에 대해 설명한 것이 아니라, 소설에 대한 작품(표현)을 쓰고 있었다고 인식한 것이나, 하이데거의 '존재와 시간' 역시 작품이었던 것이지 설명 나부랭이로는 어림도 없는 경지로 파악하고 있었던 이유가 여기에 있다.

그러므로 김윤식의 현장비평에 대한 평가는 그의 비평에서 해석과 감상은 있지만, 평가는 없다는 결론에 이르는 잣대가 필요한 것이 아니라, 예술비평으로서의 완성도를 평가할 수 있어야 한다. 그가 지향하고 있는 비평이 제대로 실현되고 있는지를 문제 삼아야 했다. 이 점이 제대로 짚어지지 않은 상태에서 최강민이 결론과 함께 내린 "그럼에도 불구하고 김윤식의 현장비평으로 인해 한국의 평단이 풍성해질 수 있었다는" 평가는 단순한 수사에 지나지 않는다. 무엇으로 풍성해졌는지를 구체적으로 보여주지 못하고 있기 때문이다.

다음 양진오로 논의를 바꾸어 보자. 양진오의 일차적 관심은 김윤식의 문학사 연구이다. 그가 논의의 대상으로 삼은 논저는 『한국근대문예비평사연구』, 『한국현대문학사상사론』, 『한국소설사』이다. 그러나 양진오는 이 논저들의 각 내용을 세밀하게 분석한 토대 위에서, 각 저술이 지니고 있는 문학사 연구에 있어서 공통적으로 드러나는 현상을 체계적으로 보여주지는 못하고 있다. 그 대신 이 논저들을 중심으로 문제의 항으로 끌어낸 것이 근대성의 문제이다. 근대성의 문제를 논의의 중요한 항목으로 끄집어낸 것은 온당하다. 김윤식은 이 문제를 지금까지 자신의 가장 중요한 과제로 인식하고, 이를 평생의 과업으로 풀어내고 있기 때문이다. 양진오는 김윤식이 근대를 제도의 문제로 파악한 점, 그리고 근대는 가치중립적이다는 부분에 대해 그 한계를 지적하고 있다. 그러나 김윤식의 근대성에 대한 논의의 한계는 근대성 초극까지의 논의 위에서 이루어져야 정당하다. 양진오의 근대성 논의는 김윤식의 근대성의 기본개념에만 한정되어 있는데, 김윤식은 근대성의 초극문제를 이미 논의한 바 있다. 그러므로 김윤식의 근대성 논의는 근대성 초극에로의 과정까지, 그 사유를 따라가면서 그 한계를 지적해야 온당하다.

그리고 양진오는 "김윤식이 임화의 이식문학론을 비판하면서도 어딘가 임화의 흔적들이 보인다. 아니 때로는 임화보다 더 강하게 이식-제도의 이식-을 힘주어 말하는 모습까지 보인다. 방향전환론, 대중화론, 아나키즘론 등 프로문학 관련 논문들에서 특히 그렇다"라고 말한다. 일면 일리가 있는 비판이다. 이러한 비판이 가능한 것은 김윤식이 우리의 프로문학을 다루면서 일본 프로문학 논의에 많이 기대고 있기 때문이다. 그러나 김윤식이 우리 프로문학을 다루면서 일본 프로문학을 다룬 것은 비교문학적 접근이 불가피한 상황이었기 때문이다. 그러므로 김윤식이 임화보다 이식을 힘주어 말하는 모습까지 보인다는 판단은 김윤식의 의도를 제대로 읽어내지 못한 결과로 보인다.

또 하나의 문제는 문학사 논의를 하다가 양진오는 김윤식을 헤겔주의자로 명명하고, 용어에 대한 문제를 꼬집고 있다. 김윤식의 비평적 논의들이 헤겔의 사상에 많이 기대고 있는 것은 사실이다. 그러나 그를 단순한 헤겔주의자로 명명하기는 힘들다. 그는 '소설이론과 창작방법 논의'에서 헤겔주의자들의 한계를 이미 인식하고 있었기 때문이다.

양진오가 김윤식 비평에서 힘주어 논하고 있는 마지막 문제가 현해탄 콤플렉스 용어와 관련한 문학사상이다. 김윤식은 "문인의 사상을 논의하게 될 경우, 혹은 근대문학 사상을 이야기하게 될 경우 종종 구체성을 결여한 추상의 세계로 이월해버리는 인상을 준다"는 것이다. '운명', '아비찾기', '현해탄 콤플렉스', '내면풍경', '傲氣' 등의 단어가 그 예라고 보고 있다. 그래서 임화를 '운명'의 문제로, 이광수, 염상섭, 김동인, 임화, 이상을 '현해탄 콤플렉스'로 사상을 규정한 작업에 대해 불평을 하고 있다. 이는 달리 말하면, 김윤식은 문학사상을 논의하는 지점에 와서 절대적 주관성을 담보하는 추상의 세계로 이월한다는 것이다. 이것은 체계화된 논의의 심화가 아니라 비약이라는 것이다.

사상 특히 문학 사상 자체가 정신이나 관념의 차원과 별개일 수 없다는 점에서, 주관성과 추상성의 문제는 언제나 제기될 수 있는 부분이다. 그래서 양진오의 문제 제기를 아무런 근거가 없다고 보기는 힘들다. 그러나 김윤식의 문학사상을 제대로 논의하려면, 『한국근대문학사상사』와 함께 최소한 『한국근대문학 사상비판』, 『한국현대문학상사론』, 『한국근대문학사상연구』 정도의 텍스트를 기본 대상으로 잡아야 한다. 적어도 김윤식이 쓴 '문제적 상황으로서의 사상사적 기술'을 토대로 그의 사상입론과 그 구체적 실천이 어디서 어긋나고 있는지를 논해야 한다. 그렇지 못하기에 양진오의 문제제기는 선언적 의미가 강하다. 논쟁을 위한 문제제기를 넘어서지 못하고 있다.

지금까지 최강민, 양진오 두 비평가의 김윤식 비평에 대한 논의를 읽으면서, 필자 나름으로 생각나는 바를 몇 가지만 정리해 보았다. 반론을 제기한 김승환의 논의를 다룰 지면이 필자에게는 주어져 있지 않아, 그의 반론에 대한 논평은 여기서 논할 수 없다. 그러나 그가 지향하는 본격 텍스트 중심의 논쟁으로의 유도가 실현되지 않아 아쉽다. 이를 위해서는 좀 더 구체적인 반론이 필요하지 않았나 하는 생각이 든다. 논쟁의 생산성은 우선 해당되는 텍스트를 빠짐없이 정확히 읽고 난 바탕 위에서 이루어진다. 상식적인 이 말을 덧붙이는 것은 그렇지 못할 때, 김윤식 비평세계에 대한 논쟁은 나무의 가지만 흔드는 격을 벗어나기 힘들기 때문이다. 김윤식 비평의 뿌리에 가닿는 논의를 통해 생산적인 논쟁들이 번져나길 기대해본다.

(《교수신문》, 2005.7.12.)

김윤식, 그에게 현장비평이란 무엇이었나?

얼마 전 타계한 김윤식 비평가에 대한 글을 청탁받고, 한동안 멍했다. 200여 권에 가까운 저술들[28] 앞에서 어떤 책을 주요 텍스트로 삼아 그의 삶과

28 윤대식 교수의 「김윤식 저서 목록 해제」에 의하면, 단독저서는 『근대 한국문학 연구』(1973)를 시작으로 가장 최근의 『아비 어미 그림 음악 바다 그리고 신』(2015)에 이르기까지 무려 148권, 그리고 김현과 더불어 저술한 『한국문학사』(1973), 정호웅과 함께한 『한국소설사』(1993) 등을 포함한 공저서. 편저서도 41권에 이른다. 물론 이것은 중요한 공저서, 편저서만 추렸을 때의 이야기이고, 그 외에도 숱한 관련 저서들이 있지만, 목록에는 싣지 않았다. 번역서의 경우는 『국화와 칼』(1974)을 비롯해 6권이 있고, 교과서도 9종이나 된다. 평생을

비평을 이야기할 수 있을지가 막막했기 때문이다. 문학사, 비평사, 작가론, 문학연구방법론, 문학사상사 등[29] 그가 남겨놓은 다양한 영역들을 한꺼번에 섭렵하기란 애초 불가능해 보이기에.

한정된 지면에서 이것저것을 다루기 힘들어, 그의 현장비평론에 우선 관심을 두기로 했다. 그의 비평과 문학연구의 토대랄까? 아니면 그의 글쓰기의 근원이 현장비평과 뗄 수 없는 관계에 놓여있기 때문이다. 그는 월평을 '비평의 현장성'이라 명명하면서, 이를 비평의 원초적 형태라고 불렀다.[30] 그가 남겨놓은 현장비평의 글들은 『소설과 현장비평』(새미, 1994), 『김윤식의 소설 현장비평』(문학사상사, 1997), 『현장에서 읽은 우리 소설』(강, 2007), 『우리 시대의 소설가들』(강, 2009) 등이 있다.

그리고 그가 유명을 달리하기 전, 마지막 병원에 입원하기 직전까지 ≪문학동네≫에 계간평을 계속 쓰고 있었다는 사실은 그에게서 현장비평이란 운명과도 같은 글쓰기였다는 점을 떠올리게 한다. 물리적으로 80세가 넘은 노비평가가 계간지에 현장비평을 쓰고 있다는 사실 자체가 한국문단사에는 하나의 사건일 뿐 아니라, 비평가에게 현장비평이란 무엇인지를 스스로 실천하고 있었기 때문이다.[31] 김윤식은 문학연구가로서의 몫도 감당했지만, 비평

지속해온 김윤식의 글쓰기는 이처럼 그 대상이나 방법론이 다양한 영역에 걸쳐 있어 이를 정리하기가 쉽지 않다. 『근대서지』 12, 2015, 172-173면.

29 윤대식 교수는 김윤식의 저서는 글의 대상과 서술방식에 따라 크게 넷으로 나눌 수 있다고 보았다. 현장비평, 작가평전, 문학사·문학사상연구, 기행문·예술론, 자전적 글쓰기가 그것이다. 이 분류는 엄격하게 분리된 것으로서 독립된 자기 영역을 가진다기보다는 한 몸에서 나온 여러 갈래의 길에 불과하기에 서로 겹쳐지기도 한다. 위의 책, 173면.

30 김윤식, 「비평의 현장성이란 무엇인가」, 『문학과 사회』 10(2), 1997.5, 527면.

31 윤대식 교수는 「살아 있는 정신 : 김윤식론 서설」에서 다음과 같이 말하고 있다. "김 교수는 우리 지성사에서 전후후무한 다산성의 문학비평가로 꼽힌다. 총 180권의 저술을 남긴 그는 지난 수십 년간 거의 하루도 거르지 않고 그 유명한 '200자 원고지 20장의 글쓰기'에 몰입했다. 비평가로 입신한 이래 200자 원고지 10만 장을 웃도는 엄청난 분량의 원고를 생산했다."라는 것은 그 상투적인 표현이었다. "비평가 김윤식에게 '읽다'와 '쓰다'는 타동사가

가로서의 운명을 더 절감했다. 그리고 이 비평가로서의 존재의의는 일차적으로 현장비평에 있음을 누구보다도 깊이 인식하고 있었다.

이런 차원에서 그의 현장비평에 대한 입장을 먼저 정리해 볼 필요가 있다. 현장비평에 대한 그의 입장은 그가 현장비평을 묶어낸 『우리 시대의 소설가들』 책의 다음 일절과 「비평의 현장성이란 무엇인가」(문학과 사회 10(2), 1997)에서 우선 확인할 수 있다. 이 글들을 중심으로 그의 현장비평과 비평에 대한 근원적 사유를 정리해 보고자 한다.

> 현장비평이란 대체 무엇인가. 저는 이 물음을 한 번도 멈추어본 적이 없습니다. 그달 그달 발표된 작품읽기란, 제겐 참으로 난감한 모험의 연속이었습니다. 금방 나온 작품을 대하는 순간 그것이 뿜어내는 빛이 하도 눈부셔 눈멀 수밖에 없었습니다. 또 그것은 천둥과 같아서 귀먹을 수밖에 없었습니다. 또 그것은 갓 삶아낸 감자거나 옥수수와 같아서 손에 화상을 입을 수밖에 없었던 것입니다. 사정을 모르는 사람들은 이렇게 말합니다. 미리 색안경을 쓰면 되지 않겠냐고, 귀마개를 사용하면 되었을 텐데라고. 또 말합니다. 장갑을 끼면 되었을 텐데라고.
>
> 필시 이는 작품이라는 것의 정체를 잘 모르는 분들의 조언일 것입니다. 작품이란 무엇이뇨. 정답은 단 하나. '유령 같다'가 그것입니다. 수시로 모양을 바꾸는 존재가 작품이기에 이쪽에서 장갑을 끼면 대번에 그 모습을 바꿉니다. 이쪽에서 색안경을 쓰면 대번에 그 표정을 바꾸어버립니다. 이쪽에서 귀마개를 하면

아니라 자동사이다. 목적어 '무엇을'이 중요한 게 아니라 읽고 쓰는 그 자체가 중요하다. 주장을 관철하기 위해서가 아닌 삶의 이유로서의 글쓰기다."라는 표현도 마찬가지다. 이 두 상투적인 표현은 우리 시대가 그에게 보내는 최대치의 찬사 가운데 하나이면서 동시에 그의 지적 작업을 계승하거나 뛰어넘는 것을 불가능하게 만드는 장애물이기도 하다. 김윤식 교수의 『<현해탄 콤플렉스>를 다시 논한다』, 2018년 해양인문학 학술세미나 발표문, 1면.

대번에 그 목소리를 바꾸어버립니다. 방법은 하나뿐. 정면돌파가 그것.[32]

이제 막 발표된 작품을, 빛을 발하는 존재로 인식하고 있다. 그래서 눈부시고 귀먹고 화상을 당할 수 있는 유령같은 대상으로 비유하고 있다. 그리고 작품을 수시로 모양을 바꾸는 존재로 인식하고 있는, 이런 비유적 표현만으로는 김윤식이 지향하는, 그리고 생각하는 현장비평의 실체를 정확하게 정리하기는 힘들다.

이를 해명하기 위해서는 현장비평이 문학 현상에서 지니는 의미를 제대로 캐물어 보아야 한다. 일차적으로 김윤식 교수 자신이 말하고 있는 현장 비평(월평)의 존재성을 엿들어보자. 그는 「비평의 현장성이란 무엇인가」[33]에서, 주·객간의 대화적 형식의 글을 통해 이를 드러내고 있다.

주: 질문하신 내용 중에서 '현장성'이란 개념은 해체해볼 만한 과제라고 저도 생각합니다. 만일 현장성을, 창작의 제일차적인 장소랄까 아니면 적어도 창작에 가까이 다가간 장면에 발 들여놓기라 할 수는 없을까요. 그렇다면 제가 쓰는 월평이 과연 현장성을 띤 것일까요. 저 자신도 궁금해지는군요.

객: 그러한 장소에 발을 들여놓기 혹은 그러한 장소 엿보기란, 필시 위험한 일이겠다는 생각이 듭니다. 왜냐하면, 창작 현장이란 비유컨대 일종의 용광로일 테니까요. 아니면 남이 봐서는 안 될 저주받은 장소일 테니까요. 그냥 옆에 있기만 해도 얼굴이 달아오르거나 살갗이 타버릴지 모르는 장소. 엿보기란 일종의 금기를 위반하는 행위여서, 자칫하면 목숨을 잃을지도 모르는 그런 곳. 뒤를 돌아보다가 돌이 되거나 소금기둥이 되고

32 김윤식, 『우리시대의 소설가들』, 강, 2009, 책머리에.

33 김윤식, 「비평의 현장성이란 무엇인가」, 『문학과 사회』 10(2), 1997.5.

말았다는 동서의 비유담이 이와 관련된 것이 아닐까요.

주: 그와 같은 위기의식을 동반한 것을 두고 막연하게나마 '현장성' 이라 할 수 있다면, '비평'의 현장성이란 과연 무엇일까요. 이론적으로 어중간하거나 도무지 생경하기도 하고 때로는 전혀 근거가 없거나 무지한 논법으로만 되어 있다고 하더라도, 만일 현장성만 확보되어 있다면 그것은 응당 철학이나 학술적인 연구라 부르면 적당할까. 뒤돌아보면 금방 소금기둥이 되어버리기를 담보로 한 글쓰기, 이를 두고 비평의 현장성이라 한다면, 이것을 비평의 원초적 형태라 부를 수 없을까.[34]

현장성을 설명하면서도 김윤식은 창작 현장을 일종의 용광로에 비유함으로써, 앞서 작품을 빛을 발하는 존재와 유령에 비유한 차원을 계속 견지하고 있다. 그리고 작품에 화상을 입는 단계를 넘어 목숨을 잃을지도 모른다는 위기의식을 동반한 것을 현장성으로 보고 있다. 이런 현장성을 담보한 글쓰기가 비평의 현장성이란 것이다. 이렇게 비평의 현장성을 비평의 원초적 형태로 규정한 김윤식은 작품에서 받은 감동은 설명을 거쳐 한 단계 더 나아가야 하는데, 그것을 작품의 첫인상을 붙들고서 '표현'의 단계에까지 나아가야 하는 것으로 보고 있다.

객: 그 표현이 곧 일종의 형상화(예술)일 수 있다? 그러니까. 비평의 구경적(究竟的) 형식이란 작품(예술)이다. 그 말 아니겠습니까.

주: …

객: '표현'이기에 비평가는 작가와 꼭 같은 문제 곧 자기의식에 직면해 있다는 것.

---

34 김윤식, 위의 글, 527-528면.

주: 다름이 있다면 작가가 일상언어에서 자기의식을 본다면, 비평가는 작가가 내놓은 자기의식화된 언어에서 자기의식을 본다는 것이겠지요.

객: 어느 쪽이나 '언어'가 문제였으니까.

객: 천지간에 있는 '나'란 무엇인가를 예감케 하는 것이 언어이자 그것을 초월할 수 있는 가능성도 언어라는 것. 거기서 안개처럼 어떤 형태가 떠오르는 그것이 '표현'에 해당된다는 것. 그렇다면 어째서 인간은 '표현'을 그토록 요구하는가. 이 물음이 남게 되는데요. 죽음(절대)에 대한 의식에 이 문제가 관여되겠는데요.

주: 어째서 인간은 표현(미)을 구하는가. 삶의 의식이 한시 불완전하기 때문일 터. 죽음이 어차피 기다리고 있으니까. 그것에 대한 의식(은화처럼 맑을수록)이 뚜렷하면 할수록 초월 의지가 강렬해질 수밖에.

김윤식은 표현의 매개인 언어를 자기의 혼자 있음을 감지케 하는 것임과 동시에 혼자 있음을 돌파할 수 있는 가능성으로 인식하고 있다. 즉 '나'란 무엇인가를 예감케 함과 동시에 그것을 초월할 수 있는 가능성도 언어라는 것이다. 거기에서 안개처럼 떠오르는 것이 '표현'인데, 인간은 이 표현을 그토록 요구하게 되어있다는 점을 강조한다. 그 이유를 죽음(절대)에 대한 의식 때문으로 본다. 죽음 앞에 서 있는 인간은 항상 불완전하기에 인간은 표현(미)을 구할 수밖에 없다는 것이다. 그래서 김윤식은 결국 비평을 소설쓰기와 같은 선상에 놓고 있다.

주: 인간이 세계 앞에 알몸으로 노출되었을 때 다가오는 감촉을 두고 혼자 있음이라 하고 그것은 삶의 불완전함에서 근원된 것이라면 그것을 초월하고자 하는 환상이 미라 부르는 것인지도 모르지요. 혼자 있음의 초월을 에로스(그리움의 감각화)로 맛보고자 함이라고나 할까. '본질은 절대로

> 찾아야 하지만 동시에 본질은 절대로 찾아지지 않는다'(절대모순)는 것을 소재로 한 언어 행위가 소설이라 규정한 헤겔 도당(루카치)이 일찍이 있었거니와, 비평도 결국 이와 나란히 가는 것이 아닐까. 자기의식의 절대성이 언어를 가운데 놓고 도박을 하고 있는 형국이라고나 할까.

본질은 찾아야 하지만, 절대 찾아지지 않는 것, 이런 연유로 인간은 언어를 통해 이 절대 모순과 씨름을 할 수밖에 없는 형국이라는 것이다. 김윤식은 비평하기의 궁극도 언어임을 제시하고 있다. 그런데 그 언어가 개인과 개인을 단절케 하면서, 개인과 개인을 연결시켜 주는 이 절대 모순이 비평의 자립성의 근거로 보고 있다.

> 현장 비평으로서의 김윤식 선생의 글쓰기의 궁극적인 정체는 실로 하나의 개성으로 이해되지 않으면 안 된다. 비평적 판단이란 궁극적으로 하나의 취향, 개성적 판단으로 정립되지 않으면 안 되는 것이기 때문이다. 다만 문학사가답게 선생의 비평은 끊임없이 문학사적 관련성을 살피는 데서 득의의 영역을 찾는다. 항용, 문학사가의 객관적, 학적 인식의 태도가 앞세워질 때, 그것을 포괄적인 감싸기의 태도로 나타나지 않으면 안 된다고 믿는 사람들이 있다. 그렇지만 엄정한 문학사가라 하더라도 실제로 불편부당한, 모든 경우에 완벽히 공평한 시선의 배분이란 있기 어렵고, 그럴 필요도 없다. 정보의 유통이 폐쇄된 시대에 '가치 중립주의'는 학문의 자유를 위한 일종의 방패막이일 수 있지만, 개방 사회로 넘어가는 단계에서는 엄정한 가치의 중립이 불가능한 것임을 우리는 안다. 인문학이란 근본적으로 가치의 확정 작업이기 때문이다. 다만, 한국근현대문학사의 영역 안에서만큼은 모두를 통괄할 수 있는 광폭의 시선을 갖추고자 했던 선생으로서는 모든 것을 받아들이면서 그 모두를 거대한 역사의 논리틀 속에 수렴시키고자 하는 변증법적 인식의 태도를 갖는 것은 당연한 일이었다고

할 수 있다. 현장비평의 자리에서라면 그러나 이와 같은 변증법적 인식의 강박관념까지도 무화될 수 있고, 때에 따라 오히려 주체 내면의 주관성의 언어들조차 마음껏 풀어헤쳐 놓음으로써 높다란 인식의 자유를 누릴 수 있었다. 선생의 글쓰기가 후기에 들어설수록 문학사 연구의 자리에서보다 현장비평의 글쓰기에서 훨씬 커다란 행복을 맛보고 창조의 기쁨을 즐겼던 듯한 인상을 주는 것을 글쓰기 조건의 이와 같은 자유로움, 혹은 해방감에서 연유한 바라 할 것이다. 평전쓰기에서 어쩌면 선생은 더욱 커다란 글쓰기의 자유를 향유할 수 있었던 것인지도 모르지만, 평론의 자리에서 역시 그의 거침없어진 붓끝은 때로 지나친 주관성의 토로라는 느낌도 줄 때가 있으리만큼, 엄정한 문학사가의 글이라기보다는 시적 정서의 자유로운 유로를 꿈꾸는, 예술가적 경향의 산문정신으로 발산하는 경우가 많았다.

—'해제/작가론', <김윤식 선집 4 : 작가론>, 솔, 1996

소설가에게 이 모순을 소재로 한 언어 행위가 소설 쓰기라면 비평가에게는 비평 쓰기라는 것이다. 그래서 김윤식에게 비평 쓰기란 무엇인가를 제대로 해명하기 위해서는 그에게 있어 글쓰기는 무엇이었던가를 다시 묻지 않을 수 없다. 김윤식은 그의 나의 글쓰기, 「한국 근대문학 연구에의 도정」(『운명과 형식』, 1992)에서 자신의 글쓰기 기원을 다음과 같이 고백한다.

그것들은 모두 아련히 저 추억 속에 떠오르는 둘째 누님의 교과서 속의 세계 그것이기도 하였다. 나는 다만 까치와 메뚜기와 벗하던 강변 버드나무집의 어린 소년이 되어 있었다. 그 순간 내 글쓰기의 기원이 이 외로움에 있음을 나는 깨달을 수 있었다.[35]

---

35 김윤식, 『운명과 형식』, 솔, 1992, 22-23면.

김윤식의 고백 중 글쓰기의 기원이 외로움이었다는 점에 우선 방점이 놓인다. 외로움을 초극하는 행위가 글쓰기로 나타났다는 것은 글쓰기 자체가 자신의 실존적 행위였음을 말한다. 인간에게 혼자 있음의 의식과 그것을 넘어설 수 있는 가능성을 언어가 동시에 가지고 있기 때문이다. 그러므로 글은 혼자 있음에서 오는 단절과 불완전함을 넘어서고자 하는 환각 행위의 일종인 것이다.

유년의 추억과 글쓰기의 기원을 김윤식이 함께 떠올리고 있는 장면은 인간이 환각할 수 있는 황금시대가 그에게는 유년이었고, 그 유년에의 황홀경을 회복하고자 하는 열망의 한 방법이 그에게는 글쓰기였다는 것이다. 훼손된 가치 속에 놓인 근대 이후의 세계가 본질적 인간 그리움에로 치달아 창조시대의 그리움을 회복하고자 하면 그 방식은 글쓰기에 의해서만 가능하다는 것이다.[36]

그가 글을 쓸 수 있는 순간까지는 현장비평을 놓지 않았던 근원적 힘과 그 이유를 이 점에서 어느 정도 엿볼 수 있을 것 같다. ≪문학동네≫ 가을호 계간평을 쓰려고 그의 책상 위에 주인을 잃고 남겨진 지난 계절의 계간지들과 월간지들이 아직은 빛을 발하는 용광로로 그의 서재를 지키고 있다.

36 김윤식, 위의 책, 29면.

입원 전까지 월평 작업을 했던
김윤식 선생 사후에 남겨진 서재의 모습

김윤식 교수의 〈현해탄 콤플렉스〉를 다시 논한다

1. 임화에게 붙여진 현해탄 콤플렉스

임화는 1929년 7월에 김기진과 박영희의 도움으로 연극과 영화를 배우기 위해 도일했다가, 1년여 동안 카프 동경지부에 속한 이북만, 김두용, 김남천, 안막 등과 어울려 지내다가 1931년 초에 귀국했다. 그는 자신이 건넜던 현해탄[37]을 다음과 같이 노래하고 있다.

37 현해탄이란 용어는 안타깝게도 불행한 역사 속에서 생겨난 명칭이다. 본래 현해탄은 일본 큐슈의 북서부에 펼쳐진 해역으로, 쿠로시오 해류가 지나면서 바다색이 검으면서 수심이 비교적 얕다하여, 일본인들이 겐카이나다 또는 겐카이(玄海)라고 부르는 곳이다. 현해탄이란 우리가 이 명칭을 한자로 바꾸어 부르면서 일반화된 용어로 우리가 주체적으로 명명한 명칭이 아니다. 더구나 현해탄이라 불리는 해역은 엄밀히 말하면 일본 시모노세키와 대마도를 연결하는 스시마 해협의 동남쪽에 위치한 일정 해역에 한정하며, 지리학상 부산과 대마도 사이를 지칭하는 대한 해협과는 구별되는 해역에 위치한다. 그럼에도 우리는 현해탄이란 용어를 분별력을 가지고 사용하지 못함으로써 부산과 시모노세키. 즉 한국과 일본 사이에 당시 부관연락선이 오고 갔던 해역 전체를 지칭하는 용어로 인식하게 되었다. 박경

이 바다 물결은

예부터 높다.

그렇지만 우리 靑年들은

두려움보다 勇氣가 앞섰다.

산불이

어린 사슴들을

거친 들로 내몰은 게다

對馬島를 지나면

한가닥 水平線 밖엔 티끌 한 점 안 보인다.

이곳에 太平洋 바다 거센 물결과

南進해 온 大陸의 北風이 마주친다.

몽블랑보다 더 높은 파도,

비와 바람과 안개와 구름과 번개와,

亞細亞의 하늘엔 별빛마저 흐리고,

가끔 半島엔 붉은 信號燈이 내어 걸린다.

아무러기로 靑年들이

平安이나 幸福을 求하여,

이 바다 험한 물결 위에 올랐겠는가?

첫 번 航路에 담배를 피우고

둘쨋번 航路엔 戀愛를 배우고,

그 다음 航路에 돈맛을 익힌 것은,

하나도 우리 청년이 아니었다.

수,「현대시에 나타난 현해탄 체험의 형상화 양상과 의미」,『1930년대 문학의 재조명과 문학의 경계넘기』, 국학자료원, 2010, 240-241면.

청년들은 늘
希望을 안고 건너가,
결의를 가지고 돌아왔다.
그들은 느티나무 아래 傳說과,
그윽한 시골 냇가 자장가 속에,
장다리 오르듯 자라났다.
그러나 인제
낯선 물과 바람과 빗발에
흰 얼굴은 찌들고,
무거운 任務는
곧은 잔등을 농군처럼 굽혔다.
나는 이 바다 위
꽃잎처럼 흩어진
몇 사람의 가여운 이름을 안다.
어떤 사람은 건너간 채 돌아오지 않았다.
어떤 사람은 돌아오자 죽어 갔다.
어떤 사람은 永永 생사도 모른다.
어떤 사람은 아픈 敗北에 울었다.
-그 中엔 希望과 결의와 자랑을 욕되게도 내어 판 이가 있다면,
나는 그것을 지금 기억코 싶지는 않다.
오로지
바다보다도 모진
大陸의 삭풍 가운데
한결같이 사내다웁던
모든 청년들의 명예와 더불어

이 바다를 노래하고 싶다.
비록 청춘이 즐거움과 희망을
모두 다 땅속 깊이 파묻는
悲痛한 埋葬의 날일지라도,
한번 현해탄은 청년들의 눈앞에,
검은 喪帳으로 내린 일은 없었다.
오늘도 또한 나 젊은 청년들은
부지런한 아이들처럼
끊임없이 이 바다를 건너가고, 돌아오고,
내일도 또한
玄海灘은 청년들의 海峽이리라.
永遠히 현해탄은 우리들의 海峽이다.
三等 船室 밑 깊은 속
찌든 寢床에도 어머니들 눈물이 배었고,
흐린 불빛에도 아버지들 한숨이 어리었다.
어버이를 잃은 어린아이들의
아프고 쓰린 울음에
대체 어떤 罪가 있었는가?
나는 울음소리를 무찌른
외방 말을 歷歷히 기억하고 있다.
오오! 현해탄은, 현해탄은,
우리들의 運命과 더불어
永久히 잊을 수 없는 바다이다.
靑年들아!
그대들의 조약돌보다 가볍게

현해의 물결을 걷어찼다.
그러나 關門 海峽 저쪽
이른 봄 바람은
果然 半島의 北風보다 따사로웠는가?
정다운 釜山 埠頭 위
대륙의 물결은
정녕 현해탄보다도 얕았는가?
오오! 어느 날
먼먼 앞의 어느 날,
우리들의 괴로운 歷史와 더불어
그대들의 不行한 生涯와 숨은 이름이
커다랗게 記錄될 것을 나는 안다.

1890년대의
1920년대의
1930년대의
1940년대의
19××년대의
……
모든 것이 過去로 돌아간
廢虛(폐허)의 거칠고 큰 碑石 위
새벽 별이 그대들의 이름을 비출 때,
현해탄의 물결은
우리들이 어려서
고기떼를 좇던 실내처럼

그대들의 一生을

아름다운 轉說 가운데 속삭이리라.

그러나 우리는 아직도

이 바다 높은 물결 위에 있다

—시집 『玄海灘』(동광당, 1938) 중에서

임화는 이 현해탄의 뱃길에 오르며 식민지 현실의 비극을 벗어날 수 있는 진보적 지식을 사회주의에서 구하고자 했다. 또한 식민지 현실의 문제를 민족 모순에서 파악하면서 이를 극복하기 위한 역사의 주체자로 서고자 하는 결의를 보이기도 했다. 이런 점에서 임화 시에서 현해탄은 역사적 현실에 대한 구체적인 인식을 바탕으로 주체의 자기성찰을 진지하게 도모했던 공간이었다고 할 수 있다.[38] 임화가 노래하고 있듯이 당시의 대부분의 지식인들은 근대적 사상과 문화를 식민지 종주국인 일본을 통해 받아들일 수밖에 없었다. 봉건적인 미몽에서 깨어나 근대사회로 나아가는 것이 식민지에서 탈피할 수 있는 지름길이라 믿었기 때문이다. 특히 임화의 경우 전통적인 사고방식은 폐기되어야 할 것으로 치부한 채 근대적이고 도시적인 감수성을 키워나갔다. 그는 유행에 민감한 인간으로서 일본 잡지와 일본의 서적을 통해 근대적인 사상에 접하고 근대적인 인간으로 성장했다. 임화의 동시대 혹은 뒤 세대들도 그와 마찬가지로 일본을 통해 근대성에 눈떴기 때문에 너도 나도 현해탄을 건너가서 새로운 문명을 배워오고자 했다.[39] 위 시에서 우리는 그러한 당시의 상황을 확인할 수 있다. 김윤식 교수는 이러한 임화의 입장을 현해탄

---

38 박경수, 앞의 논문, 258면.

39 김외곤, 「임화의 초기 문학 활동 연구」, 『인문과학연구』 12, 서원대 미래창조연구원, 2003, 333면.

콤플렉스라고 명명하고, 그 현해탄 콤플렉스가 이식문화론으로 나타났다고 했다.

현해탄 콤플렉스란 무엇인가, 이런 물음은 우리 근대를 이해하기 위한 기본항의 하나라 할 수 있다. (…) 근대란 증기기관의 원리에 근거한 것이다. 그것은 합리주의적 사고를 기반으로 한 것으로 가치중립성을 특징으로 하고 있다. 우편제도, 군대제도, 학교제도, 경찰제도, 의료제도 등 이른바 제도적 장치로서만 비로소 작동되는 메커니즘이 근대성을 규정짓는다. (…) 제도적 장치가 의식을 결정짓는 것, 그것이 현해탄 콤플렉스의 속성이다. 근대적 장치가 먼저 있고 그것에 의식이 제약되기 때문에 의식은 그 순수성, 독자성, 독립성이 보장되지 않거나 아주 미미하게밖에 살아나지 못한다.[40] 문학의 경우도 사정은 이와 한 치도 다르지 않다. 임화가 어째서 문학사를 형식, 곧 양식의 역사에다 중점을 두어, 이식문학사론을 세웠는가는 이로써 분명해진 셈이다. 제도적 장치란 양식의 일종인 까닭이다. 그 양식이 의식을 제약하고 결정하는 만큼, 의식 자체의 독자성은 무의미한 것이다. 임화의 신문학사 방법론은 이러한 수준에서 씌어진 것이다. 그것은 그만이 할 수 있었던 방법론이 아니고, 현해탄 콤플렉스에 걸린 모든 사람들의 사고유형을 대표하는 방법론에 해당된다. 이 방법론의 무게는 따라서 이들 계층이 모두 짊어진 어쩔 수 없는 짐이라 할 수 있다.[41]

이 짐을 일제 강점기 당시의 지식인들만 지고 있었던 것이 아니라, 김윤식 교수도 평생 지고 한국의 근대문학 연구에 몰두했다. 그러면 과연 임화에게 붙여졌던 현해탄 콤플렉스는 김윤식 교수에게 와서 어느 정도 극복되었는가?

---

40 김윤식, 「이식문화론 비판」, 『한국문학의 근대성과 이데올로기』, 서울대출판부, 1987, 90면.

41 김윤식, 위의 글, 91면.

이는 한국문학 연구의 질적 도약을 점검할 수 있는 계기가 되기도 한다, 그래서 그 양상을 『내가 읽고 만난 일본』(그린비, 2012)을 통해서 확인해 보고자 한다. 결국 두 번이나 일본에 가서 김윤식이 찾고자 했던 것은 자신의 초상이었기 때문이다.[42] 이 책에는 일본에서 공부한 구한말 혹은 망국의 조선인 유학생들이 무엇을 보았고, 들었고, 또 느꼈는가를 알아보는 내용으로 채워져 있다. 그는 유학생들이 읽고 만난 일본을 해독하기 위해 그들이 읽은 책을 모조리 읽고 그들이 체험한 일본을 체험해야 했지만, 이 작업은 너무 허황한 것이어서 길을 잃고 말았다고 고백한다. 대신 자신 앞을 막아선 거대한 산맥(일본을 통해 만난 인문학적 지성)들을 만났다. 루카치, 고바야시 히데오, 에토 준, 모리 아리마사, 루스 베네딕트, 리처드 H, 미첼 등이 이들이다. 이 인물들의 사상과 삶과 예술을 그려 내보인 것이 이 책이다. 그 산맥 중 우선 두 대상만 본고에서는 정리해봄으로써, 김윤식이 극복한 <현해탄 콤플렉스>의 양상을 점검해 보고자 한다.

2. 김윤식이 만난 현해탄 콤플렉스의 대상들

1) 운명처럼 만난 루카치

김윤식 교수는 공식적으로 1970년과 1980년 두 차례 현해탄을 건너 일본으로 가서 연구에 진력한 바 있다. 첫 번 현해탄을 건너간 목적은 「한국근대문학에 미친 일본문학의 영향」을 정리하기 위해서였다. 최초의 한국근대문학사인 임화의 『개설신문사』에서, 신문학사의 대상은 물론 조선의 근대문학이다. 무엇이 조선의 근대문학이냐 하면 물론 근대정신을 내용으로 하고

42 이경재, 「한국근대문학이 일본에서 읽고 배운 것 : 『내가 읽고 만난 일본』(김윤식, 그린비, 2012)을 읽고」, 『한국문학과 예술』 11, 숭실대 한국문학과 예술연구소, 2013, 259면.

서구문학의 장르를 형식으로 한 조선어문학이다라고 제기한 신문학=근대문학이란 과제를 제대로 풀기 위해서였다.

그러나 도일한 이후 김윤식은 고도 성장기에 놓인 70년대 일본 문화가 준 충격과 카프와 나프와의 관련성에 마음을 빼앗겼다고 고백하고 있다. 이런 중에 만난 대상이 루카치의 『소설의 이론』이었다. 일본 지성을 만나기 전에 서구의 지성을 먼저 만난 것이다. 루카치, 그것은 당시의 내겐 인류사=소설사의 등가개념이었다. 소설사=인류사=근대(자본제생산양식)의 도식이 창공의 별처럼 선명해 보였다. 그리고 이것들이 한결같이 현실과 동뜬 환각이기에 그만큼 레디컬한 데로 치닫게 했다. 속이 허할 대로 허했던 탓에 내가 루카치에 매달렸음이란 어쩌면 그럴 수 없이 자연스러운 것이 아니었겠는가 이 자연스러움이 루카치 소개에로 나를 이끌어 갔다.[43] 제대로의 소개를 위해 김윤식은 일본 미라이샤(未來社)에서 1954년에 간행된 『소설의 이론』 역자인 하라다 요시토(1918~1960)에 대해 관심을 가지기도 하고, 압축된 문체이기에 번역이 불가능하다는 어려움에 동감하기도 한다. 그리고 루카치는 이 책을 통째로 영혼을 문제삼았다고 보았다. 이 영혼을 하라다는 심정으로 번역하고 있음을 지적하면서, 루카치는 『영혼과 형식』에서 영혼이란 종교적이고 심리적인 성격을 띤 것이 아니라, 삶의 절대적 근거를 찾으려는 깊은 충동 또는 동경을 뜻한다고 말한다. 이 점에서 루카치는 영혼=삶의 절대적 근거인 내면의 충동의 도식에 들려 있었고, 이 점에서 그는 실로 열정적이었다고 보았다.

그래서 김윤식은 영혼, 정신, 마음 세 가지 용어를 역사적 관점에서 정리한다. 생의 원리, 사고의 원리 또는 동시에 이 둘의 원리를 포함하는 것이 영혼이며, 이는 넓이 또는 차원과 무관한 본질을 지닌 것이며, 마음이란 철학적 용어로는 미달로 본다. 영혼이 서양의 기독교에서 학문적으로 줄기차게 검토

---

43 김윤식, 『내가 읽고 만난 일본』, 그린비, 2012, 48-49면.

된 바 있기에 단연 신학적 철학적 용어에 들지만, 마음이란 실체적 비합리적이기에 영혼과 더불어 논의될 수 없다는 것이다. 이에 비해 정신은 이념적이며 합리적인 것이기에 영혼과 구별된다고 보았다. 실체임에는 틀림없으나 그것은 합리적이라든가 이념적인 차원과는 무관한 것이다, 이념적 합리적 바탕 위에 선 헤겔이 마음이나 영혼을 물리치고 정신을 내세운 이유도 이로써 설명된다고 보았다.

이런 차원에서 영혼, 정신, 마음 세 가지 용어 중 젊은 일본인 하라다가 선택한 것은 마음(심정)이었다고 판명한다. 루카치의 열정에 사로잡힌 김윤식도 이 책을 번역하기 시작했다. 그의 번역기의 한 페이지는 다음과 같이 기록되어 있다.

> 그날부터 하라다의 역서와 독어 사전을 번갈아 가며 루카치의 이 책을 한국어로 옮기기 시작했다. 내가 원서에 막히고 아득해 할 적마다 하라다가 내게 조언을 주었고, 그와의 대화는 나를 위로해 주었다. 그것은 막연하나마 도쿄타워의 불빛과 닮은 것이기도 했다. 내가 이 책의 번역에 나아간 것은 그로부터 수개월 후였다. 지금도 그 원고를 소중히 보관하고 있거니와 가끔 잠 오지 않는 밤이면 앨범을 펼치듯 이 누렇게 빛바랜 원고를 쓰다듬어 보곤 한다. 총 808면으로 된 원고지, 이게 어찌 그냥 원고지일까 보냐, 법륜사의 연붉은 원고지. 거기에도 영혼 대신 심정으로 되어 있지 않겠는가. 그도 그럴 것이 반공을 국시로 하는 나라의 교육공무원인 나로서는 금서에 손대는 일 자체가 일종의 범죄에 다름 아닌 까닭이다.[44]

해금 이후 『자본론』이 번역되고, 전문가에 의해 『소설의 이론』이 번역되

---

44 김윤식, 위의 책, 58-59면.

고, 잇달아 루카치의 미학에 관한 책들이 리얼리즘과 더불어 번역되어 하늘을 덮을 지경이 된 현실의 상황을 대비시키고 있다. 이러한 과정을 지켜보는 본인의 심정의 물결은 높기도 하고 또한 낮기도 했다고 고백한다. 김윤식의 관심은 루카치의 이런 이론이 한국문단에는 어떻게 누구에 의해 수용되었는가 하는 점이었다. 한국에서는 김남천만이 이를 조금 알아차렸을 뿐이라고 진단한다.

김남천의 「소설의 운명」은 루카치의 『소설의 본질』과 「장편소설」을 어느 정도 충실히 소개함으로써 일면 최재서로 대표되는 종래의 소설이론을 돌파하면서, 다른 한 편으로는 암흑기를 뚫고 나갈 소설 창작의 길을 찾고자 하였다는 것이다. 그러나 그가 주창한 리얼리즘은 발자크적인 의미에 해당한다고 평가한다. 작가의 주관이나 사상이나 이데올로기나 세계관과는 무관하게 존재하는 것이 발자크의 리얼리즘이라고 엥겔스가 갈파한 견해를 김남천은 제시했다는 것이다. 그런데 김윤식이 볼 때는 김남천은 발자크의 리얼리즘을 문제삼은 것이 아니라, 고대서사시와의 접근을 지향하는 새로운 소설형식을, 그 피안에 대한 꿈을 그리고자 하였다고 본다. 이 꿈이 1970년대 우리 소설 이론에서 겨우 논의된 점을 감안한다면, 30년대 말기에 김남천에 의해 전개된 리얼리즘의 수준은 비평사로 볼 때는 하나의 봉우리로 칠 수밖에 없다는 것이다. 그러나 김남천의 이 논문은 소개단계에 지나지 못했음을 분명히 하고 있다. 그리고 작가인 그가 실천한 영역인 「경영」, 「맥」 작품은 리얼리즘 단계에도 채 이르지 못한 것으로 평가한다. 겨우 자기 고발의 수준에서 벗어나지 못했기 때문이다.

결국 김윤식이 루카치의 『소설의 이론』을 통해서 도달한 지점은 『소설의 이론』이 이론이자 동시에 시였고, 소설이자 동시에 이론이었다는 점이다. 이 이원성이 실상은 일원론 속에서 더 휘황하게 빛을 내고 있었기에 자신을 이 빛 속에 온몸을 노출하고 싶었다는 것이다. 문예비평가이자 연구자인 김윤식 자신이 불이(不二)임을 그때 예감하고는 자신이 쓰는 모든 것이 그대로 작품이기를 소망했다는 것이다. 이것을 운명으로 받아들이는 전환점을 마련한 셈이다. 이 엄청난 운명의 계기를 일본 한 고서점에서 발견한 루카치의 『소설의 이론』이 김윤식에게 제공한 셈이다.

2) 비평가로서의 고바야시 히데오

도일의 목적이 「한국근대문학에 미친 일본문학의 영향」이었기에 이를 실현하기 위해서는 김윤식에게 일차적으로 필요한 과제는 육당, 이광수, 이인직, 김옥균, 염상섭 등에 있어야 했다. 그러나 김윤식은 거기에 눈을 고정시키지 못했다. 일본 도착 후 3일 만에 접하게 된 미시마 유키오의 자살 뉴스 때문이었다. 일본 사회를 온통 뒤덮었던 이 사건의 진상과 접하면서, 이 사건의 본질을 고바야시 히데오의 견해에서 찾았다. 고바야시 히데오는 매우 재능있는 미시아의 자살을 다른 차원에서 해석하고 있었기 때문이다. 그는 한 문학자의 죽음을 고독이란 이름으로 내세우고 있었다는 것이다. 당파성을 제거하고 남은 자위대본부 난입, 할복자살 등등은 한갓 물적 사고이기에 인간 미시마와 문학자 미시마의 처지에서 보면, 이 사건은 상징성을 갖게 된다는 것이다. 그 상징성이란 문학자 자신만이 책임질 개성적인 역사 경험이 만들어 낸 것, 바로 고독의 근거가 여기에서 왔다는 것이다. 이로부터 고바야시가 내세우고 있는 미란 도대체 무엇인가에 집착하게 되고, 미와 문학, 미와 문예비평의 관계란 무엇인가에 골몰하게 되면서 고바야시에게로 달려가게 되었음을 고백하고 있다. 고바야시의 문단 데뷔에서부터 시작된, 그에 대한 김윤식의 탐색은 여러 궤적을 통해 추적되고 있다. 먼저 고바야시의 비평과 루카치의 에세이의 문제에서는 그 유사점과 차이점을 밝히고 있다. 프랑스 상징파에 젖줄을 대고 있음에서 고바야시는 헤겔 쪽이나 호프만 또는 독일 낭만파와는 무관하지만, 표현을 갈망하는 체험이 존재한다는 점에서는 서로 닮았다고 본다. 그리고 루카치는 이 형식을 끝까지 밀고 나가지 못했음에 비해 고바야시는 평생 이것에만 매달렸다는 점을 지적한다.

또 하나 이러한 고바야시의 비평관을 제대로 추적하기 위해서 김윤식이 탐색한 자료는 문예총후운동으로 일본 문협의 기쿠치 히로시, 구메 마사오, 고바야시 히데오, 나카노 미노루, 오사라기 지로 등 다섯 명의 대표적인 문인이 서울에 와서 식민지 문인들을 대상으로 벌인 강연의 내용이다. 고바야시가 서울에 와서 행한 「문학과 자기」를 분석한 결과를 몇 가지로 정리하고 있지만, 김윤식이 바라본 지점은 창조 즉 표현, 사상과 표현의 동시성을 고바야시는 그의 지론으로 삼았고, 이 지론은 그의 문단 데뷔 이래 저 「랭보론」에서부터 「모짜르트」에 이르기까지 수미일관하게 뻗쳐 있어 그로서는 새삼스러운 것이 아니라는 것이다. 그러나 중일전쟁이 벌어져, 문학자에게도 새로운 각오가 요청되는 이른바 비상시국에 있어서는 이런 발언이 매우 돋보였음에는 틀림없다고 보았다.

그리고 김윤식은 고바야시가 경주 여행에서 남긴 글들을 통해 그의 정신사를 추적하는 작업을 계속하고 있다. 고바야시가 1, 2차 석굴암을 보고, 피로해졌다고 표명한 점에 주목하여 그의 피로감의 정체가 무엇인지를 캐고 있다. 결론은 고바야시에게 불(佛)이 없었기 때문으로 해석한다. 고바야시는 중일전쟁 이후 문명인에서 실생활(사변)이 사상을 이끌어 가는 원시인으로 자리를 바꾸었는데, 경주의 석굴암 앞에서 돌연 문명인으로 환원되고 말았다는 것이다. 석굴암 앞에서 고바야시를 피로케 한 정체가 바로 이것이란 것이다. 사변을 각오와 신념으로 받아들여 사변에다 자기의 사상을 맡겨버린 원시인 고바야시는 바로 그 때문에 석굴암을 바로 볼 수 없었다는 것이다. 김윤식은 자신이 고바야시론을 쓰고 있는 것은 아니라고 밝히고 있지만, 일본 내에서 비판적인 입장에 서 있는 사이고 노부쓰나와 가토 슈이치의 비판을 정리함으로써 고바야시의 또 다른 측면을 규명하고 있다.

사이고는 문학공부란 ① 작품해명을 중심으로 하기 ② 작품 이전의 자기의 신념에 의존하기로 대별되거니와 고바야시는 ②의 극단적인 유형으로 분류된다고 본다. 그리고 가토는 개인이란 역사 속에서의 개인이며 이를 초월해 갈 수 없는데, 고바야시에겐 이런 이해 능력이 없었다는 것이다. 사이고는 원전에 앞서 자기를 내세움에 대한 학문적 전후 당착을 문제삼는 것이라면, 후자인 가토에 있어서는 일본 지식인의 정치 감각의 부재를 말하고 있다는 것이다. 그리고 이 두 사람의 비판은 그 지향점이 다르긴 해도 결국 닮은 곳은 한 가지인데, 그것이 미학이라고 보았다. 그래서 고바야시의 최강점은 이 서양식 미를 일본어로 표현하는 데 있다는 것이다.

김윤식의 관심은 일본 비평의 진정한 출발점으로 삼는 고바야시 히데오 같은 존재가 국내에서는 누구였는가 하는 점이다. 김윤식은 일본 근대문학사에 있어서 고바야시 히데오의 출현에 견줄만한 자를 조연현으로 지목한다. 조연현 이전의 비평사는 건강한 계몽기에 지나지 않았다는 것, 조연현으로 말미암아 비로소 비평은 한 가지 창조적 표현 형식으로 자각되었다고 보았다. 그런데 이러한 조연현의 비평에 대한 새로운 인식은 김동리의 극복의식에서 비롯된 것임을 정리하면서, 조연현이 이 비평적 의식과 싸워나갈 수밖에 없는 단계를 4단계로 해명하고 있다. 첫 단계가 <사상과 사상성의 단계>이다. 조연현이 파악한 것은 문학의 사상성과 정치, 경제의 사상(이데올로기)의 구별이었다. 이는 바로 구경적 삶의 형식으로서의 본격문학(사상성)과 계급문학(사상)의 구별을 시도한 김동리 도식의 한 가지 변형이라고 본다. 이로부터 조연현은 <비평의 논리와 생리 단계>로 나아가고 있음을 확인하고 있다. 이 단계에서는 비평의 창조화가 조연현에겐 열정이자 신앙의 차원이었음을 밝히고 있다. 그리고 조연현은 그의 열정과 신앙으로서의 비평문학론에 도달한 지 수개월 못 된 이후에, 비평문학에 대한 회의의 단계로 나아갔음을 말하고 있다. 비평(가치판단)이 이제부터는 비평문학(가치창조)에로 나아간 것인데 여기에 대한 회의가 시작된 것이란 말이다. 여기에는 어떤 정신사적 드라마가 내재되어 있는데, 이것이 6·25였다는 것, 생사의 갈림길에 직면한 조연현에 있어 비평이란 문학행위 이전의 문제 곧 어떻게 사느냐의 직접성이었다는 것이다. 인생, 어떻게 사느냐의 철학적 물음과는 별개로 바로 6·25의 직접성 앞에서 알몸으로 노출된 인간의 몸부림, 이를 두고 그는 경륜이라 불렀다. 그러기에 비평이란 필사적 몸부림이 아닐 수 없었다고 본 것이다.

이러한 몸부림으로서의 비평, 사력을 다하는 일, 이 모두는 경륜으로 요약되는 데, 김윤식은 이를 고바야시에 있어서는 미에 해당된다고 설명한다. 고바야시 비평의 기본노선이 신용(나는 믿는다)에 있음은 잘 알려진 일인데, 조연현에게서의 경륜은 고바야시의 신용과 맞먹는다는 것이다, 그런데 나는 정치적으로는 무지한 한 국민으로 사변에 처했다. 묵묵히 처했다. 거기에 대해 시방 어떤 후회도 하지 않는다라는 고바야시의 발언과 6·25를 겪는 조연현의 발언은 어떤 점에서는 정반대라고 할 수 있다고 본다. 이는 사력을 다해 사변에 임한 쪽이 조연현이라면, 고바야시 쪽은 묵묵히 처했다는 점에서 전자가 기댈 수 있는 것은 미 대신 몸뚱이 뿐이었고, 후자는 미 속에 칩거함으로써 역사를 외면한 점이란 것이다. 따지고 보면 사변에 처한 두 사람의 신념은 절대적이라 할 수 있는데, 누가 뭐라해도 그렇게 믿는다는 데서야 다른 논리가 통할 수 없다고 본 것이다. 고바야시는 역사의 필연성 따위를 당초 믿지 않기에 그러했고, 조연현 역시 그러했기에 경륜을 무기로 삼을 수 있다고 본 것이다.

고바야시에 영향을 받은 조연현을 비교 검토한 김윤식은 『일본의 사상』 저자인 마루야마 마사오를 다시 고바야시와 비교 검토하고 있다. 마루야마를 논할 수밖에 없는 상황은 김윤식의 과제였던 카프를 논하기 위해서는 나프를 제대로 이해해야 하는데, 이 과제를 푸는데 필요한 근대일본의 사상을 이 저술을 통해 확인할 수 있었기 때문이다. 즉 마르크스주의 문학이란 무엇이며 일본에서의 그 의의는 어디서 실마리를 찾아야 하는지를 고민하면서 만난 대상이었다. 그런데 마루야마가 내세운 것은 마르크스 사상이 아니고 고바야시 히데오의 마르크스 비판이었다는 것이다. 마루야마는 학자(이론가)이면서도 섬세한 정신의 소유자였기에 비평가 고바야시의 섬세한 비평정신을 능히 엿볼 수 있었는데, 고바야시라는 존재는 마루야마의 시선에서 보면 현실 저편 끝으로 사라지는 희미한 등불이었다는 것이다. 이 흐릿한 빛을 감지할 수 있는 것은 정신 쪽이 아니라 감각 쪽이었다고 보고 있으며, 이것을 일종의 미학이라고 규정했다.

이러한 마루야마를 김윤식은 다시 루카치와 연계시켜 논하고 있다. 일본의 민주주의를 정착시키려는 일이라면 물불을 가리지 않은 점에서 루카치처럼 마루야마는 운동가요 혁명가에 다름 아니었다고 본다. 현실적으로 결과론을 따질 때 루카치도 마루야마도 역사 쪽에 농락당한 꼴이 되고 말았는데, 이 점에도 둘은 매우 닮았다는 것이다. 만년에 마루야마가 회의론에 빠졌지만 그것이 결코 초라한 것일 수 없음은 문학 쪽에서 보았을 때, 유려한 표현을 남겼기 때문으로 평가하고 있다.

마루야마와 루카치를 거쳐온 김윤식은 다시 고바야시의 도스토예프스키와 고린도 후서 5장 13절에 주목하게 된다. 이방인이 도스토예프스키를 이해하기 위해서는 논리의 끝간 곳을 좇아 마침내 신앙으로 향하기 마련인데, 고바야시는 불가능했다는 것이다. 신앙이 없었기 때문이었다. 그렇지만 여기까지 밀어붙인 사람은 이방인 고바야시가 처음이었다라고 본다. 논리의 지평선 너머로 박명 속에 사라져 가는 신앙의 모습을 넋을 놓고 바라볼 수밖에 없었음이 그의 정직함이라고 평가한다. 그는 도스토예프스키의 작품 속으로 결코 들어갈 수 없었다는 것이다. 그의 작품 속으로 들어갈 차례가 왔음에도 불구하고, 그는 쉽사리 들어갈 수 없었다고 판단한다. 오랫동안 방황하면서 작품 주위를 맴돌았다고 본다. 왜냐하면 신앙이 없었기 때문이라는 것, 이것이 김윤식 자신을 고바야시에 빠지도록 만든 이유라는 것이다.

그러나 김윤식은 고바야시에의 심연에 빠져드는 자신을 지키기 위해 오른쪽엔 루카치, 왼쪽엔 마루야마의 견인력이 절실히 요망되었다고 고백한다. 그리고 그들은 필시 내게 모종의 대가를 요망할 지도 모른다는 우려감이 자신을 가로막아 섰다고 피력한다. 사회민주주의의 공부를 하겠느냐와 혁명에 동참하겠느냐가 그것, 어느 한 쪽도 자신이 없었다는 고백. 그렇지만 상상적으로 이들에게 손을 내미는 연기가 필요해서 카프연구(『한국근대문예비평사연구』, 1973)에 나아갈 연기력은 루카치에 있었고, 『염상섭 연구』(1987)에 돌진해 갈 때는 마루야마에 기대었다고 말한다. 설사 자각적인 것은 아니었을지라도 무의식 속에는 그러했다고 회고하고 있다. 문제는 그럼 김윤식은 고바야시에 발이 묶여 전전긍긍하면서 오늘에 이른 것인가 하는 점이다. 이 점에 대해 김윤식은 루카치, 마루야마의 흉내였을까 아니면 고바야시의 흉내였을까 이런 질문 방식은 썩 부적절하다고 단호하게 말한다. 자신은 이것저것 숙고함이 없이 앞만 보고 달려왔을 뿐이라고 말한다. 사람들이 보기엔 눈 가린 연자방아의 당나귀였는지도 모를 일이라고 비유한다. 정직히 말해 나는 좋은 글, 훌륭한 글, 예술적 문체 등을 의식해 본 적이 없다는 것이다. 그냥 썼을 뿐이고 쓸 것이 너무 많아 다른 것을 고려할 틈이 없었다고 말한다.

그래서 결국 김윤식이 도달한 지점은 고바야시가 묻혀 있는 무덤이었다. 말없이 묻혀 있는 그를 향해 나아간 이유는 고바야시가 아니면 들을 수 없는 말, 어떤 글이나 책에서도 없는 말을 듣기 위해서였다. 그것은 비평이란 무엇인가?라는 근원적 질문이었다. 그 질문에 대해서 고바야시는 나는 오래 동안 비평을 써왔지만 비평이란 무엇인가를 모른 채 그래 왔소. 문인이란 모두 하고 싶은 일을 먼저 실제로 하는 족속이 아니겠는가. 나도 비평을 쓰고 싶어 쓰기 시작한 것은 아니오. 쓰고 싶은 것을 썼는 바 그것이 세상에서는 비평이라 불렸을 뿐, 그 짓을 싫증도 내지 않고 되풀이해 왔던 것이오. 비평을 한다는 것이 내겐 항시 실제 문제였기에 나로선 그것으로 족했던 것. 대화식으로 전개된 김윤식과 고바야시의 대화록은 사실 김윤식 자신의 독백이기도 하다. 고바야시를 통해 자신을 들여다보고 있는 형국이라고 할 수 있다. 문제는 고바야시의 입을 통해 미를 버리고 종교로 비약한 야나기 씨를 부러워한다고 말함으로써 김윤식은 고바야시의 한계를 넘어서는 모습을 비친다. 평생 동안 추구해온 미란 우리를 절망하게 하는 것이기에 부처(종교)가 필요했지만, 고바야시는 이를 지니지 못했다는 것이다. 이를 고바야시에게서 발견했음은 김윤식이 고바야시를 넘어선 지경에 서 있음을 말하는 것이리라.

4부

김윤식 비평가와의 대화

체험으로서의, 발견으로서의, 입문으로서의 한국근대문학사론

대상: 『한국근대문학 연구방법입문』(서울대출판부, 1999)

저자: 김윤식(서울대 국문과 교수)

대담자: 남송우(부경대 국문과 교수)

대담지: 오늘의 문예비평

본지는 창작과 학술 전 분야에 걸쳐 놀라운 의식과 정신, 방법의 창조적인 새로움을 주의깊게 살펴보고, 저자와의 열린 대화를 통해 그 성과를 독자들에게 전하고자 한다. 이 대화가 보다 생산적인 것으로 전개되도록 본지는 사려 깊은 판단력과 균형 잡힌 안목을 지닌 대담자를 선정할 것이다. 이들의 대화는 편들기가 아니라 논쟁적인 성격을 지닐 것이다. 논쟁적인 대화의 통로를 따라가면서 독자가 우리 시대의 풍요롭고 넉넉한 정신에 흠뻑 빠져들 수 있다면, 이것이야말로 글읽기의 즐거움이요, 대화의 생산성일 것이다. 본지의 중요한 사업의 하나인 대담에 독자의 지속적인 관심과 애정 어린 충고를 기대한다. <편집자 주>

남송우 선생님의 저서 『한국근대문학 연구방법입문』을 읽고 우선 떠오르는 생각은 이 책의 서술 방식을 왜 대화체로 구상했을까 하는 점입니다. 문학 연구서로서 이런 글쓰기 방식에 의해 이루어진 저서는 없었기 때문에 더 신선하게 다가서는 게 아닌가 하는 생각을 갖게 됩니다. 어쩌면 이러한 글쓰기 방식이 그동안 선생님이 추구해온 구어체 문장의 진전된 모습이 아닌가 하는 생각도 하게 됩니다. 선생님께서 이러한 대화적 글쓰기 방식을 사용하게 된 근저에 자리하고 있는 토대랄까요, 근원이랄까요. 이런 점이 궁금했습니다.

김윤식 졸저를 검토해 주신 점, 영광스럽게 생각합니다. 근자 대학원에서 강의한 내용을 정리한 졸저이기에 조금은 제한적인 것입니다. <입문>이란 표제가 말하고 있듯, 제 자신이 이제 바야흐로 들어가고자 하는 영역의 문턱에 지나지 않는 것. 첫걸음질이라고나 할까요. 제 전공은 <한국문학>과는 별개인 <한국근대문학>입니다. 대학원에서 기산한다면 39년간 밤낮으로 저는 이를 제 전공으로 해왔지요. 듣는 것, 보는 것, 읽는 것 모두를 향해 <한국근대문학이 되라!>고 속삭이며 살아 왔다고나 할까요. 왜 그랬는지 그 까닭을 저도 잘 설명할 수 없으나, 좌우간 그렇게 살아 버렸습니다. 갈 수 있고, 가야할 길, 가버린 길이었다고나 할까요. 좌충우돌하면서 이런 저런 논문도, 책도 썼지요. 아무도 제게 수심(水深)을 가르쳐 주지 않았기에 도무지 무서움을 몰랐다고나 할까요. 그러다 보니 혼자 헤매기의 세월이었지요. 확고한 것이 하나 있다면 <근대>이며 그것이 <한국의 근대>라는 것. <근대를 화두로 삼지 않고서야 어찌 <한국의 근대>를 모색할 수 있으랴. 이 점은 처음에도, 중간에도, 그리고 지금에도 제겐 한결같은 <코기토>이지요.

(A) 국민국가(nation-state)와 (B) 자본제 생산양식(mode of capitalist production)이 보편성으로서의 근대화라면, 이에다 비서구에서의 근대화인 (C) 반제 투쟁, (D) 반봉건 투쟁 등의 특수성이 동시성으로 주어졌던 것. 한국의 근대란, 이 보편성과 특수성의 동시성 속에서 규정될 수밖에요. 창조와 저항이 동일함이라 말해지는 것도 이 때문이지요. 이 명제에 대응되는 문학적인 것만이 한국 근대문학이 아니겠는가. (A)(B)(C)(D)의 동시적 파악이란 또 무엇이겠는가. 역사는 어느 단계에서는, (A)(B)(C)(D) 중

어느 한쪽이 한층 날카롭게 인식된다는 사실을 전제할 때 비로소 동시성의 참뜻이 선명해질 것입니다. 인간이 발견한 최신, 최선의 이론으로써 한국 근대문학(작품)을 비춰봐야 한다고 제가 틈만 나면 주장하는 것도 이 동시성과 결코 무관하지 않습니다. 제 공부의 대부분이 최신, 최선의 이론 공부에 매달렸음도 이에서 말미암는 것입니다. 헤겔, 마르크스, 루카치, 골드만, 알튀세, 부르디외, 아도르노, 엘리엇, 웨렉, 랜섬, 프로이트, 지라르, 니체, 라캉, 크리스테바, 데리다, 후설, 비트겐슈타인, 바타이유, 코제브, 사이드, 주자, 율곡, 이한기, 단재, 도남, 임화, 염상섭, 이상, 김기림, 김현, 조동일, 고바야시 히데오, 마루야마 마사오, 에토 준, 마루야마 게이자부로, 아사다 아키라, 가라타니 고진 등등을 기웃거리며 많은 시간을 보낸 것은 이 때문이지요. 사람들은 비웃겠지요. 한 이론을 평생 해도 모자라는 판에, 수박 겉핥기식이 아니겠는가라고. 지당한 말씀. 그렇지만 최신, 최선의 이론으로 한국 근대문학을 읽어야 된다는 명제와 수박 겉핥기와는 별개의 차원이지요.

그 결과는 어떻게 되었던가. 졸저 『한국근대문학 연구방법입문』이 그 해답의 하나입니다. 최신, 최선의 이론과 한국 근대문학이 마주칠 때 연구자인 <나>는 무엇인가. 매개자에 지나지 않는 것인가. 그렇다면 한갓 무당스런 존재일까. 이 장면에서 <나>를 찾는다면 어떻게 될까. 물론 새로운 세계적 이론이 도출될 수도 있는 법. <나>를 주장하고 <나>를 찾기 위해 가까스로 고안해낸 것이 이른바 <표현자> 개념입니다. <연구자≠표현자>의 등가 사상(비등가 사상)이 그것. 제가 가까스로 도달한 경지라고나 할까요. 이 등가 사상에 이르기까지엔 다음 두 가지 계기가 있습니다. 아무래도 이 점을 조금 분명히 해 두어야 되겠지요. 그 하나는 <역사의 끝장> 인식이며, <현장성> 체험이 그 다른 하나.

역사의 끝장론이란 무엇인가. 이 물음엔 불가불 제 문학 연구의 출발점에서 소급하지 않을 수 없네요. 당초 제가 대학 국문과에 든 것은 장차 작가가 되기 위함이었는데, 막상 대학에 와 보니 이곳은 학문(과학)하는 곳이 아니었겠는가. 당황할 수밖에요. 방법은 둘. 대학을 그만두고 작가의 길로 나서기가 그 하나. 다른 하나는 학문하기, 후자를 택한 셈. 『한국근대문예비평사연구』에 몰두한 것은 그쪽이 제일 학문다워 보였던 까닭. 무엇이 어째서 학문답게 보였을까. 이 테마의 핵심을 들여다 보면 <근대>의 의미가 집약되어 있는 것으로 판단되었기 때문. 곧 카프 문학이 그것입니다. 민족주의와 사회주의가 이른바 십자포화를 맞고 있는 장면으로 보였지요. 한국 근대문예 비평사란 바로 카프에서 비롯되고 그 연장선상에 있다는 판단이 섰던 것입니다. 이로써 비평사(학문)의 체계가 세워진 셈.

이렇게 되자 두 가지 사항이 강요되기 시작했는데, 민족주의(자본주의)와 사회주의(공산주의)에 대한 공부가 그 하나. 헤겔, 마르크스, 레닌, 벨린스키, 트로츠키, 루나찰스키, 루카치, 골드만 등으로 향할 수밖에. 이른바 인류사의 운명에 대한 논의로 향하기가 그것. 실로 이 방면의 공부가 혼자 힘으로는 도저히 감당할 수 없었지만, 그러기에 도전해 볼 수밖에.

다른 하나는, 이 점이 중요하거니와, 자료 수집에 임하자마자 그 대부분이 금기 사항이라는 사실이 그것. 월북, 재북 작가에 대해서는 물론, 카프 문학의 논의 자체가 금기 사항이라는 사실은, 한편으로는 절망적이면서도 다른 한편으로는 형언할 수 없는 열정을 불러일으키는 것이 아니었겠는가. 문학 공부가 흡사 국권 상실기에 있어서의 지사들이 취한 행위처럼 느껴졌다고나 할까. 국역 『자본론』은 물론, 임화의 평론집은 무슨 비밀문서를 대하듯 했지요. 제 학위논문인 『한국근대문예비평사연구』(1973)가 겨우 나올 수 있었던 것은 이런 열정과 결코 무관하지 않습니다.

이러한 작업이란, 훗날 알게 된 일이지만, <이성의 힘으로 세계를 바람직한 방향으로 바꿀 수 있다>는 명제 위에 놓여 있었던 것. 다르게 말해 헤겔주의인 것. 이른바 인류사의 발전에 관한 공부의 일환이었던 것. 그러기에 시민 계급 권력형 남한과 노동계급 권력형의 북한 중 어느 쪽이 보다 인류사의 진전에 합당한 것일까에 터부의 근거가 가로놓여 있는 형국이었지요. 오늘날 모두가 한결같이 조롱하는 거대담론이 그것. 그 중간에 문학공부의 열정이랄까, 긴장력이랄까, 가능성이랄까, 좌우간 체제에 대한 논의 가능성이 잠복해 있었던 셈.

그런데 이러한 명제가 서서히 퇴색되어진 것은 구 소련 해체(1989)를 전후해서가 아니었을까. 거대담론이란 한갓 웃음거리거나 일시적 착시현상이라고 사람들은 떠들기 시작했고, 그동안 헛것을 보았다고 말해지지 않겠는가. <사람은 벌레가 아니다>에서 일거에 <사람은 벌레, 물고기, 메뚜기다>에로 망설임 없이 치닫고 있지 않겠는가. 해체주의가 판을 치고, 헤겔이 천하 악당으로 몰리고, 레닌의 모가지가 여기저기서 떨어져 나가지 않았겠는가. 미국무성 자문 위원이었던 F.후쿠야마의 <역사의 끝장>론이 세계를 뒤흔들었지요. 일찍이 헤겔은 나폴레옹이 예나를 공격했을 때 <역사의 끝장>을 선언했고, 그 직계 코제브는 제2차 세계 대전 종언에서 <역사의 끝장>을 보았다면, 거기에 그 손자격인 후쿠야마가 이어져 있는 형국. 문제는 <역사의 끝장>이후의 인간이란 무엇인가. <주인·노예 변증법>(헤겔, 『정신 현상학』)이 사라진 데서의 인간이란 무엇이겠는가 짐승이 그 정답. 코제브는 풍요 속에서 동물스런 삶을 이어가는 미국인을 꼽았지요. <인간은 연어다>라는 명제에 다름 아닌 것.

이 장면에서 저도 여지없이 알몸으로 노출되어 있었지요. 대체 <나는 연어, 메뚜기인가> 혹은 <인간인가>. 이 물음에서 도출된 것이 <연구자=표현자>의 등가 사상이지요. 연구자가 인간(헤겔)이라면 표현자란 물고기 범주에 드는 것. 연구자가 끊임없이 체계의 구축(건축의 의지)이라면, 그래서 주인·노예의 변증법에 속하는 것이라면, 표현자는 모천 회귀의 신비한 감각을 가진 연어가 아닐 수 없는 것. 인간의 틀을 넘어, 이른바 생물학적 상상력이랄까, 우주론적 상상력에 놓인 것이 표현자라면, 그러기에 그것은 논리를 초월하는 영역이라면, 인간적 상상력의 범주에서 벗어나지 못하는 연구자의 세계란 논리 일변도일 수밖에. 이를 단선적이라 부른다면 표현자의 그것은 복잡계(Affordance)라고나 할까.

이러한 장면 속에 놓였을 때 사람은 어떻게 행동해야 하는 것일까. 이 물음에 알게 모르게 관련된 것이 이른바 현장성(現場性) 개념입니다. 현장성이란 무엇인가. 이 경우 현장성이란 현장비평과 무관하지 않습니다. <당대의 작품을 읽고 평가하지 않는 자는 근대문학을 읽을 수도 평가할 수도 없다>는 생각을 저는 떨쳐 버리지 못합니다. 허드렛일 같은 월평을 제가 지속적으로 써 온 것은 이 때문. 당대의 작품이란, 그러니까 작가의 의도(단일성)뿐 아니라 무의식(개인, 또 당대의 그것)까지 포함하고 있는 법. <나는 어떻게 행동할까>에 대한 해답의 실마리가 분명 그 작품 속에 있기 때문이지요.

<구어체>가 선택된 것은 이와 무관하지 않습니다. <구어체>라 하나, 실상은 <습니다체>지요. 이러한 문체의 선택이 불가피한 것은 <인간은 물고기다>의 명제에서 말미암습니다. 지금까지 사용해 온 문체로는 절대로 이 새로운 사태를 수용할 수 없는 법. 어째서? 종전의 문체란 <인간은 벌레가 아니다>에서 도출, 확립된 것이니까. <구어체>가 주로 현장비평에서 행해졌다면, 대화체란 그러니까 작품평(현장비평)에서 나아가, 구어체를 이른바 연구 영역에 적용시킨 것이지요. <아우슈비츠 이후에도 서정시가 가능할까>라고 외친 『계몽의 변증법』의 공동 저자이자 『부정 변증법』의 저자 아도르노가 종래의 논리적 문체를 포기, 어떤 의미에선 유치하기 짝이 없는 에세이 형식으로 나아간 것을 제 나름으로 이해한 것도 이런 연유에서입니다. 사르트르·카뮈 논쟁에서 사르트르 측인 장송이 카뮈의 문체를 비난한 것도 제 나름으로 이해할 수 있습니다. 문체가 아름다운

것(앞뒤의 조화로움)은 체제 옹호의 산물이 아니었겠느냐는 논지가 그것. 도무지 화해할 수 없는 질서관 속에서도 어떻게 하면 자기를 지킬 수 있을 것인가. 이 절망감과 구어체 및 대화체가 결코 무관하지 않습니다.

남송우 선생님의 이번 저서는 「근대의 초극론에서 바라본 통일문학사론」을 제외하고는 모두 비평가와 문학사가 간의 대화방식으로 이루어져 있습니다. 그런데 비평가와 문학사가 두 주체의 관계를 보면, 전체 구도가 비평가가 문제를 제기하면, 거기에 대해 문학사가가 해명하고 설명하는 대응관계로 대화를 구성해 나가고 있습니다. 그러므로 이 두 대화 측은 물음과 대답이란 구도가 기초인 대화방식으로 해석됩니다. 대화적 글쓰기 방식을 택하시면서 그 대화 주체를 문학사가와 비평가로 설정하고 그 관계를 문제제기와 응답의 형태로 구상하게 된 동기가 무엇인지요? 제가 볼 때는 이런 글쓰기 방식과 이 책의 제명인 『~입문』과도 관련이 있는 것이 아닌가 하는 생각을 했습니다.

김윤식 <입문>이라 한 것은, 그러니까 제겐 <원론>의 뜻이지요. 비평가와 문학사가로 한정한 것은 그것이 제겐 자유의 지평 전체이기 때문이지요. 비평가가 문제제기를 하고 문학사가가 대답하는 형식인데, 어찌 그것이 <대화적 글쓰기>이겠느냐, 그것이 그쪽에서 묻고 싶은 데가 아닙니까. 비평가가 묻고 문학사가가 대답하기란, 기껏해야 편의적 글쓰기, 그러니까 소크라테스식 대화(산파술)의 아류에 지나지 않는 것. 대화란 (A)와 (B)가 비대칭적(非對稱的)일 때 성립되는 것. 상대방의 문법체계를 전혀 모르는 사람끼리의 의사소통인 까닭. 따라서 서로가 필사적일 수밖에요. 이 점에서 대화주의적 사고를 소설 장르의 특성으로 파악한 바흐찐이 썩 민첩했지요. 소쉬르의 언어 시스템론에서 비트겐슈타인의 언어 게임론에의 전환도 이에 대응되는 것이겠지요.

(A)와 (B)가 만일 대칭적이라면 그것은 한갓 <독백> 범주이겠지요. 이

점에서 제가 하고 있는 대화적 글쓰기란 한갓 독백 범주에 지나지 않는 것. 그렇지만 어떻게 하면 이 <독백> 범주에서 벗어날 수 있을까라는 염원이 거기 함의되어 있습니다. 유클리드 기하학이 정당하다면 비유클리드 기하학도 성립되는 것이니까. <제5공리인 평행선을 절대로 교차하지 않는다>와 <어느 무한 점에서 평행선은 교차한다>의 동시적 수용에 대한 꿈꾸기라고나 할까. 왜냐면 문학사가에게 대들고 질문하는 비평가란, 절망을 이미 체험한 족속이니까.

남송우 제가 보기에는 선생님께서 이번 저서에서 의욕적으로 실현하고 있는 대화적 글쓰기 방식은 문학사가이며 비평가의 역을 맡고 있는 선생님 자신이 궁극적으로 실현해 보고자 하는, 표현자의 경지에 이르고자 하는 의식과 결코 무관하지 않게 보입니다. 「화두로서의 표현자와 연구자」에서 표현자=연구자의 경지를 꿈꾸었던 선생님께서 이를 구체적으로 실현하고 있는 것이 아닌가 하는 생각을 했습니다. 이 경지는 그 동안 선생님 자신이 꾸준히 추구해온 글쓰기 방식의 모색 결과가 아닌가 합니다. 글쓰기 방식과 관련해서 그 동안 선생님이 걸어오신 흔적들을 한 번 짚어 보았으면 합니다.

김윤식 <연구자≠표현자>의 개념이 제 개인적 글쓰기의 염원입니다. 동시에 <비평가=표현자>의 개념 역시 제 개인적 글쓰기의 염원이지요.

먼저 <연구자>의 처지에서부터 볼까요. 연구대상이 확정되면 어떤 가설을 세웁니다. 자료를 모으고 이를 일정한 방법론에 따라 분석, 정리하여, 세운 가설에다 확인함으로써 일정한 증명에 도달합니다. 자연 과학의 경우 이를 <설명>이라 하겠지요. 한편 정신과학의 처지에서 보면, 이를 <이해>의 범주에서 다루게 되지요. 이른바 해석학이 그것. 사회과학의 경우, 가령 골드만의 방식은 <설명>과 <이해>의 관계항에 걸려 있지요. 어느 쪽이든, 연구자란 무엇이겠는가. <설명>도 <설명과 연구>도 아닌 <이해> 쪽에

선 것이 문학(정신)연구라면, 비교적 몸이 가볍다고나 할까. 혹은 유연성이 깃들이고 있다고나 할까. 그럼에도 연구자라는 점에서 그는 딱딱한 방법론의 포로에 가깝지요. 전투복 입은 무장이라고나 할까.

학문이란, 그러니까 새로움이 생명이지요. 자료, 방법, 해석 중 어느 것 중 하나는 새로워야 하니까. 따라서 어떤 새로움도 다른 새로움에 대체되게 마련. 조만간 격파당하기 위한 운명을 타고난 것이 학문인 것. 격파당하지 않으면 학문일 수 없다는 것. 기막힌 운명이 아닐 것인가. 예술(표현) 쪽은, 이와 조금은 다르지요. 일정한 완성도에 이른 예술이라면, 뒷사람에 의해 극복되거나 능가되었다고 하지는 않지요. 어째서? 표현자의 세계이니까. 이 차이는 근소한 차이겠으나, 제겐 엄청난 것으로 느껴지기 시작했습니다. 『이광수와 그의 시대』(1981)를 쓸 때 어렴풋이 느꼈던 이 점이 『이상 연구』(1987)를 집필했을 때 한층 뚜렷해졌고, 『김동리와 그의 시대』(3부작, 1995~1997)에 이르자, 주체할 수 없는 힘으로 제게 육박해 왔던 것입니다. 어째서 그러했던가. 놀라운 것은, 표현자의 제일인자로 자처한 소설가 김동리가 기묘한 몸짓을 하고 있었음을 제가 목도한 사실에 있습니다. 대작 『사반의 십자가』(1957)를 쓴 김동리가, 소설가로는 전혀 무관한 어떤 곳에서 사반의 혼령을 불러내고 있지 않겠는가. 수필 「송추에서」(1966)가 그것. 눈 내리는 한겨울 송추 골짜기에 간 작가 김동리는 거기서 2천 년 전 갈릴리 호수 저편에 살던 사반의 혼령을 불러내러 <대화>를 하고 있지 않겠는가. 소설이라는 구속된 장치(관습)로는, 표현자의 세계를 드러낼 수 없었던 까닭이 아니라면 무슨 이유가 따로 있었을까. 소설이 표현자 김동리에게 얼마나 구속이고, 전투 복장이었는가를 새삼 드러낸 장면이었던 것.

연구자의 처지에서 제가 느낀 답답함과 흡사한 장면이라 할 수 없겠는가. 제가 당초 『이광수와 그의 시대』라는 평전 쓰기에로 나아간 것부터,

연구자에서의 이탈 조짐이었다고나 할까. <가장 섬세한 글쓰기이자 고아(高雅)한 글쓰기>로 문학적 평전 쓰기를 규정한 것은 고명한 영국 전기작가인 L. 스트라치였지요, 연구자가 지닌 규범이랄까 규칙성에 대한 엄격성에 민감하면 할수록 또 그 세계에 몰입하면 그에 비례하여, 표현자로 향한 강도가 강화되는 법.

이 장면에서 문득 제가 깨친 것 중의 하나가 떠오르네요. 1980년도 제가 두 번째로 도쿄 대학에 공부하러 갔을 때, 학교 앞 고서점에서 루카치의 『소설의 이론』(1916)을 입수, 밤을 새워 읽었던 것입니다. <창공의 별이 우리가 갈 수 있고 가야만 할 길의 지도(地圖) 몫을 하던 시대는 복되도다>가 그 첫 줄이었지요. 대체 이는 무슨 뜻일까. <소설이란 무엇인가>를 이해하기 위해 이 책을 읽는다면 이는 허탕이 아닐 수 없는 것. <설명>이 아니라 <표현>(작품)이었던 까닭. 루카치는 소설을 <설명>한 것이 아니라 소설에 대한 <작품>(표현)을 쓰고 있었던 까닭. 훗날 안 일이지만 이런 방식이란 독일 고전주의 철학의 버릇이었던 것. 하이데거의 『존재의 시간』 역시 완벽한 <작품>이었던 것. 설명 나부랭이로는 어림도 없는 경지이지요.

남송우 글쓰기 방식과 관련해서 볼 때, 비평 문체의 개발이라는 것은 순수 표현(작품)으로서의 비평의 모색과도 깊이 연관되어 있다고 봅니다. 선생님께서는 이러한 순수 표현(작품)으로서의 비평의 모색이 조연현에서부터 시작되었다고 보고 있으며, 조연현은 이를 성공적으로 실현하지 못했다고 평하고 있습니다. 이는 시나 소설 같은 작품화가 아닌 독자적 형상화의 길을 따로 개척하지 못했기 때문이라고 판단하고 있습니다. 그렇다면 비평에 있어서 <독자적 형상화의 길>이란 어떤 모습으로 열려질 수 있을지가 궁금합니다.

김윤식 <연구자≠표현자>의 염원이란 무엇인가. 이 물음의 첨예한 영역이 <비평가=표현자> 쪽이 아닐 것인가. 비평가란, 연구자 쪽이기보다, 원리적으로 표현자 쪽에 가까운 존재가 아닐 것인가.

<어떤 몸짓에 의해서도 표현될 수 없지만 그래도 표현을 갈망하는 체험(삶)이 있다>라는 명제를 수없이 외치고, 그것이 비평(에세이)의 근거임을 주장하는 것은 젊은 루카치였지요(『혼과 형식』, 1911). 제가 이 대목에 주목한 것은 이러한 순간을 제 자신이 감당할 수 없을 만큼 체험한 후였지요. 그만큼 절실했던 것. 그의 불세출의 작품 『소설의 이론』에서도 그대로 이 <표현자>의 의미가 반복되었음을 대번에 알아차릴 수 있었지요. '<본질은 반드시 찾아져야 한다. 동시에 그것은 절대로 찾아지지 않는다>를 존재로 하는 소설에서 비로소 시간은 형식과 더불어 주어진다(Nur im Roman, dessen stoff das Suchenmussen und das Nicht-finden-konnen des wesens ausnmcht, ist die Zeit mit der Form mitgesetzt).' 서사시와 소설의 구분점이 <시간>의 개입 여부에 있다는 것, 그러기에 소설은 <시간>이 거의 본질적 요소에 육박한다는 것. 이 사실 자체보다 소중한 것은, 이 <절대 모순성>이 아니겠는가. 말을 바꾸면 <표현자>가 놓인 자리의 확인이 아니겠는가.

이 나라 비평의 경우 비평 그것이 설명이나 가치평가에 멈추지 않고, <표현>에까지 나아가야 한다는 점을 알아차리고 이에 대해 나름대로의 고민을 한 사람이 바로 조연현이지요. 그가 실패한 이유는 무엇인가. 이 물음은 매우 <원리적>인 데로 향하는 과제입니다. <절대 모순성> 그러니까 자체 내에서 생긴 모순성에 대한 자각의 미흡함에 이 문제가 관련됩니다. 말을 바꾸면 자체 내의 이 절대적 모순성을 자각하고 그것을 운명의 모습으로 받아들이는 방도밖에 무슨 뾰족한 수가 있을까. 또 말을 바꾸면, 절대 모순성을 그대로 드러내는 방식이 그것. <혼령 불러내기>에로 나아가기도 한 그 한 가지 방식이 아니겠는가.

남송우 선생님의 지금까지의 우리 문학에 대한 관심은 '근대'라는 화두에서 한 발짝도 벗어나지 않고 있다고 할 정도로 근대에 매달려 있는 형국입니다. 그런데 이제는 우리 문학의 근대성 발견에서 근대 초극론으로 넘어와 있습니다. 이번 선생님의 저서에 나오는 「근대의 초극론은 가능한가」 역시 이러한 논의의 중요한 한 항목이 되고 있습니다. 그런데 여기서 선생님께서는 김동리의 <구경적 생의 형식>이 서구 근대를 우습게 보고 이에 맞서 내세운 전략적 무기로 보고 있습니다. 전략적 무기가 되었다는 사실을 유진오와의 논쟁과 헤겔의 주인·노예의 변증법, 사이드의 「오리엔탈리즘」의 담론으로 풀어내고 있습니다. 이 논의의 과정은 흥미롭고도 설득력을 충분히 지였다고 봅니다. 그런데 선생님의 논의는 여기에 머문 것이 아니라, 김동리의 경우는 주인·노예의 변증법에 대해 투명성이 모자라 근대 초극을 하는 데는 역부족이었다는 점을 지적하고 있습니다. 그래서 선생님의 논의는 만해의 「님의 침묵」으로 나아가고 있습니다. 여기서 <낭만적 이로니>로 정의되는 죽음을 통해 <주안·노예의 변증법>의 틀을 깰 수 있는 한 가능성을 모색해 보고 있습니다. 그래서 내려진 결론이 만해가 김동리보다는 깊은 의미의 근대 초극론을 보여주고 있다는 점입니다. 그런데 문제는 「님의 침묵」이 보여준 세계는 선생님의 말씀처럼 종교인가 문학인가를 판정할 수 있는 준거를 마련하기 어렵다는 점입니다. 그렇다면 근대 초극의 한 방향이 종교라는 쪽으로 기울어지고 있다는 감을 지울 수가 없습니다. 그래서 선생님께서도 그러한 모습을 <관념으로서만 초극 가능한> 형국으로 보고 계신데, 이것이 진정한 근대 초극의 논리로 의미를 지닐 수 있는지요?

김윤식 <근대>라는 화두에 관해서라면, 이는 어디까지나 연구자의 영역이라 보기 쉽지요. 그러나 이 역시 순수한 연구자의 영역에서 벗어나는 것. 이 나라의 근대성을 대표하는 인물(문인, 사상가 등)로 현민 유진오를 들 것입니다. 어떤 의미에선 임화, 김남천 등도 이 속에 포함되는 존재에 불과한 것. 개화기 개화사상의 중심부에 놓인 이 유씨가문의 적자이자 경성 제대

수재인 유진오가 선 자리는, 마르크시즘은 물론 민족주의까지 포함한 근대 조선의 표상이었던 까닭. 그와 정면으로 맞선 존재가 김동리였던 것.

<구경적 생의 형식>이 근대에 맞서는 김동리의 명제입니다. 그러나 이 명제엔 취약점이 있었는데, 곧 그것이 종교에로 경사되어 있다는 점입니다. <구경적 생의 형식>에서 아직 <생>을 문제삼는 것이긴 하나, 그러기에 이 <생>에는 주인·노예 변증법(헤겔)이 작동하지 않을 수 없다는 점에서는 아직 완전한 종교에로 이르지 못한 형국이지요. 요컨대 김동리는 유진오의 근대에 대한 <반근대>의 형국으로 대항했던 것. 그러니까 <반근대>란 <근대> 속에 내속(內屬)되는 것이지요. 헤겔의 동일성(同一性) 이론에 필사적으로 저항한 『부정 변증법』의 아도르노가 결국은 동일성의 부분적 비판에서 못 벗어나는 것도 이와 비슷하지요. 근대의 초극론으로는 역부족인 까닭이 여기에서 옵니다.

진짜로, 근대의 초극이 이루어지려면, <죽음>밖에 없지요. 그것은 모든 <반근대>조차 깡그리 몰각한 장면이니까. 『님의 침묵』의 만해가 이에 이르고 있습니다. 죽지 않고는 결코 <님>을 만날 수 없다는 것, 이는 모든 것을 <무>로 돌리겠다는 것에 지나지 않는 것. 이 순간, 근대가 보기 좋게 초극되긴 하지만, 문학도, 예술도, 사상도, 그리고 <삶>까지도 송두리째 소멸된 연후이지요. 소를 찾다가 소를 죽인 결과에 지나지 않는 것. 이 점에서 시집 『님의 침묵』은 일종의 환각에 지나지 않는 것. 종교 저편에 놓인, 문자를 쓰자면 피안(彼岸, Jenerseit)이 아니겠는가. 문학보다 월등히 잘난 영역일지 모르나 적어도 문학의 영역(인식론의 범주)에서라면 논의 불가능이 아니겠는가. 근대의 초극이긴 하되, 쓸모없는 초극, 곧 모든 것의 초극에 해당되는 것이니까.

남송우 선생님께서는 「체험으로서의 작가론과 그 존립방식」에서 김동리의 작가론을 통해 작가론 일반론을 정립해 보고 있습니다. 그 과정은 김동리의 「사반의 십자가」를 중심으로 펼쳐지고 있습니다. (A)층위로서의 「사반의 십자가」와 (B)층위로서의 <사반과의 대화> 이 둘을 종합한 제 3의 텍스트가 (C)층위라고 설정하고 있습니다. 그리고 (C)층위가 「사반의 십자가」라는 입장이죠. 그런데 이런 층위의 설정 자체가 목적이 아니라, 선생님께서는 이러한 층위의 설정은 결국 작가가 그대로 작품이라는 또 다른 단계로 나아가기 위한 기초로 보고 있습니다. 이는 선생님이 생각하시는 작가론이 새롭게 열려지는 장면이라고 봅니다. 그런데 이런 작가론의 경지가 작품론→작가론→문학사→작품론→작가론→문학사의 원환 운동 속에서 문학사 작업을 해가는데 어떤 기능을 할 수 있을지가 궁금해집니다.

김윤식 <작품론→작가론→문학사>의 순환 과정에 대한 문제인데, 이는 간단히 말해 해석학의 <순환 논리>에 다름 아닙니다. 해석학이란 무엇이뇨. <이해>의 기술학이지요. <신민족주의 문학 사상>이라는 독창적 사상으로 평가받는 도남 조윤제의 방법론이 바로 W.딜타이가 개발한 정신과학(해석학)이었는데, 딜타이의 정의를 잠시 볼까요.

명제(1), 감각적으로 주어진 정신적 생의 표시에서 그 정신적인 생의 인식에 이르는 과정을 두고 <이해>라 함, 명제(3), 문자에 의해 고정된 생의 표시에 기술적 이해를 두고 해석이라 함, 명제(4)의 b항, 이 문자에 의해 고정된 생의 표시의 이해의 기술학을 두고 해석학이라 함 등으로 되지요. 객관화된 기호의 해석을 통해 구조화된 전체를 추체험하는 것이지요. 이 때문에 딜타이의 해석학이 현저히 심리학으로 기울어져, 기호(작품)보다 작가의 생의 문제로 향하게 됩니다. 텍스트의 이해를 타자(인간) 이해에 종속시킨 꼴이 되었다고나 할까. 이해 이론을 인식론 쪽에 두지 않고, 존재론적 구성을 묻는 쪽으로 물꼬를 튼 것이 하이데거의 해석학이지요. 이해함으로써 존재하는 이 존재의 존재 양태란 무엇인가가 그것. 이해의 문제는 타자와의 커뮤니케이션 문제와는 전혀 분리된, 존재에 있어 자기의 위치의 근본적 이해인 셈. 하이데거의 해석이란, 상황=이해=해석 곧 텍스트 해석보다 사물의 해석이 우선하는 만큼 <언어>를 뒤로 돌리고 있습니다. 이 점이 그 한계랄까요. 텍스트 뒤에 숨겨진 주관적 의도의 탐구가 아니라 텍스트 앞에 펼쳐진 세계를 해석함인 까닭. 이는 <자기 이해>로 향하지요. 리쾨르에 의해, 언어의 과제가 해석학의 새 장을 열게 됩니다. 후설의 현상학과 커뮤니케이션(언어)을 동시에 결합시킨 리쾨르의 해석학에서 가다머의 『진리와 방법』에서 보여주는 <지평> 개념에 이르기까지 해석학은 그 정밀도를 더해 가지요.

아무리 그렇기는 해도, 해석학의 기본항인 순환 논법만은 그대로입니다. 부분과 전체, 과거와 현재, 발신자와 환경 사이에서 작동되는 순환 과정을 통해 의미 또는 의의의 정밀화에 이르기로 요약되는 것이지요. 텍스트로서의 작품에 대한 논의에서 작가론으로 나아감도, 작가론에서 문학사로 나아감도, 그 각각의 독자적 의의가 없지는 않으나, 결국은 텍스트 이해의 정밀도로 향한 몸부림의 일환이 아니겠는가.

그대는 작품론을 정밀히 추구해 보았는가. 아마 그대를 절망했으리라. 인상 비평에 전락하든가 특성 학살 적용에 떨어지든가 불모의 전기 복원에 떨어지게 마련이니까. 작가가 작품을 쓸 때의 그 생산적 전조에는 결코 이를 수 없음에 그대는 틀림없이 절망했으리라. 작가론에로 나아갈 필연성이 여기에 있고, 또 그 절망에 마주치고, 그것이 또 문학사에로 나아가고, 또 절망, 다시 작품론에로 나아가기. 이 모두는 실천해보지 않은 자에겐 무용한 해명이지요. 절망의 표현이니까. 이 과정에서 확인되는 것은 텍스트가 열려 있다는 사실. 어찌 텍스트뿐이랴. 작가론도 문학사론도 열려 있기는 마찬가지. 그렇다고 해서 무한정의 되풀이일까. 그렇지는 않겠지요. 무한하되 끝은 있는 법. 왜냐면 인간의 한계성이 전제되어 있으니까.

이 원환 운동은 그 자체가 하나의 과정이자 목표인 것. 문학사가 최종 목표일 수 없지요. 문학사도 정밀해진다는 뜻이지요.

남송우 선생님은 『비평의 자립적 근거에 대하여』에서 비평가 조현현과 백철 비평의 근저를 파헤치고 있습니다. 우선 선생님께서는 조연현 비평을 문학으로 자각한 이 나라 최초의 문사로 평가하고 있습니다. 조연현은 작품에 대해 과학적 분석을 가하고, 그 다음 이를 논리적으로 정합한 다음 다시 이를 형상화하려고 했다는 것이죠. 그런데 조연현이 이를 제대로 실현하지 못한 것은 조연현의 자질 부족과 이 나라 정신계의 역부족으로 보고 있습니다. 그런데 이 나라 정신계의 역부족이란 측면이 함의하고 있는 의미가 좀은 구체화 되었으면 조연현이 순수 표현자로서의 비평가로 성공하지 못한 원인이 더 명확하게 드러날 수 있을 것 같습니다. 또한 백철의 경우, 결국 우리는 <백철이라 부르는 비평가에게 아무 것도 배울 것이 없다>는 명제로 결론이 내려지고 있습니다. 그런데 정작 선생님이 백철을 문제 삼은 이유는 문학사가와 비평가의 세계 인식의 차이 혹은 역할 분담 나아가 기질적 차이 같은 것을 거론하기 위함이라고 서두에서 밝혀놓고 있습니다. 그런데 백철 논의를 통해 이 점이 명확히 드러나지 않은 것 같습니다. 그리고 <백철에게서 아무 것도 배울 것이 없다>는 명제가 하나의 역설처럼 들리기도 합니다.

김윤식 <우리는 백철이라 부르는 비평가에서 아무것도 배울 것이 없다>라는 명제에서 제일 먼저 주목해야 할 것은 이런 말을 하는 <우리>는 누구인가입니다. <우리=나>란, 물을 것도 없이 비평을 하고 있는 비평가들이겠지요. 어째서 그러한가. 백철만큼 저널리즘에 민감히 반응한 경우가 없기 때문. 새로운 사조가 들어올 적마다 <웰컴!>을 외쳐오지 않았던가. 카프 문학에서 인간 묘사에로, 휴머니즘론, 사실수리설, 제3노선, 그리고 뉴크리티시즘에 이르기까지, 늘 웰컴주의로 일관해 온 백철 비평이 아니었던가. 그런데 곰곰이 따져보면, 정도의 차이는 있겠으나, 그렇지 않은 비평가가 과연 있었던가. 이 점에 백철 비평만큼 분명한 것은 없지요. 제가 몇 년째 『백철 연구』를 준비하고 있는 것도 이와 무관하지 않습니다.

이 백철 비평을 두고 줏대 없는 비평이라 혹평한 것이 조연현이었지요(「개념과 공식」, 1948.2). 가장 주체적이라 자부하고, <온몸으로서의 비평>을 한다는 조연현의 처지에서 보면 웰컴주의야말로 타기할 비평이겠지요. 이래도 좋고 저래도 좋은 비평이란, <결시적인> 비평과 얼마나 다른 것이랴.

"문제는 상대방을 극복하기 위한 필사적인 자신의 역량 발휘다. 비평의 이와 같은 양상은 우리가 살아가는 실상의 모습 바로 그대로다. 별안간 6·25 동란에 직면했을 때 그것에서 무사할 수 있는 어떤 편리한 생활의 방법이 있었는가. 우리는 다만 사력을 다하며 6·25와 대결했을 뿐이다. (…) 개인도 그랬고 국가도 그랬다. 이것이 6·25에 대한 우리의 진지한 비평이다. 그밖에 무슨 6·25에 관한 비평이 있었겠는가."(조연현, 「삶의 몸부림으로서의 비평」, 『조연현 전집(4)』, 어문각, 18면)

조연현의 결사적 방식이란, 일종의 비유이겠으나, 분명한 것은 <이래도 좋고 저래도 그만일 수 없음>에 있지 않겠습니까. 누가 보아도 여기까지는 별 문제가 없습니다. 제가 이 자리에서 어느 한 편을 지지한다거나 우열을 따지고 있지 않습니다. <우리는 백철 비평에서 아무것도 배울 것이 없다>는 명제에서 소중한 것은, 이 명제가 이런 말을 하는 <우리>(나)의 발견에로 향하게 만들고 있기 때문입니다.

비평가인 <나>는 무엇인가. 이렇게 물을 때, 누가 완벽한 해답을 내놓을 수 있으랴. 왜냐면 <나> 자신이 순간 순간 변하는 것이니까. 불교 경전 중엔 「미란다의 문답」이 있지요, 존자 나가제나와 그리스계 서인도의 왕 미린다(B.C.2세기)와의 문답에서 드러나듯, <나>란 촛불 모양 수시로 변하며 여러 가지 명칭으로 구성되어 있기에 어느 한 곳에다 인격적 주체를 확정할 수 없는 법. 이 점에서 백철 비평만큼 정직한 것이 달리 있을까.

<배울 것 없음>이야말로 소중한 점이라는 것은 이런 문맥에서이지요.

한편 이를 맹비난한 조연현 비평은 어떠할까. 결사적 비평, 곧 벼랑에 선 비평이겠지요, 이때 선택의 여지란 없는 법. 스스로를 이런 경지에 몰아넣음이야말로 비평의 성립 근거이지요. 비평(criticism)이 위기(crisis)의 소산임은 이런 문맥에서이지요, 벼랑에다 자기를 몰아넣었을 때 조연현 앞에 드러난 것이 바로 <표현자>의 세계인 것. 절체절명의 자리에 자기를 몰아넣었을 때 그에겐 선택의 여지가 있을 수 없는 법. 있는 것이라곤, 생의 <원형>뿐이지요. 고바야시 히데오(小林秀雄)가 반한 도스토예프스키 소설의 인물들이 그것. 바로 이것이 <표현자>의 영역이지요. 세계란 자기의 내면에 비치는 거울로 존재하는 것. 거기에 비치는 자기의 모습이 비평이었던 것. 이 나르시시즘이란 무엇인가. <시적인 것>이지요. 비평가 조연현은 시인으로 변신해야 했던 것. 그런데도 그는 이 <시적인 것>에로 변신하지 못했지요. 왜? 벼랑에서 자기 몸을 빼내었던 까닭. 문학사가로 변신하고, 문예지 편집자로 나아갔던 것. 표현으로서의 비평이 한갓 「손수건의 사상」 같은 잡문으로 전락했지요.

그렇지만 조연현의 이 실패 과정이란 얼마나 소중한가. 백철 비평의 무사상성이란 얼마나 소중한가. 비평의 본질에 대한 두 시금석으로 백철과 조연현이 저만치 우뚝 서 있으니까.

남송우 선생님의 글 「20세기의 비평 현장 속에서」 비평적 사고의 본질을 절대성의 탐구로 요약하고 있습니다. 이 절대성을 의식의 측면에서, 언어의 측면에서, 인간존재의 측면에서 해명하고는, 그 결과 내린 결론은 비평의 절대성 탐구란 사유의 원환 구조랄까 순환 운동의 개념을 도입하지 않는다면 정태적 사유에 떨어지고 만다는 것입니다. 그래서 비평의 존재 방식은 <나는 나다>의 확인과 <나는 나다>의 위화감 사이의 원환 운동으로 파악하고 있습니다. 즉 비평의 존재 방식을 <나는 나다>의 명제가 지닌 위화감을 좀더 통렬히 느끼는 경험, 그 위화감의 정도를 스스로 측정하는 자기의식 갖기에서 찾고 있습니다. 선생님이 생각하시는 이러한 비평의 존재성은 이 장 서두에서 제시한 비평의 생리적 경험주의와 역사적 상대주의를 어느 정도 극복할 수 있을런지요?

김윤식 현장비평이란 말을 제가 매우 빈번히 사용, 이를 유포시켜 왔음에 주목했으면 합니다. 두 가지 층위가 함의되어 있습니다. 금방 창작된 작품과 마주친다는 뜻의 층위가 그 하나. 종래 월평 형식이 이에 대응될 것입니다. 금방 발표된 작품이란, 흡사 진흙으로 빚어진 물건과 같아서 아직 그 형체가 변형될 수 있는 유연성을 띠고 있지 않겠는가. 여기에 가치부여의 작용을 하는 것이 이른바 시간 개념이지요. 모든 것을 그냥 두지 않고 틈을 내고 망가뜨리는 것이 시간이지요. 이 시간이 이제 막 사물에 작동하기 시작하는 장면을 이름하여 현장성이라 부르는 것. 작가의 숨결이 아직도 남아있는 공간이라고나 할까요. 아직도 산모의 피냄새랄까 체온 같은 것이 남아있는 곳.

이 피 냄새를 맡고 사방에서 맹수들이 모여들지도 모를 일. 그러기에 생존키 위한 필사적 행위가 본능적으로 벌어지게 마련. 흔적 감추기가 그것. 시간과의 싸움이 그것. 이 시간과의 싸움에서 과연 작품이 이겨나갈 수 있을까. 행운일 수도 악운일 수도 있지만 필사적 노력(본능)을 맨 먼저 지켜보는 것이 이른바 현장성의 감각입니다. 그러기에 현장성이란 가치판단이기에 앞서 <감각>의 일종이지요. 일종의 후각에 속하는 것이기에 징후적임을 면하지 못합니다.

현장성의 다른 층위, 그러니까 진짜 현장성이란 무엇인가. 작가의 창작현장이란 어떠할까에 직접, 간접으로 관련되는 이 층위의 현장성이란, 의미 생산 과정인 까닭에 아직도 시간·공간의 미분화 상태에 놓여 있겠지요. 거기엔 언어가 아직 생성되지 않은 심층이 있습니다. 프로이트와는 달리

라캉은 이를 그냥 <구조>라 보지 않고, <언어로서 구조화되어 있다>고 했지요. <언어란 주체의 출현에 앞서 있고, 그 주체의 출현을 낳는다>고 하지 않겠는가. 이런 논법대로라면 주체란 반성적 의식의 주체가 아니라 욕구의 주체인 셈이지요(『세미나』, 1964). <무의식은 당초에 있었던 것이 아닐 뿐 아니라 본능적인 것도 아니다. 그것은 당초 기표의 요소만을 알 따름이다>라고 조심스럽게 라캉은 말하고 있군요. 말을 바꾸면 인간 존재란 생물적, 사회적인 존재 이상으로 언어적 존재로 됩니다. 타자의 개념이란, 이 언어에서 비로소 성립되는 것. 이로부터 <인간≠언어>의 도식이 장대하고도 섬세하게 펼쳐집니다. <말하는 주체를 낳는> 이 언어의 과정을 일러 현장성이라 부르겠지요. 제가 말하는 현장비평이란, 이 두 가지 <현장성>에 관련된 감각을 가리킴인 것. 또 다르게 말하면, 우리가 항용 말하는 작품이란, (1) 심층의 층위, (2) 발표된 직후로서 바야흐로 시간의 침투가 비롯되기 시작한 층위, (3) 시간 속에 전면적으로 노출된 층위로 나눈다면, 현장비평이란 (1)(2)를 가리킴인 것.

이러한 현장비평이 어째서 절대적 처지에 서야 하는 것일까. 결론부터 말해 절대적 입장이란, 언어의 절대성을 가리킴인 것. 제 자신의 체험에서 도출된 이런 인식에 이른 과정을 조금 말해 볼까요.

당신이 하고 있는 평론에서 작품의 평가 기준이란 무엇인가요. 이런 물음을 던져 오는 사람들이 있었지요, 많이 읽음에서 저절로 터득된 것이다라고 대답합니다. 작품을 포도주나 생선회에 비유해 봅시다. 일급품이냐 아니냐를 알아차리는 감각이란, 많이 마셔 보거나 먹어 봄에서 비로소 획득되는 것. 이를 생리적 경험주의라 부르겠지요. 그렇다고 이 길이 대수일 수 있겠는가. 천만에. 한 단계에 지나지 않는 것. 혓바닥만 민감해지는 법. 설사 섬세함은 획득할 수 있을지 모르겠으나, 영양(건강)의 균형 확보는 불가능하지요. 이 방식이 도락(퇴폐)주의에 침몰되는 것은 시간 문제일 터.

이번에 문학작품을 사회 개혁의 칼이나 총에 비유해 볼까요. 이성의 힘으로 세계를 바람직한 방향으로 바꿀 수 있다는 신념(제작 모델), 이를 특정 이데올로기라 부르겠지요. 그런데 세계 건설에서 나타나는, 싸워야 할 대상이 달라진다면 어떻게 될 것인가. 이런 이데올로기를 버리고 다른 이데올로기를 택할 수밖에. 이를 역사적 상대주의라 부르는 것. 확실하다고 믿었던 평가 기준이 상황에 따라 이리저리 변하는 것이라면 기껏해야 허무주의에 지나지 않는 것. 90년대 벌어진 이 나라의 후일담계(독재에의 저항→생명주의·환경 보호주의→단군 숭배로 향하기의 도식) 문학과 그 비평이 그 꼴이 아니었던가.

생리적 경험주의도, 역사적 상대주의도 바람직한 것이 못 되는 것. 그렇다면? 제 대답엔 별로 망설임이 없지요. <절대적 평가>여야 한다는 것이 그것. 무엇이 절대적이냐. 위에서 조금 살펴본 현장성에 그 실마리가 들어 있습니다. 언어와 인간의 관계의 절대성이 그것. <언어≠인간>의 도식이 이를 가리킴이지요. 언어의 밀도 또는 언어의 구조화 과정이야말로 비평의 기준이 아닐 수 없다는 것. 인간이란 무엇이뇨. 이 물음은 막바로 언어란 무엇이뇨에로 이어지는 것이다. 언어의 한계 지점까지 나아가기, 곧 인간 의식의 임계성(limit)에까지 육박하기, 이것만큼 절대적인 것이 따로 있겠는가. 인간의 한계성을 묻는 것이기에 절대적일 수밖에.

작품론/작가론/문학사에 각각 현장성을 대응시키는 일의 무의미함을 부추기는 것도 내면의 목소리였고, 거기서 탈출하라고 외치는 것도 내면의 목소리였던 것. 화두이되 화두일 수 없음, 이를 방법이라 부르겠습니다. 표현자의 화두와 연구자의 화두가 각각 다르면서도 불이(不二)라는 장(場)의 모색, 바로 여기에 제가 가까스로 이르고 있습니다.

—『한국근대문학 연구방법입문』 머리말에서

여기에서 대두되는 문제성이 바로 <나>란 무엇인가입니다. <나는 나다>라고 할 때, 주어 <나>와 술어의 <나>가 동일한가 그렇지 않은가의 과제가 그것. <나>란, 확정된 대상이 아니고 한갓 <현상으로서의 나>에 지나지 못한다는 것. 앞에서 든 「미린다왕의 문답」에서 보듯 <나>란 한갓 <현상>인 것. 제가 교토 학파(京土學派)의 거두 니시다 기타로(西田幾多郎)의 <장소의 철학>에 빠져든 것도 이 과제와 무관하지 않습니다.

남송우 선생님은 「체험으로서의 한국근대문학사론」에서 한국근대문학사의 방법론이란 <국민국가=문학>의 등가성에 있다고 밝히고 있습니다. 문제는 선생님도 제기하셨듯이 아직 국민국가도 온전히 실현하지 못한 우리에게 지역국가 개념이 부상하고 있다는 점입니다. 만일 지역국가 개념이 현실화된다면, 선생님의 문학사 기술방법은 어떤 방향으로 나아가야 할지가 궁금합니다. 그리고 선생님의 문학사 접근로는 <발견>과 <방법>이라는 두 길이 원환 구조로 맞물려 있는 형국입니다. 이러한 문학사 기술에 대한 의식은 앞서 논의한 비평의 존재 방식에서 선생님이 제시하고 있는 사유의 원환 구조 혹은 순환 운동 개념과도 맞닿아 있는 것 같습니다. 그렇다면 비평의식과 문학사 기술에 임하는 동일한 차원에 놓여 있는 것인가요?

김윤식 근자 제가 세 권의 책을 썼습니다. 『발견으로서의 한국현대문학사』(서울대 출판부, 1997), 『체험으로서의 한국근대문학연구』(아세아문화사, 1999), 그리고 『한국근대문학 연구방법입문』(서울대출판부, 1999)이 그것. <발견>, <체험>, <입문>이 그 화두 아니겠습니까. 보시다시피 최종 목표란 문학사도 작가론도 작품론도 아니고 입문(원론)입니다. 그것은 내가 나를 찾는 행위에 다름 아닌 것. 어째서? 나는 한갓 <현상>이니까. 연구자도 비평가도 아닌 <표현자>의 경지에의 꿈꾸기가 그것.

남송우 선생님은 「민족어와 인공어」에서 모더니즘을 다른 사상이나 이데올로기와 구별할 수 있는 하나의 문학적 방식으로 <인공어> 개념으로 사용하고 있습니다. 그래서 근대성을 설명하는 하나의 방식으로 <인공어>가 사용되고 있습니다. 이는 선생님이 카프 문학의 연장선상에 모더니즘을 놓고 있는 데서도 나타납니다. 그런데 우리 문학사에서 카프가 추구한 근대성과 모더니즘이 실현한 근대성은 그 변별성이 분명히 나타납니다. <인공어>를 중심으로 근대성을 논의하신다면, 카프 문학이나 모더니즘에서 <인공어> 잣대로 그 변별점을 구체적으로 제시했더라면 하는 생각이 듭니다. 카프의 <인공어> 수준과 모더니즘에서의 <인공어> 수준은 달라 보이기 때문입니다. 「방법으로서의 한국근대소설사」에 오면, 카프는 리얼리즘의 확립, 운동으로서의 문학 등으로만 설명되고 <인공어>의 차원에서의 논의는 제외되고 있어 더 그런 생각을 합니다.

김윤식 <민족어와 인공어>라는 말을 근자 자주 써 왔습니다. 문학사 기술에 직,간접적으로 관련된 데서 도출된 용어들이지요. <민족어>, <모국어>, <자연어>, <인공어>, <준인공어> 등으로 세분해서 바라본다면, 이 나라 근대문학사의 구축에 새로운 시선이 될 수도 있다는 것이 제 의도였지요. B.앤더슨의 『상상의 공동체』(1983)에서 제가 배운 것이 바로 인공어와 소설의 관계입니다. 비서구에 있어 근대화란 무엇인가. 국민국가의 건설에 제일 중요한 과제였던 것. 이 상상의 공동체를 창출하는 방편으로 주어진 것이 인공어(언문일치도 이 속에 포함) 개념이지요. 곧 아직 미완성 상태인 국가의 폭력으로 <(자)국어>를 만들고 그것으로 사람들의 의식을 획일(균질)화시키는 방식이 행해진 것이지요. 국어란 무엇이뇨. 국가가 특정 지역 및 계층의 언어를 강요한 것이 국어(표준어)였던 것. 이 폭력 행사가 지닌 균질화 작용과 꼭 같은 의식 양태가 익명성을 기본항으로 하는 소성(무학)이었다는 것.

발자크의 명작이 아니라 너절한 삼류 소설에서도 이 <균질적인 공허한 시간> 개념이 드러납니다. 여기 남자A가 있고, 그의 처B와 애인C가 있다고 치자. C에겐 정부D가 있다. 이 네 개의 시간 연쇄에서 주목되는 것은 무엇인가. A와 D는 한 번도 만난 바 없다. C가 제대로 한다면 A와 D는 서로 알 필요도 없지요. 그렇다면 A와 D를 관계짓는 것은 무엇인가. 익명성이 그것. 상호 보완적 개념이지요. (가)A와 B가 언쟁을 하는 동안 C와 D는 정사를 하고 있다. (나)A가 C에게 전화할 때 B는 물건을 사고 있고 D는 당구를 친다. (다)D가 술집에 있고 A와 B는 집에서 식사하고 C는 불길한 꿈을 꾼다. (가)(나)(다)의 시간축과 사건의 관계에서 독자는 모든 것을 이해합니다. 등장인물 당사자들만 모르는 판이 벌어지고 있지요. 국민국가의 성립 과정이란 이처럼 인공어로서의 <국어>와 <소설>의 구조에 엄밀히 대응되는 것.

그런데 인공어로서의 이 국어가 어느새 <민족어→모국어→자연어(토착어)>로 둔갑되어 버렸던 것. 특히 일제 강점기에 전개된 이 나라 근대문학사에서는 이러한 착시 현상이 그럴 수 없이 자연스럽게 일어났던 것. 인공어에 지나지 않는 것을 흡사 고유한 민족어 자체인 듯한 단계를 넘어 막바로 모국어(자연어)로 착각해 마지 않았지요. 토착어일수록 <민족 문학>에 가깝다고 착각했던 것. 리얼리즘과 민족 문학의 등가 사상의 허구가 여기에 근거했던 것.

이 사실을 부지런히 일깨워 준 의식(흐름)이 모더니즘이 아니겠는가. 처음부터 인공어로 출발한 것. 이를 계속 자각한 것이 모더니즘이 이 나라 문학사에 던진 충격이었던 것. 「날개」의 작가 이상은 「오감도」를 아예 <일본어>로 썼던 것. 일본어란 실상 새로운 기호(인공어)에 다름 아니었던 것. 여기까지 이른 과정을 조금 볼까요.

(1) 이인직의 「혈의 누」(1960)에 사용된 새로운 기호(일본식 한자 표기법, 루비가 달린 글자)

(2) 김동인의 「약한 자의 슬픔」(1919)의 국한체 문장

(3) 염상섭의 「표본실의 청개구리」(1921)에서 드러나는 국한체 및 <彼/彼女>의 도입

(4) 이상의 「오감도」(1934)

이에 이어진 것으로 김기림의 「기상도」(1936)를 들 것입니다. 한글로 되어 있지만 실상은 인공어에 지나지 않는 것. 『문장강화』의 저자 이태준의 보수주의(귀족주의)에 맞서 한글 전용주의를 내세운 『문장론신강』의 저자 김기림이 선 자리는 인공어의 노선이지요. 당연히도 『문장강화』의 노선과는 물론, 국수주의적 한글 전용주의자와도 구별됩니다.

카프 문학도 인공어가 아니겠는가. 이 물음에 대해 제가 유보 사항을 두고 있음은 웬 까닭일까. 리얼리즘과 모더니즘을 갈라놓을 때, 당연히도 카프 문학은 전자에 속할 수 있지 않겠는가. 그렇다고 카프 문학이 민족어(토착어)로 씌어졌다고는 할 수 없지요. 난점이 아닐 수 없지요. 당초 카프 문학의 전위 운동(Avantgardeimus, modernism)의 일환으로 도입되었음은 새삼 말할 것도 없습니다. 다다이즘의 기수로 임화가 출발했음만 보아도 이 사정을 알 수 있습니다(졸저, 『임화 연구』 참조). 그렇지만 카프 문학이 이를 넘어서 리얼리즘 쪽으로 전개되었음도 모두가 아는 일. 제가 망설이고 있는 지점이기도 하지요.

남송우 「근대의 초극론에서 바라본 통일문학사」에서 통일문학사 기술의 실마리를 찾아본 작업은 특별한 의미가 있다고 봅니다. 특히 남북한이 통일문학사 논의를 시작한다고 하면, 그 공분모를 카프에서 찾을 수 있다는 제안은 바람직하고 현실적인 방향이라고 생각합니다. 그런데 이러한 통일문학사 논의의 근거로서 근대의 해체론과 초극론이 논의될 수 있다고 하셨습니다. 통일문학사를 실현시킨다는 것은 어쩌면 민족극가의 완성을 토대로 할 수밖에 없다고 본다면, 이는 근대의 해체나 초극보다는 온전한 근대성의 실현이란 측면으로 이해되는 부분도 있습니다. 그렇다면 통일문학사

논의에서, 근대의 해체론과 초극론이 그 근거가 될 수 있다는 의미는 또다른 차원에서 해명되어야 할 시각이라고 봅니다. 그 시각이 좀 더 구체적으로 제시될 수 있었으면 합니다.

김윤식 통일문학사론이란 과연 가능한가. 이런 물음이 나올 법한 시점에 이르렀습니다. 제가 모색하는 통일문학사란 다음 세 가지 범주로 정리됩니다.

(A) 통일문학사론 : 엄밀한 의미에서는 이 범주는 실상 성립될 수 없다는 것. 문학이 체험적 역사 인식의 산물이라면, 북한 문학사란 남한 독자에겐 체험적 대상일 수 없지요. 한갓 개념에 지나지 않는 것. 외국 문학과 꼭 같은 범주인 것.

북한의 국민이란, 과연 우리와 같은 민족이라 할 수 있을까. 현 시점에서 볼 땐, <동포>의 범주에 지나지 않는 것. 가장 중요한 경제적 공동체가 아닌 까닭. 엄밀히 말해, 분단의 기점이란 1946년 2월이라 할 수 없겠는가. 북한에선 무상 몰수 무상 분배의 토지 개혁이 이때 완성되었으니까. 그야말로 개벽(개혁)이지요. 이 사실을 몰각하면 이기영의 「개벽」(1946)이나 그 연장선상에 있는 「땅」(1949)을 개념으로밖에는 이해할 수 없지요. 토지 개혁의 체험이 없는 남한 독자(신한 공사의 유상 몰수 유상 분배의 체험)가 실감으로 읽기엔 한계가 드러납니다. 요컨대 통일문학사란 원리적으로 한계에 부딪힙니다.

(B) 남북 병행 문학사론 : 분명한 것은, 광복 이래 전개된 남북한 문학사란, 정확히 말해 병행 문학사에 해당되는 것. 여기에 대해 새삼 토를 달 필요가 없겠지요.

(C) 준(準)통일문학사론 : 문제는 여기에 있습니다. 통일 문학사론을 향한 전제가 민족 통일이기에, (A) 통일문학사론과 (B) 남북 병행 문학사론의 중간지대 모색이 그것. 그 매개항 찾기(설정)가 불가피해지겠지요. 그 매개항은 두 방향성을 띠는데, 하나는 과거항이며 미래항이 그 다른 하나.

과거항에서 제가 모색해 본 매개항은 다음 몇 가지입니다.

a) 민족주의 문학과 카프 문학의 종속적 모순관계 : 국권 상실기에서의 민족주의 문학과 카프 문학의 대립이란, L.알튀세의 논법으로 하면 종속적 모순(cintradiction secondaire)에 속하는 것. 「삼대」의 작가 염상섭이 말하는 <심퍼다이저> 개념도 이로써 설명되지요. 카프 문학이 매개항의 머리에 온다는 것은 이런 문맥에서입니다.

b) 해방 공간(1945~1948)에서의 민족·계급론의 중요 모순성 : 이 중요 모순(민족 : 계급)이 과연 어떻게 극복될 것인가. 임화(문학가동맹)의 방식은 이러했지요. <민족 해방 없이 계급 해방 없다>가 그것. 한편 안함광(북조선 문학예술총동맹)의 그것은 토지 개혁이라는 현실 자체가 매개항이었던 것.

c) 빨치산 문학론 : 이태준의 「첫 전투」(1949), 박태민의 「제2전구」(1949) 등과, 이병주의 「지리산」(1975), 김원일의 「겨울 골짜기」(1989), 이태의 「남부군」(1988), 조정래의 「태백산맥」(1989) 등이 그 자체로 매개항인 셈이지요.

d) 6·25 문학론 : 6·25 자체가 직접적인 매개항이겠지요. 남한의 대가급 작가 염상섭의 「취우」(1952)와 북한의 대가급 작가 한설야의 「대동강」(1955)을 비교해 보면 어떠할까. 인민군 서울 점령 3개월(1950.6.27.~9.28)과 유엔군 평양 점령 3개월(1950.10.19.~12.4)을 다룬 두 작품의 비교란 그 자체가 매개항이 아니겠는가. 염상섭은 6·25를 일과성 소낙비로 보았지요. 소낙비가 남긴 얼룩이라는 시선이지요. 한편 한설야의 그것은 신세대의 평양 방어전이었던 것. 그러나 세부 묘사에 들어가 보면, 평양의 암시장과 양담배가 범람하지요.

e) 역사적 상상력이 지닌 간접적 매개항 : 「소설가 구보씨의 일일」(1934)의 작가 박태원이 「임진왜란」(1949), 「군상」(1950)을 거쳐 마침내 도달한 것은 「계명산천은 밝아오느냐」(1966)에 막바로 이어진 「갑오농민전쟁」(1977~1980)이지요. 모더니즘계 작가의 역량이 여실한 거작. 이에 대응되

는 것으로 「장길산」(황석영, 1983)을 들면 어떠할까.

기타 여러 가지 매개항을 찾아내면 그럴수록 준 통일문학사의 가능성의 밀도가 높아지리라 믿습니다. 미래형 매개항의 모색이란 어떠할까. 제가 이점에 민첩하지 못합니다만, 한 가지 지적하고 싶은 것이 있습니다. 곧 <지역 국가(region-state)> 개념이 그것. 통일문학사론이란, 그러니까 어디까지나 국민국가라는 전제에서 비롯되는 것. 21세기가 바야흐로 전개되는 마당이 아니겠는가. 아직 국민국가도 이루지 못한 우리 앞에 <지역국가>의 개념이 펼쳐져 있습니다. 그야말로 <인공어>가 전면성을 갖추어 쳐들어오고 있는 형국. 민족어와 인공어, 국민국가와 지역 국가의 모순성 속에서 어떻게 하면 우리 자신을 건져 올릴 수 있을까. 이 모순의 어디까지가 종속적 모순인가를 찾아내는 슬기가 없다면 미래형 매개항의 모색이란 한갓 환각일지 모릅니다. 중지를 모아야 될 이유가 이에서 말미암습니다.

남 교수님께서 날카롭게 지적해 주신 여러 가지 제 허점들이 이렇게 백일하에 드러났습니다. 제 자신 미쳐 모르거나 소홀히 했던 문제점들을 대하고 한편 당황하면서, 반성이랄까 변명이랄까, 요컨대 자기 합리화를 한 꼴이 되어 민망스럽습니다. 다음에 또 만날 기회가 있기를 바라는 것은, 다름이 아닙니다. 오늘의 논의를 토대로 하여, 좀 더 심도 있는 생산적 대화의 가능성이 남아 있다고 믿기 때문입니다.

남송우 선생님의 말씀을 듣다 보니, 저의 질문들이 선생님이 의도하신 바를 얼마나 짚어내었는지 의문스럽습니다. 오늘 선생님께 드린 질문들은 비평 공부를 해가는 중, 『한국근대문학 연구방법입문』을 제대로 이해하기 위함이었습니다. 오늘의 대화 내용이 선생님이 책에서 의도하신 바를 독자들에게 좀 더 명확히 전달하는 계기가 되고, 또 우리 문학의 모습을 새롭게 그려내는 데 필요한 논의들이 되었으면 좋겠습니다. 좋은 말씀을 주셔서 감사합니다.

『거리재기 시학』의 거리 좁히기 ―저자 김윤식 교수와의 대담

남송우 선생님께서는 그동안 한국문예비평사를 꿰뚫어보는 작업을 주로 하셨고, 그 한 켠에 소설을 또 다른 한 켠에는 시를 해석하고 평가하는 작업을 병행해오셨습니다. 그런데 소설과 시에 대한 논의만 두고 보면, 우선 양적으로 소설쪽이 훨씬 많았다고 생각합니다. 상대적으로 시에 대한 논의는 적은 편이죠, 그렇지만 시에 대한 논의도 부단히 계속함으로써 한국시의 흐름을 짚어보려는 결과물들을 내보였습니다.

선생님의 시에 관련된 저술을 살펴보니, 이미 1970년대에 『한국현대시론 비판』(일지사, 1975)을 펴낸 바 있었습니다. 이 책은 1986년에 증보판으로 다시 나왔고, 1990년대에 오면, 『근대시와 인식』(시와시학사, 1992)을 펴냅니다. 그리고 이번에 시론집 『거리재기의 시학』(시학, 2003)을 펴내셨습니다. 연대기적 나열 자체가 절대적인 의미를 갖는 것은 아니지만, 시와 관련된 선생님의 4권의 저술들을 연대기 순으로 배치해두고 보니, 선생님의 시에 대한 관심이 그동안 계속되어 왔다는 것이 실증적으로 드러나는 것 같습니다. 4권의 저술들을 살펴보니 4권에서 계속 논의 대상이 된 소월이나 윤동주 같은 시인들도 있고, 그렇지 않은 시인들도 있습니다. 그런데 논의를 계속하면서, 그 대상에 대한 해석은 확대 재생산되고 있습니다. 그래서 저는 다루는 대상에 대한 관심보다는 다루는 방식에 더욱 관심이 갔습니다. 이미 나온 다른 저술들과는 좀은 다르다고 생각했기 때문입니다. 즉 거리재기의 시학이란 틀로 한국시를 바라보고 있다는 점입니다.

선생님께서는 "거리재기의 시학이란 그러니까 근대와의 거리재기를 가리킴이다"라고 책머리에서 밝혀두고 있지만, 이러한 발상이 어디서 비롯되었는지 우선 묻고 싶습니다.

김윤식 졸저 『거리재기의 시학』을 검토해 주심에 경의를 표합니다. 책 제목이 유별남을 먼저 물으십니다. 무슨 심오한 뜻이 숨겨져 있는가라고 물으셨는데, 그렇지는 않습니다. 거리란, 김동리의 고명한 평론인 「청산과의 거리」(1948.4)에서 말하는 그 '거리'를 떠올리면 어떠할까요. 대한민국 정식정부의 문학실제이자 문협정통파의 두목격인 김동리가 대한민국 정식정부 수립 몇 달을 앞두고 발표한 평론이 「청산과의 거리」였던 것. 어째서 김동리는 청산과의 거리를 이 시점에서 재고자 했을까. 이 물음은 김동리 문학을 검토함에 멈추지 않고, 조지훈, 박두진, 박목월, 청마, 김달진, 서정주, 박종화 등 이른바 문협정통파의 정신사적 문맥에 뻗치고 있어 보입니다. 그들은 자기들의 실존적 모습을 청산(靑山)에다 비춰보고자 하지 않았던가. 왜? 모종의 자기확인이 일단 요망되었으니까. 이를 논리적으로 바꾸면 아래와 같아지겠지요. 그들이 지지하는 대한민국 정식정부란, 대한민국 임시정부의 연속성 위에 놓여 있음이 그것, 대한민국 임시정부란 새삼 무엇일까. 저는 이런 식의 물음을 좋아합니다. 상해(上海)와 중경(重慶)에 간 관광객이라면 누구나 그 임시정부의 청사 앞에 머리를 조아리게 마련아닙니까. 성소공간(聖所空間)인 까닭. 남의 나라 땅에서 풍찬노숙하며 조국독립을 위해 노심초사한 김구 주석 이하 임시정부의 요원 및 존재란 무엇보다 '시적 현상'이라 할 수 없겠는가. 논리적으로 따지면 임시정부란, 아무리 '임시'이나 정부인 만큼 헌법이 있어야 했고, 행정조직이 있어야 했다. 예컨대 국민국가(nation-state)여야 했을 터. 그러나 심정적 시적 현상이 논리적인 근대 곧 국민국가를 훨씬 초월하여 군림하고 있었음이 실상이었지요. '시적인 것'이 혹은 '심정적인 것'이 '근대'를 압도적으로 눌러버린 형국이지요.

남한 단독정부의 수립을 두고 대한민국 정식정부라고 김동리가 명명했을 때, 그 정식정부는 어떠했을까. 다시 말해 '시적인 것' '심정적인 것'을 벗어나 논리적인 것, 곧 국민국가(근대)의 형국을 온전히 갖추었던 것일까. 이 대목이 제겐 썩 중요해 보였지요. 『김동리와 그의 시대』(3부작, 민음사, 1995~1997)를 쓰면서 줄곧 이 물음에 시달렸지요. 임시정부에서 정식정부로 바뀐 만큼 뭔가 달라져야 했을 터이며 그것은 과연 무엇일까요. 정식정부란, 누가 보아도 국민국가이어야 하는 것. 요컨대 '근대' 지향성이어야 하는 것. 그렇다면 그 '시적인 것'은 어떻게 되었을까. 거의 그대로 이월받지 않았을까. 국민국가 쪽의 비중이 그 때문에 크게 위축되어 논리를 희석시키고 있지 않았던가. 민족(단일민족)의 영원성이라는 '시적 현상'이 선명한 논리 위에 서야 할 국민국가를 호되게 훼방 놓고 있지 않았던가. 이러한 '시적 현상'이 요망된 것은 물을 것도 없이 대한민국 임시정부를 거부하는 또는 일정한 거리를 둔 세력(남로당, 북로당)이 엄존했음에서 말미암았지요 (부르조아 계급에 기초한) 국민국가와는 달리 노동자계급 위에 바탕을 둔 또 다른 국민국가(사회주의 국가) 쪽이 한층 논리적. 따라서 근대에 한층 접근된 것으로 보였음은 웬 까닭일까요. 거기에 '시적인 현상이 끼어들지 않았기 때문 혹은 덜 끼어들었기 때문이지요. 김동리가 대한민국 정식정부라고 스스로의 위치를 규정했을 때, 그는 국민국가의 논리(합리성)를 거부 또는 제한하고 대신 '시적인 것'을 압도적으로 수용했던 것. 민족의 영원성이 그것. 이로써 그는 북로당(노동계급독재)이나 인민연대(연합독재)에 기초한 남로당과 맞설 수 있었지요.

청산이란 새삼 무엇이뇨, '자연' 바로 그것을 가리킴인 것. 그의 또 다른 표현으로 하면 '천지자연이 곧 민족이다'란 대한민국 임시정부의 저 성소 공간의 시적 현상을 막 바로 가리킴인 것. 계급성으로 말해지는 근대(과학)라든가 국민국가 따위란 이에 비해 실로 하찮은 것. 김동리는 이렇게 외쳐 마지않았지요.

그대들은 소월시를 아는가. 이렇게 묻고 또 답했지요. 소월시야말로 진짜 대한민국 정식정부의 문학이다라고. 어째서? 청산을 노래했으니까. 천지자연을 읊었으니까. 민족의 영원성을 읊었으니까라고. 이 청산(천지자연)과의 거리를 잰 문학자가 소월이라는 것. 거리를 잰 결과 천지자연에 화합함이야말로 김소월 시라는 것. 이것이야말로 진짜 문학이다라고. 왜냐면 그것이 '구경적 생의 형식'이니까. 문학이란 적어도 이런 것이며 소월과 꼭 같은 자리에 서 있는 사람이 바로 김동리 자신이다라고. 신문학 이래 진짜 문학을 할 줄 아는 자로 김소월과 김동리 자신뿐이다라고.

이 나라 근대문학을 자각적인 자리에서 전개한 《창조》지 5호에 「낭인의 봄」 등 5편으로 등장한 김소월인 만큼 그가 청산과의 거리를 잴 수 있었던 것은 무엇보다 '근대'를 의식한 결과였을 터. 마찬가지로 김동리의 저러한 청산과의 거리재기도 그가 '근대'에 대해서 날카롭게 자의식을 갖추었던 결과였을 터. 근대 속에서 숨 쉬고 자기를 형성한 그 '자기'로서 천지자연과의 거리를 재고자 했으니까.

이상 논의는 이렇게 정리되겠지요. 곧, 김동리가 '청산'과의 거리를 재는 방법(발상법)으로 김동리를 또는 오장환이나 서정주 또는 누구누구를 '근대'라는 잣대로 거리를 제 나름으로 재어보았다는 것. 물론 '근대'에 대한 이런저런 논의는 잠시 덮어두고 말입니다. 근대인 김동리가 청산과의 거리를 온몸으로 재고자 했듯이, 근대인인 제가 '근대'라는 잣대로 김동리들을 재어보았다는 것.

남송우 이 책에서 첫 논의 대상인 「소월과의 거리재기」는 소월시를 논한 오장환, 김동리, 서정주의 논의를 통해 소월시의 의미를 재구성하고 있습니다. 이들의 소월론에 내재한 시론을 다시 음미한다는 점에서 이 논의들은 어쩌면 소월과 오장환, 소월과 김동리, 소월과 서정주 사이의 거리재기로 읽히기도 합니다. 그러므로 선생님의 소월론은 타자의 소월론을 통해 소월을 다시 읽는, 즉 독자들은 겹시선으로 소월을 읽는 효과를 가집니다.

타자가 바라보는 소월(오장환, 김동리, 서정주)을 다시 타자의 시선(선생님의 소월론)에 의해 바라봄으로써, 소월을 좀 더 거리를 가지고 바라보게 만들었습니다. 이는 비평에서의 메타비평적인 성격이기도 하지만, 이러한 대상 바라보기는 언제나 거리를 만들어낸다는 점에서 근대와의 거리재기와는 다른 입장에서 관계들 속에서의 거리재기가 아닌가 하는 생각이 듭니다. 즉, 오장환, 김동리, 서정주와 김소월 사이의 거리를 비교 검토해볼 수 있는 장이 열렸다는 것이죠. 그래서 저는 선생님의 이번 시론집은 근대와의 거리재기임과 동시에 또 다른 시인과의 관계 거리재기라는 부수적이고 실제적인 효과를 거두고 있는 것이 아닌가 하는 생각이 듭니다. 이 점에 대한 선생님의 생각은 어떠하신지요?

김윤식 겹의 거리재기 곧 큰 거리재기와 작은 거리재기 또는 이데올로기로서의 거리재기와 개별 작가 사이의 거리재기이겠는데요. 문제는 그러한 겹의 거리재기에서 얻어지는 것은 무엇이며 놓치는 것은 무엇인가에 그 의의가 있지 않겠습니까. 그런데, 이런 이른바 한 지점에서 다른 지점까지의 거리재기 구도랄까 도식이 요망(전제)되는 이유에서부터 논의해두고 싶습니다.

제 개인적 사정이긴 하나 제 공부의 출발점이 이른바 '근대'였지요. '한국근대문학'이었으니까. 한국도 문학도 조금은 안다고 믿었지만 '근대'만큼은 도무지 난공불락이었지요. 근대라는 말만 나와도 가슴이 덜컹할 만큼 매력적이자 폭력적이었다고나 할까. 많은 시행착오와 돌림길을 에돌아 제가 근대에 길들여지고 익숙해지기까지 제 딴엔 썩 많은 공부와 시간이 투자되었지요. 그 결과 제가 알아낸 것이, 물론 나름대로이긴 하지만, (A)국민국가(nation-state)만들기와 (B)자본제 생산양식(mode of capitalist productiom)의 성립이라는 두 항목이었지요. 난감한 것은 이 둘이 함께 제 전공과는 다른 역사학, 사회학, 경제학이라는 사실. 이에 익숙해지기 위해 많은 노력이 들었다고 했지만, 또 그것은 제 전공인 문학을 크게 제약하게끔 몰고 가지 않았겠습니까. 미학으로서의 문학 따위란 안중에도 없었고, 흔히 말하는 '미적 근대'라는 개념도 이차적이거나, 중요도에서 관심권에 들지 않았지요. 하물며 P.부르디외식의 문화자본론 따위이랴. 정치·역사·사회적 및 경제사적 현상으로서의 근대이며 문학도 그 속의 한 현상이라는 강박관념에서 한 치도 벗어날 수 없었지요. 이 (A), (B)에 대한 공부란 기초훈련 없는 인문학도인 제겐 참으로 힘겨운 일이었던 것으로 회고됩니다.

잠깐 여기서 지적해 줄 것이 있소. 무엇이 그토록 저로 하여금, 그러니까 전후 인문학도들로 하여금 사회과학도가 되게끔 몰아갔던가 그것. 이른바 전공이 국학(국문학, 국어학, 국사 등)이었다는 사실이 그것. 국학이란 그러니까 '독립운동'(조윤제)이라는 사실이 그것. 만주벌판에서 풍찬노숙하며 벌이는 독립운동의 연장선상에 있었기에 이를 학문적으로 정립하는 첫 단계가 바로 식민지사관 극복이었던 것. 그런데 이것을 학문적으로 검정할 수 있는 데는 사회경제사 쪽이라는 것. 한 사회의 구조적 모순을 자체의 힘(합리적인 것)으로 극복할 수 있음에 대한 과학적 연구 영역이 사회과학 쪽이기에 여기에 매달릴 수밖에. 북한에선 그것은 18세기 광산조직에서, 남한에선 18세기 후반의 농업경영(量案분석)에서 그러한 맹아(자본제 생산양식)가 있었다면 어떻게 될까. 이른바 근대의 가능성론이 제기된 것이지요. 지푸라기라도 붙잡을 판인데, 이러한 근대의 맹아론이 제기되었음이란 우리로 하여금 얼마나 가슴 벅차게 만들었던가. 정직한 임화의 저 악명 높은 '이식문화(학)사'를 단숨에 무화시킬 수도 있다는 만용이 빚어낸 것이 김현과의 공저 『한국문학사』(민음사, 1973)이지요. 이 생생한 사회과학으로 무장한 한국근대문학의 공부가 리얼리즘으로 직행한다는 것. 또 그것이 전망(퍼스펙티브)을 전제로 한 이상주의의 일종이란 것도 당연한 현상이지요.

이성의 힘으로 세계를 바람직한 방향으로 바꿀 수 있다는 명제, 이 '위대한 망집'이 작동하는 영역이라고나 할까. 도스토예프스키는 이를 인류사의 '황당무계함'이라 했거니와, 좌우간 이 망집을 현실감으로 감지한 세대에겐 어떤 다른 것도 뵈지 않았지요. "우리가 갈 수 있고 가야만 할 길의 지도를 하늘의 별빛이 밝혀주던 시대는 복되도다"(루카치, 『소설의 이론』 서두)라고 외칠 수조차 있었으니까. 지금 생각해보면 갈 데 없을 허깨비(이데올로기)에 들려 있었던 것. 그러나 그 허깨비가 오늘의 GDP 1만 불을 가져온 원동력이 아니었던가. 세계 경제 13위의 강국인 대한민국을 이루어 온 숨은 힘이 아니었던가. 안병직 교수의 역부족론, 낙성대 경제연구소팀의 수리경제학, 복거일씨의 기구(제도)가설론 등에 의해 18세기 자본주의 맹아론의 허구가 폭로됐다고 세상은 떠들지만, 그러나 그런 현상 자체도 일종의 허깨비(이데올로기)가 아닐 것인가. 요컨대 어느 시대나 그 시대에 알맞은 허깨비가 요망된다는 것. 그것이 역사의 추진력이니까. 식민지사관이면 어떻고 아니면 어떠하리. 독립운동이라는 아우라를 벗기고 난 인문학이면 어떠하리. 어느 세대에도 그들의 허깨비가 있는 법. 문제는 그 허깨비를 '오성(悟性)의 원근법적 단축'하기이겠는데요. 제겐 그것이 '근대'이지요. '국민국가'와 '자본주의 생산양식'이 맞물려 만들어낸 근대란, 한갓 서구적 진보형 개념에 지나지 않는 것. 많은 종류의 근대가 있는 법. 따라서 '국민국가' 역시 이상형이 있지 않고, 역사적·사회적 조건에 따라 무수한 '국민국가들'이 있는 법. 이런 것 따위를 오늘날 그 누가 모르랴.

그렇지만 제가 (A)와 (B)를 도식적으로 내세워 문학사를 이에 꿰맞추고자 한 것은 다름이 아닙니다. 한갓 방편이라는 것. 말을 바꾸어 볼게요. 인간의 한정된 인식능력으로는 대상의 전면적 인식은 불가능하며 특정한 의미와 그 의미에 인도된 관점에 따라서만 인식되지 않겠는가. 그렇다면 거꾸로, 인식기술로서의 그 이끌려서 나온 특정면, 특성을 이른바 순수배양적(純粹培養的) 모습으로 조립해 보이는 방법이 고안되리라. 그러니까 실제의 모습 이상으로 특성을 선명히 그려내어 보인다는 것. 노예제, 봉건제,

자본제 등 어느 것도 개념 그대로의 모습으로는 결코 존재하지 않는다는 것. 그러니까 관념의 세계에선 개념 그대로의 의미로 순수한 모습을 구성해 보여야 한다는 것. M.베버의 이념형(ideal type)이 그것이지요. 윤리적인 이상을 의미할지 모른다는 우려에서 이를 이상형이라 번역하지 않고 이념형이라 부르지요. 이렇게 구성된 모습은 당연히도 우리의 경험적 현실 속에서는 그대로의 모습으로는 존재하지 않는 것. 거꾸로, 현실은 이 이념형과의 '거리와 차이에 의해' 측정될 수밖에. 이러한 의미에서의 '비현실성'이 이념형 개념의 본질이지요. 이념형이란 그 자체가 인식의 목적이 아니고 그것을 빌어서 현실을 측정해가기 위한 기술적 수단(개념장치)에 지나지 않습니다. 그것은 역사의 의미 있는 파악을 위한 불가결한 수단에 멈추는 것입니다.

제가 너무 말이 많았지요. '거리재기의 시학'이란 근대와의 거리재기라는 것. 그것을 베버의 이념형에 근거를 두었다는 것. 그런데 또 다른 거리재기로서의 시학 곧 김소월과 근대의 거리재기가 큰 범주라면 작은 범주엔 오장환, 김동리, 서정주 등 이른바 《시인부락》(1936) 동인끼리의 거리재기로 되겠지요. 여기에도 사정은 마찬가지. 소월시 및 시인을 순수관념화하기(비현실성)가 그것. 또 마찬가지로 소월과 비교된 오장환, 김동리, 서정주를 순수관념화하기가 그것. '거리재기의 시학'이란 실상은 이러한 비현실성에 근거한 것입니다.

남송우 선생님께서는 소월론을 다루면서, 오장환, 김동리, 서정주가 소월을 어떻게 해석하고 있느냐 하는 문제는 소월론 자체에 대한 문제이면서, 이들 각자의 지향점과도 무관하지 않다고 전제하고 있습니다. 오장환은 해방공간에서 자기개혁을 감행함에 있어서 소월의 몸부림의 시학이 무의미하다고 느껴 정치적 이데올로기를 선택했고, 김동리는 소월 통해 구경적 생의 형식을 재확인함으로써 청산과의 거리를 논했다는 것입니다. 그래서 김동리에게 해방공간의 이데올로기적 상황 따위는 실로 하찮은 것에 지나지 않았다고 평가합니다. 그러나 김동리의 이러한 선택 역시 정치적인 것이었다고 선생님은 판단하고 있습니다. 여기에 비해 서정주는 소월을 통해 자기의 본 모습을 찾기에 골몰했다고 봅니다. 소월은 서정주에게 자기를 비춰보는 유일한 거울이 되었다는 것입니다. 그래서 서정주가 발견한 것은 소월시의 세계가 근대 이전의 이 땅의 어법임을 알아차릴 수가 있었다는 것, 이는 서정주가 근대를 투철히 꿰뚫어볼 수 있는 안목을 갖춘 모더니스트의 감각을 가졌기에 가능했다고 평가하고 있습니다. 이런 측면에서 소월시가 근대를 재는 문학사적 정신사적 지표의 하나가 된다는 결론을 내리고 있습니다. 그렇다면 오장환과 김동리를 근대적 이데올로기로 향해 나아간 시인으로, 서정주를 미적 근대성을 향해 나아간 시인으로 달리 명명할 수도 있을는지요?

김윤식 오장환을 근대적 이데올로기로 향해간 시인으로 볼 수가 있겠지요. 현실주의자였으니까. 이에 비할 때 김동리는 썩 다른 범주로 보입니다. 그가 선 자리는 저 불교에서 말하는 공(空, 제로개념)에 근거하고 있었으니까. 제로에 어떤 숫자를 보태거나 빼거나 곱해도 제로로 환원될 뿐. 이를 '천지자연' 또는 허무라 불렀지요. 「무녀도」(1934)나 「산제」(1936)을 제치고 대표작이 「황토기」(1939)인 까닭이기도 하지요. 이 제로 개념으로 근대와의 거리를 잰 형국이니까 근대 따위란 흔적도 남길 수 없었지요. 이를 서구적 자아개념으로 바꾸면 갈 데 없는 낭만주의적 발상이겠지요. 이러한 김동리를 제약한 것은 그가 문학을 택했다는 것. 그 문학이 딱하게도 식민지하이긴 해도 소월에서처럼 근대문학이었지요. 근대와의 거리재기가 막바로 그의 문학의 출발점이자 종점이었다는 것. 소월만큼 그가 근대에 민감했다는 것은 이런 곡절에서이지요. 근대를 안중에도 두지 않음으로써 근대를 인식하기, 이런 역설 속에 김동리가 있었으니까.

서정주는 어떠했을까. 근대가 이 땅에 들어오기 이전의 문학적 어법(語法)을 그가 문제 삼을 수 있었던 것은 그만큼 그가 근대적인 형상(어법)에 예민했던 까닭이지요. 김동리가 문법(文法)이라면 서정주는 어법이지요. 근대적 미학의 개념보다 한층 구체적이지요.(졸저, 『미당의 어법과 김동리의 문법』, 서울대출판부, 2002)

남송우 선생님께서는 파인 김동환을 다루면서, 『국경의 밤』은 과학미달의 자연발생적인 울림의 단계에 해당하는 작품이라는 것, 그래서 그것은 소멸될 처지에 있는 과도기적 형식에 지나지 못한다는 입장에서 보고 있습니다. 즉 「네거리의 순이」로 대표되는 임화의 단편 서사시가 등장하기까지 그 유효성을 인정하고 있습니다. 이는 「국경의 밤」과 「네거리의 순이」 사이에 상당한 거리가 있다는 판단으로 받아들여집니다. 이러한 거리를 느낄 수밖에 없는 잣대로 선생님이 내세운 것은 이데올로기로서의 과학이었습니다. 근대성의 지향이란 측면에서 김동환과 임화의 차이는 어디에 근거하고 있다고 보십니까?

김윤식 「국경의 밤」이란 과도기적 현상이라는 것. 과학미달이라 함은 그것이 재가승(在家僧) 곧 당시의 여진족을 소재로 한 일종의 민담적 얘기에 기초를 둔 것이기에 근대에 미달된 것. 「네거리의 순이」계에 오면 구체적인 근대 곧 노사관계 개념이 개입됩니다. 현실로 근대 말입니다.

남송우 선생님께서는 정지용의 시를 '청춘과 조국의 등가사상의 시학'으로 풀어내고 있습니다. 관념형태인 조국을 아로새기기, 혹은 소화해내기가 정지용에게는 일차적인 과제였는데, 이를 그는 몸의 감각기관에 의존했다고 해석하고 있습니다. 그리고 그것이 가벼움과 투명함으로 나타난다고 보고 계십니다. 문제는 그 감각화가 사상성을 획득하고 있느냐 하는 점입니다. 이 점에서 정지용을 평가한다면 어떤 평가가 가능하겠습니까?

김윤식 감각화가 사상성을 획득하고 있느냐를 물으셨는데요, '조국(국민국가)=청춘'의 도식인 만큼 '사상성=감각'이 아닐 수 없지요. 정지용이 민족 시인으로도 빛나는 것은 이 때문.

남송우 선생님께서는 윤동주 시에 나타나는 두 가지 「참회록」을 통해 부끄러운 고백과 슬픈 고백을 체계적으로 해명하고 있습니다. 거울의식을 통해 윤동주 시인이 부끄러움을 드러낼 수밖에 없었던 시대적 요청도 의미 있는 해석이라 봅니다. 그런데 윤동주 시인이 「자화상」, 「서시」, 「참회록」 등에서 남다른 부끄러움 의식을 지속적으로 보여주었던 근원적 토대랄까, 바탕에 대해서는 종교적 차원의 해명 역시 필요하다는 생각이 듭니다. 윤동주는 종교적 갈등을 경험하면서도 신전의식이나 원죄의식을 또한 드러내고 있기 때문입니다. 키르케고르가 말한바 윤리적 실존 단계를 넘어 종교적 실존의 단계에서 느끼는 차원의 부끄러움이 많이 배어나오고 있다고 봅니다. 이 점에 대한 선생님의 견해는 어떠하신지요?

김윤식 좋은 지적이군요. 미적인 차원이 제일 저질이라 간파한 것은 헤겔 미학이지요. 그 다음이 종교적 차원이고, 철학적 차원이 제일이 된다고, 헤겔 미학이 주장했지만 이를 비판한 키르케고르는 미적 차원, 윤리적 차원, 종교적 차원의 순서로 보았지요. 윤동주 시학의 핵심인 부끄러움의 시학에서 한층 깊은 핵심이 종교적인 부끄러움(원죄의식)이라는 것. 거기까지 제가 미치지 못합니다. N.프라이 전공의 남 교수야말로 이 사정을 깊이 알고 있으리라 믿습니다.

남송우 김춘수와 김종삼 시인을 비교검토하고 있는 '내용 없는 아름다움을 위한 넙치눈이의 만남과 헤어짐의 한 장면'은 시인들이 자신의 시세계를 어떻게 변모시키고 확장시켜 나가는지를 흥미롭게 확인해볼 수 있는 글이었습니다. 4·19 직후 한동안 김춘수 시인은 의미시 쪽으로 가버린 김수영에게 무진 압박을 느꼈으나, 그 기간은 그리 길지 않았다는 사실과 김종삼의 시적 세계에 모종의 긴장감을 갖기 시작했다는 것을 밝히고 있습니다.

그 이유는 김종삼이 4·19 이후에도 계속 북을 치고 있을 뿐만 아니라, '내용 없는 아름다움'의 세계 즉 아름다움에 대한 설명이 아니라, 아름다움 그 자체를 노래함으로써 불립문자의 경지에 이르렀다는 것. 그래서 김종삼의 시편에서 시의 가장 근본적인 문제인 존재자의 근원적 슬픔을 보여준다고 김춘수 시인이 김종삼 시를 인식했을 때, 그가 나아가야 할 세계는 무엇이었을까 고민하지 않을 수 없었다고 해명하고 있습니다.

그래서 김춘수 시인이 관념을 버리기 위해서 택한 길이 「하늘 수박」에서 보여주는 빛깔 대신 소리를 듣고자함이 아니었을까라고 해석하고 있습니다. 즉 주문외기의 단계죠. 선생님께서는 이 경지를 화엄경에서 말하는 사사무애법(事事無碍法)의 경지라고 명명하고 있습니다. 나아가 이 경지를 이미지의 탐구 끝에 비로소 나타난 이미지가 휘인다는 상태, 이미지의 절대경이란 울림으로 변한다는 그 상태로 나아갔다고 보고 있습니다. 이 경지는 어쩌면 시가 도달할 수 없는 종교의 영역에 가 있는 것은 아닌지요, 시가 종교가 되어버린 형국이 아닌지요?

김윤식 빛깔을 휘어내기, 곧 뉴턴의 광선을 아인슈타인이 휘어내기라고나 할까요. 주문외기라는 표현이기도 하고요. 그러자니 사사무애법이랄까 그런 것도 연상되고. '시가 종교로 되어 버린 형국'이라 했거니와, 여기까지 논의가 진행되면 문학의 끝장이 아니겠습니다.

남송우 선생님께서는 청마론임과 동시에 문덕수론이 되는 글을 「청마론을 통해 본 문덕수의 세계」에서 논하고 있습니다. 하나를 들추어 두 개를 함께 볼 수 있는 글쓰기라는 점에서 흥미로운 글이었습니다. 선생님께서 문덕수의 청마론에서 의미 있게 바라본 대목은 두 가지로 요약됩니다. 하나는 허무의지를 그의 출발점으로 삼았다는 점, 다른 하나는 생명과 반생명, 긍정자와 부정자 사이에 벌어지는 변증법입니다. 그런데 문덕수가 문제로 삼았던 허무의지는 결국 생명의지라는 것, 그리고 생명의지가 어째서 지속적이며 또 변증법적인가의 해명으로 나아감에 있습니다. 생명의지와 이를 부정하는 대립자 사이에 변증법적 생성개념을 도입하는 과정에서 문덕수의 논의는 민첩하게 전개된다고 보고 있습니다. 『청마시초』(문학사상사, 1939)의 세계에서 다만 원수로 규정된 부정자가 제2시집 『생명의 서』(행문사, 1947)에 오면 고독, 허무, 죽음으로 구체화된다는 것입니다. 그런데 죽음에 대항하는 생명의지가 「드디어 공허이었음을 알리라」, 「예루살렘의 닭」에 오면 허무의지로 변한다는 것, 이것을 선생님은 문덕수 청마론의 최대위기로 보았습니다. 변증법적 인식틀이 허물어지고 있기 때문이죠. 선생님은 이 논리의 상실을 그가 「침묵」에서 노래한 황홀에서 찾고 있습니다. 변증법적 인식이 비평가 문덕수의 몫이라면, 시인 문덕수의 몫이 따로 있다는 것이죠. 시인으로서의 문덕수가 죽음을 바라보는 입장은 서구의 낭만적 범신론인, 의지적 낭만주의라는 것, 이 평가를 선생님은 20년대 이 나라 시문학사의 화려한 백조시대와의 사적 연결성에 대한 문덕수의 응답이라는 점을 높이 평가하고 있습니다. 백조시대의 낭만성과 동질성과 차별성이 좀 밝혀져야 사적 연결성이 해명될 수 있을 것 같습니다.

김윤식 동감입니다. 그 글에서 제가 힘준 곳은 문덕수의 청마론이었지요. 청마를 분석 비판하기보다 해설에 머물러, 스스로 매몰된 점에 문덕수의 한계가 있지 않았을까. 백조시대의 낭만성과 관련성이 있음은 문덕수가 지닌 조급성(시사적 연결성)과도 무관하지 않겠지요. 말을 바꾸면 제가 지닌 조급성이기도 한 것. 자신이 없을 때 생기는 심리현상이 조급성이니까요.

남송우 비평가 문덕수로서 청마론이 지닌 논리의 위기를 시인 문덕수가 지닌 시선이 극복하고 있다는 문덕수론의 본론은 문학교수로서 가지는 문덕수의 면모를 점검하는 선으로 넘어옵니다. 비평가, 시인, 문학연구가로서의 면모를 골고루 들추어냄으로써 문덕수의 본질에 다가서고자 하는 작업이라 생각합니다.

문학 교수로서 문덕수의 도달점은 「한국모더니즘 시 연구」(1981)인데, 이는 청마론에서 그가 관심을 가진 대상의 세계와는 별세계라는 것. 선생님은 니체, 쇼펜하우어, 노자를 논하던 문덕수가 T.E.흄, E.파운드, T.S 엘리엇과 가치중립성의 이미지즘에로 나아간 것에 대해 문제의식을 가지고 있습니다. 그 해명을 위해 그의 제2시집 『선, 공간』(성문각, 1966)을 펼쳐보이고 있습니다. 왜 그가 선, 공간의 세계로 나아갔느냐는 것이죠. 이는 청마론을 논할 때, 그가 지향한 세계와는 영 딴판이기 때문이죠. 그런데 선생님은 이 선이 상징하는 것이 추상의 세계라고 보고 있습니다. 선·공간의 탐색은 추상이 지닌 세계의 탐구와 맞닿아 있다는 것. 그리고 추상을 그 본질에서 바라본다면, 그것은 절대 궁극적인 것의 다른 명칭이며. 문학에서 그것의 추구란 절대성의 탐구로 볼 수 있다는 논리를 펴고 계십니다. 그래서 허무의지, 생명의지, 그리고 그것의 절대적 부정자인 죽음의 탐구와 선, 공간은 같은 범주로 볼 수 없겠느냐는 주장이 제시됩니다. 결국 문덕수가 「침묵」에서 노래한 황홀의 세계가 선·공간이란 절대성의 탐구에 그대로 이어지고 있다는 것이죠. 이는 달리 문덕수 시인이 지닌 양면성으로 파악할 수는 없는지요?

김윤식 문덕수가 지닌 양면성이라 할 수도 있겠지요. 선·공간이 순수 관념 지향성이라면, 「침묵」에서 말하는 절대성(허무의지)과도 관념상 통할 수 있지 않겠는가, 그런 뜻이었지요.

남송우 한국근대사를 논하는 길은 여러 가지가 있으리라 봅니다. 선생님의 그동안의 연구를 토대로 한다면, 근대시의 연구는 앞으로 어떤 방향으로 나아가는 것이 한국 근대시 연구를 위해서 바람직하다고 보십니까?

김윤식 잘 모르겠습니다. 시에 대한 이론서들을 읽노라면 별을 한 번도 본 적 없는 천문학자의 저술과 흡사한 느낌을 받는다고 늙은 보르헤스가 말해 놓고 있습니다.(this craft of verse, 하바드대 출판부, 2000) 저도 영락없이 그 꼴이겠지요. 그러나 굳이 변명을 하자면, 소월, 만해, 지용, 육사 등의 시를 논의하는 방식(이론)이란 얼마든지 있겠으나 한 가지 양보할 수 없는 대목이 있다는 것입니다. 근대에 대한 인식이 그것, 곧 '국민국가'와 '자본제'에 관한 인식이 그것. 어째서? 그때의 시인들의 의식 속에 많건 적건 알게 모르게 이 두 항목이 크게 작동하고 있었으니까. 그런 의식의 도움으로 씌어진 작품이기에 이를 소극적이든 적극적이든 좌우간 평가해야 하리라는 것. 제가 속한 세대에겐 이 점만을 떨쳐버리기 어렵지요. 어떤 특정이론으로 멋대로 해석할 수 없는 영역이 있다는 것.

보십시오. 21세기라고 하나, 지구상 어느 곳에서도 저 악명 높은 국민국가주의와 자본제가 쇠약해진 징조란 찾을 수 없지 않습니까. 하느님은 우리만 보호해야 한다는 이 굉장한 왕따 사상, 실상 이는 신인종 사상이 아니겠는가. 우리 아닌 모든 것은 짐승(inhuman)이니까 잡아먹어도 된다는 것. 우리끼리는 잡아먹지 말자는 미덕도 있으나. 재미삼아 국민국가주의(nationalism)를 비판하기라면 별개이겠으나 국민국가를 한갓 상상의 공동체(B.앤거슨)라 하든, 이를 시간이라는 문화적 내용 없는 세계, 곧 보편적인 것과 그것의 평준화하기라 보고 철저히 비판하든(kelly & kaplan, N ation and Decolonization, 2001) 저 왕따 사상은 미동도 하지 않고 있지 않겠는가. 하늘은, 하느님은 우리를, 우리만을 보우해야 한다는 것.

남송우 선생님과 이야기를 나누다 보니, 좀은 거리가 있어 보이던 『거리재기의 시학』과 거리가 많이 좁혀진 것 같습니다. 뿐만 아니라 정년 이후에도 쉼 없이 우리 문학이 지닌 문제를 '근대'라는 화두로 풀어내시려는 식지 않는 열정을 다시 확인하는 자리가 되어, 후학의 한 사람으로서 다시 공부하는 자세를 고쳐 세우는 기회가 된 것 같습니다. 계속 건강하셔서 후학들의 눈을 새롭게 하는 계기들을 많이 제공해주시길 기대합니다. 감사합니다.

일제말기 한국작가의 이중어 글쓰기의 유형 들여다보기
-저자 김윤식 교수와의 대답

남송우 정년 이후에도 변함없이 글쓰기를 계속하고 계신 선생님을 대하면, 참으로 놀랍다는 말이 저절로 나옵니다. 요즈음 건강관리는 어떻게 하시며, 글쓰기는 주로 어느 시간대에 많이 하고 계신지요?

김윤식 아침, 저녁 강변 산책을 조금씩 합니다. 아침 9시에서 오후 1시까지 읽기도 쓰기도 합니다. 안경 도수를 여러 번 바꾸었습니다. 조판 인쇄된 80년대 이전의 책들은 읽기에 무척 힘듭니다. 큰 돋보기로 비추어 보기도 합니다.

남송우 선생님께서 펴내신 『일제말기 한국작가의 일본어 글쓰기론』(서울대출판부, 2003)과 『20세기 한국작가론』(서울대출판부, 2004)은 그 논의 대상은 다르지만 일제말기 우리 작가들의 이중어 글쓰기라는 점에서는 서로 관통하고 있는 책이었습니다. 개별 작가론들도 흥미있는 주제들을 담고 있었지만, 역시 이 두 책에서 선생님께서 보여주신 중심되는 관심사는 이중어 글쓰기였습니다. 여기서 논하고 있는 이중어 글쓰기의 장본인들은 사실 임종국 선생님이 『친일문학론』(평화출판사, 1966)에서 친일문학론자들로 규정한 자들이었습니다. 그런데 선생님께서는 '친일문학'이란 용어 대신에 '이중어 글쓰기'라는 표현을 도입해서 이들의 삶과 문학을 다시 들여다보고 계십니다. 이중어 글쓰기라는 잣대로 다시 보지 않으면 안 될 이유 같은 것이 어디에 있습니까? 다시 말하면 '친일문학'에 대한 재해석이 불가피하다고 보신 이유가 있을 것 같습니다.

김윤식 우선 졸저들을 읽어주신 남 교수님께 경의를 표합니다. '친일문학'대신 '이중어 글쓰기'라 하여 친일문학의 재해석이 요망된 이유를 물으셨는데, 간단히 말씀드리기 어렵군요. 한 가지 분명한 것은 그 문제제기가 근자 정치권에서 논의되는 과거청산 과제와는 직접적 관련성이 없다는 점입니다. 제 전공에 관련된 것이되 어디까지나 학문적 차원에서 논의하는 것에 지나지 않습니다. 제 전공이 이 나라 근대문학이지 않습니까. 제가 제일 초점을 둔 곳이 '근대문학'이었지요. 그냥 문학이 아니라, 근대문학이 아니겠습니까. 대체 이 '근대'란 무엇인가에 많은 노력을 기울여왔고, 그것과 문학의 관계에 또 힘을 쏟았고, 그다음 차례에 한국의 과제를 살피는 순서로 한 공부였어요, 근대라 하면 서구적 근대일 뿐이지 비서구권의 근대와 구별해야 한다는 지적들이 많지만, 그러기 위해서도 서구적 근대를 먼저 정확히 파악해야 하지 않겠습니까. 비서구권의 근대 역시 그 속에 내포된 개념에 지나지 않음은, 수렴이론 및 종속이론에서 여지없이 증명되어 있으니까. 거칠게 말해 근대를 규정하는 두 기둥이란 제가 공부한 바로는 '국민국가(nation-state)'와 '자본제 생산양식'이었지요. 근대문학이란, 그러니까 근대국민국가를 전제로 한 문학이자 자본제 생산양식과 뒤엉킨 문학으로 규정될 수밖에요. 후자에 대해서 한동안 주력했습니다. 리얼리즘이란 이름의 논의들이 그것입니다. 전자에 대해서도 관심이 갔지만 소홀히 한 대목이 적지 않았습니다. 근대문학이란 새삼 무엇이뇨. 국어 곧 국가어로 하는 것. 국민국가가 전제되지 않으면 생각도 할 수 없는 것. 특히 21세기를 향하면서 국민국가를 넘어서, 지역국가(region-state) 그리고 제국론(세계화)에까지 논의되는 마당에 이르자 새삼 국민국가의 의무가 돋보이기 시작하더군요. 조선어학회사건(1942.10)이 새삼 강렬한 빛을 던지고 있지 않겠는가. 일제통치부가 한국문학을 당초부터 식민지 체제 속에 편입하지 않았다는 사실이 그것입니다. (검열제도란 어느 사회에나 있는 것이고 제대로 된 작품이란 검열단위를 초월하는 것입니다.) 조선어학회가 이른바 국민국가의 몫을 암묵적으로 맡고 있었던 증거로 이보다 확실한 것은 따로 없다는 것. 3·1

운동에 준하는 사건으로 이를 치부한 징후는 33인을 채웠다는 것, 총독부 시정일(施政日)에 맞추었다는 것 등에서도 새삼 확인됩니다.

그러고 보면 한국근대문학을 일제 통치부가 식민지체제 속에 편입한 시기(1942.10.1.~1945.8.15.)는 극히 제한됩니다. 한국근대문학사의 시선에서 보면 이 기간이 공백이며 통칭 암흑기라 할 수 있습니다. 이 기간 동안에도 왕성한 글쓰기가 실제로 전개되었다는 사실을 직시한다면 어떻게 될까. 제가 굳이 '이중어 글쓰기'라 한 것은, 한국문학이라는 개념 곧 '문학'이란 범주보다 큰 범주를 염두에 둔 점과 무관하지 않습니다. '국민국가의 언어' 곧 '국어'로 창작함이 근대문학인 만큼 이 암흑기란 한국의 국민국가의 언어가 기능 정지된 공간을 가리킴이지요. 말을 바꾸면 한국어의 글쓰기가 아닌 글쓰기라고나 할까. 실제로 이 공간에선 한국어 글쓰기, 일본어 글쓰기가 공존했지요. 이때의 한국어란 중성적이랄까 좌우간 '한국 국민국가의'언어는 적어도 규범적으로는 아닌 것이죠, 싸잡아 '글쓰기'인 셈이라고나 할까요. 종래 문학이라 부르는 것과 변별되는 범주이기에 '글쓰기 공간'이라 규정한 것이고, 조선어·일본어의 공존이기에 '이중어 창작 글쓰기(bilingual creative writing)'라 아직도 부르지 않는 것은 이 때문입니다.

이 광대한 이중어 글쓰기 영역을 좀 더 깊이 검토한다면 응당 창작 글쓰기도 하위 유형으로 세분될 터입니다. 제가 이러한 이중어 글쓰기에 관심을 두고 검토하기 시작한 것은 제 전공인 한국 근대문학의 활성화에 있습니다. 이중어 글쓰기의 공간 쪽이 한국근대문학사 쪽을 향해 도전해오면 그럴수록 한국근대문학사는 좀 더 긴장력을 획득하여 새로워질 터입니다. 흡사 상갓집 개 취급당하고 있는 거대담론의 일종인 한국근대문학사를 통렬히 충격할 수 있는 곳이 바로 이중어 글쓰기 공간인 셈입니다. '글쓰기이되 이중어 글쓰기'라는 큰 범주로 한국근대문학이라는 아주 작은 범주를 후려치기라고나 할까요. 작가란 무엇이든, 어느 곳에서든 글 쓰는 사람을 가리킴이니까. 이때 국민국가의 언어의 글쓰기란 얼마나 자폐적이며 초라한가. 거듭 말하겠지만 제가 사랑하는 것은 그 자폐적이며 초라한 국민국가 언어의 글쓰기입니다. 식민지사관을 물리치기 위한 인문학 쪽의 더없는 열정으로 이루어진 결과물. 혹시 그것이 GDP 1만 3천 불을 가져온 원동력이 아니었을까. 그러기에 최근 문학연구에서 유행하는 포스트 콜로니얼론에 길을 터주기 위함과는 무관합니다.

남송우 선생님께서는 이중어 글쓰기를 몇 가지 유형으로 정리하고 있습니다. 지금까지 제시된 유형은 6가지입니다. 제1형식을 유진오, 이효석, 김사량의 경우, 제2형식은 이광수의 경우, 제3형식은 최재서의 경우, 제4형식은 한설야의 경우, 제5형식은 이기영의 경우, 제6형식은 김종한의 경우입니다. 그런데 제1형식 외는 그 대상이 한 사람씩 설정되어 있습니다. 글 쓰는 작가 개인마다 입장과 환경이 각기 다르기 때문에 각 개인에 따라 이중어 글쓰기의 동기나 과정이 다를 수밖에 없다고 봅니다. 그런 의미에서 제2형식에서 제6형식에서 보여주신 개별 작가별 단위의 유형이 더욱 의미 있는 작업이 아닌가 하는 생각이 듭니다. 그런데 유독 제1형식에서만 유진오, 이효석, 김사량을 한데 묶어두셨는지요? 이 세 사람은 선생님이 지적했듯이 당대의 일급 지식인이라는 점, 그리고 철날 때부터 일어교육으로 자란 세대라는 점, 그래서 이중어 사용의 감도가 특별하다는 공통점이 있지만 다른 점도 있지 않습니까? 유진오는 일본문학에 대한 조선문학의 지방성 문제를 지방색으로 보지 않음으로써 그 독자성을 일어창작으로 할 수 있다는 논법을 지녔고, 이효석의 경우는 임화가 말한 표현원본주의에 제일 가까운 처지에 서 있었고, 김사량은 글쓰기의 욕망이 표현주의를 넘어서 있는 위치에서 이중어 글쓰기를 했다는 점에서, 각각의 변별점이 나타나고 있는 것으로 선생님이 정리하고 있습니다. 그렇다면 이들도 한 유형에 묶기보다는 각각의 개별 유형으로 처리할 수는 없을는지요. 친일문학이란 획일적 잣대로 평가된 이들을 이중어 글쓰기라는 새로운 잣대로 해석해본다는 작업은 어쩌면 각 개인의 입장을 최대한 이해하는 입장에 서본다는 의미도 무시할 수 없기 때문에 그런 생각이 들었습니다.

김윤식 날카로운 질문이어서 제가 감당하기 어렵습니다. 어째서 제2형식에다 유진오, 이효석, 김사량을 묶어놓았는가, 친일문학이라는 획일적 잣대와 뭐가 다르냐라고 묻고 있습니다. 이에 대해 두 가지 변명이랄까 나름대로의 이유를 들어봅니다. 첫째, 이 방면 연구(정치)의 초창기인 만큼 개별연구보다는 가능한 한 유형별 정리가 편리해보였다는 점. 요컨대 자신감이 모자랐던 것이죠. 둘 때, 이점이 중요한 바, 이들 제2유형의 특이성 때문입니다. 개별성보다 한층 소중한 것을 강조해두기 위함입니다. 이들 세 문인이 '이중어 글쓰기'를 넘어 '이중어 창작 글쓰기'에 육박하고 있었다는 점. 일어로도 조선어로도 이들 3인의 글쓰기는 '창작'범주에 육박했다고 판단되었던 것. 그렇기는 하나 다음 단계는 남 교수님께서 지적한 대로 이 범주 내에서 개별론으로 나아갈 터입니다.

남송우 선생님께서는 이광수의 이중어 글쓰기를 좀더 구체화하면서, 가면 쓴 글쓰기와 맨얼굴의 글쓰기 범주로 나누고 있습니다. 그리고 가면 쓴 글쓰기의 경우도 창씨개명한 香山光郎의 이름으로 한 글쓰기와 李光洙란 이름으로 한 글쓰기로 나누고 있습니다. 조선어로 한 글쓰기 역시 두 범주를 설정하고 있습니다. 그런데 선생님께서는 "적어도 장르의 제약 아래 씌어진 글쓰기라면 香山光郎의 글쓰기 범주든 李光洙의 글쓰기 범주이든 결국 후설적 의미에서 동일한 지향성을 향하고 있다고 할 수 있지 않을까" 라고 언급하고 있습니다. 이는 이광수의 작품에서 가면으로 쓴 「가가와 교장」과 맨얼굴로 쓴 「원효대사」가 지향한 점이 동일하다는 의미로 받아들여도 될는지요.

김윤식 제가 공을 많이 들인 대목입니다. 굳이 「삼경인상기」까지 번역해서

첨부했으니까요. 비약이 심하다고 하실지 모르겠으나 제가 거기서 지적하고 싶었던 것은 대략 이러합니다. 이광수가 쓴 글쓰기의 원점이 고대인(古代人)이자 불교신앙을 지닌 한반도 출신 작가라는 점. 백제의 중 혜자나 고구려 승 담징 모양 일본의 국빈(國賓)의 심정으로 글쓰기에 나아갔다는 것. 원효대사가 이에 대응됩니다. 현세적이자 현실적이며 또 세속적으로는 국빈이기는커녕 붙잡혀온 포로 신세라는 것. 그러니까 포로의 글쓰기에 나아갔다는 것. 「가가와 교장」이 이에 대응됩니다. 한반도 출신의 고대인 이광수와 한반도 출신의 현대인 포로 이광수의 글쓰기의 지향성이란 등가라 할 수 없겠는가. 삼세염기설(三世緣起說)의 처지에 선다면 이점이 더욱 뚜렷해질 터입니다,

남송우 최재서의 이중어 글쓰기에서 선생님께서 관심을 가진 영역은 주지주의자였던 최재서의 정신사적 과정이었습니다. 즉, 결국 '천황'이란 '절대'로 향하는 과정을 통해 근대의 본질, 즉 이성이란 무엇인가를 검토해보고자 하셨습니다. 이성이 어째서 광기의 일종이거나 적어도 광기를 내포한 인간정신의 영역인지를 검토하는 과제였습니다. 선생님께서 파악하신 '단절에서 절대로' 나아가는 사상사적 해명에 충분히 공감하면서, 또 다른 한 항목을 떠올렸습니다. 즉 최재서가 창씨개명을 하고, 천황에게로 향할 수밖에 없었던 이유 중의 하나가 『국민문학』에 대한 집착에서 비롯된 점은 없었던가 하는 점입니다. 현실적으로 문학자에게 매체는 존재의 터전과 같은 것으로 볼 수 있습니다. 《인문평론》을 주재하다 폐간당한 그에게 매체는 글 쓰는 사람들에게 언어처럼 본질적인 것으로 인식되어 있었던 것은 아닐까요. 《인문평론》이 폐간되고, 《국민문학》을 꾸려가야 하는 현실 속에서 이를 포기할 수 없는 문학가의 현실적인 욕망이 '환각'에 까지 이르게 한 것은 아닐는지요. 특히 선생님이 지적하신 것처럼 일본인들이 중심이 되어 펴내는 《녹기》에 대항의식을 가지고 있었던 그였기에 이 점을

무시하기가 힘들지 않았나 하는 생각이 듭니다.

김윤식 남 교수님 지적대로입니다. 글쓰기라는 원초적 욕망을 일방적으로 강조하다 보니, 매체 문제에 제가 소홀히 한 탓입니다. 최재서의 일본인에 대한 경쟁의식 및 우월감이 일종의 오기에 가까웠다고 볼 수 있는 측면이 많습니다. 일인 교수에 대든 사실도 《녹기》에 대항의식을 가졌던 점도 지적할 수 있습니다. 앞으로 좀 더 이 점도 천착되어야 할 거라 봅니다.

남송우 선생님께서는 한설야를 자진해서 일본어 창작을 했고, 따라서 이러한 글쓰기는 창작의욕의 한 가지 발현형식이어서 어떤 윤리적 비판이나 민족 주체성의 시선에서도 자유로운 자리에 있는 자로 지목하고 있습니다. 이를 선생님은 이중어 글쓰기의 제4형식으로 분류하고 있습니다. 그런데 한설야가 카프의 맹원이었음을 감안할 때, 윤리적 비판과 민족주체의 시선에서 자유롭다는 점은 여러 가지를 생각하게 합니다. 같은 카프의 맹원이었던 한효가 「국문문학 문제」(경성일보 1939.7.13.~29.)에서 조선어로 작품을 써야 비로소 조선적 현실이 반영된다는 사실을 강력히 주장하고 있는 때에 장편 「대륙」(1939)을 일어로 썼다는 점은 카프의 맹원이었던 한설야와 한효의 입장이 서로 맞서기 때문입니다. 두 사람의 이중어 글쓰기에 대한 해명이 좀 더 구체화된다면 카프 해체 이후 카프 맹원들의 발자취도 또 다른 차원에서 선명해질 수 있겠다는 생각이 듭니다.

김윤식 제4형식인 한설야론이 이채롭게 보일지 모르겠습니다. 카프의 중심인물 가운데 하나이며, 북한 문학예술총동맹을, 이른바 주체문학론 이전까지 약 25년간을 총지휘한 거물 한설야의 저력을 염두에 둔다면 오히려 저 능소능대한 글쓰기의 운신의 유연성이랄까 대담성이랄까 저돌성이 새삼 돋보인다고도 할 것입니다. 카프작가들도 그들을 하나로 묶은 끈으로서의 이념 하나를 해체해내면 각각의 맨얼굴이 드러날 것입니다. 개별성 독자성의 영역 말입니다. 남 교수가 잘 지적하신 대로입니다. 이 점에서도 이중어 글쓰기의 공간(1942.10.~1945.8.)이란 저 해방공간(1945.8.~1948.8.)의 민족문학론처럼 글쓰기의 본질을 다양하게 검토하게끔 하는 불가피한 열린 공간이라 하겠지요. 문학을 하나의 문명적 혹은 문화적 형상으로 보고 문학연구를 한갓 컬춰럴 스터디스(버클리대학의 동아시아과는 Dept.of east asian languages & Cultures, 시카고대학은 Dept. of east asian languages & Civilizations로 되어 있음)로 간주하는 시선에서 보면, 그러니까 통칭 포스트 콜로리얼론의 처지에서 보면 이중어 글쓰기 공간이 지닌 생산성이랄까, 논의의 가능성이 크게 증대될 것입니다.

참고삼아 사례 하나를 잠시 음미해볼까요. 최정희가 일어로 창작한 「야국초」(野菊抄, 《국민문학》, 1942.11.)는 『친일문학작품선집』(실천문학사, 1986)에도 실려 있지요. 남자에게 버림당한 한 여인이 사생아 아들과 황군(黃軍) 지원병 훈련소를 견학하고 들국화 핌 들길로 귀가하면서 이 사정을 아이의 아버지에게 보고하는 편지 형식으로 쓴 소설이지요. 강한 어머니 없이 강한 황인이 있을 수 없다는 시국소설임엔 틀림없지 않습니까. 그렇다고 해서 이 작품은 이로써 끝나는 것일까. 작가의 의도를 넘어서는 창작의 복합적 요인을 염두에 둔다면 사정은 조금 달라질 수도 있지요. 이에 착목해서 최경희 씨가 쓴 「친일문학의 또 다른 얘기꾼—최정희의 야국초」(Poetica 52, 1999, 영문)에 따르면, 선연한 페미니즘의 노출이라는 것. 자기를 배신한 남성에 복수하는 방도란 제일 강한 일본 제국주의라는 남성이데올로기라야 한다는 것. 최경희 교수가 소속된 곳이 앞에서 보인 시카고대학 동아시아과입니다. 물론 미국대학에는 제일 중요한 인문학과가 영문학(미국문학)이겠지요. 진짜 미학으로써 정전(正典)을 공부하는 곳. 그렇더라고 그 정전이란 과연 안전한가. 대중소설 쪽보다 셰익스피어 공부가 인간애, 도덕적 훈련에 더 많이 공헌한다고 장담할 수 없음은 아우슈비츠 이후엔 공인된 사실인지 모릅니다. 베토벤을 들으며 나치장교들은 가스실을 운영하고 있지 않았던가. 한설야의 일어장편 「대륙」도 그러한 해석의 여지를 곳곳에서 남기고 있습니다. 「대륙」의 주인공격인 하야시(林)와 오노야마(大山)은 어떤 인물인가. 소설 자체의 경우로 보면 하야시는 일본인이지요. 아버지를 따라 만주 간도에 왔지요. 그 아버지는 일본인인데 어째서 간도에 갔고, 20년간 조선인을 위해서 전력했고, 용정시에 Y중학, Y소학교를 세웠는가. 사재를 털어 이런 업적을 세우다 이곳에서 묻혔는가. 이에 대한 설명은 소설 자체 속에서는 억지이지요. "고국에서 쫓겨난 가난한 조선인이 수만 명 간도에 흘러들고 있었다(…) 하야시의 아버지는 이 땅에 사는 약자들의 친구가 되기 위해 조선옷을 입고……"라고 되어 있지요. 그러나 실상은 용정에 있는 Y중학, Y소학을 세운 것은 조선인들이 아니었던가. 일본인이 조선동포가 불쌍해서 그들을 위해 생을 마쳤다는 데는 그만한 특별한 이유가 있어야 했을 터. 그게 빠져 있습니다. 설명 불가능하니까. 그뿐인가. 일본인 하야시란 어떤 인물인가. 동향인이자 동창생인 오오무라의 원조로 동경(東京)에 있는 N대학을 졸업하고, 다시 간도로 돌아와 아비의 일을 맡습니다. "가난한 자라면 누구나 받는 온갖 고난에 대해 자기 몸을 돌보지 않고 싸웠다"(「대륙」, 《국민신보》, 1939.6.4.)에서 보듯 조선인만이 아니되 가난한 일반인을 향하고 있습니다. 오오무라가 이를 두고 "아직 자네의 머테아리즘(유물론)인가, 하하……"라고 비웃는 것도 이를 가리킴인 것. 요컨대 하야시는 공산주의 진영이었는지도 모를 일. 이상 두 가지 점에서 보면 「대륙」은 일본청년의 얘기가 아니라 카프작가이며 또 전향자(전주사건 이후)인 한설야 자신이 주인공인 셈. 자기 얘기를 허풍스럽게 펼쳤던 것. 하야시≠한설야의 도식이란 6하 원칙으로는 설명되기 어렵지요. 하야시를 조선인으로 읽을 수도 있음은 이 때문이지요. 한설야 자신이니까. 한설야론에서 부주의하게도 제가 윤대석씨의 지적을 외면하고 하야시를 그냥 조선인으로 다룬 것은 이런 의도가 앞섰기 때문입니다.

남송우 이기영의 「처녀지」를 두고, 선생님께서는 이는 조선어로 쓰였지만, 조선어이자 동시에 한갓 가상적 기호에 지나지 않는다고 보았습니다. 이는 이중적 글쓰기의 공간이기에 그럴 수밖에 없는 기묘한 현상이라고 판단하여, 이를 이중어 글쓰기의 제5형식으로 규정하고 있습니다. '생산소설'을 요망하나, 그 시대에 이기영은, 겉으로는 '생산소설'에 반응한 것이었으나, 내면에서 보면 한 치도 어김없이 카프의 연속성, 곧 노동소설의 범주에 속해 있었다는 것, 생산소설이자 노동소설인 이 이중성이 이른바 이기영식 이중어 글쓰기, 정확히는 이중어 노동소설이라 규정하고 있습니다. 이기영이 사용한 언어가 조선어이지만 그것은 한편으로는 '생산소설'을 위한 언어이며, 다른 한 편에서는 '노동소설'을 위한 언어이기에 같은 조선어가 그대로 이중어 몫을 수행한 형국으로 보고 있습니다. 그런데 이러한 이기영식의 이중어 유형 갈래는 지금까지 논의해온 다른 작가들과는 다른 언어 차원에서 나타나는 유형이란 점에서 그 변별점이 좀 더 제시되어야 할 것 같습니다.

김윤식 이기영의 「처녀지」를 제5형식으로 분류한 점에 대해서는 여러 사람[세리카와 데쓰요(芹川哲世) 교수도 포함]들이 직·간접적으로 제게 문의하더군요. 제 설명이 모자란 탓입니다. 조선어/일본어의 이중어 글쓰기와는 다른 조선어/조선어(시국어)의 이중어 글쓰기 범주 설정에는 여러 가지 새로운 설명이 요망됩니다. 따로 글을 써볼 생각입니다. 이중어 글쓰기 공간에 조선어 자체도 굴절되지 않을 수 없었다는 명제(조선의 국민국가 언어의 일차적 정지)를 제대로 설명하기 위해서는 또 다른 대상이 전제되기 때문이지요. 곧, 이 공간에서 일본어 자체도 그러한 굴절을 겪고 있다는 사실이 그것. 조선에 와 있는 일본 문인 및 시인들이 상당수 있었고 그들은 독자적으로 저널리즘을 갖추고 있었지요. 「조선시화집」(1928)을 비롯하여 「조선시가집」(1943) 등도 그런 부류에 속하지요. 특히 식민지에서 이루어지는 일본어 교육에 관하여 도키에다 모로키(時枝誠記, 경성제대) 교수가 제기한 문제는 오늘날에도 논의 대상이 되고 있습니다. 요컨대 조선어/조선어(시국어)의 이중성과 일본어/일본어(시국어)의 이중성이 맞서 검토되어야 이 과제를 해명하는 데 좀 더 유연성이 갖춰질 것입니다.

남송우 선생님께서는 이중어 글쓰기 제6형식을 시인 김종한에서 찾고 있습니다. 지금까지 분류한 유형이 산문을 중심으로 한 것이었다면, 시에서 제6형식을 발견하고 있다는 것은 여러 가지가 생각나게 합니다. 우선은 일본어로 시를 쓴 많은 시인들 중 김종한의 부류에 들 수 있는 시인이 또 없을까 하는 의문입니다. 그리고 이상 같은 시인은 어떤 유령으로 분류할 수 있을까 하는 과제가 떠오릅니다.

김윤식 김종한의 경우가 뚜렷하다는 것이고 제가 공략해본 것이 여기 국한되어 있다는 것 이른바 친일시 따위란 글쓰기이긴 해도 문학 범주와는 너무 동떨어진 것이라 거론할 것도 아니라는 것. 그렇다면 이상(李箱)은 어떠할까. 「선에 대한 각서」(1931)부터 그러니까 출발부터 이상은 일어로 시를 쓰지 않았던가.

이렇게 말해보고 싶군요. 이중어 글쓰기라고. 실험실 속 '진공 속의 이중어 글쓰기'이기에 현실적 글쓰기, 숨쉬는 글쓰기와는 별개의 범주라고 할 수 없을까. 장차 이를 수용할 만한 큰 틀이 기필코 요망될 터입니다. 요컨대 제가 논의하고 있는 것은 이중어 글쓰기 공간(1942.10.~1945.8.)에 국한됩니다. 조선어학회 사건 이후이니까요. 이 공간에서 해방되면 저 김동인의 「약한 자의 슬픔」(1919)이나 염상섭의 「표본실의 청개구리」(1921)도 또 다른 유형의 이중적 글쓰기 범주일 테니까요.

남송우 선생님께서 작가론에서 다루고 있는 임화나 안함광 역시 이중어 글쓰기 경험을 가지고 있다는 점에서, 어느 한 유형에 포함시키든지 그 유형화가 가능하다는 생각이 듭니다. 이들을 작가론에서 다루고 있으면서, 이중어 글쓰기 형식에서는 제외시켜 놓으신 이유가 있으신지요. 이들을 유형화 한다면 어떤 유형이 가능할지요?

김윤식 제가 고민한 대목. 유형화하기엔 각자의 개성이 너무 강합니다. 임화와 안함광의 유형화 가능성을 지적하셨는데, 제게 좀 더 친절히 가르쳐주셨으면 합니다만. 어째서 그들이 해방공간에서 주도적 비평가로 군림할 수 있었을까. 그 실마리도 이 유형화 속에 있지 않았을까.

남송우 북한문학에 대해 관심을 가지고 있는 저에게 임화와 안함광은 지속적인 연구 대상이 되어 있습니다. 좀더 많은 공부가 이루어져 선생님께서 필요한 정보를 드릴 수 있으면 더없이 좋겠습니다. 이제 이야기를 마무리해야 할 것 같습니다, 임종국 선생님은 『친일문학론』에서 결론을 다음과 같이 맺고 있습니다.

> 이 책에 씌어진 모든 이야기는 과거다. 그리고 과거란 어디까지나 과거일 뿐 현실적으로 아무런 의미도 있을 수 없다. 그것은 과거로서 망각되어도 하기야 현실생활에 미치는 아무런 영향이 없다 중요한 것은 그러한 과거-또는 현재를 감수하는 우리의 태도! 그 태도 여하에 따라서 과거-또는 현재는 약이 될 수도 있고 독이 될 수도 있는 것이다. 여기 기록된 과거의 이야기들이 오늘의 한국인들에게 좋은 거름처럼 이용되기를 바라며 이상 친일문학론의 고를 막겠다.

그리고 선생님께서는 이중어 글쓰기에 대한 모색의 지향성을 다음과 같이 제시하고 있습니다.

> 이중어 글쓰기란 무엇인가 다시 한번 다짐해두기로 한다. 주체가 그 내면에서 모(국)어를 억제하여 그 모(국)어와 대칭점에 있는 가해자의 언어사용 사이에서 빚어지는 긴장력의 자장 속에 놓인 글쓰기로 그것이 규정된다면, 여기에는

세 가지(필자 주 여섯 가지)형식이 뚜렷해진다는 것, 이러한 세 가지(필자 주 여섯 가지) 형식에서 우리가 모색해볼 수 있는 지향성은 과연 무엇일까. 이 물음이 생산적인 글쓰기에의 지평을 향하고 있다고 믿지 않는다면 이런 논의는 썩 제한적이 될 터이다. 그러나 이런 논의가 문학사적 과제 곧 생산적인 장래의 글쓰기를 위한 모종의 방향성에 결부되는 것이라면 그것은 과연 무엇일까. '국민국가의 언어를 넘어서기'라 하면 어떠할까. 『율리시즈』의 작가 J.조이스의 지향성인 저 『피네건의 밤샘』으로 향한 글쓰기의 흐름이 이로써 엿보인다면 어떠할까.

과거를 비추는 거울을 통해 미래를 열어가는 작업은 참으로 지난한 작업임에 틀림없습니다. 문학 연구의 본령이 여기에 있기에 그러나 쉼이 있을 수는 없겠죠. 요즈음 과거사 청산 논의들이 다시 불거지고 있는 현실 속에서 학자들이 해야 하고, 또 할 수 있는 부분이 무엇인지, 지식인이 서야 할 자리가 더욱 모호해진 시대이기에 그런 소리들이 요청되고 있는 것 같습니다. 선생님께서 후세대들을 향한 연구자의 자세를 한 마디 들려주십시오.

김윤식 그런 거룩한 얘기를 할 만한 처지에 제가 미쳐 있지 못합니다. 저도 금년에 고희를 맞습니다. 73세까지 산 공자께선 고희에 관해 이런 말씀을 남겼지요. 종심소욕(從心所慾) 불유구(不踰矩)라고. 마음이 하고자 함에 따라도 도에 벗어남이 없다라고. 그런데 저는 안 그렇네요. 여전히 오리무중이고 갈팡질팡하고. 그렇다면 공자께서 빈 말씀을 하신 걸까. 그럴 이치가 없고 보면 잘못은 제 쪽에 있을 터. 삼십에 뜻을 세우지 못했음(三十而立)이 그 원인인지 모르지요. 이곳저곳 따지고 소갈데 말갈데 뛰어다니느라 학문에 외골수로 전념하지 못한 탓. 수원수구(誰怨誰咎)이리오. 그렇기는 하나, 약간의 시적인 감회도 없지는 않습니다. 흉볼지도 모르긴 해도.

내 청춘 캄캄한 뇌우 속에 잠겼으니
여기 저기 때로 눈부신 햇살 구름을 뚫고
천둥 비바람 모질게도 휩쓸었도다
내 정원에 몇 안 남은 새빨간 열매에

—보들레르, 김붕구 역, 「원수」

감히 말해봅니다. 몇 알 남은 붉은 열매란 새삼 무엇인가. 둔하기도 했고 또 게을렀지만 그래도 하노라고 한 것이라면 전공인 '한국근대문학사'가 그것입니다. 20세기적 산물인 거대담론의 일종이며 부정적 비판의 초점 사항에 놓인 국민국가주의(nationalism)를 근본으로 한 것 아닙니까. 21세기에 접어들어도 제가 서 있는 자리는 그대롭니다. 다만 그 활성화에 제 남은 열정을 쏟고자 했지요. '한국근대문학사'라는 단일성의 시선에서 보면 두 가지 공간이 크게 부각되고 있습니다. 이중어 글쓰기 공간이 그 하나. 이 공간에서 씌어진 국적 불명의 글쓰기 행위야말로 포스트 콜로리얼론의 문학연구의 실천장이 아닐 것인가. 그 거센 도전이 크고 강할수록 '한국근대문학사'는 새로운 도전적 힘을 얻을 것입니다. 『일제 말기 한국 작가의 일본어 글쓰기론』(서울대출판부, 2003)이 그런 시도의 하나였습니다. 이 공간 속에는 아직도 수많은 논문들이 씌어질 터입니다. 현재(2004) 우리나라 국어국문학과는 총 180여 개인데 일어일문학과는 88개이지요. 합하면 약 200여 학과가 알게 모르게 이 과제에 관련되어 있을 터. 또 다른 공간이란 이른바 해방공간(1945.8.~1948.8.)이지요. 이 공간은 모두가 아는 바, 나라 만들기(국가형 선택)가 중심 과제였던 것. (가)부르조아 단독독재형 국가 (나)노동자 단독독재형 국가 (다)연합 독재형 국가 등이 크게 부각되었던 것. 이들 모두가 문학에서 내세운 명분(논리)은 하나. '민족문학론'이었지요. 결과적으로는 당시로선 제일 합리적·논리적으로 판단된 (다)

쪽이 여지없이 패배하고 말았지요. 남로당(조선공산당의 후신)의 이념이 그것. 현실적으로는 (가)와 (나)로 정립되었고(이게 냉전체제의 도식에 따른 분단이라는 것) (다)는 잠복되고 말았지요. 그러나 21세기에 접어든 오늘의 처지에서 보면 (가)와 (나)도 쇠약해질 대로 쇠약해져 비판적 눈총의 표적이 되어 있지 않겠는가. 만일 통일을 전제로 한다면 '한국근대문학사'란 그 전제 위에 서 있는 것이니까. 해방공간 논의의 활성화야말로 '한국근대문학사'의 또 다른 활성화에 다름 아닌 것. 제가 『해방공간 한국작가의 민족문학 글쓰기론』(서울대출판부, 2006)을 집필한 것은 이 문제에 관련됩니다(자세한 것은 졸고 「한국근대문학사에서의 두 개의 공간에 대하여」, 《실천문학》, 2005 봄호 참조). 그러고 보니 『일제말기 한국작가의 일본어 글쓰기론』과 『해방공간 한국작가의 민족문학 글쓰기론』 사이에 『20세기 한국작가론』이 끼어 있는 형국입니다.

이로써 남 교수의 질문에 대한 모종의 변명이라도 되었을까요. 겨울마다 빠알간 동백꽃이 피어 있는 항도 부산, 두 번씩이나 임시 수도를 맡았던, 향파(向波)와 요산(樂山)의 터전, 그리고 젊은 비평가 고석규가 활동한 부산에 졸저를 읽어주신 남 교수가 계심이란 새삼 무엇일까. 세존께서 설하신 삼세인연설일까 하고, 낙동강 물가 진영에서 나고, 자란 제가 두서없이 혼자 중얼거려 봅니다.

남송우 후학들이 마음에 새겨두어야 할 좋은 말씀을 해주셔서 참으로 감사합니다. 선생님의 건강과 부단한 글쓰기가 올해도 계속될 수 있기를 바랍니다.

김윤식 저, 『일제말기 한국인 학병세대의 체험적 글쓰기론』에 대한 생산적 대화

일시: 2007년 8월 2일

장소: 국립박물관 휴게실

대담자: 김윤식(서울대 명예교수)

남송우(부경대 국문과 교수)

정년 이후에도 부단히 글쓰기를 계속하고 있는 김윤식 교수가 이번에 『일제말기 한국인 학병세대의 체험적 글쓰기론』(서울대학교출판부, 2007.6.)을 펴냈다. 이는 이전에 펴낸 『일제말기 한국 작가의 일본어 글쓰기론』(서울대학교출판부, 2003.8.)과 『해방공간 한국작가의 민족문학 글쓰기론』(서울대학교출판부, 2006.4.)에 이어지는 3부작에 해당하는 저술로서 한국문학을 글쓰기란 새로운 시각으로 읽어낸 작업으로 평가된다. 3부작의 마무리 편인 『일제말기 한국인 학병세대의 체험적 글쓰기론』에서 제기되고 있는 중심 화두가 무엇이고, 그 의미는 문학에서의 글쓰기론에서 어느 지점에 해당되는지, 그리고 학병세대의 체험적 글쓰기가 지닌 본질은 무엇인지를 남송우 교수와의 대담을 통해 알아보았다. 흔쾌히 대담에 시간을 내준 김윤식 선생님께 감사드린다. <편집자주>

남송우 대학에서 정년은 하셨지만, 선생님의 비평적 글쓰기는 정년이 없는 것 같습니다. 비평의 가장 원초적인 형태인 월평 작업을 아직 계속하고 계시는 모습을 대하면서 그런 생각을 떨쳐내기가 힘들었습니다. 월평은 건강이 뒷받침되지 않으면 계속할 수 없는 글쓰기의 하나인데, 요즈음 선생님의 건강상태는 어떠하신지 먼저 안부를 묻고 싶습니다.

김윤식 조금씩 앓고, 가끔은 병원에도 갑니다. 정해진 걷기 코스를 다 못 채우고 중도에서 돌아오곤 합니다. 그럴 적마다 하늘 끝자락에 시선을 주곤 하지요.

남송우 힘들게 건강을 유지하면서, 월평 쓰기도 힘든 일인데, 선생님께서는 지속적인 저술활동을 계속하고 계십니다. 놀랍다는 말씀을 먼저 드리고 싶네요. 선생님의 최근의 관심을 한 마디로 요약한다면, 글쓰기론으로 이름지을 수도 있겠습니다. 『일제말기 한국작가의 일본어 글쓰기론』(서울대학교 출판부, 2003)에 이어 『해방공간 한국작가의 민족문학 글쓰기론』(서울대출판부, 2006)을 펴냈고, 또 이번에 『일제말기 한국인 학병세대의 체험적 글쓰기론』(서울대출판부, 2007)을 펴내셨으니까요. 그 동안의 선생님의 저작들을 감안했을 때, 이러한 글쓰기론으로의 관심은 하나의 변화이면서, 새로운 영역으로 여겨집니다. 글쓰기론에 집중하게 된 특별한 동기라도 있는지요?

김윤식 먼저 관심을 가져주신 남 교수님께 경의를 표합니다. 지적하신 바와 같이 정년(2001년) 이후 제가 조금 공들여 온 것이 글쓰기론 3부작입니다. 번잡스러우나 이에 대한 설명을 아무래도 조금 할 수밖에 없네요. 두루 아는 바, 제 전공은 한국근대문학입니다. 그것은 물론 인문학의 한 분야이지요. 60년대 초에 대학원을 다닌 제가 속한 세대의 인문학의 비중이란 사회경제학과 더불어 막중한 것이었지요. 식민사관 극복이 그것. 이는 물을 것도 없이 민족적 국가적 요청 사항이자 시급히 해결해야 할 눈앞의 과제였던 것. 왜냐하면 이 문제의 극복 없이는 대한민국 정식 정부(1948.8.15.)와 조선사회주의 인민공화국(1948.9.9.)이 그 자립적 근거를 내세우기 어려웠으니까. 만일 식민지사관이 학문(과학)적으로 옳다면 그야 할 말이 없지요. 남의 식민지 노릇할 수밖에 없어요. 그렇지 않고 제국주의자들이 만들어 낸 한갓 허구였다면 어떻게 될까. 이를 밝혀야 한다는 사명감이 인문학에 주어졌던 것. 비유컨대 일종의 학문적 독립운동인 셈. 식민지사관이란 무엇이죠. 이 물음 맨 앞에 놓인 것이 이른바 저 악명 높은 <근대>. 이 근대라는 인류사의 한 단계를 자체 내의 힘으로 이루어내지 못한 종족이나 민족이라면 그것을 능히 이루어낸 민족이나 종족의 식민지가 되어 마땅하다는 것이 식민사관이니까. 그렇다면 맨 먼저 인문학이 공부해야 할 것은 다름 아닌 정치학 그리고 경제학일 수밖에. 왜냐면 근대란 (A) 국민국가(nation-state)와 (B) 자본제의 생산양식(mode of capitalist production)의 수행과정이니까. (A)의 공부를 위해 어떤 인문학도라도 최소한 정치학과 4년이 소요되는 법. (B)의 공부를 위해서도 최소한 경제학과 4년이 요망되는 법. 적어도 8년의 공부가 요망될 수밖에. 연후에야 <문학> 공부가 가능한 법. 왜냐면 전공이 한국근대문학이니까. 근대 공부에 8년이 갔고, 또 <한국근대>의 공부에 8년이 갈 수밖에. (C) 반제투쟁 공부에 4년이 갔고, (D) 반자본제 투쟁(물산장려운동 등) 공부에 4년이 속절없이 갔던 것. 그러고 보니 참으로 난감했지요. (A)(B)와 (C)(D)가 역방향성을 띠고 있고, (A)(B)와 (C)(D)가 거의 절대 모순성에 놓여 있다는 것. 문학이 그 속에서 끼어 숨도 못 쉬는 형국이었지요.

남송우 선생님 세대의 문학 공부방식이랄까, 문학에 대한 인식 방식을 충분히 이해할 수 있을 것 같습니다.

김윤식 제가 속한 세대의 신세타령이라고 할까요. 내친 김에 조금 더 해볼까요. 근대문학이란 무엇인가. 국민국가의 언어 곧 <국어>로 하는 문학이 아닐 것인가. 국민국가란 상상의 공동체에 지나지 않는 것. (1) 단일민족, (2) 단일언어, (3) 단일문화, (4) 단일국가를 전제로 한 허구인 셈. <한국

근대문학>이란 그러니까 한국어로 하는 한국국가 문학으로 규정되는 것. 이때 제일 중요한 사항은 한국국가입니다. 상징적으로 말해 임시정부(공화제 헌법, 1919)가 바로 그것. 임시정부의 대행언어기관이 바로 조선어학회였지요. 모든 문인들이 조선어학회의 표기법을 전폭적으로 지지한 것이 그 증거죠. 일제 통치부가 조선을 식민지로 통치할 때, 경제, 행정, 금융, 교통 등등 기타 제도를 통치권 속에 두었으나 문학 제도만은 통치권 밖에 두었던 것입니다. 한국 근대문학은 당초부터 식민지 통치권과 무관한 자리에서 성립되고 진행되었던 것(검열제도란 어느 사회에나 있는 치안에 관련된 것. 80년대 군부의 검열을 보시라).

그러나 일제 통치부가 한국 근대문학을 통치권 속에 넣고자 작정한 것이 조선어학회사건(1942.10.1.)입니다. 33인을 겨냥했고, 총독부 시정일(始政日)을 택해 일으킨 이 사건 이후를 두고 보통 암흑기라 합니다. 한국 근대문학의 시선에서 보면 암흑기이지만, 참으로 놀랍게도 또는 너무나 당연하게도 일어로 또는 조선어로 많은 작가들이 실로 많은 작품들을 썼습니다. 이 공간에 쓰여진 작품들은 대체 무엇인가? 국가개념이 숨은 시대의 이런 작품이란 작품이긴 해도 한국 근대문학이라 하긴 어렵지요. 단지 그냥 <글쓰기>라 하면 어떠할까. 나아가 저는 이중어 글쓰기 공간(1942.10.1.~1945.8.15.)이라 잠정적으로 규정해 보았지요. 가령 일어로 쓴 이효석, 유진오, 김사량의 작품이란 조선문학인가, 일본문학인가, 이 물음은 논의를 더 해보아야겠지만. 요컨대 일차적으로는 글쓰기의 문제로 처리해 볼 수 없을까. 오늘날의 저 악명높은 국민국가에서 한 발 물러선 자리가 거기 있습니다. 거대담론이 물러난 자리에 재빨리 동아시아(지역) 담론이 대두하듯, 김사량의 일어소설(「향수」, 1941)을 보십시오. 조선인(1)이 일어(2)로 (3)북경을 배경으로 쓴 소설이 아니겠는가. 이러한 문제 제기가 친일문학이라는 경직된 사고에 약간의 유연성을 부여함과 더불어 문학 이전의 글쓰기과제라는 새로운 지평을 엿볼 수 있지 않겠는가 『일제말기 한국작가의 일본어 글쓰기론』은 이 문제를 문제 제기로 다루어 본 것입니다.

그 연장선에서 씌어진 것이 『해방공간 한국작가의 민족문학 글쓰기론』입니다. 한국근대문학사의 시선에서 보면 두 공간을 가진 셈. 위에서 본 이중어 글쓰기 공간이 그 하나, 다른 하나는 소위 해방공간(1945.8.15.~1948.8.15. 및 9.9.)입니다. 미소의 군정기간이기에 국민국가개념이 잠복된 공간인 셈. 이 공간의 이념적 지향성은 <나라만들기>. 세 가지 모델이 등장했죠, (A)부르조아단독독재형(대한민국) (B)노동계급 단독독재형(북로당) (C)연합독재형(남로당)이 그것. 민족우위냐 계급우위냐를 둔 논의이기에 문학쪽에서는 (A)(B)(C)가 한결같이 민족문학론으로 일관될 수밖에. 민족개념을 가운데 놓고 계급과의 낙차를 따져야 했기 때문이죠.

이 장면에서 제가 주목한 것은 다음 사항입니다. 곧 이 공간 역시 <글쓰기 공간>이란 점. 어느 특정 국가의 소속이 아닌 글쓰기인 만큼 저마다 내세우는 <민족문학론>이란 실상 소속 불명의 허구라는 사실. 글쓰기의 본질에 좀 더 가까이 갔다고나 할까. 적어도 근자 악명높은 국민국가의 족쇄에서 저만치 벗어난 영역이라는 것. 남 교수께선 '글쓰기론에 집중하게 된 특별한 동기를' 물으셨는데, 이로써 답변이 되었을까요. 저는 그 지랄같은, 그렇지만 제가 태어나고 자라고 사랑한 20세기의 산물인 한국근대문학을 모자라는 재주로 애써가며 공부했습니다. 그것으로 제 소임은 다했지요. 정년까지 했으니까. 그런데 조금은 딱하게도 21세기라는 실로 굉장한 세계 속에 다시 살게 되고 말았지요. 한 몸으로 두 세기를 사는 형국. 20세기가 제겐 한국 근대문학 곧 <근대문학>이었다면 21세기에 있어 제겐 <근대문학> 대신 <글쓰기>에 지나지 않습니다. 그냥 글쓰기인 만큼 그 속에 근대문학도 포함될 따름이죠. 포함되긴 하나 아주 작은 한 영역일 수밖에. 여기서 한 발자국만 나서면 <문학>도 없고 글쓰기만 있을

터. 모든 영역개념이 해체되어 새로이 엉키는 기묘한 현상의 꿈꾸기라고나 할까. <그냥의 글쓰기>란 새로운 21세기적 사태의 반영이라면 어떠할까요.

남송우 선생님의 글쓰기론의 뿌리가 어디에 근저하고 있는지를 알 수 있을 것 같습니다. 그런데 선생님의 글쓰기론의 뿌리를 확인하다보니, 선생님께서 이번에 펴내신 『일제말기 한국인 학병세대의 체험적 글쓰기론』(서울대 출판부, 2007)에 대해 질문을 드리기 전에, 이 책이 보여주고 있는 선생님의 글쓰기의 방식에 대해 먼저 이야기를 나누어 보는 것이 필요하겠다는 생각이 듭니다. 선생님께서는 이전에 자주 활용하시는 대화적 글쓰기 방식을 이 책 서술의 방식으로 선택하고 있습니다. 문어적 글쓰기가 아니라, 구어적 대화형식을 활용하신 특별한 의도가 있었을 것 같은데요? 책을 읽을 독자를 의식하신 것인지, 선생님 자신의 대화적 글쓰기에 대한 원초적 욕망의 발현 결과인지가 궁금해집니다.

김윤식 이번의 『일제말기 한국인 학병세대의 체험적 글쓰기론』에서는, 어째서 대화적 글쓰기로 일관했느냐고 물으셨군요. 이 책에서 대화체 아닌 것은 제2부 제1장 「작가 이병주의 탄생장면」, 제4부 제1장 「민담형식과 역사형식」 두 편인 만큼 거의 전편이 대화적 글쓰기라 할 만합니다. 그렇기는 하나 제겐 실로 민감한 질문입니다. 우선 이런 포맷에 대해 막연하나 이렇게 비유해볼까요. 「부정변증법」의 아도르노 모양 아우슈비치 이후의 글쓰기인 수필식의 철학하기까지는 아닐지라도, 21세기의 사태 앞에 20세기식 논문 포맷일 수는 없으니까. 아주 무지한 상태에서 출발하여 차근차근 그 사물이나 현상의 본질에 육박해가는 소크라테스적인 산파술의 꿈꾸기라고나 할까요.

다른 하나는, 대화체와 독백체의 구별. 간단히 말해 대화란 문법체계가 다른 (A)와 (B)가 마주 서서 말하기를 가리킴인 데. 가령 한국어만 아는 (A)가 영어만 아는 (B)와 대화하기. 상상만 해도 끔찍합니다. 의사소통을 위해 양쪽 모두 필사적일 수밖에. 이를 두고 진짜 대화라 하는 것이죠. 문학전공의 (A)가 반도체 전공의 (B)와 의사소통하기도 꼭 같지요. 얼마든지 있습니다. 강원도산 (A)가 전라도산 (B)와 대화하기도 마찬가지. 중산층 출신의 (A)가 상류출신의 (B)와 마주서기도 꼭 마찬가지. 당연히도 그들은 필사적일 수밖에 없지요. 그렇다면 독백체란 무엇인가? 문법체계가 같은 (A)(B)가 의사소통하기. 이건 누워서 떡먹기죠, 그러니까 독백에 지나지 않는 것. 기껏해야 근친상간적인 것. 거기서 생산적인 것이 나오긴 어렵지요. 무대에 선 햄릿의 독백처럼 비장미 정도는 띨 수 있을지 모르나, 저 혼자의 세계일 뿐입니다.

제가 행한 대화적 글쓰기 방식이 겨냥한 곳은 어디일까요? 소크라테스식 산파술도 아닙니다. 그런 것을 염두에 둔 바도 없지는 않았지만 잘 되지 않더군요. 그렇다고 문법이 다른 언어로 하는 대화체도 아닙니다. 자주 타문법의 장벽 앞에 절망했기 때문이죠. 대화를 했다고 한 것이 다시 보면 어느새 독백으로 저만치 놓여 있지 않겠습니까. 이런 절망은 한두 번이 아니었지요.

그런데 유독 이 책에서만은 거의 대화체로 한 이유는 무엇인가? 남 교수께선 <글쓰기에 대한 원초적 욕망의 발현>이 아닌가라고 직감했군요. 그러할지 모릅니다.

학병세대란 무엇인가? 이 물음은 제겐 유년시절이란 무엇인가에 해당되는 것입니다. 그런데도 문학판에서는 이 학병세대를 거의 알고 있지 못합니다. 이들의 많은 체험적 글쓰기에 대해 한국 근대문학판은 『불꽃』(선우휘, 1957)을 빼면 거의 외면했기 때문. 체험적 글쓰기란 상상적 글쓰기와 별개라는 관념이 거기 깔려 있었기 때문이죠. <상상적 글쓰기가 문학이라면, 체험적 글쓰기란 비문학이다!>라는 인식의 틀이란 근대문학의 틀에서 나온 것. 만일 근대문학의 틀이 헐리거나 빛을 잃어가는 마당이라면 <체험

적 글쓰기>와 <상상적 글쓰기>의 낙차도 그만큼 줄어들지 않겠는가. 오늘날 이 나라 문학판이 모조리 역사소설로 도망치는 것도 그 증거. 바로 여기에 제 <글쓰기 3부작>의 근거가 놓여 있습니다.

<체험적 글쓰기>의 부각을 위해서는 우선 그 실체를 드러낼 수밖에요. 요컨대 이에 대한 무지를 차근차근 내보일 수밖에. 소크라테스적 산파술을 제 딴에는 자주 염두에 두었습니다. 그러나 그것은 많게는 핑계이고 진짜 이유는 따로 있습니다. 학병세대가 제 유년기의 뿌리에 닿아 있음이 그것. 일제말기 소학교를 다닌 제게 비친 학병세대의 모습이란, 바로 제 유년기의 모습이기도 했지요. 그들의 체험적 글쓰기 속의 <울림>이란 제 유년기의 <울림> 그것이었던 것. 혹 제가 쓴 『비도 눈도 내리지 않는 시나카와역』(2005)을 보셨는지요?

남송우 예, 흥미있게 읽었습니다.

김윤식 그러니까 독백체일 수밖에요. 겉으로는 소크라테스의 산파술을 내세웠으나 속으로는 대화체 아닌 독백체입니다. 양의 머리를 걸어 놓고 개고기를 판 형국이죠.

남송우 선생님께서는 우선 학병세대의 글쓰기를 두 유형과 5개의 범주로 구분해 놓고 있습니다. 그 두 유형이란 (A)(B)인데, (A)는 학병을 소재로 한 간접적인 글쓰기이며, (B)는 학병이 직접 쓴 글쓰기죠. 선생님의 일차적인 관심은 (A)형보다는 학병이 직접 쓴 (B)형에 가 있습니다. 그래서 (B)유형을 다시 5개 범주로 나누어 설명하고 있습니다. ⓐ는 학병으로 국외에서 탈출한 경우의 글쓰기로 김준엽의 『장정』, 장준하의 『돌베개』, 신상초의 『탈출』 등이 이에 해당합니다. ⓑ는 탈출하지 않은 학병들의 글쓰기로 해방공간에서의 잡지 『학병』의 기록이며, ⓒ는 일본군으로 입대한 조선학병으로 중국내에 배속되어 거기서 탈출한 부류의 탈출기이고, ⓓ는 학병거부자의 기록 그리고 ⓔ는 이병주, 이가형, 한운사로 대표되는 학병 글쓰기의 원본성에 해당하는 범주로 나누어 놓고 있습니다. 문제는 선생님의 관심은 일차적으로 ⓐ와 ⓔ에 놓이나 운명을 초극한 글쓰기 ⓐ보다는 운명에 순종한 글쓰기인 ⓔ에 더 집착해 있다는 점입니다. 특히 그 중에서도 이병주의 글쓰기에 더 깊이 천착하고 있는 이유가 무엇입니까?

김윤식 정확히 보셨습니다. 운명에 순종한 글쓰기, 그것이 궁극적으로는 <상상적 글쓰기>로 향하고 있기 때문입니다. 운명을 초극한 글쓰기, 그것은 원론적으론 역사의 범주에로 향하고 있다고 보기 때문입니다. 거기엔 비극적 황홀의 미학이 관여하는 영역입니다. 이에 비해 운명에 순종한 글쓰기엔 그런 비극적 황홀의 미학이 없지요. 있는 것이라곤 자의식이랄까, 자기 한계에 대한 체념의 미학이 주조입니다. 보다 인간다움이 거기보다 많이 있다고 믿기 때문. 용병(傭兵)이라는 것. 노예라는 것. 이러한 인간다움이 유독 이병주의 글쓰기에 집중되어 있다고 저는 보았지요. 말을 바꾸면 학병세대 자체가 지식인의 최고집단이라는 것. 이 지식인의 생리를 제일 통렬히 또 지속적으로 글쓰기의 원천으로 삼은 글쓰기가 이병주였지요. 공적 기록과 사적 글쓰기의 결합, 논문식 글쓰기야말로 지식인의 독특한 버릇이지요.

남송우 이병주의 글쓰기에 대한 이야기를 좀 더 해보죠. 선생님께서는 이병주의 『관부연락선』에 나타나는 글쓰기를 공적인 기록과 사적인 글쓰기의 결합 혹은 논문식의 글쓰기 방식으로 명명하고 있습니다. 즉 확실한 역사적 자료에 의거함을 먼저 내세우고, 그 다음에 얘기가 뒤따르는 식의 글쓰기를 말합니다. 이는 역사적 사실을 바탕으로 새로운 상상력을 불어넣는 요즈음의 팩션(fact+fiction) 소설과 다르지 않다는 생각이 들기도 하는데, 요즈음 작가들인 경우는 역사적 체험이 없다는 것 외는 글쓰기 방식 자체는 닮아 있지 않나 하는 생각이 드는데요? 선생님께서는 이러한 글쓰기의 의미를 지식인 독자에게 호소하겠다는 입장에서 보고 계신데, 요즈음 나오는 팩션물들은 대중성도 상당히 확보하고 있는 것 같습니다. 김훈 류의 팩션과 이병주식의 소설이 차이가 있다면 어떤 차이가 있을까요?

김윤식 팩션이라 했지만, 이병주의 경우는 <체험적>임에서 다른 여타의 경우와 구분됩니다. 역사적 사료(사실이 아님)에다 이런 저런 상상력으로 해석해놓은 글쓰기란 어느 편이냐 하면 보편성에 들겠지요. 왜냐면 누구나 쓸 수 있으니까. 『난중일기』를 두고, 한글을 아는 사람이라면 누구나 쓸 수 있고 또 앞으로도 쓸 것입니다. 이 점에 그것은 상상력에 조금 가까이 간 것입니다. 이병주의 그것은 팩션이라해도 <자기만의 체험>이란 점에서 특수성 쪽에 기울어져 있습니다. 그만이 할 수 있고, 그만의 세대만이 할 수 있는 것이니까.

남송우 선생님께서는 『관부연락선』에 나타나는 주인공 유태림과 나를 동일하게 보고, 이는 바로 이병주 자신이라고 해석하면서, 이들 세대의 사상적 특징을 교양주의로 규정하고 있습니다. 이러한 사상적 토대를 밝혀내는 일은 이병주의 세계관을 밝히는 데도 아주 중요한 대목으로 작용한다고 봅니다. 글쓰기론에서 사상적 근저를 밝히는 일은 어떤 의미를 가지는가요?

김윤식 학병세대란 당대 최고의 지식인 세대입니다. 이 세대의 중심부는 일본식 고등교육에 관련되어 있습니다. 그 교육의 중심부에 놓인 것이 이른바 <교양주의>입니다. 이것을 선반 위에 올려놓고 논의를 진행시킨다면, 이병주 문학에 결코 닿을 수 없습니다. 이병주 문학이 공산주의 사상을 가운데 두고 토론함을 일삼은 것은 바로 이 교양주의의 소산에 더도 덜도 아닙니다.

남송우 선생님께서는 『관부연락선』에서 <교양주의> 사상을 문제삼기도 하셨지만, 이 소설 구성의 형식적 특성을 사상토론소설로 규정하고 있습니다. 저도 이점에 동의하면서, 왜 이병주 작가가 토론 형식을 소설 속에 이렇게 많이 활용하고 있는가라는 점에 관심이 갔습니다. 선생님께서는 주인공이 지닌 인민전선 사상이, 회색군상의 사상이, 나와 유태림, 유태림과 서경애, 교장과 유태림, 이광열과 유태림 등의 토론이 가능하게 한 점이라는 것을 밝혀놓고 있습니다. 그런데 저는 이 점과 함께 이병주 작가의 글쓰기, 즉 그가 계속해온 언론사에서의 논설쓰기와도 무관하지 않겠다는 생각도 듭니다. 이 점을 선생님께서는 어떻게 생각하시는지요?

김윤식 학병세대란 대체로 1919~23년을 전후해서 태어난 세대죠. 이들이 입대(1944.1.20.)한 때의 나이는 20세 초반입니다. 이병주는 사립 명문 와세대 대학 불문과 2년생이고, 이가형이 최고학부 동경제대 불문과 2년생이었지요. 이들을 키워낸 당시 일본 사상계는 인민전선 붕괴 전후의 세계사적 사조로 불안사상이 풍미했습니다. 마르크스주의의 장단점이 천하에 드러났고, 그렇다고 맹렬한 기세로 등장한 파시즘에 맞설 어떤 대안도 떠오르지 않아, 불안사상이 지식인을 사로잡았던 것이죠. 교양주의도 이에 관련되어 변질되어 갔지요. 『지리산』을 보십시오. 공산주의 사상의 장단점의 토론장으로 되어 있지 않습니까? 작가 이병주는 그 장단점을 너무도 잘 알고 있었지요. 반공이 국시(國是)로 된 어둔 시절, 『지리산』은 아슬아슬하게 지식인에게 읽혔지요. 이병주의 공산주의 이해의 수준이란 인민전선 붕괴를 지켜온 학도들로서는 상식 중의 상식인 셈이었죠.

이러한 사상토론 소설쓰기가 이병주의 직업과 무관하지 않다는 것. 좋은 지적입니다. 실상 이병주는 「국제신문」 논설위원 주필, 편집국장 등을 역임한 언론인. 무수한 칼럼을 썼지요. 정치칼럼, 그 때문에 그는 군부로부터 10년 언도를 받고 실형 2년 7개월을 서대문 형무소에서 치루었지요. 지적하신 바와 같이 논설쓰기와 소설쓰기란 무관하지 않습니다. 제가 별도로 이 점에 대한 글 한 편을 쓴 바 있습니다. 「<위신을 위한 투쟁>에서 <혁명적 열정>에로 이른 과정」(2007.4, 6~7, 이병주 문학국제세미나)에서 그 문제에 대해 언급했습니다.

남송우 선생님께서는 『관부연락선』을 사상토론소설로 규명하기도 했지만, 또 운명 타령의 글쓰기라고 해도 지나치지 않는다라고 명명하기도 했습니다. 그런데 선생님께서는 앞서 학병세대의 체험적 글쓰기 양상을 크게 이원화하여 운명을 초극한 글쓰기와 운명에 순종한 글쓰기로 명명했습니다. 이에 의하면 장준하의 『돌베개』는 운명을 초극한 글쓰기이고, 『관부연락선』은 운명에 순종한 글쓰기이죠. 탈출학병과 비탈출 학병의 차이가 바로 이러한 글쓰기의 차이로 규명되는 것은 흥미로운 일이기는 하지만, 너무 기계적인 분류라는 생각도 듭니다. 이 분류체계에 의하면, 논픽션은 운명을 초극한 이야기이고 픽션은 운명에 짓눌린 자들의 이야기라는 단순논리가 성립될 수도 있기 때문이죠. 논픽션에서도 운명에 짓눌린 자의 이야기가 있을 수 있고, 픽션에도 운명을 초극한 이야기가 가능하지 않을까요?

김윤식 맞는 말씀. 기계적 도식에 지나지 않습니다. 제 공부가 모자라는 탓. 굳이 변명한다면, 제가 본 논픽션 속엔 그러한 자의식이 거의 보이지 않았다고나 할까요. 좌우간 이 과제는 앞으로 자료발굴과 더불어 검토되어야 할 숙제입니다.

남송우 선생님께서는 이병주의 3부작 『관부연락선』, 『지리산』, 『별이 차가운 밤이면』을 논하면서, 특별히 『별이 차가운 밤이면』에 관심을 가지고 의미부여를 하고 있습니다. 앞선 두 작품은 그 출신 성분이 상층신분에 해당하나 『별이 차가운 밤이면』은 주인공이 노비 신분인 박달세라는 점, 그리고 그가 원수를 갚기 위해 교육을 통한 신분 상승을 실현하고, 일본인의 하수인이 되어 활동하는 자의 모습을 통해 궁극적으로 학병세대의 어떤 모습을 그리려고 했을까가 하나의 문제적 사안이라 생각합니다. 앞선 작품들이 보여주는 세계와 다른 모습을 보여주고 있을 뿐만 아니라, 미완성의 작품이란 점이 더욱 그러합니다. 그런데 이 미완의 작품에 대해 선생님께서는 나름의 추론을 동원하여 작품을 완성해보고 있습니다. 원수갚기를 목표로 앞만 보고 달려온 도쿄제대 법학과 재학생인 새파란 조선 청년 박달세가 결국 인격분열증에 빠지지 않았을까? 그래서 그 인물이 이 극복을 위해 대일본제국에 반역하는 인물로 나아가지 않았을까? 이런 추리의 근거로 이병주 작가의 『관부연락선』, 『지리산』, 『소설 알렉산드리아』 등의 작품과 이병주 작가와 선생님의 만남에서 작가가 내뱉었던 "그대가 인생을 얼마나 알고 살았는가"라는 발언에 기초하고 있습니다. 그러나 제가 볼 때는 미완의 작품에 대한 선생님의 추리는 학병세대들의 글쓰기 체험과 민족적 정의에 상당히 기울어져 있는 듯합니다. 즉 이병주 작가의 글쓰기에 대한 체험적 고찰의 바탕 위에 선생님의 주관적 생각이 드러나 있는 부분이란 것이죠? 그러므로 여기에는 선생님의 학병세대에 대한 총체적 해석이 작용하고 있다는 생각이 듭니다. 그 생각의 일단을 듣고 싶습니다.

김윤식 『별이 차가운 밤이면』에 대해 제가 너무 말을 헤프게 사용했습니다. 굳이 따져보면 학병세대란 조선의 상류층 출신자들이라 말해도 되겠지요. 일정한 일제에의 협력 없이는 이런 신분계층에 속할 수 없지요. 이에 대한 자의식이 이병주로 하여금 『별이 차가운 밤이면』을 쓰게 하지 않았을까. 종의 자식 박달세를 내세워 이병주가 이 계층의식을 충격하고자 했습니다. 불행히도 이 작품을 완결하지 못하고 작고했지만, 이를 완성하는 것은 우리 독자의 몫이 아닐까.

이 물음이 저를 가만히 두지 않았습니다. 종의 자식의 원수갚기가 겉으로 나와 있는 주제이지만, 자세히 보라라고 작가 이병주가 제게 은근히 다그치고 있다고 느꼈습니다. 학병세대란 아무리 천한 종자라도 끝내는 역사의 희생물이라는 것. 조국에로 회귀하게 되어 있다는 것. 이 때 제 머리를 스친 것은 다음 두 장면이었습니다.

(A)「탁치 문제는 조선민족에게 정치적 시련으로 너무 심각한 것이었다. 오늘 <반탁> 시위가 내일 <삼상회담지지> 시위가 일어났다. 그만 군중은 충돌하고 지도자들 가운데는 이를 미끼로 정권 싸움이 악랄해갔다. 결국 해방전에 있어 민족수난의 십자가를 졌던 학병들이 요행 죽지 않고 살아온 그들 속에서 이번에도 이 불행한 민족시련의 십자가를 지고 말았다」

—이태준, 「해방전후」, 『문학』, 1946.7, p.33

(B)「죽음도 삶도 없는/그대들의 청춘을/외로움과 죽음으로/내여 몰은/패망한 적과/부유한 동포에게/이젠/경건한 인사를/드려도 좋을/때가 왔다」

—임화, 「학병, 돌아오다」, 『학병』, 1946.1, p.14 부분

학병세대란 어떤 형태로든 결국 조국에로 회귀된다는 것, 새조국 건설에 좌든 우든, 중도든 기여하게 된다는 것. 이는 역사적 사실에 다름 아닙니다. 이 사실을 간파하지 못하면 지식인일 수 없는 법. 제가 아직 철이 모자랄 때 이병주로부터 이런 질책을 당한 적이 있습니다. "그대가 인생을 얼마나 알고 살았는가"라고. 이병주의 장편 『비창』(1984)이 나왔을 때, 행한 MBC 독서토론에 저자와 함께 제가 참여했지요. 40대 여인의 방황을 다룬 통속물로 제겐 보였지요. 이를 통렬히 지적하자 저자로서 이병주가 조용히 제게 한 말입니다. "정 그렇다면 김 교수가 본격적으로 이병주론을 써보시라!"라고. 이를 회고하면 식은땀이 납니다.

남송우 선생님께서는 이병주 작가의 학병세대 글쓰기에 관심하면서, 그의 소설쓰기의 뿌리찾기 작업도 함께 하고 있습니다. 그것이 부산일보에 발표된 처녀작 「내일 없는 그날」(1957년 8월 1일부터 1958년 2월 28일까지 연재)에 대한 논의입니다. 이 처녀작이 학병세대의 글쓰기와 어떤 연관성이 있는지를 찾는 일이죠. 우선 선생님께서는 선우휘의 「불꽃」과 연관지어 두 작품

의 동시성을 말하고 있습니다. 그리고 선생님의 주된 관심은 이 작품의 통속성을 구해준 것은 학병체험을 가진 성유정 교수의 등장이란 점을 강조함으로써, 학병 이병주의 글쓰기의 원점을 확인하고 있는 데 있습니다. 한 작가의 글쓰기는 그의 체험에서 완전히 벗어날 수 없다는 점에서 학병체험의 확인이란 것은 자연스럽다고 봅니다. 그런데 이병주의 글쓰기가 왜/어떻게 신문연재소설로서 시작되었을까 하는 점은 흥미로운 하나의 질문으로 남는 것 같습니다.

김윤식 처녀작이란 한 작가의 원점이자 회귀점일 경우가 많다는 것. 이병주의 경우도 사정은 마찬가지, 정작 그의 처녀작 장편 『내일 없는 그날』이 부산일보에 실렸다는 기록은 있으나 연도표시가 잘못되어 있었고, 그 때문에 남 교수님의 신세를 졌습니다. 지금 생각해도 미안하기 짝이 없는 것은 남 교수께서 손수 부산일보사와 시립도서관을 찾아가 그 긴 원본을 복사해서 보내주신 점. 기뻤던 것은 예상대로 이 처녀작의 중심부엔 학병출신의 성유성 교수가 놓여있었다는 점. 그것도 이병주 자신인 듯 중국 소주부대의 출신이라는 점. 훗날 안 일이지만 이 작품은 단행본(이문당)으로도 나왔고, 영화로도 나왔지요.(문정숙 주연) 그러나 연구용이라면 당시의 발표지와 삽화와 분위기가 중요한 법. 단행본과는 별개이지요.

어째서 신문연재소설을 시도했을까? 이 물음에 대해서는 이병주 자신이 해명한 바 있지요. 조금 인용해볼까요.

"용병의 신세를 벗어나 중국에서 돌아온 것이 1946년 2월 그리고 그해 9월 나는 진주농림학교(모교)의 교사가 되었다. 거기서 2년 동안 근무하다 진주농대의 신설과 때를 같이 해서 그곳으로 옮겼다. 1951년 5월 경남대학의 전신인 해인대학으로 옮겼다. 통산 10년 남짓한 교원생활에서 나는 영어, 프랑스어, 철학을 가르쳤다. 가르쳤다고 하니 그럴싸하게 들리지만 짧은 영어, 모자라는 프랑스어, 자신도 뭔지 모르는 철학을 가르친 순전히 엉터리 교사였고, 게다가 용병이었다는 회한이 콤플렉스로 거의 한 번도 교사다운 위신을 떨쳐보지 못했다."

—『이병주 칼럼』, 세운문화사, 1979, p.149

교육자로서의 실격을 뼈저리게 느끼고 있을 무렵 국제신문사에서 논설위원의 초청을 받았다는 것, 주필과 편집국장을 겸했다는 것, "그리고 대설, 중설에 해당되는 사설 또는 칼럼을 매일처럼 쓰며 수년을 지냈다. 설익은 논설을 독자들이 어떻게 용납해 주었는진 지금도 수수께기지만 나는 내 인생 가운데 이 시기를 가장 아름답게 회상하는 버릇을 가지고 있다"고 했지요. 대설, 중설이 끝난 곳에 소설이 있는 형국. 다시 말해 사설, 칼럼, 소설이 그에겐 동격이었다는 것. 요컨대 싸잡아 글쓰기인 셈. 『관부연락선』을 비롯 『지리산』에서 무릇 사설, 칼럼, 허구가 뒤섞인 혹은 융합된 글쓰기인 만큼 상상적 일변도의 진짜 허구소설과는 일정한 선을 긋고 있습니다.

남송우 이제 화제를 이가형의 글쓰기로 바꾸어 보겠습니다. 이가형의 글쓰기는 체험적 글쓰기인 「버마전선 패잔기」를 먼저 쓰고 29년이 지난 이후에 이를 다시 『분노의 강』이란 픽션으로 썼다는 점에서, 선생님은 이병주와 다르고 김준엽과도 다른 글쓰기로 분류하고 있습니다. 김준엽의 『장정』을 역사적 기록물이라면, 이병주의 『관부연락선』은 픽션이며, 이가형은 논픽션에서 픽션으로 나아갔다는 것이죠. 그런데 선생님의 논의의 핵심은 이가형이 논픽션에서 왜 픽션으로의 글쓰기로 넘어갔느냐 하는 점에 놓여있습니다. 이러한 글쓰기의 동기를 일차적으로 전쟁의 악몽으로 인한 트라우마 때문으로 보고 있습니다. 이 지옥의 악몽으로부터 해방되는 글쓰기가 논픽션에서 픽션으로의 글쓰기라는 것이죠. 그러나 이 픽션은 체험적 기록을 전제한 글쓰기라는 점을 선생님은 확실하게 못 박아두고 있습니다.

체험적인 글쓰기란 점에서 <박순동의 수기>가 『분노의 강』에서 중요한 한 몫을 감당하고 있습니다. 그래서 선생님도 이 부분에 대한 해석과 설명에 힘을 쏟고 있습니다. 그런데 앞선 이병주의 『관부연락선』은 <유태림의 수기>를 그대로 따로 하나의 장으로 설정해서 작품을 구성하고 있다면, 이가형의 『분노의 강』은 이를 다시 픽션으로 풀어내고 있는 것이 아닌가 하는 점에서 변별점을 찾을 수도 있을 것 같은데, 선생님의 생각은 어떤지요? 선생님께서는 이 두 사람의 글쓰기의 차이를 "이병주의 경우엔 논픽션과 픽션이 융해되어 있어 거의 분리불가능한 상태입니다. 그러기에 논픽션 영역을 따로 분리해내기 어렵지요. 두 양식의 거리재기란 당초에 불가능한 형국. 이가형의 경우는 사정이 크게 다릅니다. 논픽션과 픽션이 분리되어 그 각각의 독자성이 어느 수준에서 확보되어 있습니다."라고 말씀하고 계시기는 하지만…

김윤식 『관부연락선』의 구성법은 유태림의 수기를 가운데 놓고 이와 관련지어 6.25까지의 일들을 허구적으로 풀어내고 있습니다. 그런데 유태림의 수기조차도 허구입니다. 허구에다 다시 허구를 증폭시킨 형국. 이에 비해 이가형 쪽은 <박순동의 수기>가 『분노의 강』의 한 가운데 바위처럼 놓여 있는 형국. 박순동의 수기인 「모멸의 시대」가 진짜 수기임에 주목할 것입니다. 유태림의 수기와는 이 점에서 구분됩니다. 이가형의 『분노의 강』에는 타자가 상정되어 있지만, 이병주의 글쓰기엔 그게 없지요. 굳이 말해 유아론(唯我論)적 글쓰기라고나 할까요. 겁이 없고 그침이 없는 것은 이 때문이 아닐까. 이 점이 이병주 글쓰기의 힘이긴 해도 동시에 그 한계점이라 하겠지요.

남송우 선생님께서는 이가형의 『분노의 강』에서 나타나는 모성애의 그리움이 이가형 글쓰기의 모태라는 점을 확인하고 있으며, 이와 연관해서 글쓰기의 층위에는 의식적 층위와 무의식적 층위와는 구분되는 진짜 문학적 글쓰기의 층위인 제3의 층위가 존재하는데, 이를 선생님은 베르그송이 말하는 <동물적 생기>로 명명하고 있습니다. 이러한 이가형의 픽션쓰기에 대한 근원적 해명은 결국 그가 당대의 최고학부 도쿄제대 문학부 불문학 전공의 학도란 점에 수렴되고 있습니다. 독문학, 영문학 전공 대학생들과는 달리 불문학도에 더 문학적 자의식을 부여하고 있는 근거를 선생님은 어디서 찾고 계신지요?

김윤식 바로 제가 매력을 느낀 부분입니다. 일제의 고등교육의 제도적 이념의 측면에 관한 매력이 그것. 이른바 <교양주의>라 하는 것. 목포의 부호 아들인 이가형은 제5고(구마모토)출신. 일제는 고등학교를 국내에만 설치했으며, 제1고(동경), 제2고(센다) 제3고(경도) 등등 10여 개를 두었지요. 여기 출신들이 최고학부인 제국대학에 들 수 있었던 것. 그런데 이들 교육기관의 교육적 이념은 데칸쇼(데카르트, 칸트, 쇼펜하우어)라 불리는 철학에 놓여 있었지요. 문학도 이 범주에 드는 것. 문학에 국한시킨다면, 독문학과 프랑스문학이 엘리트 코스죠. 1930년대 후반기에 들어오면 독문학계와 프랑스문학계의 변별성이 뚜렷해집니다. 곧 독문학계 출신은 학문쪽에 기울고 졸업후엔 교사노릇으로 낙착됨에 비해 프랑스문학계는 당연 문학적 글쓰기에 기울어 취직을 외면하고 작가되기에로 나아갔다는 것. 이러한 분위기의 최첨단에 노출된 쪽이 동경제대 문학부(동경, 경도 양 제대에만 문학부가 독립되어 있었고, 다른 제대는 법문학부였음)였지요.

이에 대한 근거를 대보라고 했는데, 우선 두 가지 연구서를 들어볼까요. ①『문학부를 둘러싼 병』(高田里惠子, 松籟社, 2001) ②『교양주의의 몰락』(竹内洋, 中公新書, 2003)이 있죠.

요컨대, 이병주, 이가형이 학병세대 중에서도 엘리트에 속한다는 것, 이들이 불문과였다는 것은 결코 우연이 아닐 터입니다.

남송우 선생님, 그럼 이제는 한운사의 이야기로 넘어가 보겠습니다. 이가형의 『분노의 강』이 버마 전선을 중심으로 펼쳐진 학병 이야기라면, 한운사의 『현해탄은 알고 있다』(1부), 『현해탄은 말이 없다』(2부)는 일본 내에서 이루어진 학병 이야기라는 점에서 다른 학병세대의 글쓰기와 다르며, 드라마에서, 소설로, 나아가 영화로 대중성을 확보했다는 점에서도 변별되는 요소를 지닙니다. 그러나 체험을 중심으로 그 체험을 드러내는 글쓰기라는 점은 다르지 않다는 점을 선생님께서는 작가의 말을 빌려 확인하고 있습니다. 그것의 구체적인 확인이 '부민관사건'의 기록입니다. 그러나 1부의 중심이 되는 이 사건만 빼고 나면 대부분 허구적 글쓰기라는 점에서 또 다른 학병 세대의 글쓰기의 한 유형을 보인다는 거죠. 그런데 이 유형의 체험적 글쓰기의 의미를 작가가 의도했던 한일간의 건강진단서의 일종이란 점을 선생님은 그대로 수용해서 개인의 치유일 뿐 아니라 민족의 그것이기도 하다는 입장을 보이고 있습니다. 주인공 아로운이 일본처녀 히데코와 온갖 고초를 겪고 결혼을 했고, 아이까지 가진 것을, 한일간의 문제를 어떻게 소화할 것인가에로 연결되는 문제로 해석하고 계신데, 이 문제가 어떤 방향성을 제시하는 것인지요? 구체화하기에는 아직까지 미묘하고 힘든 문제이긴 하지만...

김윤식 남 교수님께서 지적하신대로 <미묘하고 힘든> 문제입니다. KBS방송의 압도적 대중성을 가진 『현해탄은...』(1960)이 김종필·太平 메모합의(1962.11, 12)의 와중에서 어떤 영향을 미쳤는가는 문학사회학에서 다룰 과제의 하나일 터입니다. 이른바 대일청구권문제합의란 1963년까지 한일문제의 타격을 겨냥한 것이었으니까. 가해민족과 피해민족 사이의 결혼문제란 『인도의 길』(E.M. 포스터)에서 보듯 실로 미묘한 문제입니다.

남송우 『1.20 학병사』에 의하면, 학병들의 입대자 수 비율은 조선내 전문대학 재학생이 959명(96%)로 제일 높게 나타납니다. 숫자로 보면 외지(일본, 만주, 중국) 유학생수가 2150명으로 제일 많습니다. 그런데 선생님이 이번 책 『일제말기 한국인 학병세대의 체험적 글쓰기론』에서 제시한 학병세대의 글쓰기 주체들은 김준엽, 장준하, 이병주, 이가형, 한운사 등 모두 일본 유학생들이었다는 점입니다. 국내 전문대학 학병들의 체험적 글쓰기에 대한 논의는 윤동주 시에 대한 논의를 하면서, 정병욱 교수가 조금 언급되는 수준에 머물고 있습니다. 이 부분에 대한 선생님의 생각을 들어보고 싶습니다.

김윤식 제 공부의 모자람에로 돌아갈 것입니다. 제가 접한 자료들이 지닌 한계인 셈이죠. 군대 입대 학병들의 자료가 드물긴 하지만 아주 없다고는 할 수 없겠지요. 기록이 모자란다면, 그들의 육성이라도 모아 복원해야 할 것입니다. 부록에 조금 소개한 『1.20 학병사』의 분석에도 눈을 돌려야 할 것입니다.

남송우 선생님의 이번 작업은 체험적 글쓰기라는 점에서 이병주, 이가형, 한운사의 체험적 글쓰기에 집중되어 있습니다. 체험에 허구적 요소가 들어 있는 문학적 글쓰기이죠. 그런데 선생님께서 텍스트 분석에서 제외해 둔 장준하, 김준엽의 글쓰기도 함께 분석해볼 필요가 있지 않을까 하는 생각이 들었습니다. 체험적 기록을 우리는 보통 증언문학이란 범주로 규정하기도 하는데, 장준하의 『돌베개』는 그런 유형으로 구분해 볼 수 있을 정도로, 김준엽의 『장정』에 비하면 문학적 표현력이 뛰어난 것 같습니다. 그래서 김준엽은 그의 기록인 『장정』에서 그 당시 상황의 적실한 형상력을 필요로 할 때는 장준하의 『돌베개』에서 많은 부분 인용하고 있지 않습니까? 문학적 글쓰기와는 변별되는 장준하의 『돌베개』와 김준엽의 『장정』 역시 미세한 부분에서는 변별해서 논의해야 할 글쓰기라는 생각이 듭니다. 선생님은 어떻게 보셨는지요?

김윤식 좋은 지적입니다. 『돌베개』나 『장정』은 남 교수님이 지적한 대로입니다. <증언문학>으로도 높은 수준에 닿아 있습니다. 정작 졸저 『일제 말기 작가의 일본어 글쓰기론』 제4부 15장 「역사형식으로서의 글쓰기」에서 신상초, 장준하, 김준엽 3인을 다룬 바 있습니다. 중복을 피했다고나 할까요. 지적하신대로 『돌베개』의 열정적인 글은 그 자체가 커다란 울림을 갖고 있어 훌륭한 증언문학이라 하겠고 『장정』은 체험기일 뿐 아니라 당시의 역사적 시대적 배경을 도입한 글쓰기여서 이른바 학술적인 입체적 형상화를 이루고 있습니다. 신상초의 『탈출』까지 포함해서 이들에 대한 검토는 거대한 <문화민족주의>로 규정되는 종합지 《사상계》에서 넘치도록 논의되었고 심지어 정치적 색채까지 띤 바 있습니다.

이런 탈출 학병의 경우도 소중하지만, 탈출도 않거나 못하고, 용병으로 노예의 몫을 충실히 감내했던 수많은 학병의 경우도 소중하기는 마찬가지. 이만하면 답변이 되지 않겠습니까.

남송우 선생님의 이번 저술에 대한 대담을 마치면서, 지난 해에 펴내신 『해방공간 한국작가의 민족문학 글쓰기론』(서울대출판부, 2006)에서 논의 대상이 되었던 한 사람이 자연스럽게 떠오릅니다. 그가 이원조입니다. 제가 볼 때, 이 책에서 논의 대상이 된 인물은 많지만 선생님께서 특별히 비중을 두었던 인물은 제3의 논리를 펼쳤던 이원조였음이 분명히 드러납니다. 이번 책에서도 이런 모습을 대하게 됩니다. 이번 책에서는 이병주가 중심 인물로 논의되고 있습니다. 한 사람은 비평가이고 다른 한 사람은 소설가이지만 묘하게 두 사람 다 신문사의 경험을 가졌다는 점, 불문학도였다는 점, 제3의 논리와 회색지대의 사상을 보여주고 있다는 점 등에서 하나의 연결선을 접하는 느낌이 들었습니다. 이런 느낌이 저만의 단순한 생각에 불과한 것인지요?

김윤식 과연 남 교수다운 지적입니다. 『일제 말기 한국작가의 일본어 글쓰기론』은 앞에서 말했듯 제4부 15장이 학병론이었고, 그것이 『일제말기 한국인 학병세대의 체험적 글쓰기론』에로 결실되었습니다. 이와 꼭 마찬가지로 『해방공간 한국작가의 민족문학 글쓰기론』의 중심인물이 이원조였지요. 제3의 논리로서의 민족문학론(남로당 문학노선)의 이론분자 이원조가 이 책의 중심이듯, 『일제말기 한국인 학병세대의 체험적 글쓰기론』의 중심 인물이 이병주였지요. 이원조와 이병주의 논리적 지향성이 회색의 사상 또는 제3의 논리라 할 때, 이 공통점은 대체 무엇인가? 함께 불문학도였다는 것도 관련이 있을지도 모르지만 그보다는 이들이 함께 지식인이었다는 점에서 그 관련성을 찾아야 되겠지요. 지식인이란 새삼 무엇인가? 만일 그가 진짜 지식인이라면 그는 응당 어떤 기성의 이데올로기에 대한 망설임(비판)에 최종적으로 몸을 맡길 터입니다. 회색인의 사상, 제3의 논리로 말해지는 것은 이런 지식인을 가리킴인 것. 그런데 이런 회색인의 사상이 갖는 의의가 시대적이었다는 사실을 놓치면 우리의 논의가 공허해지기 쉽습니다. 반공(反共)이 국시(國是)로 되어 있던 우리의 시대 말입니다. 그런 시대에서의 <회색인의 사상>(『지리산』)이라든가 <제3의 논리>의 선택이란 일종의 참신한 이데올로기가 아닐 수 없지요. 용기가 아니라 벌써 이데올로기이지요.

결론을 맺지요. 졸저 3부작이란 각각 별개이면서도 이렇게 서로 이어져 있다는 것. 이로써 그 동안 제 딴엔 공들여온 제3부작이 나름대로 완결된 셈입니다. 한 몸으로 두 세기를 살아가는 제가 이 나라 문학연구에 기여할 수 있는 아주 보잘 것 없는 영역이라고나 할까요.

남송우 선생님께서는 보잘 것 없는 영역이라 말씀하셨지만, 공부하는 후세대들에게는 새롭게 개척해가야 할 만만치 않은 큰 영역으로 보입니다. 마지막으로 선생님의 앞으로의 글쓰기 계획이 궁금해집니다. 그 동안 선생님이 보여주신 글쓰기의 모습으로 보면, 이번 저술이 끝이 아니라는 생각이 들거든요.

김윤식 쓴다 쓴다 하면서 거의 10여 년이나 미루어온 과제가 있습니다. 『백철 연구』가 그것. 우리 근대비평사에서 백철만큼 많이 쓴 자도 없지만 백철의 글만큼 공허한 것은 또 없다는 것. 이점이야말로 일종의 정직함이 아니었을까? 비평을 할 때마다 제 뇌리에서 이런 물음을 물리치기 어려웠지요. 새로운 사조가 있기만 하면 무조건 <웰컴!> 하고 외치기가 그것. 그런데 과연 백철만 그러했을까. 정도의 차이는 있겠으나 이런 투의 손님맞이식의 글쓰기에서 벗어난 비평가가 과연 있었을까. <있다!>고 할 자신이 제겐 없었던 까닭입니다.

신의주고보 수석 출신이자 제국의 최고 교원양성기관인 동경고사(東京高師)를 나온 백철의 삶과 글을 대하고 있노라면 제 자신이 한없이 왜소해짐을 물리치기 어려웠습니다. 그의 삶의 곡예(NAPF멤버, KAPF활동, 전주사건, 매일신보 학예부장, 북경지사장, 친일문사, 보도연맹가입자, 6.25)란 실로 광대의 줄타기를 방불케하고도 남습니다. 그러나 그는 언제나 중심을 잡고 오뚜기처럼 번번이 일어섰지요. 그 비결은 다름이 아닙니다. 가문의 영광 천도교가 그것. 천도교 간부 백세명(白世明)이 그를 버티어준 버팀목이었지요. 좌익도 우익도 아닌 제3노선(북한 靑友黨)이 거기 시퍼렇게 살아 있었던 것. 남 교수님 안목대로 회색의 사상가 이병주, 제3의 논리인 이원조 그리고 천도교 백철은 거의 같은 체질의 지식인 범주인 셈이죠.

이 중요한 점은 잠시 제쳐두고라도 그는 다음 두 가지 행위만은 죽을 때까지 놓치지 않았지요. 하나는 월평쓰기, 다른 하나는 문학교사 노릇하기. 남의 글을 앨써 읽기를 백철만큼 일관한 자 일찍이 있었던가. 남의 글 앨써 읽고 이를 교실에서 평생에 걸쳐 가르친 자가 일찍이 있었던가.

그것이 뭐 대단한가. 농부가 평생 농사짓는 것과 뭐가 다른가? 이발사가 평생 남의 머리 앨써 짜르는 것과 뭐가 다르랴. 다를 이치가 없겠지요. 그렇기는 하나 문학판에서는, 제가 알기로는, 백철의 경우가 희귀한 사례. 제가 탈모하는 까닭. 제 『백철 연구』가 약 4천 매 분량으로 되고 만 것은 이 때문(지금 출판사에서 조판 중). 자료를 통제하지 못하고 백철의 육성(매력)에 제가 끌려다녔기 때문입니다.

새로이 구상하고 있는 것을 물으셨는데, <문학사의 라이벌>이란 것을 시작했습니다. 가령 이런 식이지요. (1) 김동인과 염상섭 (2) 백철과 임화 (3) 유진오와 김동리 (4) 미당과 김동리 (5) 이상과 박태원 (6) 박상륭과 이문구 (7) 김종삼과 김춘수 (8) 이호철과 최인훈 (9) 박경리와 최명희 (10) 이청준과 김현 등등. 맞수란 대체 무엇인가? 글쓰는 자는 누구나 의식적이든 무의식적이든 맞수를 갖는 법. 그것은 일종의 오브세션(obsession)이라 하겠지요. 얼마나 그가 이 오브세션에 시달렸는가에 비례하여 글쓰기(작품)의 밀도가 결정되는 것. 이 밀도를 재는 단위가 있다면 바로 이 오브세션이 아닐까? 이런 식으로 나름대로 탐색을 해보고자 합니다. 잘 될지 여부는 알 수 없겠으나 좌우간 그때 가서 다시 남 교수님의 애정어린 비판에 접하기를 바랍니다. 그런 생각을 하니, 지금부터 제 가슴이 조금은 뛰는군요.

> 하늘의 무지개를 보면
> 나의 마음 뛰어놀아
> 인생초년에 그러했고
> 어른 된 이제 그러하고
> 늙은 뒤에도 그러하리
> 불연(不然)이면 죽음도 가야(可也)라!
>
> —워즈워드, 최재서 역, 「하늘의 무지개를 보면」

남송우 선생님이 읊으신 시를 들으니, 선생님께서 정년 이후에도 끊임없이 글쓰기와 씨름을 할 수 있는 근원적 힘이 어디에서 오는지를 조금은 짐작할 수 있을 것 같습니다. 가슴 뛰는 놀라운 이 힘이 지속되어 후배세대들에게 또 다른 각성의 글쓰기를 보여주시기를 기대합니다. 감사합니다.

김윤식 교수의 『백철 연구』를 통해 백철을 만나다

대담자: 김윤식(문학평론가, 서울대 명예교수)
남송우(문학평론가, 부경대 국문과 교수)

한국현대비평사의 여러 산맥 중 한 맥을 형성했던 백철, 그가 탄생한 지 100년째를 맞았다. 그가 남긴 비평가로서의 행적은 비평에 관심을 가진 후세대의 비평가들에게 많은 논의거리를 안겨주고 있다. 백철 비평의 특징과 한계를 짚어보는 것은 바로 한국 현대비평의 높이와 넓이를 확인하는 일과 다르지 않다. 때맞추어 김윤식 교수가 비평적 전기 형식으로 쓴 역작 『백철 연구』(소명출판사, 2008)를 펴내었다. 이에 남송우 교수가 저자와의 대담을 통해 『백철 연구』가 지닌 의미를 짚어 보았다. <편집자주>

남송우 선생님께서 이번에 펴내신 『백철 연구』(소명출판, 2008)를 읽고, 여러 가지 생각이 떠올랐습니다. 너무 많은 것을 생각하게 하는 역작이었기 때문입니다. 그러나 이 여러 가지 생각들을 이 자리에서 다 풀어갈 수는 없고, 이 책이 지니는 큰 맥락의 흐름에서 중요한 몇 가지를 하나씩 풀어가 보았으면 합니다. 먼저 이 책을 손에 잡고서는 한 사흘을 걸려 다 읽어내었습니다. 700페이지에 가까운 이 책을 사흘에 다 읽어낸다는 것은 책에 빠지지 않는 한 힘든 일입니다. 소설책처럼 읽혀야 가능하다는 말입니다. 그런데 이 책은 그런 흡인력을 지니고 있었습니다. 백철의 출생에서부터 죽음에 이르는 순간까지의 일생을 비평적 전기로 펼쳐놓고 있는 이 책은 한 인간의 총체적 면모를 엿보는 재미가 선생님 특유의 전기적 글쓰기 속에서 잘 드러나고 있었습니다.

선생님께서는 일찍이 작가 전기 연구의 전형적인 모습을 『임화 연구』, 『이광수와 그의 시대』, 『김동인 연구』, 『염상섭 연구』, 『김동리와 그의 시대』 등을 통해 보여주었습니다. 그런데 이번 『백철 연구』는 다른 작가연구보다도 발품과 시간이 더 많이 든 것 같았습니다. 이미 선생님께서는 누구보다 먼저 백철에 대해 관심을 가지고 연구를 시작하셨습니다. 「비평과 열정 : 백철론」(『청파문학』 7, 1967)에서부터 『한국근대문예비평사 연구』(일지사, 1973), 그리고 「임화와 백철」(『한국문학』, 1989, 3월~5월) 등에서 백철을 논했는데, 이런 단편적인 연구를 바탕으로 본격적인 『백철 연구』에 관심을 두게 된 계기랄까, 혹은 동기를 여쭙는 것이 이야기의 순서일 것 같습니다.

김윤식 졸저가 나올 때마다 공들여 읽고 문제점을 지적해주신 남 교수님께 경의를 표합니다. 전공이 비슷하다고는 하나, 흔치 않은 인연이 아닌가 합니다. 『백철 연구』의 저술 동기를 물으셨는데, 다른 물음도 그렇긴 하나 유독 이 물음은 난감하군요. 인생이란 무엇인가라는 물음과 흡사하다고나 할까. 혹시 이렇게 말해보면 어떨까요.

강변 버드나무 숲의 까마귀와 붕어, 그리고 메뚜기를 속이고 제가 서울로 공부하러 왔을 때가 1955년도 그러니까 6·25의 포화가 멎은 지 겨우 두 해가 지났을 무렵. 글쓰기(창작)에 뜻을 두고 대학 국문과에 들어왔으나 딱하게도 알고 보니 대학은 학문하는 곳이 아니겠는가, 대학과 멀어질 수밖에요. 2학년 때 군에 입대하고 말았지요. 휴전선 배속 29사단 수색대에서 복무하다 군복을 벗고 복학해보니 이번엔 또 낯설 수밖에. 외톨이 신세가 된 제게 열려진 안식처는 학교도서관이었지요. 아침에 들어가 별이 뜰 무렵까지 도서관에 처박혔지요. 지금도 눈에 선 한 것은 도서관 이층 열람실 양편에 개가식으로 꽂혀있던 미국에서 나온 계간지들. 《Partizan Review》, 《Yale Review》, 《Suwanee Review》, 《Kenyon Review》 등이 연도별로 묶여져 있었지요. 서툰 어휘력으로 그 어려운 것을 정신없이 읽으면서 그럴 수 없는 지적 허영심에 빠졌지요. 곧 문학도 학문(과학)이구나라는 발견이 그것. 그것은 그러니까 <비평>이라는 이름의 인문과학이었지요. 제가 그때 이해한 것은 대학에서 하는 학문이라 그러니까 문학의 경우라면 우선 <언어학>이라는 깨달음이었지요. 문학의 과학이란 그러니까 작품연구란 그 작품의 언어체에 대한 연구라는 것. 뉴크리티시즘이 이를 잘 말해주고 있다고 믿었지요. 제 석사논문의 제목은 당돌하게도 「The Structural Properties of Poetry」(1962) 지금 생각하면 실로 어이없는 것이었지요. 아예 제목을 영어로 써버리다니. 여기에는 또 그럴 법한 이유가 있긴 있었지요. 제가 대학원에 들어갔을 때, 참으로 딱하게도 제 지도교수님은 모두가 아는 국어학자 이희승 교수였지요. 국어국문학과엔 단 한 명의 문학전공 교수가 없었던 것. 이희승 교수는 그때 semantics(의미론)라는 신종학문에 관심이 있어 이에 대한 원서강독을 했던 것입니다. 제 석사논문은 이와 관련된 것. 그러나 박사과정(당시는 4학년으로 되어있었음)에 진학한 저로서는 또 한 번 난감한 장면에 부딪혔다고 할까요. 실질적인 지도교수를 외부에서 찾아야 했지요.

제가 「조선신문학사조사」의 저자이며 중앙대학교 문리대학장 백철 교수를 찾아갈 수밖에요. 무턱대고 한강가 흑석동 백철 교수의 자택으로 찾아가서 한국근대비평사를 쓰고자 하니 자료를 내놓으라고 달겨드는 이 당돌한 대학원생을 백철 교수는 어떻게 대했던가. 하도 어이가 없었던지 잠시 멍하니 서 있더니, 이 층 서재로 안내하더군요. 여기에 다 있으니 멋대로 뒤져 보라 하지 않겠는가. 그리고 또 한 번 난감하게도 자기는 외출하니까 마음껏 보고 가라는 것이었다. 어둠이 깔리기까지 서재 주인이 돌아오지 않아 혼자 그 집을 나올 수밖에 없었지요. 두고두고 이 장면이 회자되곤 합니다.

제 학위논문이자 학문적 출발점은 「한국근대문예비평사연구」(1973)입니다. 이 책의 전제에는 「조선신문학사조사」와 미국의 계간지에 관련된 인문학(뉴크리시티즘 중심)이었지요. 그때만 해도 「조선신문학사조사」가 인문학(과학)으로서는 미달이라고 여겼고, 이를 과학으로 대학에서 다루기 위해서는 방법론에 의한 체계적인 작업 곧 <연구>라야 한다는 것. 제가 「한국근대문예비평사연구」라고 감히 제목을 단 것은 이 때문. 훗날 백철 교수는 인문학의 본 바닥인 미국대학에 머물며 그 잘난 뉴크리시티즘을 도입했고, 그 입문서격인 「문학의 이론」 공역(Theory of Literature)을 내었지요. 감히 말하건대 백철 교수는 「조선신문학사조사」에다 뉴크리티시즘을 안받침하여 적어도 「한국근대시사연구」, 「한국근대소설사연구」 그리고 「한국근대문예비평사연구」 등을 혼자서 쓰고자 하지 않았을까. 원리적으로 말해 가능한 장본인이었지요.

그렇다면 무엇이 백철 교수로 하여금 그 일을 방해했을까. 이 물음을 썩 소중하다고 저는 생각합니다. 체력의 한계라든가, 자료의 부족이라든가 기타의 이유도 있었겠지만 무엇보다 그에게는 시간이 없었을 터입니다. 그는 너무도 바빴던 것이죠. 그 바쁨이란 그의 개인적인 것이라기보다는 모종의 사명감에 관여되었던 것. 곧 그는 「조선신문학사조사」를 각 대학(원)에 다니며 무수히 가르쳐야 했던 것입니다. 왜냐하면 국립서울대학에서도 근(현)대문학전공의 교수가 단 한 명도 없었으니까. 사정이 이럴진댄 그에게 어찌 연구나 집필의 시간이 있었겠는가. 오늘의 대학 국어국문학과란 모두가 아는 바 3분법제로 되어 있습니다. 국어학, 고전문학, 현대문학의 3분법에서 그 삼분의 일에 드는 현대문학 분야를 그가 혼자 도맡았던 것입니다. 대체 이런 사태란 무엇인가. 한시도 연구실에 앉아 있을 수 없지 않았을까. 그의 세속적인 글이 그럴 수 없이 조급한 글쓰기로 튕겨져 나간 것도 이와 관련이 있을지 모릅니다. 이러한 시대적 경위를 알아보고자 함이 『백철 연구』의 겉으로 드러난 동기입니다. 그렇다면 감추어진 동기도 따로 있는가라고 물음직한데요. 아마도 그것은 드러내고자 해도 원리적으로는 잘 되지 않겠지요. 그 인간에 대한 매력이랄까. 마음의 흐름(turn of mind)같은 것 말입니다. 그러니까 학문을 하되 문학을 택한 사람, 문학 중에도 한국현대문학을 택한 사람 그리고 거기에 대해 가르치고 글쓰기에 모든 생을 탕진한 사람이 갖고 있는 마음의 흐름같은 것이 따로 있는 법이니까.

남송우 선생님의 백철 연구는 그의 신의주고보 시절부터 본격적으로 시작되고 있습니다. 백철의 자서전에 의하면 그의 유소년기는 서당에서 한학과 어머니가 가르쳐준 용담가사와 사랑방에서 들었던 전기소설들이 그의 문학적 자양으로도 작용한 것 같은데, 유소년 시절을 문학적 논의의 출발점으로 삼지 않고 신의주고보 시절로 시작하신 특별한 이유라도 있습니까?

김윤식 비유가 적절하다고 하긴 어려울지 모르나 저는 문학을 일종의 <병적인 현상>이라 보는 「집안의 바보자식」의 저자 사르트르의 생각과는 조금 다릅니다. 『구토』의 작가이기도 한 사르트르는 작가란 악령에 들린 자, 미신을 믿는 자, 심중의 사제(司祭), 삶이 아니라 죽음에 들린 자인데 게다가 기호(언어)의 비현실의 세계 속에서 사는 자들이고 그래서 기껏 그림자에 접촉하는 주제에 사물에 이르렀다고 느끼는 자들이라고 보았지요. 요컨대 문학은 환영 이상의 것, 곧 신경증이라는 것. 아니, 그것도 넘어 일종의 병증이라는 것. 진짜 병과 같이 무언가의 치료에 맡겨져야 할 자들이란 것. <나는 치유되었다. 그러기에 쓰기를 중단한다>(『구토』)라고 했으니까. 그가 쓴 「보들레르론」, 「장주네론」 그리고 최후 대작인 「집안의 바보자식-플로베르론」 등이 한결같이 이들 문학자의 유년기의 분석 그러니까 실존적 병리학 분석에서 출발했지요. 그러나 저는 부럽긴 해도 그런 공부가 모자라 흉내낼 수 없었지요. 이렇게 말하면 혹자는 졸저『이광수와 그의 시대』를 들어 이광수의 유년기의 <고아의식>이 전 생애에 걸쳐 울리고 있음은 웬 까닭이냐고 할지 모르겠으나, 그것도 잘 따져보면, 이광수의 고아의식과 국권상실기로서의 국가적 고아의식의 증폭에 관련된 것이어서 개인적 신경증이나 병적 증상과는 구분되는 것이죠.

신의주고보에서 출발하기란 새삼 무엇인가. 이 물음은 제 연구에서는 아주 중요한 방법론입니다. 그것은 근대교육제도와 문화자본(P.부르디외의 용어)에 관련됩니다. 비록 식민지 상태이긴 해도 국민국가와 자본제 생산양식의 양 바퀴로 한 인류사의 진행과정 속에 놓인 근대의 체험만큼 20세기적인 현상은 달리 없었다는 것, 그 20세기 초반에 태어나 그 격동 속에서 살고 사랑하고 배워 요컨대 자기를 형성한 세대의 문학자란 무엇인가. 이 규정성에서 검증할 수 있는 그러니까 계량화할 수 있는 것의 하나가 근대교육제도가 아니었을까. 다시 말해 한 사람의 사상형성과정에는 무수한 요인들이 작동되었을 터. 때로는 정신분석으로 때로는 가문의 기질로 또 때로는 우연성으로 그것들이 형성되었음에 틀림없지만 아무리 그렇더라도 그것을 검증 또는 계량화할 수 없거나 어렵다면 나무아미타불일 수밖에요.

신의주고보는 어느 수준에서 계량화할 수 있는 요인 곧 문화자본으로 포착된다는 사실이라는 것. 식민지의 국경도시 신의주에 근대 교육기관인 고보가 설치되었고, 그 첫 번째 수석 졸업생이 제국의 최고 중등교원 양성기관인 도쿄고등사범학교에 입학한 사실이 지닌 중요성은 그 당사자의 사진과 함께 당시의 민족지 「동아일보」(1927.3.8)의 보도에서 엿볼 수 있습니다. 제국 일본은 서구 선진국의 근대(제도)의 모방에서 출발했거니와 그 중 교육제도는 프랑스의 것이었지요. 국민국가의 세움에서 프랑스가 당면한 고민의 하나는 학교 장악문제였지요. 전통적으로 교회가 학교를 장악하고 있었기에 이를 국가가 쟁탈하는 일이야말로 큰 싸움이었던 것. 마침내 프랑스는 이 사업을 완수, 학교제도를 국가가 완전 장악하기에 이르렀지요. 이에 비해 일본은 사정이 크게 달랐지요. 아무런 종교적 저항 없는 학교이기에 강력한 국가권력이 학교제도를 쉽사리 한 손에 틀어쥐었던 것. 그리고 중요한 것은 학교를 <입신출세주의>(arrivisme)의 거의 유일한 수단으로 내세웠던 것이지요. 1872년(메이지5년)에 학제를 정비한 일본 국가는 학문을 <입신출세주의>(立身出世主義)로 규정했고 그 이후 이 이념이 뿌리를 내려 실로 <교육종교>(보이지 않는 종교)의 경지를 빚었지요. 누구나 학교만 나오면 국가가 그를 보장했으니까. 이 교육종교에서 교사양성의 최고기관이 <고등사범학교>이였던 것입니다. (이 제도는 프랑스에서 도입한 것.) 프랑스에서는 <고등>이라고 불리는 각 영역별 최고 교육기관이 있어 그중 인문학 부분의 것이 저 유명한 고등사범학교이거니와, 이와는 달리 또 다른 계보의 고등사범학교가 있었는바 그것은 교육비, 기숙사비는 물론 국가부담인 국가기관의 고등사범학교가 따라 있었다. 소학교-고등소학교-사범학교-고등사범학교가 그것이다.(櫻井哲夫, 「근대의 의미」, NHK Book)

일본제국의 중등교원양성 최고기관의 하나가 도쿄고등사범학교였다는 것은 아무리 강조되어도 지나침이 없는 것. 당대의 사회 속에서 살며 글쓰기에 종사한 백철의 글쓰기를 재는 모종의 잣대가 여기에서 설정될 수 있습니다. 계량화될 수 있는 잣대라고나 할까. 영어전공의 식민지 학생 백세철(白世哲)이 재학 중 백철(白鐵)로 변신하여 프롤레타리아 문학운동에 뛰어든 것도 역설적으로는 이 제도의 산물입니다. 프롤레타리아 운동 그것은 제국의 근대가 낳은 쌍생아였던 것이니까.

남송우 백철은 1973년 정년 이후에 자서전적 수필인 『진리와 현실』(1975),

『(속)진리와 현실』(1976), 『만추의 사색』(1977) 등을 펴내었습니다. 이러한 글쓰기는 그의 초창기의 시 쓰기나 소설 『전망』 쓰기, 나아가 평론문 쓰기나 『문학개론』, 『신문학사조사』 등과 같은 연구서 쓰기와는 또 다른 면모를 가진 글쓰기라는 점에서 눈여겨볼 필요가 있다고 봅니다. 선생님께서는 백철의 글쓰기를 평론을 중심으로 한 '참을 수 없이 조급한 글쓰기'와 제도적 글쓰기인 저술을 '한없이 지루한 글쓰기'로 양분하셨는데, 이러한 명명은 백철의 글쓰기의 특징을 명쾌하게 보여주는 재미나는 발상이라고 봅니다. 그렇다면 자서전적 수필쓰기도 그 양은 그렇게 많지 않아도 또 다른 한 영역으로 명명해볼 만하지 않을까요?

김윤식 지적하신 바대로 백철 글쓰기엔 「진리와 현실」, 「(속)진리와 현실」은 그의 <문학자서전>입니다. 자서전이란, 학문적 일차자료 축에 들긴 어렵지요. 자기 미화에 일관했기에 그러한 것이 아니라, 기억이 지닌 <간교함> 때문이지요. 이는 감추기라든가 자기 미화 따위보다 훨씬 원초적인 것이죠. 백철의 문학자서전은 유년기에서 시작, 6·25피난지에서 끝납니다. 6·25가 나자 동국대학 교수 백철의 피난지는 가족과 함께 경기도 장안면 사랑리, 여기서 임시수도 피난지로 옮겨간 동국대학을 드나들었지요. 집중강의를 하고 번 돈을 배낭에 담아지고, 수원에서 60리 길을 걸어 가족을 찾아가는 밤길로써 이 자서전이 끝납니다. 그렇다면 6·25 이후는 어떠한가. 중앙대학 문과대학장이며 뉴크리티시즘 도입자이며 PEN클럽 회장이자 현장비평의 활동가 백철은 어떠한가. 이 물음에 응해오는 것이 『두 개의 얼굴』(1964)과 『만추의 사색』(1977)이지요. 그러니까 그는 문학자서전 후반부를 이로써 채운 것입니다. 제가 이 자전적 글쓰기를 무시한 것은 결코 아닙니다. 어쩌면 그 반대인지 모릅니다. 다만 이러한 자전적 글쓰기를 계량화할 수 있는 어떤 잣대를 마련하기 어려웠다고나 할까. 그렇다면 그의 현장비평은 어떠할까. 아무리 괴발개발 썼든 그 대상으로 된 작품이 남아 있기에 이로써 그 거리를 잴 수 있습니다. 「조선신문학사조사」도 사정은 마찬가지. 임화, 박영희, 조연현 등의 문학사적 잣대도 있으니까.

남송우 선생님께서는 「1930년대초 일본의 프롤레타리아 문학에서 활동한 백철의 평론에 대해서」를 해설하시면서, 백철이 일본에서 활동하면서 일어로 쓴 평론목록을 ① 프롤레타리아 시의 현실문제에 관하여 ② 프롤레타리아 시론의 구체적 검토 ③ 프롤레타리아 시인과 실천문제 ④ 유물변증법적 이해와 시의 창작 등 4편으로 정리해 놓으셨는데, 박경수 교수의 「일제하 재일 한국인의 문학비평 연구」(『일본어문학』 9, 1999)에는 ①시에 있어서 문화사파란?(宣言) ② 당의 당면문제와 예술의 임무(東學之光, 1930.9.)가 더 보이는데, 평론목록이란 점에서 더 추가되어야 할 부분인 것 같습니다.

김윤식 제가 미처 살피지 못한 대목입니다. 꼭 구해서 검토해볼까 합니다. 특히 『東學之光』이란 잡지는 천도교 청년당 동경부 기관지라고 합니다만 아직 미견입니다. 조금 다른 얘기지만 백철의 일본어 글쓰기도 장차 연구과제의 하나일 수 없을까. 탈식민지주의 시대 이후의 문학연구란 문화적 연구(Cultural Studies)이자 세계사적 연계성에 주목하는 것이니까. 혹시 이런 책을 보셨는지요. 『Proletarian Arts In East Asia : quests for national, gender, and class justice('Position', vol.14, fall, 2006. Duke university Press)』 이것은 시카고대학 동아시아 언어 문명학과에서 2002년에 행한 「동아시아에 있어서의 1930년대 프롤레타리아 문학」을 바탕으로 하여 다시 보강한 것입니다. 한국 부분은 제가 참가했지요. 이 논의에서 장혁주가 중요하게 부상했는 바 그는 (1) 식민지 조선인으로 (2) 일어로 (3) 프롤레타리아 문학을 한 작가라는 사실은 단연 유징적(有徵的)이지요. 이 범주에는 시인 김용제도 백철도 그리고 동경 카프지부 및 「무산자」의 이북만도 응당 포함될 것입니다. (1) 조선인으로 (2) 북경을 무대로 하여 (3) 일어로 작품을 쓴 김사량과의 낙차(이중어 글쓰기론)도 연구의 지평으로 떠오를 법하지요.

남송우 선생님께서 말씀하신 이중어 글쓰기 부분은 후학들이 관심을 가지고 연구해 보아야 할 과제라는 생각이 듭니다. 그런데 백철의 생애에 있어, 중요한 배경의 하나가 천도교였다는 점을 선생님은 강조하고 있습니다. 그러므로 천도교가 백철의 문학활동에 어느 정도 영향을 미쳤을까 하는 점을 해명하는 것은 흥미로운 과제라고 생각합니다. 선생님께서는 백철의 사상의 변전을 이해하기 위해 이광수와 김오성의 동학과 마르크스주의 이해를 바탕으로 백철의 동학과 마르크스주의 사상으로의 진입을 설명하고 있습니다. 인내천과 민족주의라는 양면성을 서양식 사상으로 번역하면 저 레닌의 혁명사상과 족히 대응된다고 보고 있습니다. 이 자리에 김오성이 서 있다고 봄으로써 백철의 동학과 마르크스주의에의 이해의 폭과 깊이를 논하고 있는데, 왜 백철 자신이 남긴 기록을 통해 그의 동학과 마르크스주의에의 경도를 논하지 않고, 제3자(이광수, 김오성)을 통해 백철의 입장을 해석하려한 특별한 이유가 있습니까?

김윤식 아주 중요한 점이 지적되었군요. 「백철연구」를 쓰면서 제일 부러웠던 것이 백철이 <가문의 영광>으로 갖고 있던 천도교였지요. 이 나라 근대를 규정하는 사상으로 뚜렷한 것은 민족주의, 마르크스주의, 그리고 천도교가 아니었던가. 분단국가의 이데올로기적 기반이 양극체제로 말해지는 민족(국민)국가주의와 마르크스주의라면 이 한가운데 놓인 천도교란 무엇인가. 제가 백철을 대상으로 이런 물음을 다루지 않고 어째서 김오성을 문제 삼았는가라고 묻고 있으신데, 두 가지 점으로 대답코자 합니다. 하나는 오랫동안 북한에서는 청우당(靑友黨)이 동산당과 더불어 양당체제로 존재했다는 점. 그 중요인물이 김오성이었지요. 다른 하나는, 이 점이 중요한데, 백철이 이에 대해 아주 조심스럽게 말해 놓고 있다는 점. 어째서 백철은 그토록 헤프게도 써제낀 자전적 글쓰기에서 유독 천도교에 관해서는 흡사 지나가는 말투로 적었을까. 다음 대목도 그 중의 하나이지요.

해방 뒤에 돌아다닌 말이었지만 만일에 崔璘이 日政말기에 7년간만 참고 지났다면 해방 뒤에 와서 崔璘 개인의 위치로 보나 더구나 천도교회의 입장에서 볼 때에 東學亂이나 3.1운동에 主動力이 된 전통을 이어갖고 큰 실력 단체가 되었을 것인데 애석한 일이라고 말하는 사람들이 많이 있었다.

그러나 내가 每日新聞社에 들어갔을 때, 崔璘 사장은 개인적으로 나를 특별히 돌보아 주었다. 내 舍兄되는 이가 천도교회의 청년간부인 관계도 있고 또 내가 동경 유학시절에 몇 번 만난 일도 있어서 나를 잘 알고 있는 관계로서였다. 사장실에 자주 드나든 것은 아니지만 혹간 사무적인 일 때문에 사장실에 들어가면 崔璘은 내가 지내는 형편과 社內 일에 대하여 여러 가지 물어보았다. 무슨 불편이라도 느끼는 일이 있으면 사장께 이야기하라는 것이다. 사정할 것이 있을 땐 자기가 힘쓰겠다고 했다.

—『문학자서전』, 박영사, 40면

두 문단을 잇는 '그러나'라는 역접 접속사가 많은 것을 암시해 놓고 있지요. 제가 부러워한 대목이기도 합니다. 한 개인이 가문의 후광 없이도 날쌔거나 잘날 수 있을까. 제국이 보증하는 고등사범학교에다 대고 어깃장을 놓을 수 있었던 것도 이 가문의 영광이 가져온 전리품이 아니었을까. 김오성이 이 점에 실로 민첩했지요. 그는 당초부터 마르크스주의와 민족주의의 결합으로서의 천도교에 주목하고 사상적 체계화에 진력했으니까. 백철이 학생 신분으로 일본프롤레타리아 문학(사상)운동에 뛰어든 것도 이와 같은 문맥에 다름 아닌 것. 6·25때 북조선 문화선전성부상(副相, 허정숙이 선전상)이라는 고관의 패를 차고 나타난 김오성을 두고 백철이 '그의 태도는 안하무인격'이었다고 꼬집은 것은 의미심장한 대목이기도 합니다.

일찍이 제가 읽은 백철과 천도교의 관계를 논하고자 할 때, 제 머리를 스쳐간 것은 T.S엘리어트의 「세익스피어와 세네카의 극기주의」(1927)였지요. 사람은, 만일 그가 절체절명의 순간에 닿으면 '스스로 기운 나게 하는 방도'를 찾아낸다고 하고 그런 사례로 엘리어트는 절망에 빠진 오셀로를 들었더군요. 오셀로의 '스스로 기운 나게 하기'란 '우주와 결합하기'였다는 것. 사람이 달리 무엇이고 결합할 것이 있는 한 우주 따위와 결합하지 않습니다. 기독교인을 보십시오. 그 좋은 기독교를 가진 자들은 우주 따위와 결합하지 않습니다. 그 좋은 마르크스주의나 민족주의를 가진 자들은 우주 따위와 결합하지 않습니다. 그 좋은 천도교를 가진 백철은 우주 따위와 결합하지 않지요. 제가 부러워한 이유가 이 부근에 있습니다.

남송우 백철이 카프의 정치 사상주의를 비판한 「인간묘사시대」에서 보여준 시류적 민간성, 옥중에서 나온 후 몇 시간 만에 쓰기 시작한 「비애의 성사」가 보여준 신속성, 어쩔 수 없는 현상이기에 이를 사실로 인정하고 수리할 수밖에 없었다는 「시대적 우연의 수리」에 나타난 민첩성 등을 두고, 선생님께서는 처세비평, 감성적 비평, 생래비평으로 명명하면서, 이를 백철 비평의 기질적 특성으로 보고 있습니다. 그리고 이러한 백철비평의 본질은 그 자체가 저널리즘이었고, 그 나름의 의의를 가진 것이어서 일정한 가치를 지닌 것으로 평가하고 있습니다. 이러한 가치부여의 저변에는 그 어떤 비평적 논리나 이론이나 사상도 저널리즘적 성격을 공유하고 있고, 그 어떤 사상도 이론도 일시적, 통과적인 것에 지나지 않는다는 인식이 전제되어 있는 것 같습니다. 이런 의미부여도 가능하지만, 백철 비평이 지닌 이런 시류에 대한 즉자적 반응은 역사적, 사회적, 인간적 의미를 곰곰이 따져볼 수 없고, 눈앞에 보이는 표피적 현상만 바라보기에. 본질을 포착하기에는 거리가 있는 것이 아닌지요?

김윤식 '눈앞에 보이는 표피적 현상만 바라보기에 본질을 파악하기에는 거리가 있다'는 것. 지적한 대로입니다. 문제는 '본질을 포착하기'란 과연 가능한가에 있습니다. 있다고 생각하는 사람은 플라톤 이래의 이성중심주의자,

(기독교는 이성을 신으로 바꾼 것. 니체의 지적) 그 직계인 헤겔도당이 아니었을까. 본질이 있느냐의 여부에서 논의를 펼칠 수도 있겠지요. 들뢰즈까지 나올 건 없이 「존재와 시간」의 하이데거를 내세워 논의를 펼칠 수도 있겠지요. 그러나 그런 거창한 문제를 제가 알 턱이 있겠습니까. 제가 아는 것은 겨우 다음 한 가지 사례에 지나지 않습니다. 곧, 이 나라 근대문예 비평집으로 두 권을 꼽을 때, 최재서의 『문학과 지성』(1938)과 임화의 『문학의 논리』(1940)를 들 수 있다는 것. 논리적 정합성에서 또 논의의 적절성(시류성)에서도 밀도가 높지만 무엇보다 거기에는 역사적 사회적 인간적 의미(본질)가 논의되어 있다는 점입니다. 그 중요성은 이들이 친일문제에 본격적으로 부딪혔다는 사실에도 옵니다. 역사적 사회적 인간적 문제로서 본질이란 무엇인가. 이 문제에 격투를 하지 않은 비평이나 사상이란 과연 사상축에 들 수 있는 것일까. 친일문제도 그 중의 하나, 남 교수님께서 묻고 있는 곳이 여기이겠지요. 제 답변은 이렇습니다. 백철 비평은 저널리즘적 성격의 비평이며, 이 역시 일정한 의미가 있다는 것. 왜냐하면 이러한 저널리즘 비평의 성격에 '독자적 유형'을 만들어냈기 때문. 그렇다면 '독자적 유형'이란 무엇인가. 이렇게 설명해 볼 수 있습니다. 그가 「매일신보」에 입사한 것은 1939년 3월이었고 북경주재 지국장으로 근무하다 귀국한 것은 1945년 8월 2일이었지요. 이 기간 동안이 지닌 '백철적 현상'이야말로 그의 독자적 유형이라고 저는 생각합니다. '스스로 저널리즘되기' 그러니까 저널리즘의 肉化(Incarnation)이라고나 할까요. 실상 그는 신문기자가 되기 전 함흥 영생고보에서 교사노릇을 했음에도 이 사실을 한 번도 발설하지 않았으니까. 이것만큼 놀라운 현상이 따로 있을까.

남송우 백철은 1930년대만 하더라도 선생님께서 정리하신대로 농민문학론으로 시작해서 인간묘사, 인간탐구, 나아가 휴머니즘론 그리고 장편소설론, 일제에 야합하는 사실수리론까지를 펼쳐 보임으로써 하나의 비평론이나 문학론으로 일관한 게 아니라, 그의 관심은 쉼없이 변했습니다. 그래서 그가 제기한 문학론도 일관성을 통한 깊이의 추구보다는 다양한 관심이 폭넓게 전개된 양상을 보입니다. 예를 들어 인간형의 탐구에서도 「창작방법의 문제」에서는 계급적 제약 속에서 생활하는 인간상을 내보이거나 「인간묘사 시대」에서는 시대성과 역사성을 띤 경향적 인간의 묘사를 주창합니다. 또 「인간 탐구의 도정」에 오면, 현실의 구체적 상황 속에서 실천하며 행동하는 전형적 성격의 인간을 논하고, 「고행의 문학」에서는 행동적 존재로서의 인간보다는 양심적 고민형의 인간을 그리고 「풍류인간의 문학」에서는 동양의 전통적 인간형을 추구하고 있습니다. 이러한 백철 비평이 내보이는 쉼없이 변하는 모습을 선생님께서는 그 현실 순간에 대한 솔직함으로, 자유주의자의 한 모습으로 평가하기도 했습니다. 이런 모습은 백철만의 기질인지, 모든 비평가들이 피해갈 수 없는 숙명적인 한 모습인지가 자못 궁금해집니다.

김윤식 전향을 논의하는 마당에서 자주 논의되는 말에 이런 것이 있지요. '사상 전향이 없는 사상가란 유아기적 사상가'다가 그것. 누가 그것을 모르겠는가. 다만 백철의 경우는 너무 심하지 않는가라고 말하겠지요. 요컨대 특정 개인의 기질적인 것인가. 비평 자체의 숙명인가의 물음에는 문제제기 자체를 문제삼음직 하지 않을까. 궁금하기는 저도 마찬가지입니다.

남송우 선생님께서 이번에 집필하신 이 『백철 연구』는 아마 후세대들에게는 전기비평 연구서로서는 가장 모범적인 모형이 될 수 있는 작업이었다고 봅니다. 특별히 제4부 중 백철의 매일신보 북경특파원 시절을 읽어가면서, 저는 유독 전기비평의 한 전형적인 모형이 될만한 장면과 마주서는 듯했습니다. 북경특파원 시절의 백철의 삶이 현재적 감각으로 너무나 선명하고, 생생하게 되살아났기 때문입니다. 이 정도의 재구성을 위해서는 북경을 드나들면서 확인하고 챙겨야할 자료들이 한 둘이 아니었으리라고 봅니다. 백철의 북경 특파원 시절의 재구성을 위해 선생님께서 쏟으신 시간과 발품에 대한 뒷이야기를 좀 듣고 싶습니다.

김윤식 반가운 질문입니다. 전기연구의 모범작이냐의 여부는 과분한 일이어서 물리칠 수밖에 없지만 그런 것의 승패와는 관계없이 그 속에는 저만이 가진 은밀한 가슴 두근거림이 있었지요. 졸저 『백철 연구』 속엔 '북경반점 앞의 필자'라는 사진 한 장(p.379)이 실려 있습니다. 망설이다 망설이다 눈 딱 감고 이 사진을 실었지요. 『백철 연구』에다 감히 저자의 사진을 싣다니. 어처구니없는 고의적 실수이자 월권이기도 하지요. 이에 대해서는 제3자의 다음 증언 하나를 먼저 듣고 싶습니다.

> 1996년이던가. 베이징대학에서 루쉰(魯迅)문학을 가지고 토론하는 작은 모임이 있었다. 그때 나도 따라갔는데 그때도 잿밥에만 마음이 있어 베이징에서의 일정이 끝나면 시안(西安)·구이린(桂林)·상하이(上海)로 해서 쑤저우(蘇州)·항저우(杭州)를 돌아오는 코스에 마음이 끌렸다. 베이징대학에서의 토론이 본바닥 베이징 덕이 나오는 만찬으로 해피엔딩을 맺고 그 다음날 일행이 만리장성으로 관광을 떠나는데 나는 그와 함께 빠졌다. 만리장성은 전에 한번 가본 적이 있었기 때문이다. 날씨가 춥기도 했거니와 한번 보고 질렸으면 됐지 또 보고 싶은 곳은 아니란 데 합의하자 갑자기 유쾌해졌다. 게다가 우리를 안내해줄 유학생 부부까지 있어서 베이징 시내를 마음 내키는 대로 돌아다닐 수 있었다. 지금은 기념관이 되어 있는 루쉰이 살던 집을 보러 갔다. 그는 안내책자와 유학생의 도움으로 방방을 둘러보며 문방구며 침대, 심상치 않은 사연이 깃들였음직한 베개까지 꼼꼼히 확인하고, 나는 내 식으로 휙 한번 훑어보고 나서 마당에 서 있는 정향나무 아래서 그를 기다렸다. 지금까지도 그 집 마당에 정향목(丁香木)이란 팻말을 달고 서 있는 나무가 라일락맞나? 하는 정도가 그 집에 대해 남아 있는 궁금증의 전부이다. 루쉰의 집을 보고 나서 베이징 반점으로 갔다. 구관과

신관이 있는데 구관은 백년이 넘는다고 했다. 지금은 더 좋은 데도 많이 생겼겠지만 그때만 해도 넓은 홀을 받쳐주고 있는 장대한 붉은 기둥들을 금빛 찬란한 용이 용틀임으로 감아 올라간 모습하며, 고풍스럽고도 장중한 집기하며, 문에서 맞이하는 팔등신 미인의 발목부터 엉치 밑까지 찢어진 착 붙는 옷 사이로 드러난 눈부신 각선미하며, 모든 것이 초일류호텔의 역사 깊은 호사와 품격을 과시하고 있었다. 홀이 내려다보이는 로비같은 데서 학생 부부와 넷이서 차를 마셨다. 그가 해방되기 전 1940년대의 만져우(滿州) 일대와 베이징 반점에서 무슨 일이 있었나 얘기를 하기 시작했다. 그는 달변이 아니다. 지루할 적도 있고, 잘못 알아들을 적도 있다. 그러나 어느 순간 확 빨려들 적이 있다. 그와 환상을 공유할 수 있을 적에 그러하다. 나는 그 호화호텔 넓은 홀에서 이향란의 노래를 들으며 친일파와 독립투사와 신문기자와 첩자와 아편장수와 일본 군벌과 어울려 김사량과 백철 노천명이 나비처럼 춤추는 환각에 빠져들었다. 아아, 그랬었구나, 국내에선 청년들이 징병과 징용에 끌려다도, 소녀들은 정신대에 끌려갈까봐 열다섯도 되기 전에 시집을 가고, 콩깻묵으로 연명할 때 비록 식민지 백성이라 해도 지식인에게는 그래도 그 정도의 별천지가 돌파구로 마련돼 있었구나. 그게 너무도 새롭고 신기해서 사실이라기보다는 환각으로 받아들였는지도 모르겠다. 너무도 감질나는 환각이어서 언젠가 꼭 한번 베이징 반점에서 묵어보려고 하룻밤 숙박비를 물어봤더니 100달러 정도라고 했다. 그러나 그후 다시 베이징을 갈 일은 없었다.

—박완서, 『두부』, 창작과 비평사, 2002, 211-212면

너무 길게 인용했지요. 하도 정겨운 장면이라 저도 모르게 인용하고 말았군요. 여기에는 설명이 조금 없을 수 없지요. 앞의 인용에서 1996년이라 했으나 실상은 제 기억이 옳다면 1994년 1월이 아니었을까. 그때 베이징대학 세미나를 마치고 난생 처음으로 동양화의 실물대 절경이라 소문난

구이린(桂林)에 갔으니까. 그러나 실상 『백철 연구』에 실린 그 사진은 이보다 일 년 먼저인 1993년 8월에 찍은 것. 국내 모금 거금 50만 불로 연변 조선족 자치주에 세워진 민족문학관 낙성식에 이호철 씨와 함께 참석하기 위해 베이징에 들렸을 때이지요. 베이징 호텔로 혼자 찾아갔지요. 안에는 들어가지도 못하고 바깥에서 행인의 도움으로 사진을 찍었던 것. 실상 저는 이런저런 일로 베이징에 6번씩이나 갔었지요. 그럴 적마다 총독부 기관지, 매일신보 특파원이자 문예비평가인 백철이 베이징에 도착하자마자 베이징 호텔에 짐을 둔 채 저녁식사를 끝내기가 바쁘게 천안문 앞을 지나 장안대가(長安大街)를 바바리 코트깃을 세우고 여기가 북경이다!라고 뇌며 걷고 있는 환각에 빠지곤 했지요. 김사량과 노천명을 옆에 두고 도박판을 벌이고 있는 백철이 아니었던가. 또 그가 자주 언급한 북해공원에 우뚝 솟은 라마탑(백탑)을 쳐다보곤 했지요. 자금성에 들어가 맨 뒤편 궁전 서편 모서리에 서면 그 백탑이 저만치 보이지요. 카메라에 번번이 담곤 했지요. 15년의 세월이 그 사진과 더불어 삐쳐있지 않겠는가. 이만하면 됐습니까?

남송우 선생님께서는 해방 이후 백철, 김동리의 리얼리즘 논쟁을 논하면서, 당시 백철 비평의 논리가 카프의 정통을 잇는 것이라 훗날 참여(민족, 민중) 문학의 근거가 된다고 말하고 있습니다. 이는 이후 우리 비평사에 나타난 순수참여 논쟁의 맥을 잇는다는 점에서 중요한 논의라는 생각이 드는 데, 통시적 관점에서 이러한 맥 잇기가 가능할까요?

김윤식 '통시적 관점에서'라고 하셨는데, 이 관점에서 보면 문학이란 언제나 '문학/정치'의 도식이라는 이원구조로 되어 있습니다. 문학이냐 정치냐 문학 중시냐 정치 중시냐의 이분법은 물론 '문학은 예술이다'는 대전제를 두고 그 한도 내에서의 논의입니다. 문학을 하되 어떤 개인이나 유파는 또 어떤 시대는 비문학적인 것(사회, 역사)에 치중하고 그 반대 현상도 있을 수 있다는 것. 이 나라 문학사에서 후자를 선명히 드러낸 것이 카프문학과 민족주의 문학이었던 것. 이 둘이 힘을 잃었을 때 대두된 것이 군국파시즘을 표방한 세칭 친일문학이었을 터. 문제는 그러니까 해방공간인데요. 카프의 전통성을 이은 쪽이 임화, 이원조 중심의 문학가동맹측 아닙니까. 이에 맞선 것이 김동리 중심의 청년 문학가협회이고. 이는 통시적 거시적으로 보면, 그 앞 단계인 카프문학/민족주의 문학에 대응되는 것. 어느 시대에나 이것이 정상이지요. 문제는 대한민국 정식정부(김동리의 용어)의 탄생(1948.8.15.) 이후이겠는데요. 남한 단독 정부수립으로 말미암아 문학가동맹측은 월북하거나 잠복할 수밖에. 그러니까 김동리계(이른바 문협정통파)만이 남은 형국. 이야말로 비정상. 한쪽의 부재란 다른 한쪽의 괴물화랄까. 예측불능의 기형아를 낳을 수밖에. 공평이 말해 북한 단독정부의 문학도 괴물화이긴 마찬가지. 70년대 등장한 남한에서의 민중문학론의 의의랄까 필연성이 여기에서 옵니다.

이 사실을 직관적으로 알아차린 제 일인자가 백철이었지요, 해방공간에서 임화측에서도 벗어나 제3노선을 지향하던 백철에게 드디어 기회가 온 형국. 신현실주의라는 깃발을 들고 그는 김동리의 괴물화랄까 기형화의 양상을 지적, 비판했습니다. 왈, 그대가 쓴 장편 「해방」(《동아일보》 1945.9.~1950.2.)은 실패작, 산문작가 축에 들 수 없다. 왜? 장편 하나도 못쓰니까. 「달」, 「역마」 같은 샤머니즘적 체질의 단편 따위도 반산문적인 것. 그러니까 김동리의 민족주의적 문학론이란 이 순간 문학/정치도식에서 떠나 '문학괴물'이 될 수밖에. 이를 견제할 수 있는 것은 임화 쪽에서도 김동리 쪽에서 홀대받던 제3노선으로서의 백철 자기일 수밖에. 이 순간 백철은 임화의 자리에 선 형국이지요. 이러한 시선에서 보면 훗날 순수/참여 논쟁도 이 큰 틀인 문학/정치론이며 따라서 정상화의 논의라 할 것입니다. '문학은 예술이다'라는 대전제 아래서의 문학/정치인만큼 '소문자로서의 문학'에 주목할 것입니다. 또 그것은 굴곡 많고 불안정했던 이 나라 현대사의 유다른 특징에서 온 것이기도 하여 뜻있는 대목이라 할 것입니다.

남송우 백철의 저술 중 『문학개론』, 『신문학사조사』를 기념비적 저술로 평가하고, 특히 『문학개론』(1947)은 일본의 혼마 히시오의 명저 『문학개론』에 힘입은 바 큰 것을 추단하고 있으며, 그러나 당시로서는 김기림의 『문학개론』과 함께 중요한 자리를 차지했다고 선생님은 평가하고 있습니다. 그런데 백철은 이 『문학개론』을 1954년에 개정판을 내고, 다시 1963년 전면개정판 『문학개론』을 펴내어 세 차례의 『문학개론』을 출간했습니다. 1954년에 낸 『문학개론』에서 백철은 장르론에서 빠졌던 희곡, 수필, 비평론 그리고 시나리오까지를 첨가했지요. 그리고 1963년판 『문학개론』에는 1954년판 체제 가운데 '예술일반론'이 삭제되고, '비본질적 조건'이 추가되어 문학의 주변적 조건(자연, 사회, 심리학 등)들이 논의되었습니다. 특히 영미신비평의 비평적 개념들이 크게 수용되었고, 뿐만 아니라 당대까지의 국문학분야의 이론서들을 다수 원용하였고, 작품의 예증도 한국문학에서 가져왔다는 점 등이 특징으로 보입니다. 이렇게 백철이 『문학개론』을 두고, 끊임없이 깁고 보완해 온 작업은 연구자의 글쓰기로는 좋은 면모를 보여준 사례라는 생각이 드는데요?

김윤식 동감입니다. 한 가지만 덧붙이고 싶군요. 백철의 주저인 「조선신문학사조사」가 당대에 끼친 영향은 다음 세 가지. 하나는, 신문학사의 유일한 저술이라는 점. 곧 임화의 신문학사도 박영희의 그것도 저술로 간행된 바 없는 빈 들판에 세워진 이정표 몫을 했다는 것. 다른 하나는, 이 점이 중요한데 한국근대문학전집 몫을 했다는 점. 이 책 속엔 모든 장르에 걸쳐 풍부한 예문이 날것으로 제시되어 있어 그 자체로 '전집' 몫을 했다는 것. 셋째로 반공을 국시(國是)로 하는 어둔 시절, 월북 작가의 작품을 복자없이 공적으로 대할 수 있는 유일한 마당이었다는 점.

남송우 『문학개론』, 『신문학사조사』도 중요하지만, 영문학 전공자로서 백철이 김병철 교수와 함께 번역한 『문학의 이론』 출간과 뉴크리티시즘의 소개는 한국문학 연구에 미친 영향을 생각할 때, 그 중요성을 인정하지 않을 수 없습니다. 그러나 지금 생각해보면, 그 당시 모든 사람들이 여기에 모든 것을 걸었다고 할 정도로 거리를 갖고 비판적으로 이 이론들을 수용하지 못한 점이 문제가 된다고 생각합니다. 선생님께서도 뉴크리티시즘의 한계에 대해서 일찍이 비판적인 점검을 한 적이 있지만, 이제는 『문학의 이론』이 우리 문학연구에 미친 영향을 제대로 검토해보는 작업도 필요한 것이 아닌가 하는 생각을 하는데, 선생님의 생각은 어떠한지요?

김윤식 뉴크리티시즘이란 말만 나와도 가슴이 철렁해지는 세대가 있습니다. 60년대에 들어 인문학으로서 문학공부를 시작한 세대가 그것. 앞에서 저는 도서관에서 사전과 씨름하며 미국의 대학중심의 계간지들을 읽었다고 했지요. 최고의 나라 미국의 문학공부가 아니겠는가. 이를 독학으로 공부하기의 난감함, 지금 생각해도 식은 땀이 흐릅니다. 『백철 연구』 속엔 <1969년의 뉴크리티시즘 비판>(6부 3장)이 들어 있지요. 이것은 제가 쓴 「뉴크리티시즘에 대하여」(『숙대논문집』 9, 1969)를 조금 손본 것입니다. 대학원 시절부터 제가 얼마나 이것과 고투를 해왔는가에 대한 결실이라고나 할까. 물론 뉴크리티시즘만이 장땡일 수 없음을 정작 『문학의 이론』의 저자 웰렉 교수도 말해 놓고 있긴 했지요. 웰렉의 안내대로 하면 20세기 비평 판도는 (1) 마르크스주의 비평(전형론, 반영론으로서의 리얼리즘) (2) 심리비평(프로이트는 물론 M.보드킨의 「시에서의 원형」, E.웰슨의 「활과 상처」 등) (3) 언어적 문체적 비평(러시아 형식주의 및 리챠즈 엠프슨, 그리고 뉴크리티시즘 등) (4) 유기적 비평(시카고학파) (5) 실존주의비평(사르트르 등)(웰렉, 「20세기 비평의 주된 흐름」, 예일리뷰, 1961, 가을호) 그러고 보면 뉴크리티시즘도 이 5개 중의 한 가지에 지나지 않는 것. 그럼에도 어째서 그것만이 그토록 대단해

보였을까. 생각건대 이는 6·25를 맞아 철이 든 세대의 일부가 지닌 팍스 아메리카나(Pax Americana)의 지평(가다머의 용어)이 아니었을까. 이는 지적 허영심과는 구별되는 것.

남송우 선생님께서는 『백철 연구』를 마무리하시면서, 백철비평의 영역을 ①시류적인 현장비평 또는 실천비평 ②학문적 문학사 쓰기 ③문학감상 또는 문학해석 ④문학이론 등으로 분류해 놓고 있습니다. 이런 유형의 글쓰기는 선생님께서 지금까지 해 오신 작업과 그 모습이 닮아 있다고 봅니다. 그래서 저는 『백철 연구』를 통해 선생님의 모습을 보는 듯 했습니다. 이는 어쩌면 백철이 선생님이 걸어오신 비평가와 연구자의 길에 하나의 거울로 작용한 게 아닌가 하는 생각이 들기도 했습니다. 그 거울을 통해 선생님은 백철비평이 지닌 문제를 넘어 새로운 차원으로 한국문학비평과 문학 연구의 위상을 끌어올려 놓으신 것은 부정할 수 없습니다.

그런데 저희 후세대들이 선생님의 비평과 연구업적을 거울로 삼아 또 다른 차원의 한국문학비평과 문학연구의 차원을 열어가야 하는데, 선생님이 만들어 놓으신 비평과 연구의 거울 앞에 서면, 막막할 때가 많습니다. 쉼 없이 생각하고 쓸 수 있다는 그 열정 앞에 무색해지기 때문입니다. 비평과 연구활동을 함께하고 있는 후세대들에게 들려주고 싶은 한 말씀을 마지막으로 부탁드립니다.

김윤식 『백철 연구』에서 어줍잖은 제 모습을 연상했다 했습니다그려. 과분한 착각이라 할까. 비평가이자 교수인 백철 선생의 발뒤축에도 이르지 못한 채, 이것저것 부산하게 살아왔을 뿐입니다. 앞뒤 분간도 못하고 허둥대기가 어찌 한두 번이었던가. 저도 모르게 휘두른 칼이 타인은 물론 저 자신을 겨눈 적도 어찌 한두 번이었겠는가. 그럼에도 『백철 연구』에서 제 모습을 잠시나마 느꼈다면 아마도 거기에는 모종의 착오가 있었던 모양입니다. '백철연구는 백철론이 아니라 김윤식론'(《한겨레신문》, 2008.2.13.)이라는 기사도 실려 있음을 보면 남 교수의 잘못만은 아닐지 모르겠네요. 이런 오해가 나돌 만큼 그 책은 서툴게 씌어졌음을 웅변하는 것. 다만 저는 제가 공부하여 알아낸 것만을 썼을 뿐 그 이하도 이상도 아닙니다.

관대하게도 남 교수님께서는 후세대에 '들려주고 싶은 한 말씀'의 기회까지 주십니다그려. 남의 글 애써 읽고 그것에 대한 글쓰기와 가르치기에 생을 탕진한 사람, 자기의 글 한 편 쓰기도 가르치지도 못한 사람이고 보면 어찌 제게 그런 주제넘은 짓이 가능하랴. 혹시 현재의 제 심정을 말해보면 안 될까요. 까마귀와 붕어 그리고 메뚜기를 속이고 강변 버드나무 숲속의 집을 떠났던 한 소년이 본 꿈 말입니다.

하늘에 무지개를 보면
나의 마음 뛰어 놀아
인생 초년이 그러했고
어른된 이제 그러하고
늙은 뒤에도 그러하리
불연(不然)이면 죽어도 가야(可也)라!
어린이는 어른의 아버지
나의 일생의 하루 하루가
경건한 자연심(自然心)에 연결되어 지이다

—워어즈 워스, 최재서 역, 「나의 마음 뛰어놀아」

남송우 생산적인 대화를 나눌 수 있어서 좋은 시간이 되었습니다. 올해가 백철 탄생 100주년이 되는 해이니, 백철 비평에 관심을 가진 분들에게 연구의 실마리를 제공할 수 있는 계기가 되었으면 합니다. 선생님, 건강하십시오. 감사합니다.

5부

김윤식 비평가와의 인연

먼 발치에서 바라만 보았던 시절

1976년으로 기억된다. 대학에 입학하여 이제 학부를 마무리하고 대학원 진학을 준비하고 있던 시절이었다. 국어국문학과 학부 공부를 어느 정도 마무리하고 현대문학을 전공해야겠다고 전공을 정리한 시기였다. 그해 가을 학기가 시작되고 얼마 되지 않아 부산대학교 도서관 앞에는 초청강연회 광고가 나붙었다. 초청 강사는 김윤식 교수였고, 주제는 <한국민족 문학의 어제와 오늘>이었다. 1973년 한국비평사 연구에 새 장을 연 『한국근대문예비평사』가 출간된 이후여서, 김윤식 교수에 대한 국문학계의 위상은 당시 가장 활발한 연구자, 나아가 비평가로 지목되던 시절이었다. 초청강연회가 있던 날 나도 말석에 앉아 김윤식 교수의 강연을 들었다. 강연장에는 자리가 꽉 찼다. 나의 기억에 남은 강연의 여운은 감동적이진 않았지만, 한국민족 문학에 대한 명쾌한 정리는 신선하게 다가왔다. 먼 발치에서 강연으로 접했던 그의 음성은 이후 자연스럽게 기억의 창고 속으로 묻혀들었다. 다행히 그의 강연초가 부산대학보에 실려있어, 반세기가 지난 시간의 기억을 다시 소환할 수가 있었다.

> 민족 문학이란 말은 현재 대한민국에서 민족 중흥이란 말과 함께 공적으로 쓰이고 있는 용어이다. 먼저 이 말을 가지고 지난 날의 우리 문학에 대해 이야기하고자 한다.
>
> 민족이라 한다면 그 전체적 연계성이 대체로 정신사적 문맥으로 사용된다. 이것은 주체성 문제로 존재하는 것이다.
>
> 더 쉽게 말해 1945년을 해방, 광복이란 말로 쓰는데 광복은 빛의 회복을 의미하고 있다. 엄격한 의미에서 해방은 객관적인 광복에 비추어 본다면 중립적

이다. 그러므로 광복은 역사 회복을 전제로 하는 용어이다. 오늘은 이 광복이란 의미관념 속에서 이야기하려 한다.

먼저 서구식 전제부터 하나 하겠다. 이것은 간단히 말하면 1910년이 한일합방이 되기 이전에는 조선왕조는 독립국으로 존재해 왔다. 즉 1910년까지는 국가적 민족적 양 측면을 지니고 살아왔는데 그 이후에는 국가적은 사라지고 민족만의 역사가 전개되어 1948년으로 이어지고 이때에 국가개념이 회복된다. 그런데 6.25 이후의 분단으로 보면 두 개의 국가개념과 한 개의 민족개념이 생겨난 것이다.

그러므로 1910년 이전으로 돌아가기 위해서는 이 분단문제가 해결되어야만 한다. 다시 말하면 분단상태에서는 민족 문학이라고는 할 수 있으나 국가적 차원의 문학이라고는 할 수 없다. 그런데 민족 문학을 이야기함에 또 하나의 선을 쳐두어야 하는 것은 3.1운동이다.

한 국가가 성립되기 위해서는 헌법으로써 보장되어져야 하는데 이 3.1운동으로 상해임시정부가 생기고 이로부터 헌법상의 국가가 성립하나 1948년 정부수립 그 이전까지는 국가의 수립으로 보기가 곤란하다.

19세기 서구의 충격이 동북아시아로 왔을 때 그 충격은 중국. 일본을 건드리게 되는데 그 이전까지도 중국은 하나의 보편성을 의미했다. 그러므로 한국은 그 주변국이고 일본은 그 말단이 되는데 한국은 일본보다 훨씬 빨리 중국을 통한 서구문물의 입수가 있었다. 그러므로 중국에서 이탈하기 위해서 노력이 있었으나 실패, 일본은 말단에 있었으므로 재빨리 중국권에서 탈피할 수 있었다.

그리하여 이 삼국은 각기 서구의 충격으로 인한 전통문화에 대해 공격을 하고 있었는데 한국에서는 이광수가 이에 속한다. 그는 격렬히 전통문화에 반기를 들고 일어났으나 그것은 그의 착각이었다. 왜냐하면 중국이나 일본은 그들 개화주의자들이 각기 자기 나라 전통문화에 대해 공격을 가했으나 여전히 그들은 독립국으로 있었으며 이때 한국은 국가가 상실된 채 있었다. 아버지를 국가라고 볼 때 아버지의 상실기에는 아버지에 대한 공격이 아니라 부의식(국가개념)의 회복이 급선무인 것이다. 이런 문제로 해서 1910년 국가의 상실기에는 지식인을 세 분류로 나눌 수 있다. 첫째 서구와의 불타협을 주장한 위정척사파. 둘째 개화파, 셋째 독립자강파로 독립도 하고 개화도 하자는 것이었는데, 물론 이 부류가 가장 타당했다.

그러나 우선 나라가 없으니까 이 부류들은 둘째와 셋째의 2방 면으로 갈라졌다. 이러한 민족전개에서 그 사상을 추출하면 2가지 큰 흐름이 나타나는데 그 하나가 단채에 의해 대표되는 저항의 명제-투쟁론이다. 그가 의열단의 선언서에서 주장한 것은 투쟁일변도, 즉 식민치하에서의 문화는 노예문화다. 그러므로 우선 싸워서 이겨야 한다. 그리고 당시 동아일보 등에서 연재되는 연애문학, 신문학에 흔들리는 청년들에 대해 우려를 표했다. 그러나 나는 그러한 그의 주장을 전적으로 받아들이기 힘들다.

이에 대해 다른 하나는 도산의 명제- 준비론이다. 이는 조금씩 조금씩 힘을 키워 우리나라를 되찾아야 한다는 것으로 점진주의와 상통한다. 그러나 이데올로기상 이것은 많은 단점을 내포한다. 그것은 도산의 민족의식이 서구제국주의의 민족의식인 때문에서 파생되는데 단적인 예로 도산을 신봉하던 이광수, 육당 등의 문인들이 친일로 빠져간 것은 도산사상 자체의 취약점에 의거한다. 청산리 전투를 배경한 안수길의 북간도 등에서 보면 도식적으로 이해할 수 없는 면이 있다. 그것은 우리 자신의 것이므로 더욱 그런 것이며 이런 면에서 우리 민족문학 작품의 섬세한 독법이 요구된다.

지금까지 민족문학 이해의 지표를 단채와 도산 명제로서 간단히 살펴보았다. 이것이 식민지 시대 문학을 이해하는 지표가 되며, 이것은 곧 저항과 창조의 등가성이라 할 수 있다. 살아야겠다 독립해야겠다가 서로 다른 것이 아니라 동질적이라 하는 것이다. 곧 이해의 지표가 된다. 대체로 이 시대 문학은 3.1운동을 기복해서 차이가 난다. 소위 문화주의라는 것과 결부되어 3.1운동 후의 양상은 현저히 시 쪽으로 편향되고 소설의 약화를 보인다. 전 계층을 초월한 민족적 운동이 실패로 돌아갔을 때 이의 자각성 등으로 민족의 저항의 양상도 달라진다.

이럴 때 한 사회가 나아갈 지평이 보이지 않는 한 행동 양상으로서의 추적을 더듬는 소설이 힘들어진다. 반면 한순간의 체험인 시가 허무. 퇴폐적 양상을 대두하는 것이다. 이렇게 되면 문학적 이유로서 장르의 선택문제가 대두하게 되는데 장편은 더욱 불가능하게 되고 만다. 그리하여 1924.5년 프로문학과 함께 소설 문학이 나타나게 되는데 역사적으로 우리도 어떻게 나아가야겠다는 지평이 보이기 시작할 때 소설이 나타난다. 이것이 30년대 초반까지 내려온다. 그리고 계속 시를 써온 사람들은 주변 인물이 되어 가장 민족적인 것에 결부되어 그들 존재를 명백히 하는데 만해와 소월이 그 대표적 인물이다. 이후 보수세력인 민족주의와 세계사 질서의 계급주의가 전개되는데 일본은 만주사변 이후 국내 사회주의 문학을 극력 탄압, 그러므로 민족문학도 그의 의미를 상실하게 된다. 그래서 1930년대를 기점으로 정치적 타부, 도덕적 타부가 결부되어 문학 양상도 달라진다, 정치적 타부의 계속은 문학을 이른바 순수문학으로 이끈다. 감각적 토착, 농본주의 역사소설 등에 중점이 주어지고 다음에 외국 문학의 탐닉 현상이 일어난다. 이것이 30년대 우리 문학의 몇 가지 줄거리이다.

이것을 넘어 40년대에 들어서면 완전히 말살 정책이 나타나서 침체기에 들어 한국문학의 명맥이 끊어진다. 이러한 문학적 해석방법은 45년을 기준해서 일단 끝이 난다. 다음 해방 이후 군정시기에는 문학에 있어서 민족주의와 좌익의 극단적 대립 현상이 일어나 이들의 이데올로기 쟁투장이 벌어졌다. 정부수립 후에 공산주의자의 월북으로 일단 수습이 되는데 여기서 해방을 맞은 문학인들의 태도는 어떠했는가.

염상섭은 보수주의-전통적 가족주의에 복귀로 귀착하고 채만식은 소설의 방법으로 풍자를 계속하여 일제기와 꼭 같다는 것을 암시하고 비풍자 소설로서 친일했던 자기반성의 글을 쓴 유일한 문인이었다. 나는 이 두 네가 해방공간에 대처했던 방법이 한국문단의 저력을 지키온 가장 온전한 방법으로 본다.

다음 6.25를 전후문학으로 보는데 이 50년대 문학은 극한상황을 가졌다는 점에서 세계의 동시성(카뮈, 사르트르)과 연결된다. 이것은 한국주의적인 것의 탈피이며 최대의 강점으로 새로운 문학의 탄생이 이뤄진다. 이 점에서 전후세대는 우리 문학을 세계적 수준으로 끌어올렸다는 점에서는 높이 살만하다. 동시에 국적성을 잃었다는 단점도 생긴다. 그리고 대부분 전후문학의 평가로서 신인들만을 택하고 있는데 나는 구세대에 대한 평가도 있어야 되리라 본다.

1960년대부터는 전통에 대한 논의가 야기되고 4.19로서 대표된다. 즉 4.19는 자생적으로 자라난 최초의 혁명이기 때문이다. 그러나 이로 인한 국민 작가들의 성장은 있었으나 허무의식을 벗어나지 못했다. 이미 10개를 안 사람에게 2,3개만을 알기를 강요하는 사회현실 앞에서 그들은 자연 암담해질 수밖에 없었던 것이다. 70년대는 주로 국민문학으로 대표한다. 즉 민족민족 의식이 활발히 논의되면서부터 비롯되어진다. 이 시대의 특징은 ① 세련된 지적작품이 아니다. 물론 이청준 등이 지적작품을 계속하고 있긴 하지만 ② 역사소설로 전환한다. 대중문화의 성장이 문학의 저변확대와 관련되어 문체의 민중성 등을 가져왔다. 여기서 끝으로 리얼리즘이란 말을 쓰는데 오늘날 문학에서 리얼리즘을 논하지 않는 사람은 없다. ① 디테일의 리얼리티로 사용하고 ② 사조로서의 리얼리즘 즉 낭만주의 반동으로서 사용되는 것인데 이에는 E, 졸라를 중심한 과학적 리얼리즘, 플로베르의 예술적 리얼리즘, 발작의 사회적 리얼리즘이 있다.

이런 것은 그 각각의 세계관에 입각하는 것인데 인간의 본질규명에는 2가지 방법이 있다. 하나는 던져진 존재, 세계내적 존재로 파악하는 방법으로서 혼자로서의 고독, 공포 등에서 인간본질을 규명한다. 그래서 이것은 무역사성을 가진다. 시대성의 고금을 통해 인간본질은 마찬가지라는 입장으로 이의 극단적 추구자가 카프카이다. 그는 병적 상태 집요한 추구를 계속해서 이를 반리얼리즘, 전위, 모더니즘으로 취급한다. 다음으로 인간본질을 사람과 사람과의 관계

－실체적 존재－에서 보는 것으로 이가 리얼리즘이다. 그러므로 작가가 실천적 주체로 인간을 보느냐 병적 추구로 떨어지느냐에 따라 리얼리즘을 판단할 수 있다. 예술이 이상주의를 원본으로 하고 현실사회의 병폐를 그릴 때 리얼리즘도 이 테두리에서 벗어나지 않는다. 그러므로 리얼리즘도 이상주의이다. 이러한 사조를 한국현실과 맞추어 생각함이 중요하다.

결론을 말하자면 나는 문학은 음악이나 미술과 같은 순수예술이 아니라고 단언한다. 음악과 미술과는 달리 문학은 언어를 매개로 한다. 언어는 역사성 사회성을 가진다. 그러므로 문학은 그 자체의 역사성을 감안해서 다른 차원애서 연구되어져야 한다.

문학은 어떤 독자적인 법칙이 없으며 이는 유사학문은 되나 엄밀한 의미의 학문이라 볼 수는 없다. 이 복잡한 상태에서 문학은 순수예술로 치부할 수 없다. 문학은 학문이 아닌 까닭이다. 그러므로 문학을 상상적 의식의 주체, 허구를 통한 진실의 포착방법으로 이해하지 않으면 더 이상 연구를 계속해 나갈 수 없는 것이다. (부대신문 권봉영 기자 초)

이렇게 민족문학의 개념을 정리해서 나름의 한국문학의 흐름을 체계화한 김윤식은 이후 곧 일제 강점기 한국문학은 현해탄을 건너가 일본을 통해 신문화와 서구문학을 수입해온 하나의 흐름을 가르켜 '현해탄 콤플렉스'라 명명했다. 한국문학 현장에서 김윤식 교수가 명명한 이 '현해탄 콤플렉스'는 오랫동안 입에 오르내렸다. 강산이 세 번이나 바뀌고 난 뒤에야 당시 새롭게 명명된 현해탄 콤플렉스에 대한 비판적 발언이 나왔으니, 그 당시 김윤식 교수의 현해탄 콤플렉스 명명은 한국문학을 바라보는 하나의 창이 되었던 것도 사실이다.

시간이 많이 지난 2000년대에 들어서야 김윤식 비평가가 명명한 이 '현해탄 콤플렉스'가 양진오 교수(대구대)에 의해 비판의 대상이 되기도 했기 때문이다. 양진오는 「김윤식의 '문학사 연구'를 비평한다」(교수신문, 2005.5.31.)에서 다음과 같은 문제제기를 했다.

김윤식의 저서를 독해하는 과정에서 제기되는 곤경을 말하고 싶다. 이를 헤겔주의자들의 근본적 취약성이라고 불러야 할지 아니면 김윤식의 독특한 취향이라고 불러야 할지 모르겠다. 부분으로서의 자료들을 빌려 전체로서의 근대문학의 자장 안으로 육박해 들어가는 그의 혜안에 감탄하면서도 한편으로 용어들이 필자를 괴롭게 한다.

그 중 하나가 현해탄 콤플렉스다. 이 용어는 김윤식이 이광수, 염상섭, 김동인, 임화의 삶과 작품을 해명하는 과정에서 제기되었는데, 그의 여러 저서 여러 대목에서 발견된다. 아주 솔직히 말하자면, 현해탄 콤플렉스는 김윤식만이 전유할 수 있는 용어가 아닐까 싶다. 이런 몰이해가 필자의 공부 부족이라면 할 말이 없지만 이런 불만을 여러 연구자들에게서 듣기도 했다.

왜 이런 문제가 일어나게 된 걸까. 1차 자료를 빌려 근대문학의 성격과 근대문인들의 삶을 논의하는 김윤식의 실증적 연구 태도는 이미 학계에 알려진 바와 같이 그 실력이 어떤 경지에 올라 있다. 그러나 1차 자료를 떠나 문인들의 사상을 논의하게 될 경우, 혹은 근대문학사상을 이야기하게 될 경우 김윤식 교수는 종종 구체성을 결여한 추상의 세계로 이월해버리는 인상을 준다. '운명', '아비 찾기', '현해탄 콤플렉스', '내면풍경', '傲氣' 등의 단어를 사용하며, 특히 임화의 모든 행동에 대해 '운명'이라고 강하게 호명하는 것은 임화를 무기력한 운명적 존재로 만드는 데 효과를 발휘하지만, 임화의 운명을 모두가 공감할 수 있는 경험적 의미망으로 구성하는 데에는 이르지 못한다.

근대문학사상을 논의할 때 그 논의는 체계적일 필요가 있어야 한다는 점에서 구체성을 담보해야 한다. 이광수, 염상섭, 김동인, 임화, 이상을 논의하는 자리에서 현해탄 콤플렉스를 김윤식 교수가 거론할 때 독자로서 아득해지는 게 솔직함 심정이다. 그 놀라운 실증의 추진력이 왜 이런 추상으로 가버리는가 하는 불만이 토로될 수밖에 없다.

서로 다른 문학적 경향과 삶을 걸어온 이 근대문인들을 다 같이 현해탄 콤플렉스를 지닌 문인으로 호명할 때 과연 어떤 논리적 설득력이 나오게 되는지 의아스럽다. 자료를 빌려 말하기의 방식이 결정적인 이 지점, 즉 사상을 논의하는 지점에 와서는 절대적 주관성을 담보하는 추상의 세계로 이월한다는 생각을 필자는 지울 수 없다.

이는 체계화된 논의의 심화가 아니라 비약일 수 있으며 이 비약은 오로지 김윤식만이 이해할 수 있는 정신적 세계의 영역이 아닐까 싶다. 이는 한국판 헤겔주의자의 난처함일 수 있다. 그런데 더 생각해보면 이 난처함은 어쩌면 김윤식만의 난처함이 아니라 사상의 문제에서 자기검열과 분열을 수락할 수밖에 없었던 김윤식 세대들의 난처함 같기도 하다.

양진오 교수의 문제제기는 일견 고려해 보아야 할 지점이 분명히 존재한다. 실증적 연구의 실천가인 김윤식 교수가 근대문학의 사상을 논하면서, 철저히 그 구체성에 충실한 연구결과의 명명을 보여주지 못하고, 구체성을 결여한 추상의 세계로 이월하고 있다는 비판이기 때문이다. 그 구체적인 대상으로 '현해탄 콤플렉스'란 용어에 주목했다. 특히 이를 임화를 다루면서 이런 명명을 했다는 점에서 못마땅하다는 것이다. 이런 명명 자체가 임화를 무기력한 운명적 존재로 만드는 데에는 효과를 발휘하지만, 임화의 운명을 모두가 공감할 수 있는 경험적 의미망으로 구성하는 데에는 이르지 못한다고 보았기 때문이다.

즉 양진오 교수가 생각할 때는 근대문학사상을 논의할 때, 그 논의는 체계적일 필요가 있어야 한다는 점에서 구체성을 담보해야 한다고 보고 있다. 그래서 이광수, 염상섭, 김동인, 임화, 이상을 논의하는 자리에서도 '현해탄 콤플렉스'를 김윤식 교수가 거론할 때 독자로서는 아득해지는 게 솔직함 심정이다라고 말한다. 이러한 비판은 양진오 교수가 이 용어를 근대문학의 사상이란 차원에서 바라보고 있다는 점에서 비롯된다. 필자의 생각은 이 용어는 그 당시에 선진 문물을 공부하기 위해 일본으로 건너갔던 문인들의 정신적이고 심리적인 현상의 한 모습을 함축적이고 현실적으로 규정한 비평적 용어라고 본다. 이런 차원에서 이 용어 자체에서 근대문학 사상을 논하는 것은 비판의 대상을 향한 정합성이 문제가 된다고 본다. 콤플렉스를 사상의 차원으로 해명한다는 자체가 문제가 된다는 것이다. 콤플렉스는 현실적인 행동이나 지각에 영향을 미치는 무의식의 감정적 관념인데, 이 인간이 지닌 감정적 관념을 드러낸 이 용어를 두고 근대문학사상을 불러내는 차원의 논의는 논의 대상의 차원이 서로 맞지 않다는 것이다.

1970년대도 지나가고 1980년대로 들어섰다. 대학을 졸업하고 대학원 석사 과정도 마쳤다. 나는 고등학교 교사로 재직하던 시절이었다. 1981년도에 중앙일보 신춘문예 평론 부문에 「윤동주 시에 나타난 자기의 문제」로 비평가로 등단을 했다. 등단 이후 부산지역에서 『지평』과 『전망』이란 무크지를 통해 비평활동을 이어 나갔다. 1983년에 이윤택, 민병욱 등과 함께 <부산문예사>에서 무크지 『지평』을 펴냈다. 1980년대 초 소위 진보성향의 잡지들이 폐간되었던 시절이었다. 언론 통폐합과 함께 군부 독재시절의 야만적 언론 통제가 이루어졌다. 정기간행물이 발행될 수 없으니 부정기간행물인 무크지가 전국적으로 속출했다. 이러한 무크지의 발간은 전국적으로 1980년대 내내 상당한 숫자로 늘어났다.

당시 출간된 중요 문학 종합 무크지들을 살펴보면, 『실천문학』(1980.3), 『우리세대(시대) 의문학』(1983.5), 『언어의 세계』(1983.3), 『地平』(1983.4), 『삶의 문학』(1983.4), 『문학의시대』(1983.12), 『여성문학』(1984.1), 『展望』(1984.9), 『창작과 비평』(1985.10), 『민족현실과 지역운동』(1985.12), 『정통문학』(1985.

12), 『우리문학』(1986.12), 『문학예술운동』(1987.8), 『민족과 지역』(1988.2), 『노동문학』(1988.3) 등이었다. 지역적으로도 『마산문학』(마산), 『공동체문학』(서울), 『포항문학』(포항), 『민족과 문학』(광주), 『분단시대』(대구), 『민족과 지역』(광주), 『오늘의 문학』(대전), 『여성운동과 문학』(서울), 『표현』(전주), 『민의』(서울) 등 다양하게 분포했다.

80년대 무크지는 「실천문학」을 선두주자로 삼는다. 특기할 부분은 이 무크지가 《창작과 비평》과 《문학과 지성》이 폐간되기 전에 창간되었다는 점이다. 이러한 사실은 80년대의 무크지들이 잡지 등록이 현실적으로 불가능한 이유 하나 때문에 등장한 것이 아님을 보여준다. 『언어의 세계』가 이어 창간되고 부산지역에서 『地平』이 창간되었다. 이어 1984년에 『전망』이 발간되었다.

상당한 시간이 지난 후 김문주는 「1980년대 무크지 운동과 문학장의 변화」(『한국시학연구』 37호, 2013)에서 80년대 무크지를 70년대 문학운동의 계승이라는 관점이 아니라 주류문학에 대한 비판적 대안 운동의 일환으로서 읽고자 했다. 이는 문학사 기술의 주류적 시각과 오늘의 우리 문학에 대한 반성적 성찰을 겸하고 있는 것으로 이러한 관점에서 볼 때, 1980년을 전후로 하여 등장한 무크지와 무크지 운동은 권력의 억압에 의해 강제 폐간된 70년대 《창작과 비평》이나 《문학과 지성》 등을 계승한 것이라기보다 그러한 잡지들이 주도한 문학판의 한계와 결여를 비판적으로 극복하려는 의지에서 출현하였다고 해석한다. 이는 민주주의와 민중시대를 갈망한 시대의식의 문학적 산물이자 문학성과 문학장의 변화를 추동하고자 한 변혁 의지의 소산이었다는 것이다. 무크지 운동은 비주류문학이 개진한 도약의 한 국면이었으며, 성장한 시대의식이 자신을 드러내기 위해 찾은 문학적 형식이자 내용으로 본 것이다. 그것은 완강한 엘리트 문학과 서울-중심주의에 기초한 기존 문학제도의 경계를 허물려는 노력의 일환이었으며, '작은 문학' '작은 문학주의'를 넘어 '다른 문학'의 가능성을 사유하고 문학장 내에서의 수평적 역학 구도를 염원한 문학운동이었다는 것이다. 그래서 무크지 운동은 80년대 문학사를 이해하는 데 필수적인 핵심 영역이자 우리 문학의 현재를 진단하는 데 매우 긴요한 결절점이라고 본다.

그런데 이러한 1980년대의 무크지 운동에 대해 김윤식 교수는 당시에 특별한 관심을 가지고 「무크의 지방성에 대하여」란 글을 《한국일보》(1986년 3월 4일자)에 남긴다. 여기에서 김윤식 교수는 필자의 「80년대 전반 문예비평 반성」을 언급하며 1980년대 비평을 시작한 젊은 세대들의 비평의 문제점과 가능성을 진단했다. 《한국일보》에 실린 단평은 다음과 같은 내용이었다.

> 부산에서 『전망』 3집이 나왔다. 민병욱의 「80년대 한국시와 삶의 전망」을 비롯한 5편의 평론과 시, 소설, 희곡 등을 실었다. 금년 들어 간행된 지방성 무크의 첫 번째 타자이다. 또한 부산에는 구모룡 하창수 중심의 『지평』 4집이 나온 바 있어 머지 않아 그 5집이 나올 것으로 예상된다. 이 두 무크지는 여러 가지 점에서 무크다운 표정에 미달한 것처럼 보였다.
>
> 무엇이 무크다운가를 대들어 묻는다면 대번에 대답할 준거를 내세울 수도 없지만 좌우간 그런 표정에 미치지 못한 안타까움이 있었다. 한두 번이 아니고 3번 4번씩이나 그런 현상을 보였다. 그런데 4번 5번째의 표정도 곧 보여질 것으로 예견되는 만큼 부산에다 우리의 눈길을 돌리는 일은 갖추어야 할 예의이기보다는 불가피한 일이라 생각된다.
>
> 무크의 표정이란 무엇인가. 젊음이어야 하고, 낯설어야 하고, 새로워야 된다. 이를 통털어 열정이라 부르면 적당할 것이다. 열정이란 자질의 일종인 만큼 아무나 가질 수 있는 것이 아니다. 내가 이들 무크에 비판적이었던 것은 다름 아니다. 작품 표정이 없었기 때문이다.
>
> 비평이 중심체가 아니면 무크라 할 수 없다. 비평이란 무엇이겠는가 방향성이다. 그러나 그것은 역사에의 방향성이 아니다.

동시대에 대한 열정이 빚어내는 분위기 속에만 깃드는 것, 그런 것이어야 한다.

그런데 그 동안 이런 무크지들이 지나치게 역사에의 방향성에 기울어져 있었다. 그 동안 이들은 한결같이 70년대에 있었던 두 계간지의 지평 속에서 한 발짝도 벗어나지 못한 형국이다.

그들이 주문외듯 <벗어나자 벗어나자>라고 외쳐대었던 사실이 이를 증명하고도 남았다. 그것은 그들의 표정이 아니었고 따라서 무크의 표정이라 보기엔 힘겨웠다.

『전망』 3집 속에서 자기의 표정이 비로소 엿보인다. 그것은 동심적인 분위기를 감싸는 일이다. 그들만이 할 수 있는 표정이 조금 드러날 때 그것은 돋보이는 법이다. 남송우의 「80년대 전반의 문예비평 반성」이 그러한 사례이다. 이 평론은 신진 평론가 이동하를 분석 비평한 것인데 동시대의 감각은 동시대에 향해야 한다는 어떤 원칙이 없다면 그들은 갈 데 없는 아류에 떨어질 것이다. 표정 갖추기의 소중함이 금년 첫 주자인 『전망』 속에 들어왔음을 다행스럽다든가 바람직스럽다는 것과는 아무 상관이 없다. 필연적일 따름이다.…

이 신문에 난 단평을 읽고 나는 엽서를 한 장 김윤식 교수에게 부쳤다. 이것이 나와 김윤식 교수와 첫 교신이었다. 그런데 이 발신은 답장이 없는 상태로 끝났다. 나의 일방적인 발신이었다. 답장을 바란 것은 아니었다. 비평 초년생의 글을 읽어주었다는 것에 대한 나의 감사의 전언이었기 때문이다. 지역에서 활동하고 있는 비평가의 글도 빠짐없이 읽고 있다는 것에 대한 고마움이랄까? 그런 심정으로 엽서 한 장을 띄워 보냈던 것이다. 멀리서 듣기만 했던 김윤식 교수의 강연과 답신 없는 엽서 한 장으로는 서로의 소통이 제대로 이루어질 수 없는 시절이었다.

고석규의 유고집 『여백의 존재성』의 발간과 그 이후 김윤식 교수와의 인연

무크지 운동을 하면서 나는 궁극적으로는 문학 매체를 만들어야 지역문학이 제대로 활성화 될 수 있다고 생각했다. 이를 위해 지역에서 활동하는 젊은 비평가들과 뜻을 모아 비평공부 모임을 시작했다. 1980년대 후반기부터 연구실에 모여 발표하고 토론하는 시간을 가졌다. 공부를 지속하다 보니, 매체의 필요성을 더욱 절감하게 되었다. 그래서 비평전문지 창간을 기획했다. 기획하면서 우리는 지역의 문학사 속에서 묻혀진 자들을 찾아 이를 복원시켜나가야 한다는 점에 의기투합했다. 이 결과로 나타난 것이 1950년대 비평가로 활동하다가 살별처럼 사라진 고석규였다. 고석규의 묻혀있던 원고들을 찾아 유고집 『여백의 존재성』(1990)을 간행했다. 이 유고집을 김윤식 선생에게 보냈다. 곧 이어 고석규가 남긴 시 원고들을 모아 『청동의 관』(1992)이란 시집을 내었다. 시집이 출간되고 난 뒤에 김윤식 교수를 부산에 초청하여 부산일보사 10층 강당에서 고석규의 문학세계에 대한 특강을 가졌다. 이후 김윤식 교수는 이 두 텍스트를 중심으로 고석규론을 계속 발표했다. 그 글들이 「고석규의 정신적 소묘」(《시와 시학》, 1991), 「1950년대 한국문예비평의 3가지 양상－고석규의 정신적 소묘(2)」(《오늘의 문예비평》, 1992), 「청동의 계절에서 청동의 관까지－고석규의 정신적소묘(4)」(《외국문학》, 1992), 「한국 전후문학과 실존주의－고석규와 관련하여」(《오늘의 문예비평》, 1993), 「고석규와 더불어 범어사에 가다－팔푼이가 본 동백꽃」(《오늘의 문예비평》, 1996) 등이다. 이런 결과로 1950년대 한국비평사에서 고석규는 자신의 비평적 위상을 찾아가는 계기가 마련되었다. 이를 바탕으로 1993년에 임태우가 서울대학교 대학원 석사학위 논문으로 「고석규 문학 비평연구」를 발표함으로써 고석규 연구의 새로운 단초가 마련되었다. 이후 지속적으로 고석규에 대한 연구가 여러 대학의 대학원 석사학위 논문으로 이어져 와 40편 이상의 고석규론이 발표되었다. 이를 바탕으로 1996년에는 고석규 비평문학상을 제정하고 첫 심사위원장으로 김윤식 교수를 모셨다. 젊은 나이에 요절한 고석규를 감안해서 가능한 한 등단 5년 이내의 젊은 비평가에게 주는 상으로 제정했다. 첫 해 본심심사에서 김윤식 교수는 다음과 같은 심사평을 남겼다.

> 예심에서 넘어온 작품은 모두 5권, 저마다 개성과 대상에 대한 진지한 탐구가 뚜렸했다. 그 중에서도 내 관심이 오래 머문 것은 다음 3편.
>
> 황종연 씨의 『여성소설과 진실의 우물』, 여성이라 부를 만한 현 문단의 사안에 대한 민감성이 돋보였다. 그 논리에도 무리가 없으며 문장 또한 견고하다. 다만 논의 대상이 너무 제한적이어서 제시된 논리의 적용에 무리가 따르는 것으로 보였다.
>
> 방민호 씨의 『상황에 노출된 운명의 고통과 모색』, 이른바 작가론이고 정석에 속하는 글. 80년대 중반에 등장한 작가 주인석이 어째서 희곡에서 출발해서 소설가 구보로 변신하지 않을 수 없었는가. 그리고 어째서 90년대 들어와서 소설가로도 더 나갈 수 없었는가. 매우 중요한 과제라 하지 않을 수 없다. 착상의 패기라고 할까. 다만 문체의 날카로움이 아쉬웠다고나 할까.
>
> 서영채 씨의 『소설의 운명』. 루카치적인 의미에서 소설이란 시민사회의 산물이다. 그러기에 시민사회의 몰락과 운명을 같이하게 되어 있다. 이 점에서 보면 소설이란 역사철학적 과제여서 인류사의 시각이 불가피하다. 주제가 너무 무겁지만 30년대에서 오늘에 이르기까지 점검해 본 이글은 그만큼 문제작이라 할 것이다. 과연 그 문제 제기에 상응하는 성과를 거두었는가에는 의문이 없지 않다. 미덕이 있다면 날카로운 문체라고나 할까.

본심심사를 김준오 교수와 필자가 함께 해서 최종 고석규 비평문학상 제 1회 수상자는 서영채로 결정되었다. 그해, 1996년 고석규 선생의 기일인 4월 19일을 기념해서 4월 20일 날 제 1회 고석규 비평문학상 시상식을 부산대학 인덕관에서 개최했다. 여기에 김윤식 교수가 참석해서 심사평을 했다. 그리고 행사가 끝난 후 행사 참석자 일행은 김윤식 교수의 요청에 의해서 범어사를 찾았다. 범어사 경내를 상당 시간 거닐다가 헤어졌다. 이후 얼마 지난 후에 김윤식 교수로부터 한 통의 편지가 왔다.

남송우 교수께

안녕하십니까 去 4월 20일, 범어사로부터 벌써 수삭이 흘러갔습니다. 속절없는 세월이라고나 할까. 이번에 제가 부탁 두 가지를 할까 합니다. 하나는《오늘의 문예비평》지에 졸고 한 편을 실어주셨으면 합니다. 잡문입니다. 제목은「고석규와 더불어 범어사에 가다」입니다. 부제는 '팔분이들이 본 동백꽃'입니다. 김재섭 씨가 저더러 팔푼이라 했지 않습니까. 다른 하나는 그때 어떤 아가씨가 찍은 범어사 일행 사진 한 장 구할 수 없을까요.

제가 이 글을 귀지에 투고하는 이유는 간단합니다. 고석규 일기 연재분을 검토하기 위함입니다. 핑계가 또 하나 있다면 속죄하는 심사라고나 할까요. 그날 동래 모 음식점에서, 너무 과용하지 않으셨는지요, 음식도 먹지 못한 형국이었지요. 이 모두는 제 불찰이었습니다. 혹시 이 원고가 그 음식값에 충당되었으면 하고 바랄 뿐입니다.

늘 열정 속에 사시 길!

1996.6.25.
小弟 김윤식 拜
PS. 연락주시면 원고 우송하겠습니다.

김윤식 교수가 보내온 원고는 다음과 같았다. 당시 김윤식 교수가 고석규를 파악한 전후 맥락을 이해하기 위해서 이를 전재한다.

1. 폭우 속의 김해 공항

1996년 4월 20일(토). 김포공항은 토요일이기에 토요일만큼 붐볐다. 30분이 지난 뒤에야 중견 평론가 J씨(홍대 교수)가 나타났다. 정작 나타나야 될 오늘의 주인공 제 일 회 「고석규비평문학상」, 수상자인 신진평론가 S 씨의 모습이 보이지 않았다. 어째서 나는 초초했던가. K 씨, N 씨와 더불어 내가 그 상의 본심위원, J 씨는 예비심사위원이었던 까닭. 부산행 항공기 탑승이 시작되었고, 검역구를 빠져나갈 무렵에야 S 씨의 허둥대는 모습이 눈에 잡혔다. 이륙한 비행기가 계양산 쪽으로 솟았다가 기수를 남쪽으로 돌렸을 때 하늘은 맑고 높았으나 목적지 김해 상공에 이르자 심하게 기체가 흔들렸고 어두워졌고 똥그란 창에 사정없이 빗물이 부딪쳤다. 폭우 속을 피하기라도 하듯 비행기가 바다 쪽으로 한참이나 낮게 나는 것이었다. 전에 없는 일이었다.

김해 공항에 닿자 폭우가 쏟아지고 있었고, 11시였고, 고석규 비평문학상 실무팀인 비평가 N 교수(부경대), H 교수(인제대), J 교수(부산외대) 제씨가 마중 나와 있었다.

우리는 두 대의 승용차에 나눠탔다. 폭우 속이고 토요일이라 교통란을 예측하기 어려웠던가. 2시까지 행사장에 닿기만 하면 되긴 했지만 그래도 일단 행사장 근처로 가서 점심 요기를 하기로 작정되어 있었다. 과연 예측대로였다. 무려 두 시간 반 만에 행사장에 가까스로 닿을 수 있었다.

부산대학. 고풍스런 회의실을 여러 개 갖춘 언덕 위에 세워진 <인덕관>에 이르자 폭우 멎은 하늘은 아직도 구름덩이를 안고 있었다. 벚꽃잎을 땅에 떨어뜨린 바람도 간 곳 없었다.

봄 날씨의 변덕이었을까. 봄 날씨가 어느새 자기의 높이와 깊이를 스스로 회복하고 있었다. 지다만, 벚꽃 구름 같고, 키 작은 철쭉도 보였다. 이게 아닌데 하는 느낌이 한순간 나를 스쳐갔다. 뭔가를 나는 찾고 있었을까. 포플라였을까. 하늘에 닿아 더 이상자라지 못한다고 청마가 부산을 두고 읊은 그 포플라가 아니었을까. 그런 정신적 강박관념이 아니었을까. 임시수도 항도 부산, 그것이 내 정신의 포풀라였을까.

2. 고석규 비평문학상이 선 자리

이곳 인덕관에서 오후 2시에 제1회 고석규 비평문학상 시상식이 열리게 되어 있었다. 부산의 소장 비평가들이 주도하는 계간《오늘의 문예비평》, 창간 5주년 기념행사로 마련된 고석규 비평문학상이란 무엇인가, 그들은 이렇게 천명하고 있었다.

> 많은 문학상이 상업성에 오염되어버린 지금의 현실 속에서 굳이 또 하나의 문학상을 제정할 필요가 있겠느냐는 자성도 많았으나 정말 우리 문학사를 위해 필요한 문학상을 만들어 (…) 한국비평문학에 대한 우리 나름대로의 남다른 애정이 이러한 결정을 가능케 했다.
>
> —『오늘의 문예비평』95, 가을호

그들은 이것을 <문학적 사건>의 하나라고 부르기도 했다. 이 사건에 내가 끼여든 것은 이 상의 심사위촉을 받은 데서부터이다. 그들이 나를 위촉한 것은 짐작컨대 다음 두 가지 이유가 아니었을까. 부산이라는 지방성에서 벗어나기 위함이 그 하나. 여기에는 설명이 없을 수 없다. 고석규 비평이 1952년에서 그가 죽은 1958년까지에 주로 부산에서 전개되었으며, 그중에서도 제일 치열했던 대목이 동인 『초극』(1954)의 간행 전후로 볼 수 있다면, 이 기간이란 기실 부산이라는 특정 지역에서 많이 벗어났다고 볼 것이다. 임시수도 항도 부산이라 표현되는 그러한 공간이었음에 이 사정이 관여되어 있다. 임시였으나 두 차례의 수도는 수도였고, 그 기간이(제1차 1950.8~9, 제2차 1951.1~1953.8) 길지 않았으나 그렇다고 짧지도 않았는데 전쟁 한 복판이었던 까닭이다. 「밀다원 시대」(1955)에서 김동리가 <땅끝의식> 이라 규정한 바 있는 그런 공간이었기에, 지방성과 세계성, 수도와 비수도의 경계선이란 당초 성립되기 어려웠다. 고석규 비평이란, 임시수도 항도 부산의 문학적 현상을 대표하는 것이지만, 동시에 그것은 폐허를 전제로 한 이 나라 전후문학의 중심부였다고 볼 것이다. 스스로가 놓여있던 그 시절을 두고 고석규가 <청동시대>라 부른 것도 이런 사정을 말해준다. 로댕에서 차용된 그 원초적인 인간 창조란, 전후문학의 원점이 제로 지점(폐허)이었음을 알게 모르게 전제로 한 것이었다.

한편 이 청동스런 감각은 고석규의 개인사적인 처지에서도 설명될 수 있다. 게릴라부대에 끼어 월남한 의사인 부친의 뒤를 따라, 중학생인 고석규가 단신으로 38선을 넘었으며, 6·25가 터졌을 때, 군 복무에 나아갔고, 전선에서 군의관인 아버지와 극적으로 만난 사실, 그리고 군복을 벗은 부자가 임시수도 항도 부산에서 삶의 터전을 구축하기란 무엇인가. 폐허에다 겨우 판자집을 세운 형국이지만 그것이 자라 거대한 성곽이 되라고 두 손 모으지 않았을까. 이 점에서 보면 임시수도 항도 부산이란 단연 6·25스런, 또한 <요한시집>스런 곳이라 할만했다.

고석규의 부산이 지방성일 수 없는 이유가 이러하다면, 나머지 다른 한 이유는 무엇인가. 문학청년 기질이라 부르면 안 될까. 고석규 비평문학상의 정관엔 수상대상은 <등단 5년 이내의 평론가>로 제한되어 있거니와, 데뷔 5년이라는 대상규정이야말로 고석규 비평의 겉으로 드러난 특징이라 할 것이다. 고석규의 비평 활동이 약 5년 정도에 지나지 않았음도 지적될 수 있지만, 무엇보다도 전시대학 국문과를 다니던 21세의 청년이, 대학을 거쳐 대학원을 마칠 때까지의 기간이라는 사실만큼 확실한 것은 달리 없다. 만 26세로 그가 삶을 마감했기 때문이다. 그가 부러워한 「날개」의 작가 이상의 각혈에서 온 죽음과는 달리 그의 죽음은 돌연스러움으로 표현된 심장마비였다. 이 사실은 무엇을 새삼 말해주는 것일까. 데뷔 5년의 시점이되, 20세 중반의 젊음을 가리킴인 것. 조급성, 순발력, 그리고 열정으로 상황 돌파하기가 아니었겠는가.

3. 드러난 텍스트－해바라기의 정신병

지금 우리 앞에는 두 가지의 고석규 텍스트가 있다고 볼 것이다. 『초극』에 실린 「여백의 존재성」(1954)을 비롯, 연재평론 「시인의 역설」(1957)에 걸치는 기 발표 작품군이 그 하나. 다른 하나는 미발표 원고로 된 텍스트.

기발표된 텍스트란 무엇인가. 발표를 전제로 한 그러니까 공적인 글쓰기란 최소한의 객관성을 갖추어야하는 것이라면 그는 무엇으로 이 객관성을 확보하고자 했을까. 이 물음이 중요한데, 왜냐면 전후문학이 제로 지점(폐허)에서 비롯된다는 사실과, 또한 청년기에 그가 놓여 있었다는 사실 때문이다. 아무 것도 가진 것 없는 사람이 아무 것도 없는 폐허에서 출발할 수 있었겠는가.

그에게 객관성을 부여한 것은 그의 독서체험에서 왔다. 닥치는 대로 그는 책을 읽었고, 그 책으로 쌓은 성 속에서 밤낮을 보내었다. 그를 꼼짝 못하게 옭아맨 것은 그 책들이 지닌 특수성에서 왔다. 나는 그것을 문학의 철학화, 또는 철학의 문학화로 규정한 바 있다. 당시의 유행하던 말로 바꾸면 그것은 <실존주의>스런 것이었다. 하이데거, 야스퍼스와 엘리어트, 릴케는 물론 다자이 오사무(太宰治), 오오카 쇼헤이(大岡昇平), 미시 마유키오(三島由紀夫) 등이 아무런 구별없이 서로 뒤엉켜 있는 그의 독서체험이란, 일종의 카오스라고밖에 볼 수 없지만 이 속에서 그는 그 자신의 기댈 곳을 직관적으로 찾아내고 있었다. 저러한 책들이란 실상, 인간의 삶의 허망함이랄까, 세계의 무의미스러움 앞에 마주한 인간이 어떻게 삶의 의미를 찾아내는가에 관련되고 있었던 것. 이를 내성(內省)이라 부를 것이다. 삶이란 무엇이며 세계란 나에게 과연 무엇인가. 이런 물음에 관련된 책이기만 하면 영락없이 그는 매료되었고 또 영락없이 그에겐 실존주의적인 것이었다. 샤르트르, 카뮈, 하이데거, 릴케, 엘리어트, 랭보, 보들레르 등 서구의 기라성 같은 문인, 사상가들의 저술이 한결같이 허무에 맞서 그 허무를 이겨내는 기념비였다면, 이것이야말로 마음 가난한 청년 고석규의 글쓰기의 기원이었다. 이를 그는 「해바라기의 정신병」이라 불러 반 고호의 절대절명의 죽음에 닿은 예술에 대치시켰다.

객관성으로 이보다 확실한 것이 달리 없었으니까. 미국 유학에서 귀국하는 군인 친구에게까지 부탁하여 그는 이 객관성 확보에 매달리고 있었다.(유병근, 「고석규씨와의 인연」) 비록 독학으로 공부하는 것이었고 또 일어로 된 독서행위(그의 일어 독해력을 알기 어려우나 우리말 표현에 둔감했던 것 같다. 장꼭도의 「사기꾼 또마」를 「山師또마」라고 일기에 적어놓고 있었다.)였지만 그야 아무래도 상관없는 일. 중요한 것은 이들을 통한 객관성 확보에 있었다.

그리고 그 객관성 확보가 불투명할수록 뚜렷해진다는 점에 있었다. 서구의 어떤 사상가나 문인의 생각이나 계보의 정확성이랄까 깊이 있는 이해란, 이 경우 불가능할 뿐 아니라 필요하지도 않으며 오히려 방해거리일 수조차 있었다. 중요한 것은 그들 사상가, 문인들이 몸부림(표현)이란, 세계와 삶의 허무에 대처하는 응답이라는 사실. 이 점만은 어떤 계파라든가 학설과는 관계없이 공통되고 있었던 것이다. 이것만큼 그에게 객관성을 보장해 주는 것이 달리 있었겠는가.

이 객관성이 밖에서 구한 것이라면 안에서 구한 객관성은 무엇이었던가. 「화사집」, 「귀촉도」와 윤동주와 「날개」의 작가 이상이 이 물음에 대응된다. 「해바라기의 정신병」이랄까 실존주의적 그 무엇으로 말해지는 전쟁체험에서 온 이 폐허 (제로 지점) 의식이 윤동주와 「화사집」과 이상에서 또 하나의 객관성을 보장해 주는 것이었다. 윤동주, 「화사집」, 이상이 선 자리란, 전쟁을 체험한

21세의 청년 고석규에겐 「해바라기의 정신병」을 앓고 있는 고호의 「까마귀 날으는 보리밭」의 또는 랭보의 육체병의 더도 덜도 아니었다.

1) 나의 늙은 의사는 젊은이의 병을 모른다. 나한테는 병이 없다고 한다. 이 지나친 시련, 이 지나친 피로, (윤동주, 「병원」)

2) 서녘에서 불어오는 바람 속에는/한바다의 정신병과 징역시간과 (서정주, 「서풍부」)

3) 꽃나무는 제가 생각하는 꽃나무에게 갈 수 없소 나는 막 달아났소 (이상, 「꽃나무」)

여기에 공통되는 것은 정신병이다. 정신병이되, 해바라기로 표상되는 정신병이기에 근원에의 소급이랄까 원시성의 지향성으로 요약된다. 정신병이란, 육체를 가진 유한한 인간이 무한성을 꿈꿈에서 왔다. 이 금지된 지혜의 열매를 인간이 범했음에 대한 신의 형벌이었다. 불을 훔친 프로메테우스에 대한 제우스의 형벌도 이것이었다. 무한성에의 그리움, 무한성의 추구, 그것이 「해바라기의 정신병」이었다. 반 고호와 랭보가 그러하였고 윤동주와 이상과 서정주가 그러하였다. 이들을 묶는 연결고리의 발견을 고석규는 대담하게 정의해 마지않았다.

정신은 건강과 질병의 피안에 있다. (키에케골)

피안에 있어야 할 정신이 시방 건강과 질병과 함께 이쪽 언덕에서 나란히 놓여 있는 그러한 형국이 이른바 해바라기의 정신병이었다. 이러한 장면이 연출되는 계절이 6.25였고 폐허였고, 제로 지점이었다. 말의 순수한 의미에서 그는 이 제로 지점을 로댕의 「청동시대」에 의탁하여 「청동의 계절」이라 규정지었다. 이점을 그에게 가르쳐준 것이 릴케였다. 「해바리기의 정신병」이란, 그러니까

제로 지점에 서 있는 청년 고석규에게 부여한 객관성에 다름 아니었다. 무한성을 추구하고자 하는 인간의 의식이 육체의 숙명으로 말미암아 좌절되거나 절망에 떨어지지 않을 수 없는 상태, 이 점에서 보면 그것은 갈데없는 인간의 <역설>이리라. 청동시대의 인간, 그가 <시인>이기에 인간의 역설이 바로 시인의 역설일 수밖에 없었다.

인간이 무한성(의식)을 그리워하고 추구하는 한, 이 추구는 역설로 표현될 수밖에 없다.

여기까지 이르면 누가 보아도 철학과 예술이 미분화 상태임을 쉽사리 지적할 수 있겠다. 또 한 번의 객관성의 보장이 요망되었을 터이다. 인간의 무한성 추구가 에로스(진, 선, 미)로 요약되는 것이라면, 이 중 <미>를 분리해 내는 작업이 그것이다. 이러한 분리를 그에게 가르친 자는 시인 릴케였다. 그 가르침을 그는 소리 높혀 복창하여마지 않았다. <여백의 존재성!>이라고, 아무도 미를 창조할 수 없다는 것. 다만 할 수 있는 일은, 그 미가 찾아오게끔, 미가 머물 수 있는 자리를 만들어 볼 수 있을 따름이라는 것. 에로스의 추구란, 그러니까 미가 걸어들어올 수 없는 <어떤 조건의 존재>를 추구함이라는 것. 그러다 보면 어느새 미가 창조되어 있을 것이라는 것.

그 미가 조각, 음악, 미술, 문학이었음은 새삼 말할 것도 없다. 고석규, 그는 문학 쪽에 한 발을 딛고 있었다. 왜? 제일 가까이 있었으니까. 곧 말로 된 예술이고, 또 문자의 예술이었으니까. 문학이 시, 소설, 희곡, 수필 등 이었는데도 그는 어째서 시 쪽에 첫발을 내딛고 있었을까.

이러한 물음들은 사후적 판단에 지나지 않는다. 실상 고석규의 그다운 면모는 <청동의 계절>로 요약되고 있었으니까. 에로스(무한성)의 상태에서 크게 벗어나지 않음에 그의 의미가 있었다. 철학과 문학의 미분화 상태, 시와 소설의 미분화 상태, 그것이 청동시대이며, 또한 <여백의 존재성>이다.

인류사의 청동시대를 6·25의 제로 지점의식과 결부시킨 것은 6·25를 객관화하는 방식의 일종이며, 이 점에서 고석규 문학은 이 나라 전후문학에 객관성을 부여했다고 볼 것이다. 이 객관성 획득을 위한 노력이 한편으로는 서양의 실존철학이었고 다른 한편으로는 「화사집」과 윤동주와 이상의 문학이었다. 그러나 잘 따져보면 이러한 실존철학이나 「화사집」, 윤동주 등은 고석규에 있어서는 철학도 문학도 아닌 그 중간지점에 지나지 않았다. (실존)철학과 문학의 미분화 상태에 머물러있었던 것. 내가 <객관성이 확보되었다>고 한 것은 어디까지나 이 미분화단계를 가리킴에 지나지 않는다. 나는 여기에서 이 나라 전후문학에서의 고석규 문학의 의의를 발견한다.

만일 그가 철학과 문학의 분리에로 향하고, 이번엔 문학 쪽에서만 객관성을 확보하기에로 나아간다면 어떻게 될까. 나는 이 물음을 더 이상 추구할 수 없다. 고석규 문학이 철학, 문학의 분화 직전에서 중단되었기 때문이다. 「시인의 역설」이 그것이다. 이 장문의 평론은, 철학과 문학이 미분화 상태에서 빛을 뿜어내는 한 유형이었다. 죽음과 삶의 모순, 곧 해바라기의 정신병의 궤적을 추구한 것이었다. 그의 문학은 여기서 중단되고 만 것이었다. 이 중단의 의미 속에 고석규 문학의 진가가 있다고 나는 생각한다. 철학과 문학의 분화가 시작되자 이 나라 전후문학은 끝나게 되었기 때문이다.

내가 고석규 문학을 깨진 레코드판이 아니라고 보는 이유가 여기에 있다. 그의 문학은 중단인 체 완성이었기 때문이다. 한편을 빼면 모두「여백의 존재성」에 국한된 것이다. <해바라기의 정신병>으로도 요약되는 것.

겉으로 드러난 고석규의 텍스트와 미발표 상태로 방치된 시집 『청동의 관』 『청동일기』는 스스로 구별되어 있는 만큼 이를 동일선상에 논의함엔 한계가 있다.

4. 감추어진 텍스트-「청동시대」의 인간상

지금까지 논의해 온 것은 겉으로 드러난 텍스트인 『여백의 존재성』(1990, 유고집)을 대상으로 한 내 나름의 문학사적 평가였다. 「고석규의 정신적 소묘」(1991), 「1950년대 한국문예비평 3가지 양상」(1991), 「전후문학의 원점」(1992), 「「청동의 계절」에서 「청동의 관까지」」(1992), 「전후문학과 실존주의」(1993) 등 모두 5편의 글을 내가 썼거니와 고석규 문학의 탐구라는 측면에서 보면 두 가지 텍스트가 함께 긴밀히 연결되어 중복될 수 있지만 50년대 정신사적 탐구라는 측면에서 보면 미발표 텍스트는 빛을 잃게 마련이다.

미발표시집 『청동의 관』(1992)이 유고집발간위원회에 의해 간행되었을 때 나는 매우 당황하였다. 이미 발표된 몇 편의 시와 『청동의 관』에 수록된 작품들이 너무 가깝기도 하고 동시에 낯설었기 때문이었다. 이러한 친밀감과 이질감은 『청동일기』(1993)가 간행되었을 때 더욱 크게 느껴졌다. 고석규 문학연구를 위해서는 이들 「청동의 관」이나 「청동일기」는 보조선 몫을 할 수가 있을 것이다. 고석규론에서라면 이 보조선이 큰 의미를 띨 수도 있을 것이다. 그렇다면 기하학에서 말하는 그 보조선이란 무엇인가. 「청동일기」엔 무엇보다 일관성이 없었다. 시기도 중간중간이 빠져있어, 의식의 성장사를 짚어내기엔 무리였다. 내가 이들로써 고석규 문학에 보조선을 몇 개 쳐보고 만 것도 이와 관련이 있다.

그럼에도 나는 늘 이 보조선치기에 대한 아쉬움이랄까 불안감을 떨치기 어려웠다. 보조선치기에 더 이상 나아가지 못하게끔 나를 밀어내는 어떤 힘이 작동하고 있지 않았을까. 그 어떤 보이지 않는 힘이란 무엇이었을까 『초극』을 함께 한 시인 김재섭 씨의 커다란 그림자 때문이 아니었을까.

『소월시초』나 『귀촉도』 그리고 『청록집』 그것은 네가 나에게 보내온 시의 고향이었다. 나는 이런 책들을 읽을 때마다 너를, 시를, 알려고 애쓰고 있다. 이것이 내가 나를 아는 하나의 길이 된다면 너는 영원하라, 나의 뮤즈여.

—「나의 공간」

2인 동인지 『초극』에 실린 김재섭의 「형상」의 한 대목이거니와, 그를 사로잡은 것은 뮤즈였음이 판명된다. 뮤즈를 통해, 김재섭은 전쟁이 만들어낸 제로지점의 젊음의 아득함을 초극하고자 하였다. 질서와 동경과 의지의 대영야(大領野)가 죽고 그 위에서 돋아난 것이 시였던 것. 정확히는 <시적인 것>이었다. 그 뮤즈가 김재섭에게 보내온 것이 「소월시초」이고 「귀촉도」이고 「청록집」이었다. 이들 뮤즈 속에서 김재섭은 <자기>를 찾고자 헤매였다. 결코 「화사집」(문둥이거나 벙어리)이 아니었다. 문둥이나 벙어리에서가 아닌 「귀촉도」의 아득한 저승 쪽의 울림에서 김재섭은 자신의 객관성을 찾고자 하였다. 이 점에서 보면 고석규 쪽은 이중적이었는데, 실존철학과 문둥이(벙어리)의 양쪽이 그것. 두 사람의 변별성의 근거가 여기 있지 않았을까.

김재섭의 안정감과 고석규의 불안정성이 이로써도 설명된다. 그만큼 고석규의 내면이 좀 더 빈곤했고 좀 더 아득했던 증거로 볼 것이다. 그 결여항을 메우기 위한 충동의 강도가 실존철학과 「화사집」의 육체, 윤동주의 어둠에로 치닫게 하지 않았을까. 이에 비할 때 김재섭은 어떠했던가. 경남 토호의 종가집 종손인 김재섭에겐 6·25도 폐허도 다만 관념으로만 존재하지 않았을까. 그는 엄살을 부려도 될 처지에 있지 않았을까. <청동시대>를 의식하기에 앞서 그 자신이 정작 <청동시대>의 적자가 아니었을까. 뮤즈란 그러므로 그와 더불어 당초부터 있었던 것이 아니었을까. <초극>이란 그러니까 두 가지 형태로 존재하고 있지 않았겠는가. 뿌리없는 자의 뿌리찾기(객관성 확보)의 몸부림과 뿌리있는 자의 뿌리찾기(객관성 확보)의 몸부림이 그것. 전자가 그만큼 필사적이었다면 후자는 상대적으로 여유로울 수 있었으리라. 이 여유로움이 후자로 하여금 뮤즈에서 멀어지게 한 요인이 아니었을까. 곧, 후자로 하여금 <뿌리의 뿌리>에로 향하게 한 것이 아니었을까. 오히려 관념의 <청동시대>에서 역사의 <청동시대>로 향하게 한 것이 아니었을까.

이러한 내 의문을 뚫고 정작 김재섭씨가 내 앞에 모습을 드러낸 것은「석규 단장 3제」(『오늘의 문예비평』 93, 가을)에서였다. 고석규 문학특집으로 마련된 이 글은 (1) 「석규에의 몽유」, (2) 「명진」(고석규의 딸)의 이름에 붙여, (3) 「남은 말」로 구성되어 있거니와, 이 글에서 김재섭 씨의 진면목이 드러난 곳은 단연 (2)에서였다. 첫줄에서 씨는 이렇게 썼다.

반만년의 역사가 있다고 자부하고 있으면서 반만년 동안 자기 이름도 제대로 모르는 이 팔푼이들에게 <문둥이 훈장>을 탄 나는 석규란 사내가 걸어 놓은 <청동의 관>을 쓰고 결국 청동기 시대의 발굴 작업에 뒤늦게 걸음을 재촉하고 있다.

여기 나오는 <팔푼이들> 중의 하나가 바로 나임은 의심의 여지가 없거니와 또 다른 하나는 시인 김춘수씨다. 씨는 또 이렇게도 말해놓고 있어 인상적이다. <이제 나는 그 문둥이 이 앓는 소리같은 시들을 쓸 시간도 없지만 문둥이 관을 윤식(允植) 군의 서재에 되돌려 보낸다.>라고. 「초극」의 세계가 「화사집」과도 연결되어 있다고 본 내 글을 비판한 대목이었으리라. 어째서 씨는 계속 시를 쓸 수 없었던가. 시보다 더 시급하고도 중요한 일이 따로 있었기 때문인데 곧, 역사학이 그것. 역사학이되 진짜 역사학이 그것. 씨는 <고조선>에서 그 한국학의 시원을 찾고자 한다. 가짜 신앙, 가짜 이념의 조건들을 역사 속에서 바로 잡기 위해 <오래 내렸던 청동의 관을 다시 주어 쓰지 않으면 안 되게 되었다>는 것이다. 이 <고조선> 연구에서 시작되는 진짜 우리의 전통에 의거하지 않는 문학이나 사상은 모두 가짜라는 것이 씨의 지론. 이 <고조선>을 모르는 나

같은 인간이야말로 <팔푼이들>이라는 것. 매우 딱하게도 이 팔푼이의 관심은 씨가 7개의 그림으로까지 제시하면서 보여주는 장대한 <고조선학>(古朝鮮學)보다도 씨가 그 동안 보관해온 고석규의 유고(원고)에 기울어져 있었다. 팔푼이에게는 팔푼이의 길이 있기 때문.

「고석규의 일기발굴」이라는 표제로 『오늘의 문예비평』(14호~19호)에 연재된 이 원고야말로 김재섭 씨가 이 많은 팔푼이들에게 베푼 호의가 아니겠는가. 씨가 그토록 자부하는 <고조선학>에 못지 않게 이 원고도 제법 그럴법하다는 증거로 이를 보면 안 될까. 혹은 <팔푼이 것은 팔푼이들에게>라는 심사였을까.

이 대목은 여기에 그대로 일단 접어두기로 하자. 중요한 것은 이 원고가 팔푼이들에게 던지는 의미에 있겠기 때문이다. 곧 김재섭의 <초극>과 고석규의 <초극>의 변별성을 드러내는 어떤 실마리라도 이 유고 속에 들어 있을지도 모르기 때문이다. 내가 이 유고를 정독한 것도 이와 아주 무관한 것은 아니다.

5. 「귀촉도」의 시인과 「날개」의 작가

매우 유감스럽게도 이 팔푼이의 눈에는 김재섭의 <초극>과 고석규 <초극>의 변별성이랄까 어떤 차이성이 쉽사리 눈에 띄지 않았다. 그러한 변별성은 <초극> 자체 속에 들어있었던 만큼 「청동일기」에서 찾기로 한 것 자체가 팔푼이스런 발상이 아니었겠는가. 변별성이란, 「화사집」이냐 「귀촉도」냐에 있지 않았던 것. 철학과 문학의 미분화(산문)냐, 시 자체냐에 있었던 것. 김재섭의 <초극>이 시의 형태를 가졌다면 고석규의 <초극>은 산문 형태였을 뿐, 둘은 몸이 한데 붙은 샴쌍둥이었던 것. 팔푼이의 눈에는 여전히 이 모양이었다. 그 유고 속에서 내가 다음 두 가지를 발견한 것도 이러한 문맥에서이다.

(A) 「화사집」의 시인과 고석규의 만남이 그 하나. <문둥이·벙어리>의 시인

과 고석규는 왜, 언제, 어디서 만났을까.

나는 시인 서정주와 역사적 대면을 하였다. 나는 이만큼 고통한 인간과 스승을 맞이한 적이 있었던지 싶지 않다.

―1954.4.22. 고석규일기(5)

<봄은 나의 키를 막는다>고 외치며, 부산대학 국문과 졸업을 앞둔 고석규가 서울에 머물다 부산으로 온 것이 1954년 1월 27일이었고, 다시 상경한 것은 그해 2월 13일이었다. 서울에서 그는 무엇을 하였을까. 2월 17일(음력 정월 보름) 그는 연희고지를 산책, 윤동주의 옥사를 생각했고 (윤동주의 옥사는 이날이 아니고 2월 16일임) 그의 유작을 카피하기도 했다. 부산에 있는 김재섭, 송영택에게 편지질을 했다. 그들은 「신작품」 동인으로 동인지 편집에 함께 종사하고 있었다. 서울 체류기에서 몇 대목을 인용해 보면 아래와 같다.

(1) 반고호의 「편지」를 손에 넣다.
(2) 시 두 편을 완결했다.
(3) 서정주와 고호와 또 디자이 오사무(자살한 『사양』의 작가)같은 나를 기르고 있는 것 같다.
(4) 윤동주의 얼굴(사진)을 처음 보다. (이상 2월 17일)
(5) 「귀촉도」는 읽을수록 새삼스러워지는 으뜸가는 시집이다.
나는 「밤이 깊으면」에 있어서의 <결국 너의 자살위에서. ....>라는 대목을 울지 않고는 읽을 수 없다. (2월 20일)
(6) 부산에서 전보 오다. 동인지 『신작품 7집』의 제본 완료.
(7) 모나리자에서 용호 씨와 박지원 씨를 만나다. (2월 24일)
(8) 내일 전봉건 씨를 초면케 된다. (3월 7일)

이로 미루어 보면 서울 체류의 목적이 「신작품」 편집과 관련된, 문단 분위기 파악이랄까 원고 청탁 문제와 관련되었음이 드러난다. 그의 눈에 비친 서울은 어떠했던가. <소란한 밀창(密娼)>이라 서슴없이 적었다. <지처 버린 매소부>들이 덕시글거리는 곳, 거기가 서울이었다. 그가 이 매소부의 도시를 떠난 것은 4월 22일 이전이었다. 정부가 환도한 지(1953.8.15) 겨우 반 년된 서울의 어수선함이 「귀촉도」나 윤동주로 머릿속이 가득 찬 젊은 문학도에겐 도무지 이해되기 어려웠던 모양이었다. 그러나, 그의 상경에서 제일 큰 수확이랄까 정신적 충족감은 서정주와의 대면이었다. 부산에 돌아와 서울 체류 중의 체험을 회고하는 일기(4월 22일)에서 그는 이렇게 적어놓고 있었다.

그는 인간의 최대 노력을 경험하고 있는 일종의 종관이었다. 나는 그의 뜨락과 누추한 집 세간과 그의 불건강한 건강을 무엇이라고 표현할 것인가. 나는 세상에서 울음의 가장 중대한 실례와 그 방법을 배운 것 같았다. 사실 정주는 자기를 우는 것이 아니었다. 그만큼 비극은 그의 것이 아니라 세상의 소유였다.

이로 보면 공덕동으로 찾아갔음이 판명되거니와, 『신작품』의 서정주 특집호 때문이었을 터이다. (이 특집은 무산된 듯한데 김춘수도 끝내 서정주론을 쓰지 못했음을 『신작품』(제8호)에서 적었다) 여기서 고석규는 이 시인의 발표된 「상리과원」과 미발표의 「기도」를 보았다. 고석규가 본 서정주는 단순한 시인 이상이었다. <정신 최고의 가치를 남기려고 무척한 고행을 계속하는> 그러한 고행자의 모습이었다. 고석규는 이렇게 결론짓고 있었다. <사실 서정주는 방목의 피를 생각지 않는 날이 거의 없고 만약 그러한 순간이 개재할 수 있다면 그는 영원의 불치병에 이미 도살되고 말았을 것이 거의 분명하다>라고. 이어서 그는 또 덧붙였다. <지금은 4월의 마지막! 내 정신병원에는 더 많은 꽃들이 피라고 나는 빈다. 더 많은 정신병원의 문패를 생각하며.....>

이로 보면 고석규의 정신적 소묘는 정신병원 찾기 또는 기르기로 요약될 것이다. 반 고흐와 서정주와 다자이 오사무가 함께 앓았던 정신병, 이를 고석규는 「초극」에서 이미 요약한 바 있었다. <해바라기의 정신병>이 그것. 이번 공개된 「고석규 일기」의 의의는 여기에서 멈추지 않는다. 그가 이상의 「날개」를 빙자하여 스스로의 「날개」를 쓰고자 했다는 사실이 그것. 1953년 8월 중에 그는 심하게 앓았던 모양.

(1) 나는 과거 30년대 이상과 같이 수선이 ○○○난 비할 수 없는 심리를 간주하련다.
(2) 나는 악몽에서 깨어나는 행복만은 잃지 않겠다.
(3) 앓는 새가 그 맑은 음성으로 울어볼 수 없게 되었다. 노래라고 일컬을 수없는 울음을 나는 언제 잃어버린 것이 되었다.
(4) 무서운 생의 디레머! 그것이 꽃피는 듯이 스타스런 날개를 편치고 나에게 이르렀다. 이를 목격하고 나는 넋이 간데온데 없게 되었다.
(5) 잔등에서 돋혀날 푸르른 날개를 사상하고 나의 우결한 핏덩이를 어루만졌다. (이상 8월 22일)

각혈한 청년이 혹은 심하게 열병을 앓은 육체가 서서히 회복되어가는 내면풍경으로 위의 장면들을 읽을 수 없을까. 「청동일기」를 읽으면서 내가 궁금해한 것 중의 하나는 자주 등장하는 영(羚)이라 부르는 여자였다. 청년 고석규에 있어 여인이란 무엇인가. 만일 그의 일기가 나름대로 진실하다면 이 영의 대목도 그러할 것이다. 북쪽에 두고 온 연인을 두고 그는 그렇게 불렀다. 16세의 중학생 고석규보다 한참 아래의 소녀가 영이었다. 혹은 소년다운 공상의 산물이었는지도 모른다. 혹은 두고 온 어머니, 문숙과 계숙이라 부르는 두 누이와 석진과 석수라 부르는 두 아우에 대한 그리움의 명칭이 <영>이었는지도 모를 일이다.

요컨대 이들은 그에겐 근원이자 고향에 다름 아니었다. 이들 없는 부산 바닥이란, 윤동주가 여름방학에 찾아간 또 다른 고향 그것에 다름 아니었다. 아비란 이 경우 고향과는 전혀 무연한 존재일 뿐.

문득 이 장면에서 나는 상상해 본다. 서구형이상학의 서적으로 쌓은 성채 속에 웅크리고 앉은 이 청년의 내면은 백골과 함께 또 다른 고향에 간 윤동주의 그것이 아니었을까. 개는 짖고, 어둠은 우주로 통하는 곳. 그는 <나> 와 백골 몰래 도망치고 싶지 않았을까. 그러나 출구는 아무 데도 없었다. 이런 절망 속에 그 몸과 정신이 함께 앓고 있지 않았을까. 이 순간 가까스로 찾아낸 출구의 하나가 이상의 「날개」가 아니었을까. 조심스럽게 날짜는 물론 시간까지 밝혀 그는 이렇게 적어 놓았다. <1953.8.26. 오후 6시 20분>. 절실함의 증거라 볼 수 없을까.

(1) 「날개」의 작자 이상은 스물셋 되는 해 초 3월에 처음으로 각혈을 하였다. 그리고 그는 정양원에서 한 여인과 알게 되어 결혼을 맺었다. 그리고 둘 다 「날개」의 주인공들이 되었다.

(2) 나는 스물 한 살 되는 해 8월에 처음으로 각혈하였다. 그리고 나는 아무 곳에도 가지 않았고 아무런 여인의 그림자도 얻어보지 못하였다.

(3) 나는 「날개」와 비슷한 작품을 마음에 그리고 있는지는 몰라도 세상에 내어놓은 적이 없을 뿐만 아니라 나 혼자만이라도 하여 그런 작품의 주인공이 될 수 없었다.

(4) 연행은 슬프고 연행은 먼 옛날에 잃었던 여인을 대신하여 찾아 헤매었다. 어디 있는지 알 수 없는 여인의 종적은 연행에게 「날개」, 이상의 세계를 지워줄 수는 있었다 하여도 연행은 30번지 회실에 막혀 있을 대신에 십자가의 그림자를 바라보고 있었다.

(5) 그러나 「날개」의 주인처럼 세상에서 한 사람의 여인을 생각하고 다시

미워하는 일만큼 괴롭고 지나친 슬픔은 있지 않다.

(6) 연행은 그들(날개의 여인들인 연심, 금: 인용자)과 대신하여, 영(羚)이라는 소녀의 이야기를 한다. 아니 지금 무렵은 소녀 아닐지도 모르는 여인의 나어린 얼굴에 아직 침을 뱉지 못하고 있다.

북에 두고 온 소녀, 어머니와 형제들에 대한 그리움이 이상의 「날개」를 통해 비로소 객관화(정착)되는 장면으로 위의 대목을 읽을 수 있다. 그를 구해준 것은 「화사집」, 「귀촉도」였고 윤동주의 「또 다른 고향」이었고 이상의 「날개」였다.

6. 동백꽃으로 빛나는 금고기떼들

유고집 『여백의 존재성』이 간행되었을 때, 매우 부주의하게도 나는 『초극』의 두 정신에게 <문둥이 관>을 씌운 바 있었다. 그 중의 한 분인 김재섭 씨가 내 어리석음을 일깨워주며 그 <문둥이 관>을 내 머리에 씌워 주었다. 나는 이 조숙했던 『초극』의 뮤즈를 뜻밖에도 인덕관 제1회 고석규 비평문학상 시상식장에서 대면할 수 있었다. <자기 이름도 제대로 모르는> 팔푼이가 본 김재섭 씨는 과연 비범하였다. 그는 이 팔푼이에게 팔푼이스런 이유를 거침없이 가르쳐 주는 것이었다. <고조선> 속에 그 정답이 있다고. 최근 중국의 모 석학을 만나 다시 확인한 바 있다고. <고조선>의 장대한 시나리오의 세계에 대한 고담준론을 들으며 나는 문득 옛 대학 은사 이탁(李鐸) 교수를 떠올렸다. 청산리 전투 참전용사였던 이탁 교수는 내가 대학에 들었을 때 부교수였고, 내가 졸업할 때도 정년이 다 된 선생은 역시 부교수였다. 이 교수의 향가특강을 3명의 학생이 들었는데 그 중의 하나가 나였다. 이 교수의 학설은 매우 독특했는데, 고조선 문명이 중국으로 건너갔다는 주장이 그것. 이 교수는 그 증거로 한자와 그 기원 특히 음운을 내세우는 것이었다. 만일 이 학설이 성립된다면 <빛은 동방으로부

터>일 터. 이번 제1회 고석규 비평문학 시상식에서 「고석규에 대한 회고」라는 표제로 김재섭 씨의 목소리를 듣는 일이 내겐 제일 즐거웠다. 부산 좌천동에 고석규의 서재가 있었다는 것, 책으로 가득 쌓여 있었다는 것, 고향이 그립다고 자주 말했다는 것. 북의 고향 대신 김재섭의 고향 소남(召南)에 함께 갔고, 김재섭 씨의 조모의 품에 안겨 울더라는 것, 하룻밤을 자고 떠날 때 조모께서 <줌치>에서 꺼내 주시는 노자돈에 또 한번 울더라는 것. 고석규의 그러한 면모를 보는 일이 어째서 내게 즐거웠던가. 김재섭 씨가 고석규에게 육체를 부여해 주고 있었기 때문이다.

「어느 날 석규가 반지를 가져와 모 다방으로 가자고 했지. 다방 레지에게 주겠다는 거야. 왜? 두고 온 누이를 닮았으니까.」

김재섭 씨가 담담히 회고하는 이 대목에서 나는 <영아!>라고 무수히 소리치며 「청동일기」를 적고 있는 젊은 고석규를 보고 있었다. 이상의 「날개」를 흉내내고 있는 그를 보고 있었다. 타계한 지 38년만에 그의 육체가 잠깐 모습을 드러낸 순간이었다.

시상식장을 나오니 햇빛이 눈부시게 쏟아져 내렸다. 간소한 다과회에서 목을 추긴 나를 범어사로 향하게 한 것은 또 누구였을까. 눈부시게 쏟아지는 햇빛 속에 드러난 신록의 유혹이었을까. <고조선>의 장대한 역사의 혼이었을까. 고석규의 육체였을까. 범어사에 가기만 하면 모든 해답이 한꺼번에 주어질 것만 같았다.

벚꽃 어지러이 흩날리는 길, 왼편에 금정산 범어사(金井山 梵魚寺), 오른편에 선찰대본산(禪刹大本山)이라 쓴 거대한 일주문이 있었다. 해사 김성근(1835~1918)의 78세 적의 글씨. 3문으로 된 일주문. 뚱뚱하고도 투박한 돌기둥 넷에 짧은 나무기둥을 잇고 그 위에 괄각 지붕을 세운 일주문을 들고 천왕문을 지나고, 불이문도 지나면, 보제추, 그 오른쪽에 종추가 있었다. 종추를 지나 왼쪽으로 가면 오른쪽 벽을 등지고 미륵불이 앉아계셨다. 그 서쪽에 비존전, 비존나자불이 앉아계셨다. 그 다음이 관음전. 그 남쪽에 대웅전이 있었다. 그러나 아무데도 금우물은 없었다. 금우물이 없기에 어찌 금빛 고기가 있겠는가. 그렇지만 나는 금빛 물고기에 대한 희망을 버릴 수 없었다.

발길이 머문 곳이 대웅전 남쪽의 명부전. 나는 신발을 벗고 조심스럽게 안으로 들어가 합장했다. 나는 입속으로 나즉히 여쭈어 보았다.

「금빛 고기가 혹시 여기 있습니까?」

지장왕께서는 아무 말 없이 다만 앉아 계셨다.

이 물음 때문에 서쪽 언덕의 팔상전 독성전 나한전이 내 안중에 들어오지 않았다.

아무런 대답도 못들은 채 밖으로 나오니 어느새 날이 저물고 있었다. 전각 아래 있는 거대한 바위가 나를 막아서는 것이었다. 부질없는 인간들이 부질없이 새겨놓은 글자들이 요괴스러웠다. 금빛 고기들, 그 때문에 산꼭대기로 옮겨간 것일까. 바위가 새삼 미워지기 시작했다. 바위의 글자를 없애야 했다. 눈을 가늘게 뜨며 뒷걸음질하는 순간, 나는 마침내 보았다. 금빛 물고기. 순금빛으로 번쩍이는 물고기. 대웅전 너머 붉게 타오르는 거대한 동백나무숲. 한순간 나는 숨조차 쉴 수 없었다.

석양에 노출된 동백꽃. 그 검붉은 빛은 간 곳 없고 온통 순금빛으로 빛나고 있었다. 영원처럼 그렇게 빛나고 있었다.

김윤식 교수가 보내준 위의 원고가 실린 《오늘의 문예비평》을 받고는 새해 또 한 통의 편지를 보내 왔다.

歲月如流水하여 신년이 되었습니다. 신년에 부산서 보내온 평론집 참으로 반갑습니다. 지방문화, 지방문학에 진력한 남 교수의 노력이 언젠가 반드시 보상받고 빛날 때가 오리라고 저는 믿고 있습니다. 다만 시간 문제가 아닐까

합니다.

진해에서는 먼발치로만 뵙고 얘기 나눌 시간도 갖지 못했습니다. 어떻게 하면 문화가 활성화할 수 있을까 이 문제가 자연 사랑과 연결됨은 자연스런 일이 아닐까 합니다.

늘 건강하시고 좋은 잡지 만드시길 빌며,

1997.1.6.

小弟 김윤식 拜

이후에도 심심찮게 편지를 보내왔다. 2003년 5월 15일 자 편지는 내가 노드롭 프라이(Northrop Frye)의 마지막 저서인 『두 시선』(『The Double Vision』)을 번역해서 보냈는데, 그 책을 받고 답신을 보내왔다.

남송우 교수께

세월이 물과 같이 흐릅니다.

보내주신 프라이를 받잡고 남 교수께서 하신 말씀들이 새삼 가슴에 옵니다. 종교에 대한 남 교수의 남다른 신심이 아니고서야 어찌 그 캐나다의 변방에까지 가서 외로운 1년을 견디었으랴, 혼자 그렇게 생각해 봅니다. 남 교수의 삶 그것의 발현이 이번 책으로 나온 것이라 小弟 믿습니다.

늘 건강하시고 뜻한 바를 이루소서

2003.5.15.

小弟 김윤식 拜

그리고 자신이 구상하고 있는 저술의 내용도 편지로 전해주기도 했다. 다음 편지는 그 일절이 기록되어 있다.

남송우 교수께

歲月如流水하야, 겨울이 오고 있소.

잘 계시리라 믿소. 그 동안 도와주신 덕분에 「일제말기 조선 학도병의 체험적 글쓰기론」이 마무리 단계에 있소, 이로써 글쓰기론 3부작이 완결되는 셈이오. 제가 속한 세대의 사명감이라고나 할까,

다음 단계랄까, 구상하고 있는 것은 우리 근대문학연구의 새 영역 3부작이오. 「작가론의 새 영역」(2006, 강), 「문학사의 새 영역」(2007, 강), 「작품론의 새 영역」(?)이 그것들이오. 잘 될지 모르겠소.

언젠가 다시 남 교수와 대화하는 즐거움을 가졌으면 하고 속으로 바라고 있소. 늘 건강 하시길!

2006.11.15.

小弟 김윤식 拜

또한 자신이 지닌 고민을 공유하고자 하는 연구자로서의 겸손한 자세를 편지로 전해주기도 했다. 후배 연구자에게 고견을 구한다는 다음 편지는 나를 부끄럽게도 했다.

남송우 교수, 보시오

歲月如流水하야, 덥소이다. 하 답답하여 붓을 들었소.

기력이 떨어지긴 해도 아직까지 버티고 있소. 지난 해 내가 힘을 기울인 것은 '박경리와 토지'였소. 21권짜리를 무려 3번씩이나 읽었으니까. 그런데도 그것이 힘들거나 답답하지 않았소. 능소화와 뻐꾸기 소리가 울리고 있었으니까. 지리산이 육안으로도 뵈었으니까. 네 소년 시절도 전생처럼 언 듯 언 듯 보였으니까. 읽기도 쓰기도 즐거웠다고나 할까요. 그런데 금년은 사정이 크게 달랐소. 연초부터 황순원 전집을 읽기 시작했소. 평소 황순원 하면, 단아한 문체, 과부족

없는 심리적 균형, 그러니까 이른바 세련성 그것 말이외다. 그런 것이 썩 소중하기는 하나, 그래봤자 수사학 차원에 지나지 않는 것. 따라서 김동리에 비해 소년 수준이라고나 할까. 그런데 전집 11권을 꼼꼼히 읽고 나서 사정이 크게 달랐소. 만년 그러니까 '신들의 주사위'에 이르자 숨이 턱 막혔소. 이 대단한 기독교 신자 황순원이 신을 여지없이 팽개치고 있지 않겠소. 그야말로 신과 맞서 도박판을 벌이고 있지 않겠소. 아드로노가 말한 <말년의 사상>이 실제로 벌어지고 있는 환각에 빠질 수밖에요. 베토벤의 만년처럼 황순원의 이런 패악이란 과연 무엇인가 이 물음이 나를 답답하게 했소. 황순원의 위대성이랄까. 김동리와 맞서기라고나 할까. 황순원의 그 동안의 온갖 콤플렉스가 폭발한 형국이랄까. 이런 장면이 나를 괴롭혔소. 기독교가 뭔지 모르는 나로서는 답답할 수밖에요. 이 답답함을 「신 앞에서의 곡예」라는 제목으로 책을 썼소. 8월 말에 출간 예정이오. 곧 책이 나올텐데, 지금도 답답하긴 마찬가지. 도무지 아득하오. 아무래도 나는 도스토예프스키 전집에 매달려야 될 것 같소. 남형의 고견을 언젠가 듣고 싶소. 이만 총총

2009.8.16.

小弟 김윤식 拜

고석규를 통해 맺어진 또 다른 단계의 인연은 이후, 김윤식 교수의 중요한 저술이 나올 때마다 저서를 매개로 《오늘의 문예비평》에 지상 토론의 장을 펼침으로써 비평가로서의 사적이고도 공적인 관계를 이어나갔다. 이것이 지속적으로 편지를 통한 소통을 계속해온 인연이기도 했다. 그 결과물이 「체험으로서의, 발견으로서의, 입문으로서의 한국근대문학사론」(《오늘의 문예비평》, 1999), 「일제 말 한국작가의 이중어 글쓰기 들여다보기」(《오늘의 문예비평》, 2005), 「김윤식 저 『일제말기 한국인 학병세대의 체험적 글쓰기론』에 대한 생산적 대화」(《오늘의 문예비평》, 2007), 「김윤식 교수의 『백철 연구』를

통해 백철을 만나다」(《오늘의 문예비평》, 2008) 등이었다.

이러한 비평집들을 통한 소통 못지 않게 김윤식 교수와의 인연은 경남지역 문학행사와 관련해서도 이어져 왔다. 그 행사 중의 하나가 김달진 문학제였다. 처음에는 시인이자 한학자인 월하(月下) 김달진(1907~1989)을 기리기 위해 1990년 문학상을 제정하여 시상했다. 이 상은 김달진의 문학정신을 기려, 비정상적이고 과도하게 물질적 가치에만 집중함으로써 위축된 정신 가치를 회복하려는 취지에서 제정되었으며, 시 창작 및 평론을 통하여 인간에게 고유한 정신과 얼에 대한 믿음에 바탕을 둔 정신주의를 성공적으로 구현한 시인 및 평론가에게 주어졌다. 처음에는 시 부문만 시상하다가 1998년 제9회부터 평론 부문이 추가되었다. 이렇게 김달진 시인을 기리는 사업은 1995년 4월 김달진의 제자인 경남대학교 교수 신상철이 중심이 되어 김달진 시비를 건립하기도 했고, 1996년부터 경남 시사랑문화인협의회를 주축으로 김달진 시인의 사위인 최동호 교수가 주도해 김달진 문학제전위원회를 결성하여 해마다 가을에 경상남도 진해시에서 김달진 문학제를 개최했다.

여기에 김윤식 교수는 매년 가을 시간을 내어 참석했다. 행사 때마다 축사 겸 짧은 특강을 했다. 이때 나는 김해 공항으로 나가 김윤식 교수를 모시고 진해 김달진 문학제에 함께 참석했다. 행사가 끝나고 해군 사관학교 식당에서 저녁 식사를 마치면 곧장 차를 몰아 부산으로 왔다. 김윤식 교수의 누님이 살고 계신 연산동에서 매번 누님과 하루 밤을 지내고 서울로 가기 위해서였다. 이렇게 김달진 문학제에 참여하기 위해 진해를 오가며 나는 차 안에서 강의실에서는 듣지 못한 김윤식 교수의 문학 공부를 사숙할 수 있었다. 김현과 공동으로 『한국문학사』를 집필하면서 한국 근대의 출발점을 어느 시기로 잡을 것인가를 정리하기 위해 경제학자들과 나눈 공부의 과정과 자료를 찾기 위해 백철 교수 댁을 찾아갔던 일화, 외국에서 펼쳤던 다양한 한국학 관련 학회 등의 얘기를 들을 때마다 흥미로웠다. 《오늘의 문예비평》지에서 펼쳤던 지상 대담과는 비교할 수 없는 내밀하고도 세세한 사적인 대화들이 현장감 있게 오가는 시간이었다. 김달진 문학제를 통해 이루어졌던 이런 대화의 시간은 10년 이상 계속되었다.

또 다른 행사의 하나는 2008년 청마 유치환 시인 탄생 100주년 행사였다. 청마가 태어난 거제시에서 청마의 생가 옆에다 청마 기념관을 세우고, 개관식과 함께 청마 문학제를 개최했다. 그런데 거제시는 청마를 제대로 기념하기 위해 청마 문학 연구상을 제정해서 시상하기로 했다. 거제시로부터 청마 문학 연구상에 대한 운영과 심사를 의뢰해왔기에 그해 봄부터 그 동안 청마에 대한 연구논문들을 살피고 정리해서 심사위원장으로 김윤식 교수를 모셨다. 필자와 박철석 교수 세 사람이 심사위원이 되어 청마 문학상 첫 수상자로 서울 교대에 재직하고 있는 방인태 교수의 논문 「유치환 시의 인간주의 『청마시초』와 『생명의 서』를 중심으로」(『한국현대문학연구』, 1991)를 선정했다. 이렇게 첫 청마 문학 연구상을 선정하고 김윤식 교수와 함께 2008년 4월 19일 청마 탄생 100주년 기념식과 시상식이 열리는 거제 둔덕을 찾았다.

둔덕으로 가기 위해 서울서 김해 공항에 도착한 김윤식 교수와 함께 차를 몰아 진해항으로 향했다. 그곳에서 거제 실전으로 오가는 카페리를 타기 위해서였다. 청마문학연구상 시상과 김윤식 교수의 청마 문학세계에 대한 특강이 예정되어 있었기에 단거리를 선택한 것이다. 둔덕에 도착해서 행사를 마치고 다시 우리는 카페리호를 타고 부산으로 향했다. 카페리호를 타니 시간은 이미 저녁 어둠이 깃들기 시작했다. 뱃전에 앉아 짙어지는 어둠 속의 밤바다를 바라보며 청마 탄생 100주년 기념행사에 대한 소회를 나누었다. 그리고 앞으로 청마문학 연구상이 잘 운영되어 청마 연구에 대한 새로운 장이 열릴 수 있기를 바랬다. 봄의 밤바다는 약간의 추위가 느껴졌지만 속도가 그렇게 빠르지 않은 카페리호라 온기가 느껴지는 봄바람을 느낄 수도 있었다. 진해에 도착한 우리는 곧장 차를 몰아 김해를 거쳐 부산으로 향했다.

부산 연산동에 계신 김윤식 교수의 누님댁으로 가기 위해서였다. 부산에 오면 꼭 그 누님 댁에 들려서 하룻밤을 지내고 서울로 가셨기 때문이다. 이날도 나는 차를 몰고 몇 시간을 다니면서 차 안에서 이루어지는 문학 강의를 들을 수 있었다. 자료가 없었던 시절 도서관을 찾아다니며 자료를 손수 손으로 베껴야 했던 시절의 이야기, 대학원 입학 이후 문학 전공자가 없어 지도 교수를 제대로 정할 수 없었던 시절 이야기. 진영에서 보낸 어린 시절 이야기, 진영에서 기차를 타고 마산 상고를 다니던 시절 이야기, 부친에 대한 이야기, 왜 사범대학에 입학하게 되었는지, 외국여행 이야기 등 인간 김윤식 교수를 이해할 수 있는 무수한 이야기들이 축적되고 있었다.

이런 인연 때문에 서울 용산구 서빙고동에 있는 신동아아파트 자택에 몇 차례 방문한 적이 있었다. 첫 방문은 2006년 여름방학 중으로 기억된다. 김 교수님이 출간한 책을 두고 《오늘의 문예비평》에 대담을 싣기로 했는데, 원고는 정리되었지만 대담 사진이 필요했다. 어디서 만나 두 사람의 사진을 찍어야 하는데, 만나기가 쉽지 않았다. 내가 서울 갈 일이 있어 전화를 드렸더니 서울 오면 점심 식사나 하자고 제안을 하셨다. 서울역에서 내려서 전화를 했더니, 댁에서 멀지 않은 한 식당을 가르쳐주시면서 그곳으로 오라고 했다. 수수한 추어탕 집이었다. 한 번씩 이 집에 오신다면서 맛이 괜찮다고 일러주었다. 나는 서울서 먹는 추어탕이 처음이었다. 그래도 맛있게 먹은 기억이 새롭다. 식사 후 김 교수님은 가까이 있는 국립 중앙박물관으로 가자고 제안을 하셨다. 용산으로 새 국립중앙박물관을 신축 이전 개관한 것이 2005년 10월 28일이어서 한번 가볼 만하다고 하셨다. 나도 처음이라 좋다고 했다. 그리고 그곳 야외에서 사진을 찍으면 될 거라고 부언을 하셨다. 여름방학 중이어서 날씨는 조금 더웠지만, 시원하게 냉방이 된 박물관 안으로 들어가 이곳저곳을 관람했다. 특별히 전시된 미술 작품 앞에서 오래 머물면서 자신이 왜 미술에 관심을 갖게 되었는지를 일러주셨다. 처음에는 미술 작품을 제대로 감상하는 일이 힘들었으나 자주 작품을 대하면서 자연스럽게 미술 작품에 관심을 가지게 되었고, 비전문가이지만 나름 미술 작품을 보는 시각도 지니게 되었다고 언급했다. 상당한 시간 박물관에서 전시된 이것저것을 보고는 밖으로 나왔다. 밖으로 나와 벤치가 있는 곳에 자리를 잡아 앉아서 사진을 몇 장 찍었다.

그리고는 필자를 데리고 자택으로 향했다. 한강을 바라볼 수 있는 신동아 아파트 6동 1301호였다. 집필 작업을 하기 위해 거실에 자리 잡은 책상 위에는 읽다가 쌓아둔 책들과 집필 중인 원고지가 가득 놓여 있었다. 맞은 편 거실 벽에는 작은 보드판과 나무로 짠 제법 큰 게시판 하나가 옆에 걸려 있었고, 거기에는 빽빽하게 메모지들이 빈 데가 없을 정도로 채워져 있었다. 눈을 돌려 창 쪽으로 바라보니 조금 거리는 느껴졌지만 한강이 내려다 보였다. 읽고 쓰다가 눈이 피곤하면 눈에 쉼을 줄 수 있는 풍광이었다. 사모님이 내어온 차를 마시며, 한국문단의 문예지들에 대한 얘기를 좀 나누었다. 김 교수님은 이 아파트에 자리잡은 지가 제법 오래 되어서 다른 곳으로 떠날 수가 없다고 했다. 그리고 얼마 지나지 않으면 집 공사를 좀 해야 하는데, 걱정이 된다고 덧붙였다. 나는 오래 머물 시간이 없었다. 예매해둔 기차 시간 때문이었다. 그 날이 김 교수님의 댁을 처음 방문한 기억으로 남아 있다. 이후 서울에 들릴 때마다 약속이 되면 몇 차례를 더 방문했다.

부모의 묘를 정리하던 시간들

이러한 김윤식 교수와의 인연 중에서 더욱 깊이 각인된 기억의 한 자락은 김윤식 교수의 부모묘를 정리하는 일이었다.

2012년 봄쯤 김윤식 교수로부터 연락이 왔다. 힘든 부탁을 하나 해야겠다는 것이었다. 그것은 다름 아닌 부산 실로암 공원묘지에 안장되어 있는 부모님의 유골을 다시 화장해서 그 유골을 고향에 뿌려야겠다는 것이었다. 이제 자신의 나이로 보아서 더 이상 부모님이 안장되어 있는 공원묘지에 자주 갈 수도 없고, 후손이 돌볼 수도 없으니 깨끗이 정리하고 싶다는 뜻이었다. 그래서 남 교수가 부산에 있는 장의사에 연락해서 이번 여름쯤 이 일을 할 수 있으면 좋겠다는 부탁이었다. 자녀도 없는 김윤식 교수 입장에서는 자연스러운 결정이었다. 미리 장의사에 연락을 해서 날짜를 잡았다. 그 해 여름 7월에 하루 날자를 정해 이 일을 했다. 하루 전에 부산에 내려온 김 교수님을 아침 일찍 모시고 실로암 공원묘지로 가서 장의사 두 사람이 무덤을 헤쳐 유골을 수습하는 것을 보고, 우리는 공원묘지 입구에 자리한 식당에서 아침 겸 점심을 먹었다. 식탁에 차려진 음식들은 풍성했지만, 김 교수님은 소식을 하셨다. 남겨진 많은 음식들을 뒤로하고 우리는 장의사들이 운구하는 장의차를 뒤따라 부산 영락공원 화장장으로 행했다. 절차에 따라 수습된 두 분의 유골은 화장장 안으로 향했다. 화장이 끝날 때까지 대기실에서 기다리고 있었다. 그 사이에 서울서 아침에 출발한 김 교수님의 사모님이 도착했다. 곧 화장이 끝났다는 안내 표시가 영상에 떴다. 김 교수님이 유골을 화장해서 담은 항아리를 받으러 갔다. 두 분의 마지막 남은 유골이 담긴 항아리를 받아들고, 김 교수님과 사모님은 내가 몰고 간 차에 탔다.

나는 김 교수님의 고향인 진영을 향해 차를 몰았다. 시간은 오후로 접어들었지만, 여름 낮이라 해가 서녘으로 떨어지기까지는 여유가 있었다. 서부산 톨케이트를 빠져나와 얼마 지나지 않아 진영에 도착했다. 김해군 진영읍 사산리 마을에 도착해서 김 교수님이 가르쳐주는 대로 옛날 김 교수님의 집터를 찾았다. 어디서 소식을 들었는지, 마산의 우무석 시인이 진영 마을에 와 있었다. 우리는 함께 집터는 사라지고 없는 약간의 가파른 언덕배기에 도착했다. 풀과 잡목들이 얽혀 집터라고는 생각할 수 없는 공간이었다. 차에서 내려 김 교수님은 유골 항아리를 들고 나와서 풀과 잡목이 군집을 이룬 곳에다 일부를 뿌렸다. 이곳저곳 흰 뼛가루가 흩날렸다. 나와 우무석 시인은 멀찍이 서서 그 모습을 바라보고만 있었다. 옛 집터에 유골을 뿌린 후에 다시 우리는 김 교수님의 인도에 따라 마을 집터에서 좀 떨어진 실개천으로 나아갔다. 김 교수님은 이곳이 어릴 때 놀던 유일한 장소라며, 이곳에도 남은 유골을 뿌리고 가야 한다고 했다. 유골 항아리에 있던 나머지 유골은 흐르고 있는 실개천에 다 뿌려졌다.

여름 해가 길기는 했지만, 유골을 다 뿌리고 나니 서산 위에 걸렸다. 우무석 시인과는 인사를 하고 나는 다시 차를 김해 공항으로 몰았다. 김해 공항에 도착하니, 해는 저물고 저녁 식사 시간이 되었다. 김 교수님은 비행기 시간이 조금 여유가 있으니, 공항 식당에서 간단히 식사를 하자고 제안을 했다. 세 사람은 공항 식당으로 가서 간단히 식사를 했다. 식사를 마친 김 교수님은 얼굴에 피곤은 엿보였지만, 마음에 짐지고 있었던 큰일을 끝낸 사람처럼 평안해 보였다. 식당을 나서 비행기 탑승을 위한 입구로 향하면서 한 마디를 하셨다. '남 교수 덕분에 나에게 남은 마지막 일을 잘 마쳤어요, 너무 고맙습니다. 이 은혜를 어떻게 갚죠?' 나는 '저가 한 일이 별로 없습니다'라고 대응했다. 손을 흔들면서 탑승을 위해 개찰구 안쪽으로 사라지는 두 분의 모습을 보고 나도 공항 주차장으로 돌아섰다. 차를 몰고 집으로 향하면서 이미 돌아가신 분들의 주검을 다시 유골로 흩뿌리며 떠나보내는 심정은 어떨까? 특히 김 교수님의 이 행위는 자신의 죽음을 준비하는 예비적 제의가 아닐까 하는 생각이 머리를 스치고 지나갔다. 그리고 내가 김 교수님을 도울 수 있는 마지막 일이 아닐까 하는 생각도 들었다.

김윤식 교수의 부모묘에 남아 있는 유골을 부산 영락공원 화장장에서 화장을 해서 유해를 산화하고 난 다음 해에 김 교수님은 내가 학교를 떠나 잠시 부산문화재단에 근무할 때 한 통의 편지가 다시 왔다.

> 歲月 如流하여, 한 해가 저물어 가오. 남형 생각이 나서 이렇게 붓을 들었소마는, 뭐 쓸 것이 없소. 그냥 마음속으로 느끼는 것이요. 살다 보니 신세를 진 사람이 한둘이 아님을 깨치고 있소. 이를 두고, 누가 시켜서도, 불쌍해서도 아닌, 다만 마음의 흐름에 있지 않았을까. 그런 생각을 합니다. 늘 건강하시고, 주변에 빛이 되소서.
>
> 2013.2.4.
>
> 小弟 김윤식 拜

음력 설을 지내면서 보내온 편지였다. 평생 글쓰기에 전념한 삶, 자식도 없이 보내온 세월을 누가 제대로 알아주랴? 나는 편지를 받아들고 마음이 답답해서 서울 자택으로 바로 전화를 했다. 반갑게 전화를 받는 음성 속에서 사람이 그립다는 분위기를 감지했다. 나이 들어가면 이렇게 더욱 외로워지는 것일까? 이제 모든 것을 다 놓아버린 상태라고 말씀하셨다. 이제는 기력도 생각도 마음대로 되지 않는 상태임을 전했다. 그러면서 부산에 계신 누님이 요양원에 계신 데 시간이 있으면 한 번 들려주면 좋겠다고 했다. 그렇게 하겠다고 답했다. 전화를 해주어 고맙다는 말을 몇 번이나 반복했다. 또 전화를 드리겠다는 말을 하고 전화를 끊었다.

그리고 시간이 많이 흘러갔다. 이후 한 번씩 전화를 드리면 병원 신세를 많이 지고 있다는 말씀을 자주 하셨다. 몸을 움직이기가 더욱 힘들어지고 있다고도 했다. 그래도 움직여야 하니 한강 변을 따라 짧은 시간이라도 걷는다고 했다. 집 안에서도 앉았다가 일어서는 것이 쉽지 않다고 했다. 그래도 월평은 계속 쓰고 있다고 전했다. 쇠하여 가고 있는 육신을 끌고 힘들지만, 평생 써온 글쓰기를 끝내지 못하고 있는 노 비평가의 심정을 헤아리는 것은 그렇게 쉽지 않았다. 그러나 쓸 수 있을 때까지 글을 써야 한다는 자의식을 저버리지 않고 있는 김 교수님의 삶에서 나의 말년의 삶과 글쓰기는 어떠해야 하는지를 돌아보게 했다.

김 교수님은 《조선일보》와의 인터뷰에서 이렇게 말한 적이 있었다. "내가 아직도 젊은 작가들의 문학 월평을 월간지에 쓰지 않소. 쓰려면 최소한 작품당 세 번씩은 읽어야 해. 월간지 두 개와 계간지 다섯 개를 빼놓지 않고 봅니다. 그러면서 요즘 젊은 사람들은 이렇게 생각하고 있구나, 이런 공부를 했구나 알게 되지." 부단한 공부에 대한 집념이 글을 놓지 못한 이유라는 생각도 들었다.

마지막 인사도 제대로 못하고

그러던 중 2018년 10월 26일 아침 나는 김윤식 교수님의 부음 소식을 접했다. 병원에 입원해 계신다는 소식은 들었지만, 이렇게 쉽게 떠나실 것이라는 생각은 추호도 하지 못했다. 갑자기 가슴과 머리가 텅 비고 아무 생각이 없었다. 정신을 차리고 문상 갈 시간을 잡았다. 그런데 바로 서울로 갈 수가 없었다. 27일 오전 10시부터 광주에 있는 아시아문화원에서 동북아문화학회와 일본학회가 주관하는 제37차 추계국제학술대회가 열리는데, 여기에서 「한·일·중의 일본군 위안부 문학의 현황과 과제」라는 논문을 내가 발표하기로 예정되어 있었기 때문이다. 26일 오후에 일단 광주로 가야 했다. 광주에서 일박을 하고, 오전 발표를 마치고 바로 광주에서 차를 몰고 서울대병원 장례식장으로 가야만 했다.

10월 27일 오전 10시부터 시작된 학술대회 발표를 마치고, 11시쯤 광주에서 곧장 서울로 향했다. 주말이라서 그런지 고속도로는 쌩쌩 달릴 수 있는 상황은 아니었다. 그리고 초행길이라 가능한 휴게실마다 들리면서 서울로 향했다. 서울 가까이 진입하자 주말이라 말 그대로 교통 체증은 심각했다. 서울 가까이 와서 서울대병원 장례식장까지 가는데 더 많은 시간이 걸렸다. 오후 6시 가까이 되어 서울대병원 장례식장에 도착했다. 김윤식 교수의 장례식장을 찾아 들었다. 이미 제자들 중심의 추모모임은 끝난 상태라 조문객들이 그렇게 많지는 않았다. 꽃에 둘러싸인 김 교수님의 영정 사진을 바라보며 헌화와 묵념을 했다. 얼굴이 익은 몇 사람과 인사를 나누고 사모님을 만나 인사를 했다. 그리고 밤 늦게라도 부산으로 가야 했기에 오래 머물 수 있는 상황이 되지 않아 장례식장을 나왔다. 제대로 작별 인사도 못 드리고 그렇게 김 교수님과의 이 세상에서의 인연은 마무리되고 있었다. 부산으로 오면서 사모님이 하신 말씀이 계속 뇌리에서 맴돌았다. 선생님은 유언을 그렇게 남기셨다고 했다. "나를 기념하는 일은 무엇이라도 하지 말고, 죽고 나면 화장해서 내 유골은 한강에 뿌려주시오" 이 마지막 유언을 곱씹어 보니, 제자도 아닌 내가 선생님께 할 수 있는 일은 아무것도 없는 것 같았다. 선생님의 마지막 남은 흔적을 보고 오는 날은 온 종일 전국을 헤매고 다닌 날이 되고 말았다. 광주에서 서울로, 서울에서 다시 부산으로 대한민국의 한반도를 한 바퀴 돌아온 기분이었다.

장례식이 끝나고 시간이 지난 후 사모님께 전화를 걸었다. 피곤한 음성이 전화선을 타고 들려왔다. 울음 섞인 목소리에 제대로 대응할 수 있는 방법이 없었다. 그냥 듣기만 했다. 그리고 부탁을 하나 드렸다. 선생님이 병원으로 가시기 전까지 마지막으로 월평을 쓰시다가 남겨둔 책상 위의 책들과 원고지를 치우지 말고 있는 상태 그대로 사진을 찍어 보내달라고 했다. 사모님은 전화 통화가 끝나고 얼마 지나지 않아 선생님이 평소에 사용하시던 거실 책상 위에 놓여져 있는 책들을 대상으로 사진을 찍어 보내어 주셨다. 내가 간직하고 있는 선생님의 마지막 흔적이 되었다.

김 교수님이 이 땅을 떠난 지가 제법 지났지만, 그의 문학적 흔적을 다시 들추어내어 그 의미를 현재화하려는 움직임은 어디서도 찾아볼 수 없었다. 나는 선생님의 제자들이 힘을 합쳐 이 정도의 조촐한 학술 행사는 충분히 할 것이라 믿었다. "나를 기념하는 일은 무엇이라도 하지 말"라는 유언을 지킨다고 조용히 지나가는 것 같았다. 나는 해가 지나기 전에 선생님이 남긴 문학적 업적을 논하는 작은 학술모임이라도 가져야겠다는 생각이 떠나지 않았다. 당시 부경대학교 CORE사업단 단장이던 정해조 교수와 의논을 했다. 정해조 교수가 더 적극적이었다. 부경대학교에 재직하고 있는 교수들 중에도 김윤식 교수를 조금은 아는 교수들은 왜 그런 평가 모임이 아직 없는지 의아해 한다는 것이었다. 그래서 의논한 결과 부산에서라도 김윤식 교수의 흔적을 다시 한번 되돌아보는 작은 모임을 가지기로 했다. 그것이 2018년 12월 4일 오후 3시 부경대학교 환경해양관 1층 대회의실에서 「김윤식 교수의 현해탄 콤플렉스를 다시 논한다」는 주제로 해양인문학 학술세미나를 개최한 것이다.

김윤식 교수가 제기한 '현해탄 콤플렉스'라는 문제를 짚어보고 오늘날 우리가 극복해야 하는 또 다른 '현해탄 콤플렉스'에 대해 논의하기 위한 행사였다. 세미나는 전문가 주제발표와 토론 등의 순으로 진행했다. 이날 김윤식 교수의 제자인 서울대 윤대석 교수(국어교육과)는 주제발표 「살아 있는 정신 : 김윤식론 서설」을 통해 김윤식 교수의 저서들에 담긴 그의 정신과 현재성에 대해 논의했다. 그리고 필자가 「김윤식의 『내가 읽고 만난 일본』에 나타난 현해탄 콤플렉스 극복 양상」을 주제로 발표를 했다.

김윤식 교수는 저서 『임화 연구』에서 선진도시 도쿄로 유학 가는 임화의 심리를 '현해탄 콤플렉스'라는 말로 요약하면서 '현해탄 콤플렉스'가 이식문학론으로 나타났다고 밝힌 바 있었기에 그 의미를 현재 시점에서 다시 재해석해 보고자 하는 의도였다. 김윤식 교수는 임화가 한국 근대문학의 시점을 개항 이후 서구문화의 접촉에서 잡고있는 명제를 극복하기 위해 한국 근대문학의 뿌리를 김현과의 공동 저서인 『한국문학사』에서 영정조시대까지 거슬러 올려 잡았다. '현해탄 콤플렉스'의 극복은 한국의 근대화 과정에서 한국 지성사가 감당해야 할 의식, 무의식적 과제였기에 현재 한국 지성사를 점검하는 차원에서 '현해탄 콤플렉스'는 여전히 우리가 답해야 할 현안으로 남겨져 있다는 점을 확인해 볼 수 있는 자리였다. 다시 말하면 김윤식 교수가 남긴 200여 권에 달하는 모든 연구대상이 한국문학의 근대성에 고착되어 있었던 이유의 근원도 어쩌면 '현해탄 콤플렉스'의 극복을 위한 몸부림이 아니었을까를 확인하는 자리가 되었다.

이제 김윤식 교수가 추구해왔던 한국문학의 근대성을 둘러싼 모든 과제들은 후세대 연구자들의 몫으로 남겨졌다. 이를 위해서는 부단히 김윤식 교수가 쌓아놓은 한국문학의 연구 성과를 고쳐세우는 작업을 계속해 나가야 한다. 김윤식 교수는 유언을 통해 자신을 위한 일체의 추모 사업은 하지 말 것을 부탁하고 갔다. 이는 한국문학판에서 그 동안 전개되어온 문학인들에 대한 개인적인 추모 사업들이 어떤 모습으로 추락해 왔는지를 절실하게 경험한 자가 한국문단에 던지는 죽비이다. 후세대들은 이 유언을 학문적 차원에서 새로운 단계로 승화시켜나가야 한다. 그가 한국근대문학 연구를 통해 남겨놓은 정신적 가치를 법고창신하는 일이다. 이 일이 한국문학연구자들에게 남겨진 피할 수 없는 과제가 아닐까? 이 소략한 『김윤식 비평가의 편모를 찾아서』를 펴낼 수밖에 없었던 이유는 이 과제에 대한 미미한 응답일 뿐이다.

참고문헌

김윤식 연구 관련 문헌 자료

강용훈, 「한국근대문학비평사 연구의 변화 양상과 또 다른 문학/비평사 서술」, 『민족문학사연구』 72, 2020.

권성우, 「일본 현대지성과의 만남을 통해 본 김윤식(金允植) 글쓰기(비평)의 특성, 감각, 진화(進化)」, 『한국현대문학연구』 71, 2023.

김경수, 「김윤식의 『김동인 연구』가 놓인 자리」, 『구보학보』 22, 2019.

김동식, 「낭만주의·경성제국대학·이중어 글쓰기 : 김윤식의 최재서 연구에 관한 몇 개의 주석」, 『구보학보』 22, 2019.

김동식·장문석, 「『한국근대문예비평사연구』에 관한 몇 가지 주석」, 『오늘의 문예비평』 135, 2025.

김명인, 「서평 어느 한없이 부박했던 정신에 대한 역사철학적 보고서 : 김윤식, 『백철연구』」, 『민족문학사연구』 30, 2008.

김민수, 「'문학'에서 '글쓰기'로 : 김윤식의 '글쓰기론 3부작' 논의를 위한 예비적 고찰」, 『구보학보』 22, 2019.

김민정, 「서평 : 공포(恐怖)의 기록 김윤식, 『내가 읽고 만난 일본』」, 『민족문학사연구』 30, 2013.

김승환, 「김윤식 유종호 김우창의 말년」, 『오늘의 문예비평』 70, 2008.

김영민, 「서평 : 우리 소설의 내적 형식의 역사와 관계망 파악 : 김윤식, 정호웅 지음, 「한국소설사」」, 『민족문학사연구』 30, 1994.

김영민, 「서평 : 근대와 반근대의 갈등 : 김윤식 지음 「한국현대문학사상사론」」, 『민족문학사연구』 30, 1993.

김예리, 「방법으로서의 이상 : 김윤식의 이상 문학 연구에 대하여」, 『구보학보』 22, 2019.

김현진, 「김윤식의 1960년대 시론에 관한 연구 : 뉴크리티시즘 이론의 딜레마와 '혼(魂)'적인 시에 관한 재고찰을 중심으로」, 『한국현대문학연구』, 2024.

남송우·김윤식, 「김윤식 교수의 『백철 연구』를 통해 백철을 만나다」, 『오늘의 문예비평』 69, 2008.

남송우·김윤식, 「김윤식 저 『일제말기 한국인 학병세대의 체험적 글쓰기론』에 대한 생산적 대화」, 『오늘의 문예비평』 66, 2007.

남송우·김윤식, 「일제 말 한국 작가의 이중어 글쓰기 들여다보기 이중어 글쓰기 공간의 활성화를 요망하는 이유」, 『오늘의 문예비평』 56, 2005.
남송우·김윤식, 「『거리재기 시학』의 거리 좁히기」, 『오늘의 문예비평』 52, 2004.
남송우·김윤식, 「체험으로서의, 발견으로서의, 입문으로서의 한국근대문학사론」, 『오늘의 문예비평』 35, 1999.
남송우, 「김윤식의 비평방법과 문체의식」, 『오늘의 문예비평』 13, 1994.
문흥술, 「의미인의 문학사, 그 체계와 의의 : 김윤식의 문학사 연구에 대하여」, 『구보학보』 22, 2019.
박다솜, 「결핍으로서의 주체 : 김윤식의 작가 연구 방법론에 관한 소고」, 『한국언어문화』 79, 2022.
박상현, 「번역자의 관점과 윤리 : 김윤식·오인석 공역 『국화와 칼』(제3판)을 중심으로」, 『일본근대학연구』 62, 2018.
배하은, 「'시민'적 주체와 이념의 문학사적 재구성 : 김윤식·김현의 『한국문학사』 연구」, 『한국현대문학연구』 48, 2016.
서영채, 「김윤식과 글쓰기의 윤리 : '실패한 헤겔주의자'의 몸」, 『구보학보』 22, 2019.
신명경, 「서평 '공감'의 비평과 지속적 물음, 김치수, 『공감의 비평을 위하여』, 김윤식, 『현대소설과의 대화』」, 『오늘의 문예비평』 6, 1992.
신재기, 「김윤식의 수필론 연구」, 『국학연구론총』 24, 2019
신재기, 「한국 근대수필사 연구에 초석을 놓다 : 김윤식의 수필론 개관」, 『수필미학』 22, 2018.
우신영, 「김윤식의 문학교육론」, 『국어교육연구』 52, 2023.
윤대석, 「김윤식 저서 목록 해제」, 『근대서지』 12, 2015.
윤영실, 「일제말의 이중어 글쓰기와 탈식민/탈민족의 아포리아 : 김윤식의 이중어 글쓰기론을 중심으로」, 『한국학연구』 21, 2009.
이경재, 「김윤식의 '이광수 해석'에 나타난 일본과의 관련성 고찰」, 『춘원연구학보』 28, 2024.
이경재, 「김윤식의 『이광수와 그의 시대』 고찰 : '심정적 세계'와 '논리적 세계'를 중심으로」, 『한국현대문학연구』 71, 2023
이도연, 「어문학 : 비평사 연구의 방법과 과제－김윤식의 비평사 연구를 중심으로」, 『인문학연구』 49, 2015.
이동하, 「권하고 싶은 명저 : 황홀경에 대한 열정의 여로－김윤식의 「문학과 미술사이」」, 『한국논단』 123, 1999.
이동하, 「권하고 싶은 명저 : 김윤식의 「김동인 연구」」, 『한국논단』 118, 1999.
이영서, 「김윤식의 문학사가(文學史家)로서의 정체화 : 기획된 실패, 가르치는 문학사가」, 『한국현대문학연구』 71, 2023.
이지연, 「'작은 글쓰기'의 공간과 문학비평의 자리 : 김윤식의 『해방공간 한국작가의 민족문학 글쓰기론』(2006) 다시 읽기」, 『한국현대문학연구』 71, 2023.
임진영, 「작가 연구의 대상과 방법 문제 : 김윤식의 작가 연구를 중심으로 한 고찰」, 『현대문학의 연구』 28, 2009.
장문석, 「상흔과 극복 : 1970년 김윤식의 도일과 비평」, 『민족문학사연구』 59, 2015.
장문석, 「『한국근대문예비평사연구』의 학술사적 의의를 묻다」, 『한국현대문학연구』 41, 2013.
장지영, 「두 겹 문학사의 발생사에 관한 시론 : 김윤식의 경성제국대학 논의 재독」, 『배달말』 74, 2024
조영일, 「반복으로서의 근대문학 : 김윤식과 가라타니 고진」, 『문학들』 18, 2009.
전철희, 「김윤식의 1970년대 시론(詩論) 연구」, 『춘원연구학보』 28, 2024.
전철희, 「식민지 사상의 (불)가능성 : 김윤식의 사상사에 관한 연구」, 『한국언어문화』 76, 2021.
전철희, 「운명과의 만남 : 김윤식의 임화론에 대한 몇 가지 주석」, 『동아시아문화연구』 76, 2019.
전철희, 「김윤식의 초기 시론(詩論) 연구」, 한국시학회 학술대회 논문집, 2020.
최성실, 「현대문학 : 김현, 김윤식의 『한국문학사』의 비판적 고찰」, 『서강어문』 30, 1995.
최진석·김병준·허예슬·최주찬·황호덕, 「김윤식과 우리 시대, 인용의 인구사회학적 시좌 : 현대문학연구자의 성별 및 세대 별 김윤식 저술 인용 양상 연구(2004-2019)」, 『국제어문』 96, 2023.
최현희, 「식민주의와 민족주의, 그리고 번역 : 김윤식의 한일 근대문학 번역론」, 『비교문학』 89, 2023.
韓基·김윤식, 「김윤식 선생과의 대화」, 『오늘의 문예비평』 13, 1994.
한계전, 「김윤식(金允植) 저(著) 「한국근대문학양식론고(韓國近代文學樣式論攷)」」, 『국어국문학』 86, 1981.
황호덕, 「김윤식 비평과 문학사론, 총체성과 가치중립성 사이 : 신비평에서 루카치로의 행로」, 『현대문학의 연구』 57, 2015.
황호덕, 「김윤식의 문학 이유, 가치중립성으로서의 근대론과 젠더 트러블」, 『구보학보』 22, 2019.
황호덕, 「김윤식 비평과 문학사론, 총체성과 가치중립성 사이」, 『현대문학의 연구』 57, 2015.
학회자료, 「김윤식 교수 약력 및 논저 목록」, 『관악어문연구』 26, 2001.

김윤식의 저서 목록

* 이 저서 목록은 『김윤식 서문집』에 실린 목록을 참조한 것이다.

『한국근대문예비평사연구』(1973)
『한국근대문예비평사연구(개정신판)』(1976)
『근대 한국문학 연구』(1973)
『한국문학사논고』(1973)
『박용철·이헌구 연구』(1973)
『한국근대문학의 이해』(1973)
『국화와 칼』(1974)
『국화와 칼(완역판)』(1991)
『한국근대작가논고』(1974)
『한국문학의 논리』(1974)
『한일문학의 관련양상』(1974)
『한국근대문학사상』(1974)
『한국현대시론비판』(1975)
『문학사와 비평』(1975)
『문학비평용어사전』(1976)
『파리 시절의 릴케』(1976)
『한국현대문학사』(1976)
『소설의 이론』(1977)
『(속) 한국근대문학사상』(1978)
『한국근대문학사상비판』(1978)
『한국 현대문학 명작 사전』(1979)
『우리문학의 넓이와 깊이』(1979)
『문학과 미술 사이 : 현장에서 본 예술세계』(1979)
『한국근대문학양식논고』(1980)
『한국현대소설비판』(1981)
『우리 소설의 표정』(1981)
『(속) 한국근대작가논고』(1981)
『일제의 사상통제』(1982)
『한국 현대문학 비평사』(1982)

『작가론의 방법 : 문학전기란 무엇인가』(1983)
『황홀경의 사상 : 우리 문학을 보는 관점』(1984)
『지상의 빵과 천상의 빵(증보재간)』(1995)
『한국근대문학사상사』(1984)
『한국근대문학과 문학교육』(1984)
『한국근대문학사상연구 1 : 도남과 최재서』(1984)
『작은생각의 집짓기 : 비평가의 표정』(1985)
『우리문학의 안과 바깥』(1986)
『안수길 연구』(1986)
『우리소설과의 만남』(1986)
『이광수와 그의 시대』(1986)
『이광수와 그의 시대(개정·증보)』(1999)
『한국근대소설사연구』(1986)
『우리근대소설논집』(1986)
『염상섭 연구』(1987)
『한국문학의 근대성과 이데올로기 비판』(1987)
『김동인 연구』(1987)
『김동인 연구(개정증보판)』(2000)
『이상 연구』(1987)
『오늘의 문학과 비평』(1988)
『낯선 신을 찾아서 : 김윤식 예술기행』(1988)
『너 어디 있느냐 : 해금 시인 99선』(1988)
『이상 소설 연구』(1988)
『한국 현대문학사론』(1988)
『애수의 미, 퇴폐의 미 : 해금 수필 61편 선집』(1989)
『80년대 우리 문학의 이해』(1989)
『80년대 우리 소설의 흐름 I·II』(1989)
『한국 근대문학과 문인들의 독립운동』(1989)
『박영희 연구』(1989)
『해방공간의 문학사론』(1989)
『임화 연구』(1989)
『우리 소설을 위한 변명』(1990)
『한국 현대 현실주의 소설 연구』(1990)

『김윤식 평론 문학선』(1991)
『작가와 내면풍경』(1991)
『현대소설과의 대화』(1992)
『환각을 찾아서 : 김윤식 문학기행』(1992)
『한국현대문학사상사론』(1992)
『운명과 형식』(1992)
『근대시와 인식』(1992)
『한국문학의 근대성 비판』(1993)
『90년대 한국소설의 표정』(1994)
『한국근대문학사상연구 2 : 문협정통파의 사상구조』(1994)
『설렘과 황홀의 순간 : 김윤식 예술기행』(1994)
『소설과 현장비평』(1994)
『현대문학과의 대화』(1994)
『풍경과 계시 : 김윤식 예술기행』(1995)
『김동리와 그의 시대』(1995)
『김윤식의 소설 읽기 : 90년대 중반에 빛난 작품들』(1995)
『북한문학사론』(1996)
『작가와의 대화 : 최인훈에서 윤대녕까지』(1996)
『글쓰기의 모순에 빠진 작가들에게』(1996)
『해방공간 문단의 내면풍경 : 김동리의 그의 시대 2』(1996)
『한국문학사』(1996)
『김윤식의 현대문학사 탐구』(1997)
『동양정신과의 감각적 만남』(1997)
『사반과의 대화 : 김동리와 그의 시대 3』(1997)
『천지 가는 길 : 김윤식 학술기행』(1997)
『김윤식의 소설 현장비평』(1997)
『발견으로서의 한국현대문학사』(1997)
『바깥에서 본 한국문학의 현장』(1998)
『이상 문학 텍스트 연구』(1998)
『농경사회 상상력과 유랑민의 상상력』(1999)
『체험으로서의 한국근대문학연구』(1999)
『한국근대문학연구방법입문』(1999)
『청춘의 감각, 조국의 사상 : 교토 문학기행』(1999)

『한국현대문학비평사론』(2000)
『초록빛 거짓말, 우리 소설의 정체』(2000)
『머나먼 울림, 선연한 헛것 : 김윤식 문학기행』(2001)
『김윤식 서문집』(2001)
『한·일 근대문학의 관련양상 신론』(2001)
『우리 소설과의 대화』(2001)
『한국근대문학사와의 대화』(2002)
『미당의 어법과 김동리의 문법』(2002)
『평론가 김윤식이 주목한 오늘의 작가 오늘의 작품』(2002)
『아! 우리 소설 우리 작가들 : 김윤식의 한국문학 읽기』(2003)
『아득한 회색, 선연한 초록 : 김윤식 학술기행』(2003)
『거리재기의 시학 : 김윤식 시론집』(2003)
『일제 말기 한국 작가의 일본어 글쓰기론』(2003)
『샹그리라를 찾아서 : 김윤식 중국기행』(2003)
『김윤식의 비평수첩』(2004)
『내가 읽고 만난 파리 : 김윤식의 파리기행』(2004)
『20세기 한국 작가론』(2004)
『비도 눈도 내리지 않는 시나가와역』(2005)
『작은 글쓰기, 큰 글쓰기』(2005)
『내가 살아온 20세기 문학과 사상』(2005)
『작가론의 새 영역』(2006)
『해방공간 한국 작가의 민족문학 글쓰기론』(2006)
『문학사의 새 영역』(2007)
『비평가의 사계 : 김윤식 산문집』(2007)
『일제 말기 한국인 학병세대의 체험적 글쓰기론』(2007)
『이광수의 일어 창작 및 산문선』(2007)
『현장에서 읽은 우리 소설』(2007)
『백철 연구』(2008)
『임화: 그들의 문학과 생애』(2008)
『내가 살아온 한국 현대문학사』(2009)
『박경리와 토지』(2009)
『탄생 백주년 속의 한국문학 지적도』(2009)
『최재서의 『국민문학』과 사토 기요시 교수』(2009)

『신 앞에서의 곡예 : 황순원 소설의 창작방법론』(2009)
『이병주와 지리산』(2010)
『엉거주춤한 문학의 표정 : 김윤식 교수의 문학산책』(2010)
『다국적 시대의 우리 소설 읽기』(2010)
『기하학을 위해 죽은 이상의 글쓰기론』(2010)
『한국문학, 연꽃의 길』(2011)
『임화와 신남철』(2011)
『한일 학병세대의 빛과 어둠』(2012)
『내가 읽고 만난 일본』(2012)
『내가 읽은 박완서』(2013)
『전위의 기원과 행로 : 이인성 소설의 앞과 뒤』(2012)
『내가 읽은 우리 소설 2011.4.~2013.2.』(2013)
『문학사의 라이벌 의식』(2013)
『6·25의 소설과 소설의 6·25』(2013)
『3대 계간지가 세운 문학의 기틀』(2013)
『내가 읽고 쓴 글의 갈피들』(2014)
『문학을 걷다』(2014)
『내가 읽은 기행문들』(2015)
『이병주 연구』(2015)
『내가 읽은 우리 소설 2013.3.~2015.3.』(2015)
『아비·어미·그림·음악·바다 그리고 신』(2015)
『김윤식 평론 선집』(윤대석 편)(2015)
『문학사의 라이벌 의식 2』(2016)
『거울로서의 자전과 일기』(2016)

남송우
1953년 경남 거제에서 태어났으며, 부산대학교 국어국문학과에서 문학공부를 시작하여 동대학원 석·박사과정을 마쳤다. 1981년도 중앙일보 신춘문예 평론 부문에 「윤동주 시에 나타난 자기의 문제」로 당선, 평단에 나왔다. 1991년 봄에 비평전문계간지 《오늘의 문예비평》을 부산지역의 평론가들과 함께 창간하여 편집인, 발행인으로 활동하였으며, 이후 펴낸 저술로는 『전환기의 삶과 비평』, 『다원적 세상보기』, 『생명과 정신의 시학』, 『지역시대의 문화논리』, 『대화적 비평론의 모색』, 『비평의 자리 만들기』, 『생명시학 터닦기』, 『지금, 이곳의 비평』, 『부산지역 문화론』, 『한국 문예비평의 해석학적 연구』, 『고석규 평론선집』, 『추영수 평전』, 『향파 이주홍 선생의 다양한 편모』, 『지역문학에서 지역문화 연구로』, 『윤동주 시 다시 읽기』 등이 있으며, 부경대학교 국어국문학과 교수를 역임했다. 현재는 부경대학교 명예교수이며, 인본사회연구소 이사장이다.

김윤식 비평가의 편모를 찾아서

초판 1쇄 인쇄 2025년 12월 1일
초판 1쇄 발행 2025년 12월 10일

지은이 남송우
펴낸이 이대현

편집 이태곤 권분옥 임애정 강윤경
디자인 안혜진 최선주 김다윤
마케팅 박태훈

펴낸곳 도서출판 역락 | **등록** 1999년 4월 19일 제303-2002-000014호
주소 서울시 서초구 동광로46길 6-6 문창빌딩 2층(우06589)
전화 02-3409-2060(편집부), 2058(영업부) | **팩스** 02-3409-2059
전자우편 youkrack@hanmail.net | **홈페이지** www.youkrackbooks.com

ISBN 979-11-7396-180-9 93800

책값은 뒤표지에 있습니다.
파본은 구입처에서 교환해 드립니다.